貴州文庫編輯出版委員會

［民國］

開陽縣志稿

第二册

解幼瑩 修
鍾景賢 等 纂

民國二十九年（一九四〇）鉛印本

貴州出版集團
貴州人民出版社

第六章　軍事

第三十九節　軍備

吾地自明崇禎設州治時。因備盜防夷。曾設有總兵官一員。統轄前後中左右五營。設游擊五員管領之。各轄守備一員。計五員。千總三員。計十五員。把總四員。計二十員。額設兵未詳。旋裁廢。以其設置不久。故無事詳考。玆特就有清一代及入民國之軍備。別爲編制、經理、訓練、配備、四項。分兩時代述之。

(一)滿清時代之軍備

(甲)編制　自清順治末。貴州初入版圖。即設置貴陽城守營。至康熙八年。定官制爲游擊。分所屬把總一員。戰守兵四十一人。(通志作一百名、開州志云四十三、)分防開州汛。計把總一員。掌旗一。稿書一、什長三。厥後累有裁減缺額。至咸同時、所存汛兵裁去過半。當苗教之亂甚熾時。政府則改辦練勇以備征剿。不專駐一地。以某字爲一營。營分前後左右中五、每營人數由四百至五百不等。每一字營以一統領統之。以五營官分領之。營官之下有正哨官五或四。

。副哨官五或四分率之。下設練目什長等名目。民間則辦團練。人數仍倣官軍練勇制。亦有不及官練之多者、其統率稱謂如某某團主。（如一心團、保民團等是）下則稱某營營主。又下則稱百長勇目什長等。其昔教之亂敉平。益以綠營制兵爲無用。大肆裁減。前之分防戰守兵。裁減僅留十三名。（係領款名額、）實則九名而已。（於霜降迎春時馬之）至民間則僅有團甲之名。無所謂團練也。丁壯之數。徒存戶籍而已。

清光緒二十六年秋冬間。知州蕭漢傑以時方多故、曾編組壯丁一次。分全境爲五大團。倣練營制。冠以福壽吉慶中等字。每字爲一團。每團出壯丁一百二十人至一百五十人不等。以鄉正爲團長。下則總甲里長分任指揮之責。

（乙）經理　清時武營員兵之薪餉。其負經理之責者無專員。在承平時。有則爲巡撫部院。（有兼理糧餉銜、）與布政使司。在州則爲州牧。於應領薪餉時。由把總繕其印領詳呈該管上官。由該管上官轉咨藩署并分詳撫院。奉行知後。轉發給領。計把總一員。每歲應領俸薪銀三十六兩。養廉銀九十兩。坐馬二匹。折草豆銀二十五兩二錢。步戰兵每人年支餉銀十八兩。守兵每人年支餉銀十二兩。官惟養廉銀不扣小建。不加閏。其餘官兵薪餉均小建照扣。遇閏加給。凡兵食米秋成收糧後。備具文領向州署領取。至單衣號片。每年由城守營承製扣餉發給。有大旗一面。紅旗一面。小旗六面。皮盔棉甲四十一。子母礮一。過山鳥機礮一。馬步角弓四。官兵戰箭二十四支。鳥槍二十四支。腰刀四十把。闊刀四把。帳棚三架。火藥鉛彈隨時具領。皮棉盔甲定十一年一修。二十年一造。旗幟十年應修。二十年應造。帳房定八年應修。十五年應造。鳥槍弓箭十五年應修。三十年應造。鑼鍋、隊伍號號令。鼓號令。如有損壞隨時修整。不以時限。至有事征調。所有經理則設糧台糧站。衣甲武器各有專司。至咸同時以禍亂日久。糧餉不繼。官兵民練。時有譁變。政府則議抽厘谷義谷勸捐等。勉為支撐。而各捐均由各團轉解。自必先給所辦之團練。餘始繳官。此清時經理之情形也。至蕭州牧之編制壯丁。所需經費。因為時不久。蕭牧以義倉谷放借息銀歸公辦理。除供給壯丁伙食服裝外。刀矛洋槍。由各壯丁自備或借用。

(丙)訓練　清時綠營戰守兵。其平時所謂訓練者實少。惟每屆督撫奉旨大閱之際。各標營將額設制兵。調集適中地區演習一二古式陣圖。如人數缺額不敷甚多。則臨時召集無業游民應名。直等兒戲。苗教亂時。所有官練民團。大率臨時招募集合居多。實乏訓練時間。所恃以臨陣衝鋒者。惟憑武勇帶隊長官。冒險直前。其猾獷技擊者。多係自修得來。至建築砦堡牆壕守禦諸工事。則由一二智識份子。抄習百金方百子金丹等書。以爲指導。至蕭牧漢傑所訓壯丁、則每團聘正副教練二人至三人。以曾入行伍嫺於劈刺射擊退休者選聘之。其操法有所謂南洋式者。（叉刀等類）并練習土洋槍瞄準射擊。及藤牌短刀。時間以四個月爲限。

（丁）配備　清時汛防戰守兵兵四十一人。以二十名分駐各塘。（數目詳塘汛）以二十一名在城。此承平時定制也。至苗教亂時。官練民團。咸就險要及苗教等進犯之地。爲配備兵力之準備。蕭牧所訓壯丁。則分配於福壽吉慶中各團。以防禦土匪。

（二）民國時代之軍備

（甲）編制　民國時滿清分防把總官兵。均已裁廢。賴以維持地方治安者。厥爲團防。初設團防局於州城。有局長一人。團練六十名。

分爲二隊。設隊長兼教練二人。承局長之命。教練指揮所屬壯丁。次推及於劉衙。設團長一人。團練五十名。仍分爲二隊。設隊長兼教練二人。承團練長之命。教練指揮所屬壯丁。次及於馬江山。設團練長一人。團練三十名。爲一隊。設隊長兼教練一人。承團練長之命。教練指揮所屬壯丁。自局長一人。承團練長之命。教練指揮所屬壯丁。自局長以下。統受監督指揮於州署。至民國五年。有保衞團之設。於縣城設團防總局。總握全縣團務。是職旋設旋撤改各區區長。設正副總團各一人。各區量幅員廣狹。分設團丁三十名。次二十名。次一十名。名額多者。設教練兼隊長一人。少者則由副團總兼充教練隊長。不另設置。均成受于正團總。聽縣公署之監督指揮。旋易團總之名仍改稱區長。至民國十八年春。縣城設公安局。有局長一人。隊長二人。公安兵七十二名。由兩隊長分率之。聽命於局長暨縣長之指揮。各區所設團練壯丁仍舊。帶兵人員。則由區長區員或隊長任之。民國二十二年、奉令縣長兼保衞團指揮、委地方士紳一人充副指揮云、公安兵自十八年以後。時有裁省。及改易名稱。民二十四年更有保安中隊大隊之成立。官兵統計不下四百餘人。不久即撤廢，由是有警佐辦事處之設。計警佐一人。警兵二十名。各區團丁初易名爲義勇隊。其人數多少，仍視團丁舊額爲斷。又易名爲各區常備隊。其人數仍視地域廣狹爲定。但各設隊長一人。任教練指揮之責。至民二十六年秋。裁警佐辦事處。改設保安警察隊於縣城。設大隊部、大隊長一人。以縣長兼充。設大隊附一。分隊七。所有各區常備壯丁。一律撤。至二十八年九月。奉令改保安大隊爲中隊。省七分隊爲四分隊。每隊三十人。共一百二十人。此民國以來地方軍備編制之大概情形也。

又民國三年。縣公署有警備隊之設。計隊長一人。隊兵初由六十名減至四十名。隊長與兵悉供縣長之指揮。至公安局成立。始告撤廢。

（乙）經理　可分三期說明之

自民國初元至民國四年爲一期。在此期内。所有團練官兵薪餉服裝彈藥醫療葬埋卹金。除警備隊全隊餉項。由地方經費局支給外。餘悉由彭知事篤忱曾有核減戶捐令文、城鄉五十兩區馬江山等。及全縣人民按有力之戶攤捐。各區由征收員收付。

自民國五年至民十八年爲一期。在此期內。各團總區長。因成立團練。費用不貲。遂各將所管區內之斗息（是時斗息所入有限）、及屠捐地方屠宰捐一部份。（屠捐亦少）或全部提撥充數。若有不敷。仍攤派居民。以取給焉。除訓練費彙解外。餘由各區自行收付。至警備隊與公安局開支。先後仍由地方經費局（後改爲地方財務局及財政部）供應。

自民十九年至二十年爲一期。在此期內。地方財務局因調整收支。將各區前日自行提撥之斗息屠捐地方屠宰捐等。全部歸入財局。公安局警佐辦事處開支。暨保警隊經費。內有一部份係由本縣義倉谷放借生息。約得洋二千餘元外。（按此款民二十八年停收）、其餘所有官兵薪餉食米服裝槍枝彈藥醫療撫卹訓練。及應有各費年約二萬餘元。統由人民按等派捐、區長經收彙解地方財務委員會。以資支付。（官兵薪餉訓練各費、另有冊可稽、茲不贅述）、此則民國以後軍備經理大概情形也。

（丙）訓練 民國初年、所謂訓練者。特就退伍軍人稍嫻學術兩科者充任教練。足資辦匪而已。至民國五年。省成立保衛團幹部訓練班。令本縣選送高級畢業學生四人。入班訓練。結業後。回縣充任教練。計第一期受訓人員八十名。二三期共一百二十名。訓練期爲三個月。訓練科目。注重軍事常識。其大意不但使充任各區團防教練。俾充實團兵學術。在使一班壯年人民。更番受訓。轉相教學。以期普徧。吾邑團練。能越境至息烽西山剿匪。實基於此次訓練之成績也。惜未竟厥功而止。至民二十二年。復辦保衛團幹部訓練班一班。先是區鄉鎮人員第一期訓練完畢。擬續辦第二期。因縣保衛團訓練總監部職員。以地方團練缺乏軍事幹部人材。訓練指揮。乃主張改辦爲保團衛幹部訓練班。所收學員。除由各區保送鄉兵隊長及教練外。并由縣招考在鄉軍人入班訓練。所訓科目(一)黨義。(二)民權初步。(三)地方自治實施法。(四)民刑法要義。(五)現行自治法規。(六)保衛團法。(七)公牘。(八)軍事學術科。尤注重於軍事學術。訓練期爲三個月。於是年八月中開學。旋奉令改組爲開陽縣保衛團教導隊。學術兩科。均另行規定。并規定須辦兩期。本縣爲節省財力計。即以所辦之幹部訓練班改爲開陽縣保衛團教導隊。第一期計得學員四十人分發各區充任隊長教練等職。至是年十二月。全省保衛團幹部訓練班受訓學員畢業。由省派令同籍着手籌辦開陽縣保衛團教導隊。計辦兩中隊。每隊學員三十人。所有學員先由各區保送。不足再由縣招考。有志青年入隊受訓。自二十三年五月開辦。至十月完畢。計期六個月。所授科目。除軍事訓練外。餘爲軍事摘要。縣保衛團法。及施行細則。地方自治實施法。法制大意。建國方略。黨義摘要。公文程式等八種。畢業後仍分發各區服務。吾縣團防帶隊及教練人員。旣經受嚴格訓練。本其所學以教士兵。自有相當成績。自民二十七年秋。各區義勇隊及常備壯丁一律裁撤。改設保安警察隊。其帶隊長官教官等。均須具有充分軍事學識。始克勝任。其訓練科目。係遵照保安司令部頒布章則辦理。訓練愈形嚴格。自屬後來居上。

（丁）配備　民國初至四年軍力之配備。城中常駐團練一隊。計三十人。另一隊三十人。遊弋各區。五十兩區分配團防二隊。計五十人。防禦本區并應援外區。馬江山驛團隊一隊。計三十人。防禦本區并援應外區。民三以後。縣署有警備隊一隊。計四十人。城中爲一區。團防始減爲一隊。計三十人。後又減爲二十人。併入原四區後。復爲三十人。迄民五年。各區均成立團防。舊日五十兩區劉衙之團防二隊。亦減爲一隊。計二十人。馬江山亦減爲二十人。大概凡舊有區公所駐在地。即有團防。除一七五三區已述外。二區有團隊三十人。三區亦有團隊二十人。四區有團隊二十人。六區馬場有團隊二十人。（有事擴充至三五十人不等）六分區（宅吉又稱八區）有團隊十人。八區（又稱九區今改爲四區）有團隊二十人。至公安局兵。與前之警備隊兵及警佐辦事處兵。均駐城內。居中策應。維持縣城治安。保安中隊大隊成立未久。茲不瑣述。保安警察隊在設七分隊時。第一區至第五區各駐一分隊。現奉令減爲四分隊。每隊三十人。共一百二十人。計縣城及第一區駐二分隊。二四兩區駐一分隊。三五兩區駐一分隊。星羅棋布。保固吾圉者。周且密矣。

第四十節　禍變

開陽在全省中。彈丸一邑耳。唐以前之變亂。無甚可考。茲輯自趙宋。而止於最近。其間以明末之亂。咸同之亂。改革後濫軍土匪之亂爲最著。而咸同之際。何得勝黨蹂躪幾及二十年。窮鄉僻壤。無一幸免。燒殺剽刦。十室十空。尤爲亂之深刻者云。

宋朝

太祖開寶八年。宋景陽（朝化之後）以兵逐烏蠻於黒羊箐（即矩州地）。又蠻州之北（今開州）有地曰乖西。五代末爲蠻所據。宋氏用兵逐之。有功。朝廷置寧遠軍蠻州總管。以宋景陽爲寧遠軍節度使蠻州總管府都總管。又呼爲大萬谷落總管府。

寧宗嘉太元年。宋永高用兵取麥新。

永高承景陽及裕之餘烈。以麥新城於南宋初爲蠻所據。至是兵力漸強。發兵攻克之。以子勝居守。告捷於朝。上嘉其功。以永高爲貴州經略安撫使。移居貴州。號麥新爲新添軍。

元朝

成宗大德十年五月壬戌。土官宋隆濟同水西蛇節叛。（又名折節）

是年六月丙戌。隆濟率苗獠紫江蠻四千人掠楊黄寨。壬辰宋隆濟陷貴州。征行萬戶張宏綱。貴州知州張懷德皆戰死。雲南平章幢兀兒參政不蘭美。擊殺賊酋撒月。十一月丁未。遣劉國傑等征宋隆濟蛇節。

大德六年二月丙戌。遣也速帶兒等征隆濟蛇節。

九月劉國傑等大敗蛇節於墜泥。十一月甲午。劉國傑遣兵大敗蛇節。十二月丙子。劉國傑遣使獻捷。

大德七年。劉國傑等又敗蛇節於墨特川。四月蛇節降。丁亥誅之。金竹蠻夷長官宋阿重。擒宋隆濟於水東。（今四川敘永一帶地）以獻於軍。誅之。阿重於隆濟爲族子。仍其先舊俗。不分族從。故亦呼隆濟爲叔父。隆濟反。阿重棄家走京師。陳滅賊計。帝賜之衣。長爲順元宣撫同知。及蛇節被擒。隆濟竄逸。阿重乃深入烏撒烏蒙至於水東。招諭木樓苗獠。生擒隆濟以獻於軍誅之。旋增阿重秩命居隆濟故地。（今同知衙）又命其地爲靖江路。以阿重爲總管。佩三珠坐虎符階招毅大將軍。免順元差發一年。

武宗至大三年正月辛丑。乖西蠻阿馬入寇。遣移剌四奴討平之。

文宗至順元年三月甲寅。乖西蠻叛。五月甲戌。乖西蠻侵邊。

明朝

宣宗宣德元年。乖西巴香昆阻比諸寨苗叛。

宣德二年。蕭授遣貴州都指揮使會貴州宣慰同知宋斌。攻昆阻比克之。乖西巴香苗皆降。

景宗景泰五年四月辛卯。方瑛遣張任等討中潮山三百灘乖西谷種乖立一百七十三寨叛苗。平之。（府志張任傳）

武宗正德三年。乖西苗阿賈阿扎叛。貴州宣慰使安貴榮敗之於紅邊。

正德五年。貴州巡撫魏英巡按徐文華。討乖西叛苗平之。

正德七年。乖西苗阿朵叛。旋降免罪。

先是宋然繼父昂。爲貴州宣慰同知。然好酒苛斂。所管陳湖十二馬頭地。以致苗人激而生心。安貴榮欲併然地。乃誘其民作亂。於是阿朵聚衆二萬。攻陷堡寨。襲然所居大羊場。（天順中移治大羊場）然僅以身免。貴榮遽以上聞。冀今已按治之。會阿朵宋然洩其情。因是分別得末減。照例准贖。

仲宗萬歷四十四年。紅邊十二馬頭。及定番柔坪苗作亂。巡撫張鶴鳴以陳富爲樂邦把總。巡轄五堡十三寨。與苗人戰於鹽井坡。頗有斬獲。亂平。

熹宗天啓二年二月。貴州宣慰使安邦彥叛。嗣宣慰同知宋萬化從之。陷龍里廣順。進圍貴陽。

天啓三年。貴州巡撫王三善遣兵救青巖復龍里。敗賊於八姑蕩。宋萬化被擒斬。其子嗣殷擅襲職。同叛。崇禎二年。安邦彥敗於紅土川。被擒同斬之。亂平。

思宗崇禎十六年四月。仲家苗乘流寇作亂。陷開州城。知州黄嘉儁。妻及子亥辰。同殉難者三十六人。吏目聶禁致仕總兵官金鎮貴。毀家助餉。

貴州印刷所承印

及前守備汪明試于澤民。詗賊情於黃公。同遇害。旋總兵官傅一驣副總兵州人楊德勝。生員諶文學等。率兵復州城。

白蓮妖賊黃邦明等反於湄潭。寇掠其旁州縣。州人副總兵李科。奉檄禦之於茶山渡。戰歿。

清朝

世祖順治四年丁亥。流賊孫可望陷明遵義。并分黨掠開州境。遂入貴陽。可望旋屠貴陽城。西走。

順治五年戊子十月。開州總兵傅一驣。率裨將周虎助明總兵官皮熊。攻總兵官王祥。被祥圍之烏江。糧盡。全軍敗歿。一驣虎均戰死。先是王祥攻皮熊、圍貴陽、經明將楊光譜救援圍解、熊報復之、

順治十五年五月。吳三桂敗明總兵楊武於開州。遂取州城。

明將李定國。遣都督羅大順規復貴東諸府。大順乘三桂回兵救重慶。乃取道敷勇衞進開州。以攻新添清平等縣。克之。大順旋失敗。

聖祖康熙元年。詔吳三桂總管貴州事務。

康熙十二年十一月。吳三桂反於雲南。十二月督標中軍及提督李本深。舉兵叛附三桂。是月三桂入貴陽。全省皆陷。

文宗咸豐三年。以舉人鄒儆思等。辦理全境團練事宜。

先是州人蕭時馥。於二年掌福建及江南道監察御史。以時方多故。貴州之綠營制兵。既不足額。又脆弱難資捍衛。乃奏請貴州興辦團練。并舉在籍之署陝西巡撫陝西布政使都勻人陶廷杰。出任辦團事宜。大府遂飭各府州縣。舉辦團練。以衛地方。州牧乃以舉人鄒儆思任辦團專責。而以佘士舉、周國章、晏章漢、歐陽錦城、馬廷颺、馬華豐、何正冠、黃安吉、李應輔、王士翱、白瓚、李樹德等。分任各里團練。

咸豐七年閏五月。都麻清平黑苗教匪高禾、（亦稱高禱）柳天成、羅光明、羅天明、賀鴻恩、（一名昌明）沈中和、陳紹虞、陳紹勛。（一名明忠）分趨平越甕安。甕人殺人王王超凡、（一名廷英）譚光前、（號二元帥後稱王）向宗慶應之。攻陷龍場堡。牛場。并甕安附城書院。據之。

都麻苗教各稱王號元帥等職。春耕畢聚謀。以賀洪恩、陳紹虞、陳紹勛等。（人）趨平甕。而以黑苗高禾、柳天成、王慶雲等。牽制都麻官軍。（初五日）中和出蘆坪。而地松諸團潰。遂陷龍場堡。北路惟高平諸團未破。在籍翰林院庶吉士平遠（今織金縣）丁寶楨。毀家紓難。招聚丁壯訓練。時率練來援平越。以練多散亡。未敢輕出平越城。而賀洪恩則出藍家關攻牛場陷之。復西犯甕安縣城圍之。先是燈花教徒宋三元。因受洪恩指使。伏於甕邑各地傳教。受惑者日益衆。譚光前等。均其黨徒。後爲劉令昇平偵獲。繫之獄不遽殺。三元黨急欲救三元出。乃楊言得三元即退。因是多勸劉釋宋與和。惟教諭杜芳壇力阻之。昇平不納。迨禮遣宋出城。并派士紳與之盟於書院。三元等退半日。至夜攻城愈急。時縣屬六里團練援甕者多敗退。賴在城坭菸商惜其貲。選精壯三百人。登陴力守禦。城得不陷。敵等據附城書院旬餘日。分掠深溪等處。某夜謠傳城已破。芳壇誤信。父子遂投桂香池死。後得黃平州陳牧世鏞援。敵始退往建中雞場。

咸豐七年六月（平越知州高本仁。以平越賊衆。請以署開州知州石虎臣渡河。進抵中坪。遏賊旁竄路。并鎮撫高平各團。時虎臣搜查教匪至河邊。高故以是請。 按咸同兵禍垂二十年方靖。人民孑遺幸存。始都麻清平教匪生苗相結肇禍。其遠因固由於廣西及桐梓楊隆喜之變亂。貴州調兵征剿、籌餉設防。苗兵之受調者。既深知官軍之脆弱無能。而墨使豪右。更乘機壓榨侵奪。以致苗民怨毒思逞。教匪劉義順黨。又從而煽誘之。禍變已迫於眉睫。然艮苗尚馴服也。乃蔣撫既柔弱寡斷。任用非人。清平令秦某倫安諱飾。實爲速禍之導線。黃白紅號。繼擾於思石銅遵。遂勢成燎原。而不可收拾。苗教以省城爲攻奪目標。慮平甕之躡其後。故先破之。以減少其顧慮。開邑近省之北面。倚平甕爲屏蔽。平甕失則開邑禍不旋踵矣。故記之以爲思患預防者之借鏡焉。

咸豐七年六月初九日。平越敵黨由楊義司分走開州。知州石虎臣率團首佘士舉、李樹德等。禦之落旺河。旋進復建中雞場。

初。高本仁請以徐河清遊擊賈玉美軍進平越。會北牌團首熊錫。以生員舒林防大坳。林叛降敵。導敵由箐口進雞兎場木耳山。河清始同樊希棣貴定知縣熊牧等敗敵野雞坡。進至[illegible]箐。敵退楊義司。分走開州境。石虎臣率團首佘士舉、李樹德等敗之落旺河。復以平越三牌文生李體元爲鄉導。進復建中雞場。玉美始來與虎臣會。甕安敵黨走黃平。結新州黑苗。出兩岔河。

咸豐七年七月。高本仁石虎臣軍敗績。檄參將賈連升黃平知州陳世鑣等援之。世鑣陣歿。

高本仁與王敬烈軍。擊敵崇扯。一名崇且不利。石虎臣軍亦敗於山王廟。陣亡團練蘇忠勝、汪人龍、一百三十餘人。本仁走同平越。敬烈退甕安。丁寶楨所遣職員桂蕊香退楊家林。平甕敵衆復集。乃檄賈連升、副將兆喜、知州陳世鑣等同赴援。鑣初敗敵於落柳。既而敵大至。鑣中伏歿。

敵據舊州大小冷水。兆喜至花梨。（州東北七十里）與虎臣會軍巖門關。（平越西七十里）、

咸豐七年八月。石虎臣遣團首馬廷颺、馬華豐等。率軍東南進。圖牛場、甕安敵衆分走。虎臣退駐大兩岔河。（南明清水合流處）、虎臣兆喜至高坪、敵間道天堂桅杆坪。（甕西南五十五里）、虎臣。兆喜同援却之。豐颺等已至大坪、逼牛場。敗敵苦蕎坪、會沈中和、陳大六、（銘勳）與洪恩不睦。沈陳走平越雞場。羅光明同八寨。洪恩走據大小冷水。及平甕毗連之都凹山。甕安稍靖。兆喜移平越、虎臣遂自牛場退駐兩岔河。

檄江炳琳（甕義知縣）督辦平越軍務。以資統紀。

初、平甕敵衆劇。江炳琳與湄潭知縣張志紱設防角口河。（開州東北百二十里）、炳琳申誡各軍曰。官軍之失。由於民情不附。民情不附。則勾結敵人之抗官軍。故以約束兵練。俾不擾民爲要。

咸豐八年正月二十二日、麻哈城陷。苦守四年屢却賊衆之知州何鋌死之。越七日。都勻府城復陷、苦守新復府城之知府何廷英死之、（巴揚納鎮據衆不進之以也）、

檄石虎臣渡兩岔河。

都麻既陷。敵遂趨甕城橋。雲頂關。龍貴急。省城大震。敵復分竄雞場。與黃絲驛、馬鞍山、擺郎諸股合。出犯楊義司、折洞、乾壩等處。故有是命。

咸豐八年二月初三日。再檄石虎臣出大兩岔河。近巴香處、名大兩岔河、官兵團練互鬨於信義和義團及羊場等處。羊場開州東南七十里、時丁寶楨練與總兵巴揚阿所部不相能。徐河清練目賈福保。擊傷信義和義團生員羅忠成等。王敬烈練與石虎臣練復鬨於羊場。兵團不翕。漫無統束。各團解體。巡撫蔣霨遠。乃促督蔣玉龍。玉龍頓兵案輸、師久無功、速赴援省。勿遽之思南。

咸豐八年十一月初九日。知州石虎臣出軍巴香。旋回兩岔河。

虎臣進至巴香。陽平敵衆迎拒敗之。賊退翁樹河。旋進大巖圖陽平。以孤軍無助。回兩岔河。

總兵巴揚阿受降陳紹虞文定王、等約衆千人。仍安置玉華山。賀洪恩走死金坑。

先是賀洪恩死。嘱立陳紹虞爲文定王。何得勝爲武安王。往攻餘慶。被江忻琳官軍團練圍攻。敗之於簸羅溪。敵衆勢大衰。聚於古佛山。聞巴鎮揚阿率兵至。適何得勝先往天印援同黨。陳乃遣黨迎降。詭言願歸鄉里。巴鎮許給旗幟二面。上書投誠免死。各歸鄉村等字。該敵衆等沿途并寺搶掠。亦不遣散。託言就食玉華山。巴與劉令均信之不疑。劉并令白外委、占元爲之運糧。安慰。復諭各團勿得攻擊。休息既久。裹脅愈衆。會何得勝返至天印。遂藉故殺白外委占元。據玉華山以叛。何得勝更得土匪勾引。經營上大平。與玉華山互爲犄角。至是而敵衆遂根深蒂固。平甕之民。受禍固烈。而吾開與敵密邇。相隔僅一衣帶水。人民更寢食不遑矣。何得勝原黃平屬木老坪人。亦苗族。本姓劉。行三。隨母嫁於何家堡何姓。遂冒姓何。名何二。生性狡悍。遊蕩無行。初爲小偷。據傳聞、曾由重安移住今四區大木寨、嘗偷竊、復糾衆於甕安屬搶刼、聞在打磨山遇敎首劉祖佩順、入爲敎徒、與賀陳結合云。繼乃強刼。爲甕安縣令祝箇園飭幹役捕獲。以木籠。一名站枷、清有司所用非刑、置烈日中。數日不死。因得保釋。道咸間事、遂與賀洪恩、陳紹虞、王超凡、潘名杰、許殿英、楊宗保、向宗慶等教匪相結。爲黃白號之渠魁。猖獗不可制矣。據平甕志、一云何得勝本姓王。因屢次行刼。被甕安縣祝令箇園派幹役將其緝獲。用木籠站烈日中。意在處死得勝。勝姘婦黎氏。素與縣役通往來。聞訊急往營救。因暗囑差役等設法免脫。役等稟言得勝已氣絕。官驗之實。令其家屬領屍埋之。勝實倂死。黎氏急昇之野。用藥治活云云。併存之。

咸豐八年十二月十六日。千總賈福保叛。結玉華山陳何等衆。襲陷甕安縣城。知州劉昇平挾印遁平越。

自巴鎮劉令受敵詐降。屯聚玉華山上大平以後。於是昔之類似流寇之衆。竟得險要根據地。蹂躪殘殺。平甕人民。兩邑有識之士。怵於後患方長。政府力弱。乃各爲自衛計。於是平越有自衛之壘洞十。甕安有自衛壘四十八人。男婦之強壯者。均日與敵衆鬭。不暇顧及縣城。賈福保本姓何。爲甕人。母改嫁玉美。育其賈。因從其姓。曾充徐河清部練目。玉美爲江西人。本前吳令德容（號乃安）門子。吳在甕時。土教匪已竊發（如譚光前、姜白等）、吳令以練團爲弭賊要圖。玉美多所建白。當時甕邑團練。強聲震遐邇。且賈氏父子。智勇俱備。福保驍勇善戰。尤過於其父。委之帶團拒寇。於甕邑奇績特著、故玉美保至游擊。福保亦得陞階。會奉令率師援黃平。有楊某守統五營。營玉美父子後。堅壁數月。未見敵面。一夕。忽全軍譁潰。玉美幸全軍出。楊恐其洩已失。乃陷賈以通賊刦饟。致遭敗衂。哭訴於大府。譖既入。大府乃計調賈氏父子晉省。令到時。

父寸方突圍出也。即奉檄率所部偕從。至雲關坡。忽有折旗之警。福保欲阻父勿赴。美曰。不赴將若何。父子計若定。父往而子同甕。玉美至省。未得親大吏色彩。竟屈殺於戟門外。福保沿途逗遛。聞信乃決意反。率部至甕。哭訴父寃於劉令。且自陳必反。邑紳商景暘、朱雲光。均保上其狀於劉令。劉以福保一時憤激語耳。豈真反耶。迨玉華敵衆強。福襲甕安城爲真降之信誓。變生肘腋。以劉令當之。甕邑寧有幸哉。

署開州知州石虎臣。奉檄辦理平甕軍務。

咸豐九年正月十三日。署開州知州候補直隸州知州石虎臣。率把總謝欣恩。團首佘士舉、周國璋、劉同二、李樹德等團練。進駐甕安高梘。圍剿玉華山敵營。虎臣戰歿。把總謝欣恩暨團紳兵練陣亡者衆。虎臣既奉辦理平甕軍務之命。又以敵巢逼州境。玉華山距州屬花梨當六十餘里、無險可扼、於正月初五日檄調士舉等入城商剿辦計。時兵練與器械均難稱精利。石公力排衆議。預擬於元宵前。乘敵不備破敵巢。所部城練。及國璋之一心團。士舉之保民團。并樹德同二等丁壯二千餘人。復檄調馬華豐、晏章漢、黃安吉、各團練援應繼進。公率士舉等先行。經中坪艾州外。遭遇天文敵黨羅加弟。時運饟玉華。公命截斬之。知敵有備。乃趣軍急趨高枧。扼開甕通衢。爭苗教出入要道。據形勝。圖進取。十二日辰。令樹德進營五勺梅花爲犄角。令一心團練繞道伏玉華山脚。遏賊旁竄路。部署既定。公率親軍及士舉等直攻中路。賊當之輒靡。十三日。轉戰至楓坪五道河。迄十二拐。賊悉衆至。前後夾擊。公與士舉首尾不相應。賊聞公親臨陣。圍之數匝。公期以必死。乃揮軍力拒賊。斃賊三百餘人。終以圍厚不得脫。力竭陣歿。同陣亡者。把總謝欣恩。團首劉同二。貢生謝欣譽、謝偉逵、謝秀恩。雲南候選教諭白子銓。武生謝欣交。什長傅定川等二十八人。團練汪遵守、尙興陽、并親軍等共四百餘人。方公被圍時。士舉、樹德奮勇前衝數次。以道險仰攻不易。爲敵衆敗退。越日。平甕團及華豐等援至。始扶石公尸體還州城。吾州人痛失保障。野祭巷哭者甚衆。甕邑之人。亦感泣不已。今父老談及往事。猶爲泣下云。

咸豐九年五月初八。何得勝經營上大平。并進逼王卡。得勝上年。賴甕邑土匪引進上大平。平甕地、極力經營。至是分略小橋頂山屬開州轄境、水城坂、夾壁朵、巖門。李樹德等團練不支。退保王卡。在開州東百餘里、王卡爲平越西北要、東斂開州、接壤貴定、何進逼之。王卡山勢峻峭、下即兩岔河口、

咸豐九年六月初五。何得勝等陷王卡據之。阻平越饟道。以副將趙德昌代領副將兆喜軍。德昌分營大麻窩折洞。兆喜先防甕開。又調防兎場。久不進。故易之

咸豐九年七月。州屬十里二司紳民。先後築坣營自守。共二十八處。以佘士舉爲總團。何正冠等副之。開邑於三年雖奉札辦理團練。而團結力終覺薄弱。七年。敵衆由楊義司分股竄入各地。人民避居洞內。幸免一時。現州境與敵衆巢穴毗連。時虞竄擾。禍難方興。乃倡議各擇險設防守衛。計有二龍營即小江南營帰里地。鼎照營讓里地、燈籠營馬田、癩殼營中壩。全勝營讓里地、長安營信里毛栗莊猫寨後、羅家營毛栗莊小竹坑前、胥家營土地關後、黃猫營孝里黃孔、羊場營坣土坡、猴場商家營柴營坡麻里地、塘上營猴場麻里地、卡木坣在馬扎平下乖西副長官司地、燕子喧營清里地、興隆營毛家院、亦副長官司地、同知衙營清里丟寨大營山、飛鳳營司毛坪靈寶寨、白安營土司地、朝陽坣讓里地、黃家營義里老馬寨、尖山營場司地、小牙坣恩外里、關刀山營江外、團坡營義里黃李莊、高襱營恩內里、三星營即佘家營佘里地、金山營恩外地、洪水營洋水地清里、閤州共得二十八坣營。公推佘士舉何正冠爲正副總團。

咸豐九年八月初三。副將趙德昌攻王卡。破之。

德昌自率單出光沙。團王卡。何得勝方同上大平。遂破之。擒斬許殿英。楊宗保等。賈福保、陳紹虞等來援。初追敗之於三十三灣。後玉華山敵衆結馬鞍山敵黨。合阻平越鎮道。與德昌相持、我陣亡團練周士和等二十七名。

咸豐九年八月初六日。苗黨復陷甕安縣城。知縣劉昇平遁。以都勻守備周國泰。由花梨移防茶店。飭平越開州各團。分扼新土坪各隘。遏入省路。

何得勝犯開州。知州鄭選士督團練馳援。團首晏崑生敗敵於白馬洞。同知銜營團首晏章漢。營小牙壩。得勝來攻。陷三營。我陣亡團練李炳奎、翁懷榮等二百六十餘名。周國泰自青蛇坡敗退白沙雙山。再退老鴉山。敵出高隴金沙竹茶寨。署知州鄭選士督團練馳援。敵再破白馬洞團營。團首晏崑生敗歿。蔓延修文安清。（距修文百四十餘里）、丁寶楨練由雨流泉繞道退扎佐。省城爲震。敵渡河去。

咸豐九年十一月二十五日。趙德昌上言蔣撫霨遠。請以高本仁專守平越。自得專力遏賊分竄路。不許何得勝旋犯開州東北西三面。團首晏章漢、歐陽錫誠等戰歿。團首黃永盛降敵。我陣亡團練甚衆。德昌營大麻窩。

平越敵衆攻州城。往援却之。敵犯大麻窩營。德昌回援。因上言勢難兼顧。請專責高牧兵。力守平越。弗許。何得勝旋由定抓過兩岔河。圍攻團營。我陣亡團練張光鈞等五百餘人。五品軍功趙德光、亦渡河躡擊敵衆。敗之。殲斬無數。復進攻光沙。燔老姥敵營。周國泰襲雙山敵。走合青㭎寨。向宗慶等出㭎木頭、九道坎。襲陷馬華豐團營。我陣亡團練何大鈞、高應鳳等七十餘名。掠高池、泥池、羊場寨。（羊場屬州司江外地）、據米坪、會猪場合玉華山敵首王超凡。由龍坑合薄開州東北。國泰、樹德回援、敵竄至三板橋。團首歐陽錦誠率團禦之。戰歿、同歿團練張應颺等一百七十餘人。敵復西走白馬硐、團首晏章漢、黃永盛率練禦之、章漢力竭陣亡。同死團練劉全、詹昌期、毋熙信、秦老么、常丑妹等五百三十餘人、黃永盛降。周國泰旋由城移軍至兩流泉。方前進。路遇永盛。適道敵至。遽潰回。敵追敗之五里山王廟。再走順與場、修文土賊應敵、國泰退白泥。

咸豐九年十二月初一日。賈福保率苗教衆進攻牛渡河。羊場營團首白瓚敗退、福保陷扛寨。進據羊場、（羊場距省百二十里、距州七十里）、瓚光築壘下坡營寨以衛居民、自率團練扼守牛渡河甚久、有羊場教匪孫應隆者。藉故惑衆。嗜布徒黨。與敵黨通。值福保與瓚相持間。隆潛導敵由他處偷入。會大霧方霽。瓚忽睹大烏旗飄揚臨近。福保每臨陣、輒以二健卒執大烏旗前、大驚異。急率練退守新渡。喘息未定。福保大股踵至。賴團衆增援。始退扛寨。福保攻陷之。進據羊場。

巡撫蔣霨遠病。奏請以布政使海瑛護理巡撫。瑛分檄各路軍擊江内敵衆。海瑛受護撫篆命。以敵勢張甚。乃檄蔣玉龍同已革州判顔佐才。率仁懷練馳扎佐。會丁寶楨綵抄敵後。檄遵義協李成錦仍由遵義南鄉攻敵前。檄趙德昌分三百人援開州。仍兼顧平越州城、以扼守貴定之蕩擊馮世興、賀萬年。分二千人道出龍里貓場。進剿江内羊場敵衆。并飭周國泰出白泥應援。顔佐才道出養龍司。遇敵。敗之。追奔至州屬三板橋、牛角坡。轉戰至毛栗鋪、州北五十五里、斬獲頗衆。敵衆奔白巖。據險守。時戴鹿芝任開州。遣練合擊。敵敗由洞後走竄宅吉。鹿芝督練團與相持。傷亡團首黄安邦一名。團練高貴、諶維忠等三百八十餘人。迨佐才馳至合擊。敵過河去。李成錦亦敗敵尙稽等處。

咸豐十年正月。海瑛諭諸將云。近來軍營氣習。名雖剿賊。實則距賊二三五十里。及賊乘我。始勉強接戰。甚有見賊卽退。或因人勝。攘爲己功者。現在由定扒牛渡過江之賊。尚在扛寨羊場。爲省城肘腋患。前調諸場會剿。迄今未進。開州賊實與羊場扛寨合。開州既已得手。剳扛寨羊軍所調兵練。加以鄉勇。何止萬餘。若不急攻。貽患胡底等語。

時遊擊馮世興等。促諸軍至羊場。佐才狃於養龍白巖之勝。頗輕敵。至是復出大水塘進剿。賈福保得何得勝增援。以苗教敵衆數千、合拒於扛寨。佐才戰敗走。丁寶楨周國泰等軍皆潰。陣亡團首李應輔。貢生汪人紀。生員汪人和三名。團練王厚貞、饒孔傳等二百七八十名。敵遂白泥。剽掠巴香一帶。

咸豐十年正月二十七日。苗教敵衆陳紹虞等陷平越州城。知州高本仁。幫辦軍務同知王敬烈。悉遁大麻窩。先是竄開州之敵出水尾。火平越甲灣糧局。平越饑。告糴於開州。而平越城至梁家飩七十里。敵衆麕集。城中糧且盡。又陽平凱塘苗繼至。外援復絕。城中練舉火應敵。城外練數百見敵入。率先潰城遂陷。高本仁王敬烈同遁走大麻窩。

咸豐十年二月。貴定龍里舊縣敵衆。走合扛寨敵。趨大小谷龍、大小田壩。分頭出樂旌。黑石頭。蔓延至崇義哨。省城大震。護撫海瑛飛檄馮世興、賀萬年等馳援、截擊。趙德昌營永樂堡、泡木河。

咸豐十年二月二十二日。近省諸敵黨。剽掠乾壩河（開州界、距省百餘里、）仙人撒網（禮里境、）腳渡河（開州貴筑界、）二比（昔州地今龍里、）官莊（即喇平里、）所至殘破。諸將分道退開州。顏佐才募練四千人。約德昌進剿。卒不至。敵攻泡木河。德昌拒却之。

咸豐十年三月。開州知州戴鹿芝。單騎赴何德勝營諭降。無成。禮送鹿芝還。

鹿芝以何德勝賈福保等。出沒扛寨、羊場、小幡頂山。妨耕作。帶隨從唐二、易老元。單騎赴何營。說之降。（小幡頂山營、距渡東岸、）得勝留鹿芝。殊無降意。鹿芝在何營。以易經集註、孝經衍義、皇極經世三書相隨。日披閱不去手。何賈等悉優容之。謂是好官。（敵營中呼為戴青天、）不敢犯。亦不敢擾開州境者累月。民賴以耕收。後以肩輿送鹿芝還。得勝以服鹿芝清慎愛民。立洛旺渡東岸。見鹿芝上舟後。臨河嗟歎而去。

咸豐十年三月十三日、署巡撫劉源灝。以趙德昌節制近省諸軍。德昌分三路佈防。東以把關至高粟木為一路。東北以新堡至烏當永樂堡為一路。北以黑石頭至扎佐為一路。共兵八千餘人。

咸豐十年六月石阡、龍溪、猴場、與甕安、湄潭、平越、黃平、諸敵黨。

聯絡至玉華山。勢燄張甚。

貴州提督（旋兼欽差大臣）田興恕。率虎威全軍進至銅仁、籌規復貴州失地計劃。恕請先肅清思南、石阡兩府。以通楚黔要道。繼肅清湄、甕平越。殲除何、買諸酋。綏定省城。再圖都、麻、黃平苗黨。當檄副將沈洪富、田興奇、分道出師。一左出龍溪、猴場至甕安。取玉華山。道開州。一右出湄潭、逕遵義。俱輳省城。宏富、興奇所部。至印江捲子坪。與甕溪司等地。敵均望風奔潰。斬擒首要胡黑玉等多名。時聞敵陷扎佐。省城危急。恕乃檄宏富飛援省城。所復地仍爲敵衆所據。

近省諸敵。以粵之李文彩附潘名杰。勢益張。巴香敵分掠花馬衝、趙龍里簸箕堡。扛寨、羊場、敵復陷水田壩營。守備戴雨光戰歿。敵進至烏當。趙德光馳擊。敵少却。

咸豐十年六月二十三日。趙德光進圖修文。復之。并攻下蜡鮓、格都堡、各敵營。

先是福保陷修文。知縣韓夢琦死之。德光由雞場進圖修文。連破敵於羊場壩等處。民多思反正。福保輒殺之。民乃聯團自保。顏佐才來會師。敗敵於王關。團練劉玉洪、蔣榮和等七十餘人陣亡。福保乃驅降民與德光戰。隆衆遂結官軍反攻。敵衆悉走。修文復。并克格都堡各敵營。

咸豐十年七月二十三日。丹江參將趙德光。敗敵於拐九。進逼羊場、扛寨敵營。遵義派候補縣王崇植率兵來會剿。旋以綏陽敵衆猖獗。調回。戴鹿芝復以五騎周視革老寨。（距城六十里）、扛寨、羊場、奇申、（均州境）定扒諸寨。欲諭敵衆降。以牽制不果。

開州團首千總佘士舉。軍功胡啓瀛等營小江南。（即二龍場）、圖貓貓山，十萬溪敵黨。

先是知州石虎臣戰歿。紳民以玉華山敵與我州內地逼處。倡築營寨自衛。士舉以鄉人軍功胡啓瀛共同議決。擇險築營於白沙坡麓。名曰二龍。以圖貓貓山十萬溪賊。

咸豐十年九月初七日。趙德昌檄千總佘士舉擊十萬溪敵衆。德昌率德光等出大水塘。攻敵於拐二。敗之。再破鴨子塘。進抵扛寨。檄佘士舉與練目胡啓彰進攻敵於十萬溪。敵敗退。并火大谷光敵營。進攻羊場敵衆。又敗之。敵堅守不出。

咸豐十年九月十三日。興怒督軍。連破松平、猴場敵。進攻甕安縣城。復之。敵走玉華山。

自甕安至玉華山。沿途二十餘敵營壘。狼狽相倚。初官軍分攻不克。陣亡都司楊興來等。興恕遣副將楊巖保、呂得科、毛克寬、梁正秀。守備田興發等。破黃龍壘。沈宏富、羅孝連等再破黃金壘。自率軍破仙橋壘。斬敵首譚正明。得科礮殪敵首譚正元等。苗衆既敗。恕教匪。掠輜重去。官軍乘之。各壘皆下。斬馘數千。敵分走玉華山上大坪。

咸豐十年九月二十八日。提督田興恕。率兵進省城。留宏富駐牛場勦辦敵衆。

適李文彩與潘名杰等衆逼省城。劉撫源灝促興恕馳援。當以沈洪富同副將彭廷勝等。以三千八百人駐牛場。勦辦敵黨。檄趙德昌率軍出扛寨、羊場。遏玉華西北。以參將全祖凱。率五百人。駐猴場。都司王國琛率八百人駐龍溪。防軍後。自率楊巖保等三千餘人至省城。人心稍安。敵勢亦少斂。

咸豐十年十一月初一日。趙德光進擊羊場等處敵。促戴鹿芝來會師。時鹿芝方與佘士舉防江外金山寺。因檄團首白瓚、王士翔。生員牆增衡。武生李玉明、石際雲、馬理之等。各率團練交委員左茂森統帶、會師。初擊走羊場扛寨敵至巖底。遇敵先設伏。陣亡團首王士翔。生員牆增衡。武生李玉明、石際雲、馬理之等六人。團練徐天文、王成年、張大明等一百餘人。德光旋率軍馳至。敵敗過江。走上大平。卽分軍破燬沿江各敵黨寨棚。并設防各隘口。以防回竄。

咸豐十一年正月二十一日。賈福保分衆渡小河。破諸隘。進踞羊場。德光屢敗之。福保以衆降。

福保渡小河。敗防營。進陷羊場、平寨。德光、桑錦標分出賀郎村（距府六十餘里）、先攻羊場敵濱。復乘大雨。疾攻平寨營。敵悉棄走。德光再破之。福保旋以衆降。卜登友爲請給六品頂翎。更名復清。令圖敵自效。

咸豐十一年三月十六日。何得勝屠賈復清家屬。

得勝疾復清降。執其母妻子女并殺之。復清憤。率衆渡江。與卜登仲破大小卡、及花牙敵衆。逼王卡。卜登友營江內爲聲援。

咸豐十一年三月。戴鹿芝檄州同段紀傳等援勦金山寺敵。破之。陣亡團練邱德明等十五名。

金山寺敵向宗慶、王超凡等。恃山險路歧。屢出小徑。偷渡江內。紅巖一帶團營。悉受其禍。上年鹿芝與士舉所設防禦。至是乃改防爲攻。先檄州同段紀傳。吏目段佐廉。學正趙克賢等。分率團練。由他道潛進。

令士舉由正面攻入。四路環擊。敵敗遁回玉華山。團練邱德明等十五人陣亡。

咸豐十一年五月十一日。趙德光，卜登友進軍大麻窩。圖王卡。破江外楊司。王卡敵猶固守。

王卡前爲江外楊司地。（距州東北百餘里）、左爲郭家莊。右爲馬龍井。德光以登友駐大麻窩。自進紫沙壩。遣千總何成龍乘夜誘賊出。而以千總葉有貴潛出敵後。火其營。遂破楊司地。德光乘勢下郭家莊、馬龍井。王卡敵衆猶頑強固守。

咸豐十一年七月。欽差大臣兼貴州巡撫提督田興恕。議徵收釐穀捐。并徵仿府兵法。十家養一練。行之。

興恕以軍需繁。捐輸不繼。議定秋穫時。視田穀收入數。以十抽一。多寡衡定之。名釐穀捐。檄官紳分赴各地設局辦理。以候補道員趙國澍總其事。民有不遵。或隱匿規避者。罪之。又照道員韓超所仿府兵法。以十家出資養一練。嗣有謂貧富同一捐資。苦樂不均者。乃改爲按粮攤派。每斗抽錢三百文。以次遞加。

咸豐十一年八月十一日。何得勝固守王卡不出。參將趙德光攻下之。

會敵黨戴大武出降。德光爲請給頂翎。導軍進攻。王卞前以腰籮溪、新寨巖爲門戶。旁則花巖、梯子巖、通大麻窩。均險要。德光遣都司桑錦標。以千人間道出敵後。約卜登友由大麻窩進。又遣軍功賈朝相分攻花巖。而自率軍躡大武後。攻王卡。遊擊崔登高亦由定扒河泅水登山。武及五品軍功張樑等先至腰籮溪。踏肩越牆。斬關延軍入。敵黨驚潰大退新寨巖。軍繼進。登友軍亦自後出。趙德光冒矢石。越新寨突入。敵盡靡。何得勝乘亂由梯子巖逸入上大平。追之不及。拔出難民三千餘人。盡獲輜重。德光以錦標、朝相、登高等分駐腰籮溪。自營王卡。以圖進攻。

咸豐十一年十二月二十二日。上諭。貴州糧儲兵備道韓超。着賞給二品頂戴。署理貴州巡撫。田興恕免署撫職。

穆宗同治元年二月。上諭。有人奏田興恕擁兵玩寇。縱吏殃民一案。田興恕着開去欽差大臣關防。并諭川滇督暨巡撫澈查覆奏。恕仍留提督本職。

按係黔人内閣中書周之翰等奏。

同治元年六月初八日。何得勝結苗衆由冷水河復竄王卡。并分據十三道拐。截德光軍後。德光軍饑不堪用。屢進。復以糧竭回。因力陳窘狀。乞撥白泥羊場釐穀濟軍食。勢稍振。

同治元年八月初九。總兵沈宏富復攻玉華山。破之。敵分走高台，偏刀水等地。

先是宏富率兵攻玉華。糧道被敵阻。退猪場。達遵義團溪。留全祖凱駐猪場。至是宏富復遣軍同全祖凱由袁家渡規玉華山。自率兵至猪場。先擊走桐子坡、香爐山、諸敵。乘夜令祖凱襲取竹冲河。河繞玉華山麓。敵失險。遂奪據之。宏富旋進省城。玉華復失。據甕安志載、自興恕率軍進省、宏富駐軍甕安、將及一載、其黎庶鋒略、既遠不逮興恕、與賊相持、遂日小勝負差抵、而台擊四十八塞、已攻鎖朱、其大牢、軍團食匱、人將相食、勢不可支、商景賜率團至花山、將致死於賊、與沈軍前線夾擊、敵大潰、奔回玉華山、沈軍以食乏、扎移軍至老鵝山就食、糧由遵義運濟、又屢為敵封奪、官軍遂不復振、乃由猪場退開州至省云、按玉華山雖屬甕安、玉華敵一日不靖、開人必寢食不安、故詳記之、

同治元年八月十一日。趙德光破上大平。火之。敵旋據之。

上大平夙倚玉華山。及潘名杰等援應。近掠江內。達逼省垣。德光以玉華山既復。賊失恃。且分出。乃遣張桀山冷水河。攻小卡。游擊彭蓋勛扼王卡。自率死士三百人。由梯子巖進攻夾子拐。深溝懸壁。寬丈餘。因攜木梯猱而升。軍退無路。因併力進。一鼓破之。何得勝已逸。平珠

廣衍。房舍頗多。德光以軍少且多病。難分守。將寨柵房舍悉火之。仍回軍光沙。白泥。羊場敵亦爲趙國澍等擊却。既而德光因病旋省。敵衆復據之。

同治元年九月初一日。何得勝自上大平北走江外青㭎寨（距羊場二十餘里）。敵衆多饑。遣黨西出毛栗莊、白虎莊（州屬地）、令輸穀江外。爲復上大平計。

同治元年九月。趙德光奉令專防王卡、光沙。時糧運艱。軍苦饑。光嘗爲衝鋒陷陣。皆不動心。一聞糧竭。輒爲失措。惟趙國澍等勦江內敵。糧運較便。屢攻敵不下。會張棵等率兵來會。襲破白虎莊。敵潰走棉花渡狗場壩。

同治元年十一月十六日。趙德光圖再取上大平。敗還。外委陸士奇陣歿。所部傷亡頗衆。

德光乘敵出。再襲取上大平。至則敵已有備。引還。德光殿後。敵追擊。外委陸士奇陣歿。遊擊彭蓋勛、軍功羅天佑、王興功、賈必祥、趙永勝、馮士恩、均中創。士卒傷亡甚衆。

同治元年十一月二十六日。團首佘士舉出荆竹勦敵。被圍。戴鹿芝乞援不至。調開修諸團。由落旺河進擊。敵敗。解圍還。

同治元年十二月十六日。江内敵衆走黃精等處。官軍再敗之於十萬溪。江内敵連日西走黃精。桃花寨。南山白泥、羊場。趙國澍遣軍阻擊。敵回小項卡。興恕嚴斥全祖凱等頓兵不進。國澍遣千總張爾祥以數十人夜火黃精敵營。敵衆驚走。追破之小項卡。復北竄開州。扎佐一帶皆驚。韓超、興恕復檄全祖凱馳赴開州援剿。時開州青棡寨敵竄楠木林。距城二十里、黃精、小項卡所餘敵黨。敗竄大谷光。距項卡十五里、國澍等遣軍分擊。敵復竄十萬溪。各軍追圍之。敵夜踰嶺東至河灣。河外敵豫結筏渡之未畢。官軍追至。逼敵半入水。江内敵略清。國澍等分營扼守定扒河、牛渡河、河灣、順巖河、棉花渡。防敵回竄。

同治二年三月初四日。張亮基由川經遵義。接貴州巡撫任。即時奏請免抽釐穀。遵民歡聲雷動。復飭各營分道責成各將。勒限平亂。

同治二年三月二十五日。趙德光晉省陳軍情。聞警馳回光沙營。二月潘名杰既竄據大雨岔河。巴香之北、猶水河受南明河水、亦謂岔河、與何得勝分黨竄洛北。掠尖坡、巴香。處趙德光右。得勝結龍頭寨，青棡寨。玉華山諸敵。遏德光前。德光以二千餘人分扼王卡。拒得勝。扼大麻窩、梁家鋪、岔河，拒潘名杰。又分軍駐洗馬河、台上、甲灣。護糧道。自駐光沙策應。分駐百餘里。糧道遠而多阻。時時苦饑。德光擬請添兵出平越進剿。分敵勢。因晉省陳軍情。會敵分黨圍守備保定基、梁家銷營。至大麻窩。陷軍功黃德正營。越日再陷谷光軍功金殿榮營。悉退光沙。德光聞警馳回。名杰、得勝連營王卡。與趙德光相持。光時出有斬獲。敵集亦衆。糧道亦梗。

同治二年四月。趙德光 趙國澍等上言軍事。陳名勛（一名明忠、麻哈人、前降時、守貴定、）亦陳敵勢於張撫亮基。略云。江外復營非難。守之爲難。誠復光沙、王卡、梁家銷 大麻窩數處。即需三千人駐守。節節進剿。尚需四五千人。由梁家鋪至牛場七十餘里。須二千餘人。方能連營固糧路。此但就中路言也。左青楓寨、玉華山。右壩芒 馬鞍山。亦須分軍四路牽制。庶易得手。否則孤軍直入。無益云云。

陳略云。陳紹虞 何得勝 皆與潘名杰 羅光明、聲氣相通。互爲援應。我軍若右出都勻。則光明據其前。名杰襲其後。左出平越。則得勝據其前。羅光明、藍二壽襲其後。都難得手。若中出貴定。圖麻哈。則名杰據其前。羅、何左右夾擊。更難得手。數年來。敵蹤無常。官軍窮於應付。大都坐此云云。

同治二年四月初十日。江外何得勝等。偷涉棉花渡。陷二龍營。羊場諸團營皆潰。候補道趙國澍陣歿。副將盧培強重創。兵練陣亡千數百人。趙國澍聞敵竄入。急自濫田灣馳回。何得勝率黨偷涉棉花渡。急攻二龍營。時士舉等方扼棉花渡。不料敵衆猝至。由上流偷涉。攀援而上登岸。繞士舉營後。以大股由正面強渡。士舉衝圍出。所餘殘練無多。致二光營被陷。陣亡團練及佐營胡啓坤等男婦五百數十名口。敵復分由大谷龍十萬溪等處。進攻羊場諸團營。力竭潰白泥。陣亡團練張光釗等五六百人。副將盧培強奉檄回援。二十八日與國澍同至小蜡鮓。敵衆逾至。兵練饑疲不能戰。皆奔潰。培強稍後陷於敵。被創仆佯死。敵割其髮去。佯免。國澍退至徐家園（白泥西五里）。越日敵進奔至。國澍力戰陣歿。敵進至水田壩。越三日趙德昌由省城率軍出三江橋。敗敵水田壩。進奔至徐家園。敵勢稍戢。時德光以潘名杰陷貴定舊縣。將乘虛攻壩芒。解龍貴急。殊出東山冷水河。暨改道狗場。均遺敵。張亮基再檄劉元勛勦白泥羊場。敵黨多趨開州。

同治二年六月初一日。戴鹿芝以境內東西北敵竄擾。乞援於趙德昌。

何得勝進據斗山寨。（距州城三十餘里）、昌遣都司商肇淮馳援戰不利。守備袁學先陣亡。敵走圍商營。并分據鼎照。（距州城十五里）何正冠退守朝陽寨。德昌率軍至。敵鋒稍歛。商營圍解。復出擊不利。千總孫德勝陣歿。團練周三元余紹發三十餘人陣亡。德昌逼鼎照而軍。屢攻不下。乃遣遊擊張玉林張德隆乘夜襲斗山寨以處敵。何德勝夜棄鼎照走。德昌遣軍追擊。頗有斬獲。敵衆多出馬江山。（令馮公鎮距城四十里）、旁竄馬胯。竄西望山。（開西距八十餘里）、并遊弋江內外乖西長官司地。張撫亮基以趙德光會攻潘名杰於鼓家坡。狗場等處。頗勝利。乃檄德昌佈防洗馬河。移軍會剿壩芒。

同治二年六月二十四日。張撫以開州急。檄德昌率軍馳援。并檄黔西副將何顯仕來援。老馬寨團首黃安邦叛附敵。我陣亡營官蔣占春。儘先遊擊潘步雲。儘先守備葉盧山。把總王廷福、朱德勝、許同勝、胡占標。六品軍功冷紹學、冷紹臣、羅朝一、翁純禧。從九品翁濟熙。生員牆厚坤。武生牆文鵠。團首陳尊三、余紹明、李光壁、彭懋德、羅德善、陳澤相、吳文相、陳堯模、李玉鳳、王國恩、李秀山、石朝貴、吳文成、黃大茂、官廷資。百長黃天才、鄭玉恩、陳新科、張庚寧、李孝祖、羅天文、謝成貴、葉中福、彭純勛、趙應昂。團練死亡甚衆、時賊攻馬胯團

貴州印刷所承印

叛等堂寨。力拒之。卒以敵斷汲道。老馬寨團首黃安邦叛附敵。團營陷。候選知事商景暘奉檄往營。景暘勦兩路口。同肇淮團攻馬胯河。得勝集苗衆及青楓寨敵黨。復分據涼水井（距城五十五里）。截新馬場（距城六十五里）。千總張占才。守備商景明糧路。景明等坐困。亮基檄參將胡德盛。都司吳正連出中火爐。防敵竄修文。沈宏富亦遣遊擊解占標等援至青堰（距馬場五六里）。肇淮約進勦不赴。旋敵陷占才景明營。并分圍諸營。米糧軍火皆絕。嗣全祖凱馳至。復不進援。淮明連盛標等五營諸軍同陷。討先後陣亡團練宋金明、宋金洪、翁濟源、盧福元、宋南方、汪錫爵、尚喬弟、張喜喜、劉清梓、況苗三、易正雍等各團千餘人。官兵死亡倍之。軍械皆委棄。肇淮等以殘軍奔兩流泉、白馬洞、扎佐。全祖凱猶駐軍洪水。（州西一名三岔河）、坐視諸軍潰敗不知救、時遊擊余士舉與守備胡啟彰等。同拒落旺過江之敵。數戰不利。亦乞援。於是敵勢張甚。

同治二年七月十五日。副將何顯仕援軍至開州。進營三板橋。戰歿。顯仕奉檄時。以黔西綠匪（教匪之一種、由川邊傳至仁懷）、餘孽待搜勦。至是綠匪平。乃率軍至開州。以糧少留軍八百人駐防州城。餘營三板橋。全祖凱亦遣鄒開貴等軍來會。分軍逼石河箐（爲洪水三岔之南）、營胡豆山（板橋西六里）、潰於敵。

顯仕等馳援不利。顯仕以三板橋當敵中。祖凱營洪水擊敵右路。馬江山無軍。狗場壩兩流泉當糧道。慮敵扼要害以蹙我。請分軍駐守。未至而敵入。糧運皆阻。敵因進圍顯仕營。多日。沈宏富始自扎佐遣商肇淮等由狗場壩進援。先一日敵已逼三板橋營。顯仕力戰死。官兵死亡略盡。而黑苗等由扛寨羊場進攻諸壘營甚急。

同治二年九月初六日。何德勝陷開州城。贈按察使司銜候補道權開州知州戴鹿芝死之。妻姚淑人子詠殉。自三板橋營陷。諸軍悉潰。沈洪富由兩流泉退扎佐。僅餘親兵百餘人。附近之一心團。又爲敵牽制。團首周國璋自備之不暇。開州成孤城。守備力薄。時鹿芝以西城當賊衝。與子詠共守。何得勝得內奸晏某通款。潛由北門入。六品軍功朱榮權丁騫。生員蔡毓鍾。與汛兵劉興邦、劉廷高、周遇春。暨團練周士和、李有輝等三十餘人。巷戰陣歿。鹿芝聞警。遽率子詠及親丁直犯敵衆。何得勝慰謝之。鹿芝首撞得勝。大呼速殺我全家。勿傷百姓一人。因被害。子詠同殉。妻姚淑人縊於署內。僕從親兵同死者衆。有謂公聞賊入、擕全家死難、香金朝服坐堂上見敵衆至、大呼曰、速令老何來見我、今日可殺我全家、無傷百姓一人、以墨盒擊賊顱、仇賊乃殺之云、又云得勝後至。素敬鹿芝。因諭羣賊勿妄殺。以故百姓無大傷。并備棺殮公。以公弟鹿榛于儒治喪事。一面索晏某與存城武弁胡某。責武弁以守城不忠。謂晏某誑我。致負殺奸官名。罪均不容死。併誅柩前。晏某行三、名景洪、擒名景清、一說係官軍又殺。

同治二年九月。圍首佘士舉以衆降何得勝。趙德昌遣都司張玉林來援士舉頗嫻於技擊縱跳。其行軍亦多暗與古法合。每臨陣恆以青布包頭。持大砍刀攘臂奮呼。敵聞聲輒多驚靡。以故何得勝喜其英勇有幹略。嘗欲羅致部下。得勝前竄擾三板橋時。卽有以江外餘黨時竊落旺爲攻其所必爭。因闕一隅。致州城不能救。自是乃大舉圍攻士舉營。時士舉仍駐二龍營。初猶率衆拒傷亡衆復苦饑。所恃險與敵共。得勝測士舉將拚命潰圍遁。乃故以一面陽疎其防。實設伏欲生致之。某夜詗悉敵衆圍攻稍懈。遂與啓彰相偕出。竟中敵伏。被擒、縛之何前。啓彰求釋竟殺之。士舉願受戮何撫慰之乃降。時開州之敵出入於江內外者絡繹不絕。東西北三面。均爲敵有。趙德昌遣都司張玉林來援。伺敵退始馳入城。未幾仍退燕子哨。敵更竄羊耶息烽等處。沈洪富潰練皆與合。團練初見衣幟。不敢攖。敵愈肆。經修文知縣白夢蟾諭各團。始截殺之。

同治二年十月。巡撫張亮基奏請卹開州知州戴鹿芝曰。鹿芝居官愷悌。報政廉勤。吏畏其威。民懷其德。知能禦寇。屢蕩鴟張。勇不顧身。曾入虎穴。樹一方之保障。盡瘁殫忠。嬰五載之危城。成仁取義云云。奉上諭追贈按察使司銜。建祠祀。

同治二年十月初一日。何得勝分黨陷修文。竄黔西清鎮西衛。復率開修畝衆及佘士舉晏景清合江外諸股。分道四集。圖厄省城。潘名杰亦出應之。初得勝黨李老冒等。由扎佐襲陷修文縣城。遂分出六廣河。由五里索橋支木渡。竄黔西清鎮鎮西街一帶。進趨省城。得勝率士舉等竄白泥。德光由洗馬河馳援。至麻陽河。楊巖保張樑遊擊崔登高諸軍。已潰於拐二界牌。巖保等奔水田壩。德光連夜馳擊敗敵。以軍孤仍扼麻陽河。敵旋走哨上。上馬場。旁逸扎佐。德昌遣盧培強等援扎佐不克。自率軍禦之。敗退黑石頭。潘名杰復大敗之。德昌退小關。初趙德光以何得勝分黨遠出。其巢穴上大平必虛。裹三日糧。渡清水江。逕大麻窩王卡。潛軍至上大平。會阻雨行遲。爲敵覺。固守不克。時敵黨已分由永樂館大小關茶店進逼省城。亮基飛檄德光馳援。德光先馳至。敗敵紅邊白牙小龍井三江橋。遊擊商肇淮，鄭開貴戰歿。德昌旋退回省。提督沈洪富時駐省城。亮基檄令出禦賊。自率布政使龔自閎。糧道兼按察使承齡。貴西道徐志導以下官紳兵民登陴巡守。并檄在籍臨沅鎮總兵林自清。及羅孝連等星馳赴援。自清率貴祥貴清等馳至。附郭一帶烽火相望。闔城皆驚。亮基揃循諸將。勵軍四出。民衆則具餱糧以待。各軍數出輸戰。輒裹以行。德光自清德昌宏富等。或前或後。或左右擊。皆躬自搏戰。何得勝不得志。始退沙子甯。士舉猶踞三江橋。（距省三十餘里）暗囑所部勿遠進。并通款於德光。趙德光縱擊敵衆於烏當洛灣。分軍擊猪場堡五里橋實闕。安順之舉大錫得檄。亦率軍援清鎮。省城危而稍安。

同治三年正月。署開州知州段紀傳上言。佘士舉降何得勝。實以力弱不敵。爲保身衛民計。近專函自明。願思反正。亮基檄獎士舉。責令反戈圖何得勝以自效。嗣派職員桂芳馳赴開州。會士舉同招得勝降。不至。

同治三年七月。開修諸團請大軍北剿。七月十九日。古州鎮總兵趙德光復開州城。何得勝退江外去。得勝李疤臉等分黨走安平安順。自同佘士舉等退開州。亮基因開修諸團乞大軍剿敵。檄德昌代德光駐貓場。固省南。檄德光會林自清出沙子甯。分出平山牛場。突至修文。敵出不意。悉散走。修城復。自清旋分道出洛邦羊耶。德光橫出扎佐至白馬洞。團衆以德光至。多反正。殺敵來歸。遂攻白安營。（距州城北二十里）、李疤臉及晏景清拒守。自清旋亦至。白安爲賊要道。德光飭得勝將來援。留葉有貴攻白安。自率軍疾馳至開州。十九日復州城。因遏敵援路。得勝屯尖山營。（楊司地）白安敵勢孤。毀營宵遁。自清分軍出馬江山。德光合軍攻尖山。得勝以白安破失勢亦走江外。德光自清進勦。前軍至翁招。亮基檄張樑等移軍白泥羊場。將聚殲之。會光病不果往。自清請撤回不許。光招撫諸寨營。分軍守隘。

同治三年九月。何得勝過河。回竄開州。古州鎮總兵趙德光馳援圍解。余士舉來歸官軍。圖鎮江屯。

何得勝遁河回竄。攻副將賈必祥池有順。遊擊黃德正保定基於燈籠營。（馬田地二十里）桃子窩。（十五里）、營垂陷。德光馳至敗之。敵由東南走。陷唐天佑雞捌坎營。遂據毛家院。（州南二十餘里）圖出底窩壩。（州南四十里）、扎佐。復竄省。德光以隘歧軍少。林自清駐防馬江山。離營久不還。副將葉有貴代守。孤軍慮不支。屢請飭自清回營不至。楊發貴扼全勝營。練多逃亡。至十月何得勝與趙德光相持據癩殼營。（一區中堰境）、李老冒由翁招間道走馬江山。圍葉有貴於白安營。兩日陷之。全勝營白沙壩桃子窩均被圍乞援。得勝復據鼎照。德光追勦。署古州遊擊黃德正乖西副長官劉榮章均歿於陣。幷陣亡團練李文揖等三百餘名。於是老冒自狗場壩走息烽。羊耶團潰多從賊。德光遣有貴等截擊不利。德光破走癩亮營賊。旋率軍遮擊敵衆於兩流泉、狗場、洋水三潮。稟言自以孤軍轉戰。只能及三四十里。不敢遠離開州。慮賊再至。民再受害。必以官軍爲不可恃。將一意從賊。以後欲復有開州、不可得矣。請速飭林自清由扎佐進勦。至二十一日。德光連日撤燈籠營退防白沙坡糧道。敵陷全勝營參將楊發貴來援開州。都司唐萬全暨貢生劉桂榮。劉青藜。生員喻祥麟。周文濤。晏至善。饒錦濤。翁濟和。武生晏誠身。并團練彥玉祿、陳維壽、陳維柏、陳維奄、丁玉山、陳學海等二百八十餘人。同殁於陣。德光屢擊敵衆城西南隅上下光西三角莊。林自清始出美竹箐古隆。敗敵至兩流泉。復進擊燕子甯。敵進攻窰上坪。佘士舉亟圖反正。函約都司高應焯。會軍擊小蔣白菓寨之敵。圖羽招落旺敵營。得勝聞士舉反正怒。集衆將攻士舉營。士舉恐。同援。方士舉命都司胡啓瀛上省自陳降賊不得已情形。并乞援軍。稱不日解賊目入省等語。張撫亮基。再遣候選州同桂芳往按。遇敵鎮江塞乾壩。從者僅四人。被害。鎮江塞諸寨本士舉團。以敵勢強未反正。竟殺害委員。啓瀛在省幾不免。亮基原宥之。復檄張樑援剿。至十二月初一日。林自清同葉有貴進攻窖上坪失利。雲南東川營千總蘇一相。把總郭天錫等同陣歿。時敵分屯白安營。千把銜（一千 白楊）趙德光連敗之。敵走燕子峭。自清禦少却。敵衆大至。自清方力持。諸營不支。先潰退扎佐。把總盧文耀。千總舒得貴，蔣得馨，張江林。候選州同王朝品。從九品李文蔚。生員王禮乾。及團練汪黃狗，林心一等三百數十人同陣歿。德光聞警。率楊發貴進軍何家莊。（州南八十里。）敵屯杉木莊。（州南二十里）、旋攻白沙坡保定苗營。德光馳援擊敗之。旋回。守備楊朝品戰歿。開州圍解。敵仍屯白沙。佘士舉高應煒諸營。尚圖攻鎮江屯。會得勝敗遊擊張玉林於賣酒坡。（距扎佐八里）亮基檄張樑由鎮江屯移箚觀音山。士舉乃乞援於德光。德光以開州事急。令固守待援。應煒與都司高應祥、守備高步廷、軍功高承霖等皆先後伺間遁。士舉力禦二十七日。德光馳援至。敵解去。鎮江屯始下。於是佘士舉歸官軍。偕德光返州城。

同治四年正月。古州鎮總兵趙德光。擒斬叛團晏三（卽章洪）等。何德勝黨多趨江外。

得勝以趙德光守開州不得志。其黨徒多趨江外。德光率副將賈必祥。連毀翁招白菓寨諸賊壘。遣軍同修文生員團首邱光翰等。出上洋水二潮。

開陽縣志 禍變 二十五 貴州印刷所承印

擒叛團晏三（卽章清）獻於軍。德光命斬之。

同治四年四月。蔣榮封黃么騾等。掠至省南附郭馬棚街。趙德光擒榮封斬之。

蔣榮封等掠至馬棚街。趙德光討無所出。乃約德光自開州乾壩河白泥。橫山巴香搗敵巢。敵遁回狗跳巖。光復分擊革蘇口旁皆下。擒榮封斬之。

同治四年九月二十八日。得勝復陷開州城。署知州許其翔走避團首何正冠營。得勝尋棄城。西南趨豬場堡。褫副將葉有貴職。

先是黔西大定。望趙鎮德光援甚切。光得檄馳回。以葉有貴駐防開州。自率軍出六廣河。至是大定等城復。潘名杰何得勝以李文彩益逼省。德光回攻馬營。得勝分竄扎佐清水街。間道出馬脖寺。走薄開州城。護巡撫裕麟。檄池有蓮徐占先扼洋水羊耶鎮道。由雨流泉會修文團赴援。不至。敵得分趨扎佐沙子哨阻鎮道。并陷老馬寨營。團首四品軍功黃吉安陣亡。德光所遣朗洞守備左軍遊擊蔣占鰲。署鎮遠右營千總都司石國泰。清江協左營都司陳冬林。營黃家埡。亦陷。占鰲等失蹤。敵復陷開州城。署知州許其翔走避鼎照團首何正冠營。得勝等比年來屯耕落旺河外轎頂山。秋穫後。輒遣江刼掠。德光故以邑胥葉有貴駐防開州。葉先遁。城中難民僅二十餘戶。不克守。得勝尋棄開州。西南趨猪場堡。上憲以副將葉有貴離城先遁。褫其職。

同治五年正月。何得勝李疤臉許大八等。逼清水街。繞攻佘士舉三星營敗還。

先是得勝於上年十二月。卽攻佘士舉營。屢有接觸。團練死亡每倍於敵。而敵衆我寡。久將不支。士舉乞援貴陽營遊擊傅必勝。得檄往援。不進。食且盡危甚。而敵亦以日久攻稍懈。詗悉何得勝已向轎頂山賀元宵。會士舉生日。先選敢死士二百餘人。刑牲釃酒。誓共死。佯演劇爲慶祝。營之對面有一山。高聳尖峭。登其上。可俯瞰營內一角。素以物障翳之。令故去障。敵憑高阜聚觀。士舉乘機。燃銅炮數十發轟之。敵傷亡頗衆。乃開營門出敢死士直前奮勇衝殺。各練繼之。勢不可當。敵衆披靡。遺尸遍地。敗還。

同治五年三月。張亮基遣開州團紳詹昌惠等赴遵義。乞新任滇撫劉嶽昭暫時留黔。以所部軍過烏江河。剿江內何潘等敵衆。均願出力爲鄉導。嶽昭溫詞撫慰。與以飲食。該團紳等歡欣鼓舞。以爲大亂可平。旋劉撫以滇回警。履任去。

同治五年六月，何得勝李疤臉悉衆出掠。匪首何正冠叛從之。據鼎照。得勝疤臉等。悉衆出掠。許其翔督士舉截擊之。敗退朝陽塞。匪首何正冠叛從敵。據鼎照。亮基遣士舉招之。正冠與有隙。慮其圖己。不至。其翔士舉請尅期兩月克鼎照。月需餉銀千八百兩。迄無功。亮基再遣邱光翰招之。仍不至。

同治六年正月初四日。佘士舉會李忠恕軍赴鴨池河。疏通大路。李忠恕率軍自扎佐息烽養龍。沿途剿撫。中路疏通。遊擊佘士舉同邱文林諶厚榮等。亦拔附近艾子坪諸敵營。餘黨走落旺河去。開修屬午場老胖河洋水三潮尚望山。修文境及中路稍通。惟開州東北境與輸頂山。僅隔一河。敵踞如故。

同治六年六月。張亮基奏烏江難通。而榛蕪滿野。數百里寂無人煙。游匪濫擾。剽奪其間。若無重兵戍守。仍虞通塞靡常。兼之甫歸之民。田廬蕩然。饑饉之餘。人至相食。因遣游擊田興貴一軍領養龍。顧大道。仍令副將李忠恕及佘士舉。剿撫開州敵衆。

同治六年七月初五日。記名提督署理貴州提督古州鎮總兵何德光。敗敵安平蘆荻哨。中伏被害。

初鄭岱敵酋趙缺嘴等。掠楊官屯。車頭堡。蘆荻哨。光聞警疾馳至敗之。晡時德光單騎從數人。躍馬渡河探敵勢。敵倉追避入叢林。發槍中德光。墮馬、敵突出。從人驚潰。敵刳心剔腹。取德光首去。後部將楊嗣基。見敵數人中。有一負棕袋疾走。嗣基追及。悉斃之。啓視棕袋。獲光首。五日後面色猶生。

德光自營光沙王卡。即以綏靖地方爲職志。同治二年、開州城陷。德光更東突西馳。力爲捍衛。及蘆荻哨被害。闔省皆震。士民巷哭。相與爲位。祀若神明。德光驃健善走、追敵常先。敵衆謂爲鐵脚板。而憚之。聞鐵脚板至。率望風披靡。

同治六年七月二十九日。太常寺卿黔人石贊清。奏陳平黔八條。并薦舉貴州提督周達武。久歷戎行。戰功卓著。及四川丁憂候補道員蹇誾。軍事諳練。撫綏協宜。四川候補知府唐炯。忠勤樸實。軍旅素嫺。請任以剿匪軍事。既而以蹇誾帶領安吉忠字各營。復增調川兵數營。以厚兵力。以唐炯帶領川軍八營。并募勁軍一千人。分進。平黃白各號敵衆。唐炯總川軍由綦江進、別遣道員蹇誾、由正安湄潭進、同治六年七月。佘士舉既勒限剿何正冠不下。至是得勝遣軍過綠沙平。援正冠。士舉乃撤中路各兵。合力圖之。中路仍梗。

同治六年九月二十七。欵首何得勝。由中路逕開州同走。死小轎頂山。有云死於上大平、葬青㭎寨、以馬伕十二殉、作疑塚、有云死於龍頭屯、卦黃牛田者、并存之、

同治六年十一月初五日。楚軍李元度。命鄧第武等分攻羅二頂大小尖山。斬白號首何冠一之孫何鳴鳳。何繼述。冠一子老教主劉義順等。遁覃家寨。旋爲楚軍席寶田所破。繼述義順覃崽崽一。遁偏刀水。義順挾立之僞王明月、已被擒斬於覺林寺龍鳳寨、明月本姓張、爲綏陽人、稱號嗣統、在湄潭鑄有銅鈔錢、記崇禎十二代孫、

同治七年正月二十九日。席寶田督軍克大轎頂山。在餘慶黃平之間擒教首石廷士、馬文祖等斬之。餘股走玉華山大轎頂山、旋爲敵有、副將戴榮宗。遊擊滕代榮。進防開州。據真武。卽北極觀山。并規鼎照。何正冠降。

時鼎照欵數敗退。堅守。提督張文德。復撤田與貴自養龍間道來會剿。田與貴與遊擊馮成龍舒善選。攻欵卡。與貴中創退。馮舒均陣歿。文德聞敗。復督林從太等繼進。破其二卡。正冠降。冠故開州生員。久降何得勝者。自是來歸。旋與佘士舉分道過河擊江外欵。正冠出綠沙平。破

抱老頭寨。士舉出沙子河。襲破米坪金山寺。

同治七年二月。何得勝妻黎氏繼起。集玉華山上大平敵衆。拒官軍。黎本平越仲苗。（或云鑪義人）得勝死。繼統其衆。時譚光前已先稱皇帝。號甕安縣文廟爲宮殿即位。欲奪黎氏爲后。黎佯允之。誘入上大平山頂。圍之數匝。絕其水道。譚告哀。乃開一角使下。節節追殺。其精銳銷亡。固以不振。餘如殺人王王超凡。文定王陳紹虞等。或因攻戰連年。或因互相仇害。部屬零落。黎雖起。返照之光。實已呈銷沈之象。故唐劉軍到。成功甚易。

同治七年二月十二日。佘士舉被圍米坪。張文德遣援。士舉軍饑潰。退過河。敵據關刀山。

士舉被圍米坪急。張文德檄正冠馳援。冠遣軍由落旺攻雷破。士舉突圍走關刀山。敵趨小龍潭。攻遊擊宋國楨張樑諸營。文德過江。遣軍馳擊。敵尋走。會在籍延綏鎮總兵汪桂元等。擊之斗蓬巖。把總劉占標與團練陸三吉。徐麻子等二百九十餘員名陣歿。士舉軍饑潰。退過河。敵據關刀山。

同治七年四月初二日。川楚軍合攻偏刀水。敵黨力守。

貴州印刷所承印

川楚軍合攻偪刀水。破楷木圍。水源溝等敵營。水源溝楷木圍。以觀音營黃連壩爲門戶。後負袁家渡。江界河。退結玉華山上大平諸賊。進與偪刀水廟壩賊爲援。觀音營既下。敵之門戶遂失。王超凡退袁家渡。川楚軍合攻偪刀水。敵外援已絕。向成高宗慶于[illegible]與苗衆姜老亮猶力守。

同治七年五月初五。川楚軍攻入偪刀水。擒斬敵之寄信王、軍師、元帥教主等六人。降其黨七八千人。遣散回籍。

楚將彭芝亮。川將劉鶴齡等。分道進攻。鶴齡以開花大炮攻敵壘。敵驚呼爲天炮。甚畏之。遂攻入。擒敵之寄信王田應武。黔陽王何繼述。元帥何發喜、何興儒。軍師、老教主王禮廷。李長俊等斬之。降其徒黨七八千衆。皆免死。薙髮分遣回籍。收向成高等入劉鶴齡營效用。

同治七年五月二十七日。知府唐炯攻玉華山敵衆。平之。開州蕭清。

唐炯以玉華山上大平。前阻老鴉山。東有石阡、餘慶間之大轎頂山。西有開州小轎頂山爲犄角。因分三路進兵。蹇誾率所部出養龍。東踰南望山。同規小轎頂山。并飭佘士舉由綠沙坪進取關刀山。時副將唐天佑破王卡。擒斬敵首柴老冒。引軍至上大坪。與唐部合。四川同知鄧錡。復分軍遣間再克大轎頂山。陣斬石士貴、張義方等。炯出甕南九龍山。安撫而前。進規大上平。川總兵唐大有率、副將唐占鰲、參將劉萬春、劉守德等。先出龍坑渡。襲取大營山。連下雷平、高園。攻至桃子台。軍却。復前。敵潰走青㭎寨。後遣張玉文率降衆五百。自麻池壩破巖坑、勝土而前。再下舊土營。遣降人龐向忠、夜抵小轎頂山。生擒僞王何雙喜等。青㭎寨、龍頭坔等處敵懼。皆出降。炯檄大有、玉文等。即出龍頭坔。會攻上大平。蹇閭駞駐小轎頂山爲聲援。劉鶴齡亦渡江界河。破吳榭平。斬敵首丁紹緣。取白巖、官塘、方塘。直抵玉龔山。炯繼至。遣軍斷敵汲道。并令降人據對山環呼。有弟兄親戚者。悉應聲來歸。敵愈促。劉鶴齡、鄧鴻超、知縣顏佐才、于德楷、張瑞鏞等。乘勢率死士踰險并進。敵文定王知不可守。擒殺人王王超凡以獻。率衆乞降。餘、[illegible]、開將文肅清。據安志云、王超凡即王廷英、向程九引降、要求九給二品頂服、更名成宗、

同治七年六月二十六日。知府唐炯會軍上大平。何黎氏出降。擒劉義順等至成都誅之。

玉華山既復。唐炯檄唐天佑扼王卡。斷敵後。張玉文、唐大有 出大板遏敵前。各軍攻上大平。苗王楊阿九。率黑苗千餘人來爭。官兵奮擊。敗退。官軍復率降衆。乘夜冒雨。疾馳二十里。破巖門關。平果兩隘。

逼敵壘而軍。敵洶懼。伏不敢出。越日。炯遣降人劉俊民。持札入示敵衆。許以不死。於是何得勝妻黎氏。東震王何瑞唐。李文彩等。開關出降。老教主劉義順。知罪在不赦。先與覃崽崽二。間道走。炯遣俊民、文彩等追至楊保河。擒以獻。解回川成都伏誅。再遣文彩赴都勻招降。旋逸去。至是而黄白號平。

附佘士舉事略　士舉字選延。開州前弟里人也。性豪放。喜弄。幼從塾師讀。授以四子六經。多不中程。稍長。私取卜筮星命之書。涉獵玩味。輒不忍釋手。尤好俠義小説。及父母先後卒。更跡弛無羈勒。家故不豐。但喜急人難。人有所求。倒庋垂橐資助之。無遜色。會同里某甲。豐於財。好以膂力迫人。怯懦者受其凌侮。非一人。莫敢誰何。舉知人。心弗善也。一日適與某甲遇於途。道固狹逼。兩不相讓。遂至用武。某殊非舉敵。被舉痛毆垂斃。乃曰。今足爲怯懦輩洩不平也。姑貸爾一死。若不改行須知有佘某在。甲家人訟諸官。必欲得佘而甘心焉。捕之急。舉乃亡命走江湖。恃卜課算命以糊口。益精究拳勇技擊。及行伍部勒等法。越數年。仇家怨稍釋。捕寖衰。乃潛歸鄉里。適兩粵變方熾。各地人民爭爲自衛計。舉出所學。與里中子弟練習之。久之。傾嚮者愈衆。清咸豐三年。省大吏飭各州縣興辦團練。舉爲衆所推。充保民團團首。受任後悉心規畫。搜討軍實。訓練卒伍。較他團爲優。迨石公虎臣蒞州治。鄰縣平甕一帶。土匪教匪。鴟方張。石公以賊氛密邇。宜亟籌防禦策。方足以保境安民。檢閲諸團練。士舉部可用。咸豐七年閏五月。苗教賀洪恩等。得甕安教匪譚光前王廷英等爲內應出藍家關。進陷牛場。復西犯甕安縣城。時石公率士舉團。清查境內教匪。至落旺河邊。平越知州高本仁。請飭石牧渡河。進扼中坪。遏賊旁竄路。并鎮撫高平諸團。令方下。而賊已分由楊義司竄入州境。士舉奉石公令。敗賊落旺河。并得鄉導與團首馬華豐等。進復平越之建中雞場。甕邑牛場等。八年冬石公奉委督辦甕安軍務。時苗教已得玉華山上大平等險要地爲根據。翌年正月初。石公急於剿敵。乃密召各團首來州集議。將乘上元夜。破玉華山諸敵。士舉力請石公坐鎮州城。或在後督師。自願率衆爲前驅。石公弗從。士舉請隨公左右。許之。十一日。師進至中坪。值土賊羅加弟運饟玉華。石公命將截斬之。知玉華敵已有備。急促軍進扼高視。與敵戰。頗有斬獲。十二日。進至楓平五道河之十二拐。敵悉衆突至。

士舉與石公軍被截爲兩段。各陷重圍中。石公遂及於難。士舉以援應不力。愧憤幾不欲生。翼日。我後軍與鄰援均至。獲石公忠骸。棺殮護送至州城。安厝於忠烈廟右側山地。是年八月。獨安城復陷。士舉與各團分扼新士坪諸隘。遏入省路。冬十月。敵攻陷晏章漢三營於小牙寨。州牧鄭公選士。督團馳援。復竄至白馬硐。又襲陷團首馬華豐等營。何得勝、賈福保等復竄踞羊場。咸豐十年。士舉以功遷千總。仍率團練。乃營小江南（即二龍營）、并奉令剿貓貓山、十萬溪賊。進攻大谷光賊火其營。與丹江參將趙德光。會攻拐二、羊場賊。敗之。賊退守不出。旋以荊竹急。命士舉往援。中伏被圍。乞援。戴公鹿芝任開州。乃調集開修各團。由落旺河進擊。士舉突圍出。敗還。同治二年四月、何得勝偷涉棉花渡下流。圍攻二龍營。陷之。死亡甚衆。敵復走攻羊場。并分據斗山寨、鼎照。趙德昌遣將擊之。竄走馬江山、馬膀、兩路口、三板橋一帶。副將何顯仕敗績於三板橋、何德勝於同治二年九月初六日。率衆陷開州城。戴鹿芝死之。自石公戰歿後。何得勝據小轎頂山、作進援江內。并窺省垣計。士舉所部。即以扼守落旺河爲專責。數戰不利。正乞援間。而何得勝已由北路進陷州城。致士舉無暇分兵援應。得勝且迅攻士舉營。復慕其謀勇。設計欲生致之。士舉以撓敗之師。徒守殘破之營壘。爲保身衞民計。遂不惜屈身事敵者數年。段妝伯紀傳、曾代明其心迹。時士舉已進秩遊擊矣。冬十月。何得勝率開修畝、及佘士舉 晏章清等。合江外諸賊、進窺省城。於是永樂堡、大小關、茶店、白牙、三江橋、烏當 落灣。均爲敵有。烽火連天。巡撫張公亮基率兵民登陴守。士舉則駐兵三江橋。遲不進。迨援兵至。何得勝獨同佘士舉退開州。而以李疤臉等分走安平安順。蓋已微窺士舉之隱。故親監之也。厥後士舉果隨衆團反正。苦攻鎮江屯叛部。力拒得勝圍攻。逼何正冠來歸。復力戰金山寺。突圍關刀山。肅清開境餘匪。疏通中路殘敵。事平敘功。記名總兵。即用副將。處危險之時。行權而終歸於正。固不可以匹夫匹婦之爲諒而少之也。至其補助政府。辦理善後。清查田畝。安糧升科。裕國便民。恢復學宮。鳩修書院。捐產益三忠祠祭費、與設義學。啓迪後進諸大端。自非絳灌無文者所可同日語也。士舉美鬚髯。長及胸。白如銀絲。配之以炯炯雙目。年已七十。猶英爽逼人。少壯時之俊偉。可以想見矣。

附唐炯援黔議

烏江自威寧州西來。東北流至酉秀入川境。其南岸爲貴筑、修文、開州、平越、甕安、餘慶、石阡、思州、思南、諸府州縣。其北岸爲黔西、大定、遵義、仁懷、綏陽、湄潭、龍泉、正安、婺川、諸府州縣。而蜀之水、瀘、江、合、綦、南、涪、彭、酉、秀。實與犬牙相錯。黔之下流。自龍貴以達玉屏、青溪。旁及清江、古州、黎平。皆爲苗匪窟宅。而時往來定、廣、麻哈、獨山、諸州。自開州、平越。以達思州、思南。旁及石阡、銅仁。皆爲號匪盤踞。而時往來貴陽、安順。既復渡烏江而北。游弋黔、大、遵義、諸府州。蓋同治二年春以來。貴陽行省。勢成孤絕。而蜀東南不得安枕矣。然而黔寇雖横。要皆起於官吏驅迫。又未見吾大將旗鼓。聽其出沒往來。是以蔓延至於今日。今爲蜀計。非大舉渡江以次掃蕩。黔患終不得平。蜀防終不得撤。何者。黔無重兵厚餉。僅能自守貴陽一城。而牧令又多非人。不有撫綏保障。我軍但於江北攻克一二城。遽爾班師。根株未拔。萌蘖猶存。我軍朝還。賊夕踵至。年復一年。無益於黔。而蜀已困。脫令有腹地震驚。何以禦之。往者果後、奉檄援黔。自仁懷達遵義。止七日程。其時綏湄寇盜。震於蜀軍。延頸以待招撫。劉中丞不自仁懷急進。乃更折繞津綦五越月而後達。而賊已輕其無能爲矣。方其統軍入黔。遵郡團民。相率反正。乃賊攻寨。復不援救。團寨失望。賊遂鴟張。頓兵綏城。逾年後拔。然使其時。乘勝渡江。直指甕安。以與楚軍犄角。則烏江南北。都可次第剷除。失此不赴。乃更拔還蜀邊。遷延歲月。老師糜餉。黔蜀大局。所傷實多。前事之不忘。後事之師也。謂宜以兵二千駐陸廣河。控扼黔大。斷賊抄略。毋使分我兵勢。而重兵直趨湄、甕。則正安、婺川之賊。必斂而歸巢。蜀東不虞侵軼。湄、甕掃蕩。席捲而出荊竹園之背。與楚師并力。荊竹園必拔。既拔荊竹園。分道餘慶、龍泉。鼓行而西。控扼黔、大之師。由修文、開州橫掃而東。更撤黔師。扼清水江以斷苗匪聲援。分別剿撫。以賊攻賊。不過數月。上大平必破。既破上大平。則苗匪之藩籬已抉。然後三省之師。分道張翼。合夔龍、貴。播名傑必授首。而黔之下游苗匪。皆迎刃而解矣。故欲爲蜀生財。莫如節用。欲節用。莫如撤防邊之勇。欲撤防邊之勇。莫如大舉渡江。戡定黔亂。此其事勢相因。利害明白。不待智者而決也。謹議。

又會議

竊查清水江北岸。爲貴陽、龍里、貴定、平越、甕安、都匀、麻哈、清平、黄平、施秉、鎮遠。南岸爲八寨、凱里、丹江、清江、都江、台拱。楚師進鎮、施爲左路　川師進清、黄爲中路。黔師進都匀爲右路。自都匀不守。黔師復沒。既不能戰。又不能守。而龍、貴、平越、縱横數百里。益屬空虚。我軍不得不分兵駐守平、甕。以顧後路糧運。兵力既分。既不能收聚進剿。是以炯前有調虎威寶營之請。繼因楚師進取。尚虚時日。深慮餉源支絀。若急求進攻。懸軍深入。又慮前去後空。轉運益艱。適奉憲批。飭議裁兵節餉。是以復有奏飭周提督率所部會剿之議。謂與其曠日持久。老師匱財。不若一舉告成。罷兵省餉。誠以周提督所部十八營。增此兵力。則縱横盪決。運掉自如。固無須坐待楚師同進也。今越巂川北。既不能遽爾撤防。虎威寶營亦不能即時入黔。勢不能不待楚師會剿。楚師四十餘營。我軍三十餘營。一朝會合。連横而進。以我無前之師。擊彼攜貳之衆。蕞爾苗疆。何難立碎。炯所以謂但得餉需軍火無缺。半年亦可成功者在此。特不可知者天數耳。然竊觀黔省大局。塗炭十餘年。人心既已思治。天心亦將悔禍。雖兵機暫頓於目前。而賊勢終衰於曩日。失此不辦。人民日益亡散。田土日益荒蕪。後雖有十輩過人之才。聚千百萬不匱之餉。恐亦不能如年來川楚辦理之得手。楚邊之受苗害。尤甚於川。餉源支絀。亦較川爲甚。苗疆一日不定。楚邊一日不安枕。邊境一日不得安枕。卽民財民力一日不得休息。其不能不力圖進取。亦勢所必然。愚見應請憲台剴切奏明。并咨商湖南撫憲。同顧大局。三省幸甚。是否有當。伏乞衡奪。

易佩紳去黔雜感詩

自有此天地。卽有此鬼方。苗蠻同覆載。各自安其常。流官肆侵漁。客戶紛奪攘。欺之爲犬豕。逼之爲虎狼。一朝成反噬。官走客戶亡。用兵遂難休。積冤愈爲殃。試數百餘年。幾日無戰場。病不窮其源。投藥安得良

附孔廣[illegible]輓戴鹿芝詩

愁雲黯淡天欲墮。鬼泣黃昏暴骸骼。風雨啾啾夜冥冥。數載孤城摧一夕。卓哉節烈戴祖公。（賊稱先生爲戴老祖公、）七十丈夫聲如戟。矢志誓取賊頭顱。嘔心真注民肝膈。四面疆圻紛蹂躪、一方保障費籌畫、前日單騎入

貴州印刷所承印

賊營。乃以信義化兵革。酋長盡皆下馬拜。魯公豈爲坎庭蛙。入穴出穴意態舒。胸中自有堅定策。幾度背城決死戰。豕竄狠奔急何擇。外援不至食已空。掘鼠羅雀勢窮迫。嗟嗟獨木力莫支。崇朝瓦解響崩剨。我惜捨身以扞城。於今城破身何惜。手揮利劍犁光寒。頭觸鋼叉流血碧。公憤罵賊賊拜公。賊不殺公公不憚。語賊愼勿傷我民。民不可傷身可磔。拚將一死全衆生。浩氣長虹貫日白。馨香梓里祀千秋。凜凜須眉毅魂魄。

德宗光緒十年口月。甕安朱洪竹作亂。敗。率餘黨竄伏宅吉雙鼻洞、把總朱連升・率團首江現魁、劉尚卿、龍玉誠等擒之。解省正法。脅從遣散。

洪竹甕安人。被教首劉義順餘孽所誘惑。以家生紅竹壹竿。當應運崛起。遂招集無賴游民。置器械旗幟。將定期舉事。爲官廳偵悉。遣兵往捕。遏亂萌。洪竹率黨拒官軍。一擊即潰敗。竹率餘黨百餘人、渡州屬角口。經高坪官莊・伏於雙鼻洞內。團衆悉其隱。一面陽爲將順供糧秣。即飛報到州。函把總朱連升、率團首儘先把總劉尚卿。及龍玉誠、江現魁等。分截要隘。絕其糧食。洪竹衆饑。圖出竄。乃遣練目李天龍、楊仕萬、楊仕臣等。於洞口生擒洪竹。解省伏法。解散其脅從。事平。以弭變速。請奬給各出力人員以軍功等職。

宣統三年九月十四日。貴州省城光復。越四日開州應之。知州簡協中。按誅暴民周某。秩序大定。

是年八月十九日。（現定爲十月十日、國慶日）黎元洪等舉義武昌。揭櫫以光復舊物。創立中華民國爲職志。各省響應者衆。貴州省城咨議局各議員。爲避免流血起見。開會請清大吏沈某等以下。順從民意。避位引退。於是貴州省城光復。至十八日。省派代表州人胡天錫、許申之、陶汝㦤等到城。乃宣告反正。公推前署州簡協中（滇人）主持州政。廢學正、吏目、主計員、把總等官。人心初頗浮動。一二日後。竟有在城尋仇挌鬬情事。協中力持鎮靜。某日午。突逮暴民周某置於法。羣情翕然。暴動之風遂息。

中華民國

民國元年二月。滇軍到省城。北防先鋒隊饒某。率隊退開州城。

時夏歷元宵後二日午正。突傳州西于把衙一帶。有軍隊到。方偵察間。軍已入城。始知爲北防先鋒隊。上年冬。曾有一排駐防州城者。其紀律雖不甚嚴。或亦不至爲吾邑禍。以是人心稍定。迄午夜變起。其督帶饒

貴州印刷所承印

某。逕向州署索餉銀數千兩，否則刦州庫款，并刦掠州城內人民。一時羣衆駭然。協中諭團防局長桑榮光（前把總）、與之週旋。一面召集紳耆會議。僉以用武既不足當器械精利之軍隊，况該隊已踞城內。更投鼠忌器。丁糧款已掃解無存。始迫由紳商籌墊銀兩。迫榮光交涉結果。該隊允存留槍枝數十枝。子彈若干發。作州城防禦用。易銀一千數百兩、次日始全隊向遵義方面去。槍彈後仍解省。

民國元年春。州屬乖西正副長官司地。及義里江內外一帶。土匪蜂起。肆意刦掠。村寨。有惡僧某爲之魁。附和者衆。人民不安其生業。初協中於去冬設團防局。以桑榮光任局長。劉榮昌任團練長。選良家子弟編爲二大隊。朝夕訓練。其餉需由城鄉住戶按資攤派。集以充用。至是訓練已精。出城游擊，數閱月次第將股匪肅清、并於揚司之苗子坪地方。將惡僧首從陣斬之。人民稍獲安堵、

民國十一年春三月。定黔軍興、五月。股匪羅某聚衆七八百人。剽掠義里馬場。全場損失甚鉅、匪由遵義安然去，

民國十二年春二月。滇軍迫定黔軍東北走。一時各縣均成無政府狀態。開陽則禹某、李某、金某等軍盤踞。明搶暗奪。綁架勒贖之事。難縷指數

。兩年於茲。吾邑人民。實不勝我生不辰之歎。

民國十八年。黔主席周西成與李燊內戰起。以吾邑爲往來要衝。三閱月。團紳人民。供億頻繁。并遭王吉雲等軍。閉城勒索。不堪其苦。

民國二十一年冬。黔主席毛光翔、王家烈內戰起。四閱月。吾邑變爲潰軍之安宅。土匪之巢穴。垂盡餘生。有朝不保夕之慨。

民國二十四年九月二日。紅軍首領朱德、毛澤東。遣將彭德懷等。率衆十餘萬人。由平、甕經中坪。至落旺河一帶。謠言甚熾。真有風聲鶴唳。草木皆兵之象。民衆驚惶萬狀。逃亡遷徙者。項背相望。幸該軍志不在彈丸下邑。越日。遂率軍移向馬江山、馬場等處。向遵義方面進。經過地方。該軍因饑病、死亡、逃逸者。亦不在少數。富戶之糧食、牲畜、財物。損失不貲。惟各地紳團。被殺戮者尚少。

四月。紅軍全部復由息烽、經白馬硐、洋水、兩流泉、到石牛。維時縣城守兵不過千餘。且係將驕卒惰。未受軍事教育之舊軍隊。器械更窳敗不堪。聞風已覺膽落。賴國軍五十三軍。星馳增援。紅軍乃由窖上坪、出何家莊、抵枇杷哨、趨底窩壩、以達二區羊場。連營縱橫二三十里。烽火彌天。信宿由上馬場向省城方面走、民國二十五年二月六日。紅軍別隊賀龍、蕭克等。率衆數萬人。由平越經大麻窩。至二區羊場。先是。人民聞平越城破。官紳人民被殺戮之慘。均慄慄危懼。以死亡之無日。又傳聞上令縣當局。率全縣人民。遷避烏江北岸。將以吾邑境內作戰場之信。更悲痛於桃源之難覓。幸到二區羊場。即分由修文、六廣、黔西、方面而去。羊場損失。以富戶業契爲多。

民國二十五年七月三十日午夜。股匪彭治倫。突入城。逕襲縣政府。徐縣長健行。倉卒出禦。被匪擊斃。警佐謝匡舫及警團士兵七八人同殁。庫款及鹽所人犯。劫放淨盡。省政府尅即派軍隊剿辦。治倫城區小學畢業。在省保衛團幹部訓練班受訓卒業。曾充本縣教導隊教官。公安隊隊長。入軍隊。漸升至排長。遂習染豪賭揮霍惡習。及被淘汰歸家。無以自存。屢求工作於徐。因地方機關有限。不能遂其慾。恚恨不安。會上峯征用馬疋。徐令送馬至省。治倫中途私賣數疋。綏著究賠治罪。幸免。無顏歸家。乃與匪類結合。便衣混入城中。乘夜闖入縣府。甘冒戕官刦獄。搶掠稅款之事。後數月。被平越縣團隊擊殺於中坪。健行奉公守法。廉潔不苟。爲中央實力達至貴州後開陽第一任好官。縣人公葬於黃壙山。立碣以紀其事。

民國二十七年元月。第四區區長王維楨。被股匪周某襲擊。斃之。馮縣長光模籌防禦之法。派團兵三百餘人。及在鄉軍人伍定儒、張錚、黎樹奎等。分任指揮隊長。前往該區捕剿。賴國軍九十九師某營截擊。將周匪首從二十餘人陣斃之。

民國二十八年二月。黃平屬天文股匪。竄擾宅吉。聯保主任兼隊長趙成榮。率團隊力拒。終以匪衆力竭。被擊斃。迨區公所聞警。派義勇隊馳往援剿。匪已渡河颺去。

民國二十八年。第二區壩子聯保主任羅紹武。被匪乘隙突擊。斃之。

開陽縣志

第七章　建設

第四十一節　塘哨墩鋪

開州塘哨墩鋪之設置。及其因革損益之變遷。文獻不足。難以實指。要於軍事上治安上交通上有若干之因果關係。推其始。又以軍事上之成分爲多。塘哨猶斥堠也。墩足資瞭望。鋪以供驛遞。大較然也。開在設治以前。猶呈部落時代之狀態。軍事政治。咸屬土官。自明末設治。迄於民國初年。皆屬貴陽。亦無獨立之軍事系統。時或有警。甚或戎馬倥偬。其組織之伸縮。自必較平時爲繁密。故現稱某塘、某哨、某墩、某鋪。顧名思義。誠可推知其爲往昔遺痕之留存。而其存廢久暫之原因及時代。不可考矣。然亦有可得而言者。茲略述如次。

(一)塘　開州爲貴陽府防地六汛之一。順治十五年、貴州初入滿清版圖、十七年、改貴州都司曰城守營、設參將、康熙二年、改設副將、八年改游擊置兵千人、厥後屢有增損、王道光十一年、其城守游擊一員駐貴陽、在城中設守備一員、千總二員、把總二員、外委三人、額外外委四人、馬步守兵五百九十四人、除安置塘地之兵七十一人外、在城之兵、實止五百二十三人、、汛地在開州城設把總一員。隸貴陽城守營。游擊。置戰守兵四十一人。其中責在汛守者二十一人。稱汛兵。安置於各塘地者二十人。稱塘兵

◦名塘地以營汎所在州城爲中心點◦自開州南門二十里曰谷撒塘◦又十里曰洗泥塘◦又南出四十五里曰大羊場塘◦又三十里曰棉花塘◦（按出開州東門由僻道東南行六十里、亦可至棉花渡）於此與平越營汎銜接◦自開城東北出九十里曰合口塘◦（於此與遵義甕安接壤、）又出開州北門◦循小道東行四十里◦曰落旺塘◦又三十五里曰龍坑塘◦（自此再五里至新土坪、即與平越營交界、）又自開州出西門◦沿大道行三十里曰兩流泉塘◦又東北行八十五里曰茶山塘◦（於此與遵義協交界、）（自茶山塘僻道東出五十里、亦可至合口塘、）各塘配備塘兵一人至三人不等◦此其大略也◦

（二）舖　舖爲清代勇營編制之一基幹名詞◦每百人謂之一舖◦今開陽之枇杷舖◦燕子舖◦舖上等地◦在昔用兵時間◦嘗駐一舖軍隊在其地◦久之遂以得名-猶何家營◦佘家營等◦咸同之亂◦嘗有人扎營其地◦因相沿以爲名◦實則營者◦從未按照五哨一營之編制◦且每爲人民避難屯聚之所◦不過粗具守禦之設備◦而亦相呼以營◦又一營堅固不必始終屯聚◦住扎於一地◦恆隨環境而迭有遷移◦遷移至彼◦仍名曰營◦之爲名◦亦猶是耳◦

或又曰◦哨猶瞭望也◦後世名曰望哨◦塘兵爲重要據點常駐之兵◦而哨兵則爲有警時臨時設置◦以地方丁壯爲之◦所以補塘兵之不足◦供

消息聯絡之用。有警之時。卽塘兵塘地。亦有增加。故有十里一塘。五里一哨之成語。

（三）墩　墩猶烽火台也。每因山陵土阜。或則聚土築成。今縣城附郭有煙墩鋪。卽其遺制。亦其遺迹也。

（四）鋪　鋪卽驛遞也。時代推移。名詞隨更。其實一也。元有鋪遞之法。而又有巡警急遞之分。皆置兵。謂之鋪司兵。巡警主巡邏城廂內外。稽查奸宄。而急遞則專文移之遞送。其后專存急遞。名日鋪遞。開陽原爲黔北大道。乾隆三年設鋪六。自貴陽而來。在馬蹄關之沙鍋寨。民國劃歸修文、入境。日沙鍋鋪。明洪武朝、大兵平黔、土酋有聚以爲元者、三年而後破、自許家壩追奔至於沙鍋寨、皆殲焉、故日殺鍋、角方言也、卽盡之義、後有村寨、訛日沙鍋云、鋪兵一。又十里至同知衙。鋪兵一。又十里日大廠鋪。鋪兵一。又十里日永興鋪。卽兩流泉也、兩流泉之集日、永興場、故又以名鋪、鋪兵一。又十里日千把。卽今俗稱干柏羊者是也、其地嘗有千把衙門、故日千把衙、訛日干柏羊、鋪兵一。又十里至義州。名本城鋪。鋪兵一。中國里數、向不精確、卽如兩流泉至貴陽、全圖書集成、則日相距八十里、未免太短、而民國初年量者來、詢之、則日二百四十里、無乃又失之太長、今人皆謂兩流至縣城爲三十里、而千把衙得其半、此說始於光道年間、要皆出於估計而已、至道光二十三年。裁汰鋪遞。

而開之六鋪不在裁汰之列。以各鋪皆在黔北大路幹綫上。故保留也。其鋪兵每歲人給米三石六斗。銀三兩六錢。及咸同苗亂。大道梗阻。繞道息烽。由貴陽經息烽以達遵義。較經兩流泉實多三十餘里。當時改道。事出權宜。洎乎事平。此路不復。鋪遞之法亦廢焉

第四十二章　郵政

縣城距省會僅一百餘里。然僻處一隅。不通大道。民多務農。安土重遷。商礦工業。俱不發達。傳遞消息。諸多困難。故在昔官府公文之投遞。最早則由塘哨。亂後多係專差。民商郵信。亦屬如此。至與省會間。則有商販運菜油赴省銷售者。終年不絕。省縣雙方。賴以互通消息。攜兌金錢。俗稱之爲油場每間六日一次、故昔之商販力伕。無異今之郵差矣。

降至清末宣統元年、縣城始開設郵政代辦所。又縣屬第二區羊場。郵局稱爲羊場因市鎮較大。油業發達。亦於民國初年。設置信櫃。兩者皆直隸貴陽郵政管理局。縣城郵路。在昔係由修文屬扎佐代辦所轉發。由彼至此。計約九十餘里。郵班日期。初則六日。繼改三日。至民國二十四年。縣城代辦所改隸息烽郵局。郵路亦改由息烽經縣屬兩流泉而達縣城。每間日一班。並於兩縣中點之兩流泉設信櫃一。現改爲代辦所。自此以後。業務日臻發達。無論信

件、匯兌、包裹。均有進展。根據二十八年郵局發表之統計。開陽收發之郵件。每月均共計三千數百餘件。內計平信收二千四百餘件。發一千二百餘件。號信收陸百餘件、發四百餘件。快信收七十餘件。發三十餘件。航空收三十餘件。發一十餘件。而來往匯兌。亦達三千五百元。收發包裹達四十餘件。每月營業盈餘約一百餘元。故自民國二十六年六月二十日。開陽代辦所卽卽改爲三等郵局。賃房於城內南街辦公、郵路仍由息烽經雨流泉而達縣城。每間日一班。省會消息。隔一日即能收到。至民國二十八年九月一日。經此間郵局呈准管理局。改間日班爲逐日班。郵路仍舊。復聯絡羊場北郵路。與縣城啣接。專差投遞。縣境消息。較前更爲靈通矣。至羊場北代辦所。原係直隸貴陽管理局。其郵路由貴陽局發。經水田壩、新舖、上馬場、自宜各信櫃而達羊場。郵班原爲六日。民國　　乃改設代辦所。每隔五日一班。自二十八年九月一日。改隸開陽郵局後。其綫路則由縣城經枇杷甫、。上馬場。再經新舖、白泥、大頂卡各信櫃而達羊場。又由羊場轉縣城。每四日一班。由郵局增僱郵差專送。雙方消息。已不如昔之困難矣。

近來本縣境內各較大場鎮。如馬江山、馬場、枇杷甫、花梨、及大頂卡等處。均次第開設信櫃。隸屬開陽郵局。而甕安郵路。亦於民國二十六年八月一日。與開陽銜接。由縣城經平越屬中坪。而達甕安縣城。每間日一班。故此間寄發本省東南及東北郵件。不必再由貴陽繞越。多費時日矣。茲將本縣郵局代辦所信櫃設置地點、日期、距離里程、郵班日期。分別列表。以資觀覽焉。

開陽縣班政概況一覽表

名稱	等第	設署地點	距縣城里數	郵班	備考
開陽	三等郵局	縣城南街		逐日一班	由息烽及甕安轉發
花梨	信櫃	花梨	七十里	間日一班	
枇杷哨	信櫃	枇杷哨	三十五里	四日一班	自九月一日後由郵局專差送
馬江山	信櫃	馬江山	四十里	六日一班	每逢縣城場期由該處派人來取

下馬場	信櫃	下馬場	七十里	六日一班	每逢縣城場期由該處派人來取
大項卡	信櫃	大卡項	九十里	四日一班	
羊場北	代辦所	羊場	八十里	四日一班	現隸開陽郵局僱用郵差專送
雨流泉	代辦所	雨流泉	三十里	逐日一班	現隸息烽郵局

附記　本縣計有郵局一、代辦所二、信櫃五、凡縣境東西南北各較大市鎮、均可收發信件、惟大宗匯兌、僅限於郵局小款匯限於辦代所、信櫃則只能收發平號信而已、

第四十三節　電話　附收音機

開陽城鄉電話。於民國十五年十一月奉貴州省長公署訓令籌辦。迄民國十九年元月方底於成。歷時三年有奇。自籌備以至架設竣事。先後籌款一

貴州印刷所承印

萬一千元。然費於購買電料者僅四千二百餘元。其餘六七千元則耗於運費、釐稅、安設費。及歷年開支、往返旅匯費等。及後綫折補修。尋費二千五百元。擴充新綫。另籌八千五百元。總計在二萬二千元矣、今日城鄉晤談。如在一室。消息傳達、極稱便利。然中經幾許波折。實有楮墨所難述者。茲將籌備、架設、設局、擴充、現狀各項經過。分別略述如下。

(一)籌備與架設　開陽城鄉電話。籌備於民國十五年十一月五日。設所專主其事。原期遵照省令。於第一期完成(第一期限至十六年六月底止)、王縣長壬林。於民國十五年十二月。召集紳團開會。由各區籌集大洋八千元。作購備架設之用。初董其事者爲傳培元。數月無功。後易黃鳳藻。再易趙儒。當趙儒時。以款項不敷。於民國十七年十月。由張縣長金鑑。爲增籌二千元。至十八年八月。前籌之款又罄。乃由周縣長鳳池。再爲增籌一千元。共爲一萬一千元。民國十七年。電料始由渝運到。十八年四月。正擬架設。適值本省内戰。政局不甯。因而停頓。是歲十月三日。黔局初定。由電政管理局派工來縣。着手架設。至十九年元月十三日。除原第九區因電綫用罄。獨付闕如外。縣城總機及第一、二、三、四、五、六、七各區。先後完成通話。溯自十五年十一月五日籌備起。至十九年元月十三日完全通話止。歷時三十八月又八日。費款一萬零二百八十三元。縣長七易。（由王林起、至司純慶止、）所長三更。（由傅培元起。至蒲儒止、）時間不可謂不長。費款不可謂不鉅。人力不可謂不多矣。

二設局與增綫　籌備既竣。即遵省令於十九年元月。改組為城鄉電話局（至二十年三月、易名為電話所、改隸建設局管理、）專司機綫　整事宜。月支大洋八十元。（所改後、只支七十元、）由地方財務局支付。籌備所餘電料。即由局接收。保存備用。是年冬季。冰凍亘兩閱月不消。所有電桿。以當日安置過疎。各路電綫相繼斷折。電機即告失靈。除三五兩區。隨時尚能通話外。其餘各區。皆時修時折。中間雖經司縣長純慶。復飭各區籌款二千五百元、修補各區斷折之處。及完成第九區電綫。然以本省軍興。時局不寧之故。款雖陸續收齊。而建修均屬無功。故數年之間。各區猶多未通話。惟有一事足述者。即二十四年紅軍過境。本縣地勢。以時局之需。縣形重要。二十五軍通訊隊駐扎開陽。協助地方。將電綫自息烽城經潘家寨猴雞嶺而修達兩流泉。（第五區區公所所在地、）與本縣電話啣接。藉傳軍事上之重要情報。稍後而貴陽屬上馬場。亦與批杷哨（第三區之區公所所在地、）電話溝通而達縣城。於是省縣兩方消息。均可用電話傳達矣。故三五兩區電話之能隨時修補。不致失靈者。亦即因此。

（三）擴充扼要新綫　民國二十五年七月杪。縣城陷於匪。縣長徐健行被戕。本縣第四、六、七各區。又時受周李諸匪之擾害。剿匪爲當前急務。馮縣長光模到任以後。對電話之整飭甚力。各區原有電話。皆次第修復。以第五區雙土地聯保。爲縣城西南門戶。毗連修文貴陽。素爲匪藪。乃先期架設。俾便防患未然。復於是年十一月。召開紳團會議、商討擴充各區扼要聯保。及架設第四區（即前第九區）、第二區幹路電話。共籌經費八千五百元。分三期由各區繳解地方財務委員會經收。增設二十一路扼要電話新綫。亦分三期架設完竣。後以各區收繳遲滯。又值抗日戰爭發生。電料飛漲。僅將第二第四區幹綫架設完竣。其餘各扼要聯保綫路。僅成功五綫。餘付闕如。尙未達到地方電話網之目的。殊爲憾事耳。

（四）現狀　解縣長幼瑩。於二十七年七月到任後。對電話所本身之整飭。不遺餘力。電話在推進政令上之功能。亦充分表現。至二十八年元月。因緊縮地方支出，將電話所歸併第三科兼辦。除置必須之員工外。前設所長等職。一併裁撤。節樽之款。指定作補充電料之用。年僅開支

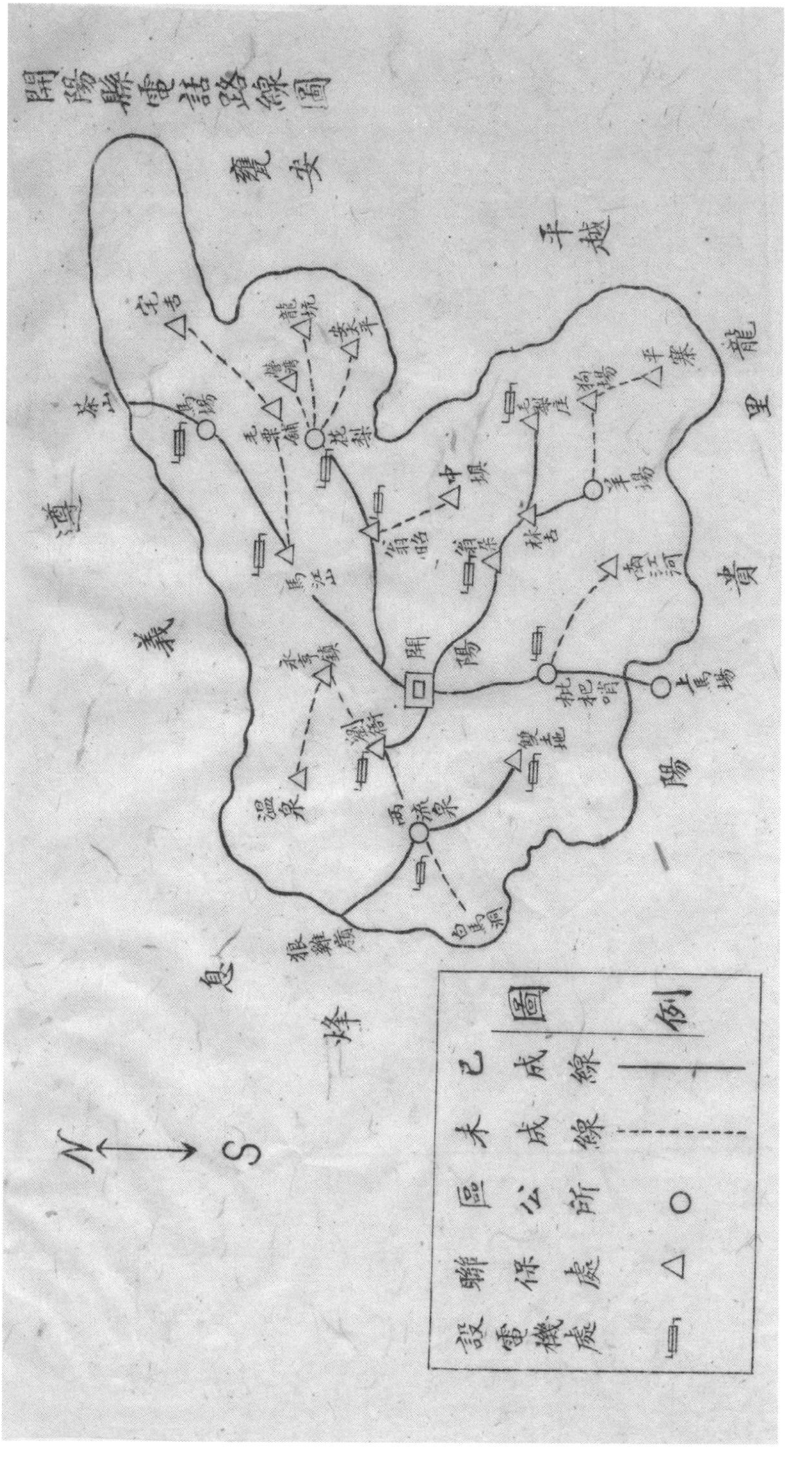
開陽縣電話路線圖
甕安
平越
龍里
貴陽
遵義
息烽
開陽
圖例
已成線
未成線
區公所
聯保處
設電機處

一千三百餘元。電料亦在其內。其裨益地方電政。實屬不尠。刻本十計有德國十門總電機一部。新式西門子分機四部。舊式西門子分機縣二部。共有分機十六部。分配於各區區公所、及扼要聯保辦公處管理。民用電話。則以經費不充。尚未設置。全縣單綫植桿。計由縣城向東至翁朵綫。長四十里。由翁朵至羊場綫。長四十里。又由林古轉茅蘆鄉綫。長四十里。由縣城向南至批杷哨綫。長三十五里。又展長至貴陽屬上馬場綫。長二十里。向西經劉衙至兩流泉綫。長十五里。展長由開息交界之猴雞嶺長十二里。再由兩流泉轉雙土地綫。長十五里。由縣城向北至馬江山線。長四十里。再展長至下馬場線。長三十里。由縣城向東北至翁昭線。長四十里。再展長至花梨線。長三十里。統計全縣線路。共長三百七十七里。所掛均係單線。茲將電機設署地點、線路、里程、未成線路。作圖如下。

附收音機

開陽對外一切消息。向賴省中日報爲傳播。自七七以還。外患日亟。地方人士以日報遲滯。均感消息不靈。情形隔膜。亟有安設收音機。俾能直接收取各地播音之必要。乃於二十六年秋。經縣政會議議决。由各區籌集款項七百元。交電話所購置。隨即在省購獲四燈收音機一部。於十一月五日安置完成。耗資二百餘元。可收受南京、上海、漢口、長沙、廣州、成都、昆明各地播音。將近半年。後因電料高漲。無法購買。乃暫停止。至二十八年。貴州教育廳爲發展民衆教育計。配發本縣民衆教育館六燈收音機一部。較前者音波爲長。惟尚未安置。刻本縣計有收音機二部。將來電料低落。即爲安設。直接收受各地播音。對本縣民教前途。實裨益匪淺也。

第四十四節　道路

開陽自昔年川黔大路改道息烽後。已成爲貴陽東北偏僻縣分。然以置州已久。礦藏又富。貴陽遵義。南北毗連。溯既往之舊途。闢將來之新道。亦自有其天然地位。玆分公路、大路、廢路、將來鐵路、鄉鎮路、市街路六項。述之如左。

（一）公路　計勘定者一。擬定者三。支線四。共八線。

（甲）開修線、由縣城達修文之狗場。接川黔公路。經過雙流鎮、白馬洞、同知衙。長約六十里。民國十八年勘定。因周李內鬨。周主席西成西路陣亡。省政府改組擱淺。二十五年、徐縣長健行。已備齊工具。調集民工。殊先一日彭治倫封城狀官。又復停頓。二十六年馮縣長只修成西郊外路坯一公里。不過勉爲其難。樹之先聲而已。此路西接黔川公路。達修文。可與黔大畢聯絡。東經甕安平越。接黔湘公路。爲本縣貨物出入湘川雲南。不必繞道貴陽之捷徑。

(乙)開甕線、由縣城達平越之中坪。經過翁昭、洛旺河、轎頂山腳、約七十里。由中坪達甕安縣城。接甕越公路。與黔湘公路銜接。合開修線爲本縣橫的幹路。

(丙)開貴線、由縣城達貴陽之馬場。經過枇杷哨、猴場、約五十里。接貴陽水田壩公路。凡本縣物產。銷售貴陽者。均由此路輸運。

(丁)開遵線、由縣城達遵義之尙稽場。經過馬江山、馬場、至茶山關。約八十里。凡開陽物產。運銷川省。川省貨物。運售本縣。胥由此路。此線與開貴線爲本縣縱的幹線。

(戊)開息線、由雙流鎮分一支綫經用砂壩達息烽之羊朗。長約二十里。

(己)羊場綫、由猴場分一支綫達二區之羊場。長約五十餘里。由羊場可東至平寨。達平越。

(庚)宅吉線、由馬場分一支線達宅吉。長約三十里。可延展至角口河。通遵義、甕安。

(辛)花梨線、由落旺渡分一支線達花梨•米坪•龍坑。長約五十餘里、

(二)大路

(甲)遵義路、由縣城北門。經石頭寨、馬田、王必、林廣、馬江山、十字路、牛角坡、雨路口、涼水井、頭道河、馬場現改由馬場經楠木渡而達尙稽道路較前者爲平而短。彭家寨、青楓堡、茶山關、渡過烏江北岸。達尙稽場。長九十里。由馬場經乾溪、官莊、宅吉、水麻窩、龍井溝、洪興寨、船坪、至大角口渡。可達遵義甕安。長約三十餘里。

(乙)貴陽路、由縣城南門。經耳環屯、高粱吊、谷撒新場、枇杷哨、洗泥壩、把關、達馬場。長六十里。

(丙)扎佐路、由縣城南門。經打鐵甸、魚上坡、杉木莊、揚柳莊、雙土地、燕子甸、光堵河、達修文之長田板掌。長四十五里。

(丁)息烽路、由縣城西門。經坑竹壩、夾山朧、干柏衙、石牛、陶家

壩雨流泉、古哲溪、用沙壩、猨雞嶺、達牛邊街。長五十里。均係指出境言、

(戊)羊場路、由縣城東門。經頂壩、馬家店、腳盆岔、南貢渡、林古、谷光、新寨、至羊場。長七十里。由羊場東。可達平越、甕安。南可達龍里、貴定。

(己)中坪路、由縣城北門。經洞上、桃子窩、箐口、翁昭、殺牛溝、落旺渡、石家卡、達中坪。長八十里

(庚)四區路、由落旺渡。經菜子溝、蘇家寨、花梨、高池、官田壩、水頭寨、米坪、甕橋、達清水口。長四十里。由米坪經泥池、石安寨、龍坑、安太平、狗場、達平甕界。長五十餘里。

(三)廢路　明季貴州北境。以烏江為界。開州為毗連川邊要區。形勢重要。貴陽至川大路。取道開州。故有河防道之設。有總兵官之設。道光以前。遵義貴陽交通。取道開州西境。自茶山關渡江而南。經過青坭坳、彭家寨、馬場、新馬場、頭道河、涼水井兩路口、左走開州城、右走永興多白馬硐、銀廠、漆園、劉家寨、三合場、銀廠河、三板橋、狗場、白楊井、核桃坪、老董場、觀音水、茅栗山、乾龍洞、永興場即雨流泉

貴陽印刷所承印

、當時水銀產量極盛、鹽巾水銀在此集散、江西商人、運棉花布疋至此售賣、購買水銀到漢口、每多水銀出口、平均在五百餘担以上、山王廟、黃金樹、涼水井、白馬洞、為水銀產場大本營、有居民千餘家、礦工數萬人、以八大家字號為最著名、號曰八大號、騾馬莊、涼風台、至此出開陽境、順興場、葛馬、三里、以達修文屬之扎佐。咸同之亂。此路梗阻。改道息烽。光緒初。大亂既平。當道修理中路。以此道廢置已久。遍處荊棘。棄而不顧。然鹽路仍循此道。宣統時始全廢。

(四)將來鐵路線　將來建築川黔鐵路。由遵義達貴陽。基於施工經濟之原則。以取道本縣西境為宜。由遵義渡過大塘口後。經三岔、興隆場、石笋河、三合場、三板橋、狗場、雨流泉、白馬洞、同知衙、至修文狗場。此路線較之過烏江渡、經息烽。有四便。

(甲)道路平坦。係順本縣左支山脈。循銀廠河兩岸而行。並無高山峻嶺之阻。施工較易。

(乙)較之息烽烏江渡。縮短路程三十餘里。

(丙)大塘口河面寬闊。水流不急。江中有巖石橫亙。冬季水涸。則呈露水面。俗謂石龍過江。為天然橋基。

(丁)兩岸不高。由山谷中繞行。可平上鐵橋。無鑿巖掘邃之煩。以近來建築烏江鐵橋之難而言。不惟將來鐵路線有採取此地之必要。即黔川公路幹線。亦有改築此道之可能。至沿線汞鑛豐富。農產衆多。尤其餘事。民國十六年。周主席西成建築黔川公路時。紳耆鍾鴻書。曾具書陳述於建廳。卒以烏江息烽路線。業經勘定。礙難更張。遂寢其事。

（五）鄉鎮路

（甲）第一區所屬者。由枇杷甸北行。經谷撒新場、高梁吊、耳環屯、達縣城聯保。再東北達馬田。東達翁昭。至落旺河。東北達頂方、頂壩。東北經脚盆坡、比京、翁朵、達中壩。東經主仲、翁初、達南江河。南經猴場、達馬頭寨。東達甸上。

（乙）第二區所屬者。由羊場南經頂卡達壩子新場。西北經谷光林古達南貢。東北經大石壩達茅壚。至棉花渡。東由馬頭寨達狗場。又達高寨平寨。至大兩汊河。

（丙）第三區所屬者。由馬場北達茶山關楠木渡青龍渡。東北達宅吉。再經水麻窩、龍井溝、洪興寨、達大角口渡。東南經潘家寨達五台山。至清水口。西經谷坪、達中火爐。由兩路口南達毛栗舖。

西南達馬江山、三合場思毛平。

（丁）第四區所屬者。由米坪南經蘇家寨、菜子溝、達落旺渡。北經官池、高田壩、達營屯。再北達米坪。東經剪溪、高樓、磨平、達修平及狗場。由狗場轉而北。經安太平、口巖、達龍坑。至羅旺渡。

（戊）第五區所屬者。由兩流泉東經陶家壩、石牛、干百衙、達縣城。東南經荊竹坪、快下、雙土地、燕子甯、達光堵河、新堡子。南經格舊、鹿子窩、達白馬洞新寨、同知衙。北經列馬山、玉皇觀、軒轅寺、達洋水新場。沿河行。經大水溝、茶園坡、牛肝冲、至大壩田、洪水營。再經羅耳寨、鳳巖、三岔直至大塘口。由兩流泉東北。經八字溝、觀音水、劉衙鄉、再經練扎、黃白井、達狗場。至三板橋、銀廠河。

（六）市街路

（甲）縣城市街。原爲亂石鑲砌。凹凸不一。一遇久雨。瘤泥瀦水。隨處皆是。不惟有害清潔衛生。即市容亦殊礙觀瞻。民國二十二年。縣長傅啓均、改修。中間舖三尺寬石板路一線。兩旁觔由住戶自行修理。計自上丁字口、至方家巷西頭、二十八丈。方家巷至體育街口四十六丈。再至百壽坊二十五丈。由上丁字口至南門月城九十六丈。上丁字口至下丁字口。二十七丈。過街樓至龍井坎三十丈。共約二百五六十丈。共去工料約一千五百餘元。統一街、下東街、及小街巷、未及修理。傳即卸去。

(乙)羊場市街。全長二百一十丈。已修一百三十一丈。寬三丈二尺。上段中間、係石板鑲砌。下段爲碎石修築。初於萬曆四年、里人漆僅、漆中等倡修。民國二十七年。區長廖文正組織市街整理委員會複修

(丙)馬場市街。長六十五丈。寬三丈五尺。係亂石修築。洪武時、里人楊、常等姓倡修

(丁)馮公鎮市街。長七十四丈。寬一丈七尺。用亂石鑲砌。雍正三年里人黎昂等倡修。民國二十五年隊長周紹南重修。

(戊)雨流泉市街。萬曆三十八年。土官劉灝開場時修築。乾嘉間商務繁盛。人煙稠密。大街長一百四十丈。寬七丈。街後兩旁小街巷十餘條。均經修理。後里人戴氏致仕歸家。捐資改修。自大龍井

開陽縣志

出大街。直下至壽佛寺。面前一段。鋪以石板。輔以亂石。民國初年翻修一次

第四十五節　工廠

本縣交通不便。工廠落後。又以物產不豐。所以紡織製造。皆停滯於家庭小手工業狀態中。向無籌集多金。創辦大規模之企業者。當清末時。里人李香池等。有鑒本縣紅茶品質。不遜江浙。而出產又豐。可飼養山蠶之橡樹。亦隨處皆有。乃提議舉辦繭茶事業。製成出品。運銷於外。藉補地方漏巵。一時附和者衆。醵金至數千兩。成立開陽繭茶公司一所。是爲本縣工廠之嚆矢焉。惟公司內。除製繭繅絲部分。以無機械人材。未曾開工外。計前後製成紅茶磚數萬斤。形式分方圓二種。圓者最佳。方者次之。曾運銷上海。漢口各地。甚得好評。價值亦優。後以李香池離縣。公司組織不良。經手人從中舞弊。因而解體。殊爲憾事焉。

平民工廠　民國四年。本縣佛教支會成立。設會址於縣城北極觀。聚集僧衆甚多。名爲闡揚佛法。實則爲一二狡黠者。藉會斂集各廟財產。居心把持。當被縣知事唐積福。燭破奸隱。召其首事者嚴爲詰責。復加勸誨。命本我佛施濟宏旨。將籌集之金。爲地方舉辦一種有益羣衆事業

。以弭前愆。渠等無詞。乃由唐商酌地方公意。飭該會籌資自辦平民工廠一所。收集地方失業男女。赴廠工作。以示提倡工業之意。其收付盈虧。皆由會自辦理。地方並不過問。辦理數月。因經理不良。組織欠妥。卽無形瓦解。而該會本身。不久亦歸諸消滅。

民生工廠　自平民工廠瓦解後。念餘年來。竟不再聞有工廠之名。卽以名片之微。亦須赴省。方能印刷。他可知矣。民國二十六年。馮縣長光模。以我縣工業不振。實非環境之限制。顧無人提倡舉辦。以示範嚆耳。乃積極籌備資金。擬設民生工廠一所。欲藉公家創辦之效果。以爲地方倡。是年冬。卽擬具計劃書。呈報建設廳核准備案後。着手籌備。所需資金。時已籌備近千元。乃決定按照計劃。先行辦理印刷。二十七年元月。石印機件材料。由遵購運到縣。設工廠於縣城北極觀。設營業處於南街。二月內卽開始工作。出品營業。開陽民生工廠。卽正式宣告成立。

該廠擬辦業務。共分六門。一印刷、二紡織、三縫紉、四製茶、五木器、六竹草器。原擬以兩月爲期。開辦一門。後因經費困難。竟未按期另辦。至二十七年九月。解縣長幼瑩復呈准建設廳。將建設餘款七百四十餘元。移作擴充紡織部。二十八年二月。紡織機件設備完成。始行動工。故該廠現營業務。僅有石印紡織兩門。其餘縫紉等四門。尙有待經費之擴充設備焉。

至工廠所有資金。計第一次在財委會領獲法幣八百六十五元。內除開辦費及購置石印機一部。與工作零件。去洋五百四十元零六角五分。下餘三百二十三元五角。即作石印刷材料費。（亦即活動金）、第二次領獲建設廳餘款七百四十餘元。除購置鐵機二架及零件、去洋三百四十餘元外。下餘四百元。購獲細紗二十股、即作紡織材料費。總計該廠材料費。共爲七百二十三元五角。

該廠月支經費。在二十八年二月以前。照核定章則。原係以廠養廠。故除廠長一員薪給二十元。係向地方財委會支領外。其餘職工。均係由廠自行支給。據該廠呈報。自二十七年二月起。至二十八年二月止全年營業情形。收支兩抵。不敷一百七十餘元。自二十八年三月起、至七月止。因增如紡織部營業盈餘。收支兩抵。尚盈餘一百元。足見辦理部門愈多。其營業範圍愈大。而盈餘自然優厚。以後果能按照計劃。六門次第舉辦。則工廠前途。正未艾也。

按抄該廠計劃書如下

(一)緒言

開陽交通梗阻。生產落後。本府爲謀振興地方實業。調濟民生起見。特依據奉頒法令。並參酌地方情形。詳切規劃。創辦民生工廠。謹將籌設計劃分述於後。

(二)廠址

(1)指定縣城北極觀。略加修整爲廠址

(2)指定前同善社舊地。略加修整爲營業處。

(三)擬辦業務

(1)印刷　印製各種石印物品。

(2)紡織　織造各種花白寬布。及線絨、毛襪、巾毯等。

(3)縫紉　製造中西式樣服裝。及一切用品。

(4)製茶　收買本縣產茶。製後裝樣。大宗批發。

(5)木器　製造一切家用器具。

(6)竹草器　製造一切竹草用器及草履等。

(四)經費

（甲）預備費

（1）購三號石印機一架。加購石板一塊。及添購零件。估計需洋二百八十元。

（2）購大縫紉機一架。添購零件。估計需洋一百八十元。

（3）購織襪機兩架。織布鐵機四架。估計需洋三百六十元。

（4）購製茶機四套。購製竹草機二具、各十套。估計需洋八十元。

（5）修繕費及購其他用具。估計需一百元。以上五項。估計需洋一千元。

（乙）流動資金

（1）印刷材料三百元。

（2）紡織材料四百元。

（3）製茶材料四百元。

（4）縫紉材料四百元。

（5）木器材料二百元。

（6）竹草器材料一百元。

以上六項共合資金一千八百元。

(五)辦理步驟

辦理各項業務。分三期進行。

(1)在開辦第一二兩月爲第一期。完成印刷、紡織業務。

(2)在開辦之第三四兩月爲第二期。完成縫紉、製茶業務。

(3)在開辦第五六兩月爲第三期。完成木器、竹草器等業務。

第四十六節　農林場

開陽多山。地少平疇。縣境之内。欲得一縱横十餘里之平原。可稱絕無。且地勢高寒。雨量欠充。故農事不盛。出產未豐。一般農民。對農業上之知識。仍多墨守成法。不思改進。每年產品。除供本縣之需外。輸出甚少。漏卮難填。民國初年。嚴禁種煙。民間生計。頓感困難。全省官紳。皆主提倡蠶桑。以求秪補。本縣始有農業試驗場及桑區之設立。專重栽桑養蠶。惟牽於他故。成效殊尠。民國十九年以後。又有農事試驗場、中山紀念林場、及苗圃之設。皆所以指導農民。開通風氣。以求振興地方實業。增加生產。意至善也。茲將其組織經過。分別略述如下。

(一)農業試驗場　民國四五年間。改良農業。提倡蠶桑之議。貴州全省。

貴州印刷所承印

皆風起雲湧。積極進行。時知開陽縣事唐積福。乃於民國五年四月。成立農業試驗場一所。（試驗地址、在縣署後山上、辦公處、在城隍廟內）設場長一員。養蠶主任一員。勞工二人。以改良種植。注重蠶桑。發明繅絲新法爲宗旨。作全縣倡導。惟當時風氣未開。人多守舊。對改良新法。印象甚淺。且經費奇絀。設備未固。該場成立數月。所謂改良種植。固未舉辦。即蠶桑事業。亦只分發桑秧蠶種於各區。轉發民間種植飼養。場內用新法飼蠶。以爲模範而已。故爲時未久。該場即告停止。然事雖不成。而人民對蠶桑之利。亦略有影響。且爲本縣農場之先聲焉。

（二）桑區　本省多山素稱貧瘠。自罌粟盛時。人民競相栽種。生計之資全賴乎此。民國五六年。煙禁厲行。財源驟絕。又無他項生產物以資抵補。計民間日用布、帛、食鹽等。皆仰給他省。年約值一千三四百萬元。而本省輸出物品。如大木、桐油、絲綢等。所入不過三四百萬元。（據貴州全省蠶桑計劃書所載）、出入兩抵。相差甚鉅。欲謀抵補罌粟之利。一般觀察。莫若蠶桑之爲速。故政府籌劃於上。各縣推行於下。先由栽桑着手。次及養蠶繅絲。乃由省署擬定普及貴州全省蠶桑計劃書。頒發各縣。分期五年。（自民國五年十月起、至民國十年九月止）、按年育苗栽桑。以期普及民間

◎自行種植◎全省設籌辦蠶桑總局一◎直隸省長公署◎總攬本省蠶桑一切應興革事宜◎各縣設桑區一所◎蠶桑管理員一◎工人若干◎受蠶桑總局之監督指揮◎辦理縣境育苗、栽桑、飼蠶、繅絲諸端◎並依縣行政之等級◎於兩年內栽足額定桑株◎開陽爲二等縣◎應栽四萬五千株◎民國六年春◎先栽一萬株◎七年春◎栽足三萬五千株◎不得短少◎桑區應設附城二十里以內之荒熟公地◎若土質不敷◎或不適◎則藉用民荒◎縣城爲首善之區◎易興觀感◎乃用舊日試驗場地址（縣署後山）、作小規模之栽種◎以爲示範◎桑區辦事地址◎則設距縣城西十五里之劉氏私有荒地面積約有二百五十畝◎照每畝栽桑二百五十株計◎可栽桑六萬株◎復自建茅屋數椽◎以資員工食宿◎各縣蠶桑經費◎分經常、臨時兩門◎按照計劃◎每縣五年◎合計約需洋二千九百三十元、至四千七百三十元◎由各縣就地自籌◎並須於第一年將第五年應需之數籌定◎開陽桑區經費◎籌自各區廟款◎由桑區按月向地方經費局支用◎至各區辦理蠶桑事業◎則由縣署分發奉頒貴州課桑章程◎飭各區調查氣候土質◎督促民間廣種棉、麻、桐、漆、茶、蠟、青棡等物◎若適合栽桑地區◎則桑區所育桑秧◎應由各區勒令民戶認栽◎期於民國八、

九、十年內。分期按成領秧栽齊。自行培溉保護。日後派員查驗。如有違誤懈怠。每株罰金一角。區團敷衍者。予以百元以下之罰金。足見當日政府。顧念民生提倡蠶桑之苦心矣。民國十年春。縣署復將去歲飭令桑區育成桑秧三十五萬株。分發各區民間。以期推廣。所有桑樹栽培法。及領種桑苗暫行章程。課桑處罰規則。亦由縣署印製。分發各區佈告張貼。期其收效。惟自民國八年後。本省煙禁復開。民多趨之。不甚重視。結果成活無幾。及後滇軍入黔。政局杌隉。變化瞬息。而種植罌粟之風復大熾。政府亦視此爲籌集鉅款之捷徑。蠶桑之利。早已棄諸腦後。不再措意。延至民國十四年。桑區卽告撤廢。積年經營。化爲烏有。舊日桑區作物。建設成績。已淹沒於荒煙蔓草中。蹤跡難尋矣。

（三）農事試驗及中山紀念林場　自桑區撤銷。日後雖有實業局之設置。然亦無法推進。民國十八年冬。縣府奉貴州農工廳轉農礦部之訓令。以農事試驗場（初名農業試驗場）、爲改良農業之指導機關。必須遍設各地。切實進行。而後指導之功。方能普及。凡各縣未設置者。須從速籌設。已設立而內容欠完備者。應力加整頓。以興實業。而利民生。飭本省速具報。惟當時以經費無着。致未進行。迨至十九年六月。復奉省府籌訓令。嚴限成立。並附發農場組織大綱。以爲準的。而昭劃一。功令森嚴。不容稍緩。縣府乃飭建設局（此時實業局已改今名）、負責。尋覓地點。擬具預算。尅期籌備成立。所需經費。即由地方財政局籌撥。建設局仍採定縣府後山爲場址。計地約有五畝。並擬定開辦經費預算、及經常開支呈報。計需開辦費七百四十餘元。月支經常費爲九十五元。當經縣府核准。然以開辦費過鉅。財局無法籌措。而又延擱。適得縣民許某罰金四百元。即移作該場開辦費。其年縣府又奉令籌設各縣中山紀念林場。建設局以地方經費奇絀。難於另設。乃由農場兼辦。亦經呈准農鑛廳核准。隨即遴選合格人員。呈請委任。直至民國二十年三月。本縣農林場始遵章組織成立。計設兼場長一員。管理員、書記、工頭各一人。長工四名。伕役一名。惟月支經常費。經縣政會議核減爲八十元。該場辦公地址。即假城隍廟餘屋。略加修理應用。前領罰金、已足敷用。自此以後農林兩場。即依擬定實施計劃。受縣府建設局之指揮監督。逐步推進矣。

（四）農林場圃　農林場雖有月支經常費。（原爲八十元、後減爲六十元）、而事業費則無專年五月。乃成立森林苗圃管理處一所。然規模甚狹。無可足述。迨至款撥用。故辦理數年。生氣奄奄。成績殊鮮。民國二十三年。各縣奉令裁局併科。建設事業。併入第三科辦理。農林場即告廢止。二十五二十五年秋。馮縣長光模。以農林場圃爲振興地方實業之倡導機關。不可久廢。乃呈送更正二十五年林場圃計劃。及建設經費歲出入概算書。於省府建設廳。經核准。將地方建設經費移作場圃之用。乃擇定距城東三里外之奎星閣公有荒地爲場址。共計面積約十五畝。復遵照省頒各縣農林場圃擴充整理標準。劃農林場圃面積各五畝。自二十五年十一月起。修葺場舍。籌備成立。至二十六年二月。由縣府技士負責。採集籽種。實施春季墾種　造林、育苗工作。並於外區適中地址。如翁昭、羊場、批杷哨等處。由縣府指定畝數。飭各區自行造林。以爲民間示範。計全縣造林面積共爲二百畝。然奉行者少。敷衍者多。並以本年春季亢旱。雨暘失時。結果欠佳。惟場圃作物。因指導得人。經費較充。故是年春季墾種之除蟲菊、玉蜀黍、菸草、苜蓿、大豆、蔬菜、花卉等農作物。成績皆好。只棉作物因遭旱蟲病害。生長不良。至林場造林。則有油桐、松　杉三種。均因旱害。發育不佳。

苗圃育苗。則有烏桕、油桐。臭椿生長最茂。餘則次之。育成之苗。業經分發各區具領。分發民間。是項墾種成績。亦呈報建廳備案。深蒙獎許。據此以觀。則本縣氣候土質。對於有利之重要農林作物。多屬相宜。惜昔年倡導不力。民皆守舊。不敢試種。以求改進而已。至場圃組織。其實施工作指導者爲縣府技士。受縣長及第三科長之指揮。負責主辦。不另設場長管理員等職員。農場有長工三名（原係二名、後增一名）。苗圃有工頭一名。長工二名。林場工作。則由農場長工兼之。外有臨工若干。則於每年二、三、九、十各月工作緊忙時僱用。他如籽種肥料。農具開墾等費。俱列概算書內。據縣府二十七年二月內呈報建廳歲出概算書載。全年所需農林經費。其經常開支爲八百零六元。併入雜支、培修、預備各費。共爲一千零四十六元。即以地方實有建設專款收入數目。平均分配。而農林經費。則佔百分之五十以上。用符規定。又同年所報農林場圃實施計劃。二十六年度農場面積。擬增爲十五畝。苗圃面積擬增爲三十畝。中山紀念林場擬增爲十五畝。在本年度擬種作物。培育苗木。植樹種類。及所需數量、面積、株數、時期、地點。均經詳加計劃。呈報備案。然自抗戰發生、年來因其他急要工作。負責技士。時被調遣他去服務。未獲完全達到預期目的。現場圖組織經費。仍如往昔。時局稍定。負責有人。自能依照原擬計劃。逐步實施矣。

第四十七節　水利

開陽有清水河烏江。環繞縣境東北。南貢河橫貫南部。得水之利。自當獨厚。然山嶺重疊。河身低下。地少平疇。田成梯狀。故得河灌溉之功少。溪流之利多。若以全縣水旱田相較。則水田不過十分之二三。旱久雨涸。束手無策。他如塘堰溝渠。開修甚少。水車亦鮮設備。故開陽水利。除磨米水碾外。餘實愧不敢言。年來因政府顧念農村。飭各縣成立農田水利委員會。以資提倡。開陽復連年苦旱。秋成歉薄。民間較爲覺悟。已知講求水利。而備荒旱矣。茲將各區僅有水利。分別略述如后。

第一區

（一）塘堰

（甲）菱角堰　在縣城西門外約二里。廣可數十丈。深約丈許。堰之吐口處爲水河。流入西門出北門。再順東流入洞。水量雖不甚豐。然附郭千餘畝稻田。皆賴之灌溉。水碾十餘架。亦藉其推引。惜遇久旱。則有枯涸之虞也。

(乙)謎堰　在運治聯保屬哨上。據傳係文姓所闢。現屬謎姓私有。故稱謎家大堰。廣約百餘丈。深約一二丈。周圍砌礎以石塊。蓄水尚豐。哨上稻田百餘畝。皆賴以灌養

(丙)乾塘．在清禾聯保屬之壟司。塘之面積約數十畝。附近居民昔則利其蓄水。爲灌田磨米之用。近年久旱。塘水兩側枯涸。變爲沃土。故被人開爲稻田。即以中心之水灌養。惟其性質。乃屬公有。主權迄今未定也。

(二)溝渠

(甲)底窩壩平寨溝　在清禾聯保屬底窩壩左側。分引南貢河上流水源入溝、溝長百餘丈。闊約三尺餘。於水頭寨上築壩。順河下流。水量充足。灌養平寨百餘畝稻田而有餘。兩側以石砌成。工程尚大。因年湮代遠。其創修年月姓名已不可考。至養溝、培修、分水等辦法。尚稱妥當。少有爭執。故平寨稻田。因得溝水之利。荒旱無慮。能收兩季。在當地價值獨昂。

(乙)孫青溝　底窩壩稻田。土質肥沃。地勢平坦。爲開陽全縣僅有之

平疇。合計平地及兩山稻田不下六千畝。惟水源太小。南貢河身太低。不能上引灌溉。一遇久旱。束手無策。民國二十六年夏五月。各地春耕已畢。而底窩壩多數田畝。尚龜裂待雨。故農人因爭水偷水之糾葛。日必數起。時該區區長楊贄因公到此。覩此情形。乃與該處聯保主任涂希蓮及地方紳首。提議修溝。深得多數贊成。經數次調查地勢。測量水準。確悉大河太低。無法導引。溯流至馬場河下流之孫家莊。（再下則與大河會）、水準始高。由此築壩開溝下引至底窩壩中部左側之青山溝。長約十里。旁開側溝分引。可灌田約二千餘田。若上中兩部得此水灌養。下部亦無憂水乏矣。後由區所擬定章則。成立水利委員分會。推舉負責人員。呈報縣府轉呈建設廳備案。並請派員指導。皆蒙批准。至開工經費民工。則先確查水流能及各戶田畝花挑。編爲第號。再爲估計所需經費。以每十挑暫繳洋壹元伍角。交水委分會備用。民工由業戶輪流征調。至功竣爲止。籌備數月。至二十七年元月開工。建廳及縣府於二月間派員親赴該處視察指導。其土方工程。尚稱順利。惟中有艱險石工數十丈。溝由石壁上開鑿。工經兩易。方獲成功。該段所需工程爲最大。至四月中全溝告成。十分之八已能通水。隽將抵田壩一段。因臨工疏略。水準轉高。未能全體通暢。正擬疏濬完成。乃因他故延置。計此溝共長五百六十餘丈。闊約三尺餘。土工佔十分之七。石工佔其三。據水委分會宣佈。收獲開修費爲五百六十元零七角。征調民工三千四百餘名。費時三月餘。刻雖功虧一簣。若能於短時間內續修。則民間餘勇可賈。完成亦甚易也。

（三）水車　沿底窩壩河流至枇杷哨下。兩側均有借急流引水灌田之筒車（係以竹筒取水）、約計二十餘架。又本區龍中聯保屬之翁昭小河。亦有筒車數架。惟用人力推挽之龍骨車。因價值較昂。農家鮮有設備者。

（四）水箱

本區運治聯保屬南江河一帶。有私人經營之鐵廠數家。其煅鐵高爐。地位多係沿河設置。若離河流高者。則用人力扯箱。鼓氣煉鑛。離河低而能利用水流之力者。則用水扯箱。以其費力少。而火力均勻也。計該處用水扯箱者。有主堵、穿洞、南江河二堰等三處。

（五）水碾　本區合計有大小水碾二百二十三架。故磨米尚稱便利。民間以谷壹挑（約五市斗）起碾。不過取卡米一升。作碾房工食而已。

第二區

（一）塘堰

（甲）大水塘　距羊場約十里。爲龍德聯保所屬。塘在村寨後。寨即以此得名。形爲長方廣可二十餘丈。深約丈餘。然蓄水不甚豐。故可灌溉之田不過數十畝。開掘年月。已不可知。塘水現爲公有。

（二）溝渠

（甲）營盤溝　羊場壩子。素爲著名。亦開陽僅有之平疇。惜無水源。田少土多。在昔罌粟盛時。人皆競種。獲利頗豐。水利素未講求。刻因政府厲行禁政。收入頓絕。土內兩季作物。僅爲菜子、包谷。實不及稻田收入。乃有提倡修整營盤溝之議。溝距場不過二三里。在前清雍正時。貴州布政使陳德榮。奏請借用官帑。於羊場壩開溝築壩。與貴陽之定扒寨、貴筑之鄭官堡同時開辦。是爲羊場開溝之始。至咸同苗亂之時。居民又嘗築提曰營盤溝。意謂亂時可用爲壕。以供防禦。及飲料之用（壕子內甚缺水）、平時可資灌溉。

溝水自上流數里之拐二大坡起。將河身墊高。俾能引水入壩。使成良田。惟上流之水。雖昔日曾開修一部份。竟未通暢而廢。迄今壩內土溝。遺痕宛然。尚有蹤跡可尋。故地方人士。擬將此溝加以疏濬。完成前人未竟之功。然又有主張改道他處者。議論紛紜。無所成就。

(三)水碾　全區計有水碾一百六十七架。然以茅雲聯保·溪谷較多·稻田土質亦好。故水碾特別發達。

第三區

(一)堰塘

(甲)兩路口大堰　在馮三聯保屬兩路口。堰夾兩山間。狹長數十丈。爲馬江山小河下流。然河水被沿途分引。至此已不甚大。故僅能灌用百餘畝。

(乙)鴨子塘　又名水淹盪。在臨黃飛聯保屬甕枕戶南。廣約十畝。蓄水尚豐。在初原爲稻田。經水沖後始成現狀。鄉人即利用蓄水。灌溉附近田地。約可數十畝。

(丙)觀音塘　在太楠聯保屬觀音硐附近。地勢低窪。溪水多匯於此。

貴州印刷所承印

廣約數十畝。深度未測。塘水常常渾濁。足見下面水流急湍。水源甚豐。如經人工開鑿。加以整理。不惟可灌溉附近及大寨官田壩等處。尚可另闢荒地。增加水田數百畝。

（二）溝渠

（甲）兩岔河　兩岔河為龍口、馬場兩小河在雲台寺脚相匯後之總稱。龍口河由下王比、龍堰發源。經馬場東面入橫坡附近。與馬場河會。馬場河則發源於涼水井。上流稱頭道河。經馬場後。過蜈蚣橋。下青岩頭。與龍口河匯流至黃李莊。水即暗流入洞。於茶山入烏江。沿河一帶。均屬稻田。約計萬餘畝。土質亦佳。又得茲河灌溉。不特為第三區精華。且為開陽全縣富庶之區。富戶皆集中於此。而田價更高出全縣。故茲河之賜。良為不尠也。至水利規約。沿河農民。為免分水發生爭執。故有分水關之設。其法如有田一壩。須分水成三溝灌養。則將河水分處。立一石水關。形如長限。由鑿石縫為三。水注其中。三溝皆須水平均。則石縫寬度一致。石縫則有寬窄之分。而一溝之水。又有分班灌養之別。此雖民間一種水利制度。然尚完美無爭。縣境各地。亦多如此。

特附及之。

(三)水車　本區得水之利較多。大河水流甚低。故無筒車之設。餘爲龍骨車。式分兩種。一用手挽。一用足踏。每具約需洋二三十元不等。

(四)水碾　全區計有水碾一百三十一架。分佈各聯保。惟宅吉聯保。溪水甚少。故水碾僅有石盆井一架之水稍大。餘則有多不能用。民間磨米。多用牛挽。或以人拉。及以石臼杵米者。

第四區

(一)塘堰

(甲)米坪官堰　在米營聯保屬高官壩。係攔米坪小河築壩作堰。引水開溝。用以灌田。水量甚大。可養稻田不下千畝。產米豐富。故有米坪之稱。素爲第四區精華。堰屬公有。

(二)溝渠

(甲)乾溪溝　在隆安聯保屬新場。長約三十丈。寬約數尺。係當地農民用人工開挖成溝引水。惟水量不大。僅能灌田數十畝。

(三)水碾　本區計有水碾八十六架。然以坪平聯保爲最多。龍坑雖毗連烏江。而河身太低。毫無水利可言也。

第五區

本區位於縣境西北。地質多數磽薄。氣候高寒。礦產雖豐。農業不旺。溪流雖有。水利難言。無論塘堰溝渠水車。俱少設備。只水碾一項。全區計有百餘架。磨米尚足。敷用。據地方人談。附近雨流泉之蘆槁壩。乃屬平疇。廣袤數百畝。近山麓處有水流出。若能加以疏濬。依勢導引。則昔日荒地。未嘗不能變爲良田。故第五區水利未開發者尚多。實有待地方人士之提倡。官府之督促也。

第四十八節　義渡

開陽三面環江。一方通陸。烏江自西南經修文、息烽入境。爲本縣東北天然縣界。清水河由南向東北流。經龍里、貴定、平越。復入本縣境匯入烏江。南貢河亦由西向東。橫貫本縣南部。至棉花渡下與清水河匯。故本縣除西南一部。及第四區（原稱江外）外。江流所經·卽爲天然縣界。因而河流渡口。亦卽通達外縣必經要道。惟渡口雖多。義渡甚少。其餘私渡。商賈往來。必須索取渡資。茲將本縣義渡創始年月、姓名、經費、組織等。分別敘述於下。私渡則略而不論。

（一）茶山義渡　茶山渡在縣城東北八十五里。距第三區馬場僅十五里。爲本縣通達遵義、四川要道。在昔播州隸蜀。且爲邊陲重地。河防要區。後爲本縣川鹽入口處　故在縣境義渡中。以其歷史爲最早。據明崇禎二年建修茶山義渡碑記。開闢遠在明天啓年間。崇禎元年。復由坐鎮紅邊新土茶山等處提督漢夷官兵參將何某。及委管茶山稅張文登。守備謝體授、黃大粱等。捐資命匠。創建渡路。崎嶇始成康衢。然渡口初開。仍屬私船私渡。（修建渡路石碑、字跡已多湮滅、係嵌於老路右傍下流之巖壁、往來者不便見之、）至清乾隆年間。因渡夫需索太甚。行旅苦之。據傳聞係遵屬人張文。激於義憤。與州屬人彭國相、陶登榜。於乾隆十八年。勸捐兩岸富戶。共得銀四百三十兩。置買田產二百挑。給贍渡夫工食。始克成爲義渡。嗣因黔亂。兵興日久。渡田多荒。渡夫口食無出。又滋需索之弊。同治十三年。乃由縣人黃天貴、羅聖泉等。欲繼承先人創辦遺志。五具公呈於知開州事龍聲洋。得撥給何亂後義里乏業四百挑。添設渡田。連前共爲六百挑。每年贍給渡夫口糧淨谷四十八市石。逐年錠換船隻。則由遵開稅局。每月幫錢兩千文。（遵義一千二百文、開陽八百文、）於同治十三年起。由渡夫按月收領。兩岸卽以幫項收入。輪流錠換渡船。勿得溷亂推諉。並將渡田田型、坵畝。丁糧、租佃地名、條規。勒石刊碑。以垂久遠。茶山義渡之基礎。方獲穩固。流傳至今不廢。刻此渡實收谷花二百四十挑。以米十八石分雇船夫三名。每名六石。換船仍照舊規。遵屬尙稽。開屬馬場經理首士。隔年各錠換大小船二隻。數十年來。循此無異。惟茶山渡口之通道。係由馬場側方數里之地橫過。不經街市。尙稽亦屬如此。民國二十七年冬。地方人士欲市街繁榮。乃提議改道楠木渡。直達馬場。並徵得尙稽同意。訂立條約。雙方各員負責改修本境渡路。不得延誤。復呈准開陽縣府備案。本縣修路費用。預算原爲一千五百元。係向富戶勸指。計得千元左右。實收僅六百餘元。於二十八年元月踩定線路。動工修建。民工由各保征調。石工出資僱用。至舊曆三月十六日。舉行落成典禮。新造渡船大小二隻。亦於是日入水。開遵參與人士甚多。盛極一時。改路出力人員。本縣爲楊景賢、蕭晉康、車致達等八人。惟茶山渡來源已久。人多便之。且至馬江山較爲捷近。現雖封閉渡口。然商旅往來者仍多。故須相當時日。楠木新渡方能代之而興。成爲通道也。

茶山義渡碑記此乃第三次建修碑記、尙有第一二次紀事、因碑爲風雨剝蝕、殘缺不明、難於稽考、故未抄、

賞戴花翎在任儘先補用府特授開州正堂龔爲添設渡田。永禁需費

。以便往來事。原茶山渡口。爲黔蜀通衢。開遵兩岸。向設義渡。各有渡田。給贍渡夫。從不敢需索錢文。嗣因兵興日久。渡田多荒。渡夫口食無資。遂滋需索之害。若不及時經理。保無由少訛多。往來病涉。伊於胡底。本州下車。即訪飭義里首人黃天貴、生員羅聖全、團民謝秀烈、傅占之等。查明情因。設法禁止。茲據稟復。茶山渡原係義渡。渡田係本處先年首人。各出捐資。置買田畝、興設。給贍渡夫。屢年給米二十一石。素無餘糧有積。荒旱年歲。首人屢募捐近渡鄉戶。以足二十一石之數。每歲修換船隻。開屬錠造之季。不得向遵邑幫派分文。遵邑錠造之季。亦不得向開邑索取幫項。至期各錠製。遵義有遵義錢糧錠製。輪流錠製。輪流錠換。毋得涸亂推諉。老義渡田共二型。計花二百挑。田甫墾荒。人力不加。抽分無幾。實不能敷給渡夫口食。稟請作主施行等語。除批示外。於附近該處存業官田。撥出楠木等戶之田。出花四百挑。連原渡田二百挑。仍由該處首人。輪流經管。每年抽獲花挑。給渡夫去米谷每年給淨谷四十八石。該首人於每年交替。經管明白。呈賬備案。遇有駝馬過渡。踏壞船隻。

每跪馬准渡夫取錢八文。空馬騎馬毋得索取。一面移知遵義。合行刊碑。以垂久遠。爲此示仰茶山渡往來商販民苗。及渡夫等知悉。現已請添設渡田多處。除渡田坐落地名。及田型花挑數目刊列。自十三年正月初一日起。仍爲義渡。永禁需索錢文。倘敢陽奉陰違。許行人即投首人鳴究。該首人立將水手送案。以憑嚴懲。該首人等務須留心清理。交替賬目總要明白。永無侵漁之弊。利濟萬人。惠流千載。功德無量。勉之慎之。無違特示。

同治十三年十二月十三日（碑後尚有新舊首人姓名、及渡田田型坵畝、因冗未錄、）

（二）大角口義渡（一名合渡口）距縣城約九十餘里。去第三區宅吉聯保屬約十五里之兩江會合處。曰大角口渡。蓋遵義小河（即湘江、）與湄潭羊巖河相匯後。至此而流入烏江也。渡江向左。則至遵屬之三星場。向右。則至甕屬之猪場。故此渡與開、遵、甕三縣接壤。且爲交通要道。在昔渡口碼頭。被李、（甕人）嚴、（甕人）崔、（開人）田四姓據爲私渡。需索往來民商渡資又無專人應役。若遇急事。徒涉則有滅頂濡首之虞。防礙交通實大。後由本屬人江現才、楊芳春、江現魁。遵屬人劉永昌、萬仲才、羅甸邦、劉文富。甕屬人嚴士芳、楊孔麟、劉仁宣等。申請憲府州邑批准。將大角口私渡。改爲義渡。苦勸四姓。捐捨碼頭入公。皆獲如願。乃募化功德。買置田產。作渡夫工食。及造船建屋之用。輪派三屬公正値年首士經理。計自前淸光緒戊寅年冬。鳩工修築道路、碼頭、屋舍、船隻。至乙酉年冬落成竣工。歷時七載。費銀二千餘兩。三屬人士。均有捐輸。計購置及捐助產業。年可分谷花三十六石。渡夫住房九間。渡夫則由李、嚴、崔三姓世守勿替。以示優待。每年工食。建修費用。即由收入租谷動支。並將規條十則。及府縣批札等勒碑刊書。以垂久遠。迄於今日。此渡仍按舊章辦理。渡田無缺。未爲地方豪強土劣所把持呑蝕。亦云幸矣。此渡成後。不特三屬沿河居民。遍從稱便。即往來商旅。得茲利濟。可免徒涉輕生之慮。茲將貴州全省布政使司批示。抄錄於下。以明原委焉。

合口義渡碑記

署理貴州全省布政使司松、爲給示刊碑。以垂久遠事。案據開州屬民江現才、楊芳春、江現魁。遵義屬民劉永昌、萬仲才、羅甸邦、劉文富。甕安屬民嚴士芳、楊孔麟、劉仁宣等稟稱。竊查合口渡。乃開州、遵義、甕安三州縣接壤插花之地。向有李、嚴崔、田四姓之人。自備船隻。渡送過往行人初則賴此營生。後竟據爲私渡。相沿已久。凡經出該處往來者。不惟水手勒索渡資。抑且時或無人在渡。撑舟應役。以致過往行人。多有望洋之阻。設有緊忙。急於過渡者。甚至輕生涉水。隨波淹沒。在所不免。民等世居河邊。睹此情形。實堪憫惻。茲民等再四苦勸四姓之人。均皆同心好義。合志急公。情願將私渡永遠改爲公渡。由民等集腋捐資。修理道路碼頭船隻。另僱妥實渡夫。住宿河岸。日夜在渡應役。並募化功德。置買產業。以作渡夫工食。及歲修船隻之用。輪派公正値年首事經理。以期久遠。惟事當創始。尤須慎終。但恐日久弊生。三屬之內。或有豪強痞棍。營私把持。從中染指漁利。廢此義舉。稟懇賞給扎示。勒石刊碑。永遠遵守。利濟行人。等情到司。據此。本署司查。捐設義渡。以利濟行人。實屬善舉可嘉。除批准、並扎飭開州、遵義、甕安三縣遵照外。合亟出示曉諭。爲此仰該首民等遵照。即便集腋捐資。修理道路

碼頭船隻。另僱妥實渡夫。日夜在渡應役。並置買產業。以作渡夫工食。及歲修船隻之用。輪派公正値年首事經理。以期久

達。毋許豪強痞棍。營私把持。從中漁利染指。卽將此示諭勒石刋碑。竪立河岸。永遠遵守。毋違。此示。示諭刋碑。竪立合口渡兩岸遵照。光緒七年六月二十二日（合口渡除此碑外、尚有縣府批扎、及公議規條十則、渡田地名丘塊、修建費、均經勒石、復編有合口渡紀事一冊詳載、茲從略、）

（三）清水口義渡　清水口義渡。距縣城約八十里。爲清水河匯入烏江處。由此渡江而東。可達甕安境。但非交通要道。僅有渡船渡夫各一。在昔本爲私渡。光緒初年。始由縣屬宅吉人江現魁創舉。募集資金。購獲田產五十挑。以爲渡夫工食。修造船隻。則由兩岸附近居民籌集。亦立石刋碑。以爲紀念。渡田現係田升堂經管。

（四）龍坑義渡　龍坑渡在第四區東北。與甕安接壤。距縣城約九十里。爲烏江下流。渡江卽達甕安縣境。（乃本縣最低窪之地、氣候溫暖、）沿江再下。爲袁家渡、孫家渡矣。現有船田八十挑。分在開甕兩岸。爲縣屬第四區人吳德魁譚啓勛等創辦。並捐助私人產業。成此義舉。以作渡夫工食。創始於民國十二年。

（五）新南義渡　新南渡在清水河下流。距清水口不遠。爲第三區毛栗鋪聯保、與第四區米坪聯保往來通道。在昔亦屬私渡。民國七年。由毛栗鎭居民蔡文清。將渡口捐出。並倡義集資。購田八十挑。交渡夫耕食。遂成義渡。惟造船用費。則由第四區附近居民籌募。

（六）落旺河義渡　溯新南龍坡而上。則爲落旺河義渡。距縣城約五十里。渡江卽爲本縣第四區轄境。再前可通平、甕、黄、鎭各縣。亦交通要道也。小轎頂山雄峙江岸。拾級而登。約計十里。可達山頂。咸同之間。苗首何得勝卽據爲營壘。與官軍對峙焉。渡口江面較闊。水流亦平。惟中有巨石。水漲湍險。渡送艱危。開渡昉自何年。日久莫知。相傳爲附近孫、謝、吳、柏等八姓私渡。輪值取資。甚且輾轉當賣珍爲利藪。若遇春夏雨多。水漲流急。則需索更甚。商旅苦之。前清光緒十五年。知州事胡壁。訪知其情。乃與思外總甲吳朝錦。及楊司總甲汪天倫　魯正颺　李天洪等。商改義渡又得八姓內之孫啓樑。亦心非各姓勒索之所爲。自願捐其一份作義渡。其餘七姓。經知州胡壁恍之以法。誨之以義。皆感愧聽命。遂倡捐集款。改建義渡。先後計獲租花二百四十二挑半。實收乾谷五十三石四斗。由縣發給印册。交值年首人轉給兩岸渡夫二名收取。以作工食。捐獲銀數。共爲三百零九兩四錢。除購買田業。修造船隻。及兩岸渡夫住房。商旅休憩涼亭

（東岸曰日升、西岸曰月恒）等費外。下餘銀五十兩。即放借生息。每年息銀十兩。由值年首人收存。每三年之內。鏇造渡船兩隻。又捐募田業中之荒蕪者。俟墾齊後。由首士收租。於每年二、八月作清查會議酒資。據聞墾齊後可獲谷十五挑。俗所謂酒資田是也。惟前數年已併入作造船之用矣。知州胡壁所擬義渡章程。募銀數目。田業花挑坵塊四至。捐助人姓名等。均勒石刊碑。豎諸東岸。以垂久遠。東岸涼亭。雖爲紅軍過境所燬。而碑碣猶存。刻兩岸渡夫。仍各一人。其每年工食租花。仍照舊收取無異。經手息銀造船者。係倡首人吳朝錦之後。渡夫分住兩岸。每六日輪班一次。船隻隨班停泊本岸。故在本縣義渡中。除茶山外。其經費組識。皆較各渡爲優。茲將知州胡壁所撰碑文。抄錄於后。以明本渡原起。誌不忘焉。

落旺河義渡碑記

夫爲政在便民。民苟便。□□當勇爲之。設義渡。濟行人。亦便民之一端也。州屬落旺河。自省城南明河蜿蜒而下。直達烏江。爲遠近往來要道。河闊溜平。中有巨石。水漲湍險。渡者危焉。河設有船。相傳爲附近八姓之渡。輪值取資。不知始自何時。日

貴州印刷所承印

久弊叢。輾轉當賣。視爲膏腴。春夏雨多。河盈溜急。需索更甚
。非填其壑。嘗不得渡。耽時日。費川資。敢怒而不敢言。其不
便民也久也。余屢任訪知。思有以易之。口示限以數意。與者無
多。而受者獲益。庶兩便歟。今春。余友口口見待渡者如麻。其
弊猶昔也。歸爲言之。歷歷如繪。噫。爲政之不可因陋就簡也如
是哉。嗣因公至彼。復詳加諮訪。得八姓主名。內有孫啓樑者。
心非各姓所行。每輪值。分文無所取。余心異之。會總甲吳朝錦
來謁。以改義渡商之。慨捐百金田以助。余欣然。立傳八姓人至
。先命孫啓樑起立。奬其好義。餘悉命環跪。始怵以法。繼導以
義。咸感愧願聽命。余遂倡捐集款。改建義渡。幸各紳耆悉嘉余
志。不兩月事成。復悉心釐訂章程。通稟各憲備案。以餘資建兩
亭於河之東西岸。爲待渡者休憩之所。並避風雨。功竣。從諸紳
請。書其事於石。昔子產乘輿濟人溱洧。子輿氏譏其惠而不知爲
政。予惟古人。具經大經濟。其利賴羣生。澤流百世。奚啻什百
於濟梁道路。偶務小惠。指摘隨之。實責備賢者之義。余何敢忘
希古人。是非鮮當。輕重失宜。不便民之事。不知凡幾。藉茲一

葦之航。俾行旅往來。無需索留難之苦。於平日多不便民者。下獲此便民之一舉。聊以補過。起予與氏告之。或不以責名鄉責偶吏歟。

知州事零陵桐琴胡壁撰。　大清光緒十五年己丑孟秋。

落旺河首人（楊司總甲）汪天倫（恩外貢生）吳朝錦（楊司總甲）魯正颺　李天洪（廩膳生）吳家林孫啓樑（里長）晏國清王儒魁奉諭勒石（此碑共計五獎、併記立案原文、捐募銀兩田產人姓名、花挑數目、址塊四至、及釐訂各種章程、因繁未抄。）

（七）南貢河南江河義渡　南貢渡爲縣城赴第二區羊場必經要道。距城約五十里。兩岸懸崖峭壁。危峭驚人。由山嶺直下約五里。方爲渡口。有渡船一隻。船夫一人。住宿繫船。皆在南岸。船田約二三十挑。不敷渡夫工食。故遇遠道多數商賈經過。亦略取資補助。船隻則由兩岸居民捐募修造。溯南貢河而上。則爲南江渡。亦爲第一區赴第二區渡口。有船田二三十挑。船一隻。渡夫一人。因屬小道。往來行人甚少。

（八）其他私渡　開陽縣境。既屬三面環江。故公私渡口。不下百數。除上述義渡外。餘皆私渡。由私家製造船隻。渡送來往行人。大都索資補助工食。即未索資者。亦於每年春秋兩季。向兩岸附近居民。收打河糧。以作工食。因非義渡組織。故略而不敘。

茲將各縣境各江較大渡口列表於下

開陽縣渡口系統表

烏江
- 大塘口渡
- 阿羊渡
- 茶山關渡
- 楠木渡
- 合口渡
- 清水口渡
- 王槐渡
- 龍坑渡

清水河
- 宋家渡
- 干壩渡
- 順巖渡
- 脚渡
- 牛渡

南貢河

木老巖渡
棉花渡
落旺渡
龍獈渡
新南渡

猴場渡
枇杷哨渡
南江渡
南貢渡
魚梁河渡

貴州印刷所承印

開陽縣志

第八章　自治

第四十九節　選舉

我國自甲午戰後，外患日亟，瓜分之禍，即在目前。有識士夫，乃促清廷變法圖強，以謝國人。且革命風潮屢起，勢難以武力遏抑，而要求立憲之聲浪，復洋溢全國。知非大加改革，不足安鎮人心。清廷乃迭次詔令全國，預備立憲，是爲各縣選舉之始。茲爲分述如次。

（一）城鄉議董事會　光緒三十四年，京師設憲政編查館，以各省布政使司、提法提學兩使司，巡警勸業兩道，組合設立地方自治籌備處，各縣推選代表，成立諮議局。先行調查各縣人口總數，呈報區域圖說，分期籌備各屬城地方自治公所，議事會及董事會，鄉鎮議董事會，設立鄉自治公所。選舉鄉董鄉佐等事宜。至宣統二年八月，始舉行城廂議董兩會之投票。計選出城廂議事會甲乙級議員，何慶崧、伍義和、陳義豐、孫樹候、方啓元、何文台、陶仁升、李東炯、王治香、伍義興、葉本桐、陶秀書、王德輔、蔣忠信、蔣鴻賓、盧必超、劉開基、黃玉琮、張鎰興、劉墀二十名。并互選何慶崧、陶秀書爲正副議長。又

貴陽印刷所承印

選出李立鑑爲總董。胡萬昱爲陪董。陳玉安爲董事。李恕行、盧國資、周文忠、黃耀成爲名譽董事。設兩會於縣城城隍廟。由州署刊發圖記及各員執照。宣統三年四月初四日即正式成立。啓用圖記。惟各鄉鎮議董事會。原定宣統三年十月以前選舉成立。後以革命風潮屢起。時局不定。竟未如期選舉而罷。

（二）州議事　武昌起義。清運告終。各省代表開會於南京。推選　先總理爲臨時大總統。縣人鍾昌祚奉黔電被推爲貴州代表。尋又被選爲參議員。惟此時國家初創。代表民意之正式國會。尚未產生。國家元首及憲法。無從推選制定。民國元年。飭各省舉行第一屆國會議員之選舉。而省縣議會亦應同時票選成立。民國二年春。本縣選出初選當選人。陳德堃、陶秀書、盧煦、胡天錫四名。赴省覆選。結果競選失敗。至此次州議員之定額。仍爲二十名。議員姓名不詳。係互選陶榮森、蔣仙浦爲正副議長。議會地址。仍設城隍廟內。而城廂議董事會。即告解散。及後袁世凱帝制自爲。解散國會。州議會亦隨之消滅。民國四年。雖復有立法院議員之選舉。然無異集各省代表於首都。奉表勸進。當無一述之價值。故略而不敘。

（三）縣議會之成立與撤銷　民國十年。本縣復籌備省縣議員之選舉事宜、奉令應選出省議員二人。是年八月十一日。舉行投票、結果爲葉棻、汪秉堃二人當選、而各區議員。亦於是日推定。依當日縣議員選舉暫行法第四五條。及臨時縣制第十六條之規定、本縣應選出縣議員十六名。各區投票之結果。以趙儒、陳德堃、許登第、劉祥麟、杜國光、余裕光、白大用、黃玉琮、何文明、鍾大倫、車致逵、傅培光、瞿藩、蔡先識、李瑞豐、劉榮洲等十六人當選。并互選趙儒、陳德堃爲正副議長。惟因故延擱。至是年十二月一日、縣議會始獲正式成立、設議會於舊學正署。即今黨部地址。由政府頒發鈐記。正式辦公。議會成立數月。其於縣政之興革。亦有一二足述者、民國十一年。定黔軍入主黔政。以去歲省縣議會之選舉、係照頒布之臨時縣制產生。不合法定。應行改選、本縣議會。乃於十一年六月十四日、奉令撤銷、另行籌備所謂第二屆省議員之選舉。

民國十一年七月十一日。又設初選事務所於縣城。另行籌備。至九月。派員分赴各區。監視投票、所有省議員初選當選人二名、及縣議員十六名。雖經選出。乃於滇軍入黔。因而停頓。

至民國十四年。 先總理北上。與段執政會商。召集國民代表會議。解決國是。本縣又奉令籌備初選。後因 總理逝世。而初選日期。延至十五年春。尚未舉行、及後革命軍北伐。戰端已開。選舉事務。隨之中斷。

民國二十六年舉行之國民代表大會初選。本縣因屬於第一行政督察專員區。應推初選人二名。經各區投票之結果、已選定謝伯元 陳虎生二名、惟以七七抗戰發生、覆選尚未舉行。即奉令展緩。故未詳述。

第五十節 保甲

開陽縣地。在元明以前、皆以中原聲教隔絕。不沐文化。崇禎三年、始建城置縣。設官治理、所轄疆域。斯乃確定。故在未設縣治以前。其保甲組織。文獻無徵。事蹟淹滅。莫知考證。略而不述。

（一）明崇禎三年以後及清末之保甲組織 崇禎三年置開州。屬貴陽府。設知州一員。其轄境。北界遵義、南界貴陽、貴筑。東界甕安、湄潭、平越。西界修文。內分十里二司。東南曰孝、忠、信、禮四里。南曰廉里。西曰清里。東曰弟里。北曰義里。附城曰恥里。（後改讓里）、東北曰思里。思里跨清水河兩岸。因名右岸曰思內里。左岸曰思外里。是為十里。里有總甲、里長、鄉約等之設置。在縣城則稱里長曰街總。十里之外、則有乖西正司、又稱楊司。在州城東北。有地十排。（原爲八排、後改十、）曰泥池排。曰十字排。曰黍子排。曰水口排。是爲外四排。曰撒卡（即今第四區轄地、）曰附近排。曰花戶排。曰坤中排。曰毛坪排。曰谷光排。曰附近排。是爲內六排。乖西副司。又稱劉司。在州城西南。有地四排。曰附近排。曰上排。曰中排。曰下排。各有土司一員。子孫世襲。各司亦有總甲里長之設。與各里同。司內丁粮。由土司自收。按額認解。民間雀鼠之爭。由其解決。民刑案件。仍經州署。不過得收司內丁糧餘額而已。

（二）清末至民國十八年以前之保甲組織　光緒末年。歐風東漸。清廷弱點。暴露無遺。欲思振刷。以挽民心。乃下預備立憲之令。於北京設憲政編查館。各省設地方自治籌辦處。分期辦理自治事宜。以作選舉之準備。本縣始分全境爲五區。附郭曰中區。有昔讓里地。羊場曰東區。有孝、忠、信、禮四里地。翁朵曰南區。有廉、弟二里地。兩流泉曰西區。有清里劉司及楊司一部地。馬場曰北區。有義里及思內外里楊司一部地。每區設鄉正一人。其下曰總甲。曰甲長。曰牌長。而土司之名義仍存。民國肇建。改開州爲紫江縣。全縣仍分五區。惟劃撥插花。以便管理。除北界烏江無異外。思外里劃去烏鴉、巖底雨戶屬甕安。（在烏江渡水口外）、東南劃去二比屬龍里。由貴陽劃入王潘里屬羊場。（即今小頂卡等處）、西南劃去六馬莊沙鍋寨屬修文。上紅馬、下紅馬、老潘寨屬息烽。故各區轄境。與清末亦略有變更。民國三年。以各區轄境太闊。不便管理。乃於東南西北區之外。又將馬江山及思內里思外里三處。劃爲團務區。是爲八區。縣城爲第一區。（仍有義里地）、羊場爲第二區。（有孝、信里、禮三里地）、猴場爲第三區。（合廉忠二里、及劉司一部地）、中壩爲第四區。（有弟里地）、雨流泉爲第五區。（合濟里及劉楊司一部地）、馬場爲第六區。（有義里及思內里地）、馬江山爲第七區。（有楊司內六分地）、花梨爲第八區。（仍有思外里地）、尋又分第六區之宅吉（即思內里）、爲第八區。第五區之劉衙爲第十區。至民國十五年。又合第五第十兩區併爲一區。仍稱第五區。全縣共爲九區。各區初設團練長。繼稱團防局長。及正副區長。後又改稱正副團總。副團總則設二人。區以下曰保董。（即日前之總甲）、曰甲長。（即里長）、曰牌長。（即鄉約）、以十戶爲牌、十牌爲甲。五甲爲保。保以上爲區。各區辦公處曰團防局。民國十二年後。又於縣城設團防總局。有總理一人。協理二人。統轄各區團務。（民國十五年始裁）、各級自治人員之職責。本無明文規定。初則辦理團務。緝匪捕盜。並爲民間排難解紛。繼又爲政府籌辦款項。辦理供億。已不啻作政府爪牙。至各級人員之經費。保董及甲牌長。均爲義務職。惟可減免本身攤款。故富戶多樂爲之。團防局員丁及團防之薪餉。歷係由各區自籌。有由本區屠斗開支者。有按年征收年捐者。方式各殊。名稱不一。蓋政府素視區團爲自治事業。聽其自理。未加整飭。而狡黠者流。乃從中漁利。浮派勒收。濫區劣團。於以形成。流毒無窮矣。

（三）十九年改編鄉鎮之保甲組織　民國十八年。紫江縣舊名。奉貴州省政府命。改爲開陽縣。各區照縣組織法之編制。改爲區公所。次年冬。本縣區訓所畢業學員。分發回縣。委充各區區長。以便辦理新政。首即調查戶口。編整各區鄉鎮閭鄰。依縣組織法第七條載。凡縣內百戶以上之村莊爲鄉。其不滿百戶者。得聯合各村莊編爲一鄉。百戶以上之街市地方爲鎮。其不滿百戶者編入鄉。但因地方習慣。或受地勢限制。及其他特殊情形之地方。雖不足百戶。亦得成爲鄉鎮。又第十條之規定。鄉鎮居民。以二十五戶爲閭。五戶爲鄰。其在戶數不足。及有特殊情形者。可酌量變通。但每閭不得在二十五戶以上。每鄰不得在五戶以上。開陽地勢遼闊。山嶺重疊。人民依山傍水。居處零落。百戶以上之村莊既少。每區在二十鄉鎮以上者更無。故惟有依地方習慣。及地勢限制之原則。以原有第八區宅吉。轄境太小。住戶無多。縮編爲六分區。全縣共編整爲八個自治區。六十二鄉鎮。後又歸併爲五十七鄉鎮。每區設正副區長名一人。助理員一人或二人。鄉鎮公所設鄉鎮長一人。亦有因特殊情形設副鄉鎮長者。閭鄰設閭長一人。鄰長一人。第一區區公所設縣城內。計轄鄉鎮六。（一）開陽鎮。（二）頂兆鎮。（三）頂壩鎮。（四）北平鄉。（五）迎陽鄉。（六）月恆鄉。第二區區公所設羊場。計轄鄉鎮十一。（一）龍崗鎮。（二）德鄰鄉。（三）琴棋鄉。（四）小荆鄉。（五）新民鄉。（六）茅廬鄉。（七）雲凌鄉。（八）玉粒鄉。（九）海洋鄉。（十）大荆鄉。（十一）蒲葵鄉。第三區區公所設枇杷哨。計轄鄉鎮七。（一）龍鳳鎮。（二）紫泥鎮。（三）廣厚鄉。（四）禾豐鄉。（五）清泉鄉。（六）運興鄉。（七）治隆鄉。（後又縮編爲五鄉鎮）、第四區區公所設翁朵。計轄鄉鎮九。（一）雙龍鎮。（二）龍鳳鎮。（三）中壩鄉。（四）南貢鄉。（五）務農鄉。（六）文化鄉。（七）比京鄉。（八）儒林鄉。（九）文閣鄉。（後又縮編爲六鄉鎮）、第五區區公所設劉衙。計轄鄉鎮十。（一）劉衕鄉。(二)育英鄉。(三)溫泉鄉。(四)南山鄉。(五)敦化鄉。(六)永興鎮。(即雙流鎮)、(七)永隆鎮。(八)白馬鎮。(九)永亨鎮。(十)崇正鄉。(後遷區公所於雙流鎮)、第六區區公所設下馬場。計轄鄉鎮六。(一)臨江鎮。(二)黃李鄉。(三)飛鳳鄉。(四)楠木鄉。(五)太平鄉。(六)鳳凰鄉。六分區區公所設宅吉。計轄鄉鎮三。(一)宅吉鎮。(二)開化鎮。(三)迪智鄉。第七區區公所設馬江山。計轄鄉鎮五。(一)馮公鎮。(二)三合鎮。(三)永新鄉。(四)銀盆鄉。(五)光里鎮。第八區區公所設花梨。計轄鄉鎮五。(一)花梨鎮。(二)隆興鎮。(三)安平鎮。(四)米坪鎮。(五)營屯鎮。其區公所之經常費。分甲、乙、丙三等。甲等月支一百元。乙等月支八十元。丙等月支七十元。第一、二、五區爲甲等。第三、六、七、八區爲乙等。第四、六分區爲丙等。鄉鎮公所之辦公費。每月一律定爲十元。均係按月向民間攤籌。閭鄰長則爲義務職。

(四)劃爲勦匪區域之保甲組織　民國二十四年。中央軍勦匪入黔。劃本省爲勦匪區。全省分爲十二行政督察區。本縣屬第一區。專員公署設定番。隨卽奉令改鄉、鎮、閭、鄰爲保甲。重新編整。乃將第四區區公所撤廢。併入第一區。又分區之設。不合組織。故將六分區劃入第六區。原有第八區番號。更爲第四區。各區舊轄鄉鎮。亦經縮編。於是全縣共爲七區。各區仍設區長一人。區員一人。及書記區丁等。區之下爲保。保之下爲甲。十戶爲甲。十甲爲保。又依地方特殊情形。及舊日鄉鎮地域。合若干保爲一聯保。設聯保主任及書記一人。爲區保間之承轉機關。其辦公費用。則由每月保長辦公費之五元內提出二元支用。所有區保經費。均由各富戶劃出。但每月每戶不能超過一角五分。本縣計有甲種區三個。第一、二、五區、乙種區四個。第三、四、六、七區、甲種區月支經常費一百二十四元。乙種區月支經常費一百零八元。全縣共編爲四十三聯保。第一區轄七聯保、第二區九聯保、第三區四聯保、第四區五聯保、第五區七聯保、第六區五聯保、第七區五聯保、二百二十一保。二千一百三十八甲。所有保甲之編組。均依照法令辦理。復於二十六年春間。重新派員編查調整。故本縣保甲之組織。尙稱嚴密。

（五）民國二十七年之區保歸併及編整　民國二十七年秋。解縣長幼瑩。以本縣原有四十三聯保。單位過多。監督指揮均感不便。乃歸併爲二十八聯保。業經繪具圖說。呈奉核准。復於同年十月。遵令整併本縣爲五區。合併原日第一、第三兩區爲第一區。區公所設於批把哨。原日第六、第七兩區。（區[illegible]區。區公[illegible]）。原有第二、四、五區。以地域限制。則未變更。而聯保名稱。因歸併之故。亦有更動。計第一區所轄者。為（一）開陽鎮聯保。（轄保七甲九一）、（二）北平鄉聯保。（轄保六甲五六）、（三）兆𤩝迎三鄉聯保。（轄保七甲七七）、（四）龍中兩鄉鎮聯保。（轄保八甲六四）、（五）南龍兩鄉鎮聯保。（轄保八甲七六）、（六）禾清紫三鄉鎮聯保。（轄保六甲八三）、（七）運治兩鄉鎮聯保。（轄保八甲七〇）、（八）龍廣兩鄉鎮聯保。（轄保七甲六八）、第二區所轄者。為（一）龍德兩鄉鎮聯保。（轄保十二甲一二三）、（二）琴荊兩鄉聯保。（轄保八甲六二）、（三）新民鄉聯保。（轄保九甲七九）、（四）茅雲兩鄉聯保。（轄保十甲八五）、（五）玉海大三鄉鎮聯保。（轄保十甲九四）、（六）蒲葵鄉聯保。（轄保二甲二五）、第三區所轄者。為（一）臨黃飛三鄉鎮聯保。（轄保八甲八〇）、（二）太楠兩鄉聯保。（轄保八甲七四）、（三）宅吉鎮聯保。（轄保九甲六八）、（四）馮三兩鎮聯保。（轄保十二甲一二六）、（五）興永兩鄉聯保。（轄保六甲五〇）、（六）光里鎮聯保。（轄保七甲五四）、第四區所轄者。為（一）花梨鎮聯保。（轄保八甲七二）、（二）隆安兩鎮聯保。（轄保八甲七四）、（三）米營兩鎮聯保。（轄保八甲六九）、第五區所轄者。為（一）雙永兩鎮聯保。（轄保八甲七三）、（二）白崇兩鄉鎮聯保。（轄保六甲五五）、（三）劉育兩鄉聯保。（轄保九甲七七）、（四）永溫兩鄉鎮聯保。（轄保七甲六八）、（五）南敦兩鄉聯保。（轄保八甲六一）、下屬保甲。亦因全縣戶口。重新編整。認真統計。共爲二百二十二保。二千零五十四甲。所有保甲經費。一律依各戶收入多寡。自二十七年四月份起。改爲戶捐。除戶捐以外。不得再行巧立名目。另籌他款。自四月份以後。甲等區月支經費八十六元。乙等區月支經常費七十四元。第一、二、五區爲甲等。餘爲乙等。聯保辦公費。月支二十五元。（本縣聯保編組。多列丙等。）保長辦公費月支四元。至二十七年十月併爲五區後。奉省政府令。重新規定區公所開支。計第一區月支經常費一五六元。第二區月支經常費一四六元。第三區月支經常費一四六元。第四區月支經常費一二二元。第五區月支經常費一二八元。統於二十八年三月份起實行。而聯保之中。亦有六個。因轄保較多。改爲乙等。月支辦公費二十七元。所有戶捐收入。皆由保長負責。收解區公所。轉解地方財務委員會。再由各區扣領辦公費。戶捐以三月爲一季。按春、夏、秋、冬各季之第一月收齊。以免延緩。因辦法周詳。各季戶捐。皆能收清。而區保辦公費。亦可按月領足。各保甲人員。復經嚴格之訓練。對於推行新政。不敢再如昔日之疏懈矣。

第五十一節　訓練

會北京政府統馭失力。政局日非。各省皆盛倡自治。或聯省自治之議。民國八年。貴州省署。乃創辦自治人員講習所於省垣。飭各縣保送學員兩名受訓。畢業後分發回縣。訓練下級幹部自治人員。以作建樹地方自治之基礎。開陽亦遵照辦理。於民國九年。設地方自治講習所於縣城城隍廟內。由各區保送學員。爲時六月。共辦兩期。得畢業學員一百人。畢業後。分委各鄉保董。辦理地方自治事務。是爲本縣自治訓練之嚆矢焉。茲將歷次地方自治訓練。分述如下。

（一）區鄉鎮自治人員訓練　縣爲自治單位。在總理建國大綱中。業已昭示吾人。民國十八年。黨軍北伐成功。全國底定後。即由軍事時期。轉入訓政時期。各省皆開始訓練各項專門人材。分發各縣訓練民衆。行使四權。而縣以下之鄉鎮人員。更爲地方自治之基礎。本省區長人員。旣經訓練完畢。分發任用。辦理地方一切自治事宜。復飭各縣繼續辦理鄉鎮現任地方自治人員訓練。計爲兩期。由省設貴州自治籌備處與民政廳監督指揮。規定民國二十一年二月內。即須訓練完畢呈報。惟本縣延至是年九月開課。學員由各區按鄉鎮數目選送現任或繼任人員。來所訓練。此時本縣已編整爲五十七鄉鎮。得學員六十名。每名在受訓期間。由地方供給洋二十元作學費。交財政局經收支用。訓練兩月。共計用洋二千二百八十元。所中組織。由縣長兼任所長。下分教務兼訓育。及事務兩股。各設主任一人。由教育財政兩局兼任。教官由縣府聘請。訓練科目。計爲一黨義。二民權初步。三地方自治實施法。四民刑法要義。五現行自治法規。六保衛團法。七公牘等項。外加簡單之軍事訓練。至十一月辦理完畢。得畢業學員五十九名。由縣府分發各區。委充區公所助理員及鄉鎮長職務。至第二期經費。因環境所需。已移作保衛團幹部訓練之用。

(二)二十六年前保甲人員訓練　二十四年冬。軍委會別動隊一部分隊員。駐防開陽。奉令協助縣府。訓練各區保甲人員及壯丁。當由縣府設立保甲人員訓練所。令飭各區。抽調現任保甲長到城集中訓練。每期爲時一月。除軍事管理訓練外。復加授政治科目。食宿均係學員自備。辦理至第三期。則因事停頓。此爲本縣保甲人員訓練之始。至二十五年冬。縣府復奉省政府。令發保甲長限期整理辦法大綱。其第三項載。有訓練保甲之規定。藉使各員明晰保甲法之使用及效能。以免乖誤。本縣保甲人員。除前經訓練者外。擬分三期繼續訓練完畢。期爲一月。自二十五年十一月開始。第一期先飭各區抽調保長一百名。餘則分批抽調。以訓畢爲止。受訓人員。均係軍事管理。其政治科目。計有(一)黨義。(二)新生活須知。(三)公牘。(四)保甲須知。(五)農村建設。(六)防空常識。(七)違警罰法。(八)現行法規。(九)抗日須知。(十)精神講話等十項。結業後。仍回原職。學員食宿各費。皆係自備。并繳講義費一元。此次續辦兩期。至二十六年二月完結後。奉令須繼續前辦三期之番號。稱第四、五期。時全縣保甲人員。均經調訓完畢。卽告停止。合計全縣七區四十三聯保。受訓保長爲二百二十三人。甲長爲二千一百三十八人。業將辦理情形。及結業人數呈報。

(三)二十七年後保甲職員訓練　二十七年五月內。本縣曾舉辦聯保書記訓練。班抽調聯保書記及招考學員受訓。爲期兩月。結業後委爲各聯保書記。補助各主任推行政令而免遲滯。同時本省復奉軍委會委員長行營頒發整理川黔兩省保甲方案。全省保甲。皆須重新編整。先由省府籌辦貴州省保甲職員幹訓所。調現任各縣主管保甲之科長。及遴選學員。受訓後。分發各縣辦理保甲職員訓練。重新編整全縣保甲。原擬十二月辦理。本縣因事先籌備。乃呈請省府提前於十月二十日開始成

貴陽印刷所承印

立保甲職員訓練所。所有訓練及經費計劃。均經依照頒發訓練實施章程及注意事項。提具辦法呈報核定。並請省府季派教育長下縣主持。時本縣原有四十三聯保。已於七月內歸併爲二十八聯保。二百二十一保。二千一百二十一甲。所有聯保主任及書記。在第一期全數調所受訓。爲期兩月。保長分兩期調訓。爲期各一月。計自二十七年十月二十日起。至十二月二十日訓練完畢。計畢業主任二十七人。書記二十三人。遴選受訓學員四十一人。保長二百一十二人。尚有令調入所講習之區員五人。原調區長講習、因多防關係、報請改調區員、至各聯保之甲長訓練。則以各聯保爲訓練單位。於保甲編整完成後。由縣府委派職員。分赴各聯保處集中訓練。爲期二十五日。統於二十八年四月六日開始。至四月三十日完成。計共訓練畢業甲長二千零一十六人。復經調城檢閱。成績尚好。所有訓練畢業各保甲職員。均經發給證書。現任者仍同原職。遴選其中成績優良者。分派相當工作。各員服務以來。對政令推行之效率。較前爲優。總計全部訓練經費。經省府核定爲七千四百一十元。實際支出保甲職員訓練經費爲四千一百三十四元七角。甲長訓練經費爲一千四百一十三元五角。兩共支用五千五百一十九元八角八分。

此項經費。卽由區保經費歲出預算內保甲訓練費項下支出。動支賬目。復經地方財委會審核無訛。至訓練科目。皆大致相同。除實施嚴格軍事管理訓練及精神講話外。其政治科目。有（一）保甲。（二）禁煙。（三）兵役。（四）社訓。（五）公民。（六）民衆教育。（七）土地陳報。（八）勸農。（九）保安。（十）合作。及其他項目。保甲職員訓練所課程。則由縣府及各機關職員擔任。甲長訓練班課程。則由副班長政治訓練員及聘請地方人士擔任。

（四）奉令調訓保甲人員　二十五年冬。縣府奉第一區專員公署之命。輪派本縣聯保主任赴定番專署受訓。爲期一月。共調三期。計受訓畢業者爲三十六人。二十八年。又奉省政府令。飭調各縣縣府科長、科員、區長、區員赴省入縣政人員訓練所受訓。訓練期間，科長科員爲兩月。區長區員爲四月。畢業後。仍回原職服務。本縣共計調訓科長二人。科員六人。督學技士各一人。兵役主任一人。區長五人。區員五人。

開陽縣志

第九章 社會

第五十二節 民族

黔俗嚴苗漢之分。判若鴻溝。互相歧視。同茲中華民國國內之民族。亦既一律平等矣。而未能水乳交融、是昧於民族真諦。而未明苗漢之源也。民族之名。起於晚近。中華先民。初無所謂民族也。堯之疆域。其南至於交趾。亦無戎夏之分也。中土曰中國。四方曰四夷。夷。平也。夷民。平民也。一作彝。常也。常人也。無以異於中土之人也。中國謂居於國之中。猶日中央也。無軒輊之意。故謂舜、禹、及太公、夷齊。曰夷人。非侮之也。人之由來遠矣。自有斯土。以有斯民。長養子孫。是謂繁殖。韓非於人之繁殖也。曰今人有五子不爲多。子又有五子。大父未死。而有二十五孫。其言與馬爾塞斯二十五年而人口倍增之論頗相近。近世學者。謂世界之有人類也。三萬萬年尚矣。人口之增也。然無人滿之患者。出生率大。死亡率亦大也。死亡原因。莫烈於戰爭。而饑饉疾疫困之。爭也者。人類之劣根性也。始則爭生存。繼則爭長君。及乎爭而至於戰。以戰爲爭之手段。國族以興。而民族判焉。聚國族於此。無滋他族。以與我爭此土。然

貴州印刷所承印

卒不禁異族之偪處。至於有亡。降也賊。爲隸爲奴。終遭剪屠。鹿死不擇音。亦知亡矣。必也戰乎。戰之由來。亦遠矣。呂覽曰。與始有民俱。蓋上世民固剝林木以戰矣。從古如斯。雖聖王而無偃兵焉。夫戰。非仁術也。不重傷。不禽二毛。非戰也。雖及胡耇。獲則取之。其極也。至數血流漂杵。靡有孑遺焉。而人口之減退以之。彼生靈之塗炭。恆赤地而千里矣。至有滅種滅族者。用無人滿之患也。古今中外。如出一轍。開陽民族。亦有可得而言者。略述如次。

一漢族　今縣人號爲客籍。其先來自江西、湖南、四川等省者。皆稱漢族。漢族之名。起於劉漢。魏晉迄今。沿而不改。時移世易。而猶得稱漢人者。猶孔子生於周。長於魯。而曰我殷人也。其始遷。姑斷自明始。約分爲五時期。即朱明初葉爲第一期。籍江西之老戶多屬之。明末清初爲第二期。乾嘉之際爲第三期。江西、湖南、四川皆有之。光緒時代爲第四期。由川移來者皆是。民國初元訖於現在爲第五期。自雲南徙居者是。然自雲南新遷者。其十九皆滇南之士人也。其來因亦可分爲四。一曰軍務。一曰流寓。一曰商務。一曰填籍。洪武朝常用兵於貴州矣。明末有安宋之役。有永曆帝之南巡。有吳三桂吳世璠與清室構兵。事定或流落不返。或屯田於斯。遂有妻室。以有子孫。其子孫於本貫無鄉土觀念。且道路阻長。因落籍焉。軍務是也。明之臣民。隨永曆帝而來者。及因避張獻忠之亂。輾轉流離以來之難民。暨宦遊而不返者。流寓是也。開州爲古川黔湘黔故道所必經。白馬洞汞礦大發。歷雍、乾、嘉、道垂百年。贛、鄂、川、湘商人。恆販鹽布雜貨而來以易之。習而安之。遂卜居焉。商務是也。咸同之際。開邑淪爲賊窟者十餘年。室廬爲墟。城郭榛莽。獸蹄鳥跡。交於境內。光緒初。城內桃李成林。李園壩（在城內之東南）、嘗有野彘豺狼潛伏矣。亂定。邑人百無一二三。是時海內雲擾。惟四川賴川督駱炳章保障有方。而獨完。於是有填籍之命。填陝西、廣東、湖南、貴州者。皆川人也。開於黔去川猶近。龍聲洋川人也。官開州。更多方招徠之。故光緒一代。川人之移來者絡繹。人不分於士農工商。地無間於城鄉村寨。比比皆是。即填籍也。入民國後。黔省若滇之外府。滇省士人。相率移來。今縣境偏僻之處。山谷之間。以墾荒爲事者皆是。其人口約佔最近全縣人數十分之一。其餘籍江西者約佔十分之一又五。籍湖南者約佔十分之一。籍四川者約佔十分之四。其他各省籍者。總共約佔十分之一。此外十分之一又五爲土著之苗族。其人口都不過二萬而已矣。

二苗族　苗族者三苗氏苗裔之族也。三苗者相傳爲槃瓠子孫。或曰黃帝曾孫卞明之後也。初三苗國於洞庭彭蠡之間。威勢所及。地盡西南。西南之八皆從其化。堯嘗克之。其後復叛。堯老舜攝。使禹滅之。列其地於中國。竄其民於西南。（府志、指爲今之滇、黔、蜀、粵、）以其民行蚩尤之政。從三苗之化已久。久則難變。屏之化外。列於荒服。號曰苗族。然其苗裔。迄於今宜若無復有存者。所謂苗族。特客籍之最早者耳。粵稽載籍。若苗族中之陳家子。猓玀。犵兜。仲家子。牂柯。皆非三苗之裔也。自虞舜後。歷千八百年。有國名牂柯者。其轄境北至播州二百二十里。播州今遵義。以烏江爲其南界。蓋盡今開陽縣地。皆牂柯也。牂柯見滅於楚。楚遷陳蔡之公族以居之。於是苗中有陳家子矣。（亦有蔡家子之名、開陽無之、略、）今縣南有陳姓者。土著也。人仲目之。（光緒初、陳氏舉族更姓禾、）疑其後。及蜀漢之南征也。蜀中大姓。有羅氏名濟火者。雄長於牂柯間。其後稱爲鹿盧部。後又譌爲猓玀。今縣之東南。有羅姓者。聚族而居。約六百戶。土著也。當即是。又漢末有宋氏者。系出微仲。宋之公族也。世爲部長。於是苗中有宋家子矣。今縣之蒲窩、底窩、多宋氏。宋氏譜牒。謂其與苗同化。

府志。謂其通漢語。知文字。近多讀書。與漢無別。以其實考之。無疑也。（今推龍窩之斗甫寨諸宋、猶無以異於苗、）晉代邛笮間。有山獠。周武王時髳人也。其種蔓延於今之黔粵。分爲獞狫。木狫。犵狫。犵兜諸部。今縣西有地名格舊。其地去修邑之格都堡爲近。格舊、格都。俗猶以格兜呼之。意昔必有獠人聚居其地者。五代時。楚王馬希範遣兵戍南寧。因命之世守其地。其主帥資力絶人。所著之甲奇重。其部曲謂其甲重。自號重甲。以豪於人。後遂譌爲仲家焉。或曰仲者。其帥之姓。其軍號仲家。猶武穆之軍稱岳家云。開邑之仲。崇禎末嘗破城矣。今縣之杉木莊楊柳莊白菓塘等寨。皆仲家也。亦有與漢人雜居者。播州楊氏。世爲土官。其族屬散居貴州者。曰楊黃。舊作狆狠。亦作狆獚。開邑治所。原名楊黃寨。或曰楊氏、黃氏居之。楊與黃實同姓而不婚。故曰楊黃焉。（今縣屬沘化哨、猴場之楊氏、文氏、洋水之蔣氏、桂氏、蠻子新場之羅氏、張氏、皆自謂同姓不同宗姻、各有一二百年之歷史、可謂楊黃同姓之一證、）今縣城無楊黃矣。或曰縣之北。楊氏凡四五百戶。皆土著。是其裔。此就歷史而爲區分者。又有就裝束、語言、習慣而分者。多至數十種。即苗民亦不能詳。又有同一種而名稱互異者。若一黑苗也。又稱青苗。又稱鴉雀苗。又稱老鴉苗。皆以其衣尚黑也。目黑爲青。與指鹿爲馬。同爲趙高故事。烏鴉色黑。俗名鴉雀。又呼老鴉也。至稱黑苗曰糾糾苗。盤頭苗者。則以其女性未乳。髮盤於頭。嫁（髻在頭頂）、而有子。（髻移於額）、皆作高髻耳。名稱不同。其實一也。而縣以花苗、黑苗爲衆。花苗以三區之蒲窩、八寨爲大本營。而蒲窩苗胞。更自有短裙苗之名。黑苗或散處。或聚居。以五區爲多。其他種類。各區皆有之。不勝枚舉矣。其姓氏以袁、馬、藍、尚、潘、趙、王、斑、莫、韋、謝等爲著。考諸姓之先。皆秦漢以來。來官此土著。亦有無姓者。非無姓。久而自忘矣。（貴州宣慰使水西安氏、本濟火之後、姓羅氏、明太祖時、奢香入朝、問其姓、而自不知之、因賜姓安、即其例、）皆非三苗之裔矣。故曰三苗之裔。迨於今宜若無復有存者。蓋自古及今。治日少。而亂日多。日尋干戈。暴骸骨無量數。爲京觀如坵山者。戰之果也。中土小民。遭斯厄。丁茲刼者。幾何次矣。中土且然。而況蠻夷乎。舜古之所謂大聖人者。書稱之曰。舞干羽于兩階。七旬而有苗格矣。然卒以其民爲惡化。而不屑之教誨也。而遐荒棄之。謬種視之。況於餘人乎。勿惑乎三代而下。同之於禽獸草木也。夫禽獸詬誶遇之。亦必詬誶報之。況其在人。彼不過文化落伍耳。固無以異於尋常之人也。則其不堪而從事於反抗運動。而至於暴動也。宜矣。於是謂之反。謂之叛。征之剿之。平之滅之。

於斯時也。其遺民之殘存者幾何哉。又必留兵鎮守彈壓焉。所留之兵。必以征服之民視之矣。自不惜加重其壓迫。積日累月。必有終于不堪。挺而走險之一日。而叛亂又起矣。叛亂起而征勦殘滅之者又至矣。如此循環。不可紀極。史不勝書。遂以不書耳。從未聞其一嘗得志於最後也。故謂三苗之族。已無噍類。非徒然也。然唐德宗朝。此邦嘗以戶口殷盛。人力強大。著稱中朝矣。（參看本稿土司篇、）以其時考之。上距舜且三千年。所歷如所謂漢武之征西南夷者。已不知凡幾何次。寄身鋒刃者。非三苗之裔而誰耶。所謂殷盛之戶口。強大之人力。將勿宋家子之流亞歟。然是乃神明之胄。而非三苗之裔也。藉曰三苗之裔。於時未盡。其殷盛強大之保持。歷時幾何。亦已不可知。然明末清初。有宋萬化之役。有黃嘉雋死城之役矣。流寇張獻忠之黨至於斯。明臣張登貴等亦至於斯矣。康熙初。徐昌來撫是邦。目擊心傷。嘗慨乎而言之矣。其言曰。甲申之後。兵燹燎原。征斂狠籍。胔骸遍野。啼號載道。幾於草昧矣。（見藝文節、宅吉祥花寺碑、）皆種種變亂。戰禍爲之也。其所死。雖曰雕題鴂舌。椎髻文身者。諒亦十而七八。已非三苗之遺裔焉。藉曰猶有。而此一役也。不已將盡乎。如謂自有漢苗之分。苗民浩刧。僅而有此。誰其信之。特失記。

或記而不傳耳。然此一役亦既幾於草昧矣。曾幾何時。而連兵數十萬。據黔亘十年之清吳戰爭又起矣。是斯土不真幾於草昧哉。自時厥後。訖道光末。海內粗安。戶口鼎盛矣。及咸同亂定還鄉者。百無二三。其死於戰爭。死於饑饉疾疫者。皆漢民耶。抑苗漢同歸於盡耶。今開陽人口。據最近統計。可十三萬零。視三十年前。約增十之三。視六十年前。約增十之七。所增者皆新遷。非繁殖也。以縣城言。光緒初僅二十餘戶。今千餘戶矣。川籍者十而九也。他如雙流鎮。光緒僅十三戶。今二百戶矣。然較乾嘉時之千餘戶。其相去不亦遠乎。其減退由戰爭死亡者。土著也。其增加由遷移。增加者客籍也。逐次抽替。至於今。謂境內不及二萬之苗民。非秦漢以還。漢人早遷來者之苗裔。而猶是三苗之遺民也。未之察耳。嘗聞世俗。指目爲苗者。屢言之矣。曰我老漢人也。斯言蓋忘其所自。而未盡忘者。所謂苗族。皆此類也。三苗之裔。殆已早絕矣。故曰三苗之裔。迄於今。宜若無復有存者。苗字本義。禾未秀。華亦未實也。皆指植物。以之名族。假借之也。苗也。漢也。等此中華民族也。民族者。以血統、語言、文字、習慣、宗教、信仰之異同爲斷。相近則相習。相習亦相近。非有他也。國內各民族。一律平等矣。教育亦機會平等矣。改變其服飾。誦習乎國音。順應潮流。急轉直下。數十年後。殆無不泯界畫者。非所覩逆矣。

第五十三節　風俗

入國問禁。入鄉問俗。入家問諱。此言風土人情之各殊。非必自爲風氣亦環境有以使之也。將必適應其環境。而習俗移人。慣性生焉。天時也。地利也。大自然之環境也。故望洋或向若長歎。胸襟爲之開展。登峯每鄙吝潛消。氣象因以沈雄。是以言風俗者。恆本乎山川。而沃土之民識焉。爲山國也。開陽處萬山之中。氣候高寒。地號石田。瘠土之民也。即彼苗族之風尚。雖曰野。其質亦多樸茂者。固不得以爲苗而輒少之也。雜述如次。

一語言　苗族語言。與漢族迥然不同。惟其族自相告語用之。而苗族中又各自有其歷史之關係。故所言亦每互異。苗胞居止散漫。以蒲窩八寨爲其保聚有名之區。姑以其言代表之。其稱謂也。於父曰阿巴。母曰阿妹。祖父曰阿敵。曾祖父曰阿敵祖。姊妹皆曰阿大。子曰阿鐺。女曰鐺妹。其名畜也。狗曰阿狠（讀平聲）。雄牛曰戥（讀入聲、下同）。巴溜。雌牛曰戥妹。其名物也。碗曰阿孔。筷曰阿箸（讀去聲）。其指事也。早餐曰濃亞月。午餐曰濃亞賞。晚餐曰濃亞博。濃謂吃。亞指所食。月、賞、博。指時間。猶曰早、中、晚也。其音多難漢字直譯。其繁亦不可勝書。欲概其餘。略舉一班耳。飲酒曰喝爵。（讀平聲）、爵者酒之謂。其酒有以膏粱製者。製法若醪。不更蒸溜。酒成摘蘆葦長尺許。插甕口。而數人環吸之。蘆狀若箸。中空。故能吸也。恆以款客。客家謂之吃咂酒。客家者。苗胞稱漢人。亦漢人之自稱。而漢人稱苗胞。則曰奚家。若土家。則以謂仲也。蓋仲家子。自昔志乘。皆目爲苗之一種。而實界於苗漢之間者。奚家每自稱苗家不諱。而仲則否。人或仲稱之。弱者怒於色。強者怒於言矣。而尤諱聞三百斤。三百斤者。俗禱豕其碩大肥腯。冀其重也。仲與重音相近。故以爲讖焉。豕市交成。致禱詞。買主爲仲。賣主必以石更斤。稱曰三百石。若觸其諱。必大恨。輒反脣相譏。詈漢人曰毛狗精。意謂漢人即殿人。而殿之褒姒。世傳爲狐狸脫化。俗謂狐狸曰毛狗。漢人聞之。亦有勃然變色者。皆無謂也。而縣人嚴之。若於苗。則莫嚴於苗狗矣。亦以俗傳苗之先。其男性原係狗者。謂其王有女。見奪於苗酋。王怒。募國人有能斃酋者。以其女妻之。羣臣莫敢應。有犬聞之。往斃酋。王以其狗也難之。將更其酬。狗不可。王亦不食言。女遂歸狗而繁殖焉是必疇昔漢苗互相仇視。惡言中傷之流傳。而鄉愚惑之。教育普及。水準提高。不攻自破矣。至漢話。漢族無不互通者。仲胞皆能之。苗胞亦十人而二三。國內各民族。不平之觀念。早爲革命潮流所捲去。而今而後。接觸之機會日增。據少數服從多數之原則。不難同化於漢族。蓋縣之漢人。自各省來聚於茲土。冶齊楚於一爐。成一種中和語調。故縣人之遠遊東南。嘗至西北者。但去習慣用語之方言。如謂物之少曰低低點。或點點個。人之多曰一堉堆。或一窩囉。形容稀疏。曰稀撈麻撈。表示稠密。曰密麻密縫等。人輒以爲嫻於普通話。而竊聽更有土音焉。他如繼語言之窮之文學。苗族本亦自有之。今紫雲縣苗民文字、猶存四五十種、前清末年。五區瓜瓢寨苗民。因田土互訟。對簿時。各出一木板。已多歷年所。上有刀筆刻畫。各譯以對。即苗文也。兩板相合。有若符節。其契約也。今已日失其傳。宜其日就衰亡也。苟且偷安。唾棄漢字。倡用拉丁文字者。有可反矣。

二婚　漢族多本之朱子家禮而損益之。婚之程序。先由男方具茶食。挽冰人。遠者備輿馬。至女家。善爲說辭。如其同意。即將禮物收下。但世俗每不如是其了當。故俗有三四九轉之諺。言其頗費周折也。有暫將冰

貴州印刷所承印

禮存留。借口合八字。改期同話。而以其間作緩衝期。以供調查者。亦有真個送信。果將雙方出生年月日時。就日家者詢問休咎。而後決定者。一經同意。男方須更具疋頭數事。茶食等件。送至女方。謂之插素香。女方亦將女之年庚開交媒妁。轉交男方。謂之草八字。婚姻從此決定。如兒女尚未到達結婚年齡。婚事即告一段落。暫行休止。如男已冠。女亦及笄。即大具衣料首飾冰禮香燭等送女方。女方亦大讌親友。謂之燒大香。同時得將乾造坤造。由雙方延有年德壽福者書之紅帖。謂之書庚。其紅帖曰庚書。與結婚證書有同一之重要。有將親迎日期。一併告之女方。不更送期者。及親迎期屆。先一日。男方具鼓吹、彩輿、禮服等件。又豕一隻。更央一人作禮賓。稱押禮先生。偕冰人一併送女家。謂之過禮。女家於其日。設席讌親友。親友餽之以物。曰添箱。亦有用銀錢者。女子哭泣。爲生離也。母氏人等。亦有爲之而泣者。念悲且離。又不審夫婿信智抑愚。翁姑嫂叔之賢乎否也。抑哀之矣。次日。女家將衣籠、帳被、箱子、木器、先發送男方。女子裝束畢。拜祖宗。辭父母。升輿。由兄嫂伯叔人等。擇一二人送之。向夫家進發。謂之送親。夫家於嫁奩收到後。隨即陳設於洞房之內。謂之鋪床。於是張燈結綵。

鼓樂大作。新郎新婦行婚禮於堂屋之中。謁見祖宗。行跪拜禮。并拜天地。謂之過堂。夫婦相將入洞房。行合巹禮。於是送親者。入賀於郎家禮堂。謂之交親。有間。夫婦出洞房。入中堂。拜見翁姑尊長。族戚來賓。謂之受拜。尊親屬每錫以財物。謂之丢拜錢。於是親友入席。親友之往賀之者。或以金錢。或以花紅。自審其親疏厚薄以爲差。席既散。日亦暮矣。舉家聚餐。謂之吃團圓飯。既而親友復聯席歡飲。謂之坐合席。新郎之至交或弟侄入新房。作滑稽語。以嘲新郎新娘。或雅或俗。謂之打新房。翌日。有再識親友者。謂之復席。第三日。新婦入廚下烹飪。奉翁姑。又有於三日。夫婦偕入岳家者。其期無標準。如二區多在一月後。五區多候至年節。縣城多於第三日行之。謂之回門。妻之輿前。夫之輿後。及歸。夫輿前。而妻輿後。

入民國後。間有採行文明結婚儀式者。民國十六七年以來。風氣日開。自由戀愛。日盛一日。去文章繁縟之舊。趨簡單明瞭之新。風氣爲之一變。而鄉間守舊者。多依然如故。要亦不過時間問題耳。終有淘汰之一日也。然新式婚姻。亦有所宜注意者。慎重是也。不慎之於始。而克有其終者。世不多見。其卒也。兩敗俱傷。無有獨利者。如是。則爲其家之長者。亦與有責焉。夫男女之愛慕。在昔專制時代。猶有君不能得之於臣。父不能得之於子者。況今日乎。彼顛倒於愛河之中者。固青年也。血氣方剛。爲父母者。苟能開陳勢理而利導之。則善美兼之矣。彼陋劣頑固之視對方肥瘠。以決從違者。尤所宜戒。餘若女子或赤貧無依。未成禮即入夫家爲童養媳者。俗名小媳婦。或孤身旅寄。或貪人財產。入贅女家。俗謂之上門。又有於訂婚後結婚前。夫遭大故。即喪期過門成親者。俗謂之孝禮拖。至早婚。或妻長於夫六八歲。尤鄉間常有之現象。在過去或爲厲禁。現在或爲惡俗。將來糾正改良之。亦社會進化之一端也。

苗族婚姻。向來崇尚自由。苗胞十九業農。農忙時。山場稻田。婦女皆得參加。素有不受漢族舊禮教之拘束。自謂隔教。青年男女。雜作田中。口唱田歌。彼此應和。未婚者以雅擅情歌爲能事。有唱和至數十百首。而不能自休者。彼此陶醉。兩情相鍾。於是相攜於山谷之間。林薄之藪而野合焉。家長恬不爲怪。惟忌於女家私通。縣之苗民。大致皆然。而蒲窩八寨。更有所謂跳廠者。於每歲正月行之。男鮮衣。女艷妝。集多人於廣場中。持蘆笙而吹之。忭舞高歌。各擇所歡。解帶互易。若新式訂婚。交換飾物者。於是始通媒妁。給聘資。其資視女之妍媸以爲盈縮。通常約在六十元左右。事定。擇日由男方邀集多人，乘夜持火炬掩至女家。日搶親。奪門而入。女家操蘿蔔等物而毆之。男方往者。各奮武勇。卒將女子架之而出。女家復持火把。跟蹤追擊。男方且禦且走。追者約行一二三里。以爲不及。遂舍之。（擴子聯保、女方更有用繩索藤篾滿佈其住宅之左近、以便追擊者、日擺天網、）於是男方扶女子至豫置之一茅棚內。爲之更衣。天明。二女子若嬪相然者。服飾與新人無異。伴新人。咸持紙傘一。秉無張之。步行至夫家。入新房。新郎羞澀避之。二女子亦寸步不離，寢食與共。爲之監護。使新郎不得近。如是者二日。乃乘隙逃歸母家。從此除每歲農忙際。白晝過夫家協助插秧耕耘外。輒不至。夫家亦不復過問。必俟與他人交有身。或產子後。始歸與夫同寢處。是以苗族長子。例不許住正房。賠奩亦多此際始送至。其賠奩富者送牛數頭。至十數頭不等。木器以櫃子爲大宗。有至若干口者。櫃內多實以草鞋。以其無男女。皆天足也。漢人每薄其俗而鄙之。而苗民聞漢族花燭之夜。一夕千金。亦未嘗不大笑也。要亦不過各安其俗。習以性成而已矣。觀漢人居近苗寨。數世不讀書、輒苗化。苗民與漢人雜居。而變夏。食色者性。性相近。習相

達矣。近已多習於漢人。乘肩輿至夫家。而不即還者。附指正婚姻觀念

原文（見開陽縣政府民國二十八年工作報告書內）

縣民喜早婚。以束縛其子弟。而其婚姻選擇。除少數狃於門第觀念外。多數以親上加親爲目標。因此而致遺傳之結果。爲體格瘦弱。智能不高。缺乏毅力。其影響於種族之衰退。實爲主因。本府以爲欲求新民族之產生。必自改正婚姻始。爰於每次壯丁集會。或與地方紳士個別談話時。備言過去婚姻觀念之遺害。并指正其今後男女結婚之年齡。男以二十五歲前後一二年爲合格。女以二十歲前後一二年爲合格。至於選擇方面。不必拘於門第與老親。要以智力優越。體格堅強。爲雙方互擇之標準。且力勸有鄉望之人士。首先爲其子女實行。以爲倡導。果能相率效尤。則十數年後合理之優生法。則必可普遍於民間。世之期求佳子弟與健全公民者。幸勿忽之。

三喪　人莫不有死。莫不有親。亦莫不愛其親。而養生不足以當大事。惟送死足以當大事。無間苗漢而然矣。漢族於尊長病篤。發急足或電若信。召其子孫之不屋。女之已嫁者歸甯永訣。將死。去其帳。曰打帳子。氣未絕。移之中庭。子孫扶其後以待盡。焚化冥錢。曰燒倒頭紙。家人

環跪而哭。盡哀。爲死者理髮濯足。易衣裳。停臥於中堂。白紙掩其面。棺至。家屬親視含殮。先化松香。加黃蜡少許和之。蕩棺內。張大布曰兜單者。措死者其上。納入棺。實茶葉於三角形布袋。枕其頭。以若夾被。名上蓋者。覆遺骸。摽兜單之邊緣而裹之。用陳年石灰築罅隙。俾死者固定不移。曰築灰隔。然後掩棺而漆其外。凡高年衰邁。葬具先備者。其衣曰老衣。有三件、五件、七件、九件者。裳稱之。質料有布、有帛。忌用緞。以緞之名爲不祥。其棺曰壽木。多以杉底厚六八寸三鑲。蓋則用整料無鑲者。不更置槨。忌以金屬物入斂。斂畢。發赴告親友。親友聞喪。持香燭往吊。就靈位前行禮。曰燒紙。親屬央堪輿求葬地。擇期出殯。殯之前一日展奠。曰開吊。至親如子等輩。具猪羊。紮紙帳饌盤而往。鄉鄰或爲聯輓之。或以財賻之。無少長。死者爲大喪主給以白布三五尺。曰孝帕。近有改用黑紗者。家人上午行朝奠禮。中午行點主禮。暮行暮奠禮。皆如儀。夜。鄰里歌挽歌。如竹枝詞者。句皆七字。兩句一歇。間其鼓。鼓三聲。而續歌之。曰唱孝歌。有罈。將以殉葬者。高尺餘。碩其腹。腹上部如徑四五寸大竹筒。曰粮窨罈。夜半。賁糯米拌以酸酵、藥、而實之。以五色布裹五穀。如金瓜狀。壁罈口。覆之以碗。曰裝粮。逝者或享大年。而具福德。鄰里或慕之。願己身亦如是也。裝粮時。爭往搶其飯而食之。曰搶粮簪飯。故喪主造飯。每十數倍或數十倍於罈中所實之量。天明發靷。親友畢集。以助執紼。而送之郊外。有祭之於諸道旁者。曰路祭。柩抵郊外。孝子匍伏於道左。謝送葬賓客。然後向葬地進發。送葬人亦有直抵葬地者。葬地忌低窪。低窪則雨水瀦之。黔固多山。多葬之山崗。故呼出殯曰上山。其葬多平棺。掘地三尺許。納柩其中。曰下壙。壘上爲坵。坵圓形。或圓形而延長其後。有更壘土作弧形者。曰羅圈。越三日而往祭之。曰復三。亦曰招三。自死者之逝。每七日一焚冥鏹。以算術級數遞升。凡七七而後止。曰燒七。有招僧道作佛事者。曰期多少不等。或三日。或五日。或七日。皆曰做道場。貧者僅於發引前延僧至。略事超薦。曰開路。僧侶據者逝之生死年月推算。謂逝者之魂。當以某日某時返於家。曰回殃。家人咸避之。財費無益於。死者迷信故也。略其迹而言其心。亦孝子仁人之用心也。然無停喪不葬之事。財力不濟。有三日而即葬者。所謂急葬三天是也。

至苗族則有所謂敲牛者。其親死。亦斂以棺。陳之堂中。或直停。或橫陳。引牛及大門之限。招苗巫作法。以斵直貫牛之項而斃之。以爲祭。罷。犧牛肉及五臟而烹之。盛之以盆。以享赴弔者。苗漢每亦通慶弔。漢人輒不食其食。苗胞每以鷄子魚肉另享之。苗之巫非漢人之巫。亦須相度葬地。卜吉凶。以蛋擲。擲蛋其處。幸而不破。是爲吉。間亦有豎石墓道者。風氣多在轉變中。其猶保守之部份。不盡以告人。不可得而詳也。

四歲時伏臘　每歲以端陽、中秋、過年、爲最流行之節氣。謂之三節。商家極爲緊張。人欠欠人。催收支付。均須告一段落。而一般更有清明、月半、重陽等節。至國歷元旦。僅公署機關行之。士紳之家。不過虛應故事而已。所以然者。一則忸於舊習。一則百分之八十五以上之民衆皆業農。夏歷之二十四氣候。爲農家作業閱歷、有效之標準。而國歷尙未編有與數九等適應之詞句。以暢行民間。而爲之替代。故政府一面禁止舊歷。一面提倡國歷。終未能革故鼎新。而聽其并存不廢也。故事。夏歷正月初一子卯間。盥櫛更衣。陳茶食果品數事於堂。名曰供果。燃大燭焚香。啓大門。由家長率丁男而出。依年甲向喜神方行揖。放爆竹。以除舊歲。日出行。退入堂屋。正衣冠。向祖宗之位展拜。卑幼復拜

貴州印刷所承印

其尊長。又往拜於親族長老之家。或不遠數十百里而往拜之。彼此往還。餽遺不絕。有亘一月者。新婚夫婦。例必偕往拜於岳家。皆曰拜年。尊長恆贈弱小以錢文。往時以紅色頭繩貫制錢方孔。而一一辦之。曰押歲錢。出見街鄰鄉黨。互相拱手道賀。自初一至初三。俗稱年三天。雖貧苦之家。亦小休以尋樂趣。有僅食糯米、晚米預製之糕。俗稱糍粑、耳塊粑者。投贈品物。縣城多以糖果、茶食、掛麵、罐頭。鄉間多以糍粑、耳塊粑。及用糯米、晚米、黃豆配合製成。號黃糕粑。及炒米者。自初三以後。例將堂上供果撤去。俗傳初九爲玉皇大帝生辰。先一夕。私家復陳供果。焚香燭於堂中。更於大門之中。以斗盛黍穀之類。插小燭四十九枝於其上。而陳於階。望空展拜。曰上九。亦既供奉於家矣。有復不辭跋涉。而更赴洋水之玉皇觀頂禮者。曰燃燭。在昔遠近男女有不遠數百里自他州縣而往者。多因疾病危迫。束手無策。而無識男女。心焉許之。幸而無恙。以爲神佑。義不食言。且懼譴責。謂之還愿。還願之事不一端。有延俗稱端公之巫。設武壇而燒胎。而叫魂。而鋪篩盤。而慶壇。而打保福者。與潑水飯等同一爲迷信之事。又初八之夕。有所謂出燈之事。燈有龍燈、花燈之分。龍燈者。以紙竹紮爲龍形、用紅布蒙其首。劈竹寬一指。長七八寸。復劈四寸許作夾。以紙搓捻辮夾上。撓以油。曰草鞋板。燃之。插龍燈內。龍一條。謂之一棚。（讀若灘）、花燈則紙紮燈作四方、六方、八方等形。或作魚形、蝦形者。一人男裝。操一巾。曰唐二。一人拌女裝。持一扇。曰懶大嫂。雙雙踏舞。曰跳花燈。皆於是夜開始出發。或逐戶踵門。或舞之街衢。至十五之夜而止。曰收燈。龍燈凡城區及鄉鎮皆有之。有組龍燈會。年年輪流。由首事承頭主辦者。花燈多見於村寨。方其雙雙歌舞時。其所歌曰採茶之曲。二人高歌。而其衆和之。其詞俚俗。士夫鄙之。然實農家終歲勤勞僅有之娛樂。倘加以改良。不猶愈於呼盧喝雉者乎。是在有心移風易俗者之潛移默化也。至苗族則其歲首。即有相異者。據府志相傳。花苗有以夏歷六月爲歲首者。仲家有以十一月爲歲首者。謝家有以十月爲歲首者。謝氏者。東謝西謝等之族。縣城西廿里瓜瓢寨附近。有地名謝家灣居之。人目之曰謝家子。咸同亂後。死亡殆盡。其所殘遺。已舍故居。而於縣之南部與漢族雜居。聞尚有於十月某日閉門陳古衣冠而祭者。若花苗及仲。已改與漢人月令同。今蒲窩之花苗。於正月初五、十五、二十五三日。有鬥牛之事。鬥牛之前。先以歌舞曰跳廠者。即男女整行列隊。吹

貴州印刷所承印

蘆笙。踏步而歌。歌詞之苗語不可曉。然其聲清越可聽也。青年男女。多於是求所歡愛。故是月多有閉門不屋者。烏乎之。皆至山間樹下。習練其歌曲去也。及期齊集門牛場。歌舞罷。於各家牽至豫畜以供搏門之牛四五十條中。擇其兩角距離相等者二。縱之使門。有門二三小時。勝負未分者。有門至死者。有接觸赤久。勝負即分者。其勝負速決者。必另擇兩牛另門之。及門有頃。而勝負決。負牛必奔。勝牛必逐之。乃合力用繩牽制勝牛。以紅布掛勝牛角上。鳴鞭炮以賀之。咸稱勝牛之主人。是歲收穫必贏。負牛之主人。收穫必拙焉。大致初五、二十五、牛門之時間。長於苗胞歌舞之時間。而十五則反是。其樂器蘆笙之製最古。風行於苗族亦最遍。比外名貴之樂器。莫重於銅鼓矣。府志道光本有云。土人掘地得銅鼓。即以爲諸葛所遺。富者不吝價爭購之。以爲重器。今蒲窩有一具。乃該地土人於清末大風拔木。就樹根下得之。鼓爲釜形。左右有耳。以耳繫於如筍輿之二竹上。二人肩之行。另一人以三小梃撾之。聲聞數十里。據當地土人云。今猶傳其擊法者僅一人而已。亦本縣苗胞僅有之法物也。

清明。爲掃墓之期。世居而族大之家。類置祭田若干畝。更番收租。輪流拜掃。日期由主辦之家酌定。有限於族衆。有盡邀街鄰戚里者。居期主辦之家。置酒食於墓地。午後。親友漸至。陳酒饌於墓前而祭之。祭畢。據地而食之。是爲野餐。亦有祭之餐之於宗祠者。亦有無祭田而獨家自辦者。猶踏青也。普通新故未及三年之坟。其拜掃皆在春社前。故有清明不過社之諺。而皆謂之掛青。與會者曰吃掛青酒。

端陽　上午煑角黍大算鹽蛋而供奉於中庭。供畢。家人共餐之。午後復設酒餚而供之。家人聚餐後。相率遊於郊。謂之遊百病。擷野草雜花以歸。煑水沐浴。謂可以却病。聚餐之際。以雄黃拌酒中而飲之。曰吃雄黃酒。或醮以塗於幼弱額上作王字。而謂可以驅邪云爾。亦有以雄黃末拌酒和水遍灑宅右者。又有架紅紙條於壁而書其上曰。五月五日午。天師騎艾虎。手持菖蒲劍。斬魔入地府。皆將以辟虫蛇者。蓋是日家家皆以菖蒲及艾懸於門也。

月半　秋祭之餘意也。有始於七月初九或初十。而終於是月之十二十三十四者。先期以穀麥玉蜀黍等。分盛碟中。以水澆之。使發芽長三寸許始夕。張祖宗之名位。曰亡人單者於中堂之左。或懸上世畫像及照像。或臨時以紅紙書而貼之。陳案於座前。上列五谷芽。設茶果數事。燃香沿階而院而街心。或路分兩行而插之。將以招祖先之靈。迎之自夾道而來於家也。由是日夜燃燈。朝暮祭奠。又以楮製之袋長約五六寸。寬約三寸餘。名包袱者若干。分書祖先之名氏其上。自遠祖考妣迄於近親並及旁支及已故師友。以親疎遠近定多少之等差。納具錢於袋。每袋計冥鈔二十一紙。紙以粗楮製。鑽錢文於上。俗稱錢紙者是也。又有兼用金銀錁錠者。以大箋摺疊而成。大箋者鍊錫成箔。傅於紙之謂。箔之色或黃或白。於是謂之爲金銀。至終夕。復燃香植之夾道如初夕。然後禮拜座下。酌酒案上。號曰上馬杯。謂祖先將去。行且上馬酌以餞之也。於是子孫送之出。舉冥鏹等而焚之於外。謂之燒包。皆敬宗追遠之意。孝子仁人之用心。中國之美俗。不得視同迎神賽會等。而一概以迷信目之也。

中秋　是夕陳月餅棗梨。及新摘向日葵於階以獻。是夕月每每而蝕。俗謂之天狗吃月。有擊銅器成聲。謂之救月者。是夜艱於子嗣之家。好事者陰察他人園中長形南瓜。而祕取之。鑽一孔。出瓜瓤少許。灌水瓜中。以竹筒塞瓜孔。筒之他端。另以物塞之。使童子負之。伴以鑼鼓。送置艱嗣者榻上。覆之以被。去筒端之塞。水流出。濕榻上。而謂艱嗣者已有子。且小遺也。於是主人出酒食以享親友。謂之送瓜云。

重九　是月有以糯米爲糕若鴿卵大。拌於大豆和鹽或糖之末。而以爲食者。曰牛打滾。午後無男女老幼。恆相率登高。抵暮乃歌詠以歸者。

送灶接灶　臘月二十三之夜。媚灶於廚下。俗稱灶有王。灶王於是夕赴天庭朝玉皇。故敬禮之。鄉人每禱之曰。好話多說。壞話少說。頂好是壞話莫說。或將壞話改作好話說云云。不知天乃積氣。灶更無王也。而愚氓固謂其有之。而心誠求之。且曰灶王之耳一不聽乃聾者。爰昔有童養媳者。每食不得飽。遂常藏飯一盌於灶之孔。而伺間竊食之。灶王以其爲供養乎已也。是夜灶王謁玉皇於天上。歷稱童養媳之賢孝也。後童養媳每日所藏爲其姑所覺。姑棰楚之。嗣遂不復藏。灶王以爲禮貌衰。次年復見玉皇於天上。歷詆童養媳。而不知他神已將真象奏玉皇。玉皇惡其貪而不明。言辯而僞。懷愛憎而不公也。大怒。掌其頰。中其耳。耳以重聽焉。言之諄諄。而不知是說乃留心社會現象者。有意爲童養媳寫照。又有意警彼貪污。而微辭以出之。而遂以爲信有之。不亦誣乎。

自是年關迫矣。有豕未屠者屠之。曰殺年猪。終歲而未製衣者製之。一切油也鹽也。食者用者。凡日用之所必需者。皆得預爲之備。統謂之日

貴州印刷所承印

辦年料。蓋正月商賈皆休。形同罷市。不時之需。難以購置也。繼是則年且盡而歲益逼。衣被之洗滌也。綻裂之補綴也。（俗於新年婦女戒用針）、塵土之糞除也。春聯之寫之貼。燈綵之張之結。莫不急特料理。及三十之夜。金烏且墜之前。盛設餚饌。供奉祖先。家人團聚而餐之。號曰團年。當七鬯不驚之時。鞭炮之聲盈耳。亦可以瞻世運之盛衰。年來日就冷落。非關時代之推移。亦經濟日窘。生計日迫歟。入夜。少者拜尊長於堂。又往拜族戚長老。皆曰辭年。夜將半矣。於是大掃除其室廬堂奥。故是夜曰除夕。又謂灶之神二十三送之去。今當接之還也。曰接灶。接灶後。扃其門。以待來年。曰封門。及亥刻既盡。子刻已來。始復開之。又是一年新氣象矣。人生不過百年。百年不過一瞬。故是夜有通宵不眠者。即古人秉燭夜遊之意。故曰惜曆。朝聞道。夕死亦可以無憾。凡人要當奮門耳。以前種種。譬如昨日死。以後種種。當自明日生。逝者如斯乎。兩歲交替。代謝新陳。念茲在茲。憂心恐懼。故又作惜歲。而世俗謂之守年老者云。其他如花朝節。乞巧節等。本縣不興。時代亦不重。故不具及。

五餽贈　年節及婚喪之餽贈。前已及之不復贅。此外則端陽中秋亦有互相投贈者。然甚少。此外則有俗稱送祝米者。多於其人初次生產時見之。以米二三升。雞子二三十。或更佐以牝雞一二隻。多由婦女以提籃盛之往。故又稱提籃會。俟產者彌月。而後酬客。俗曰齊祝米。此項餽贈。以產者之母家為最重。產後例以洋紅染雞子若干。名曰紅蛋。所產男則。輔以公雞一隻。女則。以母雞一隻。遣人送之外家。外家例具雞若干米若干。赤子應用之衣帽鞋襪等各又若干。至[illegible]家以餽之。有費至數百金者。社會日趨於簡單化。意必有減免之一日。此外更有做壽者。亦社會上時有之事。所餽有以茶食者。有醵金製匾對而往賀之。懸之門楣柱上者。若年高而德劭亦可矣。乃有年方壯歲而然者。不亦費乎。每有出資不多。醵金有限。不遺之以財物。而悉代之鞭炮。舉火燃之。頃刻立盡。主人已莫可如何。而賀者終必饜酒肉而後返。謂之燒艾叫。言主人雖慳。亦須酬客。名曰賀之。其實禍之。故有發財祝米背時生之諺。而好事者恆以此弄人。謂之燒艾叫者。譬醫之治人。而施針灸。病者雖痛徹心肝入骨髓。亦惟忍受而已矣。此外開張有賀。遷徙有賀。匾圖受事有賀。甚至出獄亦有賀。酬應重疊。不暇毛舉矣。

一合把規約　古者國有律。家有法。鄉有規。井有戒。合把者。古之遺意也。有規約焉。爲本縣最普遍之一良好現象。出於鄉人之自動組合。目的在保存善良風俗。維持公共秩序。地方治安。富有地方自治之精神。自鄉鎮至於村莊。莫不有之。故亦稱合莊云。世俗以夏曆六月初六日爲山王會與土地會辦會日期。山王與土地。鄉人之所敬信者也。故其廟雖小。而處處有之。類分上下二層。上供山王。下祠土地。是日鄉之人皆集。而鄉之事皆議。議定。先由口報告。赴會者。莫不沉心靜聽。潛識而記之。惟恐遺忘。致取罪戾。復將防火防盜等。分訂條款。立定賞罰。更撮要以齊心合把。嚴拿盜賊等字樣。大書特書。張貼牆壁之奪目處。借以發人深省。如屬場集。則每豎二三丈木桿於街心。繫竹簍約深二三尺。可立一人其中者。於桿巔。捕得盜取他人蔬果等物之小偷。輒置簍中。懸之桿頭。示衆以辱之。如放火燒山。以防害他人樹秧。縱牛馬猪羊以踐踏他人田禾。或加以警戒。或責令賠償。或罰鍰供淘井補路之用。或裸其上體。以火麻及細竹條鞭之。遊於稠人之中。聚居之地。從無嚴刑峻罰。如弔打及劣團施用名猴子搬樁等事。其屢戒不悛。或情節尤重者。則送城交地方官懲辦。其規約據最近一般規定。大致爲牛馬養牲吃大春一窩。賠洋三角。小春賠一角五分。放火燒坡及鬥毆或口角是非。酌量情形。罰修碎石路一二三丈。至六八丈不等。盜竊瓜果。仍用鞭身遊團辦法。斫伐杉樹青㭎等來報者。酬報口錢若干。斫伐者罰看守山林若干日。或罰立禁碑一口。至牛馬被盜。鄉鄰每家出丁壯一人。自備三日口糧。分頭共爲追尋。三日不獲。仍須追究。則口糧始由失盜主供給。但不給工錢。此其一斑也。法良意美。其所注意各點。大都爲近世區團之所不及。而劣團地棍。或更從而摧毀之。風俗敗壞。日甚一日。有起墮興廢之責者。提倡而振起之。亦殷法揚灰之義也歟。

六雜俗鳥瞰　每歲二月。城鄉各延佛道設壇建醮。或三日或五日或七日或九日。以清瘟送大祈福爲目的。謂之打清醮。遇久旱。以獅子草紮竹爲龍。白晝舁之舞於市。住戶競以水潑之。將以祈雨。日玩水龍。或更扮一人曰旱魃。或更舁一犬招搖過市。以引市人之訕笑。俗謂人笑狗天必雨也。至久雨祈晴。則有禁屠宰之事。在城區或南門晝閉。意謂久晴火旺。而五行家以南方屬火。故閉之。至牛馬養牲。闖入人家。亦世俗之所厲禁。謂猪來主窮。黄牛來須防火。馬來須防盜。皆不利所入之家。例由各該畜產所有人。備紅布二三五尺。張于所入之家之門楣。鳴鞭致謝。謂之掛紅放火炮。意其始。必多畜牛馬豕羊而不設檻者。禁之不可。

故託爲諱忌以儆之。久遂成爲迷信也。

民歌一束

孝歌

千古百行孝爲先。只謂椿萱壽百年。誰知一旦隨空去。風吹梅落到黃泉。父買田園兒受享。娘打釵環女梳粧。無常一到天書降。并無兒女替爹娘。靈前焚香起青烟。爹娘死了不能言。口中不吃陽間飯。翻身跳進鬼門關。滿堂兒女齊叫喚。閻王不肯放回還。堂前兒女肝腸斷。手撫棺木淚漣漣。古人親死孝難當。墳前伴墓三年長。三年不敢笑言講。三年不敢氣昂昂。三年不敢與詞狀。三年不敢逞豪強。三年不敢把燈望。三年不敢入會場。三年懷中不抱子。三年不與妻同牀。那個學得古人樣。孝子名聲天下揚。孝子一步進廚房。廚中美味透鼻香。這邊鍋內把酒燙。那邊鍋內煑藥湯。要將酒藥來供養。不見爹娘舉口嘗。思想爹娘難相會。坐在竈前哭一場。孝子二步出廳堂。看見廳堂想爹娘。爹娘在生置家當。與兒修向大瓦房。朝門修像八字樣。後花園內起學堂。對着天地空思想。坐在廳堂哭一場。以上散歌

瞧樓一更鼓二天。思想爹娘在生言。教訓兒女行正傳。勤耕苦讀不貪玩。孝弟忠信家聲遠。爲善積德子孫賢。月照院牆鼓二

更。思想爹娘一平生。忠厚爲人守本分。兄寬弟忍不相爭。勤儉持家又發憤。公平正直不欺人。左鄰右舍俱尊敬。死了誰不嘆一聲。守孝三更鼓三捶。孝男孝女生一堆。堂前設起空靈位。不見爹娘好傷悲。思想爹娘難相會。手撫棺木淚雙垂。

瞧樓鼕鼕四捶敲。爹娘棺木靜悄悄。心思去把爹娘叫。可恨黃泉路遠遙。要得爹娘重相會。除非陰司走一遭。瞧樓更鼓響五更。思想爹娘到天明。你睡棺木身安穩。陽臺一夢杳無音。籠內金雞叫不醒。不言不語腳長伸。兒女眼淚如雨滾。日出東昇照孤靈。以上哭五更

正月元宵無心賞。孝子靈前想爹娘。去年過年爹娘望。今年過年爹娘亡。年肉不見爹娘吃。年酒不見爹娘嘗。要得爹娘重相會。跪在靈前哭一場。

二月百花滿園香。孝子觀花想爹娘。爹娘難比花一樣。每逢春時又還陽。去年花開爹娘望。今年花開爹娘亡。思想爹娘難相會。手攀花樹哭一場。

三月清明天氣長。孝子上墳想爹娘。爹娘墳上青草長。冷冷清清好悽涼。留得爹娘在世上。何得荒郊土內藏。思想爹娘難相會。跪在靈前哭一場。

四月陽雀催工忙。孝子栽秧想爹娘。去年栽秧爹娘在。還與秧哥送茶湯。今年栽秧抬頭望。不見爹娘在何方。思想爹娘難相會。手提秧苗哭一場。

五月家家過端陽。鹽蛋粽子與雄黃。去年端陽爹娘在。手提粽子

蕪白糖。吃了三盃雄黃酒。醉醉昏昏倒涼牀。思想爹娘難相會。手提欅子哭一場。六月搖扇透身涼。孝子揚風想爹跟。去年爹娘過六月。熱來就在靠涼牀。今年炎天紅似火。涼牀不見二爹娘。看見涼牀不忍睡。坐在涼牀哭一場。七月乍見秋風涼。要燒袱子與爹娘。去年月半爹娘在。燒了袱子坐一堂。今年月半抬頭望。新添筷子與羹湯。爹娘有靈坐棹上。滋味粗美舉口嘗。散錢拿來做路費。整錢拿來置田莊。父親收錢交朋友。母親領錢製衣裳。銀錢爹娘拿不動。半路請人幫個忙。八月裏來桂花香。糖食果品盤內裝。去年中秋爹娘在。又吃餅子與雜糖。今年中秋抬頭望。堂前不見二爹娘。思想爹娘難相會。手拿月餅哭一場。九月裏來是重陽。菊花造酒滿缸香。去年重陽造美酒。爹娘還在把酒嘗。吩咐好酒待好客。壞酒拿來自已嘗。今年重陽造美酒。堂前不見二爹娘。思想爹娘苦情況。手撫酒缸哭一場。十月滿地降寒霜。要送寒衣與爹娘。冬衣冬帕和冬帽，冬鞋冬襪共幾雙。長的交與痛皃父。短的交與疼皃娘。思想爹娘苦情況。火化寒衣哭一場。冬月大雪冷難當。孝子烤火想爹娘。去年冬月爹娘病。火盆添炭熬藥湯。又扶爹娘把火向。又扶爹娘進小房。思想爹娘難相會。火盆邊前哭一場。臘月家家過年忙。孝子思想二爹娘。自從去年爹

娘喪。一年未見我爹娘。光陰不覺過年滿。多燒紙錢與爹娘。要得爹娘重相會。除非南柯夢一場。以上耍十二月

田歌

太陽漸漸要落坡。媳婦關門打婆婆。這個年頭顛倒了。耗子啣着貓耳朶。打個哈欠眼淚流。不知情哥爲何愁。掐疋茅草來占卦。陽魂落在洋煙頭。鴉片煙來芙蓉花。勸哥莫吃丢了他。吃了洋煙得了病。到死不活要傾家。鴉片煙來外國生。走到開陽變成精。吃壞多少男子漢。誤了多少小後生。螞蟻爬樹節節高。有心抗日不怕刀。有心抗日前線去。殺得倭奴一包糟。月亮出來月亮白。三民主義要貫澈。革命成功統一了。中國不再受壓迫。紅旗繞繞要開差。送郎送在十字街。若要夫妻重相會。打了勝仗再回來、油壺無油無念頭。小郎無妻到處流。小郎無妻到處耍。看壞點頭不點頭。十七十八大姑婆。快長快大我來說。快長快大哥說你。免在娘家受搓磨。線耳花鞋花後跟。那個有錢那個跟。那個有錢跟那個。那個無錢打單身。三疋茅草搭高叉。哥穿麻布孃穿花。哥穿麻布孃穿緞。搭配不過也儘他。三疋茅草搭高樓。哥穿麻布妹穿綢。哥穿麻布孃穿緞。搭配不過在心頭。大田大地大瓦房。有女不放讀書郎。自從過年同

來去。一直等到過端陽。不要焦急不要愁。哥在營中當排頭。等到那天
關大餉。郎穿綾羅妹穿綢。青崗林頭打野雞。勸孃空話少說些。鋼刀割
斷紅絲線。哥在東來孃在西。大田栽秧田坎長。問哥大田好多糧。問哥
大田糧幾畝。問哥姓名第幾郎。大田栽秧田坎高。問孃大田好多挑。問
孃大田撻幾石。我來上門招不招。去年跟孃到今年。一天跟得怪可憐。
得孃一張花帕子。豆腐盤成肉價錢。去年跟哥到今年。一天忙過不得閒
。得哥三尺漂白布。還說爲我太花錢。一更一點月黑頭。見哥不來添燈
油。見哥不來油添起。手肘彎彎做枕頭。二更二點月出山。見哥不來把
門關，見哥不來門關起。坐在牀沿把氣嘆。三更三點月照房。對門狗咬
疑是郎。心想來幫郎攆狗。又怕驚動二爹娘。四更四點月照牆。摸個杯
杯撒酒糧。半夜不勸郎吃酒。酒後貪花誤了郎。五更五點天快明。喊哥
起來送出門。心想送郎三五里。鞋尖腳小路難行。你一聲來我一聲。好
比先生教學生。先生教學有書本。山歌無本句句真。大河漲水淹廟門
。哥是吃齋把素人。隔河看見孃美貌。丟了長齋用大葷。秧雞下蛋未勾腰
。情妹懷胎哥心焦。是白是女妹檢起。千斤擔子哥來挑。犀牛吃水腳踏
溝。口啣靈芝草二兜。夜夜做夢來相會。只想成雙不想丟。犀牛吃水腳

踏泥。口啣靈芝草二一疋。夜夜做夢來相會。只想成雙不想離。太陽落坡坡背黃。坡背龍潭萬丈長。檢個石頭試深淺。抓把銅錢試小郎。太陽落坡坡背陰。坡背龍塘萬丈深。檢個石頭試深淺。唱首山歌試壞心。天上落雨萬國流。婆婆賴我偷猪油。提起棍棒要打我。猪油還在碗櫃頭。天上落雨雨飄飄。打濕壞家花圍腰。打濕壞家花飄帶。千針萬線也難挑。白布白來白又白。做雙鞋子送情客。幫幫納起人字路。底底納起萬字格。天上落雨雨淒淒。打濕情哥白汗衣。情壞脫來情哥換。男子不穿女子衣。

高坡犂牛頭對頭。犂了黃牛犂水牛。騎了騾子想騎馬。家有賢妻想外頭。

一塊大田四角方。半截蘿蔔半截薹。蘿蔔不得薹辣口。家花不得野花香。

好塊大田栽糯穀。一面陽花一面出。家妻野妻一樣待。手板手背都是肉。

郎十八來妹十八。二人當天把誓發。咬破指頭血和酒。那個散心講責他。

買馬要買四蹄白。跟哥要跟好[illegible]色。跟哥要跟脚色好。損個名聲也值得。

好把爹娘來奉養。死了前娘有後娘。後娘不比前娘樣。一天到晚數短長。前娘殺雞留膀腿。後娘殺雞留雞腸。雞腸掛在樹子上。看到樹子哭一場。

第五十四節　宗教

本縣宗教。有佛教、道教、基督教、（包括新舊二教）同善社、青蓮教等、分述於次。

（1）佛教　本縣之有佛教。始於何時。無可稽考。現在本縣境內崇奉者。較他教爲多。據縣府民二十八年元月十五日編整保甲統計表載。全縣寺廟共二百一十六戶。和尚二百五十八人。尼姑一百四十三人。至男女信徒。大致估計。約爲四五萬人。女性最多。約佔十分之七。寺廟之規模較大而著名者。首推一區翁朵之長慶寺。與五區之洋水玉皇觀兩處。至崇奉佛教之僧尼。佛子二字。直談不上。不過借作餬口之方。證以此輩中人。殊少識字者。即不想見一切矣。

（2）道教　本縣信奉道教人士極少。只有誦經祈禱爲業之道士宗之。全縣合計亦不過一二三百人。女冠尚未之見。巫教與道教近似。惟其迷信惑人處。尚有過之。蓋伊等常以鎮鬼魅。驅妖邪之說。哄騙愚民錢財。被其欺者。竟以爲泰山之倚。至死不悟。是誠民智之不開有以致之。固非單恃政令所能破除者也。

（3）基督教　本縣之有基督教。大致始於咸豐同治年間。現流傳者有新舊二教。（即耶穌、與天主教是也）、但以天主教之崇奉者較多。然以全縣論。其教徒亦僅二三百人。至耶蘇教則更稀少、約計百人而已。天主教之極盛時代、爲滿清末年。蓋以當時本地官吏。鑒於教案興起。（清同治元年、戴鹿芝知開州事、有一□團總謝周國章者、素仇視天主教、審案於州、謂有法人文神父及教徒張人隊、羅世恆、吳學聖、易貞女等四人、在州屬附城五六里之文山陵地方、住戶張天申家中、聚衆說法、傳天主教□去、衆乃羣稟軍門田興恕請示、奉批、鎮案就地正法、故於正月二十日、派兵將文神父等連同張天申五人、一併由張□拿獲入城、逼令背教、不從遂殺害之、）賠累極大。乃畏教如虎。外教勢力。日益抬頭。漸至肆其權威。干涉行政。地方官爲求息事計。每求必應。一般無知人民。乃相率奉教。借教勢力作爲護符。狡黠者流。並時仗勢欺壓良民。故當日之教徒。即以縣城論。亦不下一二百家。可想見矣。此風自民國以後。遂逐漸衰歇。天主教有教堂一大院。建立已三十餘年。位於縣城正街。建築頗爲壯麗。規模亦大。堂內經常住有神父及工役數人。年需經費約五六百元。除以本地該堂產業年收租穀二十石許支用外。不敷數由省方兌來。耶蘇教縣城內無教堂之設。只三區毛坪聯保屬之馬場後光嶺地方。有耶蘇教堂一所。（該地人稱福音堂）、修建約二十餘年。僅長三間之平房一棟。由當地以前教徒醵資建築者。現經常無人居住。僅由教徒馮某照管。遇有省方派來牧師時。方召集教方講經禮拜。據當地人士稱。當年教徒勢盛。故該地亦極發達。該處附近奉本教者。約共二百家左右。現已衰退久矣。

（4）同善社　本縣同善社之創設。始於民國十一年。在十五六年時代。曾盛極一時。社員遍及各地。共三千人。除縣城一社外。尚有分社兩處。成立於一區之猴場。及三區之馬江山。嗣於民國十八年。經中央政府明令查禁。現僅存其社所一棟於縣城南街。亦已改作縣立民生工廠矣。

（5）青蓮教　此教盛行於縣屬之三區馬江山一帶。何時傳入開邑。無可徵考。教徒爲女性。以未婚之青年女子崇奉者最多。已婚者較少。入教後。以不結婚。吃長素。唸經禮佛爲信條。但不削髮。亦不入寺庵內。僅於家間設一佛堂禮拜而已。

第五十五節　民生附銀會

本縣民生狀況。一言以蔽之。曰疾苦而已矣。然其最嚴重之時期。以最近論。首推民國二十二三年。蓋以當時本省處軍閥割據之下。政治混亂。達於極點。並連年內戰。軍需浩繁。苛捐雜稅。臨時派款。乃層出而不窮。經常住縣府之各款督催員。常在十人以上。每年供應省款。正供之外、有臨時派款、善後借款、流通券款、烟土款、軍谷款、軍米款、以及丁糧之拾墊、禁烟罰金之抑征等、總計不下二十萬元。人民雖[illegible]

力繳納。然以處高壓之下。動輒拘押比追。獄爲之塞。惟有忍痛含悲。賣妻鬻子。或下瓦售鍋。以求免於一死。甚至以逼繳公款。而發生之自殺案件。亦有多起。縣府尚有卷可考。故當時農村人民。因迫於無法負擔。相率逃亡。戶口日減。每每一家數口。分散各地城市。爲人傭工。並有略具數畝田地之自耕農。自動將其契約貼於大門之上。舉家不知所之者。加以當時正值世界經濟極不景氣之時。資金集中資本家。社會購買力薄弱。商業凋敝。物價慘跌。開陽一隅。何能例外。致本縣惟一出產之糧食。如米一項。雖年歲歉收。反竟賤賣至四五毛一斗。負擔加重。收入无幾。致當日之市面。現金搜括將盡。金融幾於斷絕。除較小交易以銅元付值外。其數額較大者。則均採以物易物之原始貿易辦法。開本縣從無先例之怪現狀。人民生活之慘。當以此時爲最。而農村之破產。亦於此時開端。近年以來。雖經中央政府體念邊民。予以休養生息。然以創痛過深。一時難復元氣。現今所謂生活優裕之少數人。亦不過粗足溫飽而已。享受非所論也。至一班啼饑號寒。生活於水平線下之農工大衆。則幾觸目皆是。以全縣各比地。較經濟較優之處。多爲土質較佳。氣候較熱之低下地帶。如四區之龍坑。五區之洋水三增。三區之馬場馬江山。一區之翁招樂望河。枇杷哨底窩壩。二區之蒲葵鄉等處。生產力既大。副產物亦多。堪稱全縣之精華所在。經濟困難之處。爲三區之宅吉。五區雙流鎮附近。與一區附城之頂坊、北坪兩聯保一帶。經濟最貧苦之處。無過於一區之南江河王選。及五區之用砂壩等處。蓋多以氣候寒冷故也。如以各區作單位比較。則全縣當以三區爲第一位。二區第二位。四區第三位。一五兩區第四位。至言生活程度之高。當以二區第一。因該區較近省垣之故。一切食糧、肉類、木材等。均較昂貴。縣城次之。其餘各地。大率相等。茲就全縣情況。分生活狀況與經濟狀況二節。述之於次。

(甲)生活狀況　分爲衣、食、住、行四點述之。

(1)衣　本縣城市居民。大率以公務員、學界、工商等人爲代表。衣料多用寬布。如陰丹布、線布、斜紋布、愛國布、標布等。間亦有服絲毛織品者。多於男婚女嫁時製之。以備典禮、年節、或宴會時服用。一衣有費至數十元者。以視二十年前之純穿土布或黃州布。間有服用標布者。輒以爲異之時代。則奢華多矣。顏色喜青灰兩種。藍色次之。即盛夏亦少著白色。服式方面。男着長袍。女服旗衫。且競效時髦。尤以女性爲甚。大致貴陽每一新式樣出現。不期月而普及本地。又本縣以氣候多冷。所謂四季無寒暑。一雨便成冬。故夾衣雖六月亦不可或離。而夏布、紗、羅等品直絕少服用之時。至鄉村人民。衣料多用黃州大布。較富有者亦與城市類似。而貧苦農民。雖當隆冬。有僅身着單衣一件者。有二三年未製新衣者。因之鶉衣百結。襤褸不堪之現象。觸目皆是。甚至有十一二齡之幼女。未經服中衣者。有六七十歲之老翁。終身未有被蓋者。（大多夜宿穀草叢中、或則以禾苗編成之被稿代用、）其慘狀直等人間之地獄矣。

（2）食　城市中人之食糧。以米爲主。亦有以苞穀粉和食者。但爲極少數。蓋以其抵餓。且價較低故也。至鄉村民衆。除極少數食米外。中等人家。大致以苞穀和食。至貧苦農民。則多純食苞穀、蕎麥、或甘藷等。蔬菜則以城市較多。小康之家。每於廢歷年底。宰猪祀神後、自食。名曰年猪醃肉。烟烘曰臘肉。供次年不時食用。至職工人戶。則多食素菜。油尚少見。肉更無論矣。一年除新年、端午、中秋節外。多於每月之初二與十六兩日。（俗所謂衙祭日、）各食肉一次。至如鄉村人家。大多視鹽爲肉。極其珍貴。市鹽同家。並不舂粉。以塊鹽置碗中。和水及辣椒作菜。稍有味。即取出。甚有全年以內。僅年節及收穫時期始食鹽者。油肉更無緣上口。本縣卽有錢人戶。吃魚之機會極少。以產魚之大河。均在縣境交界處故耳。

（3）住　本縣住屋。城市鄉村。各有不同。城市瓦屋最多。約佔十分之九。草房泥牆十分之一。（但縣城內自近年來、政府爲消防計、嚴於限制、街面草房、業已絕跡、僅街後空曠處所、倘有其少數也、）街面住房。以限於地勢。大多窄狹而深邃。空氣光線。均感不足。較豐之家。門面多屬長三間。中爲大門。左右均屬櫃房。設有櫃臺作交易之處。後進始作住房。中爲天井。除上房外。左右各屋一棟，名曰廂房。此卽本地人士所豔稱之四合口是也。其地勢深者。更有所謂三重堂之建築。卽橫房三棟。包兩天井之謂。惟此類最少。背街之住宅。其不營商業者。多屬所謂三合口之房屋。卽僅有上房及左右廂房三棟是也。此外無論城鄉。所謂紳士階級。大門多成八字形。門上常懸有親友題贈之橫匾。上書金字。以爲榮幸。至鄉村房屋。草房泥牆。幾及其半。資產階級。亦多有四合口、三合口之建築。特間數較多。上房常有長至五、七間者。惟大都不見崇高。鄉間最普遍之典型建築。厥惟正房之外。廂房一棟。所謂一正一橫是也。廂房爲兩層樓。有走廊、正房、及廂房之樓住人。樓下數間。則分養猪、牛、馬、及儲肥之用。此足充分表示鄉人之不衞生處。年來鄉間之疫症流行。死亡率加大。種因於此不少。本縣建築材料。除草房外。不論城鄉。均以木質爲主。瓦及竹石次之。磚用最少。

(4)行　本縣行之方面。極不便利。中產階級以上。如有遠行。城市則大率僱伕。坐肩輿。(俗名滑竿以竹製成)、鄉間多數人家。均飼養馬騾。故多以之代步。此外則大率步行而已。

總之。本縣人民生活。城市較鄉村爲舒適。爲奢侈。但鄉村近來。亦大非昔比。二十年前。畎畝農民。皆布帛束身。極端樸素。自物質文明日進。亦均洋襪圍巾。毛帽革履。競效富人裝束。入夜皆持電筒。又復多抽香烟。以爲時髦。鄉村如是。城市更無論矣。不但抽香烟。且喜喝酒、零食、與賭博等。街市之上。以賣吃食者爲最多。終日熱氣騰騰。大有座上客常滿之概。住戶則麻雀紙牌。聲溢戶外。廢時失業。在所不顧。民日貧而俗日侈。殊未來之隱憂也。然亦未嘗無可佳者。總觀全縣勤儉二字之美德。

貴陽印刷所承印

實充分保存於苗胞寨內。舉例言之。如二區蒲葵鄉之苗民。一年四時。无論雪地冰天。天未大明即起。從無例外。起則舂米。(因該處缺水、無碾房)、作食。食後出外工作。不過日出之時。攜一飯盒作午餐用。須至晚工完。方負柴歸。夜間不易燃燈。常於月下績蔴紡紗。有時入場市。亦且行且作。(手製蔴線)、一切需要。多能自足自給。除鹽而外。殊少用費。但耗鹽極少。視為珍奇。其他可知。該地即富有之家。亦無全食米者。常和雜糧或甘藷等。而抽米出賣。性喜儲蓄。不易用去。故該地苗胞。溫飽多屬有餘。家道常發展至七八代或十代以上而不易中落。絕少凍餒不給之戶。實有由來矣。

(乙)經濟狀況(附穀會)本縣農民。佔最大多數。故農民之經濟狀況。即可代表全縣。茲分農民之分配。農田之分配。與農民之收支。三節述之。

(1)農民之分配　本縣農民之類別。據縣府民二十七年十月農業普查表載。計自耕農佔百分之一五。佃農佔百分之五五。半自耕農佔百分之三〇。是佃農最多已佔半數有零。並超過自耕農三倍以上。此種分配之結果。反映農家經濟之必然窮困。至以各地農戶分配比較。據民二十八年五月各聯保農業調查表載。以二區之蒲葵鄉。一區之枇杷哨。喜泥壩。底窩壩。及三區之司毛坪。毛栗鋪。四區之龍坑花梨等處之自耕農爲最多。半自耕農最多之地。爲五區之雙流鎮。一區之底窩壩。枇杷哨。三區之馬江山。三合場。谷坪等處。至佃農最多之處。如三區之馬場。二區之新民聯保。龍崗聯保。一區之龍廣聯保、北平聯保、頂方聯保。以及四區之米坪。三區之光里等皆是。

（2）農田之分配　本縣全縣農田畝數。（包括田土）據民二十八年土地陳報處編查結果。共有二十萬市畝零。至分配方面。本縣地主。田畝最多者。不過三百畝。最少者爲一畝以下。但均屬絕對少數。此外有田地一二百畝者。亦屬鳳毛麟角。而自四五畝至十畝左右。或十畝以上至二十畝者。則佔最多。至三四十畝之農民。亦所在多有。可見本縣田地之分配差額尚不見大。（佃農除外）尤以一區屬之枇杷哨一帶爲然。其相差數較大者。亦大過三區屬之馬場一隅而已。如以全縣由地總畝數平均計算。每一農戶。約佔田土共約十二市畝零。每戶平均以五口計。則每人所佔之田土亦不過二市畝餘。此種現象。足以顯示本縣農民生活之艱難。

（3）農民之收支　本縣農民。一人最多每年只能耕田十五市畝。（均十田中畝、下田五畝計、、約共收谷二十五石、如爲佃農。除以半數繳租外。僅餘穀十二石五斗。每人全年之消費額。平均約計五石（尚須兼食雜糧）、每戶連同小孩婦女老弱以五口計算。即年需二十五石。計不足半數。即屬自耕農。除上納田賦外。年時亦有不敷。至半自耕者。更無論矣。故本地農民一年收穫大都不足敷全年食用。竟有只敷三五月之消費者。尚不在少數。惟恃舉家勞動。兼營土内生產之雜糧菜蔬。及飼養家畜。如猪雞等。或抽閒代服勞役、及經營小販等。以資挹注。至支出方面。甚爲簡單。最主要者爲糧食、食鹽、布疋、農具、稅款、鍼、線等。據一般觀察。每一農戶。全年收支。多不易超過百元。至如子女之教育費。交際費。醫藥衛生等費。大多无此預算。即有之亦僅佔最小數字。農民之費用雖緊縮如此。然以遭遇去軍閥時代之層層剝削。元氣過傷。致現在仍多數入不敷出。農民在平時不敷之數。惟有借債或賣空倉兩途。而資產者復藉此機會。高利盤算。或則因需錢甚急。每多賤價出售其僅足自食之米粮。權救目前、而事後又以高價買囘。此種現象。在本縣各農村中。極爲普遍。年積月累。負債日深、經濟基礎。已至動搖。如再遇家有婚喪。或年歲不熟。疫症流行。牲畜死亡等。則自束手無策。非破產不止。故近年來農村住戶。人事常常發生變遷。能維持原狀至十年八年之久者。殊少見也。

附銀會

本地銀會。可名之爲本縣小規模之儲蓄銀行。其有關於社會經濟甚大。惟城市較多。鄉村甚少。大約可分三種。曰積金會。曰月會。曰乾會是。

積金會　大致爲五百元與三百元兩種。其組織辦法。先由需款急用之人爲首會。約定會友十六人。（連首會在內）、每三月上會一次。共五百元。（或三百元）、每會由一人接款。四年整完結。第一次會友十六人。平均集款五百元。（或三百元）交首會接收。第二會以下。即須憑骰搖之。以最多點者接會。凡已接者。自下次會期起。即當按會還出本利洋共五十元。（或三十元）至完結時止。（例如首會於第二會起、即須還洋五十元、以迄會終、）但未接者。自第二會起。每會漸次減上會金。（即由已接者[illegible]還之利息內扣除、）至十一會。即不再上分文。因十一會時。已有已接會之十人共還出五百元。（或三百元）故也。自十二會以後。每會長餘之五十元。（或三十元）則由全體會友平均分配。此爲積金會之大致情形。

月會　大都每月上一會。（亦有兩月一會者）、會友以十二人爲原則。以便於一年完結

貴州印刷所承印

。每會每人上洋以二十元十元五元者爲多。以每月上十元爲例、（餘照推算）如已接會者自下次會期起。按月須還出本利共十三元。至會終止。如未接者。每月上數並不減少。故此種會。每會應接款數。逐次上升。不以積金會之每會金額一律也。此種月會城鄉均有。以負販小商間組織者最多。過去極盛時代。即縣城中亦有五六十單位之多。如連各區場市計之。當不止三倍。現以經濟困窘。已逐漸減縮矣。

乾會　爲鄉里中維持親友之變相辦法。會友數不一定。每人平均出洋若干。交首會接收。此後各會友即不再上再接。僅由首會於定期滿時。（大多以二月或三月爲一會）、付還一人。至還終爲止。大都不付利息。此亦社會上所不可少之組織也。

第五十六節　國民月會

中央爲發動全民加強抗戰建國力量。特實施精神總動員及國民公約。並製定國民月會辦法大綱。通飭遵照。開陽自五月一日起。縣政府黨部各區區公所各學校。已切實督導。分別舉行。

附錄國民月會辦法大綱

爲實施精神總動員及國民公約。并普及貫澈計。特定國民月會辦法大綱如下。

（一）舉行月會組合　（甲）同甲之成年男女。每月十五日上午舉行一次。（乙）同業而有公會等組織之分子。每月一日上午舉行一次。（丙）同校或同機關同廠肆之分子。每月一日上午舉行一次。（丁）其有家祠及其他宗族組織者。每月一日上午舉行一次。（戊）其他自動約集舉行。凡成年男女。必須固定參加於上列五項之下。

（二）國民月會目次　（甲）宣誓。國民公約誓詞。每次開會。主席應宣讀一遍。會員隨聲朗誦。（乙）講解。應將精神總動員綱領之第五章綱目。及國民公約。向參加人員逐點逐句講解。（丙）報告時事。及其他有關本地生產消費風俗等。

（三）月會督導　（甲）月會之主席。在校爲校長。在甲爲甲長。在業爲領袖。在機關市廠爲主管人。在宗族爲族長。在其自動約集推定之。其到會人名單及講解報告紀錄。應報告於督導人。（乙）月會之督導人爲當地之黨部人員。地方行政人員。校長教師。及地方公正人士。不足時。由縣動員委員會指定之。（丙）縣督導員。應隨地參加月會。并摘記其情形。其有區長聯保主任處。應與盡力協作。

貴州印刷所承印

（丁）區長爲駐地督導員。應派人分頭視察。并彙集月會報告。摘要移送縣動員委員會。

（四）月會開始　全國月會。應於二十八年五月一日。一律開始舉行。

附錄國民精神總動員綱領要點。

（一）共同目標　（甲）國家至上。民族至上。（乙）軍事第一。勝利第一。（丙）意志集中。力量集中。

（二）精神改造即第五章綱目（甲）醉生夢死之生活。必須改正。（乙）奮發蓬勃之朝氣。必須養成。（丙）苟且偷生之習慣。必須革除。（丁）自私自利之企圖。必須打破。（戊）紛歧錯雜之思想。必須糾正。（1）不違反國民革命最高原則之三民主義。（2）不鼓吹超越民族之理想。與損害國家絕對性之言論。（3）不破壞軍政軍令及行政系統之統一。（4）不利用抗戰形勢。以達成國家民族利益外之任何企圖。

（三）實施事項　（甲）關於改正生活者。（1）整飭國民之日常生活。取締一切不當娛樂。（2）禁絕奢侈虛糜。及一切無謂浪費。（3）限制消費。減少奢侈品之輸入。（4）勸導國民減低生活水準。實行普遍的緊縮。（乙）關於養成朝氣者。（1）愛惜光陰。愛惜人力物力。（2）擴大戰時生產。增加全國工作時間及效能。（3）組織與訓練民衆。予以適當的戰時工作之分配。（丙）關於革除惡習者。（1）宣傳敵人政略戰略失敗。與我軍愈戰愈強之情形。（2）檢舉一切游閒怠惰之分子。強制戰時服役。（3）肅清對國際上之依賴心僥倖心及中途妥協之幻想。（丁）關於打破不良之企圖者。（1）切實肅清貪污。（2）鼓勵國民毀家紓難。以個人財產捐助戰費。（3）搜集一切軍需物資。貢獻國家。（4）切實進行。以精神或物質貢獻國家之各種運動。（戊）關於糾正思想者。（1）整飭民衆團體之組織。及其訓練。（2）統一文化團體之組織。及工作方針。（3）取締有礙抗戰之論爭。及非法活動。（4）糾正各種報章刊物之言論傾向。

第五十七節　新生活運動促進會

民國二十三年。蔣委員長於南昌發起新生活運動。以禮義廉恥爲體。衣食住行爲用。以整齊清潔簡單樸素迅速確實爲規律。而革除舊日污穢奢侈浪漫頹唐之腐敗生活。故名新生活運動。即以南昌爲總會。飭各地設立促進分會。開陽於二十五年，組織成立。直接受省新運會之督導。會內設幹事七人至九人。由各機關學校團體推定人員充任。并由幹事中互推主任幹事一人。及書記一人。執行一切會務。幹事下復設總務調查設計推進四股分擔各項事務。又於支會之下。集合機關學校團體軍警。組織勞動服務團。以從事清潔檢察。注意公共衛生。并糾正一般人浪漫及不整潔之錯誤行動。現行之已久。對於公共衛生。頗著成效。而簡單樸素。守時之風。亦漸次轉移。

附中央民運會提倡新生活運動之篠電

吾國國勢之阽危。民生之凋敝。至今日而極矣。外則寇患。內則匪亂。重重夾攻。愈益艱阨。將欲建設吾國家復興吾民族。非以昨死今生之精神。作除舊佈新之工作。齊圖奮發。協力推進。其道末由。惟改革之道。必求其簡易。必求其有效。其要在使一班國民其備國民之道德與智識。然後社會始有進步之望。而此種實踐工作。當於衣食住行之日常生活。隨時改進。以求合乎現代國民之要求。而有以表現其愛國家忠民族之精神。易言之。即合乎吾國固有之禮義廉恥之道德。不論起居食息。一皆合乎規律。故總理於民族主義第六講中。涕唾之應加檢點。指甲齒牙之應加整潔。事固極微。亦如家人父子之諄諄告誡。謂爲修身之初步功夫。蓋誠中形外。即吾民族智德之表現。意義至重大焉。茲者蔣委員長中正。於南昌發起新生活運動。其倡導之苦心。闡發之精義。已見諸其歷次之演辭。報章傳宣。諒所同見。綜其要義。爲以人民自身。各改革其日常之生活。養成整齊清潔簡單樸素迅速確實之習慣。蘄合乎禮義廉恥。而表現現代文明國家之國民智識與道德。自南昌各界成立新生活運動促進會以還。遐邇響應。風靡一時。足徵此救亡圖存之基本工作。爲時代所急需。而爲人心所同具。本會有領導全國民衆之職責。尤希與各級黨部及各民衆團體。同加倡導。移易頹風。吾人須知此新生活運動。即現代各國教育精神之所在。而亦爲吾國立國之傳統精神所固有。以今日一斑國民智識之低落。社會環境與一斑教育基礎之惡劣。欲期於最短期間。使全國國民皆能認識國家與民族之時代與環境。并能一致盡其國民之責任。努力建國救亡。復興民族之工作。自非提倡此項運動。無自進行。而有領導民衆之責者。尤宜正躬率物。力自淬勵。刻苦耐勞。勇猛邁進。敦行儉約。戒絕侈靡。平居作息之時。酬應之際。處處不忘改革陋習。樹立楷模。雖日常生活。事甚繁瑣。不能條舉細故。資爲準則。要當奮發朝氣。蕩滌舊污。爲民衆先。同時深入民衆。因勢利導。庶幾習俗丕變。宏效可收。吾各級黨部及各民衆團體。凜於國家民族處勢之阽危。建設國家及復興民族職責之重大。自須秉承總理恢復民族道德智能之遺教。而努力於蔣委員長此次所發起之新生活運動。是則本會所欲竭誠發揚。相與共勉者也。

第五十八節　社團

社團之組織。可以興起合羣互助之美德。可以促進同業觀摩之進步。并啓發其愛護鄉土之旨趣。大之可使團結堅固。思想統一。意志集中。力量集中。爲不可動搖之民族。誠要圖也。吾地舊爲夷族生息之所。漸次漢族隨政治勢力由長江流域北來。至咸同苗教之亂平後。循蜀楚贛之墟而來者愈衆、因與夷族語言習慣之不同。於是各本其同鄉關係。不問業務如何。發生濃厚情感。然無法定之組織也。自民國成立。宣佈約法聽人民集會結社自由。但以不抵觸現行法律相限制。由此而社團之組織日益加強。吾邑雖僻處偏隅。各業落後。而各社團之組合。有不觸法規尚須依法改進者。有基於法規應謀擴充者。有非法結合祕密活動。可以觀羣衆之動態。宜因勢糾正。俾循正軌者。茲分述之於後。

（一）社會團體。此項團體大別之有三。卽類似以公益爲目的近於同鄉會之同鄉會館是。就其普遍者言之。如江西同鄉會館。（萬壽宮）、四川同鄉會館。（又名萬天宮）、萬壽宮係江西各府同鄉人集合之所、其歷史最久。其勢力亦厚。溯厥由來。多係明初隨軍至此。其後因貿遷而來者、亦繁。遂藉桑梓情誼。積資捐產。共謀建設會館。以爲聯歡之所。復用神道萃衆之義。舉舊時鄉土所崇拜有功德於民者祀之。如所祀爲許仙是。亦不忘故土也。至川人之寄籍開地者。明末清初。有避流寇之亂而來者。大多數則以清同治光緒間爲最多。牽車服賈。力農手工之儔。閱時旣久、生齒日衆。其中有識者。遂籌資建築會館。以聯枌榆之情。而資團結。其所祀爲有功之李冰。亦所以重本源也。上二者。方其集議之初。曾經呈准官廳許可。然後進行。惟不若最近同鄉會之釐訂章則。選舉職員。究其動機。則仍以公益爲目的地。其次則近於捐助。暫時之慈善團體。如遇水、旱、偏災、火災、時疫死亡無告、濟貧。或建修橋樑道路。大率隨事臨時少數人發動。其事體重大。需資鉅多者。有時亦須呈准政府、發册募捐。至需費無多。隨意捐助。如送時症藥。施棺材。埋死亡路斃。年終施米施寒衣等。則無呈請立案。議定章則。選舉職員諸手續。無固定時間。事畢則解散。非樂善之心不如人。蓋因箇人之資產薄弱故也。此外與現行法規迥不相類。且近於迷信之類。而實爲真正社會之現象者。在城市鎮中普通經營商業者。其團體之結合。大多數爲財神會。屠猪則有桓侯會。即張爺會賣藥行醫則有藥王會。掛麵與飲食店則有雷神會、太陽會。詹王會。造爆竹則有火神會、邱祖會。旅店廚子則有竈王會。燧皇會。銀樓鐵匠大爐廠。則有老君會。呂祖會。製革則有孫臏會。染房則有梅葛會。織布則有機仙會。木石土泥則有魯班會。造酒則有杜康會。均有一定集合時間。至鄉村則本春祈秋報之義。而有土地會。避野獸之傷人畜。而有山王會。有牛王馬王會。五穀神會。既借會所祝神以歆福聯歡。更於會所訂定規約。如農歷六月六亦有所謂土地會者。祀神後即於會所定立規約。俗所謂合把者。保甲長均在場。因其時五穀蔬菜、俱近成熟。特立禁約。不准偷竊踐踏。有違約者。即以衆所議定之法施於犯者之身。以示恥辱。免訴訟之煩。以竊物所值不多。故爲此簡易弭盜之法。以相儆惕云。上二者社會一般之現象。雖未合乎法定。暫聽其存在。徐待改頁耳。

（二）民衆團體。吾縣法團。基於法定而成立者。首推開州教育分會。（因省有總會、）於民國元年九月成立。後改爲縣教育會。其會員除學生外。則士紳與教職員均得爲會員。其地址初爲武廟。其組織有會長一人。副會長一人。評議股股長一人。評議員若干人。調查股股長一人。調查員若干人。文書、會計、庶務各一人。爲選舉制。其任期爲一年。續當選者得連任。但以一次爲限。其職責爲謀改進及發展本縣教育。得建議於行政官廳。其經費初以奎星閣祀產全部收益。暨會員入會金爲來源。不足由官廳補助之。迄民國十九年。奉令改組。其會員規定較嚴。非有相當資歷。不得入會爲會員。其組織設幹事五人。常務幹事三人。中推一人爲主任。仍選舉制。其任期爲一年。續當選者得連任。但以一次爲限。職責同上。其經費奎星祀產歸公。則純由公家補助。次則紫江縣商務分會。（因省有總商會）、成立於民國三年十月。後改爲縣商會。其會員經發起人一人及普通商人已入者二人之介紹。得入會爲會員。其地址設於四川會館。其組織有會長一人。副會長一人。會董二十人。調查股股長一人。調查員若干人。公斷處處長一人。評議員若干人。均以會董兼充。文牘、會計各一人。爲選舉制。其任期二年。續當選

開陽縣志

者得連任。但以一次爲限。由部頒木質鈐記一顆。其職責爲發展商業。調整金融。維持市面恐慌現象。并請求政府補助。暨辦理政府委託事件。答覆政府諮詢事件。其經費來源。爲會員入會金。及會員年捐款項。更於二區羊場設立分事務所。嗣於民國十九年。奉令改組。先組織轄境內七個同業公會。計鹽業同業公會。布染織業同業公會。山貨業同業公會。雜貨業同業公會。屠宰業同業公會。藥店業同業公會。旅店業同業公會等。其會員由各業商人註册入會。各公會組織。有常務執行委員三人至五人。監察委員三人。候補執監委員等。爲選舉制。并於常務執委中。互選　爲主席。其任期四年。不連任。各同業公會之會員。即爲商會會員。商會之組織。有執行委員五人。中互三人選爲常委。更推選一人爲主席。有監察委員三。及候補執監委員等。其選舉爲會員代表大會選舉之。其任期均爲四年。不連任。每二年改選半數。第一次改選時用抽籤法定之。執監委員均名譽職。并有辦事員若干人。其職責爲圖謀工商業及對外貿易之發展。增進工商業之福利。改良徵詢公斷、證明、鑑定、統計、調查、編纂、商品陳列所。及商業學校之設置。并維持市面恐慌。及請求政府維持及建議於地方與中央政府等。地點仍舊。鈐記尚未換領。其經費來源。仍由會員捐助外。一部份曾受地方政府之補助。現補助費已撤消。至縣農工兩會。曾於民二十年同時成立。後因組織不合法定。已於二十二年停止活動。至民二十六年八月。有第一區北坪鄉農會之成立。其會址在東郊龍會寺。有會員三百五十餘人。二十七年二月。復有原第七區（今併爲第三區）銀盆鄉農會之成立。有會員二百二十餘人。會址在該鄉朝陽寺。其組織同。有幹事五人。中各有幹事長一人。副幹事長各一人。下分第一股。掌理會計、庶務、文書、收發、保管。及不屬於其他事項。第二股掌理教育、訓練、登記、調查、統計事項。第三股辦理合作、儲蓄、衛生等。及農業之發達改良等。三股均爲選舉制。由會員大會選舉之。於幹事中互選二人爲正副幹事長。其任期爲一年。續當選者得連任。以一次爲限。農會職員均名譽職。其職責以發展農民經濟。增進農民智識。改善農民生活。土地水利之改良。種籽施肥農具之改良。森林培植保護荒地之開闢。水旱蟲災之預防與救濟。生產消費信用倉庫合作等事業。糧食之儲積及調劑治療。咨覆政府之諮詢委託。及其他有關農業事項。其事務費由會員負擔。事業費由募捐湊集

貴州印刷所承印

。

（三）婦女會。二十七年十月成立。附設於縣黨部內。有會員五十餘人。

（四）附哥老會在昔爲社會中最有潛勢力之一。溯厥來源歷史。遠在羊角哀、左伯桃之義不獨生。管夷吾鮑、叔牙之分金推讓。下及於桃園、水滸、及清代之三點、三合等會。而紅上黑上之名。大五老冒之稱。則以清道咸時爲最盛。政府未者不思有以取締之。無如該會之黨徒。多在於官府之肘腋。如過去文署之捕快。武營之兵弁。會黨恆居大多數、官廳方動議革黜某事。逮治某人。消息方出。彼輩已遠颺。實苦於事勢之無可如何。故曾文正公有不問會不會。祗問匪不匪之論。良以該會之中。其結合純由於情感。而組織程序。由一至十三中。除四七不用。咸以兄弟相稱謂。前有西東字號。及仁義禮智等尊卑界限。今則統冠以大同胞二字。無祖孫伯叔之名。其品類不齊。分子複雜。固無可諱言。假使其毋及妻犯不正當行爲有據者。則指爲身家不清。不得入會。會有二類。專走江湖。飄蕩無業。其資格較老。純以超拔兄弟。援引紳糧子弟、弁兵、書吏、警役等入會爲務。是爲清水袍帶。有類長江下游之青幫。其中醫、卜、星、相。販夫、勞力。風火、雀、擺各門。僧尼道士。多至不可枚舉。此為一類。其一則入會時。專恃血氣之勇。逞強好鬥。出入賭場娼寮、不事生產。耗散家財。嘶行偷竊。早間深夜。露水燈花。撬門入室。竊取人物。或白晝摸包剪綹。施放悶煙。取人錢財。稱為黑上者。其甚則勾結軍警團防提取槍枝。或暗通土劣坐地分贓。恃符作勢。役貧豪暴。侵凌孤弱。恣欲自快。白晝殺人越貨。夜則搶村刧寨。吏難盡捕。兵難盡剿。稱為紅上者。二者胥謂之曰渾水袍帶。類似長江下游之紅幫。此為一類。二類入會放會手續相同。名稱次序相同。其規約與散放票布亦相同。入會時。須有引進一人。保舉一人。承行一人。謂之曰三大憲。放會稱為做賢事。有正龍頭、副龍頭、坐堂、陪堂、禮堂、盟證香長新福等名。皆老冒也。曰聖賢。曰當家。曰管五。即大五、又稱鳳尾、上排哥弟也。曰巡風。曰八排。九排。十排。曰小老么。曰么大。此下排哥弟也。其宣讀規約時。一執香。一執雞。皆加利刃於其上。其規約大致如下。(一)患難相扶。生死相顧。(二)輕錢財。重義氣。(三)兄友愛、弟服從。(四)不准紅面事兄。(五)禁奸淫同盟兄弟之妻女姊妹。(六)不准背義負信。(七)同財不准卡成滅股。(八)不准朝孤。即鳴官、喊黃。即扳叢、及辱罵同盟之父母等詞。有渝盟者。以香與雞爲例。卽用利刀將香與雞斬斷。入盟後。有所謂山價錢。以一千八十文。或一兩有八錢。或一百零八千文。視入盟人之身家而定。又有所謂謝恩肉者。一入會中。不啻置身通顯。其謹守規約。則父兄師保之不能馴服者。盟兄弟得而糾正之。警告之。使罔敢踰越。間有桀驁之徒。申儆無效。則老冒得視其所犯之輕重。賞示於衆。亦降之罰。或挖眼、（曰放燈）或割耳。（曰去風順）、或剔抓爪。（曰薅手）、或截腿桿。（曰削足）、曰攢。（卽大辟）、自有粗心膽大之人。代執行其法。而罔敢控諸官府者。卽控之而兇手必難緝獲。此哥老會之大較也。吾邑自咸同亂後。多川湘贛僑寓之民。在社團中。哥老自居其一。然當清時。每申禁令。律有專條。哥老猶祕密活動。如清季之孝法公口其一也。迨改革時。省中執政諸人。假公口以資號召。於是開山堂於前之皇殿。名曰光漢公。浸及於貴陽府官者。又漸及於省垣各街市。以次及於各縣城市鎮無不有公口之設立。（見甕安縣志）、吾縣遂亦繼起而有漢成公之名。放會地假城區男小學校。堂皇正大。盛及一時。從此各市鎮及村寨。人戶稍密者。無不立公口。女性亦有入會者。爭開碼頭。凡碼頭執事者五人。（各堂口均有）、曰掌碼頭。老冒曰當家曰執法管五。曰小老么。曰么大。以處理會內一切事務。及對付外來會黨。凡有鄰封客遊。會黨投刺於各執法管事。轉報之於各當家老冒。即供給膳宿旅費。但須其人漂亮。可不名一錢。通行於各行省也。反正以來。值兵匪交煎之際。賴公口（即清水哥老）、與彼輩相周旋。俾地方危而復安者。非一次。蓋各有其身家性命在故也。蓋吾國武勇俠義之風。盛於燕、趙、陝、晉。其相沿成習。入人甚深者。莫過於水滸、七俠五義等小說。幾於婦孺皆知。故哥老流行日衆。善乎曾文正公之言曰。不問會不會。祗問匪不匪。蓋藉會以資團結。復因勢導之。使歸於正。俾背公死黨之行。而爲同仇敵愾之舉。則有利於民族。不誠大哉。年來政府以小而訛索、詐騙。大而盜匪竊劫。皆出其門。實爲擾害治安一大原因。迭經嚴令查禁。而教育又漸見普及。凡稍具常識者。無不視同蛇蠍。哥老會三字。遂不敢公然現於社會矣。

第十章　黨務

第五十九節　黨務

開陽雖僻處一隅。然以密邇省垣。亦得風氣之先。自邑人鍾昌祚日本歸來。任勸學所總董。及統計處正辦。（此時各省設調查局、各州縣設統計處、）因得遍歷開陽全境。所至必登台演說。語及國勢阽危。恆借題發揮。與州人以革命之一種暗示。開邑革命種子。實散播於此。

光緒三十四年。鍾昌祚與黔中志士。在貴陽組織自治學社。經平剛在東京呈明　總理。認自治社爲同盟分會。自治社員爲同盟會員。積極推進革命工作。各府廳知縣。除遵義外。均有自治社員。（見平剛著貴州革命先烈事略、）本縣葉本桐陶秀書等。均經入社。其餘各鄉熱心公益勇于任事之士。昌祚均引爲同志。有志青年。介紹其入公立法政學堂肄業者。不乏其人。辛亥九月十四。自治社運動防營。聯絡新軍。在黔反正。派州人胡天錫。許申之。陶汝蘷回開陽。到兩流泉演說。該處人士。先剪去髮辮。爲贊同之表示。九月十八日。到州城。與城紳以大義共說州官。即舉知州簡協中爲州長。貴州反正。兵不血刃。世頗稱之。後憲政黨人勾結滇軍。假道北伐。大殺自治黨。民黨二字。不聞於黔人之口者十餘年。

民國十一年。定黔軍入黔。袁祖銘始成立貴州黨務籌備處。旋因滇軍復至。驅逐黔軍。袁祖銘率所部入川避之、貴州黨務。無形瓦解。十四年彭漢章率黔軍返貴州。川黔黨務特派員安健來黔。黔人入黨者漸衆。十六年貴州黨務指導委員會正式成立。然亦只限於省會。各縣不與焉。

民國十七年。始設紫江縣黨部指導委員會。分總務、組織、訓練、宣傳、民運等部。每月經費八十餘元。由地方經費局支領。地址在今民教館内。

民國十九年。省指導委員會。劃定全省爲若干區。以修息開三縣爲黨務第一特派區。第一特派區辦事處先設修文。旋移息烽。設特派員一人、助理一人。幹事二人。以創辦刊物。宣傳黨義。及收忠實信徒入黨。充實力量。并組織民衆。訓練民衆、作黨的基幹爲重要工作。本縣每月分擔經費八十七元五角。由財政局支付。

二十四年。廢特派區制。各縣成立黨務機關。開陽設黨務特派幹事辦事處。以前學正署爲辦公地址。設特派幹事一人。助理幹事一人。每月經費壹百五十元。旋核減爲八十元。

二十六年。改特派幹事辦事處爲縣黨部。改特派幹事爲指導委員。下設額事一人。助理幹事一人。服務員一人。經費一百三十六元。二十八年。改指導委員爲書記長。設幹事一人。服務員一人。從是年八月起。每月經費又增爲一百六十元。由地方財務委員會支付。

現有黨員一百零九人。有直屬區分部五。(一)在城區小學。青年黨員及學校屬之。(二)在縣府。黨員之服公務者屬之。(三)在劉衙鄉。學校及附近黨員屬之。(四)在羊場。該處青年黨員屬之。(五)在雙流鎮。學校及地方黨員屬之。又有直屬小組六。(一)在城內。年老黨員屬之。(二)及(三)均在城內。女黨員屬之。(四)在枇杷哨。區及學校屬之。(五)在毛栗莊。該地學校屬之。(六)在銀盆鄉。該地農民屬之。各小組改爲黨務計劃委員會。現正進行中。

直屬區分部。係書記制。設書記一人。常務委員二人。直屬小組。設組長一人。現少未設區署。故無區黨部。直屬區分部及直屬小組、每間一週各開會一次。本週開小組會。下週則開區分部會。

呈經黨部組織成立之人民團體。計有開陽縣商會。屠宰業同業公會。旅店業同業公會。藥業同業公會。布染業同業公會。雜貨同業公會。山貨業同業公會。鹽業同業公會。北平鄉鎮農會。銀盆鄉鄉農會。龍崗鎮婦女會。

貴州印刷所承印

羊場成衣業公會。羊場木石業職業工會。羊場四川旅黔同鄉會。雙流鎮旅店業同業公會。開陽縣婦女會等。

第十一章　人物

第六十節　宦蹟

吾開自清設專學以來。科[illegible][illegible]冊一時。因其官遊在外者。大都能本其所學。卓著循聲。見稱於當地。或傳諸地方志乘。茲以時代爲先後。錄其事蹟之有可考者如次。

宋昂　字從頫。號省齋。同知衔人。世系詳土司載記。昂即宋阿重之胄。宋欽之曾孫。明正嘉間。襲宣慰同知。西南土官多桀驁弄兵。不曉文教。昂獨以廉儉自持。崇尚儒業。所部有爲亂者。昂必自咎。改行惠政。不遽加誅。而亂者亦自革面。以故夷民輯和。部内無事。昂又以邊方少載籍。乃自市經史藏之於家。時自披覽。（有謂具從黎致遠學者）遂工吟咏。弟昱。子炫。咸能詩。（昂昱所有著聯芳集葉炫有桂軒拙稿）、部人亦多化其文雅。謝少安云。宋氏所領部下多漢人。易鬭服。凡里甲在官及儒學弟子員。皆其民也。亦昂轉移風俗所致云。昂入祀鄉賢。

傳一鸞　開州人。不知以何官起家。官至副總兵。崇禎十六年。仲家苗作亂。陷開州。知州黄嘉儁。吏目聶禁死焉。一鸞帥師討平之。遂設鎮於開

貴州印刷所承印

州。命一鸞爲總兵官。順治初。明永歷二帥王祥皮熊皆受爵爲公。祥鎮遵義。熊鎮貴陽。二人不睦。因率兵相攻。五年七月。祥圍貴陽。明别帥武邦賢楊光謙率兵救貴陽。祥乃解圍而去。十月。熊復遣兵攻祥。師次烏江。一鸞與裨將周虎龍里人皆助熊。爲祥所圍。絶糧三日。突之而出。全軍皆歿。鸞與虎均戰歿。二公雖非死於國難。而死於内閧。亦可謂順其長上者矣。至恢復州城之功。自弃襪不能忘。後祀鄉賢。

汪明試　本直隸欒義人。以武學生從軍。征水西。積功授千總。崇禎三年。設州治。明試編入開州籍。時特設河防道僉事於開州。備盜賊。以沈翹楚爲之。令便宜從事。翹楚署明試爲鎮夷中軍守備。督治城垣官署學宫。及諸祠壇。事皆就。翹楚爲言於總督。奏明試爲真守備。守開州。卒入鄉賢。

盧學孟　初爲紅邊十二馬頭人。以歲貢生官四川遵義府教授。擢梓潼縣知縣。雲南賓川州知州。所至咸有政聲。已而乞歸。時初建開州。學孟祖墳五。在州城内。當遷。上官難之。學孟知其意。即擇善地改葬焉。今州治城隍廟。即其地也。又讓打鐵莊田二十六畝。爲北城基。上官義其所爲。酬田值。又以谷寨官田七畝予之。後祀鄉賢。

何圖呈　以萬歷辛丑進士。歷官州縣。遷雲南金滄道。（或云雲南道副使）所至德惠及民。子兆柳。字星如。貴陽學居開州。中崇禎三年舉人。十年化沙杓圍副總兵國安於大方。總督朱燮元以兆柳有才略。知兵。使率鄉勇士兵往援。兆柳捐家財。助餉。軍糧器械。悉具。卒出國安於圍。而誘軒化沙杓。招回流亡。大方雖終棄。而貴陽卒賴以安。清順治初。孫可望據貴州。名爲明臣。而跋扈自如。誅戮由己。兆柳方家居。爲副總兵陶洪謨所搆見殺。子東鳳鳴鳳。皆遇害。家產盡籍沒於官。惟幼子人鳳。（後充清康熙恩貢生）爲家人所負。逃匿獲免。康熙十六年。人鳳訟其冤於經略洪承疇。爲之轉奏。得俞旨。還其家貲。按何氏自兆柳以下。人才輩出。其登巍科。入詞林者。終有清之世。幾及十人。是皆圖呈公厚德之所貽。兆柳遭凶陷。父子罹慘禍。而碩果僅存。保世滋大。是可以測天道矣。兆柳人鳳。均祀鄉賢。

金鎮貴　其先本江南人。商於貴陽。會安邦彥叛。鎮貴盡其貲。輸之於官。以助軍餉。遂占籍開州焉。以行伍積功升至總兵官。已而乞歸。居於開州。崇禎十六年。流寇入黔。仲家苗乘亂圍州城。鎮貴與州牧黃嘉儁計議守城之策。城陷。黃遇害。鎮貴猶手搏數賊。力竭身死。入祀鄉賢祠。

李科　開州人。官至副總兵。崇禎十六年。白蓮妖賊黃邦民反於湄潭。寇掠其旁州縣。科受總督李若星檄。率師禦之於茶山渡。與賊戰。敗歿於陣。祀鄉賢。

傅宗祥　開州人。總兵一夔之孫。以歲貢官興隆衛教授。擢梓潼知縣。有善政。以乞終養歸。宗祥學問淹貫。凡推步星象輿地之學。莫不賅究。尤精易學。且旁及陰陽術數。甚爲時所稱。歿後祀鄉賢。

譙文學　字慕溎。開州人。幼通經史。精易數。好爲卻祝之學。言多奇中。崇禎三年。宋氏創平。初以十二馬頭地置開州。河防道僉事沈翹楚主營建之務。聞文學賢。延之使辦正城門州署。甚得陰陽向背之宜。項之。以能文補州學生。十六年州境有亂。知州黃嘉雋吏目聶禁戰死。州城陷。副總兵楊德勝率兵討之。文學參其軍務。所籌無不奇中。一軍倚之。擬之周瑜。號曰小周郎。得勝累勝賊。卒以其謀復開州。已而得勝從總督李若星東討流寇。文學亦贊其軍謀。師次辰州。聞北京陷。乃還。清時仍以儒生進。於康熙元年恩貢生。吳三桂反。遣使徵之不至。強以僞官不受。因創其國子學籍。將中以罪。文學逃之仙人洞以死。吳世璠平。仍以恩貢生除湖北隕陽知縣。安徠綏集。劇有善政。久之告歸。悉以其俸入散宗族鄰里。年八十五。一日自知將歿。冠帶拜其先祖。坐堂中。呼子弟勵獎之。言畢而卒後入祀鄉賢。

張登貴　不知何許人。今江外四區龍坑田壩。有古墓。碑碣無存。據父老相傳。爲明張太師遺骸所在。今考明永曆時。安化伯莫宗文。於平越屬之中坪。建有關帝廟一。莫自撰碑文云。與餘慶伯張登貴。南甯侯張光璧。川督鄭元。貴州巡撫范鑛。程源。巡按郭承汾。監軍道劉濟寬。饒崇品等。共誓師印江。又龍坑建有關聖殿一。相傳爲登貴所建。按登貴爲明重臣。欲恢復明祚。與宗文同志。明社既墟。不屑臣事異族。蟄居吾邑。爲時必久。欲沈幾觀變。故各建關廟以見志。其卒也。葬於開地。已屬開人。憫其賫志以歿。特表而出之。又有李世瑄者。亦明永曆時人。圖恢復而志不就者。今其遺塚碑碣尚存。有皇明封光祿大夫等字云。

何夢熊　字渭飛。貴陽人。天資英敏。博覽羣書。默識一過輒不忘。工詩文。壘韻長篇。援筆立就。就善鍾太傅及二王書法。寸簡尺牘。人爭寶之。學既成。值吳三桂亂。不樂進取。常往來滇黔間。縱觀山川形勢。

經歷要隘。并熟察賊勢強弱。會清兵南征。貝子章泰督師蔡毓榮至安順。公慨然請見曰。某久願一見主帥。爲萬民請命。先是督師夜夢觀星。忽西南一星墜入懷。瑩瑩然。喜而寤。詰朝公求見。即召之。公固魁梧。督師見之。驚曰。偉丈夫也。舉止都好。進詢之。詞氣伉爽。益異之。督師因屏人叩以平賊計。公曰。吳逆據有滇南。已閱兩世。地險兵強。未易猝下也。愚謂以大兵由盤江直前。攻其門戶。彼必悉力拒守。我別選銳師爲奇兵。由平遠黔西趨大定。而檄廣西兵由泗城出黃草壩。賊於二處雖置兵屯守。然聞大軍攻盤江。二處疏怠必潰。潰而乘之。可圖全勝。所謂批吭擣虛是也。督師者。己陰定夾勦策。不意公言適合。大奇之。更問賊軍情形。公指陳大勢。了了如見。又問黔情勢軍中事宜。公請給紙筆。隨草數紙以進。督師大喜。袖存之。留軍中。授贊善職。俾前導。公辭職不受。願以布衣勷軍事。清師遂進。貝子敗其僞將線緎於江西坡。督師敗其僞將高起隆於平遠。廣西兵敗其僞將何繼祖於黃草壩。賊退保羅平。是役也。未錄公功。以督師先定此策故也。然自是愈委重焉。凡有決策多奇中。既而督師分兵敗賊於黔西。遂西復大定畢節。時以兵力少。密請廣西兵合進。督師遂先會廣西兵於曲靖。又會貝子始進。遂入雲南。吳逆平。督師之比出兵平達也。幕下士慮滇遠難克。多託故辭歸。有某者。假母病欲去。督師燭其僞。弗許。某疑公間之。呼公名詈甚。公不與較。白於督師曰。昔信陵擊秦。親老病者。予得歸養。今某母果老且病。將軍方以忠孝教人。何不遣之。且府中俊義如林。何必是。督師然之。公復置酒賦詩以餞。某感泣而去。軍中服其量。嗣是與賊軍相持。公時以計授督師。戰屢勝。督師將策公功。聞於朝而官之。公曰。某有老母在。願歸白母而後復命。蓋公固知母之不欲公任也。公歸告母。母蔡夫人果曰。督師盛意良足感。但歷年寇亂。我賴汝粗安。今得官必遠涉。我衰矣。難任道途舟車之苦。爾又不忍離我。奚以官爲。可善辭之。公以母命力辭。督師益重母賢。而從其志。仍留勷理厚選之。吳逆既平。督師與廣西功最。時帥廣西兵者。爲征南大將軍賚塔。征南知促師之謀。出於公。遂與督師會議。復薦公於朝。公復力辭。并請旋里養母。而新撫楊公。稔公名。延公語曰。若不欲官不以強。惟黔甫定。正需幹才整理。助我者惟子。且子父母之邦也。公從之。仍居幕府。凡文移題奏。悉出公手。無不允協。嗣撫黔諸公。遞相引重。時因軍書旁午。有司未暇理庶獄。積案日多。有無故久羈囹圄者。公概

貴州印刷所承印

檢案清理。商撫軍飭屬整釋具報。凡平反寃濫者數十案。且兵役方罷地方一切利弊、知無不言。及宣化閻公興邦來撫黔。尤爲倚重。閻公到任未幾。忽黔西以民亂報。黔西多密箐。民採蒼耳果木爲業。有奸孽某甲。將規其大箐爲利。而慮人之不從也。僞爲符命。使人得之林。言天使某主有此地。一時無知者。靡然從之。某甲遂擅有山場之利。附者日益衆。有司遽以叛告。撫軍將請剿。公曰。此頑冥之輩。非有不軌謀。特罔利耳。今目之以叛逆。率爾興兵。株連必衆。如或走險。無擇。我悉衆而攻。彼必悉衆而拒。真有事矣。且師行必有供億。供億必需諸有司。奉行不善。擾農累官。爲害滋甚。愚見宜從寬典。姑諭以禍福。懲其首。焚其符。散其徒衆。事平矣。奚以兵爲。撫軍從之。事得解。又數年。以母老辭。卜宅於開州之司毛坪居焉。閉門養親課子。自是足不履城市。年逾七十。猶於燈下作小楷。點畫無誤。壽七十七。卒於家。

按何夢熊懷抱濟世安民之才。得知己乘時以抒其抱負。卒辭官養母。以遂其高尚之志。自非厭世者流。以肥遯自適者比也。雖未紆青拖紫。其功績自當與白衣宰相視之也。後入祀鄉賢。

何錦。號鶴川。開州人。渭飛先生子也。好讀書。弱冠有文名。雍正癸卯。舉於鄉。越數年。制府鄂公聘滇黔蜀粵名宿。主校文事。公兩試第一名。愈噪。己酉歲。特狀恩。復舉明通進士。召見以知縣即用。赴浙補仙居令。公嘗承庭訓。謂興利不如除害。蠧賊去而嘉禾榮。積弊除而良民順。理固然也。涖任後。察民間疾苦風俗利弊。事事悉心求治。尤勤於課士。制藝外時與諸生論史。攄識講道。理務明爽。切實。孜孜不倦。人皆謂曰儒吏也。邑故多盜。履任數月。盜漸熾。民竊以爲公病。蔡揚者盜魁也。黠而多力。所居危樓重室。黨甚夥。分三等。刼重者上飛垣竊者次之。便捷攫取者下。遐邇爲患。凡所得。悉聽其取予。蔡日以富。捕役多取食焉。三十餘年。不獲治。公需次省垣時。奉委審案。釋一囚。善雙鎚。敵百人。感而從公司廚役。抵任後。又廉得捕役爲蔡腹心者。詢悉蔡奸。得實未發。值朔日。謁關帝廟。求籤得擂鼓三通斬蔡揚之句。默喻之。乃假公他往。別遣精幹多人。備械分道繞集。夜三鼓。圍賊居。公率司廚者隨。司得役導入。精幹者亦半繼之。蔡錯愕就擒。并捕餘黨。盡獲無脫者。勘之。蔡運目視公久。乃曰。我爲盜數十年。無誰何者。公至某察之祇如常。不以意。而不虞爲公獲者。某今日者。不悔爲盜。悔不知公也。自分死復奚言。公案蔡及其黨最豪者九人。皆置重辟。餘別治。盜遂絕。邑人慶曰。今而知儒者固善捕盜也。吾族得安枕矣。又有祈雨敝俗。乃士之劣者。有不得於令。輒以祈雨請令出。衆如蟻。擁令烈日中。走十數里某山以禱。且多手自剖者。反則閉諸門。止令候雨。每留難。候至深夜。乃得入。衆情洶洶。恐釀成大端。前邑令病之。一士不得於公。值天少旱。請祈雨。公知之。姑諭以定期。遂齋心三日。至期鬱熱。公遽出令祈雨。士倉卒聚人。不時至。公已步行出禱。約三里許。衆至。竟滂沱在途矣。公曰。所以來爲祈雨也今雨矣。尚何祈爲。乃返。公先備輿令健役伺門側。及門。升輿門啓而入。顧謂衆士。可不同縣令一謝神貺耶。衆唯唯。公令釋杖。衆以雨既獲。遂隨至署。乃繫士與衆之黠者。詳其弊於上官。請革懲以警。復皆報可。并通諭立案。祈雨劣俗遂革。公在仙居。鋤奸刑暴。以安善良事甚多。嗣調湖郡歸安。仙人思公德。爲祠祀焉。歸邑與烏程附郭而繁有大猾蔡某者。其族人分據當事處爲書吏。上下舞文。蟠結索賄。久爲害。公至。識其弊。適有要件詳上。奉府屢駁下。其子姓爲縣吏者白公曰。向須費白鏹若干方准。公曰。筆費亦衙例。但爾能必之准否耶。吏曰可。公曰。爾即留此繕册。吾往措金。因掩吏室。檢索筆扎。大半皆關說事。後於枕底獲一紙云。前事非數百不可。吾已聞之司叔矣。司叔者卽大猾也。公遂往見郡守。假一幹吏辦事。守授以籍。得蔡某歸。公畀一册令書。守贖與枕畔字如一。因出前字質而恐之。蔡愕然懼。叩地求免。別資質吏。吏愧悚不自容。憤訴府吏。因各究得前後關通情節。遂白請當事。咸大怒。幷下司吏鞫之。均置盡法。數十年司府縣衙蠹。根株悉除。時有上台笑謂衆曰。清官難逃猾吏手。吾聞其語矣。不謂今日猾吏難逃清官手也。公等聞之乎。相與稱善。富豪沈某。有山產鐵。賂司書得請開礦漁利。事下。公往勘。此鑛一開。數十里菑畬盡矣。報上不可。時司吏以公故。不敢強駁。事得止。歸程兩邑。政繁賦重。民多累於吏弊。自是得淸簡。其他公事。咸稱便。兩邑皆利賴。是時浙省以公政績爲最。上游皆重之。將擢公官。忽中丞某至。擬公司馬而要賞。公佯不喻。而有退志。中丞啣之。乃亟坐以故勘劉瑞正窩匪濫刑斃命劾公。落職聽勘。士民爲憤。比覆驗無傷。中丞意猶難。俾得罪去。制府濟齋德公。覆檢訊無刑斃事。復公原職。邑人聞之歡呼曰。好德公。因望公同任。而公適以長子德新舉鄉薦。來浙省親。亦遂決意告歸矣。去之日。烏程人偕歸邑士民。感泣而送者。情難筆述也。吾黔省垣東有螺螄山志稱省脈所關。鑿石者漁利傷脈。公請於當道示禁。倡建清淑閣以培之。又其祖居里許。名下瀰河。水湍流。行人病涉。公建橋濟之。公歸仍居會城。數載。子德新成進士。授翰林院檢討。嗣出守甘肅涼州南永州。皆有賢聲。公聞而樂焉。時三子德峻亦舉於鄉。尚未入詞坦湖公處鄉黨宗族。懿行猶多。不具錄。歿後祀鄉賢。（上二傳皆袁阻元作、見府志、）

何德新 字暉吉。歸安知縣錦子。性通警。十歲能詩。稍長。博覽羣書。能拓五石弓。錦官浙江。攜家以往。獨留德新守祠墓。德新豪俠不羈。好談兵論天下大事。甚有才名。等輩嫉其才而厭其談論。斥以爲狂。至有投巴豆於酒食中而召德新食者。德新因此病。下痢半月。卒不死。後德新知之。亦不與校也。乾隆六年舉於鄉。十年成進士。選庶吉士。其年卽兼起居注官。清代故事。詞臣不授職不得爲起居注官。是年帝特選庶吉士十二人充之。蓋異數也。十三年授檢討。在京師不事交游。嘗單騎至西山迷路。有胡僧導之出。諦視之。失胡僧所在。遂自號爲西嵐子。著西嵐賦西嵐子傳以自況。後又更號笠庵。又號雲台山人。（以上錄府志、下袁阻元作傳、）十四年冬。出守甘肅涼州。涼州卽漢蘇武牧羝處也。虎踞河西。阻絕中外。雍正三年。始設郡縣。至乾隆十四年。爲時未久。諸制多闕。帝知公賢而使之守。蒞任年餘。庶事具舉。翕然稱治。郡城外邊墻。即秦所築長城。羌回喇嘛雜居。常不相能。有回人魯鳳翥者。世長諸酋。一日因喇嘛將奉小胡圖圖者爲活佛。鳳翥集衆。將往殺之。喇嘛知之。亦以衆拒。有司遂以變告。台議將剿。公亟曰。夷情不可以漢法治也。非干叛逆。毋煩大兵。忘殺可憫。走險尤可虞。但一員捧檄。諭以禍福當解。或懼夷情險。某當往。當事壯其言。許之曰。所將幾何。曰。單騎往乃可。不然又將駭而變也。遂馳往諭之。三日而平。又有柳林湖。在鎮番城口外。與賀蘭山阿寶處接壤。地皆沙漠。向置屯田甚瘠。屯民屢欠官租。縣役勒催不獲。恆虐之。一日。以詞激縣。縣怒。會武營以兵往。民以爲剿之也。各攜子女將出口投阿寶。縣令張皇失措。公聞即兼程抵柳林。鳥獸散者將半矣。公馳前平情論之。屯民悅。爲請於上台。以五邑罰鍰代償。民悉返。是役也。若遲半日至。屯民已出口。不追必與番和。而啓邊衅。事有不易爲者。當事以公之能定大亂。咸重之。調任甘州。甘故漢甘泉地。懸絕河西。最爲邊要。亦雍正三年新設。公至。治略亦如涼時。有議修邊墻。復腹內之民於墻外。公知不可。力陳利害於上台。得止。因上防邊八策。逾年有剿準噶爾之役。大兵通出甘州

貴州印刷所承印

羽書旁午。復奉委督糧事。輓輸粮米。需毛袋裝載。河西無此物。購之河東。往返數千里。恐至稽誤。公請於中丞。向民間購買。折舊補新。剋期以運。而督臣乃以玩視軍儲劾公罷歸。壬辰春。西事蕆定。天子將展謁二陵。舊例。詞臣得獻册稱祝。公乃入都。恭獻聖武平西賦。鴻詞鉅製。累二千餘言。上嘉之。召見詢罷官由。公據情以對。上曰。軍儲誤乎。曰無。然則袋值增乎。曰無。上笑曰。軍需所重糧。非袋糧之物也。若糧運遲誤。雖錦包繡裹。亦難逭。如其未誤。毛袋何妨。越日。賞還原官。復出守湖南永州。一月之中。凡三召見。諭皆踰時。公以四品外官被劾。而復邀遇如是。將之永。先抵長沙。適永屬以荒告。情狀甚急。公請於大吏。奉檄即往。永州地接嶺嶠。故多山。民鮮積貯。領州一縣六。本歲自夏迄秋不雨旱甚。赤地千里。餓殍相望。公馳抵郡。受事後。即攜僕吏數人。不避炎暑毒癘。遍歷撫勤。悉心查記。以次至各邑。率屬編查。而災竟一律。甚有數處逾十分成災者。具報請題賑。情詞切甚。中丞以楚南向無報災之例。且分數過重。文凡三駁。而三上之。最後并上書各台。謂天災流行。無有定處。天下事之出於人者有例。降於天者無例。事在意中者可援例。變出意外者不可援例。今永郡七屬。戶口五十餘萬。旱自四月至七月。其災犯分數。庸人孺子。皆有耳目。豈某所得妄爲增故者。改災卹民。守之職分。豈復喜事邀功。今之請賑。不獨以得失爭。且以死生爭。以身家爭。且甯以辦災死．不忍以匿災生。甯得罪於執事而死。不敢得罪於皇天后土及永郡七屬之民而生。寧以揭部科而死。不肯以順執事生。書上。中丞大怒。然以情勢迫切。理且直。無如何。廉使嚴公。慨然謂中丞曰。吾輩奉職無狀。災及下民。不能救之。已可愧矣。又必抑此爲國爲民之太守。何以自處耶。公必入告。否則某亦請專摺奏聞。中丞危其言。乃奏皆如議賑。於是民有起色。而公以涉暑召疾。閱數月卒。永民號泣若喪父母。卒年四十有四。吁。以公之才之賢。又荷主知。使假之年。出其所學以爲所當爲者。何固不可限。而功業亦安可量哉。惜天之不永其年也。其生也甘涼之人賴之。其卒也永州之人哀之。可不謂賢歟。公生平著作甚多。文齊韓柳。詩宗工部。所著有五湖燕南西涼甘泉各詩集、并所獻平西藏。永州賑荒紀略、及在甘所陳諸策。其顯著者也。後祀鄉賢。

李若琳　字淇賓。開州松林人。幼孤。母何氏寡居。撫之成立。乾隆五十九年舉於鄉。歷官山東濟陽魚台新城歷城。福建漳浦等縣知縣。有政聲。擢台灣噶嗎蘭通判。卒於官。琳居官清廉。幾不能歸櫬。著有脚春堂集、其子春暉名鼎榮榮有序。琳以母苦節訓子。追念劬勞。作寒燈課讀圖。廉訪使李文耕爲之作啓徵詩、名流題詠甚夥。以若琳能揚父母之善。稱其孝焉。子鼎榮。中咸豐壬子科舉人。歷官遵義府教授。時以苗教倡亂。鼎榮宣力戎行。積功保化翎同知云。若琳入祀鄉賢。

林鍾楫　開州卡木屯人。以舉人歷任安徽太湖知縣。以廉能著稱。教仕歸。呂州牧杜石新建州城開陽書院。復贊襄集款鑑工。造福桑梓。道光時修貴陽府志。捐廉五十兩云。

朱燮和　更名世熙。開州雨流泉人。以優貢中道光壬午科。舉人。官湖南桑植知縣。多善政。

附朱氏家乘世熙傳

曾祖考諱世熙。原名燮和。字安泉。一字降如。號理堂。一號咸伯。一號長康。高祖考武臣公之長子。乾隆四十六年辛丑十二月十六日巳時生于永興場本宅。由開州優廩生考取嘉慶癸酉科優貢。道光辛巳制科孝廉方正。次年壬午科中式貴州鄉試第二十二名舉人。乙未科大挑一等。以知縣分發湖南。借補藩庫廣盈廳庫大使。歷署永定、衡陽桂陽。等縣知縣。柳州直隸州知州。補授桑植縣知縣。升補乾州廳軍民通判。戊戌丁艱。在籍主講正本書院。癸卯科湖南鄉試同考官。道光二十九年己酉十二月二十日卯時。卒於桑植縣官廨。享年六十有八。葬於貴州省城北門外二十五里地名都溪對面山。內辛山乙向。墓前華表有聯云。公本舊徵君。早看作宰十年。不負於官。衆口咸稱慈父母。我曾持使節。祇惜停軺千里。未上其事。片言難表古循良。教授承德郎。宣統覃恩。以曾孫啓鈐官。贈資政大人。

附曾祖考朱公理堂佚事記 曾孫啓鈐撰

理堂公之生也。在乾隆四十六年。時始祖妣喻太君尙在堂。是年適爲九十上壽。四世同堂。一門俱慶。實爲盛事。公逮世三代。幼時爲祖父所鍾愛。嘗曰。此孫必大吾門。入仕後。遇道光十四年皇太后萬壽慶典覃恩。貤贈兩代七品封典。有詩三首。在坐花拜石山房詩草中。公艱難創業。力學起家。積久而後光大。福澤綿遠。手訂族譜垂家訓。並定派名二十八字。日肇啓人文延祖澤。宏開甲第振家聲。聿傳孝友光先德。克篤忠貞佐聖明。公道光十五年所立敬之公墓碑。則作肇啓人文光祖德。聿傳孝友繼家聲。詩書衍序新猷煥。忠厚承先大道生。當以譜爲正。其所以垂裕後昆者大矣。公創家譜。錄敬之公爲遷黔之始祖。遠溯江西宗支。斷自誠美公一系。蓋倣朱文公家譜。別立紫陽一案之例。且有鑒晚季諸大族創譜者。攀援貴胄。比附先賢。反以自誣其宗者。任意牽引。實開惡例。吾家自承褭宗。起自農畝。敬之公以編氓披荆斬棘。爲國家開邊。追紹祖宗功德。祗取實錄。此爲理堂公特識。我家應奉爲百世不祧之祀者也。公之讀書入學。在乾嘉貴州文化寖盛之時。傳筱泉先生在籍講學時。公爲及門弟子。與黃琴塢先生同門。筱泉先生與洪稚存學使。曾賓谷中丞。爲師友。以名進士宰蠡縣。即啓鈐之外曾祖也。嘉慶癸酉。取考優貢。故事。廩生必經歲考四次。乃能舉優貢。時年已三十二。自是又困場屋八年。道光壬午。始舉於鄉。公車五上不得志。乃就大挑。以知縣分發湖南。時五十五矣。科名困頓。乃占仕籍。到湘借補藩庫大使。旋衆永定縣。未期年而丁毋憂。回籍主講正本書院。吾祖麗生公亦以是時同黔應拔貢試。道光起復。補桑植縣。時年已六十有一。此後歷權衡陽。桂陽。彬州知州。乾州通判。並充癸卯科鄉試同考官。最後擢授乾州軍民通判。未履任。卒於桑植縣署。享年六十有九。公績學晚仕。在湘所歷皆巖疆僻邑。以布化興學爲務。在桑植最久。有自撰賓興碑記。其他則未能悉舉。墓前華表有聯云。公本舊儆君。早看作宰十年。不負于官。衆口咸稱慈父母。我曾持使節。祇惜停輜千里。未上其事。片言難表古循良。其惠澤及人。於此徵之矣。

簡世珍 佚其字。州城人。以舉人歷任廣東知縣。所至民咸愛戴。尋升知府。

何學林 字茂軒。開州人。清乾隆五十八年進士。選庶吉士。官編修。改御史。嘉慶五年。充江南副考官。六年提督湖南學政。出爲蘇淞常鎮道。調浙江杭嘉湖道。卒於官。爲御史時。風規嚴峻。不可以非禮干。曾劾巡撫顏檢。後檢移撫浙江。學林適爲杭嘉湖道。檢不以曾被劾而藏私怒。學林勤慎供職。而內無懼心。卒相得。迭次保奏。兼奏署按察布政。世兩稱之。卒後祀鄉賢。

蕭時馥 字佩芳。號仲香。別號郁堂。又號梅生。開州清里用沙壩人。中道光八年戊子科第十七名舉人。乙未大挑二等。授桐梓縣教諭。以端正士習。崇尚實學爲務。戊戌考取咸安宮官學教習。庚子成進士。選庶吉士。官編修。癸卯充湖北正考官。乙巳會試充同考官。記名御史。國史館協修。起居注協修。丁未提督河南學正。咸豐元二年間。歷掌浙江道監察御史。江南道監察御史。派稽查俸米甲米事務。署理江蘇常鎮兵備道。其官御史時。鑒於國步艱難。鄉邦多故。下游黠苗邪教。勢力暗長潛滋。貴州原有之綠營制兵。多竄敗羸弱。難資捍衛。乃條陳辦理團練。爲預防之法。并推薦在籍前署陝西巡撫陝西布政使都匀之陶廷杰。辦理該府團練事宜。未幾而有桐梓楊隆喜之變。繼之以下游苗教倡亂。爲禍殆二十年。人咸服其先見。歿後祀鄉賢。

蕭時馨　用沙壩人。時馥兄。字德明。又號伯香。道光丁酉拔貢。戊戌朝考一等。以七品小京官分戶部廣西司。己亥中順天舉人。甲辰中六十四名進士。即補主事。乙巳會試。派同考官。

鍾鴻賓　字雲舫。號達夫。開州五區兩流泉人。賦性誠樸謹廉。其爲學重躬行實踐。不發違心之論。不取非分之財。清同治癸酉。舉於鄉。歷任貴筑、永從、清平等縣。及錦屏鄉教諭。所至悉以敦實行。崇正學爲務。士習因之丕變焉。在錦屏時。以該地係開泰縣分治。位權微卑。每舉一事。多所掣肘。以致學宮頹壞。聽其風雨飄搖。鴻賓見之。愬焉心傷。閱時稍久。諸生涵濡其教澤。大有親炙恨晚之概。賓乃進諸生謀修葺學宮計。并慨捐俸入以爲倡。諸生感且奮。不浹旬而鉅款集。鳩工庀材。該處頹廢之學宮。始得以修復如制。煥然一新。賓復以學宮弟子員額有定。不足以盡作人之盛。乃爲創建書院。以宏造士規模。更出其餘力爲諸學子校正文藝。講貫經史。於是人文蔚起。該鄉人士。咸以鴻賓熱心毅力所致。旋調任清平教諭。錦之人士。以挽留既格於例。乃於祖餞時。恭製牌匾。以彰其嘉惠士林之德。鴻賓秉鐸垂十餘年。稽首一盤。淡泊自甘。不汲汲於大官大邑。非其才有未逮。實以教育英才爲樂也。民國初元歸里。見吾邑教育之進步遲緩。深知癥結所在。由於女學不興。乃與同人胡天錫等。呈請創辦明德女子小學。爲全縣樹女學之先聲。子輿氏有云。先知覺後知。先覺覺後覺。若鴻賓者。庶幾不屆讀古人書也。

何亮清　字雪樵。開州人。以貴筑學中道光己酉科舉人。咸豐庚申成進士。改庶吉士。官四川保甯嘉定等知府。有蒼濟山房文集。其哭陶子俊方伯詩二首。見藝文類。

何慶恩　原名毓芝。開州人。以貴筑學中道光己酉舉人。咸豐庚申成進士。銓選知縣。

何　鼎　佚其字。開州人。以貴筑學中道光甲辰舉人。咸豐庚申成進士。即用知縣。分發浙江補用。

陶鴻鈞　原名燦然。號康侯。開州人。咸豐乙卯科試。已取入開州學。次日函貴筑案。又取入第一。乃拔州名就縣學。同治丙寅年。襄辦軍務。積功由廩生保選訓導。是年委署湄潭縣教諭。兼署訓導。同治己巳。補行己未辛酉壬戌三科。舉於鄉。五應會試不第。乃改以軍功補雲南巳峨知縣。旋充鎮雄釐局總辦。壬午鄉試同考官。署雲南富民縣知縣。充乙酉鄉試同考官。出闈後。數日病卒。

陳夔麟　佚其字。以州學選取清同治癸酉科拔貢。中本科舉人。歷官至湖南布政使司。

李立元　字仁宇。開州松林人。舉人鼎榮之子。清光緒壬午科舉於鄉。咸安宮官學漢教習。中庚寅恩科進士。入詞垣。旋授職編修。元學識深純。志趣方正。京師徵逐之場。士大夫通籍後。鮮不通聲氣。競嬉遊。元獨閉門潛修。如在鄉時。大攷翰詹。列高第。然祿入甚微。不足自贍。應典試。試屢取不差。元甘淡泊。不易其初志。甲午中日戰後。國勢之變。強鄰愈逼。元以帖括詞章。空言不足強國。乃遍求東西學術政治之書。日與二三同志。深考精研。冀轉移風氣。宏濟艱危。值戊戌夏。清德宗銳意變法。一時才俊。破格擢用。元深自退。不欲貽躁進之譏。是年九月。以知府保送指分四川。歷充四川全省洋務局中西學堂籌餉局學務處各提調。督署外交科兼郵傳科參事。瀘州鹽金局總辦。派充四川留學日本學生監督。統領四川常備新軍。甯遠保甯全軍嘉防漢軍各軍。任甯遠府知府。歷署嘉定順慶敘州府知府。酉陽直隸州知州。元均能本所學以居官臨民。所在奏績。當清末葉。四川吏治。鮮有可觀。親民吏既多乏治術。特視四川爲腴缺。每樂趨之。而郡守方面大員。更昧於大法小廉之故。以至訟費之婪索無度。庶獄之積壓沉寃。官價之勒抑。陋規之增加。已成官署之通弊。元隨時剔除之。巡行各縣。察吏安民。不養尊處優。其廉隅之顯著者。如吏滿補有參費千金。鹽商餽送。年數千金。元於任酉陽敘府時。均移其例送之款。以助興學之費。不形人之短。以釣名譽。又建順慶中學。爲川北各府樹建學先聲。保全廣安優秀份子。爲地方惜元氣。國家留人才。守甯遠時。正夷患方張。官軍撓敗之後。而天主耶穌兩教徒。復相仇惡。元乃以郡守兼統軍旅。深入其阻。迭挫凶燄。夷勢窮促。泥首款降。元以夷既懾於兵威。不欲黷武多殺。乃飭清還難民及所掠牛馬財物。質其酋。勿俾復動。更以恩惠結各土司。革承襲饋送郡守金。但責以善撫夷衆。效忠國家。不期年恩威大著。漢夷翕然。所質酋遣之歸。自是夷不復反。至甯屬兩教互仇之事。由於兩教教士。自分國籍。奉天主教者。稱爲法教。奉耶蘇教者。稱曰英教。初尚各袒其徒。冀廣招徠。而厚勢力。久之無賴棍徒。便恃入教爲護符。復聳動其教士。違約越權。干涉詞訟。僭逹捕。擅刑罰。教士既專橫恣睢。勢凌官府。教民更有恃無恐。蔑視法紀。包攬健訟。傲然以某國教民自稱。以挾持官府。而冀得直。一般猥庸官吏。遇兩方教民涉訟。竟不能左右袒。移送兩教士處理。因而教案繁多。久之積成水火。元初至。思有以矯革其失。全國體而彌隱患。適兩教械門於冕寧瀘沽。各集數千人。夾何而陣。情勢洶洶。宰令不知所措。元乃單騎往諭之曰。爾等自以爲英法民耶。其實皆吾民也。有所屈。宜來相告。進首者剖其曲直。令散徒從。黠者陰持異端。置之法。地方以靖。羣情帖服。而法主教不利其教燄之衰。陰訴於領事。函電交馳。請移寧守川。督錫某知元能。任之益堅。元守甯三載。民教迄相安。清宣統三年秋。移守嘉定。其先清政府諭川漢鐵路收歸國有。人民愛惜其血汗股金。乃集衆保路。名曰同志會。省當局操切從事。以變亂入告。民衆遂激而組同志軍。以保路相號召。揭竿四起。附省郡縣殆遍。其親知多勸元以非本任。可辭勿赴。元曰。食其祿而避其難。奚取焉。到官。省嘉音訊不通。清廷已派端方率兵入川。元急電樞府。言同志軍皆鄉民。激義憤。非有他。不可以剿。且陳安蜀方略。不報。而訛言四起。民心驚駭。於是籌城防。備外匪。四境又安。梟桀不敢犯。其標統自邊率軍至。陰與運使某謀。以餉械互濟。有所企圖。編制卒伍。刻印至三十餘顆。期日大舉。謀洩。軍心不服。悉變。刼餉械以潰。吏駭民號。數百里糜爛。期在旦夕。元鎮撫城衆。以太守令分遣招撫。軍固多寧人。或嘗隸舊部。聞招撫令。皆願戴元。相率攜槍彈復返。凡得新槍二千數百枝。子彈無算。改編成漢軍丑營。嚴申紀律。雖驕縱者莫敢犯。軍風紀肅然。時成都已改建軍府。聞狀。任元爲嘉防漢軍統帶。是時滇省遣謝汝冀率軍已進駐犍爲。移牒假道。將入省。民復洶懼。元寫書於謝。告成都已光復。無勞援助。且勸兵示不可犯。謝乃止。元於是告於衆曰。吾之留此。凡以民也。今民既輯矣。吾將去。上書軍府。五請不可。乃委印樂山縣。晉省而去。不復返。嘉民知元。决去。老弱攀送。十餘里不絕。去後。嘉士民感戴其德。爲闢城西地作生祠。塑像而祀之。今其祠猶存。元閒居成都二年。以省墓遣嫁事旋里。過鄉里故舊。無老幼咸謙光有禮。叩以出守各郡。所樹政績。經歷險阻。元覼縷述之。聞者爲之色動。元則欿然若不自足。無一毫矜伐之態。服官三十年。家無餘積。清儉如故。厥後川巡按黃某。欲畀以政務廳長職。不肯就。日與耆舊酬唱相慰遣。卒年六十有四。

李立才　字退谷。開州松林人。立元之弟。由廩貢生候選訓導。入民國。歷任甕安施秉等縣知縣。才學識開展。負責有爲。任甕安縣時。值改革之初。各地匪徒蜂起。甕邑尤甚。二年六月。有土匪宋某者。黃平人。曾充前猴場軍政府自治管帶某部哨弁。與哥匪蔣某善。暗召黨徒。陰蓄異志。搶刦軍人槍枝。以復滿清相號召。蔣與羣匪搜索各鄉槍械。宋自號僞游擊。將定期起事。猴場里總孫某。疎無戒備。爲宋匪所乘。孫長子被殺。次子被擄。并刦掠富戶。佔據猴場。有進窺甕安縣城之勢。才檄調各團。令城防團長商文敏。率往剿辦。宋匪首從被殲滅二百餘人。餘解散。亂平。人民安堵。又於二年四月。於牛里牛場創設鳳鳴女子學校一所。復添設乾里平定營初等小學校一所。四年爲平甕互爭牛場劃界。才據圖據理力爭。致上官派員覆勘。收回成命。將牛場升越屬之軍士嘖。全撥入甕安屬境。以使治理。又才以世風澆瀉。非闡揚忠烈孝不足挽回人心。用是重修昭忠祠。創表忠亭。皆自爲記。重修節孝祠并爲節孝婦商宋氏立傳。修甕安縣志。調施秉石阡荔波等縣。所在均著績。并修石阡縣志。未付梓。致仕。卒於家。

第六十一節　鄉賢

考吾邑雍正舊志。所列鄉先達人名。以入祀鄉賢祠者居多。至乾隆時續修州志。知其例有未安。乃冠以人物一門。仍以列入鄉賢者居首。次及忠義、孝友、節烈、耆年。其旨趣似較宏大。然核之貴陽府志耆舊傳云。所可稱爲鄉賢者。必須呈由地方有司核轉大府。由大府題奏得旨。始得入祀鄉賢祠、而以鄉賢稱。夫所稱爲鄉賢者。含忠義孝友而外究有何奇行。必以得請者。始足爲賢。否則雖懿德茂行。堪資矜式而格於例。則國家之旌揚不及。地方之志乘亦乏紀載。將何以發潛德。表幽光乎。故府志不目以鄉賢。而易以耆舊。其取義宏矣。吾邑續志易以人物。而以得請入祠鄉賢者。分註於各先達姓名之下。其義例本極得體。今存舊志鄉賢之名。仍仿續志之意。分述忠義孝友於後。以見月旦之無私。俾後日觀風問俗者。有所依據。表揚焉。

汪澤民　明試于。素有志略。仲苗王阿辛等謀叛。刦城。澤民聞變。密白知州黄嘉雋。賊知事泄。遣賊黨七人。夜抵澤民寢所。刺其腹。將死。命其妻以紙筆納腹中日。死當書賊罪狀。訴於神。死踰旬。七賊各遇澤民追逐。至此殺。肌肉盡裂。呼汪爺爺不絕口而死。其魂靈不滅如此。祀鄉賢。

楊　華　州人。州治舊爲楊黄寨。華祖楊黄三所居。故名。水西安氏亂。楊氏被賊殺幾盡。賊平。建州治。華還祖塚十三所。立州署。當事韙以屯田百畝。不受。給印劄。世免徭役。祀鄉賢。

周能讓　其先世爲江西吉水縣人。有名興。字隆嵩者於洪武乙巳。隨潁川侯傅友德南征。平猴洞蠻有功。即今易名之龍洞。初設衛。建城工竣。請題賜名。上即以其名字。取名興隆。即今老黄平。卒封明威將軍世襲指揮。其後世子孫。分移麻江　開州。能讓其裔孫也。建州時。能讓還祖塚五所建立學宫。今崇聖祠一所。大成門左下一塚。巍然猶存。則能讓遺骸所在也。祀鄉賢。

簡居瞻　州人。建州城。還所居宅及祖墓。建城北門水府廟。

李海山　州人。建州時。還室宅及祖墓作南門朝陽街。

趙奇　州人。建州時。遷所居及爲祖塚北門街。

按簡　李　趙三人。與盧　周、楊同爲建州時獻士之人。乃盧、周、楊均得入祀鄉賢。而簡、李、趙均不與。豈有脫簡歟。待考。簡應時、盧學新　盧應龍、盧應鳳　盧應奎　盧國賢、王之林　俱州庠生。吳三桂叛時。迫脅應試　應時等棄諸生服。逃避不出。爲清平吳後。應時等始出就試　時稱爲清七生。均祀鄉賢。

謝體仁　州人。先州地屬宋宣慰十二馬頭。體仁有經濟才。見世多寇。隱居於拐國座。明萬曆三十三年冬十月　水銀山苗叛。總兵都督陳璘。監軍參政洪澄源。率師討之。叛苗皆據響水洞。弗克。總兵陳璘訪體仁者爲參軍　誘叛苗出　於白菓樹。執賊首悉平之。三十五年餘黨復仇。殺體仁。屠全家。赴難者五十三人　勠力平寇。捐軀報國。祀鄉賢。

謎會溟　州庠人。性至孝。父喪盡禮。哀奠時。二鶴飛鳴柩前。吳三桂叛逃名不試。習易數。吳氏平復名。膺歲薦。總督巴錫旌其門日。節孝可風。祀鄉賢。

以上均雍正舊志所載。列入鄉賢者。續志云。閱今五十餘載。沐教化者有年。其間人物迭出。忠孝節義之良。敦樸純正之品。正自不乏。續序

於後云云

盧燦　州人。雍正中歲貢。幼穎異。年十三入泮。博覽羣書。工於詩賦。爲州學齋長。經理齋租。刨葺文廟。爲功學校不少。雍正五年。州牧馮詠。委同修志。輿論首推重焉。

簡承緒　居州城北。歲貢。性耿介。讀書守正。不入公門。博學能文。長於詩賦。以教授自娛。從遊者甚衆。如朱遶選錦[illegible]。朱副軍錦雲輩。皆出其門。咸稱爲簡道學先生

周士哲　州人。歲貢。郎獻土建學周能讓之孫。性豪邁。敦孝友。詩文尤工。與承緒燦廷槐。同稱州學四傑。

王廷槐　州人。歲貢。安雅恬靜。持正端方居城東。非公不至衙署。州署人咸矜式之。

陳嘉猷　州庠生。性英敏。廣見聞。凡學中辦理一應事務。皆取決焉。

何德峻　字魯瞻。自號白嶽。開州人。幼隨父錦官浙江。年甫二歲。德新於乾隆七年應禮部試下第。省親於歸安。德峻方與之相識。德新性友愛。最憐德峻。起居飲食。必俱。稍長。與之論學。質正詩文。俄而德峻亦大著聲稱。旋隸貴陽學籍。十八年。德峻二十矣。舉於鄉。翼年。德新

以憂解甘州任歸。昆弟始復相見於家。居數年。始與德新先後入都。德新之卒於永州也。德竣自都奔喪。哀慟感路人。人以是稱悌焉。既喪兄家居。肆志著述。爲詩古文若干篇。其悱惻忱摯者。有伯兄西嵐先生文。及雲台山人年譜。中憲大夫永州知府西嵐先生傳。皆有法度榘則。敘事賅詳。非孝小孝大。詳所不宜詳。而略所不可略者。此清初以來貴陽之能文章者。李以德竣爲最云。東山在貴陽城之東。一名棲霞。爲一省之名勝。前世之遊詠者。盈篇累牘。竣家居多暇。編次而爲志。人咸稱其賅洽謹嚴。有良史才。三十四年成進士。選庶吉士。官編修。旋以病告歸。卒於家。年三十九歲。德新之卒。年僅四十四。昆弟皆不永年。人咸惜之。

何泌 字鄰夫。一字素園。永州知府德新子也。中乾隆五十二年進士。改庶吉士。官編修。乞歸屢主講貴山書院。持躬嚴整。與鄉試同年生翟翔時[illegible]亦名翰林、相友善。泌主講。翔時爲監院。兩人咸以躬行實踐教人。又皆博覽文史。工詩文。錢塘王湛恩知貴筑縣事。亦以敦勵儒素立治。三人極相德。於是教法修明。學校整飭。士人之不肖者。惟恐兩先生知。士行蒸蒸日上。文學科名亦愈盛。貴陽人士。遂冠於西南。嘉慶十三年卒。門人祀之陽明祠。子應杰。字子凡。嘉慶七年進士。改庶吉士。官編修。持躬端謹。學問賅洽。人咸以遠到期之。年二十九而卒。士林惜之。

蕭如蘭　開州人。歲貢生。弟文淳。亦貢生。爲明鎮遠將軍蕭公鳳山後。兄弟二人。秉性峭直。舉止端嚴。惟事親先意承志。親有所求即致。有所求即致。有所爲必承。親歿哀毁骨立。勺飲不入口者三日。服闋後。兄弟不異產。同居六十年無間言。友恭之誼。遠近著聞。又好施予。里中貧乏。賴之以濟者無算。如蘭子時馥。道光二十年進士。官編修。文淳子時馨。道光二十四年進士。官戶部主事。如蘭有修文明孝子傳。詳藝文。

蕭時彬　字雅菴。開州用砂壩人。廩生。長文學。屢薦不售。清咸豐六年辦理軍務。保衛桑梓。屢著勞。前州牧石漈倚畀之。錄其功。擢府經縣丞。十年。何德勝竄開州。復率衆敗之。前州牧戴。保請以知縣用。並賜藍翎。

胡啓瀛　佚其字。州屬前弟里人。尚意氣。重然諾。朋友有急。經其許諾。任何艱險。罔不悉力以赴。佘士舉之反正也。大府正疑信參半間。啓瀛慨然許隻身詣大府面陳。大府留瀛省中。委員桂某往按虛實。桂行。與隨從四人、行至鎮江屯。俱遇害。鎮江屯者士舉舊所轄團衆。尙觀望而未反正者也。大府得桂某被害息。啓瀛幾不免。後士舉賴總兵趙德光援。攻下鎮江屯。啓瀛乃生還。以功保都司。亂平後。任地方團務。辦理善後。克盡厥職。州牧龍聲洋曾題冠冕一方四字旌之。啓瀛老猶進德。暇時外出。每以一杖一斧隨。遇當途榛莽茅茨。有礙行人者。必躬自去之。道路之傾圮者。即命家人修治之。環啓瀛之十里內。道途坦平。行旅稱便。啓瀛公之好義。可見一般矣。卒年七十餘。

江現魁　佚其字。州屬思內里宅吉人。外方嚴而中慈善。勇於公益。距宅吉十里。有清水口、合口河、兩渡。爲達甕安、遵義要道。水流湍急。地勢險惡。舊有私渡。操舟者每婪索過客。行旅病之。現魁乃倡議各設立義渡。并先自捐金。冀抛磚引玉。集獲款若干。於兩渡附近處。購買田畝。年收租穀。供兩渡造船及雇舟子工食之需。由於商旅稱便。出入口貨物無停滯匱竭之虞。清光緒初大亂粗定。田賦科則雖經頒佈。而猾吏仍多上下其手。侵漁作奸。現魁以中飽病民。非革除不可。於是始訴之地方有司。繼訴之省中大吏。均報可。定章刻石。達爲民請命之志。

光緒十年。甕安縣教匪遺孽朱洪竹。倡亂敗。率黨徒百數十人。竄匿於官莊雙鼻洞內。現魁偵知之。陽與周旋陰密報官府。發兵剿捕。首要伏法。長吏嘉其弭亂有方。奬以五品軍職。現魁任總甲垂三十年。崇正嫉邪。扶弱抑強。與人排難解紛時。必先自發誓。以明其無左右袒。信果報。好佛經。中年即茹素。年八十餘卒。遐邇咸以江公稱之。而不名云。

詹昌惠　歲貢生。清里雨流泉人。舉人禹九之弟。清同治五年。何德勝等率衆縱橫。竄擾開州。修文扎佐等地。佘士舉被其圍攻三月。張撫亮基遣昌惠等到遵義。請新授鎮撫劉嶽昭。暫時留黔。率兵過烏江河。剿江內何德勝潘名杰等賊。均願出力爲鄉導。嶽昭溫詞撫慰。與以酒食。團紳等歡欣鼓舞。以爲賊亂可平。殊嶽昭因滇事急。履任去。事雖未成。然以當時道路荊棘。在在堪虞。而昌惠欲紓桑梓之禍。不畏艱難險阻。奮勇直前。其胆識之優。自今人欽佩不忘。

周國璋　讓里下水人。即獻土建學周能讓之後裔也。清咸豐三年。辦團令下。國璋族衆繁多。其德望足以服人。被舉爲一心團（又名綫團）團首。下水距城可五里許。隱成犄角之勢。咸豐九年。高視之役。石公戰歿。賴國璋所部與馬華豐等團衆增援。將石公忠骸奪回。得殯葬如禮。同治二年。何德勝等大部竄馬岭三板橋一帶。副將何顯仕全軍覆敗。各團練官軍續潰。得勝即分令所部。進陷州城。國璋團當敵衝。爲敵所厄。撓敗之餘。勢不振。乃與項兆何正冠團相聯合。越明年七月。參將趙德光將率兵規州城。與得勝相持於白巖營間。國璋率所部逼州城北門外三台山。會德光自率輕騎襲開州。守城敵潰。州城遂復。國璋與有力焉。亂平後。州牧龍聲洋曾題共爾心勞四字以旌之。今尚存。

鄒儆思　州舉人。初辦兩流泉團務。繼爲衆推總握開州國練全局。佐石公虎臣規畫詳盡。調協請團。深資臂助云。

馬廷颺馬華豐　均江外人。同爲思外里團首。頗稱強勁。咸豐七年。苗教賊方披猖於平越甕安等處。廷颺等隨石公虎臣越境剿賊。曾收復平越之建中雞場。甕安之牛場。與賊相角逐者五年餘。地方賴於粗安。雖終不免於潰敗。其功固有足多云。

白瓚　孝里羊場人。見時方多故。起而辦團自衛。充羊場營團首。築鐙下碉營。羊場屏障省垣。進鄰敵氛。瓚悉心規畫。訓練羣衆。俾樂於效用。清咸豐八九年間。敵焰方張。瓚親率練扼守牛渡河。以固羊場藩籬。

晝夜嚴防。無問寒暑。九年十二月。賈福保率苗教衆來攻。瓚悉力禦之。隔岸相持久。適奸民孫某圖教徒。與敵通。潛引福率由他處偷入。會天大霧方霽。瓚見大鳥旗飄揚臨近。知賊已渡河。悉保衆退。因而扛寨羊場相繼失陷。淪爲戰場者至數年之久。使無奸人通敵搆釁。則白氏可竟全功矣。惜哉。

劉尙卿　號殿臣。五區劉衙人。性剛直豪爽有胆識。勇於任事。體魄魁梧。望之氣象巖巖。但與人酬酢。則如霽月光風。靄然可親。當清咸同苗教之亂。曾編入佘士舉團隊。迭從征剿。均奮勇前驅。殺敵致果。屢著勞勩。佘頗倚重之。保六品軍功。歸標以把總用。亂平後。居鄉休養。適龍海生任州牧。遵章設善後局。清釐存絕田畝。分則科賦。尙卿協助爲理。忠勤廉潔。毫無所私。龍爲題贈人附樂郊四字。以旌其勞。既而復出辦理團務。因其行誼德望。入人之深。凡民間糾紛爭執。數語婉勸。即渙然冰釋。鮮有涉訟公庭者。光緒十年。甕安縣教匪遺孽朱洪行倡亂。竄伏於州境宅吉雙鼻洞。尙卿奉命偕官兵密捕渠魁。事平、以功陞千總。尙卿視之淡然也。尙卿家不豐於財。然好施與。凡族鄰之孀婦孤兒。貧苦無依者賙恤之。惟力是視。尤以庚子大饑。米價奇昂之際。孀孤之賴以存活者。不下十數人。尚卿從不以爲德而誇示於人。其長厚如此。尚卿與乖西副士。司本同族。其子姓繁衍。宗祠祭田復豐腴。尚卿以族長管理之。值清廷興學諭下。尚卿謀諸族人。以祭田租若干作辦理學校基金。未就而卒。時年七十有三。後之劉衙小學。與辦有成者。實尚卿有以開其端云。

鍾昌祚　一名元黃。初號錫周。後改山玉。五區兩流泉人。州廪貢生。候選訓導。清宣統元年。舉孝廉方正。山玉少家貧。其父自課讀。未弱冠。通羣經。補博士弟子。與邑人何慶崧同擅神童之譽。胡牧璧目之爲遠到器。少長。肄業於開陽書院中。因得博極羣書。尤究心於經世之學。又旁通當世之務。勤學無間寒暑。夏月恆侵晨月下。瀏覽不休。隆冬則擁絮踞床。寫讀迭易。見年齒少而資質特異者。凡有請益。罔不津津訓誨之。丁酉忝本學陪拔。會津門嚴公修督學黔中。設經世學堂。飭府州縣選送才俊。備甄拔高材生四十人入堂肄業。陳牧惟彥以山玉進。試列第一。嚴公益重之。肄業數年。學愈進。名愈噪。山玉不以爲足也。復改入武備學堂。未幾。林中丞肇年委辦西路靖邊營軍務。至軍。一洗敷衍驕惰武習。與士卒同甘苦。明功過。嚴賞罰。軍風紀肅然。又感於軍人之無學識。徒勇無用。乃撮世界大勢。軍人天職。日爲講演。并點撰白語韻文。作爲行軍歌以教之。更提起士兵向上意志。每以中外豪傑名名士卒。復集衆爲述其故事。卒以與統領劉某旨趣不合。辭去。乙巳。派留學日本。丁未歸國。縱遊燕趙間。見士夫暮氣逾深。引以爲病。丁祖憂。返里。爲邑勸學所總董。高等小學堂堂長。設半日學堂於鄉鎮。勸農民子弟。每日以隙入聽講。壯老得旁聽。竹笠芒履。短褐縢。巡行鄉落間。入農民家。勞其勤苦。勸其讀書。逢集。則登台宣講。以小喻大。申引萬端。不倦也。以錮閉之下邑。得山玉之苦心毅力。爲羣衆求知識。無異春雷之起蟄。而風氣稍變矣。山玉以收效不宏。乃組織自治學社於省城。被舉爲社長。又蒙先總理孫公文。認許自治社員全爲同盟會會員、由社創辦公立法政學堂。任山玉爲堂長。復發刊新聞報紙。日西南日報。冀登高而呼。羣山響應。然而欲改革事業之有成。必先改革羣衆心理。山玉乃本其救世之思想。平民之精神。以前日董治省垣。疏道溝洫工程完竣。其無歸工人。不忍聽其失業。而沿街壯健乞丐。應使自食其力。免累羣衆。商承巡警道賀公國昌。咸辦警務工廠於貴陽。舉上所述二者。及游民無業者。悉納其中。教以製筆、攻革、織履等業。并組織屨傭隊、媒隊、水隊、磚隊、照市價出售。而以餘歸之。爲設勞錢莊。以資儲蓄。設日新浴堂。以重衛生。飯後則縱使歌嬉。以爲娛樂。每夜必登台講演。以進其智識。尤注重於管理訓練。以兵法部勒之。俾整齊嚴肅。按時出榜等分。以示勸懲。其尤難者。山玉躬荷鍤率隊行歌市中。以爲常。蓋當時風氣閉塞。士大夫每習於養尊處優。視勞働之衆。爲不屑與伍。山玉早知名士。而下儕於輿臺。愛之者則笑以爲褻尊。忌之者則謗以爲矯情。是豈知山玉之心。固欲以平民化精神。而改革羣衆心理也。至其剏辦笄善會。救護幼女所。勸業女工廠。收養虐待不堪之婢女而教誨之。及笄者更爲之擇相當酒偶。徵求雙方同意而婚己配之。事具山玉所撰賢辦警務公廠碑。及該會、廠、所、週年各碑記中。其努力於社會事業爲何如。後有譏山玉於當道者。得賀公國昌解說而免。巡撫龐公鴻書。復委以警署司法科長。辛亥夏。北京開報界聯合會。山玉以西南日報代表。辭職北上。此後遂奔走國事。在南京被舉爲貴州參議員。時滇督蔡鍔。派唐繼堯援鄂。假道黔中。其意將謀所以不利於黔者。會山玉繞滇歸。聞其事。遂上書滇軍政府。復面見蔡督。力陳滇黔脣齒相依。黔民不堪師旅之若。已得請矣。而忌者極力搆陷之。致罹難於安順。時壬子正月十八日也。其門人宋元明爲收其遺骸。安厝於故園賴陵。山玉死難時。其重幃猶健在。固不料於及於禍也。按山玉素行廉正剛方。明慤澹定。自署日記。日天人閱曆。二十年如一日。平居無戲言。言則必行。有不爲之事而爲之必忠。煙酒賭博。終身所無。人有遺行。輒加勸戒。學仁義之道。而不泥於古。法先哲之言。而不背於時。雄文閎論。與特立獨行相符。遭際坎坷。盤錯愈勵。死於非辜。名愈不朽。茲特就其懿行。足以矜式國人者而略述之。貴州省黨務指導委員會成立。兼委員周恭壽等。首先提請中央表彰。並將事蹟宣付史館立傳。得報可。十八年五月。國民政府題頒成仁取義匾額。交行政院轉發貴州省政府。由省政府轉發下縣。縣長司繩慶偕紳者送旌其廬。足徵公道在人。是非自有定論也。

范至誠　名品端。號章甫。至誠其字也。初爲蜀北中江縣人。少時博通經籍。工制藝。兼涉獵內經素問諸書。擬應童子試。會藍二等倡亂。川南北學使軺車多阻。章甫以醫乃仁心濟世之術。遂專研醫理。十餘年頗擅三折肱之譽。值鄰縣金堂龍海生刺史牧開州。以其地疫癘甚行。乏良醫。素知章甫學。專函敦促。章甫因舉家南來。至則待診者無不應手立愈。甫更出經驗秘方。請海生廣市藥以應貧病者之急。所全活愈衆。光緒己卯。川北旱苦饑。該地之民。兢以開地爲樂土。襁負而至者日繁。章甫以土地廣。力耕不虞乏食。惟衣布則遠販自湖湘。恐不繼。凍且隨之。蓋開地江外。固產棉。惜亂後。少究心紡織耳。於是製機抒。率家屬身先紡織。以爲鄉人倡。繼起仿放者。不下百數十家。日中市布。午夜機聲。寖成風氣。可以塞漏巵。挽利權。實惟章甫倡始之素願也。歲甲申。桐琴胡公來牧斯土。博採衆譽。以讓里總甲任之。初受委。即值亂民朱洪竹、率殘部由甕安竄伏州屬之宅吉雙鼻洞。章甫奉令率團兵往剿捕。不旬日而首惡就擒。餘黨星散。報聞。大吏嘉其敉亂敏速。以武功爵獎之、章甫任職十數年。無疾言。無厲色。惟本其寬平仁厚之性。以應付職責內事。凡民衆瓜李之嫌。雀鼠之爭、得其片言而糾紛以解。間有頑強固執者。更苦口婆心。委婉譬喻。期息事甯人而後止。以是歷任州牧。皆心重其品學。倚畀之殷。章甫不阿上求容。不憑權凌物。其隱德便於人之處。更不欲受惠者知。感而圖報。曾稟設因利便民所。俾衰老婦孺。得資以謀生。爲僑民呈准入籍。使各安厥居。化畛域之見。共努力企業。躋地方於繁榮。至先後奉委監修龍神祠、奎星閣、節孝祠、忠烈廟、火神廟、先農壇（其牌匾爲章甫手書）、等祠廟。出納更爲毫不苟。蓋章甫性素恬退。不汲汲以問舍求田爲子孫謀。年收數斛粟。胥其子經營商業之所積。其廉潔自持。固可以共信者也。歲庚子。蕭牧伯委以運米平糶。事畢退休。時年已六十有八矣。猶手抄其素所診斷經驗奇方。裒集成冊。將以壽世。凡有求診者。不論盛暑祁寒。晝則策杖。夜則以兩孫扶翼而行。不稍延晷刻。其病瘝在抱爲何如。適有白某染時疫。曾一度診視。越日復經其處。聞白室號泣聲。詰諸鄰云。白某死矣。章甫驚曰。何遽至是。急步入。見白僵臥庭中。撫之。手足已冰。細審其息如游絲。即採藥授白婦曰。爾夫固未死。急投以藥。當復蘇。臨行。諄囑以善調護。并允以稍緩復診視。婦敬如命。不數刻。而白呻吟轉側矣。由是病日減。竟喜占無藥。又三年。章甫卒。白臨奠哭之哀。曰。今而後疇復能如公之生未死人而肉白骨也。吁。章甫之活人方甚多。白其較也。桐琴胡公。曾爲序曰。縮君章甫。遠來自川。能解事。能諳俗。委著者當總甲。辦公既勤。更安民和衆。因薦以遠來近悅云

鍾　燧　原名鴻基。字止菴。號理堂。後改今名。字明夫。州屬五區兩流泉人。歲貢生。性樸訥。幼從塾師讀。日恆不中程。稍長。每研究一事

物。必冥心苦思。至廢寢食。務求通其意義而後止。久之。性靈瑩澈。觸類旁通。評閱書史。恆能獨抒己見。不爲古人所欺。膺歲薦。成均後。貧愈甚。志愈堅。精研其所學愈進。以少交游故。既不得志於名場。知音愈稀。明夫亦不自炫以求售。清光緒甲午。中國爲日戰敗後。朝廷紛議變法。迄無成。明夫默察世變。知欲振興國家。非特帖括家不能。卽徒知抄閱陳舊經世之書。而不切合時用者。亦屬空言無補。因毅然舍棄昔之所學。從事於數理化諸學科。專研十餘年。既參考乎載籍。復就正於高明。綜其所成就。如改良製造水紙、焙茶葉、造玻璃、製硍硃、肥皂、洋燭等。均經詳爲演繹。著成專書。并製有日規一具。贈與劉衙鄉小學。量測晷刻。毫無差誤。其尤著者。則以算術一科。頗有獨到之處。明夫曾歷充本城高小算學教員。因期期艾艾。艱於講述。乃自演算術、幾何、三角、代數、微積分、教授書各冊。以授生徒。獲益者頗衆。明夫持身端謹。抱樸守真。皮相之士。多未能究其底蘊。因之所入不合。布衣終老。然其專研學術。力求實用。於舉世崇尙帖括。以弋取利祿之時。其識見卓越。誠可謂爲獨清獨醒者矣。

李樹德　佚其字。州屬揚司田尾巴人。副榜。見時方多難。乃兼習拳術拔學。并涉獵兵法書籍。清咸豐三年。辦團令下。樹德分任揚司團首事宜。後建築營寨於白崖營地方。與尖山營相犄角。樹德善馭衆。每於訓練之餘。恆以敬恭桑梓大義。向衆解說。故團衆頗用命。咸豐七年。曾隨石公虎臣禦苗教衆於落旺河。復前進攻克建中雞場、牛場等地。咸豐九年。隨石公剿玉華山何得勝黨衆。樹德營五勻梅花。石公戰歿。樹德衆奮勇突陣數次。均以敵衆不能攻入。後守巖門。王卡。均著辛勞。賈福保未降時。樹德曾與力戰。傷福保一目。（甕安縣志）、又平越志稱樹德爲開州團首中之健將。勇而善戰。以文人兼長武事。尤爲難得。至同治三年七月。白巖營、尖山營雖均失陷。然旋即收復。且牽制何苗實力。俾不能分援州城。趙德光克奏復城之功。功過固不相掩也。亂平後。樹德猶健在。曾領銜與修文人訟。先是州西白馬硐水銀廠發達時。係由修文縣監收廠稅。（見白馬硐名碑）、至是修文人遂附會援引故事。欲據有廠地。樹德首訟於大府。得直。州人咸服其義云。

許嘉績　原名祿中。號閣書。信里高寨人。節母許馬氏子也。天資穎異。未弱冠。即補博士弟子。倜儻自喜。恆不拘小節。自師事邑人鍾山玉、及奉節劉問竹後。日受其涵育薰陶。已非復吳下阿蒙。進而爲自治學社社員。復許爲同盟會會員。學養俱進。寖乎儒者氣象矣。更任西南日報主筆。藉毛錐作警鐘。以喚醒世人之睡夢。其覺世之功大矣。改革後。以功任修文縣令　。到任甫二月。措施未竟。即爲忌者所擯抑。閣書固不以此介介也。反以閒居退處。朝夕承歡老母。徜徉林泉爲樂　詎知忌者不容其生存。竟濫用權力以殺之。時年方二十八歲。說者謂係以直筆買禍云。身前所作詩文頗富。現集爲若干卷。待梓。

陶秀書唐清源　秀書字寶森。清光緒己酉恩貢生。其先爲蜀北中江縣人。家綦貧。有兄及弱妹各一。兄廢讀。另居力田。寶森從父受學。未弱冠。即設帳教授生徒。藉束修所入。以供舉家生活焉。旋補州學博士弟子。文名藉甚。嗇於遇。屢戰文場。皆鎩羽。寶森亦遂盡瘁於教育。培植序里後進。清源、字鏡川。原籍四川江北。家貧。力學礪行。有聲庠序。以己酉拔貢朝考。簽分四川。代理犍爲縣事。不數月。因亂離職返里。值組州城議會。出爲城議會議長。時官署承清代積弊。頗多陋規。差風尤熾。鏡川剛正不阿。遇事敢言。於地方興革。建樹極多。嗣赴北平應文官考試。歿於京寓。先是。光緒辛丑壬寅間。清廷詔變法。廢八股文。停科舉。令各地創辦學校。二君當新舊續絕之交。首究新式教學方法。共辦遷善小學堂於三忠祠。及儒學訓導署內。實得風氣之先。後學受其薰陶而成材者。頗不乏人。其門弟子等。現擬集資於每年清明及教師節日。舉行墓祭。并開會紀念。可見二君教澤入人之深云。

第六十二節　忠義

許成名　字賓室。一作徵實。第二區許氏之祖也。其先江南人。元末有名德全者。爲張僉院下總管。以至正十七年。於揚州歸吳國公朱元章。二十年從常遇春攻杭州陣亡。贈明威將軍。僉指揮使司事。及元璋稱號。洪武三年。除德全子祐、皇陵衛百戶。四年。改授寶慶百戶。守禦益陽。十四年調征管勾等處苗蠻。十七年復征普安　廣西等處。十九年就征播州苗蠻、大小麻哈等處。歷授鷹揚衛及烏蒙衛。前所流官副千戶等職。於十九年四月十五日。陞除明威將軍、烏撒衛世襲指揮僉世。是爲許氏入黔之祖。建文三年卒。子昇。永樂元年襲本衛指揮僉事。到任管事。宣德二年以老疾。子英襲。鎮守畢節赤水衛征平四川松潘等處。攻仁爲大寨陣亡。勅諭指揮僉事許英襲。陞一級、贈鎮國將軍、都指揮使司事。子斌幼。正統十一年乃襲本衛指揮同知。到任支俸管事。卒。子勛。弘治四年襲到任。十四年調征普安等處地方。節次擒斬獲賊首福祐米魯等身屍解官。正德十三年。以老疾。子鎮襲。嘉靖三十四年。推掌衞印。子凌霄疾瞽。未襲職。自祐至凌霄。其墳墓皆在畢節縣赤水衞河側邊。又皆單傳。凌霄之子二。長卽成名也。成名於萬曆三十八年。以弟子員襲。到任。調薊遼等處多功。四十五年陞普安守備。征剿安籠、毛口、六墜賊、平之。擢安南游擊。疏通滇黔大道。陞赤畢總兵官。平桃江壩。大捷。斬安邦彥、莫德。獻俘京師。邦彥者。水西土同知。而黔之巨憝也。先是天啓二年。邦彥挾水西宣慰。使安位。率九股苗仲倡亂。據水西。進陷龍里。巡撫王三善進剿。戰歿。其勢益張。崇禎九年。總督朱燮元檄雲南兵下烏撒。四川兵出永寧。下畢節。而自率大兵駐陸廣。逼大方。成名時以貴州總兵。奉檄由永甯復赤水。邦彥合衆十餘萬來攻。燮元令成名佯退以誘之。而遣兵三路搗其巢。四川總兵侯良極禦之永甯。與成名合擊。大破之。陸廣在今修文界。居烏江東岸。渡河卽水西地。大方卽今之大定。大定者。亂定以安氏水西地所置府縣之一也。邦彥舉事。水東宣慰同知宋萬化預焉。事定。以水東地置一州、二衞、九所。修文卽九所之一。一州則開州也。邦彥旣死。餘黨悉平。成名尋復鎮全楚。剿寇有功。予告歸。無嗣。以第揚名子盡忠爲嗣。年七十三卒。崇祀貴陽府學宮鄉賢祠。及江南會館。墓在貴陽次南門外太慈橋。盡忠、秀士也。盡忠已身諸文、有弁承服、芹採泮、宮萬里風長、鯤推敦詩之教、六韜策展、化解佩犢之刀、邊陲鞏固於苞桑、籌分帷幄、報國藎嘗手薪膽、擁攙槍等語、既襲。特授貴州中權左營兼管督餉中軍。分理開州洪邊等地方總兵官。時值天下雲擾。明社將傾。永曆南巡。踐履滇黔。盡忠努力王室。官至前軍都督府署右都督。加九級。欽命太子少保。佩長甯將軍印。誥封光祿大夫。卒。子延禧襲。授錦衣衞指揮同知。贈昭義將軍。康熙初。清兵定黔。乃辭世襲。居開州信理上牌莊園焉。謂忠貞世濟者矣。

附錄永曆三年許成名誥文

諸子可將。曾瑋不愧曹彬。後嗣皆賢。李晟方生李愬。竇桂由來有種。弓冶信覺非誣。爾原任鎮守湖廣等處地方總兵官前軍都督府右都督許成名。乃剿虜總兵官署右都督加九級許盡忠之養父。石柱三朝。鴻流八表。棄繻投筆。雅意直斬樓蘭。躍馬提戈。英謀剷平水內。遂勒勤王之旅。維揚撻醜之威。分閫九邊。單于之壼屢上。建旄三楚。江漢之波載甯。久與方召同功。何幸茂羅貔美。茲用覃恩。贈爾爲光祿大夫。如爾子官。於戲。作室而開堂構。世仗干城。論庸而列鼎鐘。

駢膺解澤。

楊得勝　州人。崇禎三年。隨征水西安宣慰有功。仕至副總兵。崇禎十六年平寇亂。十七年得勝奉總督李若星之命。會總兵譚得勝率師勤王。師次湖南辰州。聞京師變。旋師。棄職隱居州屬清里洋水觀音寺終焉。

諶會瀛　州庠生。文學次子。醇厚敬謹。兄會溟被誣陷。瀛負兄逃難。株連除名。屈於獄二載。家產盡破。迨事白復名。篤友愛。甘貧乏。年七十。終無怨言云。

諶　預　原名友松。清康熙三十九年被誣陷。總督巴錫審理直冤。奔滇赴蜀。釋兄弟於囹圄。迎父母以歸養。總督賜名預。入州庠。巡撫陳銑序傳以旌之。曰至勇誠孝。

石　麟　開州人。隸修文學籍。兄麒。早卒。三子並幼。撫育教誨如己子。族弟鳳。家貧父死。鬻身以葬。麟出金贖之。養於家。而爲婚配。舅氏子顏文淵。二齡而孤。麟撫之成人。及完婚配。始令歸家。親鄰服其高義　久之、卒。子國難。康熙五十三年舉人。

陳堯典　開州人。雍正七年拔貢生。性端方。與人交。有始終。友人子陳璠、陳琦幼孤。堯典爲之撫育教誨。迄於成立。璠以廩生貢國子。琦亦食餼州學。人咸稱之。年七十卒。

張盡忠　開州人。以孝友方正倡率里人。人有善行。必勸奬之。里中人士。以此敬慕焉。子朝民。孫德華。屢世守其教。州人稱之不置。

許有信　名璜。開州人。州有貢河。（即南貢河）兩山夾道。水石湍急。爲入省必由之路。向設小舟以渡。被溺者多。乾隆三十九年。有信創建石橋。費銀一千七百餘兩。復修兩巖石路四百六十餘丈。知州屈曾發序其事。鐫石橋側。子聯芳。即以是科中武舉。久之。有信卒。

彭國相　開州人。居義里。乾隆十八年。輸銀百兩。倡購義田。建茶山官渡。又勸捐銀四百三十兩。購田。收其歲入。以爲官渡舟子修理舟楫之費。至今賴之。

陶登榜　開州人。賑貸饑寒。義不苟取。與彭國相共捐金買購義田。建官渡。卒年八十餘。

馮文伯　開州人。施棺櫬。賑饑寒。有貸者力不能完。輒焚其券。當事表其門。年九十一終。

劉應南　開州人。州學生。弟死。遺孤姪二人。未幾。弟婦亦歿。俄而從弟又卒。亦遺孤二人。應南均爲撫育。視如己子。家素貧。授徒以給。

俱至成立。與妻陳氏。年皆八十餘。始卒

熊士峯　開州人。幼劇貧。販負以養其親。悉得親之歡心。每出。雖遠在百里內。必趨歸。久之、漸有贏蓄、乃爲鹽賈。家遂豐裕。年三十餘無子。將納妾　先以銀三百兩贈其父母。已而妻生子。不納。不責還金。州人以此稱士峯爲長者。

桑榮先　字燦廷。貴陽人。初爲貴陽城汛千總。因事左遷。榮先性坦直。胸無城府、清宣統二年夏、署開州把總。劉前把總眷屬。尚踞汛署。榮先與理、拒弗納。榮先曰、吾家口少。隨處可容、不與較　其含宏如此。後值改革。把總職已廢、榮先本應去、時寅欽簡公、協同士紳共留之。並以團防局長相屬。榮先慨允之。後時之團防局及士兵、均待收指而舉火者也。榮先初不措意、當反正百餘日、盡力維持地方治安、不避艱險、城中經潰兵巨匪、藉端而入者再。屢瀕於危、榮先力爲斡旋、毫不爲自身安危計、卒能彌患無形者。榮先食不甘。寢不安所致。此中情形。親見之而能言之者、固不在少數也。榮先處境貧而持己廉、每到鄉剿匪　所奪獲賊贓。必招失主認領　無則分給與兵練、不苟取一物。又善馭士卒、凡驕惰者必使之潛移默化。樂爲用。時州境西此一帶。

被匪裹脅者衆。榮先平匪後。悉代請於政府。予以自新之路。從未受絲毫餽遺。因之任團防局數年。其蕭條猶昔也。民國三年。護軍使劉聞其忠忱。令充南防管帶。州人如其行有日矣。挽留之。榮先曰。我非樂陞官發財者也。地方父老遇我厚。我必力辭以慰其望。卒如其言而反。又任事數年。榮先年力就衰。地方人議歲優給其廪餼。久之格於定章。遂弗繼。榮先亦莫之求也。其長子得軍死於鄂。次子尙稺。榮先以憂憤卒。

王宗漢　號維禎。縣人。由貴州法政專門學校畢業。歷任地方經費局董事。第一區區長。戒煙所長等職。全縣義倉。歷來弊害甚深。而管倉人員。率視爲利藪。大進小出。每借谷一石。必少至數升。還時必加二始敷數。斯爲弊之著者。維禎任局董時。乃呈准縣府。定製口面狹小之倒提斗。發各管倉人員使用。廢除舊斗。其弊以革。民咸稱便。縣屬四區與平甕遵義毗連。盜匪出沒。素稱難治。二十六年冬。縣府以君才識幹練。勇於任事。委充該區區長。而君亦以治匪安靖地方爲己任。毅然就職。匪衆當君初至。布置未定之時。爲先發制人計。遂於十二月六日。集合數十人。乘花梨鎮集期。攻入區所。君倉皇率衆抵禦。竟被戕害。事變去君蒞職之期。僅十餘日耳。時年三十六歲。地方人士。深惘惜之。

趙成榮　字啓宗。縣屬馬場人。家貧。幼業縫紉。未嘗就學。然性忠直。富責任心。故十餘年間。由甲長歷升鄉長隊長副區長。以至任第六區區長。足徵地方父老信賴深。縣政府倚畀之隆也。宅吉地鄰六區。與甕安之猪場。遵義之三星場。中隔烏江。遙遙相望。而周匪炳子、袁匪永昌。即以二場爲窟穴。常偷渡進掠宅吉附近各地。宅吉不靖。六區無安枕之日。故守宅吉。即以保六區也。二十六七年間。宅吉萑苻遍地。搶劫頻聞。而六區人民。則風鶴時驚。相率爲徙避之謀。縣府擇宅吉聯保主任。無如成榮者、乃以兼隊長任之。而六區父老。復以大義相勗勉。力促其行。成榮堅辭不獲。就任之後。着手剿捕。數月奔馳。漸就平靖。然此剿則彼竄。故成榮雖治匪愈急。而匪之含恨愈深。謀死成榮之意愈堅矣。至二十八年二月。袁匪永昌。糾合百餘人來攻。成榮率隊抵禦。以衆寡不敵遇害。時年四十五歲。

羅紹武　二區壩子新場人。壩子仲夷聚居之地。紹武乃彼族之翹楚。該地與龍里貴陽相連、盜匪出沒無常、此擊彼竄。深爲鄉里患。二十七年。紹武受任聯保主任。努力剿捕。曾擊斃匪之渠魁。故匪銜之刺骨。至二十七年九月。匪數人乘夜掩至。詔武家。出搶狙擊。遂遇害。

宋元明　字緒清。住城東三台山。鍾昌祚高足也。昌祚安順被害後。親友皆惋惜。且懼波及。元明激於義憤。慨然親往含殮。邏者叱之。曰是吾師也。果何罪。亦既死矣。衆義之。因得歸葬。元明法政畢業。民初爲少年貴州日報主筆。（見貴州革命先烈略載、蕭建初安順人、昌祚被害、無人敢收其屍、建初出爲殮葬、四年四月、爲劉顯世捕斬於縣之大南道、）

王徒某　鍾昌祚凶問傳[illegible]陽。平民工廠三百餘人、皆掩泣。有一人者忽亡去。唐繼堯恆昏夜出入北門外老古巷郭子華家。一夕有褸人突出狙擊。不中死之。暴尸未殮。審之。赫然亡去之一工人也。

羅朝貴　乖西正司楊兆麟家丁。康熙三十九年。開州知州錢某。誣兆麟科派革職。朝貴義憤填膺。積不能平。冒死叩閽。卒直其冤。奉旨復職。人皆稱之。

苗婆某　開陽何氏。清初不知何故。横遭飛禍。闔被縶下灰坑以死。當捕者收繫時。遺一三歲小孩。傭工苗婆某。襁褓之。捕者欲併收之。某詭曰。是我子也。非何姓。故得免於難。某以養以教。至於成立。後冤抑亦得平反。何姓人家神龕上。皆供苗婆。即酬報德功之意。據云遺孤卻何人鳳也。

晏章漢晏崑生　均五區同知衔人。同亦團營團首。章漢等辦理團練。馭衆有方。訓練精勤。當苗教勢張時。不但保境安民。淸咸豐九年。值石公虎臣敗歿之後。州境思外里地方。近鄰玉華山。敵衆無高山大河之險。雖有石公之虎奮虎峙虎威三關阻隘。然道路分歧。險與敵共。值甕安縣城復陷。令防諸隘。遏敵入省路。章漢率團練營小牙屯。至是年八月。何得勝犯州境。首攻章漢防地。敵衆我寡。以致敗績。猶隨鄭牧選士。節節堵禦。至白馬硐。崑生率團力截。敗歿於陣。同年十一月。敵結合合各股悍目王超凡等。分道并出。攻陷各團營。合薄州境東北地方。團首歐陽錦城。率練戰歿於三板橋。賊復西犯白龍硐。章漢與團首黃永盛。同率練禦之。章漢力竭陣亡。黃降敵。崑生章漢者。其忠勇義烈。洵可爲世法矣。至歐陽錦成。雖里居不詳。但能統率有衆。以死勤職。是皆可以振懦立頑者矣。

盧煥章　號玉山。慷慨好義。曾捐資四十兩生息。作開州鄉試應試諸生卷價銀。俾諸生取卷時。減除麻煩不少云。

王君墓誌銘

君姓王氏諱宗漢改沔其先世本四川順慶人自祖父於前清光緒年間始移居黔中開陽生於民國元前九年正月十七日天性孝友勤學多能其處世也平易近人和靄可親尤尚俠義慷慨好施肝胆照人有烈士風對朋儕有急難事靡不奮袂以助盡其力之所能必達目的而後已晉明與君居同里巷幼共筆硯爲總角交通從幾無虛日故熟稔其個性君素恬淡崇尚氣節不慕榮利志在林泉雖入法政學校肄業然實爲學問而學問其胸襟可以想見君命途迍邅幼年失怙倚祖父及伯父母以達成立故肄業小學時代即能刻苦用工努力學業終年未缺席一次師友咸敬佩之稱爲模範生云小學結業後時值護國軍興君慨然曰處此事蜩螗之際正吾儕武裝報國之時大丈夫焉能久事筆硯終老牖下乎乃即俶裝赴川入某團充任排長後袁氏病逝和議成功乃辭去軍職回省考入法校苦讀畢業歸來歷任本縣地方經費局董事及第一區區長戒煙所所長貴州省立女子師範學校會計等職歷富聲譽頗著勳勞殊於民國二十六年冬奉委本縣第四區區長到任甫及半月即遭慣匪周炳之張習之輩率衆襲擊竟於同月初六日以身殉職於花梨區所春秋三十有六嗚呼慘矣先是君未奉委時該區以地當邊陲毗連平甕爲匪徒淵藪區團實力薄弱無法抵抗致搶掠區所已非一次而鄉寨刦案尤屬司空見慣日必數起政府束手無策咸視區職爲畏途時縣長某以非得能員坐鎮不能

根除匪患乃畀君以此重寄朋儕如余等力阻其行君以地方爲重不畏艱險堅貞不移毅然到差乃不圖匪等乘隙蹈瑕先發制人遂君未捷身死齎志以沒矣嗚呼痛矣夫死生兩事本人生過程中必經之階段亦何用爭其修短惟以君之才與能又正值英年有爲之際未得展布於萬一遽就刃於毛賊之手實等隋珠彈雀遺無窮之恨矣至以滿門婦孺妻少子幼未來之責任方殷遽爾完全拋棄尤堪痛矣君死難後地方人士以君因公殉身特爲舉行公葬並營墓於城內三公墳之左側彰忠烈也君曾祖諱化玫妣陳氏祖父諱華林妣姚氏父諱達順母曾氏遺子二開榮開裕女三妻黃氏吳氏茲以豎碑用表遺蹟特爲之銘曰

嗚呼余友生而多艱天氏降任先予責難古往今來靡不然方共慶幸何期墜淵淵則有底恨則無已天乎人乎咎歸誰何天道果知是又何說

第六十三節　孝友貞節

割股療疾。不可爲訓。至於貞女。現在只有限制抱獨身主義者。并無奬勵守貞之說。茲之所輯。或錄之舊志。或經前地方官守題旌有案。均係過去事實。故仍存其舊。

黃維章。州人性孝。母疾。割股以療。因得痊。州守上其事。巡撫旌之。

牆皆。州人。康熙辛酉武舉。事父曲盡孝道。父歿。事繼母愈加謹。二十

年如一日。宗族鄉黨無間言。以上載通志

盧學溥。仲魁子。仲魁官雲南大理府經歷。病篤。學溥方弱齡。割左股療之不痊。扶柩歸。母復病。復割右股療之。立痊。

簡方來。州人。父肅以從父現龍無嗣。命方來以孫繼其後。備盡孝敬。家極貧。飲食供養。盡禮。現龍夫婦年俱八十。養生送死。毫無虧闕。鄉里稱之。

楊炎。進士出身。先任湖北隕陽府保康縣。復任陝西甘肅府經歷。以父母年高乞終養。途聞母喪。歸廬盡哀盡禮。其父年九十餘。炎極盡誠孝。遠近見聞。無不欽仰。

張盡忠。篤孝友。居族里中。正己率人。樂於勸善。子朝明孫德華。俱能恪遵家訓。有祖父風。遠近咸稱慕焉。

黃文秀。秉性純孝。父母病篤。侍不刻離。既沒。哀毀逾禮。今年九十有餘。子孫濟濟。人以爲純孝之報云。以上載舊志

謝二姑。謝克明侄女。幼孤。克明撫爲已女。年十四未字。事繼父母孝。二親病且篤。一日之間。再割其股以進。疾皆癒。康熙二十年巡撫楊雍建題旌。

楊質素妻簡氏。年二十。素質卒。善事舅姑。撫孤成立。守節四十餘年。康熙四十二年。護巡撫布政司張建題旌。以上見通志

黃氏女。幼至孝。女少長。語人曰。嫁夫即當離家。願終身事父母。遂守貞不字。年五十九而卒。

鄧三姑。啓榮之女。年十六。父擇壻許嫁。三姑誓終身事父母不適。父母允其志。三姑事父母極誠孝。父母卒。代撫姪孫繼文繼武。婚配成立。苦志守貞。年七十八卒。

謝文德妻劉氏。處士光先女。年十四。適文德。祗事翁姑。乾隆五十八年。姑與德文俱染時疫。翁出外無力購藥。病危。乃禱於神。割股以進。姑之病瘉。文德亦尋愈。後子兆賢舉於鄉。其叔母爲言之。兆賢叩首請。乃出創痕以示。刀跡顯然。

劉發啟妻王氏。幼時父病。割股和藥以進。父愈。以上載府志孝女孝婦傳、

李大任妻何氏。舉人若琳母。事翁姑。能得歡心。姑病。割股以療。年二十六。生若琳。甫二歲。而大任歿。子母相依。族里欺其孤弱。時構釁。乃攜子往舅家避之。舅貢生某。家亦壁立。因自紡績以供衣食。若琳少長。口受論語孝經。教識字劃。及九歲。爲解毛詩。若琳年十五。補

弟子員。越五年而何卒。若琳後舉於鄉。除濟陽知縣。追思母德，繪寒燈課讀圖。李文耕爲啓徵詩。名流多有題詠。

程天祐妻周氏。善事舅姑。姑病數年不起。周禱於神。願以身代。遂愈。後五年。舅姑俱歿。天祐有弟二。一甫數月。周乳之長成。天祐遠遊。十餘載不歸。周以針黹自給。現年八十五。以上載府志賢媛、

何一貞。人鳳女。舉人子澄妹。年二十。字許氏子。許有惡疾而卒。女誓死靡他。事父母曲盡誠孝。父母卒。依墓而居。卒年七十餘。

諶姑。父守規。姑自湖廣徙來。娶黃氏。生姑。歲餘而黃卒。姑甫三歲。守規又卒。姑就食母舅家。及笄。母舅欲以姑許人。姑不從。逃奔孝里大水塘。依本族削髮誓不嫁。生員諶克試白於知州邢某。令勿強婚。以遂其志。姑以女紅積金置產。撫一弟名忠孝。爲婚娶。生子厚普。依其弟姪以終。

尹氏。年十歲。許字劉基永。未歸而基永卒。父母欲改字。尹不肯易字。母憐而允之。篤孝雙親。撫兄子教養婚配。年六十。守貞以終。

蔡貞女。甕安庠生恕長女。恕移家開州。生貞女。幼字庠生傅某之子。傅遊學不歸。女年二十餘。姑數至蔡氏。勸令改字。貞女不肯。傅竟無歸

耗。又數年。父兄繼沒。家貧。女紡織自給。依兄嫂以居。兄嫂又亡。代撫兄子成立。兄子亡。復撫遺孫恆興。衣食婚配。備給勞勛。恆興事之維謙。卒年九十三。

陳三姑。玉樹之女。守貞不嫁。以養父母。現年六十六。

以上府志貞女傳。

盧仲武妻簡氏。年二十七。仲武卒。遺三子。長學孟。五齡。次三齡。幼甫數月。矢志守節。教養三子俱成立。時遭仲苗之亂。簡率室避仙人洞。採薇以活。學孟仕至賓州知州。致仕歸養。白其節。上官旌其門。

楊　璋妻孔氏。年十八。適璋。生一子一女。璋卒。孔年未三十。矢志守節。撫孤子兆熹。入州庠。未幾。兆熹卒。孔撫其三孫成立。守節三十七年。

丁爾樹妻姚氏。年十八。適爾樹。二十八而爾樹卒。遺一子一女。矢志撫孤。子殤。又撫其夫兄子女。教養婚嫁如己出。

州庠生項思傑。妻沈氏。思傑早卒。沈守節撫六子盡成立。卒年七十五。盧子榮妻王氏。年二十一。子榮卒。王撫孤子維伯。娶婦李氏。生孫二。維伯又早卒。王與李共守節撫孤。又稱爲一門雙節。

武舉周　維妻楊氏。適維八年而維卒。遺一子。守節撫孤。教子成立。卒年六十五。（州志作周維熊、）

劉國器妻李氏。生一子。甫二歲而國器卒。家貧撫子。備極艱辛。守節三十三年。

諶子常妻傅氏。歲貢宗祥女。名大姑。適子常。生子三。子常卒。三子繼歿。僅存一孫。撫育成人。家貧。紡績爲活。卒年七十。

庠生盧璘妻龔氏。年十九時。璘生一子甫三歲而寡。立志守節以終。

盧哲明妻趙氏。年二十二。適哲明。甫兩歲。哲明卒事翁姑盡禮。子名士璩。甫二歲撫之成立。娶婦金氏。已而士璩又卒。生遺腹孫長壽。姑婦同守。趙年七十。金年四十一。事聞知州表其門。

盧瑛妻張氏。瑛卒無子張矢志守貞。夫弟境。娶林氏。有二子。長延齡。次延品。已而境又歿。張繼延品爲嗣與林共守同。居一室。始終不渝。

朱炎妻諶氏。年及笄。適炎。炎爲長寧衛守備。生二子。長之煥。次之煒。俱幼炎。出師卒於軍。諶守節。撫子四十年。足不外出。宗親罕見面。卒年六十七。

左維禎妻李氏。年十八。適維禎僅年餘而維禎卒。無子。繼侄爲嗣。守節五十年。
胡四海妻強氏。年十五。適四海。二十七而海卒。遺一子一女。矢志守節撫育婚嫁。以節終。
吳必清妻陳氏。年十八。適必清。生一子而必清卒。撫子成立以節終。
高徵其妻余氏。適徵。其生一子名崧。而徵其卒。余守節撫孤。娶婦楊氏。生孫三。卒年七十八。
劉漢宗繼妻許氏。漢宗初娶董氏。生一子名勳。繼娶許氏生一子名燕。甫四歲。而漢宗卒。許守節撫孤。視勳爲己出。教養婚配。與燕同。勳與燕體母心。均盡友恭。孫廷佩列膠庠。守節四十餘年。
鮑淳妻林氏。年十九。適淳。生二子。長天錫。甫二歲。次天鑑尚在襁褓。淳卒。林矢志守節。撫子成立。有孫數人。卒年七十餘。
金子堅繼妻宋氏。適子堅生一子一女。而子堅卒。宋撫前妻子奇成立。子女婚嫁。苦節三十餘年。（府志作宗氏。）
顧言妻李氏。年十八適言。生子文盛。方五歲而言卒。李立志守節撫孤。成人。卒年七十餘。
楊芝盛妻尹氏。年二十四。芝盛卒。遺子三。榮山榮河榮海。尹守節教子成立。卒年七十餘。

趙國相妻陳氏。年二十。適國相。生子二。長士學五歲。次三歲。國相卒。陳撫子成立。士學娶王氏生二子。而士學又卒。王氏亦守節撫子。均以節終。一門雙節。陳氏卒年八十。

鄒思舉妻劉氏。年十八。思舉卒。遺腹生子鼎相。劉氏撫鼎相成立。娶婦楊氏生子二。名全儒闕儒。已而鼎相又卒。楊氏年二十二。奉姑撫子。竭盡誠孝。劉氏卒年七十五。與楊氏均以節終。人稱一門雙節。

嚴其業妻簡氏。歸其業生三子。而寡。時長子魁隣年八歲。二子三子俱幼。家極貧。簡辛苦備嘗。誓守成立。卒年八十七。

簡書妻楊氏。年二十二。適書。生子德信。而書卒。楊氏苦守教之。已而德信入庠。爲娶陳氏生二子。而德信復卒。陳亦守節。人稱一門雙節。

夏文煥妻賀氏。年二十。適文煥。敬事舅姑。生二子而寡。長希賢五歲。次希臣僅二歲。與夫弟文筆同居。文筆又卒無子。妻孔氏誓同守節。繼希臣爲子。希賢娶王氏。希臣娶陳氏。王氏生一子名朝貴。陳氏生一子名朝宗。希賢希臣繼歿。王氏陳氏復守節養姑。賀年七十五。孔年六十五。王氏[illegible]幷以節終。一門四節。

庠生簡上明妻張氏。年十五。適上明。已而上明卒。無嗣。繼姪爲子。矢志守節。孝姑訓子。卒年六十餘。

王子成妻胡氏。年十八歸子成。生二子而子成卒。矢志守節。撫子成立。卒年七十餘。

廪生牆士俊繼妻黃氏。年二十八。適士俊僅七月。士俊卒。前妻李氏生一子。年七歲。黃氏立志守節。撫育成人。以節終。

許如琦妻鄧氏。年二十。如琦卒。子二歲。矢志守節。教養成立。卒年七十餘。

胡必達妻彭氏。年十六歸必達。十九必達卒。遺腹六月。生一子日文舉。守節撫孤。三十餘年。

蔣坤妻方氏。年十四適坤。生子維栻。甫七歲而坤卒。方經營家計。撫子成立。苦節四十餘年。

庠生楊里誠妻劉氏。年十六適里誠。生一子甫一歲。而里誠卒。劉年二十。誓志守節。撫子成立。辛苦異常。以節終。

謝仁策妻蔣氏。年二十一歸仁策。已而仁策卒。遺一子一女。蔣守節撫育嫁娶。以節終。

陳榮吉妻周氏。年十六適榮吉。已而榮吉卒。遺一子撫之成立。守節三十餘年。

諶克讓妻盧氏。克讓歿。子守先在襁褓。盧苦節撫子。成立婚配。已而守先又卒。盧復撫孫忠達。貧困孤苦。一身扶持三世。卒年七十餘。

文可甯妻何氏。年十五適可甯。生三子而可甯卒。年二十五。三子俱幼。家極貧。何矢志守節。三十餘年。

汪以容妻文氏。年二十三適以容。生三子而以容卒。長七歲。次五歲。幼甫九月。矢志守節。教子成名。

庠生劉漢鼎妻陳氏。年十九適漢鼎。生子基仁九歲而漢鼎卒。家貧陳守節教子。備極艱辛。子列州庠。守節五十年。卒年八十。

吳淮妻李氏。年二十適淮生子岱靈。未一週而淮卒。李守節撫孤。兼撫二姪。鍾靈。毓靈。俱列庠序。卒年七十餘。

徐琪妻桂氏。年二十二。琪卒。遺三子。桂守節撫子成立。卒年八十一。

庠生蔣德重妻諶氏。年二十五。歸德重。生三子而德重卒。諶訓養成立。守節四十餘年。

何日瑜妻陳氏。年二十二。日瑜卒無嗣。矢志守節。事翁撫夫兄之子勝爲嗣。爲娶宋氏。生一子。未幾而勝又卒。宋氏甫十八歲。與姑同志守節撫孤。一門雙節。

宋士仁妻鍾氏。年二十五適士仁。生一子而士仁卒。鍾撫子守節。卒年八十。

徐孝妻李氏。年十八適孝。生一子而孝卒。李守節撫孤成立。年七十餘。

徐連妻李氏。年二十適連。生一子而連卒。李守節撫子成立。以節終。

庠生錢天申妻白氏。年二十歸天申。二十七而天申卒。無子。矢志守節。孝養翁姑。後室燬於火。備歷辛苦。卒年八十八。

葉芝英妻汪氏。年十八適芝英。生三子而芝英卒。汪撫子成立。守節四十三年。卒年七十三。

徐在學妻黄氏。年二十二適在學。生一子而在學卒。黄矢志守節。孝事舅姑。撫子成立。年六十猶紡績不怠。

趙俊妻王氏。年二十三適俊。生一子而俊卒。王矢志守節。卒年七十餘。

楊兆科妻劉氏。年二十。歸兆科。生一子而兆科卒。劉矢志守節。紡績度日。撫子成立。卒年六十九。

楊瑱妻周氏。年二十適瑱。生二子而瑱卒。周矢志守節。撫子成立。卒年八十三。

楊玘妻劉氏。年十八。適玘。生二子而玘卒。劉守節撫孤。爲之婚配。卒年八十三。

李士恆妻盧氏。年二十歸士恆。生子世澤。而士恆卒。世澤甫一歲。家貧。盧誓死守節撫子。爲娶婦劉氏。生啓芳。五月而世澤又卒。劉氏矢志與姑守節。同撫啓芳成立。盧氏年九十餘。劉氏孝養愈篤。知州表其門。

程維遵妻馮氏。年二十適維遵。生子鎰而維遵卒。鎰甫八月。馮撫子成立。卒年七十餘。

周申妻盧氏。年二十三。適申。生二子而申卒。盧矢志守節。敬事舅姑。孀居三十八年。州牧表其門。

嚴其相妻盧氏。盧歸其相。生二子而其相卒。長子曰魁才。次曰魁玉。俱幼。盧茹苦守節三十餘年。卒年七十五。

聶基仲妻宋氏。歸基仲生一女而基仲卒。已而女又夭。宋誓不他適。事舅姑敬孝。歷二十餘年不懈。以節終。

聶煌妻盧氏。年二十二而煌卒。無子。家貧勤苦。自矢守節不二。卒年七十餘。

盧維浩妻林氏。年十九適維浩。二十維浩卒。無子。誓不再嫁。繼侄毓榕。撫育成立。敬事舅姑。守節三十餘年。乾隆四十四。題旌建坊。

盧登楷妻陳氏。年二十二適登楷。生子二。而登楷卒。長子三齡。次子五月。家又極貧。誓死守節。艱辛備歷。凡三十餘年卒。年七十餘。

龍子信妻袁氏。年十八適子信。生三子而子信卒。袁立志守節。撫三子成名。長孫又舉於鄉。現年八十三。

唐朝相妻劉氏。年十八適朝相。生子四而朝相卒。家貧劉堅守貞操。撫子成立。二孫俱列膠庠。卒時年九十一。

張大品妻林氏。年十九適大品。大品病篤。割股以進。未愈。大品卒年二十二。遺一子。士賢甫六月。矢志撫子。教養成立。入州庠。苦節四十餘年。

劉清妻鄭氏。年二十適清。生一女而清卒。無子。鄭年二十五。矢志守節。學正表其閭。卒年六十五。

劉芳勤妻皮氏。年十八。歸芳勤。生二子而芳勤卒。家極貧。矢志守節。撫子成立。二子各盡誠孝。極力經營。家漸裕。皮仍淡泊如常。以節壽終。

庠生劉天予妻何氏。年十六序天予。生一子而天予卒。何年二十五。冰操自矢。事姑孝。教子有義方。苦守三十餘年。

侯思壽妻謝氏。年二十于歸。生一子方在襁褓。而思壽卒。謝矢志守貞。以清貧勤儉度日。苦節三十四年。卒年六十五。

毛天祥妻鄧氏。年十八歸祥。性純孝。敬事翁姑。生一子而天祥卒。守節。家極貧。紡績自贍。以節壽終。

楊枝萬妻簡氏。年十八于歸。生一子而枝萬卒。簡年二十四。矢志守節。撫子成立。苦守四十餘年。

楊思賢妻凌氏。年二十二歸賢。一載而思賢卒。凌自縊以殉。姑覺救愈。曲喻百端。始勉進飲食。日侍姑側。及姑病。服侍湯藥。衣不解帶者八月。姑卒。典嫁奩以置棺衾。滿百日。二鼓縊於閨中。士民公呈其事。知州請題旌建節烈坊。以上見府志州志載亦同

尹文龍妻李氏。年二十四。文龍卒。守節撫孤。子光先入郡庠。守節四十五年。

陳玉松妻傅氏。年二十五。玉松卒。大疫姑病。醫藥罔效。傅割股作糜進

之。病尋愈。翁繼病、又割股進之。鄰人夜聞鬼語曰。孝婦也。曷去之。舉家遂安。翁姑卒。傳葬祭如禮。苦節五十八年。孫希玫希瑋。俱食廩餼。

況繼文母徐氏。適況。六年而夫卒。子三歲。族無賴利其產。私許嫁於豪右。徐氏不知。及娶期。輿猝至門。徐堅閉不納。衆以亂石碎其瓦。徐抱子持刀呼天。欲自殺。衆始退。後乘徐出。衆又扃其門。不令處屋。徐乃鬻簪釧購他屋而居。撫子成立。守節四十一年。

庠生樊德新妻李氏。年二十八。德新卒。撫子瑞芝成立。守節四十七年。

李中英母鍾氏、年二十六夫卒。矢志守節。上事衰翁。下撫幼子。躬親操作。家以饒。中英入庠。孫煥章相繼入庠。卒年八十。

楊紹連妻高氏。年二十九而紹連卒。矢志守節。撫三子二女。家貧、針黹傭工度日。豪右謀奪其志。高絕之曰。與其温飽失節而生。不如寒餓守貞而死。鄉里欽其苦志。間周恤之。卒年六十。

蕭時行妻葉氏。朝陽之女。適時行數載。而時行卒。葉年二十二。矢志守節。居貧撫子。傭作營生。父憐其貧。許適其富室。葉聞以死自誓乃止。苦節三十餘年。

貴州印刷所承印

胡國霖妻朱氏。年十九而國霖卒。矢志守節。無子。以從子爲嗣。撫育成立。入邑庠。苦節四十六年。

盧文陞妻古氏。年二十二。文陞卒。子幼卒。矢志守節。艱苦備嘗。撫子詩學入庠。守節五十年。

牆垠妻朱氏。年十九適垠。甫二年而垠卒。無嗣。矢志守節。孝養翁姑。苦節三十二年。

庠生何天衢妻劉氏。生一子而天衢病篤。劉割股救之而天衢卒。矢志守三依母家以存活。撫子已成。而子又喪。劉堅苦不渝。冰孀愈勵。守節貞十年。

段敦武妻龔氏。年十九。適敦武。生子四而敦武卒。龔年二十六。痛不欲生。因姑老子少。勉延餘息。矢志守節四十三年。道光二十二年題旌。

宋廷侯妻楊氏。年十五適廷侯。生一女。二十一廷侯卒。無子。矢志守節。繼侄爲嗣。完婚數年。嗣子又卒。合辛茹苦。與子婦饒氏。撫孫同守。共歷四十五年而卒。

宋正培妻饒氏。正培卒。饒年二十六。以姑老勉延餘息。曲盡孝道。撫子三人成立。守節二十六年卒。

牆肇基妻謝氏。年十八適肇基。二十九肇基卒。遺一子。立志守節。屢經艱苦。訓子成立。守節三十一年卒。

牆坦妻李氏。孝廉六安州州同宗源女。年十四適坦。翁肇英任直隸元城知縣。爲坦援例授知州。在署未及供職而卒。李年十八。子女俱無。立志守貞。備歷艱苦。性嚴竣。至親罕見其面。守節五十一年。

吳德光妻李氏。年十七適德光。生一女而德光卒。其親勸令他適不從。食貧茹苦。撫女長成。適開州副榜李文安。依壻存活。守節三十四年。

孔天培妻楊氏。兆畲女。年二十天培卒。子女俱無。矢志守節艱苦不渝。後竟窮餓以死。鄰人憐而葬焉。凡守節三十五年。

盧維漢妻鍾氏。年二十一適維漢。二十七維漢卒。遺子二。矢志守節。辛勤撫子。後二子相繼亡。復撫二孫教養成立。卒年八十四。

戴龍元妻萬氏。連芳女。年十五于歸。生子鍾和鍾瑜鍾瑞。又生女一。龍元卒年二十八。以守節撫孤自任。家無立錐。饔飧難繼。躬勤紡績。艱苦備嘗。子稍長擇師課讀。後因家貧改習生理。嘗諦泣曰。人不患貧患不勤。苟乾惕無惰先人志。雖商亦無異儒耳。子歸省。必詳詢生計。並命以灑掃等事。稍懈即責之曰。苟不自立何以聊生。諸子謹凜教言。家

貴州印刷所承印

以小康。有孫數人。女適孔傳經。守節三十五年。

孔傳經妻戴氏。龍元女。年二十于歸。生一子一女。傳經客死。戴年二十八。痛夫身卒於外。含淚就途尋覓死所。扶櫬歸葬。每欲同穴。顧念子女無依。節哀強起。家業零落。持志益堅。謂弟戴某曰。與其不守而生不如苦守而死。弟成其志迎歸母家。操作不懈。撫子成立。曲盡心力。孤子課讀無成。改習生業。子婦又卒。遺一孫撫之成立。守節四十二年。

盧建學妻陳氏。平越庠生廷謨女。適建學生一子。年二十四而建學卒。守節至今二十三年。

商景容妻樊氏。庠生德女。景容卒樊年二十三。矢志守節。撫遺腹子成立。苦節二十九年。

舉人樊林芝妻李氏。甕安庠生春芳女。適林芝生一子而林芝卒。年二十二。矢志守節。至今十九年。

袁士達妾章氏。少失怙恃。育於伯母。伯母病割股以進。病愈又七年適士達爲妾。士達初聘孫氏女爲妻。聾而喑。棄之不娶。及章適士達。力勸迎孫而歸。以身下之。無失禮。年三十四。士達卒遺二子皆幼。矢志苦守。現年百有一歲。

盧仁育妻陳氏。年二十二仁育卒。遺子承廣。週歲。家甚貧。茹苦守貞。撫孤成立。現年七十三。

盧仁哲妻張氏。年十八適仁哲。仁哲卒。遺子未週歲。張年二十一。勤鞠撫育。子入膠庠。現年六十二。

徐中秀妻吳氏。年十九適中秀。四載而中秀卒。無子。吳矢志守節。敬事翁姑。撫姪爲嗣。教養婚配。已而子又卒。復撫孫。現年六十。

吳汝光妻陳氏。年十七適汝光。生子學周。越三載而汝光卒。年二十矢志守節。已而學周又殤。復撫孤孫正常成立。完娶。現年七十。

刁連相妻劉氏。啓昆次女。年二十一適連相。生一子越五載而連相卒。劉矢志守節。自食其力。奉侍舅姑。撫育孤子。現年五十八。

聶杰妻譚氏。生一女而杰卒。女尋夭。矢志守節。撫侄鳴皋教之業儒。譚以節終。

李國沼妻呂氏。適國沼生子甫五齡。而國沼同籍省墓。旋以疾卒。呂聞訃矢志柏舟。艱苦備嘗。撫孤成立。孫文郁以議敍知事職州同。重孫以芳。幼列膠庠。以菁已登賢書。卒年八十有五。

李安廷妻周氏。州同文郁母。事姑孝。姑病割股以療。夫病又割股以痊。現今子請榮封。孫登賢書。咸以爲賢孝之報。

周天佑妻楊氏。年十九于歸。二十八夫故。遺一子。矢志守節。子與孫皆娶婦而亡。賴氏撫孤。周氏不替氏之力也。四世一堂享年八十。

胡士贊妻雷氏。年十六于歸。生子二。夫歿時。氏年二十九。上奉翁姑。下撫弱息。備極艱辛。迄今曾孫元音。元孫應熙。相繼登科。皆氏苦節之所致也。卒年八十有三。守節五十有四年。

龍成錦妻袁氏。年十八適錦。生一女。歸三年而夫歿。誓有不奪。卒年七十有一。守節五十年。

冷昭妻袁氏。十七歲適昭。已生三子。越八載而夫歿。矢志撫孤。艱苦備嘗。現年七十有三。守節四十八年。

敖氏女許字於龔。龔氏子病足癡獃。女之父悔之。私改字於何。女聞涕泣欲雉經。且曰。死以骨歸龔。江右阮文藻方攝州事。聞之曰。女知義者也。是宜從女志歸龔。不者女且死。女死則成女之貞。而成其父之惡也。急遣人諭其父。其父瘖曰願如命。又喻何。何亦曰願別娶。於是女卒歸龔。州人羨之。稱之曰敖義姑。文藻爲作敖義姑傳。傳曰。敖氏有女曰長姑。開州清里人。明慧略識字。織紝組紃聽姆教。里嫗皆稱長姑賢。亦彌自矜重。字龔氏子有年矣。父微聞龔氏子躄且痹。竊悔焉。私改字於何姓。何固富室而子又秀穎。迎有日矣。母乃以意風長姑。且曰。勿違父命。長姑曰。父有初命在。即不敢聞後命。必再強之。曰惟死耳。面壁不語。明日里嫗檢其奩。得一紙。有誓死靡他。請以骨歸龔姓語。視枕畔則繫帕作環矣。警以告。防之得不死。父終夕繞榻。摩胸不得計。於是蕭仲香太史述其事。以爲女有志節者宜勸。而里之紳者若李超、若賁園、若福榮。咸請決之州長。攝州事阮文藻曰。女在室聽命於父禮也。命有治有亂。從其治不從其亂義也。禮以載義。義以行禮。敖某之初命者治命也。其後命者亂命也。設長姑依違於兩可。而曰惟命是聽。將不爲敗己節而更以成父惡也。悔孰甚焉。今決然以死誓。俾其父沉痛哀迫。決無餘望。或於死生呼吸之交。幡然改誤。不致爲清議所持。令典所糾。是以猛於救父過矣。若夫妃匹之際。人之大欲所存。相攸固求吉士。擇偶尤仰良人。誰非人情。謂甘爲哀駘它妻者。內德性而外形骸。此意難驟喻諸婦人。國風芣苢之篇。蔡女所爲傷夫疾而作也。詞不怨而意深於怨矣。然則長姑何以不怨。曰抑情以合義也。義不可改。則情不可徇。情不可徇。則志不可奪。是以州人士曰長姑賢。州長亦曰長姑賢。昔魏武將以女妻丁儀子。丕止之曰。女人觀貌。丁正禮目不便。恐愛女未必悅也。遂別許。尋大悔曰。如丁掾才卽兩目俱盲。尚當與女、何況但眇。今龔氏子才如丁掾未可知。而長姑則已識過曾丕。敖某何妨且以魏武之曠識自居耶。乃遣人馳諭敖。敖曰如前盟。馳諭何。何日將別締。皆不復奪女志。嗚呼。世變極則禮義澌亡矣。薦紳冠帶。尚不能堅守。委贄勿貳之義。何况閨闥其可苛繩。然亦不無慕伯姬嬰孺之操。而爲人所刦制以敗者。以是湮沒何可勝道。若長姑者。其亦幸而有是數君子爲之調護哉。長姑以字行。余更名之曰義長姑。爲之傳以表其閭。以上見府志

庠生林上學。年弱齡。父天中病篤。誓願减算。廣施格言。割股療之。

庠生石麟妻葛氏。二十歲于歸。事姑孝、姑病割股肉以進。嗣麟病復割股療之。夫歿時年二十六歲。生三子。教養勤篤。伯國雋。仲國安。並入庠。幼國英中式甲午舉人、今年八十三歲尚存。以上見州志

明總兵官許忠之妻李氏。住二區新寨。以節烈死。墓在楊柳冲。永歷三年貤贈一品夫人。其誥詞云。日月爭光。原節烈之足記。戾戾可念。追

富貴而難忘。生前未被於翟翬。身後宜崇乎馬鬣。爾李氏乃劉虜總兵官署右都督加九級許盡忠之妻。盤石昭堅。寒潭濬潔。勤學斷織。倫比樂羊之妻。斷臂投崖。蹟邁皇甫之婦。種金蓮於烈火。灰刼塵飛。炤玉麟於嚴霜。孤松秀爵。表章久貯。光寵維新。茲用覃恩。贈爾爲一品夫人。錫之誥命。於戲。麻鷺山中。血染杜鵑之句。鴛鴦塚上。香騰鸞鳥之啼。

何昱妻許氏。二區平寨人。安平縣教諭新寨价之女。于歸數年。二十三而夫亡。悲不欲生。將投繯。婢覺。不得死。祖姑與姑咸諭之曰。爾已有身。如產男其若死而斬嗣何。始勉進飲食。後遺腹子殤。氏翁子澄官昌化知縣。歸里病歿。翁妻有一子。與翁妾同心守節。乾隆五年總督張廣泗題旌。

鍾禎。字幹臣。兩流泉人。天性孝友。廉介高潔。績學之士也。父祖商於鹽。擁於資。丁咸同之亂。親友數十口。避難貴陽十餘年。家道中落。光緒初。累於鹽訟。至貧無立錐也。而禎事父母。恭順盡孝道。無所違忤。同胞弟妹之教養嫁娶。一惟禎是賴。兩弟成立先後宦遊。各獲數千金。妻妾衣服麗都。而無所挹注。禎無怨言。而親喪盡禮。禎屢舉不第。教授生徒數十年。年入僅三四十金。無慍容。時語諸生曰。習舉子業以弋科名。獵昆貴。皆身外事。惟真能樂天知命。是讀書人大受用處。於劣園差役之魚肉鄉民者。皆大痛惡。戚友置身士林。而經營團甲者。輒勸止之。其不聽而甘心同流合污者。輒不與之言。鄉人婚喪。邀請必至。稱其家本乎禮。酌之於至當。不以爲勞而辭之也。平生未嘗妄取分文。鄉望之隆。莫與倫比焉。州尊某延於廣座中稱之曰端人。曰一鄉之善士。而禎之曾祖汝綸者。固以純孝著稱矣。家雖貧必有甘旨。年雖老猶勤安膳。且剛正慣降不平。其祖應杰。事親孝。處兄悌。教子嚴而有恩。待人寬而有禮。其修身治家處世接物。庶幾才全德備、蔚爲曠代完人矣。其父進榮。又嘗割股以療母戴之疾矣。若禎者。可不謂克家聲哉。而禎竟無嗣。禎既卒之十二年。其從姪昌祚。不忍其善之沒也。乃伐石樹其墓道。而勒銘碑陰曰。湖伯生。乙巳春。沒冬季。乃壬辰。在黌宮。列修文。孝友性。忍耐情。諡端介。里黨評。七星塘。楚地名鴻猷叔。宦遊川。雲宜弟。亦與焉。今光緒。甲辰年。元宵節。軍旅間。姪祚葬。謙廉銓。銘碑陰。告蜀賢。語云家貧顯孝子。世亂識忠臣。禎非遭屯蹇。何由著其賢孝哉。

附鍾昌祚日記一則　光緒甲午五月四日。獨坐無聊。尤不耐殫心經史。乃吐平•居抑鬱之懷。搔首問天。似覺福善禍淫之理。良有難諶者。即如先高祖汝綸公。孝行達鄉閭。家雖貧必有甘旨、年雖老猶勤安膳。且剛正慣降不平。高祖妣宋柔以濟之。所謂孝義天成者非耶。爰有先曾祖應杰公。才全德備。爲曠代完人。是生祖父進華公。華公之兄進榮公。非割股療曾祖妣戴之疾者哉。其子如鴻戎叔。其孫如昌壽弱弟。姑不具論是。何其子如鴻禎伯考之孝友無間言。模範固鄉先生矣。而無子而遽然長逝。其女如友鳳姑妣之慎順無戾氣。德容文淑名婦矣。而適宋而卒然遂終。嗚呼。不可解矣。差幸鴻猷叔成家蜀道。亦其子耳。壬辰歲暮。奉祖父華公命。祭嫡堂伯考鴻禎公有言。競爽猶可。弱固其危、方自懼也。胡爲乎越十有四月。先君子又從高曾於地下乎。然則子孫將誰教。道德將誰誘。艱難將誰濟。倫常將誰樂乎。善者如此。而不善者如彼。彼其安樂。乃竟永享焉。天如有言。尚或答我乎、天不有言。我將誰問乎。夫我鮮民平居。亦高談澹定者。今乃知向之言無閱歷也。

戴鍾淳之母梁氏。五區雨流泉人。道光二十一年辛丑墓碑。題旌表節孝字

開陽縣志　孝友貞節　四十一　貴州印刷所承印

樸。相傳鍾淳乃道光舉人。

庠生劉湘雲之母戴氏。兩流泉人。年二十餘而夫死。咸同之亂。挈其孤子。流離轉徙。艱苦備嘗。亂後旋里。躬理稼穡。使子受業於同里鍾禎之門。鄉黨賢之。

喻長生妻蕭氏。兩流泉人。時馥之女。于歸未久而長生逝。氏矢志守節。持家有方。人皆稱之。

趙錦堂妻李氏。兩流泉人。咸同之亂。錦堂爲百長。結婚甫一月。率團練往堵河。旋陣亡。氏茹苦守節。以登五爲嗣。現羣從皆如己出。撫育婚配。咸盡力資助。至民國初年。七十餘歲卒。

庠生鍾鴻儒妻宋氏。年二十餘而鴻儒卒。氏矢志守節。以堂侄昌期爲嗣。撫愛之如己出。光緒七年。夫弟鴻賓爲之請旌。民國十五年。縣長王壬林題額表之。并贈聯曰。歲方花信。望失藁砧。最難得晝荻課功。鶴算經逾八十載。節著松筠。輝揚彤管。且喜看芳蘭繞膝。蟠桃正熟三千年。以民國十六年冬卒。有節孝碑在兩流泉米市壩。

胡熊氏。兩流泉人。年二十餘而夫亡。撫其孤。有聲膠庠。而復夭。氏之矢靡他。母熊吳氏無子。迎養之以終其生。民國初年卒。

翁桃仙。雨流泉人。文道之女。父母早逝。年十二歸洋水上河孔氏爲童養媳。年十六夫外出而失其蹤。其姑迫之嫁不可。而事之彌恭。戚友有勸之者，輒與之絕曰。人各有志。烏可以彼之志強我之志哉。家貧。薄有田土。又見侵於人。氏恆以鍼黹度日。顛連自甘。今且五十矣。人共信其不二也。

袁承謨妻任氏。五區白菓塘農人。年二十許。喪夫。守志撫孤。年六十餘。以民國五年卒。

毛吳氏。雨流泉人。毛護鄉之祖母。年二十七。守志撫孤。於民初卒。年九十歲。

劉占宣妻陳氏。五區劉衙人。民國十三年。占宣病故。陳氏年二十九。室如懸磬。破屋三椽。遺子一女二。均呱呱在抱。陳氏經紀喪葬後。矢志撫孤。傭工針黹。作孤兒寡女溫飽之資。民十四年。大旱饑饉。陳擷蕨根採野菜以哺黃口。恬如也。而又沐風櫛雨，勤於耕植。家以小康。婚男嫁女，悉力經營。子榮爵。恪遵母訓。刻苦務農。陳氏則晨夕督課。未嘗稍懈。以故一門之內。蔗境日甘。生機勃勃。現陳氏年近知命。精神矍鑠。族戚隣里。靡不歎其處境之艱。命運之苦。而敬佩其立志之堅。操守之貞而固也。

劉汪氏。五區劉衙人。年二十八而夫故、薄有田產。衣食勉能自給。遺二子一女。均幼弱。汪氏冰心皎潔。矢志靡他。經理家政。撫翼孤孩。井井有條。厥後爲女相婿。爲子娶妻。雖處境艱困繁瑣。終能耐心以應付之。現兩子均仰承慈訓。克自樹立。蘭芳桂馥。一堂濟濟。汪氏年逾耳順。仍督子課孫。勉以勤苦成家之道。示以發憤自強之方。守節三十餘年。艱苦備嘗。心如金石。其堅操毅節、人咸稱敬之。

劉秉剛之妻彭氏。五區劉衙大寨人。十九歲于歸。甫數月。秉剛離家從戎。剿匪陣亡。彭氏雖家境窮苦。債台高築。而栢舟盟心。立志守節。端莊靜穆。守身如玉。足不出庭戶。遠近無閒言。平居爲人針黹。藉以謀生。自給之外。銖累黍積。從不浪費分文。陸續清償其夫舊債百餘金。以保持亡夫之聲譽。撫育孤姪洪貞爲嗣。爲之婚娶。督訓綦嚴。古井不波、守禮如恆。族隣敬之。

謝孟卿之母陶氏。五區快居寨人。年二十二而夫故。遺長子孟卿。次子耀卿、均荏弱成立。陶氏守節撫孤。操守堅貞。言笑不苟。於清光緒庚戌三月卒。綜計孀居二十有三年。持家撫孤。飽嘗辛酸。且侍養衰姑。定省無缺。菽水承歡。從無怨言愠色。孝行峻節。洋溢閭里。經州官呈報事蹟。誥封旌表節孝孺人。賜贈匾額。以資楷模。孟卿於改革後。辦團興學。頗著德望。耀卿亦老成忠厚。克繩祖武。今子孫繁衍。方興未艾。人以爲陶氏節孝人善果云。

何子雲。一區馬田人。業農。原張姓。幼嗣何姓爲子。母病重。割臂療之。因以全癒。

李熊氏。一區花山巖人。夫亡時。氏僅二十六歲。矢志奉母。撫孤終其生。人無閒言。

田應洪。一區小河溝人。業農。曾割股以療母疾。後母死。竟茹素以終其生。

楊永吉妻趙氏。五區劉育聯保人。二十一歲。永吉病故、氏守節撫孤。經咸同之亂。流離轉徙。備歷艱苦。至民國庚申年。九十三歲卒。州官譚希杜。以節壽同欽四字。題額旌之。並贈聯語云。念餘歲已失所天。經戎馬干戈。獨爲乾坤留正氣。七十年眞如一日。看松筠竹箭。從茲巾幗有完人。

朱玉山妻廖氏。五區大水溝人。年二十三歲。玉山病故。守節以終其生。

民國二十八年七十三歲卒。

田氏。五區瓦罐窯人。年十八歲。夫病故。守節撫孤。至光緒丁酉年九十六歲卒。

王羅氏。五區石頭田人。守節撫孤。二子皆成立。氏病。長子文清服侍湯藥。兩次割股。極盡孝道。

石鳳。有孝行。年歷住址不詳。

黃正龍妻楊氏。建設廳技正問敏之母。年十八于歸。事翁姑孝。相夫子敬。處姑娌睦。二十八歲。翁姑與夫皆先後病歿。氏哀毀逾恆。喪葬盡禮。葬後家徒四壁。膝下四五孤兒。撫養教育。惟氏之女紅是賴。隣有憫其苦而勸之改適者。氏痛責之。歸則閉門涕泣。目腫淚赤。誓死不二。撫育諸孤、俱成立。苦節三十一年。

謝速先妻饒氏。二區人。少年苦節。壽至七旬。又捐資修建羊場校舍。知事唐積福題贈興學可風匾額。里人許嘉續作有謝氏節孝祠序。

張饒氏。定緒之妻。二區人。苗亂時夫死於兵。氏矢志不二。守孀四十一年。七十二歲歿。

胡王氏。炳純之妻。二區人。少年守志。傭工奉姑。甚得歡心。訓二子成名。年六十。州主題節比松筠匾其門。享壽八十一歲。

許馬氏。二區人。文童許燦先之妻。許嘉謨嘉績兄弟之母。馬啓藩之胞姊也。守節三十二年。宣統二年知州劉貞安請旌。

汪二鳳。縣城人。處士天池女。父與弟俱死。念母無依。矢志不嫁。辛苦操作以奉母。捐產入節孝祠。宣統庚戌二月。知州陳順鑲旌之。略曰。世俗重男輕女。女可輕乎哉。余攝開邑篆。得一奇人焉。曰汪二鳳。其父天池。邑處士也。咸同間。遭匪警。父與弟俱歿。女奉母簡氏以孝聞。賊平。念母無依。矢志不嫁。苦操作養母。母卒以餘積捐邑節孝祠。設主其中。躬奉祠祀。謀以族弟立父後。事不諧。堂堂乎天地之正氣也。斯亦奇矣。女今年逾六秩。余匾其室曰貞孝。蓋闡潛德幽光云。

劉桂二。縣城人。廪生劉榮芝之女。父與兄均早歿。僅母在。誓不適人。以奉母。知州陳順鑲題貞孝二字旌其門。其序曰。嗚呼。天地之正氣。鍾於女子者蓋不少也。余於汪二鳳外。又得一人焉。曰劉桂二。邑廪生劉榮芝女也。父兄早歿。僅母在。女有至性。誓不適人。以代子職。家綦貧。日勤女紅供甘旨。母卒竟孤苦以終其身。今年六十餘矣。

凜凜然與寒霜堅冰比烈。難矣哉。余不忍其事之湮沒也。亦書貞孝二字旌其門。俾爲世道人心勸。宣統庚戌暮春月。

譚懷福。縣城北街人。丁未父染時疫。百醫無效。懷福割股雜藥以進。知州陳順鑲以其孝雖不合中道。愚志則堪嘉。書割股二字表之。並述其事略云。譚懷福業冶爲事。事親以孝聞。丁未歲。疫癘流行。家相傳染。譚多方求治不驗。乃露香祝天。欲以身代。引刀割股肉一片。雜藥以進。父亦尋卒。己酉春。余權州篆。廉得其事。傳驗手腕。刀痕宛然。爲之嘆息泣下。嗚呼。譚非讀書人也。而一念之誠。洵足以格蒼穹而勵風俗。雖行不合中道。殆其愚不可及者流歟。夫旌閭表宅。有司之責也。爰書其事。以爲世勸。宣統己酉冬月。

王廷璽妻皮氏。本城北街人。年二十七。廷璽病歿。遺子宣賢才八月。氏含辛茹苦。撫孤成立。鄉黨稱之。光緒丙申年卒。

胡文光字正益。州屬羊場人。庠生鳳崗之父。當咸同苗教之亂。母臥病不能起。父先走失。文光負母以逃。行四十餘日。抵朱昌堡。母歿。文光身無一錢。莫營塟具。乞貸同鄉之避難者。無效。惟撫母屍而號。淚盡繼之以血。里人見而憐之。乃爲之營塟。塟母後。復於遍地烽烟中。冒險尋父。山巔水涯。經歷幾遍。後遇與父同避難者。始悉已於定番病歿。文光聞之。悲不自勝。以匪亂梗阻。不得尋父屍。抱痛特深。及承平後還家。田地房舍。槪被他人侵佔。文光讓而不爭。或勸之訟於官。亦不聽。惟日孜孜勤苦從事貿易。不數年竟以小康。文光性仁慈。每夏秋間必購製時症丸藥施送。賴以全活者甚衆。又於場外置隙土一幅爲塚地。聽人營塟。多備薄材任人取殮。冬間則製衣備米。分濟老弱煢獨之無依者。至如歛渴飯饑。卹災振急。修理道路。排解紛爭。一切利人濟物之舉。靡不殫其力而爲之。尤難得者。每年不惜重費。延聘名宿設義塾於家。促鄉里子弟於中肄業。因以成名者數人。民國二年。禁煙將屆收割。悉被剷除。因槪免佃戶全租一季。區內建築校舍。絀於款。勢將中止。因槪捐鉅金以爲之倡。乃從事募捐。以底於成。臨歿時。督令屬嗣將其經手放借八九千元之借券。悉行焚毀。至民國九年卒。壽七十八歲。經李縣長乃揚列文光生平事蹟。呈請省署予以褒揚。以資激勸。

第六十四節　耆年

晏起鵬妻高氏。壽百有五歲。

殷國華妻葉氏。壽百有二歲。於道光十二年請旌。

袁士達妻章氏。壽百歲。道光時巡撫賀長齡請旌。建坊於縣城西門。

袁孫氏壽百歲。（府志作士達妻誤）

熊興佐。五區石牛村人。生於清道光十九年己亥。歿於民國十六年丁卯。享年八十有九。老猶體健神旺。無疾而終。

熊潘氏。興佐妻。清道光二十年庚子生。民二十五年丙子歿。享年九十有七。雙目炯炯。聲如宏鐘。壽近期頤。精力矍鑠如恆。步行十餘里不露倦容。

戴際元。五區雨流泉人。乾嘉時舉人戴清祺之父。年八十二。道光元年七月。所豎碑陰墓誌銘。爲賜進士出身湖南澧州直隸州知州安佩蓮所譔。

劉榛。庠生榮光父。五區劉衙人。生於清道光庚戌。歿於民國二十二年乙亥。享年八十有六。壽逾耄耋。能閱書看報。扶杖登山。局度安閒。

謝應貴。五區劉衙人。生於清道光癸巳。歿於民國元年壬子。享年八十二歲。鬚眉如雪。猶能織草屨種蔬菜。

謝盧氏。五區快居寨人。生於清道光丁未。歿於民國十八年己巳。享年八十有三歲。

劉嚴氏。五區老鼠塘人。生於清道光年間。歿於民國二十八年七月。享年八十有五歲。

劉簡氏。縣城人。年九十而卒。

佘劉氏。士舉之妻。縣城人。生於道光戊申。歿於民國十六年丁卯。享年八十歲。

石熊氏。石自新母。卒於清光緒庚子年。時自新已六十一矣。其母年在八十以上。

石自新。貢生生雲之父。縣城人。生於道光庚子。歿於民國十二年癸亥。享年八十三歲。和靄可親。與人無忤。

王占鰲母李氏。縣城人。清道光丙午生。民國二十八年己卯死。享年九十三歲。

劉蕭氏。州把總天壽妻。生於清道光年間。歿於民國二十七年戊寅。享年八十八歲。

李鄒氏。一區谷光人。生於道光己酉。現年九十二歲。鄒麟仁之母白氏。住中壩白果園。生於道光庚申。現年八十歲。

劉明仁之妻秦氏。住米坪牛角土。生於道光庚戌。現年九十歲。

鄒仕安之妻楊氏。住米坪五寨。生於道光庚戌。現年九十歲。

李士明。九十二歲。

劉嘉樹。八十一歲。

蒙樹章之母周氏。住四區白安地現年百有三歲。

陳銀發之母熊氏。住四區狗坪。現年九十歲。

敖德華。住谷坪官田。現年九十二歲。

楊載福。住谷坪高糧酒。現年九十三歲。

陳和尚。在谷坪官田玉皇閣修持。現年九十五歲。

陳□氏。三區馬場人。現年九十九歲。尚可採藥行醫。病者延請即至。無假代步。

唐汪氏。選進士清源之母。住縣城。生於道光己酉。歿於民國二十六年丁丑。享年八十九歲。

陳新硎。號磨堂。住縣城。博學能文。嗇於遇。兼精醫道光乙酉生。卒於民國己未。享年九十五歲。

陳德瑜。磨堂子。生於清道光己酉年。卒於民國二十六年。享年八十九歲。

陳德情。副貢德堃之長兄。生於清咸豐丁巳。卒於民國二十六年。享年八十一歲。

陳新瑞。號炳然。黎平縣縣長德堃之父。其母歿時。父年六十一歲。病風痺。手足不仁。飲食俱在牀褥。便溺轉側須人。新瑞朝夕扶持、洗滌。并督飭妻張氏。以羹匙恭進食飲。如是者三年。未嘗稍懈。生平禮重師儒。於家延西席或外傳。三五日必親饋肉食一次。應送束修。值端節必全數敬送。故德堃食其報。終以名顯。新瑞生於清道光甲午。卒於民國戊午。年八十五歲。

許潰。字漢章。二區新寨人。有孝行。鄉里稱善士。生於乾隆乙卯。卒於道光癸卯。年八十五歲。

蕭王氏。蛇場王玉錫女。康熙四十年生。適兩流泉舊場蕭思位。持家勤儉。教子有方。諄諄以細水長流。木桀可珍訓後嗣。乾隆五十年卒。壽八十五歲。

鍾汝維。雨流泉人。孝子鍾汝綸之同祖兄也。年八十餘。丁咸同之亂。賊至雨流泉。汝維策杖諭之曰。爾曹氣飽力壯。不爲農。乃爲匪耶。賊以其老揮之去。及羣賊燔燒街市。奸淫婦女。汝維大惡之。厲聲痛罵。賊慚恨殺之白虎山下。

鍾進銘。雨流泉人。慮生鴻之父。壽八十四。以宣統二年卒。先一年知州陳順鑲撰聯以壽之曰。有令子表正西區。千百衆之英家承草隸。看老人光輝南極。八九秋日耄。壽祝花朝。時其子鴻書以秀才辦西區團務。正直清白。受陳知也。

王吳氏。雨流泉瓦罐窯人。五品軍功王雙元之妻。生於清道光辛亥。現年八十九歲。

鍾必鳳。雨流泉人。爲會湖廣羣儒作四書引解之必成必儒之弟。康熙中。避亂播遷來黔。卜居於此。年八十歲卒。卒之日。適其生之辰。賀者在門。弔者在堂焉。

鍾應科之妻葉氏。雨流泉人。精明有識。能相夫教子。嘉道之際。雨流泉最稱繁盛。每元宵龍燈簫鼓三十餘部。喧瑱徹夜。氏五子往觀。其次子之冠爲人攫去。乃攫其幼弟之冠覆己頭上。歸以五弟不慎失帽白母。其弟無以自明也。詎氏先嘗按諸子行次。綴線帽中。陰爲識別。檢視得實以次子欺罔。嚴責之。其教子類如此。故應科於家政不稍聞問。悉以委之。氏年九十六歲乃卒。髮僅斑白。及見諸孫鴻賓輩以科名顯。可謂福壽康寧者矣。

鍾袁氏。兩流泉人。舉人鍾鴻賓之妻。太學生昌奎。庠生昌林昌頤之母。壽八十一歲。以民國二十六年卒。

鍾進華。兩流泉人。妻何氏。同邑何正修之女。增生鴻漸之父母也。光緒癸卯秋。二老結婚六十周年紀念。因花燭而重拜焉。遠近推爲人瑞。共進重拜花燭匾額。其姻葉本桐跋之日。鍾老封君年七十九。何太夫人歲週八旬。耄耋齊眉。良殊遇哉。願康强逢吉。仁恕褆躬。行將偕老期頤。用大慰我同人厚望爾。及後進華年八十三歲。何氏壽九十一。以清光緒丙午。民國癸丑。先後卒。今其匾額。及稀古雙稀承。同堂四輩匙。聯語猶存。其孫昌祚光緒壬辰秋所作祖父母七十雙壽序。附錄如次。

祖父諱進華。字光廷。姓鍾氏。曾祖考應杰公曾祖妣戴太君之幼子也。少伯祖考榮公七歲。少姑祖母李四歲。以道光乙酉九月二十七日戌時生。五歲乃言。長業商賈。以損人利己爲切戒。將冠而祖母何于歸。祖母生於道光癸未九月二十四日亥時。外曾祖考正修公。力田務本。外曾祖妣劉太君。閫範綦嚴。雖舅祖考三人。及姨祖妣歸。因亂故不及見。亦可於祖母想見其爲人。祖母逮事曾祖考妣。并及高祖妣宋。皆得歡心。妯娌不聞詬誶。工刺繡。尤能操作。勤慎恪恭。數十年如一日。相夫以義。於洋煙從未輕假顏色。祖父之癮。賴以不甚。教子恩最寬。有遊學惟婉言諷曉。平居則躬行示法。非病不晏起也。雖寒不袖手也。即童稚亦必禮將也。當未亂時。曾祖考前知之。每場期市水物。夜分令祖父藏之滄水洞。無何賊擾至。有嫡堂伯祖考學公。緩帶輕裘。佯揮團練。賊少卻。祖父乃導族人奔吉樂。而青崗寨。而刀靶水。而茅台村。而黔之南垣。厥居乃奠。行貨楚蜀間。風濤冒險。與賊如織。幸無恙。甫靖復烽。旋雨流泉故居。謀食水濱。旦暮勞勞。鹽訟見貿。誤嫡堂伯楨名。置弗辯。意獲己。則胞侄免爾。與人交無私財。有過輒趨謝焉。雖饑寒交迫。亦未嘗戚戚終日。惟春露秋霜則泣下。鼻祖遠墓，老猶躬親拜掃。而其他更無論矣。嘗言吃虧省事。待小人如君子。斯消忌。且開彼自新地。勿驕勿侈。銀子錢。聽其自來還自去。祖母則曰。忍氣。曰立志。不立志險阻艱難奚以濟。不忍氣精神枉費仙丹非妙劑。苦辛同甘味。憂危真樂地。皆自道其生平也。有子二。僅存昌祚之父諱鴻漸。配母氏賀。生昌祚。昌祚娶江。生福謙濟廉。有女七。一姑適梅。生四弟二妹。一姑適葉。生一弟三妹。餘早逝世。今光緒壬辰秋。祖父六十有八。祖母七十。經曰。生於憂患。信夫。昌祚重聚慶愛。高堂並壽。尤願化日舒長也。於是乎書。

蔣林氏。縣城人。光緒二十九年。壽滿期頤。州牧陳介白。特賜筵宴。稱爲百歲酒。後二年乃卒。

李瞿氏。縣城人。海清之母。生於清嘉慶間。卒於宣統二年。壽九十八歲。

孫應龍。二區羊場人。庠生遷鴻之父。素正直。人皆以五公呼之。以民國癸丑年卒。壽九十六歲。

白仲選。二區羊場人。鼎臣之父。清末曾辦團捍衛鄉里。遠近咸以二公稱之。壽八十六。

王代沖暨妻李氏。二區潘家寨人。業農。代沖現年八十四歲。李氏現年八十六歲。

王口氏四區龍坑人。生於清道光二十年庚子。現年百歲。

石文良。五區同知衙人。業農。生於清道光庚戌。現年九十歲。其子亦年近古稀矣。

田宗衡。五區瓦罐窯人。業農。生清道先丁酉。卒民國庚申。享壽八十四歲。

貴州印刷所承印

楊森茂。二區茅廬鄉水源頭人。生清道光甲午。卒民國壬申。享年九十八歲。

何金氏。一區洗泥壩人。庠生何克成之嫂。生清道光丁巳。現年八十三歲。

謝盧氏。五區快居寨人。清道光辛亥年生。民國癸酉卒。享年八十二歲。

何余氏。宅吉水㢚窩人。何興觀之妻。生清道光庚戌。現年九十歲。

羅張氏。宅吉賽天坪人。生於清咸豐壬子。現年八十八歲。

李何氏。一區翁朵人。李洪昌之妻。生於清道光庚戌。現年九十歲。

錢劉氏。一區翁丑山人。國太之母。生於清咸豐壬子。現年八十八歲。

羗至誠妻曾氏。當至誠歿後。長子山泰。三子百川。亦相繼卒。諸孫皆幼弱。家以中落。氏與長媳敬氏。三媳曾氏。勤儉持家。撫育諸孫。分別督令業商就學。使無遊惰。不十年間。家以復興。氏素端嚴。凡族戚之不肖及遊蕩者。無不被其深惡責飭。畏而敬之。生於清道光辛卯。卒於民國十四年乙丑。壽九十六歲。

楊廷秀。二區人。善持家。富雄一方。而性慈善。待人寬厚。年於青黃不接時。將其儲穀貸於里人。秋收付還。不取其息。或竟不還亦聽之。每年終。則濟賑施放錢米。人有紛爭。必盡力排解。生於清道光時。歿於民國初年。壽八十一歲。

鍾鴻漸妻賀氏。舉人賀方堃之姊。昌祚之母也。生於咸豐二年。卒於民國二十年。享壽八十一歲。

藍大公。蒲窩八寨之光把人。壽一百有零。以民國二十三年卒。

何戴氏。平寨人。何大坤之妻。年九十七歲。現在。

何正陞。平寨人。年九十二。以光緒末年卒。

何封氏。正陞之妻。年九十七。以民國三年卒。

何饒氏。平寨人。正海之妻。年八十餘。宣統三年卒。

王大老九之妻。蒲窩之光中人。年九十餘。民國二十六年卒。

王老者。蒲窩之馬屎寨人。年一百零七歲。民國二十四年卒。卒時其少子曰包包二公者。與其孫曰大老么者。皆已六十餘云。

朱喻氏。永興場人。年九十一歲。桑植知縣朱世熙之曾祖母。紫江朱氏家乘。朱世熙撰曾祖母事略云。曾祖母喻氏。爲同郡陵邑修文縣之望族。康熙三十五年丙子十二月十一日丑時。生於修文縣屬新寨。乾隆五十一年丙午七月十六日午時。卒於永興場龍井灣後街。享年九十有一。葬於江西坡。內子午外壬山丙向。生子三。長珍次瓊三玫。以曾孫世熙官。貤封孺人。

舒珍。縣城人。八十八歲。附周公李公等

光緒戊申。開州學務星期報第十二號。鄔昌祚為勸學所總董時主編地方自治欄載。五月十九日。先之以耆耄。約十有三四人。而來者得六。一舒公八十八歲。二周公八十四歲。三李公八十四。四卜公八十三歲。五袁公八十一歲六朱公七十九歲。敬老也。老者能自治。而餘人從焉矣。等語。現在除舒外。餘無從詳考。或謂卜公名孝寬云。

黃文秀。年九十餘歲。見府志孝友。

袁鳳楠。一百一十八歲。墓在思毛坪。詳見名勝古蹟。

胡萬儒。號席珍。現年八十二歲。猶能作小楷書、步履康強。精神矍鑠。

吳國志。第一區北門外潮水人。現年八十六歲。而精神健旺如六十許人。

楊永盛。五區大壩人。道光壬子生。以民國二十三年卒。年八十三歲。妻趙氏。與永盛同年生。夫婦齊眉。民國二十年雙壽。親友以耄耋同登四字。送匾祝之。

第十二章　藝文

第六十五節　藝文

開陽自昔爲聲名文物之邦。於文化重心。略偏於西南。西南有地名同知衙者。明初貴州宣慰同知宋斌宋昂之衙署也。斌頗讀書。喜近文士。順昌廖致遠駒。詩人也。著有疆恕齋集。宣德中。從戍都勻。斌卽厚幣延聘教諸子。除宣慰行臺以館之。今雙流鎮廖家庵。其裔孫顯才康熙壬子就行臺故址左近而重建者也。迭經兵燹。其前院猶存五楹。可謂魯殿靈光矣。斌之子曰昂曰昱者。既受業於廖駒之門。並以吟咏馳聲譽。及斌老而昂代也。益崇儒業。昂子炫。亦以操行端方能詩顯名。嘉靖初。昂昱所著有聯芳類藁。炫有桂軒拙藁。昂嘗句有云。採藥難尋蓬島路。垂綸却憶鑑湖船。疎砧殘月孤郵夕。衰草斜陽兩岸秋。風靜洞庭高浪遠。月明楊子暮潮寒。昱嘗句有云。野戍清秋聞鼓角。煙郵日出弄松楸。數聲唬鳥頻歌枕。滿地斜陽深閉門。臥聽笙歌來別岸。起看鷗鳥浴前汀。朱尊彝靜居詩話盛稱之。以爲頡頏迭奏。風韻翩翩。試掩姓氏誦之。固以雅以南也。按府志稱昂所領部下多漢人。凡里人在官及儒學弟子員。皆其民也。又曰昂以邊方少載籍。乃多市經史藏之於家。部人多化其文雅。又曰昂部內有爲亂者。必自咎改行。民夷輯和焉。考明代者舊文學之遂籍貴州宣慰司者。頗不乏人。文采風流。有足觀者。雖不能肯定誰其開陽人。亦不能否定誰非開陽人。然昂位貴州宣慰同知。固皆昂之民矣。是昂大有功於黔之文化也。昂後數十年而有王陽明謫龍場之事。近世小儒。震於其名。一以貴州文化之開闢。歸功陽明。語有之曰。堯爲匹夫。不能治三家。及爲天子而天下化。故曰雖有智。不如乘勢。雖有鎡基。不如待時。是故窮則獨善其身。必俟乎達而後兼善天下也。夫陽明之來以謫。可謂窮矣。官不過譯丞。時不過期年。而宋昂同知宣慰事。世受爵土。履厚席豐。志振陋俗。躬行實踐。起禮義而興文教。宜其猶運諸掌上。文化斐然。遂變國俗。顧耳食者乃而遺之。善乎朱竹垞美昂詩以雅以南。而戒誦者試掩姓名而後誦之也。開陽文獻。一厄於明末清初諸役。而掃蕩無餘。再厄於咸同苗教之亂。而灰燼以盡。今之所輯。僅就公私志乘。文集碑刻。而雜採之。都若干篇。大別之曰散文。曰韻文。亦足見其一斑云爾。

新建蓮花寺碑記

徐　昌

開陽黔之僻壤也。其初爲正內地。山高水駛。林木深阻。環而居者。

雕題鴂舌。椎髻文身。是不一類。王化漸摩。垂廿十餘年。甲申以後。兵燹燎原。征斂猥籍。骴骼遍野。啼號載道。幾於草昧矣。我大清闢黔時。予奉命守茲土、其間征發供億奔走於深山大澤中。往復稠疊。因而一州之境。皆足跡所歷。至思順里濱江阻山。萬峯峭削。人烟晨星。以其東距湄甕。西連播藺。思里于閒尤僻也。六年以來。粗有可觀。其於王化之所難喻。不得已而托之神道。設教。於是。偶爾役車。其休。我稼既同之日。凡有寺刹祠廟。因乎人情之必欲修舉者。從而易其丹雘。補其廢缺。此蓮花寺之所由建耳。寺形如渦如盤。岭嶺橫空。流泉下帶。古柏千株。惟后嵌倚。宛肰秦漢間法物。遊其中者。雖鷄犬桑麻。逈无可異。而午簟松風。盧簷皓月。竟不有知有晉魏。又安所謂口口懷葛哉。余因慨然構木伐石。建此樓於舊寺之前。以祀大士。使此方之人。一入塔廟。生恭敬心。愚夫愚婦。卽不明於理。而孝弟忠信之心。可以油然而生矣。勿謂釋天予吾道有二也。南海北海。有聖人焉。此心此理同也。神道之設。以補王化。亦其一端矣。予尤愧。何足以勒之貞珉。以供後來者之成毀隨意哉。若以誌予足跡之所遍歷。又不妨達觀於成毀之外。似亦不可以已也。康熙甲辰三年八月上浣撰。

開州志略序　　葛敬夫

雍正五年夏。中丞祖公。作黔方伯。檄下府州縣。諮訪所屬疆域山川賦役人物風俗。俾各陳圖狀以應。余以貴筑令。攝貴陽府椽。爲諸郡縣之首。府屬七州縣。多八番水西故地。幸天子神聖。文德誕敷。九股八姓之苗。順化已久。長寨亦營壘新設。樂爲編戶。百年間沿革損益。不一而足。宜中丞公甫下車而諮訪懸懃也。是冬。祖公有中丞之命。余亦奉總制鄂公之荐。有旨還定番州牧。方採諸同事之賢。而有文者。共成圖志。續郭青螺黔記。田蒙齋黔書所未備。藉以應中丞之採訪。而薄書倥傯。無能爲役。未嘗不耿耿於心。余友馮夔颺。牧開州。攝思南府椽。奉檄後。遍徵文獻。成思南府志略。茲復彙開州志略二卷。凡疆域之廣狹。山川之險易。賦役之增損。人物之盛衰。風俗之醇薄。靡不備載。是中丞公之諮詢欲聞者。亦余所欲續黔記黔書而未逮者。夔颺之所治一郡一州。咸先我而成書。豈俗吏之所能爲哉。古者。職方氏掌天下郡國之圖志。班諸屬官。中丞公初爲方伯。即留意諮詢。古大臣體國經野。辨方正位之謨。莫先於是。教化屬縣。廣集儒雅。太守之職也。夔颺原官太史。歷縣而州郡。所至著有志略。其於史職。豈有媿歟。故樂爲敘之。時雍正六年夏錢塘葛敬夫撰。

雍正開州志序　馮詠

開爲州。在黔萬山中。建設自明季。無籍可稽。無老成人可諮詢。詠初到官。惟弟子員店居城内三數人。率耕種爲業。召之不至。遇里老之高年者。問安宋叛逆狀。明諸將勦撫逸事。茫無以對。州多楚蜀流寓之民。還徙無常所。土著率水西遺苗。安宋平。始習爲漢民。其後流寇亂之。逆藩亂之。沐王化者四五十年耳。地故無大家。海内文章之士。無所爲而至。其荒陋也宜。唐宋以京朝官知州事。非其本職。欲其周知利病。中朝文士多任之。今之州牧猶是也。其疆土風物。利弊興革。考而志之。豈非其職也哉。有上舍盧生燦者。手一册來。載州故事。自言家此百餘年。世讀周孔書。列膠庠者多有人。於州爲故家。册内文義不甚明曉。而記載頗賅。芟節之爲開州志略。嗚呼。此其大略也。聊備周官外史之遺意云。志初編四卷。刻於貴陽會城。會詠罷官去。上下二卷成。其文藝詩歌記序又二卷。皆詠近作。他日刻之桐村文集。

乾隆開州志序　王炳文

余以己亥來黔。所歷山川險阻。皆生平所未覩。開州更層巒聳翠。上

貴州印刷所承印

出重霄。直別是一洞天。想風土民物。必有山經水注所不載者。是不可以無志。而馮夔颺先生。已於雍正五年手訂之矣。但我朝聖治日隆。民風丕變。此日之規模。非復前五十年之景象。其間沿革廢興。官宦賢哲。文人墨士。貞女節婦。若不續而治之。其不至文獻無徵者幾希。用是商之儒學師長。集合邑中紳者。採訪纂修。補舊志所偶缺。增舊志所全無。無非以開州之志。志開州爾。故仍循其舊曰開州志略。後之君子。嗣而輯之。庶開志之不湮也夫。

重修開州志序　　彭謐

己亥夏五月。謐荷補開學。至任時。適刺史王公甫下車月餘也。晉晤間。每見於治開諸要務。不勝諄諄切切。矢勤矢慎。一出乎誠。已卜其善養善教。自多良謨也。一日。揀開州志示曰。此係昔金谿夔颺馮公任此於雍正五年創著。名曰志略。閱五十一載。未有續者。若重修之。以繼往哲而昭來許。不亦司牧者之責歟。命謐爲序。且囑之以董其成。謐自愧學識日陋。毫無見聞。雖然，憶昔朱子知南康。下車即問志書。當時以爲得政要。今公甫下車。即欲重修開州志。非通達國體。喜於宜民善俗者。能若是之惓惓不已乎。粤考夫開。自明洪武間爲水西地。設正副宣慰司。副宣慰司宋氏據此。有十二碼頭。至明季因宋氏同安酋叛。討平之。崇禎三年。始建州。隸貴陽。今際我聖朝久道化成。重熙累洽。椎髻卉服之屬。咸誦國風。烏羅銀甸之鄉。盡歸王路。固已蒸蒸然共慶安全。羣蒙樂利。莫不統在仁漸義摩中矣。顧其間地靈所毓。不乏英賢。或耀彩天衢。或聲馳疆場。或烈節孤忠。或幽貞潛德。豈可令其遺逸。乃公尤虛衷折節。必合州人士之耆年宿學。確聞以資採輯。蓋志者記也。毋僭毋濫。義例維嚴。故凡象緯方輿。秩官營建。學校人物。賦役兵防。鄉賢名宦。宜一一分明燦列。庶幾可備觀覽。然則此舉。是即周禮外史掌四方之志。以佐王撫邦國。所關匪淺鮮也。行見整綱肅紀。勵俗維風。以宣颺聖天子壽考作人雅化。使山陬海澨之域。日盡於樂淑禮陶。而且為異日循良之舉者。將在於是。又豈僅為開求文獻之徵。以垂永久也哉。謹序。

重修開州志序

蕭良杰

郡之志。猶史也。作史者。本之志。修志者。按之史。史以傳信。而志又以信夫史者也。凡志載一州風土之宜。歷代典故之事。忠孝節烈。名流藝文。及山川物類。史書之。而必據夫志。故修志者。必一一紀載以成書。始為一州之信史。是志之所關鉅矣哉。開州建設。自有明以迄於今。

貴州印刷所承印

州無舊志。紀載無聞。曩者金谿馮公詠來守是邦。得州明經盧諱燦者。出
家存州故事一册。紀載頗悉。語欠馴雅。馮公删繁核簡。手自編輯。勒成
開州志略二卷。事在雍正丁未。歲歷五十餘年。簡編殘缺。傳聞失實。嗣
是牧斯土者。乃慨然有修廢補缺之志。俱以政事倥傯。日不暇給。豈天時
人事。尚有待而傳歟。抑殘缺失敘考訂之難也。適己亥夏。刺史炳文王公
。先自館閣議敘。由指揮擢任開州。撫字兩載。政和化洽。事理民安。退
食之餘。念封守之不易。慨典籍之遺亡。毅然以修志爲己任。開館延學博
彭公。暨諸紳士共襄茲役。公則訪耆宿。乞舊聞。下至斷碑殘碣。遺文墜
什。收拾於奥窔荒甃者。無復留餘。其紀述信而徵。考核博而審。存汰公
而慎。文詞簡而法。一州之掌故。綱舉目張。條分縷晰。燦若日星。越三
月而告竣。杰不敏。亦得與聞於其間。而竊嘆公之英敏博學。卓識宏才。
所以維風俗正人心。而爲世道慮者。至深且遠。然不僅博曹子桓云、千秋
大業。不朽盛事之聲譽也。鄂州志新安曰。知險易。察息耗。裁閼隆。以
斯爲務。篁墩志休甯亦曰。公斂厚薄。民生豐儉。吏治得失。士習浮正。
俗尚澆漓。胥著斯籍。由二公造志之意。以思其所行之政。諒無有不舉者
。公意其在斯乎。杰將於此觀公之政。益以知公之德。固與開州並傳不朽

矣。謹序。

重修開州志序　朱錦雯

凡各郡邑之山川人物。類皆天地之精英。靈氣鬱緒。而成。然非有志以紀之。則其奇不著。其實不彰。況風氣之剛柔。物土之厚薄。士習民俗之醇雜。其因革損益。隨時變通。非有志以載之。司牧者曷由周知而熟睹。志之所關。不其鉅乎。我開向無志。自前任太史馮公詠奉檄纂修。得明經處公諱燦手所授集者。爲志二卷。今歷五十餘年。未有續者。乾隆四十四年。我牧伯王公蒞任開土。振弊起衰。靡不備至。公餘之暇。閱開舊志而慨然曰。國家德化洋溢浹髓淪肌。開雖僻在一隅。在上者詎無政績可傳。在下者寧乏芳規足錄。聽其泯沒。殊非長民所宜也。爰因前志。廣爲採輯。成書四卷。未備者補之。偶略者詳之。至於孝義節烈。有關風化者。雖傭夫販婦。亦必表而出之。生奉閱之下。想見牧伯王公。不但折獄明允。登民衽席。而學識之優長。文章之浩博。尤非人所易及者矣。生以庸陋。隨衆君子得備丹鉛之末。使異日開州人士。入學知禮。入鄉知俗。不皆於斯志有賴歟。

重修開州志序　盧師裔

周禮外史掌四方之志。則志乘之存。不但邦國爲然也。雖一郡一邑。所不廢焉。蓋以紀一方之蹟。以備輶軒之採。寧不綦重乎。州舊無志。雍正五年。郡候馮公諱詠。奉檄修志。時州人士。半多客籍。莫識建置之由。裔祖自明天啓三年宦黔。遂家於州。祖父以來。世列膠序。頗存斷簡。馮公委裔父採訪合州山川土田城池戶口阨塞宦賢人物。彙集成冊馮公筆削爲志。分爲上下二卷。赴省鐫刊。馮公隨陞任思南府。裔父將志版存於家。凡任我州官至。裔皆刷訂呈送。無有念及續修者。乾隆四十五年。牧伯王公諱炳文。自京司城授任。先由館閣議敘。其於史學治才裕矣。甫下車。深察開州利弊。除盜安民。懲兇禁暴。培植士氣。愛育黎元。政簡刑清。大畏民志。誠開州之福星也。裔以志略呈覽。公遂惓念舊志。採輯不無缺略。且經五十餘年。其間當增紀者不少。適值師儒彭公諱謐在官之初。相議續修。乃召十里二司矜士。肆筵設席。命以各爲延訪。復諭裔協朱年長劉馮諸友。纂集脫稿。筆削於彭公。總裁王公。閱三月而書成。得補前志未備之事。而爲全書。使荒陬之域。文獻可徵。誠盛事也。昌黎云。莫爲之前。雖美勿彰。莫爲之後。雖盛勿繼。前有馮郡侯。今有王牧伯。豈非後先媲美者哉。裔以譾陋。得廁其間。不勝惶愧。今幸志成。謹書緣起於末。

重修開州志序　　劉士顯

開邑在唐虞三代爲梁州靡莫也。秦漢後。夜郎牂牁八番羅甸羅施羈縻稱州郡。而此地未有名號。自明洪武爲水西地。設正副宣慰司。崇禎三年分宣慰地改衛。設開州。隸貴陽。於是開之名始著。開舊有志。係金谿馮夔颺父師創修於雍正五年。經今五十餘載、並無繼續。風俗政治。或數年而一變。其中所不及載者。何可勝道。苟聽其紀載之闕如。是亦司土者之責也。父師王諱炳文。學有原本。治極周詳。其親民也。若家人父子之相告語撫摩而噢咻之。其教民也。若師長之於弟子。諄諄勸勉。而惟恐其不至焉。是以下車未及期歲。凡開之士庶。莫不有政置在人耳目。德化在胸臆。何感人之速。入人之深若是也。一日進紳士而謂之曰。郡邑有志猶國有史。輶軒可採。運會彰焉。文獻足徵。政教係焉。烏可略也。遂於庚子春奮然舉事。凡三閱月而告竣。首列恩綸。次及邑事。典故則博稽諸載籍。事蹟則延訪於鄉者。非見聞之真者不敢錄。其以私干者。不敢徇。若山川形勝。典禮風俗。戶口人物之類。有昔所略而今詳者。有昔所未而今增入者。無不彰彰畢具。不惟縉紳先生所能言。而里巷長者有口碑。幾幾乎無剩義。古大臣體國經野。辨方正位之功。昭若雲漢。俱於茲編卜之矣。開其永垂不朽哉。

西嵐子傳

何德新

西嵐子者。其先盧江人。官於蜀之長壽。遂家焉。明末避流寇。徙於黔。年十二。父母達宦東海。遂獨留守家園。少豪俠不羈。尚氣節。喜談兵法。愛遊覽。好議論。天下大事。又毅然有所不爲。能忍辱負重。接物如水。人犯之絕不與校。以故未嘗求與人合。而人輒以此重之。然性疎澹。無少留滯。又疾惡如讐。落落不隨流俗。未嘗有意輕人。而人每以此少之。曾逢善相者云。骨法宜學仙。故性命本原。適逢故我。其官京師時。每望西山嵐光。出沒隱見。若近若遠。忽忽如有所得。嘗作西嵐賦以見志。曾于盛夏單騎入山麓。至迷路而忘歸。爲胡僧導出。視之不知山麓及僧所在。人遂以西嵐子呼之。夫嵐不過雲光之清嬌者耳。且嵐亦不獨西有。乃無端而得此號。于是奔走四方。皆于西爲獨多。嗚呼。豈非無因矣。

東山志自序

何德峻

或問於余曰。山有志乎。曰有。五嶽四鎮。以及洞天福地。無論已。此外則蘭亭孤山。咸有成書。金焦二姑。久列名勝。皆山也。山葢可無志志之其有可詳者乎。曰有景之奇則詳焉。人之重則詳焉。事之核則詳焉。關係之鉅則詳焉。夫數典昧祖。古人所忌也。詳之庶免忘之矣。志之其有不可詳者乎。曰有。事久湮則不詳。事無考則不詳。更革多則不詳。朝代異則不詳。無故舊傳聞。則不詳。夫史猶闕文也。矧志哉。然則其志山有說乎。曰有。或其氣之相類也。或其情之有屬也。或感遭逢之不偶。而嘆人之湮其美。或幸踐踏之不及。而樂彼之全其天。向使人與山無與焉。則北山之移不作矣。然則曷不地之志。而獨志山。曰地可志乎哉。夫志史流也。國史非草野所敢秉筆矣。野史稗史。則又不經之書。至於通志省志。則主壇坫者有人。操筆削者有人。吾輩罕與聞者。惟山則公物也。吾目之所見則志。耳之所聞則志。身之所經則志。人志而我亦志不爲多。人不志而我志不爲僭。言之者無罪。而見之者可觀。奚以他爲。然則子何不他山之志。而獨於東。曰。余東西南北之人也。而志東山有爲也。山在東而余居亦東。山號棲霞。而余亦隱淪。此即其生而同者矣。且余好懶。而山多野趣。余好石。而山多奇石。余性既奇僻。而山多幽邃。余性避軒冕。而山爲冠蓋。騶從燕會之所不嘗經。又非雲厓甲秀。徒供長官照壁黔靈。絕少邱壑者比。所謂氣類而情屬者。端在斯焉。此其尤可感而可幸者。若其中有詳有不詳。則請讀而知之。余追問其他。客唯唯而退。因述所問答者以冠其端。乾隆乙酉秋九月既望。金筑小山何德峻識于白雲莊。

明孝子傳

蕭如蘭

孝子姓明氏。名其祥。修文人。家貧業農。兼治木工。予購別業。孝子佃予田。且數以木工往來予家。與之食輒舍酒肉。問之曰。向因母病禱於神。願長齋以祈母壽。幸母病愈。將矢以終身焉。予聞言。心異之。常至其家。見其奉母雖粗糲。而怡色柔聲。衷諸至愛。母年七十餘。每出操作。孝子必勸歸休息。道光十五年十二月。母以疫亡。孝子哀號過禮。既葬。哭于墓。晝夜垂涕。甫數日。孝子亦染疾。疾且革。脫所服褻衣擲諸火。其子亟奪之。問其故。曰。我死。爾輩未必以衣我。不如焚之。且曰。爾輩於我死後。祭必以蔬素。否則吾不享也。言訖而卒。距母死僅十四日耳。嗚呼。予見名門右族。讀書知禮之士。於農家者流。輒鄙薄之。曰莊老。孝子固莊老也。能無愧諸士大夫也哉。贊曰。親在怡怡。未忍或離。親歿心悲。恨失所依。相依匪遥。惟母憐兒。黄泉相見。會不多時。噫嘻。非有至性。孰與於斯。

蕭氏族譜序

蕭時馨

聞之昌黎云。莫爲之前。雖美弗彰。莫爲之後。雖盛弗傳。旨哉其言之矣。則前有所承者。後之人不當有以繼之乎。吾家自始祖入黔。原代相傳。至今九世。其間名諱世次。生卒墳墓。吾祖華美公篤一本之念。嘗手書底冊存之。至庚午春。出以示伯父。命詳加核查。繕爲節譜。藏之幾二十年矣。馨等仰食先德。與弟馥。俱僥倖遊庠。則續修之責。當身任之。乃年來遵伯父與父之訓。留心學業。奮志觀光。不敢旁及他務。本年春。伯父慮生齒益繁。久而或紊。與父將前譜續修。正月暇日。即命馨輩持紙筆。往族中各家。查問子孫生歲年月。及娶婦嫁女姓氏。開載明白。伯父與父。復留心次序。由始祖而下。支分派別。三房各彙成圖。凡生卒年月。墳墓山向。縷晰詳明。至前人之嘉言善行。悉據實書載。捧讀之餘。直使後之人。儼然如見祖宗之音容焉。而且詳立族規。垂戒後世。草稿甫成。即以示馨等曰。此予二人創始之苦心。以便爾等之尋源溯流者也。爾等有能光昭世業者。當往原籍求世譜。更當立家廟。置義田。設家塾。補前人未遂之志。馨等自揣愚劣。誠恐莫副二大人期望之心。惟思家世淵源。幾就荒渺。賴伯與父孝心純篤。遠紹旁稽。茲復條分縷晰。續加修明。昭穆以詳。班次以序。先德以彰。遺規以立。所謂爲之前者。既聿彰其美矣

貴州印刷所承印

。而欲有爲之後。以傳其盛者。其責不有專屬乎。馨與馥敢不夙夜黽勉。以求仰副望之意於萬一也哉。　時大清道光八年仲夏月上浣之吉七世孫時馨謹敘。

蕭氏族譜序

蕭時馥

從來前人之冀有賢子孫者。爲其能先昭前業也。而後人之樂有賢父兄者。以其能佑啓後人也。斯意誰不期之。而能遂之者卒鮮。馥等何修而得此哉。粤自我始祖由江右來黔。派衍三支。聞我高高祖鳳山公。曾應武職。越我高祖。從兄弟之傳於後者。僅三人焉。曾祖之世。傳者僅八人焉。祖之世。傳者則十有四人焉。其間之失其名諱者凡幾。失其邱墓者凡幾。且失其生卒年月者又凡幾。所以湮沒而莫可考者。良以譜之未修故也。嘉慶庚午。父與叔稟承先志。創修譜牒。使祖宗之世緒。因而詳明。族氏之淵源。由斯肇造。父與叔創始之功爲鉅。所謂前人之賢子孫。與後人之賢父兄者。父與叔不誠無忝乎。由始祖以來。至吾父之輩爲六世。已三十有餘人。吾輩爲七世。已四十有餘人而若八世九世。則用蕃日繁。殆有指不勝屈者。將使後世子孫。支分派別。而名諱世次。釐然不紊。則譜之續修。不更宜亟耶。道光八年春。吾父與叔重修家譜。時馥與口正從事舉業不敢少暇。凡吾祖考妣鞠育之深恩。與夫父與叔生平之盛德。俱未能略陳梗概。附之於册。亦日非敢緩也。蓋有待也。及父與叔草創既就。執其册以示馥等曰。此我二人之手澤。傳之子孫。使後世不至數典而忘。爾等誠能體親心。光舊業。定當親往原籍。訪求先譜。補前人未竟之志。馥等承命之餘。深自凜凜。恐不能續前人之志。所[illegible]父與叔之教澤實成就之。祖若宗之精靈。實默佑之我後人果克振家聲。希遂祖宗期望之意於萬一者。實出父與叔深木本水源之紀。篤一本九族之親。有以啓之也。將祖宗之賴有賢子孫者。其慰藉不知何如。至於馥等之樂有賢父兄。又當何如奮勉。以靳無負哉。　時道光八年歲在著雍困敦月在修上浣七世孫時馥薰沐敘。

開陽蕭氏宗譜敘

林鍾楫

古者國有史。家有乘。明乎諸侯。不得祖天子。大夫不得祖諸侯之大義也。抑又考之。禮別子爲祖。繼別爲宗。繼禰者爲小宗。自繼祖繼禰以迄曾高。小宗變而大宗不變。禮原義起。義明而禮行乎其間矣。厥後漢司馬遷父子修史記。因周譜以明世家。而魏則立九品。置中正。尊世胄。而卑寒士。權皆歸右姓。晉因之。至宋之歐陽氏蘇氏兩家。舉魏晉法而空之

貴州印刷所承印

。則謂古者惟天子之子與始爲大夫者立爲大宗。餘以小宗行事　後世士無世官。大宗不得立。即小宗亦虛有其名。宜以始遷起家者。準古別子例爲祖。而以繼世準古繼別爲宗之條。遞相承嬗。維宗法之窮。明歸熙甫先生。又謂古惟有大宗而後有小宗。如木有本而枝葉附之。大宗廢小宗亦無所於施。然大宗之不得立其後世。與士庶家也明甚矣。譜系之修。斷以歐蘇說爲允。後有作者。弗可易也已。斯旨也。吾開陽蕭氏譜有焉。竊按蕭氏先系。派衍於殷。歷周秦唐漢以迄於明。代有聞人顯秩。而吾友馨軒一齋昆季之成茲譜也。顧無事及此。匪惟無事及之。君家來自江右。渝水之宗且闕如。倣歐蘇例。斷自來黔起家之蘭卿公。始詳其所可知。而不可知者。則不必詳也。其體明。其用廣。其禮達。其義嚴而正。嗚呼。人道親親。於斯見矣。余嘗慨世譜之壞也。每起于大家宦族。牽連比附。藉通譜爲收族。狄樞密未即顯附梁公。而郭崇韜已妄拜汾陽矣。夫庸知厚誣其祖。禮先而義乖也哉。夫譜者普也。序世統。事資周。譜義甚明也。至廣雅曰牒。玉篇曰屬。而釋名則曰布。布也者。布見其事者也。而又難焉。彼一家言。披圖勤實。溢美固非。求瑕亦謬。且擔薪負米。或曰其細已甚。而忠孝友恭。家風借永。特筆維嚴焉。又其甚者。儒雅或亦等倫。循良不皆上考。摭拾真贋。操觚者非具兼人識。非濫則妄矣。而蕭譜之成。則無慮是。究乎。酌乎義。事則周普而布見。統則受牒而連屬。釐然粲然。煌煌巨觀也。非馨軒昆季之明禮精義。何以臻此。行矣。吾見扶天綱。植人紀。而尊神。而敬宗。而收族。有蕭氏其隆隆日上矣。至其詳宗派。立家訓。法戒昭垂。成編具在。固無俟余沾沾也。會余以他事適蕭。馨軒開譜示余。且丐敘荘首。誼無辭。敬書如左以歸。時道光戊子秋七月朔後六日也。執友秋帆氏林鍾楫頓首拜撰

硃砂說 田雲

自馬蹄關至用砂壩十里而近。自用砂壩至洋水熱水五十里而遙。皆砂廠也。洋熱之砂爲箭鏃。爲箇子。用砂壩之砂爲斧劈。爲鏡面。此其凡也。采砂者必驗其影。見若匏壺者。見若竹節者尾之掘地而下曰井。平行洞入者曰鑿。直而高者曰天平。墜而斜者曰牛吸水。皆必支木冪板以爲廂。而後可障土。畚鍤錘斲斧钁之用靡不備。焚膏而入。蛇行匍匐。如追亡子。控金頤。而逐原鹿。夜以爲旦。死生震壓之所不計也。石則斧之。過堅則煤之。必達而後止。有猲猇焉。象王焉。於菟長離焉。大幸矣。否則桮棬焉。螳籔焉。簪珥焉。要亦聽之。龐而重者爲砂寶。伏土中。呴呴作伏雌

聲。聞者毋得驚。驚則他走、凡砂之走 響如松風。無巨無細。咸以晶熒爲上。柳子所謂色如芙蓉是也。方其負荷而出。投之水。淘之汰之。搖以床。漂以箕。既淨。囊而灑之。不即乾。口以吹之。其水或瀦之池。或引之筧。越嵩踰嶺。涓涓天上落也。獲之多寡眂虜命。地之啟閉、眂虜時。砂之楛良眂虜質、不可強亦不可恆也。銅仁萬山婺川板廠背有之。

陳時務三條疏　蕭時馥

管理街道浙江道監察御史臣蕭時馥跪奏。爲敬陳時務三條。仰祈聖鑒事。竊維有勇知方者。行軍之要道、有備無患者、立國之常經。臣僅就管見所及。切於時事。敬爲我皇上陳之。一。營伍亟宜嚴加整飭也。數年以來。剿辦粵匪。兵非不多。餉非不裕。但賊在粵西。則悉天下勁旅。聚之粵西。而湖南無備。賊在湖南。則悉天下勁旅。聚之湖南。而湖北無備。故賊得乘虛而入。非盡將弁怯懦。蓋由訓練未備於平日。不足以壯聲威而寒賊胆也。近屢奉諭旨。飭各省舉行團練。誠今日之急務。然團練者。民自衛其身家。至於迎截追剿。城守扼要。仍資官兵。查各省綠營兵丁。共六十萬有奇。自軍興征調外。尚餘四十萬有奇。爲數甚衆。惟承平日久。軍政廢弛。營兵半皆虛伍其將弁每侵蝕馬兵戰兵口粮。遇有遣調。則以守兵充馬兵戰兵。而守兵皆屬新募。此等兵丁。到營安望其能敵愾乎。至於出征兵丁病故陣亡逃散者。軍營借以冒銷兵餉。不肯報明本營。缺額無從挑補。相應請旨飭各直省督撫。迅即嚴查所屬鎮協各營。一面飛咨軍營糧臺。查明實在虛伍數目。隨時選補。認真教練。現在整飭京營之際。其與東南接壤之區。如山東三鎮四協。河南三鎮一協。除業經調遣外。亟應清查足額。汰其老弱。挑選精壯。講求訓練之法。尤在將得其人。欲將得人。必先嚴行甄別。自鎮將以下。至千把外委。有吸食鴉片。侵扣兵餉。虐使兵丁。弓馬生疏。營務廢弛以及庸懦巧滑。難期得力之員。各督撫即行參劾。毋得徇情姑容。復特簡通曉武略。辦事實心之大員。按營校閱。並將行軍紀律。詳悉指示。務使練一兵得一兵之力。賊知西北勁旅精強。自必聞風胆落。且與江南等處。遙為聲援。仍可備調遣進剿。是在封疆大吏實力奉行。自有成效。一。糧儲亟宜預為籌劃也。南漕悉皆稻米。西北多產雜糧。現今東北被擾。若必盡收稻糧。誠恐所收有限。聞山東河南奉天各省。近年豐收。惟每歲燒鍋所耗雜糧。以百萬計。若嚴行禁止。招販運京。沿途悉免關稅。則商販雲集。米價自平。又請於事例內酌量納米若干。納雜糧若干。量與議敘。則不費庫帑。而得粟較多。京倉藉充裕矣。其去京較遠省分。亦令一體遵辦。即本省團練事宜。可資搭放。伏乞勅下部臣妥議施行。一。鹽引亟宜酌量變通也。現在兩淮引地阻隔。鹽引滯銷。前湖南撫臣張亮基奏請湖南暫行粵鹽在案。復查湖北江西皆係兩淮引地。旣有阻隔。可否令湖北暫行粵鹽。酌量半行川鹽。江西半行浙鹽。俟賊匪蕩平。道路通暢。再行淮引。庶於鹽務無損。而課額亦可以稍增矣。臣爲練兵籌備起見。是否有當。伏乞皇上聖鑒。謹奏。

三星營忠義祠序

陶燦然

蓋聞當死而不能死。斯世無以植綱常。當生而不能生。斯人無以宏事業。忠義祠者。亦三星營所以妥死者之靈。而誌生者之功也。憶昔咸豐之際。盜賊縱横。宇內幾無安土。大江南北。髮逆則蹂躪矣。大行東西。捻匪則滋擾矣。雍涼間回則逆命。粵海東夷則侵凌。以及滇南有回。蜀西有匪。其黨要皆以數萬計。若夫吾黔曰回匪。曰教匪。曰苗匪。而楊逆乃賊之嚆矢。何逆實賊之梟雄。當何逆强横之時。其巢穴之於開邑也。僅僅一衣帶水耳。間嘗論之。何逆之窺視省垣。非一日矣。然終恃以無恐者。先則開邑爲之屏藩。後則三星營爲之鎖鑰。是故賊之未渡河也。守開邑者爲石公。賊之東渡河也。守開邑者爲戴公。二公皆以死拒賊。而石之慷慨。

戴之從容。雖千里外百世下。聞者莫不興起也。而況州士民乎。嗚呼。二公生而開邑存。開邑存而省垣固。二公死而開邑亡。開邑亡而省垣危。二公生死所繫。豈淺鮮哉。雖然。二公死矣。而省垣之危而後安。州民之亡而僅存者。謂非三星營之力耶。三星營者。佘君選廷拒賊之地。而開修活命之根也。佘君之爲人。智而勇。忠而義。其行軍佈陣。一一以二公爲法。故二公之門人。惟選翁之爲最著。同治三四年間。中丞張公。以天子命來撫黔省。人民少而盜賊多。禾黍無而荆棘茂。論兵將則鮮忠勇。論餉糈則乏餘粮。其欲安輯而剿撫也。不綦難歟。張公知佘君爲賊所畏。特扎飭以游擊副將銜。爲開修團練率。內安外攘。俾開修境內。虎狼日遠。鴻雁日歸者於非張公知人之明。佘君忠義之氣、曷至此耶。噫。選廷生而二公之死可瞑目矣。二公死而選廷之心究孰白焉。何也。選廷之所爲二公之所欲爲。二公之未爲。又選廷之克終爲也。以故肅清來。廟建文武。州葺壇垣。清產業。安差粮。固上憲之命令。州主之謨猷。合邑之財力。衆紳之經營。而選翁助理之功。殊難沒焉。茲者。天子神聖。百官賢能。庶績熙而四海宴。昔也干戈。今也俎豆。昔也刀劍。今也犢牛。以彼三星營者。義學之時。所以育人材也。城垣之修。所以衞倉箱也。忠義之祠。所以報張公之恩。妥石戴二公之靈。并以招軍興以來從征諸忠義之魂也。嗟夫。忠義之氣。揭日月而常新。俎豆之馨。閱古今而罔替。記曰。有功德於民者則祀之。能捍災患者則祀之。其斯之謂歟。其斯之謂歟。光緒戊寅四年菊月上旬撰題。

脚春堂集跋　　李春暉

脚春堂集。先君子淇賓先生著也。淇賓先生。由乾隆甲寅舉人。歷官齊魯閩中。皆有循聲。性廉敏疎落。不屑屑與時爲變通。一肆力於詩古文詞。而於詩學尤邃。惜南北宦遊。多所殘缺。古稀後。始自訂爲四卷。現今無力付梓。藏于家。謹誌其節略如此。道光二十七年歲在彊圉協洽小陽月望後四日跋。

柳一軒跋　　龍聲洋

軒以柳名。爲柳記也。何爲柳記。當兵燹迭經之後。凡城中之所有。舉爲灰燼。而此樹獨如魯國靈光。特惜其託根於斷梗荒榛。垂蔭於殘磚毀瓦。因加剷刈。構廳事而置軒焉。用以納清風。延素月。懷叔夜之高標。挹淵明之介節。則一蘂已足。固不必其多云。同治甲戌小陽月。

花半徑跋　　龍聲洋

物有奇必有偶。額於左者，旣命以柳一軒矣。額於右者。獨不可曰花三徑乎。然三徑之寬。何只一畝。茲則未能一畝。地限之也。且古人半面之妝。有不失爲佳麗者。惟就六分平徑之三。而蒔以靜氣之蘭。虛心之竹。菊如人淡。梅比我疎。相賞於政簡刑清間。日思過半矣。亦宜。

重修七星橋碑記序　翁文湛

格九橋。上通省垣。下接播州。一波瀠白。兩山界青。爲一方風水所關也。越嘉慶年間。經前人建石橋其上。作中流之砥柱。通覽路之津梁。官商往來。厥功斯偉。然而征塵方楚。濤雪攻堤。年深而雁齒紅銷。時遇而虹腰彩散。石摧待鑄。端易成渠。或霜蹄弄奔。悵望平津。或月檻于于。驚心斷岸。每流連於故址。竊景慕乎前賢。所苦鴛莫鼎龜。填難召鵲石空鞭而無血。杖擬擲而非仙。欲奏成功。端資衆力。今幸諸君裘襄狐集。囊解蚨飛。月半弓而闕補。星七宿以光臨。固已鑄鐵爲基。布金滿地。行見安安無恐。舊蹬增輝。十二月輿梁成。千萬人頌聲作。楊柳岸曉風旭日。麗景千秋。大丈夫駟馬高車。康衢五達。毋哂好事。敢布微忱。光緒丙申二十二年三月二十六日貢生翁文湛題并書。

訓子遺書　鍾應杰

人生遥客耳。有我斯有君臣父子夫婦兄弟朋友。而孝弟忠信禮義廉恥重焉。及長大成人。要養父母妻子、始生出士農工商各業。然性同而習異。乃分善惡、因設刑賞。習奸狡、工趨避。朝廷始重師儒。故人少受教養。長復養親教子。道也。我高祖鳳公。肇茲雨流泉。五十歲矣。嫡長無出。納周生賢英。惟少年不斷喪精血。可見老年猶得嗣矣。不幸貴公早世。英公遠遊。嫂寡姪孤。爲賢公累。然而操心慮患。恆存疢疾之中。忍性動心。實增不能之任。本醫道爲家務。授昂晟業農工。復廣置田園。於今利賴。賢公賢矣哉。顧創業難。守成亦不易也。昂公四子諱綸。生杰。時丁口繁庶。各懷異志。主家政者。獨勞無功。遂分居。遂多敗。惟綸公孝弟弗衰。杰好讀書。朱師鍾愛焉。抑以貧故。業商賈。非我志也。清夜自思。初受累於戚趙。繼受累於族鍾。又相識賒欠。多所虧空。具告則耽擱正業。催收則並失前情。我疎忽也。願兒輩戒之。至於立身信義。持家勤儉。處鄉黨不肯不謙和。防邪僻不敢不慎重。累雖迭受。仍讓坐宅。復甘教諸子、且屢屢薦拳、厚歟過歟固也。然賢愚不齊。惟雍睦乃相安。千金可復得。人生難再得。杰詎以德報怨。要譽沽名耶。今后子孫。可儒則儒。否則另授别業、幸莫養成饞懶。交易勿負人。亦勿人負我。杰不能置南田北地。卻未累汝分文。些須田廬。幸勿爭論。杰平生未入公門。不欲兒輩學惹是非也。汝兄弟榮華思之效之。勿違吾訓。勿吹勿賭。勿張門面。自然子肖孫賢。若背吾言。吾不言矣。遺囑雖才一紙。爲父淚滴千行。咸豐甲寅四年二月吉日父應杰手書。

曾祖考應杰公家傳　　鍾昌祚

天之生人。才全德備者。恆不世出。有所長。類有所短。况求之一家。則更難乎其難矣。非祖宗累葉培養。曷克有之。有其人。胥數世子孫。實受其福。惟我曾祖煥章公。庶幾焉。公諱應杰。號桂生。煥章其字也。厥爲高祖汝綸公令子。高祖貧而孝。不能供讀。鄉先生朱燮和。甘心施教。差長理鹽務。負萬三公債。立券。萬毀之。曰君何人也。而亦然耶。其信義見重於人有如此。每歲旦盡。必歸省。訪戚族之窘者。爲等差以賙之。罔或慢易。雖受重累。弗悔也。善保身。客外四十年。無微恙。水果雖熟。不多嘗。晚歲賦閒。種竹蒔花。觀書寫字。愛重倫紀。縉紳先生莫不奉曾祖爲儀。治家嚴而有恩。待人寬而有禮。升其堂肅然。接其人藹然。時雖未亂。亂機已伏。曾祖藏生機於生機中。知感召之天理。欲以物之生。贖人之生。故放生魚鼈數年。比土匪起。草菅人命。皆得逃以全生。且善知人。進學公其胞兄子也。賴曾祖教以成。曾祖不示德。學公益喻於無言。叔姪推誠相與。臨終召囑以伯祖考榮公。及祖考華公。謂其仁柔有餘。強明逹不逮也。學公遂終身遵其教。溯曾祖生於清乾隆癸丑二月十七日申時。卒於咸豐甲寅三月初二日未時。然是論也。豈必蓋棺而後定哉。甫十歲。能以禮服蕭三公傳言。識者已心折之矣。光緒甲午仲夏月曾孫昌祚奉祖父命謹撰。

先府君行狀

鍾昌祚

府君諱鴻漸。字次青。姓鍾氏。始祖必鳳公自康熙年間由江湖移來。世居中國雲貴開州雨流泉。以大清道光丙午年季冬十八日子時生。先曾祖杰公。望其成己志也。命名成祖。甫見同祖兄楨發蒙。爭出就傅。傳名之曰定鼎。靈敏冠通堂。歷年轉移多師。莫不許爲佳士。梓里當賊衝。逃避遵義。轉入貴陽。不廢學。時賊踞州城。州官備員寓省。彙童子試。府君易名慶雲以應。官方棚費無出。因文致諸罪。而索賂焉。家長爲求榮及辱。故咎禍由書得。書可勿讀。逼令改業。無已畫謀生理。私與兄楨夜分勵學。更名鴻漸。列筑庠。兩居一等。廩無空闕。乃補增。當易子析散之秋。既經營鹽法。以釋家累。復研鍊學業。以立身名。非材力兼人不及此。

。抑心血由是大虧矣。立年之時。每飯不能逮常人十分之一。且尋加頻劇
。殊精神不稍懈。其襄軍需局公務也。不援上。其償立泰興貨殖也。則慶
中高談雄辯。當頻風生。達變通權。有識有膽。竊竊不平祖父進華公之忠
厚盛德。而狡猾輩之愚之者之橫欲吞噬也。必破其謀而面責之。雖蘆小見
愠。大不理于口。所不辭。或出奇計。轉敗爲功。府君詩古文辭。有能名
。兼曉書法。試輒高等。識者以老手稱。十二秋闈。薦皆不售。撫弱內孩
。弗謀怨尤。著有達于遺稿若干卷。合纂鍾譜家訓數萬言。曠覽有得。約歸
經語。老學不倦。成就多人。館黃館胡館陶館唐。跬步必以昌祚隨。變質
於官。亦弗已。而家居授徒時之所以爲庭訓者。更非言語可能形容矣。昌
祚冠婚。力疾營之。疎慵不欲氣。風雲中爲補之。噫。瘁矣。府君有酒德
。借飲引睡。出入於洋壓。脫然不爲所困。鄉鄰有鬬。理論持平。稟賑火
災。稟禁毒魚。皆承嘉納。旱寒告貸。惟囊中有。靡弗允。迭遭負累。不
易初心。善相馬。工度材。克儉克勤。治家人恆產。以耐適遭之運。年來
才以量涵。諫如流。時聚父母妻子一媳兩孫。圍爐話舊。各敘生平。戒途
情之險薄。諄諄教後世。常午夜彷徨不忍散。梅葉兩姑歸甯。均謂文德有
進。天性平和。至壬辰愈後。時語昌祚賀母曰。人生如過客。人生難再得

。甚矣吾衰。蓋自覺也。其詳說古人悲感之作。口授福謙濟廉。使歌以適也。詞彌篤。情彌淡矣。然而閱歷之身。更保重也。日手醫編。息心靜養。吸菽飲水。健於當年。祖母何。方爲昌祚幸也。夫何光緒甲午正月十八日子時。乃大不幸耶。而具父母大父母之昌祚。頓爲失怙之昌祚耶。葬亞字田上。玉鍾山下。墓與廬相望。聲亦相聞。失於奉事。悔恨奚窮。越八十晝夜。至四月八日。孤男昌祚乃能聯狀。晚年立德。中年立言。早年立功。勞心畢世成君子。未事能明。方事能任。既事能挽。抱膝先生好秀才。

朱氏族譜原序　朱世熙

族譜者。所以考世系。辨昭穆。敘尊卑。明長幼。判親疏。聯宗族也。善乎宋李覯之言曰。上治祖考。下治子孫。旁治昆季。一舉而三善備焉者。族譜是也。余家世出小邾。爲曹挾後。後國廢。子孫去邑。自時厥後。遂以朱爲姓。代有偉人。茲不具述。至居吳之臨江府新喻縣擢秀鄉者。始於誠美公。則誠美公即余吳之始祖也。傳至高祖德泰公。生伯曾祖順之公。曾祖敬之公昆仲。同適黔貿易。順之公卒。余曾祖娶曾祖母氏喻。遂家于開。生余祖。祖生余父及叔四人。迨余身。始于道光壬午。以孝廉官楚南。補永順府桑植縣令。余思先代雖有族譜。然以吳黔寫隔。未能驟致。而續修之。因即舉余族之自曾祖考家黔。至余先君子始分四房。丁漸蕃育。若不及余身將先世及子若孫輩。敘其世次。爲譜以分列之。迨後子孫繩繩。蕃衍昌熾。恐無從知本源所出。及其所派別而支分者。爰不揣固陋。編次爲圖。並立名派。俾後世子孫。挨次取名。以昭劃一。且議列家範十二則。冀我族中子孫。咸相遵守。克廸前光。以邀福於祖宗。俾瓜綿而瓞衍者。皆得繩其祖武焉。時在道光二十七年丁未。曾孫世熙謹序。

曾祖敬之公事略

朱燮和

曾祖性剛毅。有隱德。自江西來黔貿易。始家於黔之開州乖西司永興場。父老傳言。曾祖在日。閭中婦女。從無徒步遥市者。蓋公嚴氣正性。教起於家。而化成於鄉。有由然也。公胞兄諱之鴻。字順之。從事墾植。歿於馬鞍山。因葬焉。燮和之生也晚。不獲覩曾祖遺容。而修身齊家之道。可想見矣。

大父儒玉公事略

朱燮和

大父天性純孝。讀書有遠志。生平仗義輕財。屢傾囊橐。周恤貧人。不求聞達。曾祖妣喻太君壽享期頤。治家嚴肅。大父及大母事之。皆能先

貴州印刷所承印

先意承志。得其歡心。養志者。咸首推焉。燮和生時。曾祖妣謂大父母曰。是兒必大吾門。以汝夫婦之孝決之。燮和誠不肖。不克副先人之望。而大父母之孝思。足以錫類於不匱矣。

先慈何孺人事略　朱世熙

吾母系出名門。秉性慈慧。入門逮事重闈。克盡婦職。內佐家政。兄弟妯娌。翕如也。先公即世。措持門戶。遊子遠行。七上公車而無內顧憂。實賴有賢母之庇覆。世熙通籍。方致祿養。板輿奉迎。衰齡不欲涉險阻。乃移居會垣。抱孫課婦。克享期頤。而言語吉祥。尤徵厚福。鄉黨至今。猶稱其德。

祖考麗生公佚事記　朱啓鈐

公爲理堂公次子。生于嘉慶十八年癸酉。與伯祖曉瀛公同受庭訓。誦習最勤。兄弟先後皆入上庠。給優廩。書法韶秀。嘉道風氣。字法鍾王。公揣摩精熟。期望科第綦切。年二十四。考取陪撥。然以不得上第爲憾。隨宦湖南時。得與城南嶽麓書院文會。因與湘中宿學之士遊。講求經世之學。改試北闈。屢躓場屋。曉瀛公又早逝。遂鬱鬱不自得。公以儒修自厲。不屑與庸俗周旋。秉性和易。更不事家人生產。凡應世接物。皆祖妣劉太夫人任之。劉太夫人母家豐於資。性豪爽疎財。自奉理堂公喪回黔後。施於族戚無吝。以是家中落。漸有憂生之嗟。公歸田後，憂患交乘。精神早衰。日惟以藥餌瓶壺自遣而已。我家自湘返黔。初居省城縣學街。繼遷獨獅子街新宅。所營曾祖考妣宅兆。均在省會近地。開州曾爲賊據。族人在永與故里者。均紛集城中。不復能從事隴畝。子弟中附和市井。竄身團練尺籍。依勢作惡者。在所不免。公蹙然傷之。咸豐甲寅。外祖傅公以翰林同黔。時單輿捐輸例起。傅公力勸公納粟改官知縣。攜家以由。公不屑就吏職。竟不果行。傅公去不逾年。而貴州苗亂大起。四道梗塞。丙辰選授畢節縣教諭。亦不能到任。捐館之時。爲咸豐七年丁巳。正黔中劇亂之會也。伯祖曉瀛公之卒。家傳失紀。追溯其時。當在寓居長沙。唐太夫人棄世之前。見楊君先蓀所撰劉太夫人五十壽序。有感諸家之棣萼。玉樹先殘。撫阮氏之竹林。銅盤遍賜。宛如同氣。無間終身。遂使白髮雙親。侍膳有從心之樂等語。伯考爲宗子。其遺孤麗生公所撫育教養。又各娶妻生子矣。當公病中。長房子姪欲求析居。中經喪亂。竟至絕嗣。此啓鈐聞於五叔父者也。

朱君梓皋墓志銘

黃國瑾

光緒元年乙亥。吾亞朱君梓皋。自河南歸。應試貴州。第下復出清溪之門背灘。舟到。沒於水卒。同行者外舅傅公青餘之從兄弟華升華晉。華升死。華晉還救起。獲君及華升屍。并瘞於水旁。土人盜發之。乃徙厝岸上高處。越五年己卯。傅公南歸。始率君妻子。還葬君於長沙。以書來京師。屬國瑾志其墓。因次君先世行事。爲文以傳。君諱慶墉。梓皋其字。先世自江西遷於開州。遂家焉。君祖諱世熙。道光壬午科舉人。知湖南之桑植縣。有聲。考諱昕。畢節教諭。工書早卒。母劉外姑女兄也。君既幼孤。又值苗變。鄉閭多警家道中落。無以自存。乃奉母出依傅公。傅公官河南十餘年、君從之遊。雖戎馬倥傯之際、誦讀未嘗稍輟。手鈔書累數百紙。君書故有家法。自是益進。傅公器君。以長女字焉。君性沉黙寡交。而獨嗜飲。飲酒愈多、神氣愈靜。往往持壺觴對書危坐。竟日不出戶。愉怡自得。若不知所遇之窮者。傅公爲援例得通判。君以祖父皆有儒行。而未大顯。勤懇濟學。欲得一第以承先志。母卒。君心益戚。攻苦益力。顧乃屢試不售。懷才短折。汨沒于中流風濤之間。可悲也已。國瑾少苦褊急。自與君爲僚壻。見君遇事立言。從容微婉。氣爲之平。同治甲戌。國瑾謁傅公信陽。君方病起從傅公習靜。一日過國瑾曰。吾夜坐如墮夢間。見海外沸騰。嗹嚨盪摩。身如浮漚。漂流不知所底。豈老子所謂恍惚中有象者歟。嗚呼。孰知歲月甫及。期。遽成君躬之讖耶。君將沒之日。舟人炊米久不熟。謂爲不祥。癥不肯前。君有老友歐陽君泰在玉屏。亦篤學好飲酒。思往就飲。強以行。再而後可。解纜數里。風雨驟至。舟觸石。果沉。君之遇可謂屯矣。君乃夷然安之。宜若可以永年者。而竟不祿。死又如是之慘。吁。亦異矣。君生道光二十三年癸卯九月二十八日卯時。其卒之時十月初三日也。年三十有三。子啓綸。女一。皆幼。銘曰。未朝而蹟。天吝其傳。將濟而湮。忠信豈泯。魂歸爾藏。毋悵一方。賜進士出身勅受文林郎翰林院編修貴筑黃國瑾譔。

朱君梓皋壙志

瞿鴻禨

朱君諱慶墉。字梓皋。貴州開州人。鹽提舉銜候選通判。祖諱世熙。祖母氏唐。父諱[illegible]藻。畢節縣教諭。道光壬午科舉人。湖南桑植縣知縣。母氏劉。道光癸卯年九月二十八日卯時。生於長沙。光緒元年乙亥四月。自外舅傳公南汝光道署回籍鄉試。試畢復出。行次清溪縣之門背灘。遇風舟覆。於十月初三日未時卒。權厝玉屏縣東城外。越四年。君之妻子依傳公寓居湖南。還君柩歸。明年庚辰十二月二十七日子時。卜葬于善化縣八都欒坡。辰山戌向。配傅氏。貴筑咸豐癸酉科翰林河南按察使傅公壽彤長女。子三。啓鑾啓齡俱早殤。三啓綸。女一未字。賜進士出身翰林院侍講學士瞿鴻禨撰并書。

先妣傅太夫人行述　　朱啓鈐

傅太夫人諱夢瓊。字清漪。河南按察使傅公壽彤長女。生而敏慧。幼秉禮教。精女工書算。尤好涉覽羣書。能通大義。先大父麗生公。與傅公本以姻婭爲文字交。每遊從。見先府君端謹好學。遂以許字。戚黨稱者佳耦。咸豐初。傅公以翰林改官河南。歸除南陽知府。丁巳。先大父以舉籍教諭家居告終。傅公乃召先府君至府署讀書。服闋。即就甥館成嘉禮。維時黔省賊匪竄擾。烽火連郊。先大母率姑叔等困居危城。艱難萬狀。先府君得家書。亟欲赴援。時東南道梗。數千里遍地荆棘。親友咸以阻塞爲慮。太夫人謂先府君曰。伯兄等以官職羈絆。不克往。君宜獨任厥艱。間道探進。費不給。當賣私蓄備緩急。毋事他慮。先府君韙之。星馳回黔。奉先大母并攜姑叔四人出。先大母自經變亂。抵豫屢病。二伯父方以微職。需次會垣。陡增食指。日益難給。先大母恆鬱鬱不樂。先府君始另卜居奉親就養。時授甬舅氏讀。藉束修以供菽水。不足。太夫人則私典釵鈿。以助。故能得先大母歡。諸姑叔亦怡怡相依。從無閒言。先府君勵行獨學。屢試不售。傅公念先府君家貧累重。曾以報輪軍粮 移獎通判。冀稍博祿養。以慰親心。而先府君堅欲繼承先緒。以未博一第爲憾。不肯輕就。故雖家況極寒。而志未稍挫。太夫人曲體厥意。獨力撑持。凡居家瑣屑之事。不以擾先府君。俾得專致力於學。庚午、先府君從黃子壽太姻丈入京肄業。應京兆試。不第歸。先大母衰病愈增。諸姑年已及笄。行將遣嫁。憂憤交集。太夫人侍奉湯藥之餘。兼籌治奩具。分先府君憂。詎先大母病彌篤。竟于壬申夏棄養、先府君哀毀逾恆。痛創莫起。太夫人拼擋喪事。備極艱窘。心血由是而耗。是年傅公擢南汝光道。太夫人歸寧。十月啓鈐生。甲戌九月女弟儀蓮生。光緒乙亥。先府君回黔鄉試。卷列堂備。以額滿見遺。適傅公升任豫臬、署藩篆。因致書促先府君歸。不期先府君已鬱成疾。行至玉屏。舟觸灘石失事。竟棄養。迨聞噩耗。已三閱月。時啓鈐甫三齡耳。太夫人痛不欲生。誓以身殉。經先外祖父母以守節撫孤。諄諄勸諭。乃稍抑正。而怔忡之疾。自此始矣。戊寅。先外祖解組歸湘。特命太夫人率啓鈐及女弟俱隨侍。並就塾焉。時先大母柩尙厝汴梁。先府君柩尙厝玉屏。太夫人以吾鄉兵燹之後。田園廬舍。蕩然無存。難作歸計。遂措資分

途奉還。就湘卜葬。旣妥先靈。太夫人之心始少安。素性好佛。至是不茹
葷。昕夕侍先外祖母跌坐誦經。暇時精究醫術。爲戚黨療治。多所痊活。
丁亥夏。先外祖猝得痰症。投藥弗及。亟刲臂以進。卒不起。太夫人抱
摧傷。怔忡益劇。猶強起解慰先外祖母憂。有病輒自諱。己丑爲啓鈐論婚
茶陵陳氏。越年。孫男沛生。太夫人含飴弄孫。稍霽顏色。又以啓鈐坐讀
。無以佐饔飧。索居不能廣學識爲慮。適姨丈瞿子久夫子。視學蜀中。因
命負笈從遊。稍涉經世之務。壬辰冬。先外祖母棄世。太夫人過哀。觸發
舊恙。偃臥經旬。又值贍養薄資。悉被他人侵沒。數十年積累經營。一元
罄盡。家計日難。因馳書促啓鈐謀食。復稱貸爲捐府經歷。就川筮仕。藉
博升斗。癸巳、啓鈐同湘省視。因遣嫁女弟歸江蘇錢氏。並奉太夫人攜家
入蜀。啓鈐方供差官運鹽局。遣調靡常。板輿所歷。動涉險阻。僕僕數年
未得一日安。兼之水土不服。疾痛侵尋。荒陬僻邑。醫藥罔便。丙申冬。
鈐奉委督修雲陽新灘。工程極險。且去家千餘里。倚閭之望。莫之能
詔陳氏。體素孱弱。又因產後內傷遘疾。太夫人垂念啓鈐。身肩
遥諭知。內侍湯藥、外支門戶。半年來寢饋俱廢。迨丁酉四月。啓
電馳歸。陳氏旋亦永逝。太夫人代撫幼弱。心摧實甚。是年八

月。亟爲啓鈐續娶于氏。而太夫人以早衰之軀。遭家多故。憂勞疊攖。冬間即患咳血。雖進藥漸已。然體氣已大虧矣。又抵蜀以後。恆以女弟遠嫁。不克相依爲念。病中縈思愈切。百計莫解。啓鈐適以知縣請咨引見。擬順道奉太夫人至鄂。並歸陳氏櫬於湘。舟經涪陵險灘幾瀕於危太夫人猝受驚恐。致成風痺之症。遂就醫鄂垣。啓鈐以吳楚一江之便。往來較易。決計改省江蘇。己亥夏。奉委上海函口捐局。迎養差次。幸賴藥餌之功。筋骸漸舒。竟能扶杖起步。不料庚子六月。染患時疫。繼以痰逆反胃。水穀艱納。苓朮無功。以致神形日憊。舊症兼作。延訪名醫診治。間獲小效。究以正氣虧弱太甚。無術補救。彌留之際。猶訓啓鈐以居官處世。待人接物。一秉忠誠。切戒隨波逐末。以貽先世羞。繼又絮述平生。處分家事。及身後一切。罔不詳盡。時光緒二十六年庚子閏八月二十四日丑刻也。嗚呼痛哉。太夫人明達黠敏。於書數烹飪醫術刀圭之事。無所不習。工繡。尤好繡詩。及古今名書法畫。曾學詩於楊劍曇先生。有紫荆花館詩稿一卷。皆家塾窗課。閨房倡隨之作。自先府君棄養後。終身不復事吟咏。先府君高志遂行。鬱鬱早世。太夫人追體遺意。教育孤子期其克自樹立。以償先人未竟之志。其境爲至艱。其心爲至苦。有非筆墨所能罄述者。啓鈐無似。早遇艱屯。沉淪下吏。三十以後。始竊祿於朝。漸不爲當世通人所棄。而三釜之養。已無及矣。吾家自先祖妣以來。葬於長沙。爰遵遺志。卜壤於善化。八都西塘冲之原。而以元室陳氏祔焉。歲月侵尋。而表墓之文猶闕。然有待。謹述次生平。伏望當世賢達。錫之文詞。俾太夫人嘉懿之行。堅苦之節。彰於不朽。

朱母傅太夫人墓碑　　章梫

太夫人吾友朱君啟鈐之母。而梓皋先生諱慶墉之配也。貴州有縣曰紫江。元以來爲乖西宣慰司地。崇禎中。始置州曰開州。康熙中。朱氏自江西來。闢荊棘土田而定居焉。越三世。至道光中。梓皋先生之祖。諱世熙。始舉於鄉。仕湖南桑植知縣。擢乾州同知。未赴任而卒。子孫奉喪還黔。值咸豐初元。黔苗會黨。相繼爲亂。閭里驛騷。不得安居。先生之考諱昕。以諸生官畢節教諭。未幾亦卒。先生則偕昆季。奉母出遊河南。方是時。河南軍事粗定。傅公壽彤。持節巡汝南。傅公與教諭爲僚壻。且互爲婚姻。既聘教諭公兩女爲子婦。復以長女字先生。及是遂結褵焉。太夫人諱夢瓊。字清漪。幼侍父習文史。從母劉太夫人治女紅。笄年復從父執楊先生文照學詩。性明敏。藝事無不精能。梓皋先生。早承家學。枕葄經史。隨傅公治軍書。覩世變之日亟。慨然深研當世之務。以遠大自期。汝南道署有葵園之勝。賓從文酒。盛於一時。亦以其間剔苔蘚。治金石。寄興詞翰。闈房之中。選韻聯吟。有靜好之樂。顧連不得志於有司。意稍鬱抑。光緒元年乙亥。歸應鄉舉。返棹次清溪。舟破。救護不及。遂卒。然是科闈卷。與貴筑陳公夔同出某房。同經堂薦。陳公中式。往謁房師。方以先生卷薦而未爲憾。陳公告以有風濤之厄。同傷歎久之。時傅公權按察使。太夫人從居大梁。聞耗痛絕。孤子啓鈐始三歲。女徵蓮方免乳。父母勉以撫孤之義。乃收涕以奉親心。自是以來。凡二十年。隨傅公自豫解官。歸寓於湘。茹辛厲志。以佑啓孤子。復振衰宗爲已任。所以督護訓迪之者。恩勤篤閔罔弗至。太夫人夙以天性閒雋。有丈夫概。稱於族黨。憂患之餘。彌達世故。依傅公及太母膝下。爲主家計。料量纖悉。必得歡心。二子前殤。因刻意研醫理。於古人針灸遺法。默會而習之。出其餘技。救人多應手活。其他藝術。家居所恆者。亦靡不深求而貫通之。有疑。輒倚一言爲決。用是侍傅公於林下者十年。丁亥。傅公驟遘危疾。太夫人倉皇屏人登佛閣。焚香刲臂肉。和藥以進。卒不效。遭喪悲苦。殊忘創痛。緣此體益不支。癸巳母劉太夫人繼逝。遺啓鈐出遊於蜀。蜀學使瞿文慎公。梓皋先生之條壻也。啓鈐既筮仕得祿。復娶婦有子。太夫人稍顧而樂之。女徵蓮。幼字副將吳縣錢永林之子濟勳。至是遣嫁於武昌。因便道入蜀。就啓鈐養。終以蜀地險遠。不適起居。東歸於涪陵舟中。遘風痺之疾。獲良醫救治。得達武昌。兄妹侍養。調理漸復。啓鈐遂改省江蘇。以候補知縣辦上海出口捐局。太夫人就養甫三年、而有拳匪之禍。驚心時事。觸發舊疾。卒以不起。時庚子閏八月二十四日也。其生於道光癸卯十二月初五日。春秋五十有七。其年九月。啓鈐奉喪溯江西上。先是。太夫人手卜葬地。還梓臯先生窀穸於長沙、因遵遺志。得近地南門外西塘沖之原。而治封域焉。啓鈐元配茶陵陳氏。婉順得太夫人慈愛。先五載卒。爰祔於姑。又十年。啓鈐官貴。太夫人丿誥命贈夫人。壬子以後。啓鈐入閣預機務。聲施爛然。至是而梓臯先生生平志事所不獲宣究者。得有所紓。而太夫人守節撫孤。以勉以望。數十年如一日者、雖得償而不及待矣。又越二十餘年。啓鈐追思先世艱難。及太夫人孝行節義。終以未盡闡揚之典爲痛。爰具狀上之黔中賢士大夫。載諸鄉志。且將於湘山伐石表墓。而屬稜爲之辭。伏念光緒壬辰癸巳間。與君同居文慎幕府。始得訂交。以實學相砥厲。見其神識超邁。知爲開濟之才。及稜通籍。又同官京朝。有嘉姻之附。荏苒三十年。今皆六七十歲。追話家事。不勝感咽。棱雖未及登堂肅拜。而見君之起自艱貞。卓然有立。知其非漸漬母訓。無由及此。太夫人之苦行。及是可以無憾矣。太夫人少工詩。自遭喪後。不復事吟咏。今搜遺稿得紫荊花館詩一卷。刊入紫江朱氏家乘。所生子三。啓鍠、啓鈖幼殤。啓鈐歷官京師外城巡警廳廳丞。署吉林民政司使。交通。內務總長。兼代國務總理。女一。徵蓮。孫二人、沛、渤。女孫九人。曾孫四人。文極、文楷、文模、文渠。其第二孫女。即棱之子婦也。綴述風徽。謹爲銘曰。黔山兮嶔岑。欲往從兮路阻深。湘竹兮秋煙。母之淚兮班班。霜雪盡兮春回。精誠至兮天爲開。後有來者式此雙闕之崔巍。賜進士出身翰林院檢討學部左丞寧海章棱謹撰。

鍾譜家訓題辭 辛卯仲秋

鍾昌祚

伊水之源。伊木之根。物猶如此。況其在人。人誰無祖。亦孰無孫。祖更有孫。孫更有孫。傳本一脈。骨肉之親。弟兄叔姪。支派各分。及至年遠。不見不聞。所賴有譜。世系分明。惟我鳳公。避難入黔。二百餘歲。墓墳俱存。故鄉三代。僅留其名。三代以上。遠而無徵。雖有同姓。名公巨卿。何敢濫入。以僞冒真。狄公仁傑。千古之英。過其墓者。不附感名。愚贛不才。願學狄青。

養正義學序

葉本桐

古者家有塾、黨有庠。州有序。國有學。民風沕穆。幾致刑措。學之有裨於人也尚已。顧有家塾、黨庠、州序。國學所不能遍者。卽賴義學以濟其窮。義學者。仰賴殷實之家。以培植寒畯之子也。或者坐擁厚貲。不知提倡。有勸集貲從事者。又多方推諉。坐令一鄉聰俊可造之人材。苦無恆產。終其身不知詩書爲何物。而禮教遂日淪亡。不可復覩。不知義學雖以教寒微。實以保富庶。人知禮讓。則訟獄自消。俗尚敦龐。則暴強自化。由是廉恥興。邪慝無。宗族親。鄉鄰睦。古之仁里德鄰。胥本乎此。至擬科名。爭仕途。蔚爲聲名文物之鄉。猶其餘事耳。我州胡侯蒞任。留心文教。首捐城內書院。條理井然。丙戌冬巡行孝里之羊場。查獲已故團紳白仲文。昔因賊亂。合衆力修建避難公屋數椽。後更名觀音堂。飭作義學。命名養正。吁自蒙養之道衰。鄉曲聰明子弟。每苦入德無門。而讀書明理之人。因不多覯。一切作奸犯科。棄禮滅義。怪誕不經之事。遂日甚一日。而莫底止。然則我侯之以養正名茲學也。其關係風俗人心。切中近今教學者之要害。豈淺鮮哉。本桐學鮮師承。忝司講席。日以訓導無方。虛糜館穀。不克作育後進。負咎神明爲懼。茲詢董事孫君應錦。李君達清。請敘其顛末。磬諸石以垂久。爰就命名之意。闡發一二。借以自警。並願後之繼斯席者顧名思義。益殫其誨人不倦之心。俾作聖之功基於此。庶無負我侯培植之盛意。而孫李兩君。始終將事。一片苦衷。亦藉以稍慰。區區鄙私。如是而已。他如撥入公田。捐借銀兩。並館中規條。悉詳後示。不復贅。語成質之我侯。謬荷許可。爰付兩君勒之貞珉。光緒十四年戊子清和月上浣撰。

記開州知州戴商山事略 甕安志

朱雲光

壬戌夏。余由遵義轉開州。入余選亭（名士舉、時人皆號篇三三、開州人、以職續保副將、）營以選亭率二龍搶寶。距甕邑近。欲因此一探故鄉消息。適兼理開州牧戴商山觀察（諱鹿芝、浙江淳安縣進士）往上大坪賊營。論降何得勝買佛保。被留。屢有家書致其夫人與諸子姪。必經選亭處。月可二三次。每折觀之。所言忠義大節。其對於諸姪。尤兢兢以勤學問。敦孝友爲急。並謂夫人能不貪生畏死。足以母儀一州。心甚悅樂。楮墨間無一毫憂戚意。夫人覆書。亦謂觀察被留。生死聽天命。婢子則共城存亡。無復他慮。並一語不及家事。五中佩折。不意人間世忠臣良吏。義夫烈婦。有如斯萃於一門者也。癸亥十月。

余在獨山。有鄉人自開州來。稱開邑已於九月初失守。余不之信。以公在開。羣賊以青天呼之。相戒不入其境。何至有此。鄉人云。失守之因。由團首晏某。（其名似是淡泉）行涉縱肆。公責之。晏大恨。遂上書何逆。稱貴州勞與張不和。文與武不和。軍與民不和。若乘此襲破開州。進攻省城。捏手可得。現戴公外出。時不可失云云、何逆乃遣賊疾走襲城而自率大股繼後。中夜踰牆入。天明、何至。聞公在城。乃急趨至署護之。至則公朝服坐大堂。何循循晉謁、公厲聲呼老何。今日可速殺我。手執墨盒、擊中其額。何逡巡退。冀再說之。殊公已吞金。瞬悉間殞於座上。而夫人亦縊死於上房矣。何備棺殮。一面急索晏某。與存城之武弁胡某。責武弁以守城不忠。謂晏某誑我。致負殺好官名。罪均不容死。並誅柩前。尋得公諸姪。爲製孝服。大出金帛治喪。葬於城中。與前州牧石公寅谷同列。並拜石公。稱爲忠臣。會葬者且數千人。爲目所睹。諦聽所述。蓋不虛矣。同憶在選亭營時。人稱公陷賊中。稍有拂逆。即罵賊求死。何賈輒優容之以謂公固宜然。何賈烏能有此。及見龔方伯致田欽使書。與寇本城上公啓。則固言之鑿鑿。並謂公官黔十餘年。政聲卓著。此次履開。百姓愛如父母。其在賊營。攜有易經集註。孝經衍義。皇極經世三書。數月中未嘗去手。註釋評點。筆無誤書。然後知人言之非謬。而益嘆公之人格。窮奇開渾。敦獸兇人。而發其天良。使豚魚咸孚。而鬼神爲泣者。皆從學道中來。言其節概。雖擬之韓昌黎之懾庭湊。曾無愧色。而稽其事迹。則有如劉天一之於白蓮教匪。入營說降。出營殺敵。頻數往來。猶慈母之撫嬰兒。喜則噢咻。怒則鞭打者。毫無以異。蓋未可以成敗論也。公在賊營。久不屈。何買親排小隊送之。約選亭迎歸。臨河嘆息而去。州人聞公之返。四郊歡動。爭來叩慰。用是與賊相持者又一年。田公洋教之案。公亦罣吏議。屢檄赴省。輒爲賊牽不得往。當道者持之方急。而公已奉身報國矣。天之成就忠良。豈不厚哉。

黔垣疏通溝洫碑 碑存貴陽甲秀樓

鍾昌祚

光緒戊申秋。昌祚與趙君廷琇。先後同奉新設巡警道憲賀鳳笙觀察。指定其所稟請。撫憲龐劬帥。批准撥得之膏捐統稅餘平。寄存天順祥銀號的款。囑令協同商董傅君忠禮。疏通貴州省內城外城重要水道。原議除郤二尺左右。爲遂之住戶檐水。頭緒紛繁。當由地方自治。又三尋左右爲澮之貫城河水。地面遼闊。俟另籌資斂浚外。專肆力於深廣八尺之洫。與深廣四尺之溝。經線從詳。緯綫從略。踏勘規劃。尅日興工。延七十餘歲

貴州印刷所承印

。現有警紳賀光奎、周世忠兩君備鄉導。及工程顧問。復由警務公所。揀派張銓、周佩英、鄧汝昌。張子燕、熊人鳳。葉維藩六巡長。沿街收拾無業游民四十五十。乃至八、九十衣之食之。租指月堂東院住之。每日課其勞逸。核其功過。以伸縮傭值。而嚴加訓練。俾便搬運污泥。收指臂之效也。規模粗具。昌祚迺偕在事任勞。熱心公益諸君子。合成意力。組織黔垣疏通溝洫事務所。爲會議及執行總機關。隨地轉移。按時分配。各守權責。自治治人。經綫則先內城。後外城。緯線則外城先。內城後。而皆以貫城河爲統宗。貫城河下流之左有洫焉。從內城皇宮卡起。令藩墨頭清河。率其徒包工等。順流而下六座碑。竹筒井、福德街、三板橋。大道觀。訖貫珠橋止。長三百三十九丈九尺。蓋合十五街水爲洫。而與貫城滄身左偏。匯貫城河上流之右有洫焉。從外城蘇家橋起。令葉墨頭德琛點工。逆流而上三才巷、廣東街、永香齋、薛家井、花家橋。龍泉街。巖井巷、直達外忠烈宮西北城隅。長三百一十三文。蓋合十二街水爲洫。而與滄身右偏匯。所謂詳也。自餘在外城。若古門硐。若月亮井。若三塊田。若火神廟。若爨池街。若永樂巷。若六廣門。若高家巷。若老古巷。若新東門。若化龍橋等處。在內城。若河沿坎、溝口。若與街西頭。若中街南頭。若田家巷內禹王宮前豬水。若府前後街間之瀉出城根水•若蟾宮橋北豆腐䑋水。若移河移神廟石來次南門路。若貴陽營漬水。若馮家塘井泥。若南城新舊門洞溝路•若大用壩。若倉後街•若東城二浪坡。若拐角卡。若文筆街等處。類皆擇尤而治。去其已甚。所謂略也•詳與略一視乎金融界水以爲衡。事旣竟。開會於城東文昌閣上•收合每月開支經費。宣布通衢。各印刷賬單。共用票銀貳千八百五十一兩一錢二分三厘。公同决算•並報告貫城河之滄身。高於內外城溝洫出口。或三尺五尺不等。近雖築化龍橋下川會館之石堰水閘。上望鄉臺之柳堤。用牛及筏。造深北門橋洞。及府橋上流。天后宮下流。激揚南明橋馬頭飲料。然而掛一漏萬。其視住戶檐水之遂之不能爲力等耳。將來鉅細畢舉。所望於地方官紳。爾時來賓蔡君衡武、張君景福。演說路礦。暨地中之交通。復合影以爲紀念。同人爲謀善後策。請禁渣滓•觀察又籌所以安輯流氓者。詳載警務工廠開辦記。

警務工廠碑記 在貴陽龍井巷

鍾昌 作

溯辦警務工廠碑記•嘗撮取從己酉仲春筌起。訖庚戌季夏晦止。辦事提綱•方疏通溝洫工程之在工作中也•其石工、土工、零工、苦工。遇繁難處。日可三百名。雖極簡易。亦八九十。工旣竣。將散之。除有家歸者外。餘苦工五十人。皆本工程爲謀衣食住。脫令自去。恐仍不浹旬爲無賴子。徒滋市廛擾。或又當如戊申秋故事。求諸藏甲硐及東郭墦間耳。巡警道鳳笙賀公。思所安輯。屬昌祚商同龍君汝霖、鍾君應賢。彭君樹勛、彭君驥。勘貢院後謄錄樓、對讀房、內供給局、內監試道署。自科舉旣廢。改作藝徒學堂。作勸工所。見在均經停辦處。牖其明。蓋其漏。新其壁壘。封斷其潛通官立法政校舍之便門。調指月堂苦工隊。又收沿街花子並各局區查獲無業游民。教養其內。製筆攻革織屨。皆縻費而人僅容少數。艮未若儆惰戒輕。滌其舊染。令自食能力之爲得也、爰注重管理訓練。特設勞働錢莊。鼓勵生財。組成僱傭隊。人每日取值六十四錢。養殖由本廠自給。月活則由主僱供火食。本廠代負一個月工資有限賠償責任。水隊仿調水符式。木鐵烙警務工廠火印。勿俾溝洫、混龍井泉也。煤隊領資本盤川。往還百里。照市價而以餘利歸之。甎隊摑泥範合。自用並供市用。園中坑坎。將包運左近街坊瓦礫。挹注尾閭。有時撥渣泥出筑城門。擇荒塚掩其枯骼。令隊長率之他山。挖取淨黃土。旣可摶散碎烏金。復可調水甎原料豈敢云一舉而數善備。特因利乘便。隨處留心。在吾徒不加勞。在毀墳售壤者流。似亦非無小補。若夫把帚寫地。效岳忠武之截柳畫沙。循牆行歌。類管嶽仲之檻車健步。每夜必登台宣講。局外者允許參觀。以時而出榜等分。最優者合當受拜婚喪執事。希整齊嚴肅之風。沐浴更衣。進人會聖狂之化。或提捐養濟。俾強梁者知奉老恤孤。或彰闡隱微。俾奸狡者知公非真是。懸賞購貓屍鼠腐。間嘗槁葬嬰殤。按名填生日學年。務期造還人格。果否奇才未可知。而要皆有奇氣。將來奇遇殊難定。於今固守奇窮。是爲竊屨來與。其所以游辟也。授家人生產。貧賤無驕。用兵法部勒。擾鋤以律。劃分東南室歸慈善會。女界覘一線曙光。指撥西南隅歸習藝所。罪囚得半生佳趣。荼鼎溫則皆如挾纊。瀉盤浴則咸與維新。防風則地板戒臥楓香。出路則天衣靡懺露背。毋謂焉能浼我。尚其恥不若人。仁遠乎哉。民散久矣。自己酉花朝開辦廠務以來。端陽合影。意無壽相也。六月既望。文武官紳暨常熟龐大中丞來考工室。工徒等鎮日肅穆。鵠立和歌。示敬也。中秋夜雲吐華月。團坐分棗梨。敦睦也。孟冬下浣。鄧伯龍積勞病故。派全班執紼。溯前此病歿羣工。同受百晨昏香火。憶舊也。冬春之交。諮議局發起團民捐籌辦會。本廠輸血汗私蓄什分之一。購郵花六元四角。寄付燕都代表團。備立憲也。庚戌春分。開第一年度週年大會。紀念也。浴佛節出香爐礄。率童冠詠歸。微特去習染之汙。抑尋孔顏樂處也。夏末秋初。吾友蔡君嶽。被教育總會投票公舉爲國會開催第二三屆賡續請願人。昌祚計偕北上。并踐乙巳東遊太和時。預算環球周行之約。爰捐片碣。書其時、其他、與其物事。不忘遭際也。所表特厓略耳。詳則道署有卷册。門牆有榜示。舊管新收。開除實存。爲花名。爲經費。爲居積。關於人數、錢數。公私盈虧保證數。實無論廠內外而皆宣昭者也。乃若功過品行。還丹九轉、值日、值旬、值月。詳確陶鑄。則張銓、鄧汝昌、熊人鳳、葉維藩、孫安仁、黎元福、張宗旭、高崇旭、張子燕、劉樹聲、駱文英、梅學鼎之意力。先後合成者也。

貴州省城慈善會救護幼女所勸業女工廠創辦週年碑記 碑在貴陽龍井巷

鍾昌祚

世界愈進化。則慈善事業益加發達。此天演之公例也。凡有血氣心知。皆將各遂其生。而況於人乎。奴隸制度、不容於堯舜之世。爲其同血道於牛馬也。顧牛馬生前。不過鞭箠焉已耳。柰之何圓顱方趾。同此爲人。而乃潑之以開水。燙之以烙鐵。搞之以煤鈎、火鉗。斷其脛。折其膝。速其死。戕其生。獨非人子哉。特少孤耳。否則父母貧不聊生。鬻之苟全性命耳。平均身價。不過十兩或二十兩之銀幣。極賤乃僅三千文或兩千文之鋼鏹。似此戔戔。烏足輕重。受之者畏。則人也而慘幾於畜。與之者驕。則卑隸之妻妾。立可居主人翁地位。勢埒王侯。而濫用官府所不肯濫用之威權。嗚呼。人道墮落。誰階之厲。君子幸生惡俗改良後。未必不疑吾言爲過激。然而今固證據確鑿。各有主名。定案公堂。且屢見不一見矣。迴憶八九年前。目擊心傷。依然故我。沉冤莫白。抑豈乏人。胡爲乎痛遺蹤蹟。曾無敢奔走呼號。即旁觀耳而目之。亦惟飲恨吞聲。長自太息耶。社會之野蠻。家庭之黑暗。詎惟我貴州今日爲然哉。擽丙之午丁未。燕都濟良所。知中華二十二行省千百年來。積習相沿。有爲我女界同胞。不禁垂涕泣而道之者矣。歲戊申。黔中新設巡警道員缺。就貢院明遠樓改作公所。委以賀鳳笙觀察權其篆。觀察爲民政部郎中。時紳商彭某等。公立濟良所。在所轄地。該所先後拯救妓女數千人。脫離苦海。亦慈善之一端也。玆所謂救護幼女所者。共非遽能剷平奴隸、制度之謂。弊去其已甚。特就虐待不堪之女婢。放一線曙光耳。若夫樸作教刑。雖本會管理規則。亦礙難廢止也。計此一年度約分爲三時期。從己酉春仲朔起。訖夏季晦止。爲慈善會開辦期。閏二月中。官紳在福德街籌辦選舉。公推樂嘉荃、鍾昌祚、傅忠禮、周培藝、董其事。指定貢院東北隅內供給局。現辦警務工廠餘地。稟請當道立案。永爲慈善會會所。添新補舊而修葺之。六月十六工竣。撫藩學臬暨文武官紳。皆來蒞止。並樂輸捐款。而風氣爲之丕變。從七月朔起。訖仲冬望止。爲慈善會中救護幼女所成立期所中女婢由警務公所聯翩送來。脫奴籍而爲平民。或更進爲女學生。在乎其人自待何如耳。義務女教員白、董、楊、胡、黃、朱輩。輪班教授。風雨無阻。良難得哉。其管理員初爲張本熊。繼爲黃本張。事當草創。貼服殊難。而辦事細則。依據大綱。於是乎規模粗具。從己酉仲冬望起。訖庚戌三月晦止。爲慈善會之救護幼女所暨勸業女工所改進期。無米爲炊。巧婦不易。博施濟衆。仁聖爲難。當時樂輸之款。除開辦費外。僅餘千金。雖每金月息一分。究能有幾。適賀鳳笙觀察升署提學司。尹鳳丹觀察署巡警道。查衡仲觀察署勸業道。爲諸幼女協謀永久計。會稟撫憲。撥勸業公所公款銀六千兩。照月金七厘。交商生息。補助本會開支。楣其門曰勸業女工廠。將令自食其能力。以張天賦之人權。視救護之恩施。則大而可久。惟慈善之本量。亦若實而差宏矣乎。於斯時也。徐能造筆。則酌酧工資。沈能繡花。則例供火食。自不必盡人而皆責望之以純全義務可耳。管理者暫爲宋本章。旋爲白本李。白乃開辦以來之義務講師。負成立而後之完全責任。衣食住模範相尙。智體德涵養有方。瓜豆成陰。話詩濟化。改良進步。日起有功。如能期月三年。將高尙優美之校風。無難坐致。許女士淑芳。遊歷蓬島回黔。白其貞女士。相得益彰。冬春之交。諮議局接天津商務總會電。籌辦國民捐。爲請願國會開催代價。白許約同借慈善會地。組織婦女救國會。急公好義。女界感之。莫春下浣。勸業道王仲瑜觀察到會。點勘廠中工女之由巡警道署救護來所者。凡六十七人。除因傷加病。竟致夭折者。諶菊花、王如意、跛小妹、黃成發、劉老燕等五名。暨乞丐折肱。破例作妾者彭大妹一名。又雙方合影。配人爲妻者。唐秋桂、雷舜喜、劉孝瑞、何滿美、黃玉英、袁山梅、劉成順、趙小秀、鄧冬梅、劉成福、封蓮香、秦玉仙、馬春蘭、胡同春、羅箐雲、成舜妹等十六名。年尙稚弱。甘作義女。而謂他人母者。崇法善、胡巧雲、曾成安、侯成閨、邱富貴、焦順娣、劉雲平、李么妹、呂爾梅、李冬冬、柳爾妹、劉平安、丁舜美、汪昭弟、鄒老珊、向兒梅等十六名。其餘見在本會。日受教養者。侯桂香、戴玉芳、黃春香、木石梅、周春蘭、吳秋雲、吳三墨、令狐三星、雷聪祥、王御鑑、王毫么、俞乃貴、龍成嬢、劉鳳蓮、湯英梅、顏孝美、呂來梅、莫春煦、王台美、陳荷花、鈕兒墨、趙翠文、汪紅雲、章福雲、宋曉菊、丁招弟、張

國華、夏孝萃、尹春先、等二十九名。照章每月望日正午。由慈善會會長
副會長幹事書記諸職員。知照常住女管理員。並各義務女教員。先取得結
婚者、求嗣者、及苦於事長婆苛刻、而從救護所超昇勸業廠作工者之自由
主意。各以定時。當衆肖像。既防人僞。亦證天緣。法之良否不敢知。所
可知者。職員奉法。實心實力而已。至若地方官紳。與本會會員諸君泐創
之意之美。自非喪心病狂。惡劣殘忍者。其孰曰不然。邇來功令禁販賣人
口。慈善事業。日益發達矣。回首十五月前。創辦本會。一齊衆楚。雖曰
天下曾無難處事。究亦何嘗有易處事哉。後賢發輝光大之。社會之福。人
道之幸也。查本會自己酉仲春至季夏。開辦費用銀六百四十九兩三錢五分
。又鳳蓮書物學繼等費用銀十六兩零四分。孟秋月費用銀三十七兩三錢四
分。又捐款所積。先照月金一分交餘慶典行利。後照月金八釐交崇發公行
利。先後交商生息共用本銀一千兩正。仲秋月費用銀四十兩零二錢二分。
季秋月費用達五十兩零七分。孟冬月費用銀四十兩零八分。又棉布製衣用
銀四十四兩。仲冬月費用銀四十五兩三錢。又於望日之翌。撥勸業公所款
照月金七釐行利。交商德厚榮本銀六千兩。季冬月費用銀四十五兩三錢六
分。庚戌孟春月費用銀四十三兩八錢二分。仲春月費用銀五十四兩七錢五

分。季春月費用銀四十兩零五錢一分。除以上十四柱外。餘銀一百八十四六錢九分。統由傅幹事忠禮經手。後此決算。茲不預詳。即慈善會未經辦以前救護之所需。亦不贅。

王氏墓碑

鍾昌祚

歲戊申八月八辰。有賓朋數輩。稱觥爲芝久王君壽。坐既散。王君涕泗欷歔。出其家系譜圖說。屬昌祚揭明綱要。祚素稔芝久家世。暨厥生平。蓋其心最良。其命最苦。當同治丁卯未生之初。乃考嘉璽公。遭家不造。冒髮亂出奔竹王城外。至於今猶漫無消息。言之令人鼻酸。顯妣賀太君。即昌祚家慈第二姊氏。以表兄芝久生不見父面。故中懷鬱結。不數年旋赴瑤池。葬於省垣西南蔡家關之原。芝久賴祖父平遠學正啓銘公。與祖母楊太君。躬親撫育。銘公有兄曰聰。曰智。曰慧。曰昆。又有弟曰雲。世居水西城。緣咸同間髮亂逃生四出。聰公銘公同來省治。均享古稀耄壽。聰公及見曾孫焉。其曾孫孿生兩子。未久俱殤。故聰公乏嗣。銘公有子嘉麟。蚤擅神童之譽。旋復中殤。時賢步白樂天長恨歌輓之。今王氏子弟類多能舉其詞。蓋哀之也。銘公無子。以昆公幼子璽爲己子。昆公有子三人。祥與濱皆未及壯老而先物故。惟嘉璽公有子慶長。當承昆公銘公後。

若智公慧公雲公。已避亂無可考矣。今銘公之嗣續。非能擇地爭存不爲功。慶長生十五年祖父銘公卒。生十九年。而祖妣楊相繼壽終。皆葬蔡家關塋地。芝久嘗奉湯藥。備極烏私之養。曾祖端化公。由畢節縣移居黔西州。歿後。與曾祖妣周氏合葬於水西黔興里張口屋。有弟端仕公無出。其高祖朝賢公。偕高祖妣汪氏。均隨高祖之父文韜公。由湖廣衡陽。實始來雲貴畢節。湖衡陽大魚塘之居。自直隸靈壽縣來。靈壽縣大王祠之居。來自江東烏衣巷。王氏此譜。當以文韜公爲斷。他若元帥邦祚公。都憲永經公。閣部德富公。沐督仕初公。歷代名臣。皆有先家乘。顧吾援洪武不祖文公。狄青不祖梁公之例。雖有顯者。敢闌入哉。芝久名慶長。方強仕之年。有子俊璋。蓋妻張氏教養成立。幼子俊林。蓋妾魏氏所生。斯二子均承繼昆公銘公。有女俊秀。俊敏。亦庶出。俱送入女學校。與聞歐化國粹。性天厚者。境遏不能終厄之。其芝久之謂耶。書垂蔡家關王氏墓碑。敬告後之君子。倘異日嘉璽公來。鬢衰而鄉音不改。否則探明確耗。倣古孝子故事。千里尋親。父子祖孫見所未夢。更借江郎生花之管。庸媧皇煉石所補之天。若再不然。或繼先人之志。或述先人之事。重靈魂不重軀殼。亦堪仁孝於萬一云。

覆許閣書書　劉貞安

閣書仁棣惠鑒。頃奉手柬。知書劍已歸里門。高堂康福無量。賢弟團聚。遊子歸家之樂。蓋可知矣。承諭及行止之策。吾儕處世。流行坎止。固可隨意所極。但貞安因之有不能已於言者。異時貴山講席。同學子星散。或有不復得見者。其餘貞安濃淡互殊。緣今日學校師生之誼。本在離合有無之間。毫無可怪者。然亦多有敦古道以相待者。獨足下眷眷故人之意。久而彌篤。茲歲又作牧此邦。與申之共事。既重其人。又深悉家世之懿。則於昆弟間誼尤厚。類浮屠氏所謂緣者。是以不克自閟。願終言之。而足下聽採焉。以處境論。足下非恃遊爲養者。負郭田可備菽水伏臘之用。閉門韜晦。讀書事親。有以自立。蓋不患莫己知也。況以天資卓犖。近年文字之業。較昔爲進。年事正富。日進無疆。更不宜以浪迹自棄。顧遊亦何損于學殖。貞安固亦自遊中來者。曩年十二三時。過不自量。不可一世人。迨入學後。作秀才廿年。（貞安十二入學、三十二始薦于鄉。始爲神童繼作名士、又爲斕秀才、困躓落拓者、足二十年、）所歷亦何所不有。嗣遭大故。得祿而不遂板輿之養。蓋終身以爲憾也。其間流離狼狽。所由不竟。鬱鬱以[illegible]終其世者。幸以顛沛不忍廢學之故。至今雖四十無聞。而朋游所至。均尚以博通見許者。職此之故也。中國學術。範圍甚大。程途甚遠。古之所謂通儒。蓋皆通三才之奧者。能歷其級之四五。亦足自豪。沙門基督。誠可一以貫之。嘗恨人年不能逾百歲。無由盡其志。然自孔子至今。合賢達而計之。亦數千歲。斯道仍未盡其蘊也。故貞安所至。遇英俊之士。輒欲招之入社。共肆研摩。吾道多一達人。新世多一賢者。洙泗遺業。藉以不孤。甚快事也。以足下之境之才。幸而太夫人康強逢吉。遊與不遊。無不可者。但須以不廢學者亟亟耳。蓮幕佐治。約賢者爲主。酬應之餘。陳篤自娛。亦非必兩妨者。貞安固過來人也。貞安之意。深願足下爲學問中人。不願其爲世故中人。非恃在氣類。亦不孟浪進此言也。中學途徑。如恐其迷。請先自目錄入手。四庫全書錄甚多。此取其近時者提要。蓋購閱一通。必有以相廣。其實由博返約。精要亦不多。六經而外。馬班語策左屈莊列。及秦漢以來傳記。不過百餘種。餘皆包掃靡遺矣。黃山谷尺牘中教人處世爲學之道極精。亦可隨意瀏覽。倘有所契也。貞安無作吏才。此間人似亦不相厭。而自顧實不可堪。已請假矣。秋後州事之難。申之盡悉。想相告語。近擬同省。以文墨自效。印江亦不願往。操刀已傷。何可再乎。家弟孟侃年十五六。秋後始來此。頗勤學。昕夕授經。藉慰案牘之苦。稍自樂也。匆匆奉復。不日相見。惟順時爲道自衛不宣。貞安再拜。

與許嘉績論爲學書　　劉貞安

博書仁棣大人足下。省來書。具悉盛意縷縷。深慰下懷。邇維入春來台候勝常。文筆調適中。頗饒勁之氣。足徵近年留意古籍。日有進益從此不懈。何難抗行作者。（古文務從左國史漢入手、八家已須總讀、近人補一派、恐不可入其範中、取法乎上、僅得其中、學史漢不得、不失爲八家、從八家入、斯又下一乘矣、冀定應即學左國者、、故須自五唐宋以後、古文家、須看全集、乃有眞集選本各執己見、不可看且處其雜也、）然貞安所期於足下。蓋尚有其達者大者。濟翁教人學文。須以忠厚豈弟爲質。以五經史傳百家爲範。平劑於世變人事之蹟。而融治以出之。文不可勝用矣。（原文不如此、乃貞安約其平日之言、大致不外此數意也、）貞安常誦其言。爲向來論文所未到（韓柳以下論文之語雖多、未有如濟翁之透本原者、）。蓋藝林之傑。不過就文論文。未嘗推之經明行修以上也。擴其所言。終身受用不盡。何文之足云。然文亦不期而自工矣。（漢以上無古文之目、但求達其意、故文意足而氣厚、貫之故也、自有意爲文、而落跡象、文遂爲一藝矣、四科中、言語一門、前賢以詞章當之、、其確）故相張南皮亦云。大氐人餘於文者必佳。文餘於人者必不佳。其傳亦不達。仍同此旨。斯兩言可深長思也。（讀書非博不大、非約不精、然須博後之約、乃眞約、否則謭陋而已、習心目錄、涉獵易明、不至滿河是鱗泛濫無歸宿處、得其正幹、枝葉均在個中、至博即至約也、總要步步走到、天下無有聰明絕頂之人、無躐等一蹴之學也、）中外政俗。雖多異致。而文字之用。同此重要。蓋人生必羣。羣合而事實生焉。文字者。合羣之羔雁。而應應之橐籥。[illegible]雅俗深淺。萬有不齊。總期於能達而有用。故涪翁之說。迥出乎劉彥和文心雕龍陸士衡文賦諸人上也。國粹一語。現已成口頭禪。擬此論者。意非不厚。貞安竊更有進者。中學兩字。乃對待西學而生。因有歐化而後國粹保存之念起。細爲揚搉。觀其大通。似無庸有此分別。形上者道、形下者器、今之紛紛言中外者不知所以者、皆形下之器、道則無二也、世無時而不變。道終古而長存。釋迦初東來時。學者畛域之見。何嘗不嚴。近世達者。已能合三教而一之矣。明之李贄[illegible]恩、近之譚嗣同皆合三教爲一、此物此志。智者將知所竭反矣。膠於習故者。憒嫉西學。託爲變夏之讏言。殊不知古人以博學無方爲貴。誠能兼通中外。即孔子亦當亟賞之。然致力之初。宜有自然之秩序。吾輩生長中國。試問兼通中外。究先從那項下手。此固不待繁言而解者也。貞安謂真新學必深于溫故者也。真舊學必急于求新者也。迂板者何嘗有舊可守。浮囂者則并新舊而棄之耳。眼前曉曉之流。紛紜瞀亂另是一種理由。直無與於學問之事。不過與世推移。隨俗倚傾。以求其所大欲而已。歷史所載。世風士習。大都如此。西漢之經師。東漢之節行兩晉清談。六朝禪悟。唐宋詞章。南渡理學。元人詞曲小說。明代八股本朝考據。皆一二三英傑之士。倡之于前。億萬無識之徒。道聽塗說。波靡而從之。要不出于借風邅河。圖便於攫名利之具而止。驟然而詰之。彼亦自莫名其所以然也。若此者。古人目之爲應聲蟲。如唐憲宗時。韓退之所謂焚頂燒指。十百爲徒者。果皆足以齊蔽於古德之讀者邪。今之君子得勿類是。今書肆所售秘籍。其大部者即昔之大題文府。其簡者則昔之敲門磚開路先鋒而已。書名雖異。人心未改。倘政府又改科舉。則兎園之册豈不一旦改觀乎。何則。其中本無定識耳。挾徑寸之策。費數月之功。期足以取科長課員教員堂長。而奢望已遂。學於何有。況新舊之爲何如哉。貞安之爲此言。旣非自夸。亦非憤世。實深畏真學者之將絕跡於天下。聊與老棣一閒談之耳。願中世忌。幸勿示人。增我罪狀也。六經尙矣。次則史漢。必當熟玩。班馬二子。皆通天地人之蘊者。聖門四科。本領具在其中。次則溫公通鑑。馬貴輿通考。提要鈎元。尤爲簡要。專此數書。可攬中學之全局。亦卽漸通西學之階梯。此外莊屈語策。韓杜歐蘇。以備鮭菜。總之於目錄以瞭其門塗。九逵之康莊。山谿之小徑。無不悉矣。柳文全集、傳本頗少、近得一本、已校定、歸省即付梓、以廣其傳、俟印成當奉貽一帙也、足下不以擣昧之見爲謬。請嘗試之。斂之以專。持之以恆。日久貫通。有不能自已者。野芹之獻。雖微不忍獨甘。惟足下裁擇焉。何時良覿。盡此欲言乎。貞安已奉准辭缺。并有委在撫轅辦事之耗。交替在即。此間人毀譽。付之度外。俟五年後。邦人思我耳。尊字作博亦佳。借寓相勉之意。貴友名麐。字伯祥伯靈均合古法。但稍嫌泛常。擬作趾仁。說文、正訓草初出土、又訓趾、均有基字意義。趾址均從止字、本但作止、麐仁趾、麟趾又經義別作止仁子仁皆可、且寓輔德意可用與否。試與貴友商之。鐙下卒卒。奉書極率。惟督恕。春寒惟千萬珍攝。爲道自衛不宣。貞安再拜。

致滇都督蔡鍔書　　鍾元黃

旅滇貴州國民一分子鍾元黃。爲傳聞滋疑。敢代八百萬黔人。請命謹上書大都督麾下。竊維滇黔兩省。脣齒相依。在中國念餘省中。素稱貧瘠。而兩省中。又以黔省爲最。此次兩省反正。聞滇軍政府。念脣齒之誼。以黔協款無着。內治維艱。慨助黔軍政府軍餉三萬元。槍械乙千枝。子彈五十萬顆。此等義舉。不特黔省全體人民感激泣涕。即元黃聞之。亦不勝望風拜首。感激泣下矣。乃數日以來。傳聞種種。有謂此項軍械。非贈黔軍。係贈與義劉顯治家者。故有興義已先運去一百枝之說。有謂非贈劉氏。實贈黔軍。特劉氏傳說。謂黔軍樞密院長張石麒有意刦取。故不由大道運送。而取道興義之說。傳聞如此。元黃不勝滋疑。夫此項軍械。乃滇軍政府公物。萬無贈給私人之理。前說當然不確。惟云張石麒有意刦取。則張非黔軍政府樞密院長人乎。既贈黔軍之械。黔軍政府之重要人。不名正受之。而反刼取之。有是理乎。果欲刼取之。則滇軍不贈可也。而又云興義運去。大道不保。興義轉可保乎。興義可保。興義以下又安能保乎。由此以推。則此等傳說。直係劉氏欲爭權奪勢。而巧取此項軍械利用之。以推翻黔軍。而遂其圖伯之慾耳。此則傳說之疑者一也。又聞此次滇軍北伐隊。先本取道川省。後因劉氏於中要求。始改道黔省。以爲借滇軍便道。平治黔匪。此說更覺可駭。夫黔有匪無匪。元黄不敢妄揣。反正後之搶刼與反正前之搶刼。比較如何。元黄亦不敢臆斷。惟即云黔省果然有匪。黔軍力不能及。不知滇軍曾電詢之否。黔軍曾有復電否。黔即有電。此電究公允確實否。若僅據劉氏一面之傳說。則恐係黨人爭勢。借滇勢力以殲滅黔軍耳。蓋黔人之有兩黨。數年來。欲興革命黨獄。演殺人慘劇者。已非一次矣。此則元黄之疑而且駭者又一也。總之。滇黔兩省。脣齒相依。利害相繫。滇既義助黔人軍械。則當使黔人實受其賜。而不當使一二跋扈貴族利用之。滇軍果能舉行北伐。則當使滿虜掃除。俾民國政府。早日統一。而不當爲黨人利用。妄殺同胞。挑動戰禍。此等傳說不實則亦已耳。如果屬實。恐助黔而反令黔亂。安黔而反令黔危。槍聲一舉。盜賊乘機。

貴州印刷所承印

七八百萬黔人之生命財産。從茲灰燼。以兩黨人之爭權奪勢。竟不恤黔人之無辜受殃。抑可慘矣。元黄自滬旅滇。數日以來。聞之同鄉。不勝憂疑。不勝惶恐。謹冒死泣血上書。伏祈都督洞鑒。迅電維持。免開戰端。則黔省幸甚。民國幸甚。

行抵安順致蔡撫書　　鍾元黄

衡武先生有道。元黄自治學社一社長耳。辛亥五月。以不免淡然於孝廉方正之虚譽。故辭家北上。邇來九閱月矣。天佑中華。遂見民國成立。忻慰奚如。舊歷冬仲二十八。由滬繞香港越南以歸。雖聞滬濱諸學生。時接家信。謂黔中黨派。陽似消融。陰實劇烈。然以余之本懷。則固欲歸里而亟爲調停也。道經滇省。於同鄉會中。得悉滇軍北伐。取道黔中。已於元黄抵滇之日。先一星期出發。戰雲騰騰。慮演慘劇。乃上書滇軍政府。并與蔡松坡都督面談。回黔後當以利害痛切敷陳。下張黄鍼砭。令解兵權以保和平。不惟免生靈塗炭。抑且使兩黨人不致有敗家亡身互相圖報之患。當蒙蔡君嘉許。并正式答覆。比入黔境。聞黄已斃命。張已出奔。卽有人教元黄南走越北走胡者。然而元黄漠然也。元黄生平。問心無愧。滇黔兩軍。尚未交綏。若能冒險調停。萬一如願相償。少致流血。亦所大快。壬于正月十四抵安順。十五聞筑垣開戰。十六見舊都督去新都督來之電文。然則大局已定。再三數日。想必安堵如常矣。君子立身。先平其大。滿政府既經推倒。則爲漁爲樵。皆所甘歸。張黃執政。不免偏私。又聞驕吝橫生。實由自取。久安責備元黃。謂早若歸黔。則法孝直之戇言。或可摧其慢氣。然而何敢自信也。客夏在迎江賓館。滿擬偕掉歸舟。蓋不幸而未返黔中。致此次毫無裨益也。抑亦幸而未返黔中。獲免此次之禍。雖然。前此暫免。後竟何如。引領春風。務祈撥冗見教。采丞、樹元、近況何如。季周、鑑清、雲六、秉衡現居何事。又現在辦法。究竟辦匪。抑是辦黨。若辦匪也。化日光天。元黃安在而不得其所。倘係辦黨。則棘地荊天矣。元黃亦只聽其自然。雖人言嘖嘖。正當以此生死關頭。自驚所學耳。正月十七在安順提署書。覆書請交安順郵局袁小江查收。袁君自能交到元黃也。

重修襲安昭忠祠記

李退谷

邑東城舊有昭忠祠。兵燹失修。甲寅夏。集諸人士議復之。以祠自來之殉節邑城者。咸以爲可。遂鳩工庀材。率作興事。客有問於余曰。方今物力凋敝。可從事土木乎。曰不可。昔之所謂忠。忠於一人。今之所謂忠。忠於國家。亦聞夫時論乎。曰聞之。聞之則胡爲竭今人之力。以奉昔日之所謂忠者也。曰。是言辯矣。而未觀其通。居吾語汝。夫所舉非義。所事非人。暴戾恣睢。戕賊民命。如石乞龐德巨無霸畢雄信之徒。雖其負披山蓋世之氣。著斷脰糜軀之節。昔之人不以爲忠。所謂忠者。乃在張睢陽、諸葛誕、張世傑。以及同死之三十六人。不屈之數百人。沉溺之數萬人焉。此猶可曰各事一主。有幸有不幸也。殷商之亡。微子比干箕子。或去。或死。或奴。孔子皆許其人。蜚廉惡來。負固不服。豈不藉口爲紂。而周公戮之。孟子儕於虎豹犀象。一時之事。一主之身。而褒貶懸絕又若是。由是言之。殉於一人。豈盡昔人之所謂忠乎。且夫理千古而不易。道與時爲變通。忠之所屬。隨君主民國爲轉移者。道也。忠之標準。以順逆仁暴爲離合者理也。有昧于理而不得乎道者矣。斷未有明于理而猶背乎道者也。彼微箕比干之聖。二張諸葛之賢。與從死諸人之衆。其効忠也。正皆由其見理也明。使生今世。豈猶不能移忠君之節爲愛國之忱耶。準此以推。則凡忠於昔者。又安有不能忠於今耶。必沾沾焉。執異同之辯。斯亦一隅之見而已。羣雄並爭。世道日危。保全國家。惟賴斯理。不於其新舊之界闡明而溝通之。竊恐蔑視古人所行與之相背。則國家甏矣。余爲此懼。欲假邑競之。故不惜數十百金之費。以崇往昔。而詔來者。予試思之。今日之舉。可以已乎。抑不必已乎。於是客無以應。而祠之功成。是役也。董其事者。爲商文誠、商文鈺、戎定邦等。例得書名。是爲記。

瓮安表忠亭序

李退谷

亭何以表忠名。以杜杏園先生名之也。以先生名亭。何以謂之表忠。以先生之忠可表。且當急於表之也。先生遵義府人。前清時。以明經秉鐸是邑。居恆循循善誘。其勉人必以忠孝大節。咸豐初。苗教紛叛。邑亦不靖。人皆洶懼。先生顧若弗聞。此其心。蓋已有所挾持矣。迄丁巳夏。巨寇圍城。晝夜環攻。無少間。即先生亦雜老弱登陴捍衛。閏五月十六日。門役某奔告曰。城陷矣。先生曰然乎。曰然。然則吾知死所矣。遂與其孺人。及其子若媳。俱赴署前桂香池殉焉。門役亦殉焉。城之貞烈婦女恐遲受辱。從而死者數十百人。池水爲溢。而城卒未嘗陷也。事定有以狀上者。大吏以城未失。其死爲誤。無可報。格之。庚申。城竟陷。辛酉復陷。邑爲賊巢者十餘年。同治壬申始克復。距今將六十年矣。予以民國壬子冬來長斯邑。邑之人士。每向予稱道焉。間以事至鄉。鄉之人士。每向予稱道焉。乃至降而與田夫野老語。亦無不向予稱道焉。何其入人心之深也。本年與邑紳議修縣志。先景然於先生之遺烈。倡首集資。就池中央築基爲亭。旣以落成。以表忠名。以彰先生之節。嗚呼。事有詘於當時。而信於後世者。不信於褒揚之數異。而信於不死之人心。方其行誼未明。聲華闇淡。雖賢者或存非笑。及其閱時旣久。是非已定。其隱隱焉繫人思。維世道。保持名教綱常。使不墜於天壤。微特賢士大夫。善推隱微。卽庸夫俗子。皆若具上聖之特識。謂夫忠孝義烈。根於浩然之氣。非其素有挾持。一臨事變。沛然莫禦。斷未有如斯之致命遂志。故其論先生之事。無智無愚。胥不問其事迹之如何。而置深信。其心迹之傀偉。並且謂當日城中。腰金紆紫者。不僅先生一人。何以彼皆不誤。而先生獨誤。然則彼亦徼幸城之不失已耳。否則後日之眞失。其不誤者。更有何人。斯言也。果何自而然哉。然則如先生者。其死距今已六十年。中間迭罹浩刼。而邑人之稱道之者嘖嘖方盛。亦無待予之表之矣。予亦憂乎運會方興。世風非舊。洪水猛獸之災。思預防而無術。急欲取夫先生之繫人思。維世道。保持名教綱常使不墜於天壤者。播揚而永久之。以存此不死之人心而已。

甕安縣志序

李退谷

天下有一定之勢。制度可更。其規模隱然不可改。三代以後。廢封建爲郡縣。然今之一邑。古之一國。一邑之所司。一國之具體。其精神之所繫。固不得與民變革者也。獨是古者諸侯、各專其地。各子其民。設官分職。與國同休。於是有太史之官。世守其職。書一國之治亂興衰。典章文物。以及里巷歌謠。傳之無窮。後世郡縣。無史官之設。凡一邑之要政。與夫山川風土人情之細、咸託之於方志。而必待人而後行、或數十年而一舉。數百年而一舉。若有時會焉。此爲異耳。甕邑自明季改土設縣。開創之初。疏節闊目。不聞紀載。及滿清雍正三年。前令尹韓楨。始修縣志八卷。直至今日。垂二百年無繼之者。方清之末造。官茲土者。多有志於斯。率因款絀不果。民國二年。下走承乏來此。正當國體變革之後。案牘不無散失。欲考是邦舊典。而所謂韓志八卷。又早已隻字無存矣。私衷耿耿。欲紹絕業。苦無人勝任編纂。三年春。邑紳前貴州民政司正長朱一清先生。適返里居。抗懷思古。亦深以縣志之沉沒爲憾。相與商榷。毅然自任。并苜蓿之供。一切捐除。而獨責紙墨剞劂之費於下走。此固數百年之曠舉。所朝夕爲懷者也。敢不盡力、乃於夏仲設局開辦。並籌劃經費。顧惟縣庫窶窘。既無公帑挹注。必欲頭會箕斂。又恐驚擾市民。乃擇其稍稍殷實者。勸之樂輸。且先捐貲以爲之倡。舌敝唇焦。至冬十一月始有成數。而全書亦於是告竣。計爲時八閱月耳。自來修志無如是之速者。今將付手民。下走亦調任石阡。首途在卽。謹序顛末如此。夫以茲縣之設。歷三百年。而縣志僅僅而作。且前志業已失亡。而今志亦屢議屢罷。必俟先生與下走。適然相值。志同道合。而後黽勉以奏其功。信乎事之待人而行。下走之得償斯願。良非偶然。其敢以此自爲功耶。至其爲志。網羅舊聞。詳審精密。極搜巖剔藪之致。而於治亂興衰之數。尤不禁再三往復論文。感喟抉摘。其所以然。有得於古者國史之遺意。此邦人士所宜知。并不獨邦人士所宜知者也。　調石阡縣知事現任甕安縣知事崇江李退谷序大中華民國四年乙卯孟春書

重修貴州會館記　朱啓鈐

吾黔在京師會館凡七。樓梯斜街老館。爲周漁璜先生康熙乙未歲捐金所置。館中祀漁璜先生。蓋不忘所自也。考雍正三年。聖泉陳先生碑記所述。而漸傾圮。爰以黯齊。過者無不喟歎。斯時漁璜先生辭世不過十稔。而已頹廢若此。傳舍之地。無經久之方。維持補葺。責在後進。聖泉先生亦慨乎言之矣。乾隆中葉。鄉先輩倡爲館捐。以謁選京外文武官爲等差。遂繕乃有所挹注。咸同以降。捐輸大啟。京朝印結奇贏。館金之收入益豐。

維持之費亦歲常有餘。光緒戊戌。李苾園尚書倡捐置南横街新館。規模壯鉅。爲諸館冠。歲時祭饗。冠裳之會咸集於彼。老館湫隘近市。公車不至。漸僦爲私邸。毁垣撤屋。無復有顧惜者。鼎革之頃。羣情洶懼。京曹遷徙一空。館金垂絕。館役更無所得食。乃以餘屋招賃流人。喧囂不可名狀。鄉黨自好者。望望然去之。無何。警察行編戶之法。始稍稍別擇焉。余時長内務部。兼督辦京師市政。於都城街市溝渠。方有所整理。宣南水道湮圮。民居昏墊。闤闠殷闐。咸苦不便。乃徇於衆。爲之闢城門。開馳道。濬陂池。治積潦。塵壤壅戶者除之。敗垣侵路者剷之。經界既正。百堵皆興。而斯館鬱埋於此中垂二百年。始得通幽入顯。而地當孔道。屋基下陷數尺。蛀樞支戶。危椽礙車。東傾西應。岌岌不可終日。貴筑唐君公柔吳君伯寅方值年。建議修葺。召匠氏相度工事。凡房舍傾欹不中居止者。一律折卸。以待改作。並請於余。馳書直省同鄉在官者。籌集工款。不幸而有丙辰政變。川滇相繼弄兵。南北騷然。事遂中梗。其時余亦罷職去國。息影海濱。忽忽數年。銅仁徐君尚之。頗致力於館事。往返京津。時相過從。促於賡續前議。並說國會諸君。以衆擎相助。如或不足。則將請益黔之長吏。余以爲兵戈俶擾。竟無寧日。吾黔處西南環境之中。勢若連難。齊楚合從。則亦及陳蔡。悉索敝賦。靡役不從。以疲瘠之民。當四戰之地。匪爲糜爛之不堪。抑且供億之是懼。進亦憂。退亦憂者。非吾黔之謂耶。況夫武人專橫。重以黨禍。一言不慊。戮辱相加。世家故族。喘息未蘇。青年學子。流離失所。吾鄉人痛室家亂離之苦。飢饉鋒鏑之兇。伈伈俔俔。惟恐救死之不贍。奚暇與吾儕論故實哉。徐君亦憮然有間。咨嗟太息而已。邇時交通大啓。中原以長安爲樂土。民物富庶。甲第修增。一廛之地。諭千萬值。一屋之賃。至百什價。鄉人負笈遊京師者踵相接。無可棲息。乃以南橫街新館爲丙舍。紛至沓來。館無隙地。肸蠁之事。遂亦不舉。而改建老館。牽延無期。羣且嘗始計之非。然吾力弗及。此志則未或輟也。今大總統徐公受任。明令罷戰。天下厭聞兵革久矣。南北方有和平之望。乃辱徵辟。使備顧問。歲給厚祿。居恆無所表見。出任上海和會。又勞勞無功。引咎歸休。廩人餽遺如故。欲辭則不得請。爰思孔子與爾鄰里鄉黨之義。以營吾館。遂分賜粟。授匠氏。鳩工庀材。不期年而落成。全部結構。就原址略爲變更。大致仍不失漁璜先生之舊。其正棟大廈五楹。合爲南北廳事。用供讌饗。廂房三楹。宜於治事。次進神堂三楹。爲奉祀先賢之所。西偏室五楹。雜蒔花木。爲賓從游憩之地。餘如門庭廊舍。廚庫羣屋等。都爲六十七間。器用供張。設備稱是。縣計公款爲銀元一萬四千有奇。是皆出自府主徐公之賜。余亦幸而觀成。聊以解吾父老昆季之憂。惟願重睹宇內統一。吾黔議會之來者。或修禊事。或舉酒言歡。或聚而爲國家建設之業 民生休養之道、發皇民治。福我邦家。余也扶杖而來。共話桑榆。登斯堂也。俯仰今昔。其感喟爲何如耶。至於董理護持之責。是在後起。古先哲言。有可取法。敬以漁璜先生封翁之訓。聖泉先生之文。刊諸堵壁。并記此館。重建顛末。書諸座右、以告後之來者。封翁遺言、毋貽郁離子官船之誚。其庶幾乎。

鍾母江夫人墓誌銘

漆運鈞

貴筑彭述文書丹　興義王伯羣篆蓋

鍾母江夫人者。開陽山玉先生之德配。以賢孝著聞。而慘遭其所天罹黨禍以就義者也。清光緒末葉。運鈞以諸生居貴筑。於庠序中人識山玉先生。先生治經史而兼涉武事。曾入貴州武備學堂。讀新舊兵法。咸推爲特立獨行之士。時香山孫公。唱革命於海外。黔雖僻遠。和之者實有其人。惟其機未至。而其跡彌隱耳。興義劉顯世者。世操團練。先生與爲友。又曾與同治兵事。然顯世卽異日反對民黨之魁。而先生則獨抱民族主義。故不久亦與顯世離。由是而遠遊日本學法政。運鈞還之。時爲光緒乙巳。既又以應孝廉方正入北都。運鈞又還之。時爲宣統辛亥。雖共處之日短。而神明相映。所謂其淡如水者耶。惟亦既見止。即聞先生侃侃道國事。從衡古今。有旁若無人之慨。亦可以見其志矣。辛亥之秋。武昌起義。海内景從。而貴州反正。次居第五。當時民黨高勛。如樞密院院長張百麟石麒。與先生深交。早參大計。適先生旅滬。即電請回黔。贊襄政局。而顯世方汲汲破壞民黨。乃借兵雲南。由唐繼堯率領入黔。逐張君。并殺民黨黃君澤霖諸要人。而奪其政。先生知之。乃泛海繞道昆明。既至。説雲南都督蔡鍔。揭顯世等之奸。而阻其師。顯世等聞而嫉之。及先生入黔。行至舊安順府城。竟遭賊害。此壬子夏曆正月十八日事也。時先生舉家寓省城。夫人方生第四子大素。甫七日。三子全林未十歲。君姑賀在堂六十歲。太姑何亦在堂九十一歲。長子福謙。次子景賢。尚未服社會之務。倏聞慘變。且懼禍及。而急爲之匿。爲之避。其痛迫爲何如也。方先生之歸自日本也。丁未辛亥間。於貴州省垣。創辦慈善會。創辦救護幼女所。創辦勸業女工廠等。皆注意於平民。而剷除奴隸制度。解放婢女。大有功於人道焉。今之所謂下層工作者。先生既于二十年前實踐之。斯其特獨表見之一。而贊之者夫人也。及先生之遇害也。賴門人宋君緒清。斂其師以葬。鄉里高其行。先生既殁。夫人乃移家歸兩流泉故居。上事重堂。下督子女。收合餘燼。得銀八十兩。授長子福謙經商。以全生活。夫人素習詩書。諸姑子皆親教之。雖漸入學校。而慈訓不稍輟。民國二年十一月。太姑何病卒。祭葬以禮。而君姑賀猶在堂。性嚴肅。夫人事之。至老不違。其敬。外家江氏。世有令德。故夫人自少讀書。中歲歷任光懿諸女校教員。而井臼親操。有古賢婦勤劬之意。門庭將墜。微夫人其誰起之。自辛亥至今。閱寒暑甫二十。孫公手創之中華民國。方興未艾。當日陷害先生之人。自劉顯世以下。或則爲人所誅戮。或則爲人所迫死所狙傷。一一皆陷於先生所遇之悲遇。而盡遺惡名。即顯世亦逃竄滇南。苦痛以死。意若有天道存焉。今夫人之子福謙。服務貴州省黨務指導委員會。壻賢任紫雲縣征收局。全林供職國民政府交通部。大素亦就學首都。有女二。長都廿。次禹墨。夫人於民國二十年辛未五月二十二日以疾卒於家。君姑賀壽八十一。猶康健。而夫人竟以憂患餘生。一病而不可復作。得年六十有一。遠近聞之。交相驚歎。其生平懿德之感召於親故者深矣。運鈞明居方誼。客游金陵。是年六月。其三子全林來告喪。并以銘文請。自維不學。何足以彰表其賢。乃與其夫子十載切磋。淵源道誼。又何敢以不文辭。雖曰俚俗。亦紀其實而已。夫人長子福謙取劉氏。次景賢取劉氏。次全林取敖氏。兩劉氏所出子皆不育。惟敖氏生子德正。即以爲福謙子。福謙又置側室熊氏。生子二。雍雍穆穆。鄉鄰誇之。今福謙等特以本年某月日葬夫人於本邑流水溝玉枕山之陽。非有銘焉。不足以示其後也。乃爲銘曰。人孰不死。惟德乃光。淑儀不忒。婦則之常。既相夫子。詩禮清芬。利艱難蒙。變俗非文。孝於重堂。鞠養兒女。門祚不衰。柳歐爲侶。辛壬鼎沸。殘賊披猖。歷年二十。臨下維皇。乃知屯蹇。福今在斯。彼昏不悟。終爲世瞽。詩稱溫惠。承式清門。雖傷萱草。茂此蘭蓀。仍雲繼慶。彤煒長存。

爲烈士鍾昌祚請昭卹上當道書　　平剛

某公鈞座。某等爲烈士鍾昌祚。備罹殉難。忠渡未彰。遺族纍然。情殊可念。茲擬恭請昭卹。以表忠烈。而報先德事。竊以烈士。生稱慈善。歿爲公忠。夙志先憂。獨膺首禍。推其始意。本圖上安重闈烏慕。不忍貽朔風臨老之悲。且欲環顧閭境燕私。故往獻解帶營城之策。方期會達引義。出辭足賢十萬之師。抑使辛衍知非。弄丸或釋兩家之怨。爾乃一言不合。怒啓穿胸。五步之間。情甘喋血。斯實末世之所難覯。而於明時所宜追思者舞。夫以國家圖治。雖餘萬端。而褒忠之典爲要。志士砥行。何慮千折。而保愛之型爲先。此孔聖所以重父母之邦。詩人不昧維桑梓之義也。況夫烈士當慷慨而往也。間關重繭。事有難於存荆。及其談也。吐氣若虹。誠真可以貫日。不幸而圖窮匕首。公子之討莫伸。臨危而璧阻連城。相如之頭俱碎。嗚呼。其爲情節。方之古豪視死如歸者。亦何多讓焉。至流俗偏尙明哲。臨難者遂餘苟免之夫。而烈士獨取激清。論世者奚祈成仁之選。在昔汪錡備魯。君子猶記其殤。弦高卻秦。春秋尙數其令譽。且如宋公撫櫬於張廟。漢主慕義於信陵。繫彼閑情。猶斯馨燭。夫豈不以一救韓而一救趙耶。嗟嗟。前修余渺。思玄信可以幽通。咄咄。舊德鄰孤。望古何欣手遙集。所恨烈士。出遭多難。飽經天地支離之傷。歸遘不辰。更受黨禍橫飛之慘。一腔熱血。竟以爲人。十載沉霾。猶稱冤鬼。嗚呼。若烈士者。不將付之愚孝孤忠已乎。然而殷仁可作。終且勞周武之封。蜀魄有靈。會須受晉師之拜。顧瞻俎士。不遠流風。言攬潛輝。宜留明鑑已。伏維鈞座。躬行八駁。曾不遺腐草沾恩。相彼九京。又寧忍英魂摇撼。倘使先靈肸蠁。獲免諂於若敖。定卜神道焄蒿。咸感乎於宋景矣。而某等者徒懸勸並。未能效孔北海救戚孝章於生前。竊仰褒忠。敢云法狄梁公祠伍子晉於後世。惟矢詹詹小唔。不嫌縷縷上陳。代叙屏營。未知攸當。立言是否。尚候卓裁。

鍾山玉先生言行彙集序 及書後　　漆運鈞

吾友鍾君山玉殉難之二十有六年。其哲嗣全林。同客南都。欲彰其親。以平日所集之遺文來告。屬予彙纂。以昭君之明德。運鈞自清光緒丁酉以後。即識君於貴陽。其始所談。無非書生應試之文字而已。及其後君入武備學堂肄業。觀其志。似不在小。心始異之。嗣聞其他親故與君同硯者。數數稱君之特性。乃深服其上下千古。有志於漢衛霍唐郭李之爲人。又親見甲午之喪師。戊戌之變法。庚子之播蕩。其精神益感發。而憂時救國之忱。更一發而不可遏矣。乙巳之歲。予游學日本東京時。君已先我而至。肄業於早稻田法政大學。此其國法學博士梅謙次郎之所主辦者也。異邦相聚。情誼尤篤。而君則躬覽隣國維新自強之盛。愴懷祖國。時發激切之言。故同志于德泙業乾。與君同館。一日與談國事。至深夜。慨然起舞。謂予君曰。他日爲國。倘有可以舍命之處。吾决不惜此一身以苟活。以天地覆載之身。從容以爾同一覆載之億兆。吾何惜焉。予君壯其志以告予。而豈意不數年間。斯言竟驗。其識耶。其非識耶。嗚呼悲矣。辛亥之夏。予應試入北都。而君適以應孝廉方正先至燕台。寓正陽門外貴州會館。相與重談往事。并道貴陽自治憲政兩黨對峙之紛紜。而力主調和。蓋志在強國。不屑屑於門戶之私門。因言然仁者之用心也。是年秋。武昌起義。而貴州光復。實推自治黨之功。而君即本黨領袖。卒以欲踐其調和之言。並申其翊答億兆之志。竟爲憲政黨所賊害。殲我元良。訖於今國事屢更。滄桑遞變。予浮沉臼下。哲嗣圣林篤於故舊。以纂輯相屬。其敢辭耶。按是篇所錄。皆據君所遺之文字。並參以諸家之記述。網羅散佚。排比考訂。聯綴而成者。君之事蹟殊多。茲不備載。載其有關國家社會。及足以考見其人者。昔俾思馬克畫像成。俾氏自視而笑曰。似我矣。然而非我也。蓋俾氏面有黑子。而畫師略之也。其與陶母截髮圖。手中金釧何異。故妄意增減。皆識者所不取也。孟子曰。汙不至阿其所好。敢不敬乎。班孟堅書。頗載人文詞。存其人者。莫如其文也。今中央黨史編纂委員會。採集革命先烈之遺文。意在斯乎。意在斯乎。黨史者。國史也。上結數千年專制之局。下啓億萬世民主之元。範圍甚大。其事甚重。何日成書。雖可逆覩。懼歲月奄忽。而信史不成。久而散落。或遂湮沒。願有所述以告世人焉。亦古人發潛闡幽之遺意也。

民國二十六年丁丑三月運鈞謹識

書後　予嘗讀平君所撰事略。中有云。昌祚死後。滇軍據有黔政。不惜力助保皇黨。大殺自治社人。甚至曾隸自治社之軍隊。亦并坑之。是時先大總統在南京。屢以電令止之。竟置不理。然後知滇軍皆樹保皇黨。實挾有仇視民黨之深意。然後知昌祚之力阻滇軍。實深於愛護民黨之熱忱。昌祚光明磊落之人格。其可忽乎哉。蓋是役。黔軍之被坑於頭橋。被坑於東山。被坑於南廠。於螺絲山者。幾千人矣。雖繳械徒手。而不得免焉。周培藝素圃曰。辛亥革命。吾黔自治黨人。功首罪魁。瞬息易位。死於叛兵之賊害。死於滇寇之虐殺。死於劉顯世、任可澄、戴戡之傾擠搆陷。死於京津滬漢粵桂川湘之窮餓流離。乃至不可勝數。周君之言。特就黨人而言之耳。若黔人之無辜受殃者。更不知其凡幾也。而君謂黔人之生命財產。從茲灰燼之言盡驗矣。君聞黔中黨派。陽似消融。而陰實劇烈。於是慨然有歸志。欲披肝膽。陳禍福。而亟爲之調停。以保和平耳。其志不惟欲免生靈塗炭。抑且使兩黨人不致有敗家亡身。互相圖報之患而已。有是非之心。無傷害之意也。君徇其主張而死矣。曾幾何時。彼同惡相濟諸人。亦相率不得其死。而運鈞論及此事。亦云當日害君諸人。或則爲人所誅戮。或則爲人所迫死。所狙傷。一一皆陷于君所遇之悲遇。而盡遺惡名。即顯世亦逃竄滇南。痛苦以死。意若有天道存焉。是君之所深慮者。又不幸而悉應矣。方君之阻滇軍也。非確知其謀而往阻之也。更非身處乎黔。有福而及。風聞其事。袖手旁觀者比也。眷念黔局。輕裝言旋。道經昆明。仗義執言。彼魯連弦高。何以過此。勒馬於懸巖。忽中變於俄頃者。黔人之刦運耶。抑主兵者之不得其人耳。倘先事而預爲之防。聞訊而亟爲之備。彼滇軍一梯團。又違蔡鍔節制以入黔。烏能招寇若是易易哉。乃滇軍兵臨城下。彼護督者。若癡若迷。牛酒勞迎。卒與黔中健兒。駢首就坑屠。悲夫。君懷遠略。具逸才。使光復時在黔。因衆望之歸。當鄭鉅之任。握兵符。鎮黔中。影響所及。正未易量。彼羣小者。何由逞其鬼蜮哉。民國以還。社會學說、震盪一時、而君之社會運動。尤推先覺。收其利。絕其弊。視世之徒慕新名。不審國情。不務實際者何如也。用綴其遺言。纂於篇。俾留心社會演進之君子覽觀焉。

復解縣長幼瑩書　　朱啓鈐

迢達天末。聞聲相思。承賚手遂。知有纂輯邑乘之舉。賢令尹之所爲。誠有以異於流俗。感佩曷既。弟流轉四方。忽焉暮齒。每懷水源木本之思。頗志徵文考獻之事。近年梓里人士。轉相告語。輙用欣然。猥以久居北都。讀書較便・嘗鈔纂開州志補輯一帙寄黔。此外稍有見聞・悉以相告。郵筒往復。何嘗盈咫。事變勃興。聲息阻絕。偷生念亂。亦無復曩時意興。今承開示。真空谷之足音也。從前所寄史料。恐尊處未易覓得。茲勉將開州志補輯。再寄一通。但不卜果能遞到否・寒家丁口單寡。數十年來。尤多羈旅在外。念及松楸。常懷耿耿。乃聞賢侯故老。猶數式墓之古風。凡在後嗣。能不零涕。謹將先世家乘遺墨。及拙稿檢奉若干。敬候采擇。至應如何愼選。悉聽史筆。非弟所敢置喙。志稿目錄。拜讀一過。甚爲盡善。允稱三長。將來必爲信史。梓里之光。同深欣頌。弟衰病之軀。猶願拭目以觀厥成也。專此布覆。敬頌台安。弟朱啓鈐啓。廿八年九月三十日。

據另函其所補輯開州志、因郵局拒遞包裹、祇得抽出原書、另將家乘殘存散篇、摘出函寄云云、故本會收到、僅其家乘散篇、補輯之志、無緣寓目也、附記、

李茲園先生遺詩序

何麟書

茲園先生。余長姑母之子也。幼孤。依母以居。嘗從先中憲湘雲公受業。學爲詩古文。性至孝。家無儋石。自甘藜藿。而日必竭蹶。備甘旨以奉母。先公亟稱其賢。時吾家亦中落。先公以舌耕自給。間分館穀周繼之。咸豐庚申。先公成進士。改庶常。旋散館爲四川知縣。越二年。先生亦鄉會

聯捷入詞林。爲京曹。南北萬里。迨於先公之歿。閱二十有六年。甥舅乃不復一相見。亦可悲已。光緒辛丑。先生賜環回里。書與先生無三日不見。輒娓娓談往事。或竟日不休。吾一生爲人之道。得之吾叔。爲學之道。得之吾舅。追懷疇昔。欷歔若不自勝。其時先生年已七十矣。生平喜爲詩。心有所觸。一一託之吟咏。當其下筆。直攄胸臆。無所緣飾雕績。及其既成。精光鋭氣。似經千錘百鍊而出。蓋情性真摯。蘊蓄宏厚。非肖聲襲須者。可僞爲也。晚歲家居。感愴身世。慨念時艱。居常悒悒。日惟以詩自遣。顧不自珍惜。往往隨手散佚。其家人又不知收棄。以故存者絕尟。辛壬之交。書時在左右。每一脫稿。或口述舊作。輒筆錄存之。癸卯。書計偕北上。次年先生入鄂。其間睽離者經年。自後書執教鞭。日鮮暇晷。晤對漸稀。又未幾而先生逝矣。數年鈔集。僅得詩百餘首。貴州文獻徵輯館。搜求先生著述。久無所得。遠道寓書就詢於余。余喜先生之詩。得以傳世。不至終祕也。爲錄副本應之。綜先生生平之作。今之所存。百不逮一。然吉光片羽。藉以窺先生襟抱。使後生小子。知所取法。豈不與夏卣商彝。同其寶重耶。民國第一丁丑春二月。時僑寓昆明。

覆解縣長函　何麟書

幼瑩先生座右。蟄居異地。久離鄉園。瞻近無緣。極深惆悵。月初、奉到華牋。知有續修邑志之舉。徵存文獻。遠紹前修。志稿目錄。條分縷晰。體例周詳。凡我邑人。同深感忭。復辱瑤函遠貢。詢及芻蕘。羈旅衰年。不獲歸襄盛舉。尤增愧慽。敝族自明初入黔。閱六百年。雖廿世耕讀相傳。科第不絕。然并無遠大事業。足以增光邑乘。書等庸碌。更無足道。遠承藻飾。何以克當。舍間家譜。自道咸以降。歲久失修。本支先代手澤。旣間有遺稿。多藏長房舍姪士瑗所。年前瑗姪又已溘逝。奉書之後。曾函囑舍侄孫福民檢篋鈔集。不意近接筑訊。福孫日前夭亡。繼承無人。散佚可慮。擬得便親歸料檢。珍重保存。惟新志成書。期限迫急。恐不能待。茲先就行篋所攜。鈔成一紙奉上。即冀詧覽。如此後限內。再有搜集。再當繼續錄寄。以副雅意。昆明近尚安謐。惟空襲空氣緊張。人民強迫疏散。書亦挈眷避居鄉間。偶一入城。裁候稽遲。諸祈亮詧。專復。即候治祺。弟何麟書。七月二十五日。

關帝廟碑記

莫宗文

世襲錦衣衛指揮同知莫英書丹　世襲敕勇衛指揮同知莫蘅篆首

竊聞遊覽登涉者。偶然之事。而運數早定焉。寄寓托跡者。一身之事。而憑弔由起焉。余以楚人。自弱冠遊於黔。黔之深林空礀。懸巖絕壁。無不經歷幾遍。如此者十餘年。乃出川。由川而楚。楚而洛。洛而秦。秦復歸楚。楚仍入黔、如此者亦十餘年。乃自黔復將川時、中原陷失。胡虜據矣。丙戌之歲。肅軍從秦中謫陽平關復入川。川將師潰。文至川保黔。丁亥正月渡烏江。合川事黔事也。黔之逆有藍二一者。投虜而攻陷甕安、餘慶、黃平三城。遂困平越。府城危迫。湄潭、龍泉亦被虜據。此時四面皆敵。幾難措手。文計必靖內逆。乃可得志外虜。遂遣馬步兵。兼程黃絲大道。陽欲解平越圍以牽制之。而陰以奇兵渡棉渡小江。擄逆妻若子。連搗逆穴。藍逆知家破。烏合者盡散。以孤身奔竄被擒。平越之圍解。而內逆亦消矣。乃以是年六月得督師閣部王公應熊檄。復渡長灘河。恢湄潭、龍泉城。同錦江侯王公治援遵義、綏陽。虜潰奔秦。黔播悉安。戊子。阿線兩虜。自楚之沅襲南甯侯張公先璧。兵至平溪。思州、銅仁亦爲虜據。南甯失印江。會同餘慶伯張公登貴。川督鄭公元。范公鑛。程公源。巡撫郭公承汾。監軍道劉公濟寬。饒公崇品。誓師餘慶。分兩路以下。文出覬樓。恢思州。定番侯皮公熊出清浪。阿線兩虜。敗且潰。南甯復出援沅。己丑庚寅間。文之出銅仁。圖恢復楚。遂家中平。中平者。藍逆之据地也。山深野大。木老石怪。無居人焉。文經營圖度。闢住山頂。草創庭廈。用庇風雨。而諸將士環繞山腹之居。前築田坪地址建關帝廟。裝嚴其像焉。夫余以楚人。而不知遊歷山川幾許。何知黔之是居。即遊黔而川楚秦洛。其山水奇秀。城邑廣大。何地不可爰居。而忽於黔是居。且于黔之中平是居者。是皆運數使然也。夫使天下不紛亂。中原不爲虜所陷。文未必戀戀於黔。而藍逆不爲不軌。文不能以奇兵直搗其穴。亦未必能定居於黔之中平。乃生時不幸。天下忽而紛亂。中原忽而胡据。而藍逆忽變。而得搗其穴以居。是皆運數使然。非人之所能爲也。且爲文也。而以關帝之聖。處於漢末。何知後世之有其廟。况生于河東之解梁。而歿于荆襄。何知百世後廟于黔。并廟于黔之中平。而文以遊覽寄寓爲之立廟撰碑。是亦運數使然。亦非帝之所能強也。往昔羊叔子之鎮襄陽也。時登峴山而泣曰。自有此山。不知經閱幾人。而湮沒不傳者。不勝可慨焉。則文於中平以家。而登眺托跡。抱此壯懷。後之覽者。詢其故址。考其遺跡。亦必生憑吊之感。而千百世以後。文雖不肖。得仗關帝之靈以傳焉。亦未可知也。爰是撰之于石。皇明永曆庚寅之帝誕日。欽命鎮守川黔楚沅靖等處地方提督漢土官兵總兵官右軍都督左都督上柱國太子少保安化伯莫宗文撰。

考證

(一)藍氏爲開陽苗族著姓。考開州舊志所記、苗寨三十六。藍氏所居之寨十有三。今蒲葵鄉在開陽二十八聯保中。獨稱特別聯保。該聯保何云乎特別。以所轄村落十之九。猶是純粹苗寨。而各該苗寨總頭目·据該地乾隆年間碑記爲藍阿秧。民國以後、迄於現在、該地保甲長·幾等於藍氏世襲，雖時勢推移·今後苗族同胞之同化於漢族。更爲迅速。在最近之將來。將莫辨其苗漢。然以現在推之。過去藍氏。爲開陽苗氏之一大酋長·可無疑義。其所据地。當跨開陽、平越、甕安而有之。宜其力能攻陷甕安、餘慶、黃平。而圍困平越也。按莫碑有以奇兵渡棉花小江。擄藍逆妻若子。連搗逆穴。藍逆知家破。烏合者盡散。以孤身奔竄被擒等語。則藍二一爲蒲窩諸藍之先必矣。當時被擒者僅藍二孤身。其衆固未嘗剿滅。于時中原失陷·明之君臣。流離轉徙。來至滇黔。雖大勢已去。而其意仍在中興。討藍二一討不過攘外而先安內。故莫宗文曰。討必靖內逆。乃可得志外虜。藍二一被擒。此地之內逆已清·服而舍之。宜藍二一黨族仍得盤踞蒲窩。長養子孫也。則藍二一之役。與開陽之歷史關係尤密切

貴州印刷所承印

也。

（一）關帝廟在中平。中平雖屬平越。然與開陽之龍坑最爲密邇。今龍坑有所謂太師墳者數顆。其一在龍坑田壩。碑記已倒。土墓猶存。父老相傳。曰張登貴之塚。考莫碑有餘慶伯張登貴。當卽其人。又龍坑有關聖殿。爲明永曆時餘慶伯張登貴所建。則登貴生時。必嘗久居於龍坑。故建廟宇焉。明社旣屋。不可恢復。自以明之重臣。不甘投清。潛蹤此土。以死以葬。亦宜也。以龍坑地太師墳數顆推之。則知當時與登貴同調。甯死則葬蠻貊中者。尚有多人。特滿清據有中原二百六七十年。無人敢爲之表彰。漸就湮沒。民族正氣。繫於忠義。社會人心。亦繫於忠義。故亟表而出之。以竢乎來者之廣爲搜求也。

（一）該碑有督師閣部王應熊。熊應作龍。當係傳抄之誤。考安龍逸史。永曆十三年。工部尚書王應龍殉節永昌。其子從之。屈大均稱永曆諸臣。國亡盡命。惟王應龍父子。其子之名佚。疑卽錦江侯王治。明末紀事之書。都可百種。搜求寓目。一時所難。容再考之。

（一）莫碑所載戊子阿線兩虜。自楚之沅襲南甯侯張公先璧。兵至平溪。

思州、銅仁亦爲虜據。南甯文印江。會同餘慶伯張公登貴。川督鄭公元。范公鑛。程公源。巡撫郭公承汾。監軍道劉公濟寬。饒公崇品、督師餘慶。查諸人。除餘慶伯張登貴所建之廟在龍坑。所葬之地亦在龍坑外。考永曆十二年。孫可望降清。清封之曰義王。統兵竊取滇黔。五月。黔撫冷孟飪被執不屈死。報聞。咸爲悲悼。遣禮部尚書程源。文安侯馬吉翔諭祭。加贈孟飪爲兵部尚書。而蔭其子。子旭。世襲錦衣衛僉事云云。是程源於時猶存。又孫可望旣見敗于晉王李定國。可望奔還貴州。決計歸清。乃攜家口走楚南以降。於是永曆追念前滇黔總制范鑛。初駐貴州。可望入滇時。遣李定國與之盟。言共扶王室。鑛乃開陳大義。且曰。假令可望渝盟奈何。旣又笑曰。扶明者我則奉之。渝盟者我則殺之。及可望無人臣禮。而鑛竟憂憤死。故永曆十二年三月。有贈卹范鑛之命。今五區洋水玉皇觀大鐘。備錄永曆四年四月十七日范鑛之批文。其結銜爲「欽命督師川湖雲貴軍務經理糧餉賜尚方劍便宜行事兼巡撫貴州太子太保兵部尚書兼都察院都御史」。字迹明白。鈎畫了了。以欽命督師貴州巡撫之威尊。而批及僻處洋水之一寺觀。必明之重臣遺老。來至此地。雖僅餘一成一旅。而猶心懷明室。不忘故君。志圖恢復。故撫綏安輯。巨細不一。而乃及之也。

送趙遜敏東歸　宋昂

琴鶴先生樂自然。故山歸去白雲邊。門前柳憶陶元亮。洞口人迎葛稚川。行色蒼茫林影外。離情蕭索酒杯前。欲知別後相思想。疎柳寒梅鎖暮煙。

送汪公子還嘉禾　宋昱

城上棲烏下女牆。城邊行客醉壺觴。一尊風雨秋蕭颯。千里關河路渺茫。鄉夢已隨雲去遠。離情空與日添長。憑誰爲報南湖達。早晚還來理釣航。

憶蜀中舊遊　宋昱

記得曾遊蜀路時。兩川人物盡相知。聯鑣共訪楊雄宅。攜酒同登杜甫祠。夜月樓台飛逸興。春風花柳入新詩。於今回首真成暮。獨立蒼苔有所思。

漁磯二首　宋炫

水光瀲灧接明霞。蕩漾扁舟泛水涯。峽口雲封間白晝。幾行歸雁夕陽斜。

烟波常作畫圖看。盡日磯頭俯仰寬。罷釣歸來天欲暮。笑呼稚子接魚竿。

送楊知事　宋昂

江水澄清樹葉丹。臨岐人送柏台官。十年帷幄參機務。一旦雲霄振雨翰。

風静洞庭高浪遠。月明揚子暮潮寒。京華到日春光好。花柳無邊馬上看。

硃砂賦

田雯

考夫銀燭流於朱提。銅山啓於吳會。合浦有夜遲之珠。番洋有醋潑之瑁。猗儺美蕩。林邑螢飛。黃髓青雅。錫蘭流潰。西域之苜蓿葡萄。南粵之珊瑚翡翠。莫不居之爲奇。有以爲利。至若丹砂之名。首見禹貢。與砥砮而並稱。入髹漆以成用。鐘乳質近而形分。紫瑛性殊而貌並。烹而煉之。絳雪瓊膏。餌而服之。十州三洞。術傳鴻寶。雞犬昇雲。書秘枕函。杖藜照誦。稚川勾漏是求。香山廬峯見弄。衛公以之和羹。昌黎因而兆夢。石可點兮逋債。金可化兮來送。訪邵陽之巔。遺弁尚存。過洞庭之塋。鑄鼎猶須。匪恠匪迂。宜愛宜重。於稽所產。不一其鄉。二酉之麓間出。潯沚之下深藏。雖習聞而未覩。今乃見於黔疆。阡江盤水。婺邑銅崖。咸可握而可採。然忽閉而忽開有未有若開陽之夥者也。於是奇贏之徒。廢舉之士。指烟嵐以爭趨。驅舟車而來至。相與募保傭工。晝褱列肆。追一線之蚓蛇。探重泉之幽閟。鑿高支而忘天。脂親賚以覓地。悵曉夕之莫知。置生死於非易。乍吐微鈋。儻獲大貝。雜土石以同居。寢礦床而翻寐。或如矢鏃。或如斧劈。或瑩如鏡。或黯如漆。韡韐比光。火齊較色。爍矣霞披。欻

貴州印刷所承印

然榴滴。是稟精華。鍾火德。細若輕塵。巨等拱璧。磊塊陸離。尺量斗計。謂之砂寶。辟邪魘魅。豪客名家。連城肯易。錦入奩出。梯升硬壁。附蠟引猖。擔肩負背。載檢載披。且淘且汰。審厭楛良。別夫族類。此什襲而韜藏。彼貿遷而罔市。別有沿鄉埜老。接潤孤黨。措斗引竿。漉末拾零。足浸溪而蝕趾。目注粒而損睛。波濤爲之盡赤。襟袂爲之頭顏。苟錙銖之可取。雖纖忽其敢輕。爾乃作竈與罏。置碾施杵。研之則我朱孔陽。蒸之則揮汗成雨。學圜磯之走盤。任點易而滴露。更呼爲汞。改號曰秒。其實則一。其變則殊。噫嘻嘻。此一物也。既不足充耳目之玩。乃妄傳服食之神。以致多搜索於官牒。遂視希世之奇珍。使者不言神仙。願下令而長禁。砂其莫產山谷。何爲苦此良民。

輓陶廷杰　何亮清

良臣雖死作忠臣、洵是千秋不朽身。猿鶴成軍都解甲、龍蛇厄歲恰逢辰。藐孤猶幸能存趙。（兩公幼子爲家人攜去、）遺愛應知久在秦。（公曾任甘肅康誘使、由陝藩致仕、）聞道騎箕歸去日。葳衣揮涕到黃巾。（城破後、賊擁公衣冠且爲位孔祭之、）孤城黑壓壞雲垂。愁賦招魂楚些詞。授命自成千古事。感恩猶憶十年時。（余十歲隨先君趨戍所、見公於蘭城、自是濡迹六載、飫聆教誨、謬許以國士、嗣丁外艱、復解偉金、爲麥舟之助、乃得扶櫬歸里、）淵明徑裏松猶在。宏景山中鶴亦悲。遺恨九原應殺賊。西風獵獵捲神旗。（公以去歲九月殉難。）

題朱佩蒼摯衡聽雨圖（坐花居石山房詩草）

朱世熙

我曾棗有登山癖。登嶽何年遂此遊。貪看畫圖渾不厭。煙巒九面雨中秋。

聽雨聽風舊有樓。衆山環繞畫圖幽。今來展讀瀟湘譜。岣嶁峯頭響未休。

七㯳吟成付錦囊。嶽雲衡雨繪縑緗。羣峯隱約溟濛裏。知有神仙下大荒。

自述詩

朱筱樓

數黔裏生。文公後裔。系出江西。黔陽籍隸。號曰數婁。原無根柢。身殆形勞。一茅塞局閉。性復麤疏。尙須磨礪。辛丑相生。祖庚同際。誕於長沙。簪纓門第。就傅始歸。奚容怠滯。岵屺興悲。徒聽享祭。花萼遊思。愴懷棠棣。弱冠成婚。迭傷伉儷。我生不辰。烽煙揚厲。骨肉中分。書香淪替。少不漸摩。長無一藝。餬口四方。暑寒更遞。金盡阮囊。行將困斃。幸予方造請纓。翻然奮袂。奉檄餉軍。虜囚幾罹。妖孽既清。捷書報帝。錫秩。先澤罔繼。株守衷門。年年淹滯。七度烹庖。知音莫締。未穩一枝。權操主制。隨遇而安。何來罪戾。與物皆春。心誠投契。五內皆空。伊誰塵蔽。每扶殆危。輒相贈幣。豈出吝慳。惟力是濟。更難解紛。嘗爲約誓。委曲周旋。兩全局勢。花甲方周。子焉忽詰。質雖孱癯。差喜尙慧。敢曰願償。聊爲後計。天實佑予。愈加勉勵。今夏初交。華城來蒞。匝月方過。條經改例。瓜代指期。甘聽排擠。誰其尸之。中無佬傺。依舊撞鐘。且安匏繫。六月息肩。自應休憩。詎意炎威。頃刻陰翳。暮起變端。組盡虛曳。悔彼神通。臍何及噬。倚伏盈虛。終成妙諦。我惟信天。曷敢玩愒。違效黔婁。古人已逝。不求便宜。不輕徼惠。毀譽升沉。絕無芥蒂。守分安常。養生自衛。緩步當車。晚食甘糲。有酒微醺。勝調藥劑。偶從泛觴。亦不拘泥。無貴無賤。無粗無細。一視同仁。交匪不逮。時聞善言。如佩蘭蕙。老而彌堅。性如薑桂。四十年來。不相累綴、鐵硯弗加。快活一世。鶻突至今。六十二歲。

再題朱佩蒼衡山聽雨圖　朱世熙

我聞衡嶽之山多奇峯。天然七十二芙蓉。名齊泰華稱巨鎭。兒孫羅列超凡庸。祝融丈人與紫蓋。來往時有仙人蹤。岣嶁山頭神禹蹟。豐碑矗立崇如墉。古人文字不可識。鬼神呵護苔蘚封。維嶽興雲復降雨。陰陽開闔如從龍。氣勢蒸騰吐滂沛。揮灑徧慰天下農。吾家佩蒼探奇異。捫蘿剔蘚披蒙茸。攬登名勝遊蘭若。長齋張琴和古松。忽聞天半飛泉落。山澗雲氣盪心胸。跳珠濺瀑看無數。敲金戛玉鳴琤琮。詩人到此興未已。暮烟深處來疏鐘。急呼肩輿且馳去。歸時晚飯奚奴供。此情此景難再得。欲倩妙筆爲形容。滇南萬子工圖畫。途次恰與荊關逢。吮毫濡墨圖粉本。腕底往來靈氣從。淋漓盡致真宰訴。天將真形歸阿儂。今我不見山之麓。披圖展玩尤惺忪。參差樓閣溟濛裏。想見雷電交橫縱。他日爲霖咸被潤。聽取看山皆扶笻。

寄梓皋夫子（紫荊花館詩）　朱傳夢瓊

夫婿還鄉作遠遊。滿城風雨釀成秋。遙知今夜扁舟裏。一樣相思兩樣愁。

闌干獨依暮天寒。寂寞西風翠袖單。一夜疏砧敲不斷。征衣檢點寄長安。

歸到黔靈僅幾時。遙知定省慰親慈。勸君拭盡相思淚。莫遣堂前白髮知。

家山烽火路艱辛。紅豆相思夢最真。臨別贈言君記否。春來莫作未歸人。

請仙　朱傳夢瓊

皎皎銀河月正圓。輕烟裊裊遙遙天。簾前問訊焚香者。飛到蓬萊第幾仙。

碧天如水月娟娟。縷縷香痕上九天。問訊南山青鳥使。浮生得過幾多仙。

題凝翠閣詩草偕靜濟女弟作　朱傳夢瓊

雪比精神雪比姿。繽紛珠玉寫新詩。買絲欲繡平原相。回首生花入夢時。

記曾拍手到人間。回首蓬萊第幾仙。多少烟霞都化水。步虛聲裏骨珊珊。
秋光如水丹如霜。感入鐵樓雁幾行。繡罷女貞無個事。吟情知否渡瀟湘。
姊妹花開朵朵青。連霄華月酒初醒。風流悔見相如晚。並拜先生願執經。

花影　朱傳夢瓊

描出枝枝影。芳菲正放花。清疏移畫檻。重疊映窗紗。綠柳千絲細。紅桃幾徑斜。因風迎過燕。步月聽啼鴉。

丁未戊申間在黔楚江中奉賀賀鳳笙文宗　鍾昌祚

三十八年辭舊歲。七千餘里佩鴻才。孔尊連月同舟舉。孫閣他時爲國開。羅甸德星天賜與。草堂人日我歸來。文明輸入將增美。爆竹風聲先釋回。不怪昨非非去國。敢云今是是還鄉。馬道伯樂輕千里。人望雲霓重四方。滿坐賢豪同瀚沐。十年宰相理陰陽。天留羅漢溪邊客。暫緩貂冠答拜忙。

辛亥五月下旬黔楚道中用王摩詰桃花源行原體原韻　鍾昌祚

前此三年戊申春。舍舟登陸問歸津。光公墓道哭宿草。教鼎山麓勸學人。華盛頓村何抑鬱。宣講如爾新大陸。疏通濬汕苦工獄。社會演進古金筑。己酉先鳴政法班。直舉諮議則民服。庚戌準擬窮河源。黨獄將興鎮故園。國會西南教育催。吠尨醫惵黑幺喧。辛亥歸甯重慶集。貫城滄身濬筑邑。

錢神論著鳳仙鬧。雲崖競爭讓先入。思遊地獄救人間。宰府神仙往復還。
龍里感懷款叚馬。甕城橋憶徐沿山。神留宇宙黃絲見。鍾寨難追清平縣。
朝賽未飽脚夫逃。衛武家山何侵衍。青衫古調彈施秉。木虱欺人鳳雷變。
潕陽投宿滕雲孫。國士悲秋說梵林。選使旁觀資政院。桃源在望復何尋。

辛亥六月用東坡步淵明歸田園居五言六韻紀遊　鍾昌祚

乙巳遊東國。奇男薄衛鞅。登蓬天地寬。封侯入夢想。丁未繞燕還。乃以國民往。政治與文立。相互爲消長。辛亥六月初。見聞予弟廣。山谷達海洋。氣象莽蒼莽。早發過清溪。簫吹玉屏詩。晃州下沅州。高僧竟何之。公平正直者。龍標去後思。洪江望故園。雄溪訪必時。銃轟仙人灣。強權在其茲。辰溪瀘溪間。巖箸不吾欺。辰郡安木鬧。飛蛾耶教飛。興隆集神鴉。辛免清淚悲。威令行且止。桃源得所依。澹君泊武陵。微陶孰與歸。夏夜宴賤園。鳳德曾何衰。泰安仰山高。先天天弗違。輪船常德始。民船五溪終。小鳥見大鳥。十乘合元戎。英雄造時勢。亦復造英雄。回首二千里。家山有高風。寄語神仙吏。災民萬數窮。堤決水聲轟。待旦報黔中。

下殤女雨墨碑文　鍾昌祚

嗟我禹墨娃。一現如曇花。晬盤惟好書。名姓自識他。奈何十四月。曾不

貴州印刷所承印

萌齒牙。風動合眼逝。慨慕聞呼爹。己酉九念四。喜喜復喜喜。賀母在開
陽。何祖八十七。長子鍾福謙。戌午二十一。冢婦劉淑靜。結婚即此夕。
我遊太和同。孝廉方正開。黔垣辦工廠。疏通濬溢𤁤。學說尚禹墨。女生
名之哉。州府交辟文。適於是日來。今春祖若母。旨謙與媳劉。影見慈善
會。如別陳漢州。國會電燕催。觀光擬環球。坐鎮不果行。一日三噢咻。
周歲居重陽。四喜銘山莊。德者福之基。積厚流乃光。義務聖與仁。大壽
祈重堂。天雖向吉人。午景思難常。歸寧兩流泉。重堂皆康健。冬仲十六
寅。月波㾮驚歎。問妻何所驚。禹墨命已斷。情牽兒女長。氣縮英雄短。
暗示江休哭。遇變莫騰沸。待旦催舜雄。達德學堂讀。救亡剖鴿胸。同生
燕馬勃。鐙心苦竹灰。松蠟漆梓木。都舜十三齡。撫棺悲不勝。麟雄方八
歲。呼妹淚涔涔。妻江遂號咷。我亦酸鼻吞。舁尸照寒月。小殮凍愁雲。
次子濟廉躄。力疾築灰隔。三日竟不甦。含永成永訣。表弟葉搏沙。大殮
送城北。石家龍頭樹。還鄉𥙐路阨。開州峯寺高。寶慶移明朝。必時永汝
應。進鴻昌大交。華祖既漸考。髮亂曾此逃。春姑學公魂。西南附郭招。
招魂叩前輩。胎教信乎未。妻求師範專。禹墨知書味。何福濟蕣雄。荀爭
滕薛類。嗚呼先後天。同功而異位。痞溯小陽中。木火動肝風。大噴忌生

人。關文眼簾封。百舌復反舌。蓽蔴細辛𥟊。雞翅擾痰厥。雞尾披臍風。瘋痰豁然豁。寒逐驚還却。更生丁令威。口歟化遼鶴。將滅鐙復明、令人思無藥、片馬警電傳。投筆咨羣略。

陳順鑲刺史去思立石　　鍾昌祚

宋岳忠武譚、文官不要錢。膾炙昔人口。七百有餘年。晚近官爲商。朋比蠹役奸。吾聞兵燹後。龍君海生賢。若胡君桐琴。錚達才盤盤。若陳君劭吾。雅健能且廉。若張肇皆君。清白復撝謙。明慤濟定者。惟公爲能然。中書燕北來。眷屬留西川。將造蒼生福。爲人寡欲先。宣統元年春。奉檄開陽行。開風患游匪。頁懦不聊生。公諗民疾苦。芻蕘悉留神。知人故善任。頑廉薄夫敦。聲色渾不動。長陽潛消陰。虛衷伸正氣。實德格僉壬。鬼蜮日中泯。豺狼境外奔。倘許寇老借。憲政促期成。庚戌公去也。瓜代劉夔門。于公當有光。保我子孫民。

春晴　　許閣書

風和日暖燕聲柔。桃李花開色色幽。沉醉客眠荒草塚。踏青人上翠微樓。紙鳶斷處聞喧語。駿馬歸時快遠遊。誰倚綠窗吹短笛。餘音不絕動愁離。

三月二十一日爲余懸弧與省中諸友痛飲不覺大醉醒賦一律寄伯兄申之

歲月渾如一擲梭。風塵老大奈吾何。廿年事業皆淪落。半世功名盡坎坷。 許閣書

故友久疏情不減。衰親失奉咎㝡多。男兒未遂凌雲志。贏得龍鍾兩鬢皤。

謁孫可望夫人墓二絕 許閣書

在紅邊門外地名小月溪尚有誥封一品夫人等字樣約略可辨

香塚飄零古道旁。荒煙蔓草色淒涼。當年歌舞知何地。令我臨風淚數行。

巾幗不求姓字香。空留艷骨葬高岡。可憐祭掃人歸後。古木寒鴉噪夕陽。

三月某日祭先人墓有懷 在老東門外二里許地名兩關 許閣書

先人墓在黔城東。古徑蒼茫夕照中。魂返故關悲道黑。淚隨殘蠟染巾紅。

山川有意常爲慘。桃李含愁怕遠風。久別親闈思不盡。那堪歸路踏芳叢。

步都栗漁隱輓譚女士殉學原韻 八絕 譚女士爲光黔女校教員 許閣書

壯懷難抒效沉湘。爲學捐軀亦可傷。竹帛於今書姓字。蛾眉應愧貌堂堂。

毛山輕重訴無由。就死成仁屬女流。教育前途發達否。使人太息使人愁。

寄跡黔南州四春。性情慷慨見天真。全球不少名閨子。殉學於今有幾人。

家世存亡付一身。名璦豈肯老香塵。犧牲教育成全璧。愧殺衣冠多少人。

搜求往事費追尋。芳塚側邊樹鬱森。哭盡古人無限淚。不如此處淚沾巾。

紀念不堪尋舊事。挽聯重疊痛何如。欲知女界文明事。請讀當年絕命書。
祭掃歸來卸野裝。雙眸哭損斷愁腸。可憐芳塚蕭條甚。留得百花傍曉香。
吟罷輓詩覺晝長。綿材何敢擬元章。效顰不及增慚愧。羞向人前說頌揚。

遊九華宮　許閣書

貴陽城外九華宮。景物清幽自不同。樹影鳥聲時上下。僧寮客舍各西東。
名賢篆籀楹聯古。鄉宦蒸嘗院宇隆。獨步徘徊弗忍去。消閒那管夕陽紅。

登東山　許閣書

游覽東山記幾回。謝公屐又印蒼苔。衆峯皆小巉巖險。怪石獨多道路隈。
十萬人家頻指點。數椽古寺久荒頹。劃然一嘯渾忘返。且飲登臨酒一杯。

遊黔靈山　許閣書

黔靈山上舊遊蹤。浴佛重來又曳筇。倦鳥初還棲古樹。行人小憩聽清鐘。
洞天福地殊塵俗。佛塔僧樓對遠峯。薄暮登臨憑眺望。蛾眉九仞白雲封。

四月二十六日爲慈親誕辰不能旋里作此寄伯兄申之　許閣書

作客天涯久未歸。愧無甘旨奉慈闈。行蹤千里門閭遠。糊口四方定省違。
陟屺常悲嗟季子。窮途敢說報春暉。十年事業雖淪落。敎澤時時記斷機。

遊扶風山　許閣書

扶風山上偶登臨。野徑迴環草木深。考古人爭尋舊蹟。談禪我亦洗塵心。孤峯獨秀襟懷闊。萬木常濃寺宇陰。薄暮歸來一回首。鐘聲猶自繞疎林。

蒲節前二日接伯兄申之手書中有大局不可不顧等語感題一絕　許閣書

大局如斯顧也難。神州莽莽欲偏安。藩籬盡折膏腴失。購得輿圖不忍看。

西南日報五月初二日時評爲余所作幾召無妄之災感賦一絕　許閣書

口吻輕薄咎弗辭。輕狂最是少年時。此身以外無他物。賈禍文章感世詩。

過南貢河　許閣書

南貢連天水。滔滔不斷流。猿猱啼兩岸。鷗鷺傍孤舟。山徑高應險。危橋蹟尚留。（余祖演公、修有大橋一座、後爲大水淹沒、今尚存一洞、）偷閒如有日。垂釣淺灘頭。

客郢有懷（已載公報）　許閣書

回首家千里。天涯孰是親。漸無錢奉母。剩有劍隨身。對酌惟明月。相逢少故人。有時還自笑。失志一蘇秦。

過南貢河集唐人句　許閣書

行盡清溪忽值人。（王維）漸來深處漸無塵。（朱灣）清晨鼓櫂過江去。（李白）尋得桃源

好遊秦◎杜牧

秋夜感懷已載公報　許閣書

歲月如梭擲◎浮生二十餘◎債誰題恨字◎無處寄家書◎細雨殘燈後◎西風落葉初◎酣眠時掩戶◎金盡友來疎◎

周澍原先生薦入徐奉民直刺幕戲賦一律　許閣書

自笑材能薄◎遑蒙賜薦書◎依人終是拙◎投筆已成虛◎翰墨因緣在◎侯門閱歷初◎莫嗤彈鋏客◎乞食主人魚◎

剪髮戲賦載商報　許閣書

長拖髮辮效么麽◎漢族於今飲恨多◎臨境有時還笑自◎着衣無故復尋他◎胡兒陋制羞終古◎豚尾遺譏悵若何◎妻妾不知夷變夏◎背人輒罵小頭陀◎

貴陽印刷所承印

第十三章　拾佚

第六十六節　拾佚

兩流泉　該地俗稱養牛棬。據前翰林院編修蕭時馥蕭氏宗譜。蕭氏以明季入黔。其二世祖應明。居開州養牛棬舊場。明授鎮遠將軍。按其址。在瓦罐窰附近明代貴陽至遵義古道側。其地距今兩流泉二里許。又据馬頭寨宋氏墨譜殘本。明季一支。搬移養牛棬寨。則養牛棬者。寨名也。去瓦罐窰左近一里而近。宋氏世居之。嘉道間。宋氏數十戶。咸同大亂後。該地之宋氏乃絕。今宋氏基址坟墓猶存也。父老相傳。養牛棬者。宋宣慰家養牛之所也。（頃據朱桂辛氏由北平寄到紫江朱氏家乘印本亦云、）距兩流泉二三里。證以宋蕭兩譜。尤信。蕭氏譜稱其姻戚之在兩流泉者。必曰永興場。永興場者。据鍾氏譜訓。及老萬壽宫殘石。則康熙元年。今兩流泉開場時所命之名也。（鄭氏墓碑、謂開場在康熙二年、）是永興場與養牛棬爲兩地無疑。特養牛棬寨。馳名已久。故舊場爲養牛棬場。及場移今兩流泉。永興之名不著。而養牛棬三字。隨之移轉而不改。故圖書集成。皆書兩流泉爲養牛棬。及兩流泉人文蔚起。慨地名之不正。而哀士人之無知。致永興之名不顯。而養

貴州印刷所承印

牛之有傷干雅也。以該地有泉。爲開陽冠。有水分東西夾該埸而流。因更名曰雨流泉。雨流泉街心。有土地廟。古廟也。建自清初雍正間。里人鍾時賢大書福我永興四字。榜其眉。同治間。其來孫鴻漸。繫以聯曰。地本三台結穴。莫說他作官我不作官。乘早改惡行善。泉於雨流支會。休談彼發富此不發富。快些轉惰爲勤。咸寓正名之義。使昭昭在人耳目。而君子尤多其善頌善禱。數十年來。養牛捲三字。乃隱。莫不以雨流泉三字稱之者矣。民國十九年改鄉鎮制。又因雨流泉而更名雙流鎮。民國二十六年。移土地廟磚石以建雙流鎮兩級小學校門。片瓦無復存者。特附志之。以備談掌故者得焉。

夏家坟　去永亨鎮約十里。一土塚耳。形家謂有足觀者。即世俗厖然相謂之夏天官坟是也。其子孫有爲道員者。勒石豎墓道。道員屬吏部。吏部稱天官。輾轉訛誤。遂謂墓曰天官墓。光緒中。有夏某者至其地。要結團甲。自稱夏同和之族。墓乃其祖宗之墓。何物藍某。敢侵墓地。劣團爲拘藍某至。呵斥之。藍某者。苗民也。將肆搕詐焉。藍袖一竹筒。徐出之。甚古舊。去其塞。藏一紙。比展視。則藍氏討葬其處之文約也。夏乃無言。逡巡去。而劣團曲爲之詞。世之以業霸業。因坟奪地者衆矣。[illegible]部有某甲者。嘗謬指一荒塚爲祖墓。而進三十金。若而人者。何[illegible]。何時無之。地棍也。而遠近之游手好閑。呼盧喝雉。近狎邪僻。誣正醜直者皆宗之。引類呼朋。盜匪之媒矣。乃團甲之懦者畏之。狡者結焉。以黑爲白。白爲黑。彼真正見侵者。反推諉曰有司法處而不爲伸經。於是排難解紛之風息。而姦宄訟棍之氣張。欲求政簡刑輕。得乎。附識之以俟乎有心整飭地方者覽觀焉。

母鳳山　母家寨。歲進士母天鵾之族也。豪爽耿介。而富毅力。辦汞有年。意在必獲。與之並時採掘。因不獲而歇手者。不知凡幾。鳳山輒勉之。以爲有志者事竟成也。然鳳山所闢之洞以十數。卒不獲。及衰乃止。有王某者。就其處復闢之。每有所獲。遂致富。念諸洞皆鳳山闢。而鳳山貧且老。設盛饌邀鳳山上坐。獻百金爲壽。鳳山笑辭之。卒不受。俗稱礦脈曰引子。有古某者。聞人得引子。意其旺。輒豎目止之曰。吾嘗於其處費若干金。爾勿動。人畏之輒止。古往續掘之。無所獲。繼其人復得引子。古聞之。則又曰是亦吾所嘗掘者。爾勿動。人畏之輒又止。古又往續掘焉。亦無所獲。如是者數四。其人又更得引子。或笑問曰。子亦嘗掘之者否。古亦自笑而不能言也。其人遂大獲。若古某者。其視鳳山之耿介若何也。鳳山不富。古亦未嘗不貧也。以鳳山之苦志毅力。宜若可獲。而卒不獲者。非無毅力之咎。蓋亦有學問存焉。有志於礦者。固不可以不學也。

黔北古道　兩流泉。黔北古道必經之路也。南距貴陽百四十里。北距遵義百八十里。自朱明迄有清皆由之。其道自貴陽來。達今川黔公路之扎佐即分手。經金溪塘。而清水寨。而沙鍋寨。而馬蹄關。（分手後經順興場、而涼風至馬鋪關亦可、）而同知衙。而白馬洞。而兩流泉。而下狗場。而田尾巴。而漆樹灣。而牛滾塘。而大塘口。而青棡原。而老鴉溝。而青坑。而倘溪。而高寨坡。而吳溪口。而河邊塘。而青棡堡。而中心寨。而永安場。而皂角埡。而離遵義二里之豐羅橋。較現經息烽之路線近三十餘里。地勢平坦。大塘渡口。河中有石三四。相距丈餘。若橋樑之磴然。俗謂石龍渡江。最易修建。不似現經息烽之烏江渡口之難以為力也。今經息烽之烏江渡口。自光緒初。其橋樑即無成功者。初建鐵索橋。工程浩大。既成。題鐵鎖橫江四字於其上。甚美觀。無何山洪暴漲。前功盡棄。十年前前貴州省主席周西成氏。築川黔公路。縣人鍾鴻翥聞之。心所謂危難安緘默。郵書周氏。周氏嘉許。傳令美焉。而又以計劃已定。難以改作謝之。鴻纛復函建廳爭之。略謂此乃北路幹線。當求一勞永逸。奈何廢較平較近之古道。而憚鋪設方輿之更張。舍易建易築之橋樑。而事難成難久之工程。及今後作。損失有錙。他日重修。耗費不貲。征民工亦小民血汗。耗公帑亦小民脂膏等語。未報。而黔局政變。人事屢更。鴻纛亦老。此公家事耳。與私人利害無關也。遂不聞有繼起而爭之者。然烏江橋樑。至今迄無成功。鴻纛之言漸驗。自有識者觀之。具此數利。他日建築鐵道。開陽終當爲必由之路也。按此與道路攸關小有出入、卽馬蹄關及大塘口、在昔卽與涼風台茶山關並行也、將來國道省道、必有恢復此綫之一日、事關建設、故不憚辭費而詳及之、

賊子來了 咸同時。人民謂何得勝黨爲賊子。何隊一至。人民相呼曰。賊子來了。賊子來了。驚心動魄。婦孺胆落。蓋其殺戮之慘。聞之令人悸也。故曰寧爲太平犬。不作離亂民。

戴鹿芝之死 何得勝心服鹿芝清廉。謂爲戴青天。其送戴下轎頂山歸城也。曰。公一日不離開州。得勝一日不敢犯境。後祖師觀和尚犯法。戴派兵搜捕。於正街晏秀才名景清、妹閨中得之。戴責晏帷薄不修。又窩藏歹人。晏懷恨。往何營誑報。謂戴官已去任。何聞戴去。舉兵犯州城。及入州署。始知戴實未去。而已殉難。乃擒晏殺之。并誅守城不力之武弁。

貴州印刷所承印

而觀戴於北極葬。

劉海墓　洪武時。乖西副長官司劉海墓。在貴陽布政使司署內。(今財政廳)劉氏子孫。清季不時猶往拜掃。據談碑碣尚露出地面數寸。近來往尋。已不知其所在矣。

醫國之藥　鍾昌祚日本歸來。任勸學所總董。每逢場期。在州署前及上十字等處。手持銅鈴搖動。聚集行人。立人家石階上。痛陳國家危殆狀。或騎款段馬。至鄉間宣傳。中途見行人稍多。囊中出鈴搖之。勒馬向大衆講演。娓娓動人。足使聽者興奮。不知者私問曰。莫非賣藥先生乎。昌祚聞之曰。不錯不錯。我這個藥。能醫治國家民族的危亡哩。

丁寶楨只求乙榜　丁文誠公與馬場堡丁氏同族。常相過從。其爲秀才時。與人談天。只求得中乙榜。于願已足。不意翌年竟捷南宮。入詞林。旋升山東巡撫。調四川總督。功業彪炳。名震寰區。人生遭遇。實難預料。然其毀家紓難。糧餉兩絀。亦幾不能自存矣。

白骨數根　九十老姆熊湯氏云。咸同之際。寢食不安。一聞賊至。相率奔逃。某次逃難過一土坎。見人家遺一小孩。倚坎呼母啼哭。數日後。賊退。歸過其地。前立小孩處。惟見白骨數根。蛆蛆蠕動而已。

礦工　白馬洞汞產發達時。背夫挃手。數至萬餘。鑒主每派管事至思南府屬、紿以厚利。招募而來。及編入礦工。生活至苦。又習染廠中袍哥、濫賭、酗酒、詐欺　諸惡習。以致萬刼不復。死而後已。安能夢想今日國家優待勞工之利益哉。

冒充吏目　光緒初年。有左治元者。由部揀委開州吏目。攜一書辦赴任。中途病歿。書辦得其官憑。即冒稱爲左。抵貴陽。謁上憲。拜同官。無人知其僞也。藩司飭令赴開。亦儒雅之流。後敗露。拿解至省。名正其罪。現城隍廟內各有來因扁額。即僞左所上。或謂其心靈不昧。自述供招云。

李立元辭修志總纂　民國八九年。李乃揚擬續修縣志。聘李立元主其事。李以年老學荒辭謝。其復書中有云。立元學淺牛涔。識愚鼠璞。早歲孤露。未讀父書。洎夫通籍。忝玷清班。自一麾入蜀。鞅掌簿書。三十以來。罕親墳典。重以孱軀多病。蒲柳早衰云云。李今往矣。其原書不可尋覓。默識數語。用志謙德。

開州里名之來歷　周世宗時。命宋景陽平蠻州。取宋鼎之裔而代之。爲大萬谷落總管府都總管。（夷語稱蠻爲大萬、州爲谷落、）有子七人。曰存孝。存弟。存忠

貴雅印刷所承印

。存信。存禮。存義。存廉。有女一日存耻。皆分守其地。開州設治後之里名。或曰本此。

三里碑　扎佐東北三里地方。有修路碑。敘由省至遵義大道。係經三里達開州永興場。渡茶山關。等語。

富室　開陽自何得勝蹂躪後。富室世家。如藍如薙。靡有孑遺。現在之所謂富室者。皆光緒後新發戶。而推臨江鎮爲最著。故有一車二陳三擺尾之諺。

磨刀碗　昔有某富翁者。未遇時。潦倒無以爲生。決意沉江自殺。已至江中石包上。忽轉念曰。人至於生活不保。抑可慘矣。然何至覓死耶。乞匄亦猶人耳。遂登岸。但沿門托鉢。鉢從何來。見有人舀水磨刀。窺其轉背入室。竊其碗而行。某半生落魄。險阻艱難。備嘗之矣。民之情僞。盡知之矣。一遇時機。益以勤儉。不十年間。田連阡陌。富甲一方矣。

開口錢　何得勝之於開人也。所殘殺亦衆矣。至有舉族數十百戶。因以絕滅者。咸豐初。窖上坪江氏三十餘戶。還歸者僅三人耳。江氏有名友梅者。以貲雄一方。當賊勢猖獗時。友梅胞弟四人。咸與其禍。其二人於千把衙見擒。各刃其臆後二。然後索贖。謂之要開口錢。友梅聞之急。苦貲無所出。乃舉其沙子坡租入百挑之田。又土若干。濫當於其戚鍾某者。得銀十兩。倩人賫以往。比交付後。往視二弟。皆已不在人間矣。蓋其所開之口。深寸餘。闊三寸。何其酷也。欲不以寇盜錫何二。得乎哉。

咸同時武器之猶存者　佘士舉善使大刀。其刀凡四柄。出入則四人持以隨。其刀尚在。存三星營上。又白安營崖際。亦殘存有一矛焉。該營一面臨溪。隔溪。與對面絕壁相望也。絕壁之腰。一矛橫陳。自白安營望之。猶了了也。相傳爲與賊相持時所墜。而無法以拾取者。

張獻忠之造甲者　雨流泉有氏劉。其始遷祖名某者。張獻忠之造甲人也。獻忠斃。某隨孫可望入黔。遂居焉。咸同之亂。其子孫避亂將他之。同時出門者百口。及歸僅存劉湘雲與其母戴氏。湘雲秀士也。好談兵。岑毓英征安南。往從之。晝夜伏塹中。安南多雨水。塹中積水恒數寸。雨止日出。則大熱。水土不適。久之抱病歸。遂不得作豪語矣。民國初年乃卒。其造甲之法。至湘雲猶傳。每以語人。且曰。此法雖精。今已不適於用矣。否則諸君不得而聞也。

宋宣慰行台　兩流泉有廖家庵者。其地本宋副宣慰行台。明初。宋斌禮重師儒。厚幣延廖駒教諸子。除其地以館之。宋氏見創。改土歸流。開州設治。夷爲民居。而廖氏仍之保有。清初燬于兵燹。康熙壬子。駒之裔顯才重建。上下院。顯才之嗣。因以置庵焉。及兩流泉人文蔚起。乾隆二十四年。道光二十三年。兩建文昌宫於庵後。皆藉以紀念駒者。碑石故在。特掊碎耳。咸同亂復燬。今僅存兩廂及前院五楹。猶是顯才手建。民國初。顯才及其妻竇氏安氏栗主俱無恙。駒主稱始祖順昌廖公云。

古碑筆妙　去兩流泉半里而近。有地名余家灣。有塚焉。爲熊門某氏之墓。其碑爲沙石。邊緣刻龍文。有帽已毀。上書萬古佳城。中書清故祖妣熊門口老太君之墓。左書孫國璽奉祀。右書康熙甲午季秋月。字畫生動。如飛如舞。非歐非趙。不可方物。里人鍾昌祚少時恆往遊其處。撫其碑。徘徊久之。乃歸。昌祚爲人柔不恕。強不吐。敬老恤孤。人皆欽之。其柩之歸。里人爭往迎之於南郊。撫棺流涕。故其所釣遊皆爲人指目。聞四坪上有王氏墓碑　字體與熊碑酷相類。亦昌祚之所同稱者。今已毀。然以熊碑觀之。康熙中該地文人之筆妙。石工技術之精良。已可概見。意者中原名士。隨永曆南奔。明社不復。遂以不歸。稽遲黔中。寄居其地歟。不可知矣。

七刀不死　毛家院毛南軒之祖。苗亂時。被賊擒得。砍其頸項七刀。血流被體。賊去。猶有微息。舁至省醫治。竟愈。此何異貴定之凌霄。山東之徐某之死中得活耶。（凌霄字漢舟、革命黨人也、氏國初元在常德、一日傍晚、突被捕、隨即槍斃之、血流仆地、會毛雨、敵彈以爲其已死、遂閉城、及夜、漢舟復甦、人耶鬼耶、亦自疑耶、捫其後腦、血猶殷然、神定、知復生、急遠颺、遂東渡、取出子彈、現腦後曾有穴大如酒盃、山東徐某、亦革命黨也、敵新購獲外國新式槍、至欲試每彈能穿若干人、于獄中出黨人十餘、立爲一直綫、徐次在中、行刑者由後發槍、徐聞槍聲、驚倒、彈僅由其腋衣而過、得不死、後徐曾到廣州、參加北伐之役、）

經濟侵略之演講　五四運動。西區紳士鍾翔甫。嘗捐貲印刷傳單。散佈四鄉也。又每於趕集日。在萬壽宮門口演說。有帝國主義經濟侵略。比政治侵略尤爲殺人不見血等語。至憤激時。脱其所衣青洋緞背心。當衆扯碎。見者興奮。聞者亦皆感動。至今鄉人猶傳以爲美談云。

折卸茅屋　光緒中。城內草房最多。每遇失慎。比屋延燒。陳維彥任知州時。爲防患未然計。強制有力者蓋瓦。無力者移出城外。而酌予資助。自此以後。回祿之患大減。父老今猶思之。

飲酒橋　雙流鎮南頭溪上有橋焉。一石跨之。石長丈餘。初無名。光緒中。鍾昌祚夜步橋畔。遇里人數輩醵金飲其上。邀入座。強之酒。昌祚故不善飲。乃賦詩曰。不期而遇兩三人。互爲提壺作主賓。飲酒橋邊聞犬吠。團圞明月是前身。其詩文遺集不載。今父老猶能舉其詞。每歎騶光易邁。聚散不常。因共呼該橋曰飲酒橋云。

老屋基下老屋基　用砂壩汞廠。辨自何年。今莫能詳。惟長老相傳。該地之水。本向南流。後改北流。即原日北高於南也。後因琉渣堆積。南方高於北方。水由地上行。用是亦改北流焉。有蕭氏者。清初徙居之。道光初。蕭氏子孫大富貴。世俗於鑿山開硐。每謂與龍脈有關。故蕭氏老屋基址。人莫敢鑿硐其下。光緒初。蕭氏之宦遊者不歸。鄉居者陵夷。鑛人意惟蕭氏屋基下從未發掘。乃相率於其下掘之。深三四丈。則其下更有基址焉。石工完好。粉牆猶存。似遇崩潰覆[illegible]者。其理[illegible]遲亦當在明時。該地之有室廬有廠務。必不自有清[illegible]

硃砂瓜　有清中葉。用沙壩居民二三百戶。其場集在川主廟。咸同後爲荒村。一蹶不振。道光中。該地居民有盧姓者。兄弟五人。採礦爲業。一日亭午。無所獲。相謂曰。饑矣。曷歸休。飯後復來。四人者去。其一人不肯即行。曰我繼至。獨掘之。覺鋤下有空谷聲。異之。掘之益力。豁然開朗。得一穴。如半屋大。其一角有水晶大小聚處。形如盤。

硃砂大如壺。據盤中。大喜。並礦盤檢置背簍中。負之歸。四人者曰。來何晚。我等久待。今已飯。今日且休。明朝復掘何如。一人者曰。明朝我亦不復掘。四人怪問之。語故。兄弟不肯信。共檢視所負。果然。權之重二十餘斤。皆大歡喜。詰旦相與攜持至兩流泉求善價。汞商先聞之。相謂曰。此萬金至寶也。不當獨享。因相戒無逾八百金。盧氏兄弟至、往東家東家曰八百金。又顧而之西。西家曰八百金。無往而不止於八百金。盧氏兄弟。知礦商之抑之也。大憤。盧氏有薄產。乃盡鬻之爲盤川。自負之赴漢口鎮。礦商聞之。亦專人赴漢口鎮。戒仍不得逾八百金。盧氏終僅得八百而歸也。遂棄採礦業。營他務。置田產。是時白金有價。兄弟亦稱素封焉。後鄉人有官京曹者。聞兩湖疆臣以重金得之。巧匠製之如瓜狀。號硃砂瓜。貢京師。盧氏子孫。十年前尚有存者。言之猶恨礦商之壟斷於不置云。

王家英　家英字彥之。兩流泉諸生。敏而好學。家世業農。貧不能具束修。其師鍾鴻業謝束修。更給紙筆。以供之。所講授輒領悟。數年學大進。游泮食餼。益攻苦。志在翰苑矣。時開陽書院月課。鍾昌祚每考五六本。家英亦常在三本左右。丁酉科拔萃。開人士共信必歸昌祚。其陪非鴻業則家英也。獨老吏盧玉山疑焉。以爲不敢必。蓋拔萃十二年一屆甚[illegible]貴。所試爲詩詞歌賦。又必寫作俱佳麗。而人鮮有能盡善。於是有力者。輒厚遺房官。又分倩數人以爲代。其本人入場。虛應故事而已。關防嚴密。非老吏不能備悉也。已而果爲牟某者得之。昌祚爲陪拔。輿論大譁。昌祚自謝不才。無戚容。無慍色。人皆難之。家英亦作劉蕡詞以頌之。然家英之文不能救其貧也。會當出貢。念廩粟出貢不復得。至甘心讓其門人劉榮光使爲之。居無何。科舉停。又無何民國興。家英善病。遂益困。壬子除夕。至於無米以度歲。以聯易粟。雖信手拈來。必有可觀。數歲發病卒。今竟少有知之者。寒士力學。湮沒不聞。亦足徵科第之屈抑人之才者。不少也。

戴清　雨流泉人。才子也。讀書過目不忘。工詩詞。年十八。中道光己酉科陪拔。才名籍甚。清亦自負。所賦詩有天風飄下才子之句。元旦出行。遍歷委巷。及歸。比屋春聯。舉之不遺一字。時雨流泉最稱繁盛。居民千餘戶。雖曰聯多陳語。其穎慧亦可想矣。好騎射。一日怒馬而出。有諶氏子障其去路。呵之不讓。且出惡言焉。清怒毆之。中要害。諶斃。時官開州者戴公鹿芝也。憐其才。呼其名而示之曰。戴清。吾饒汝一文弱書生。非能毆人至斃者。能勿寃乎。清慷慨自承曰。是小生一脚踢死的。戴公默然。乃給紙筆。令作供詞。清翹一足。紳紙膝上。振筆疾書。頃刻而就。凡千餘言。綺麗絕倫。戴公爲太息。貴州巡撫聞其事。爲具五十金。以紅綾繫之。邀尸親至。屏左右。手贈之。尸親固辭。然清卒得減死流廣東。其供詞傳誦一時。光緒中。猶有能舉之者。清著有秋涵詩草二卷。行於世。方清之猶未婚也。有詩人阮蘇台者。修文人也。善相人。有女而美。未字人。妻訴之。聞清才名。至雨流泉而相之。出語人曰。才則高矣。其如太露何。遂去之。道結用砂壩。歇於蕭氏之館。蕭氏之子。釣於溪。見其背。心善之。與語大悅。以其子妻之。即仲香名時馥者。時馥後由翰林官至大主考。至今傳爲佳話焉。

葉本桐奇夢　本桐號唐封。光緒副貢。居城內東街。有何某者充堂總。雄貲財。而性慳吝。東街有土地樓。跨街而建。日就傾圮。行人咸有戒心。又無力醵金修復。一日晨。本桐訪何氏曰。余昨夜做一夢。夢見令尊爲東街土地。生而正直。死而神明。理固然也。何氏喜。鳩工庀材。彌月而成。

嘲訕捐班　清之中葉。官場中有科甲班捐班之分。凡士林崇尚科第。鄙棄捐納。凡納粟得官者。必設法揶揄之。州有秀才與貴陽十二灎爲友。某次至省。與十二灎中一人某。閒步於撫牌坊。遙見藩司儀仗。自轅門上冉冉而來。蓋晉謁巡撫後歸署也。藩司適爲捐納出身。秀才與某。眨眼比手。思欲侮之。二人故作爭執抓毆之狀。俄而肅靜迴避牌至。干涉之不聽。俄而親兵至。干涉之亦不聽。以其儒冠儒服。非販夫走卒可比。須另眼相看也。俄而藩司大轎至。停轎問曰。汝二人爲何滋事。見本司而不讓道。秀才曰。產員與伊本同窗硯友。同行至此。望見大人儀仗。生員說。大人聲勢嚴肅。不愧科甲出身。伊駁斥生員。反謂大人是捐班出身。生員因此不服。與伊辯論。非敢闖道也。藩司聞之。赧然不理而去。

洗官 光緒三年。開州知州蕭蓁之。四川人。以秀才捐貲得官。性貪污。以前任龍聲洋所訂糧額。每畝完銀二錢爲不足。增加爲二錢二分。紳民惡之。時當收糧之際。紿之曰。廉里正征收丁糧。求老公祖一往。以儆愚民之玩忽。俾輸將踴躍。蕭允之。抬至康里。過南江河時。故將肩輿在河中簸盪。久久不起。蕭衣裤盡溼。啼怒不得。人民在岸大呼曰。大老爺貪污。特抬來洗濯。洗竟强送之回省。還與藩司。要求另委賢員以安地方。時大亂初平。崔村未靖上憲鑑於咸同亂因。多係官激民變。隱忍之。蕭即撤任。另行掛牌。聞主持之者。城紳佘某也。

何得勝籍貫　得勝有謂者甕安人。有謂開州人。據父老遺聞。確爲下河苗。其說話吃飯。不喜坐。而以兩足箕踞於凳。

何得勝調兵符　得勝調兵。不用文書。亦不用口頭傳令。調多則用小米一穗。調少則用苞谷一個。此何異鮑超求援。僅書一鮑字。而墨圈重重圍繞之也。

趙督偵探　熊致祥爲趙剛節偵探。蓄髮麗服。混入何得勝營。聚賭酗酒。與何部無異。何部亦不辨其爲官軍也。因乘間語衆曰。弟兄們。銀用淨了。何不去請王爺（即何得勝）打起發。及得何得勝允許。遂私逃回報。趙剛節乃得按其日期路線。埋伏而要擊之。但夜間各歸各營。應及早抽身還去。否則必被何部發覺。蓋何部無紀律。白晝出營蕩遊。須至夜間始各歸宿地也。

咸同之亂人口損失最大　貴州之亂。自咸豐四年至同治十二年。十八九年間。無縣不遭荼毒。據歷史家統計。全省人口。損失在十分之七。開陽當平甕要衝。死亡尤大。州城八百餘戶。亂平歸來者僅二十四戶。兩流泉一千餘戶。歸來者僅十三戶。用沙壩場三百餘戶。歸來者僅數戶。大亂流亡。可見一斑。

人口尚未恢復　據乾隆時記載。開州人烟二萬三千餘戶。以當時不時不盡以多報少之調查情形而論。全縣人口總在三萬戶之譜。迄今休養生息六七年。尚未恢復亂前景象。村寨場市。舊日屋基土牆。舉目一覽。處處皆是。據遺老言。亂前農家討田耕種。在四十挑者。即稱其人力得手。未若今日一人得種百挑以上。可見昔日人烟稠密。田土稀少。不似今之地廣人稀也。

州署桅桿　州署轅門內。有桅桿二株。設有朽壞。傾折。歸楊劉二司負責修建。亦猶巡撫衙門桅桿。由清鎮龍里兩縣修復然。

永興場易名　康熙中。州官楊文鐸。正月到省。為上憲拜年。路經今之雙流鎮。聞鞭炮聲。澈夜不輟。叩其故。團甲為言。係江西商人來此販買水銀。生意甚大。文鐸曰。只願永遠此興旺。遂更名永興場。上據鏡譜家訓摘錄、頃收到北平新寄之繁江朱氏家乘亦云。

南北場　咸同亂時。人民逃避。城市為墟。商人為謀蠅頭小利。任販貨物。往何得勝佔據地內售賣。何得勝為需要計不惟不封擄。反派兵彈壓。

號曰南北場。

餽送食鹽　何得勝擾亂開州。爲時最久。川路不通。食鹽幾絕。親友會面。以食鹽數顆相贈。視如拱璧。

趙剛節軍令嚴明　何得勝初次破雨流泉。趙德光率兵擊之。何遂退。趙駐營於龍井灣未燼之戴氏宅。（雨流泉深宅大院甚多、尤以戴氏住宅規模宏大、建築優美、凡五進、石木二匠、修造十年、）窗牖間。係以硃砂片鑲嵌。光怪陸離。極爲美麗。有兵視爲奇異。拔取玩弄。德先見之。以爲破壞民物。立之于門前桅檣石甲耳上。

何得勝窖金　何得勝刼民間金銀。嘗埋藏于玉華山頂。後得勝死。妻黎氏投降。時局漸見太平。其妻女隨時由遵義往掘之。

亂時團務　平甕危急時。開州戒嚴。舉人鄒儆思辦理全州團務。然德望有餘。才華不足。於時局無所裨補。及開州失陷。州人避難貴陽者甚衆。鄒在省仍負辦理開州團務之責。凡派人守城。勸掛捐輸。仍係其繼續主持。

開州殺戮甚慘之故　何得勝既渡清河。進陷開州修文。開修人民。多赴省逃難。然貴陽人口驟增。食物難供給。大府憂之。商于趙德光。囑雨屬人民。各回家鄉投降何得勝。明年趙來擊何。汝等即作內應。開修人遵諭返家。次年趙提兵至境。何得勝果敗退清水河以外。殊趙軍不能永久駐扎。不久西路危急。趙遂他去。何得勝復渡河西來。謂開州修文人反骨心大。大加殺戮。七不存一。

亂時碎聞　劉尙卿在何營爲老冒（下級幹部之類）劉伯泉（劉尙附生）之父殺樨子最有名。秦九人熊姓爲何得勝傳鑼（傳達命令之謂）王發生（秀才王家英之父）投降何營。仍耕田營生。亂平均歸鄉里。圍爐話舊。娓娓不絕。

傳經寺桂花　花梨傳經寺內。有桂花一株。百年前物也。歧爲二枝。一枝朱紅色爲丹桂。一枝淡黃色爲檀桂。異末同本。人呼金銀桂云。

僧蓮山　卽仁法和尙。長慶寺住持也。反正時。支用浩繁。民疲供億。蓮山目擒時艱。慨然捐六百金歸公。以資挹注。

何正冠之宅心　咸同時。開州團營之著聞者。一日佘家營。二日何家營。正冠、何家營營主也。雖曾因勢處一一度降於何得勝。然二十年間。并未擊刦。蓋亦有足稱者。

戴鹿芝風度　同治初年。開州知州戴鹿芝。因公至雨流泉。頭戴箬笠。身着短服。（俗稱馬車）二有親兵二一。各背馬刀隨行。雖備滑竿。實未乘坐。其堅苦卓絕之精神。可以概見。

正氣足摧大憝　咸同之際。軍書羽馳。戴鹿芝因公赴省。面謁田興恕。時中以欽差兼貴州巡撫。並兼貴州提督軍門。一掌三印。勢極煊赫。鹿芝投刺。門者曰大帥未起。有頃再往。門者入内往探。仍未起。鹿芝大怒。立撫院川堂責罵曰。羣盜如毛。民不聊生。大小官吏。正宜殫竭忠誠。圖報國家。何日已三竿。尤酣睡不起耶。田素重鹿芝勤廉愛民。亟延之入座。溫語道歉焉。

扛寨　創設市場。遠在明初。故俗有先有扛寨。後有羊場之語。有苗酋曰綠鴨扛。實主其事。因名其地曰扛。乾嘉間市場頗繁盛。咸同之亂遂廢。現僅居民十餘戶。

陶秀書之大過人處　秀書字葆升。邑之名諸生也。報轉任縣城、羊場、劉衙、各高小校長二十餘年。其教人也主嚴敬。今邑中人士。十九皆出其門。童稚時。人多怨之。及其後。莫不思之。大率怨之彌厲者。則思之彌篤也。與同邑鍾昌祚爲總角交。心服其人。而惜其早死。常引其遺事以爲諸生勸。如謂其弱冠居開陽書院。嘗榜曰窮無非討口。不死總要出頭之語於齋舍。三十許而有關岳肝胆葛度。三五功烈釋氏心之句。後又書負責老大。居功老么、作事無天。讀書無聖於座右。皆今人所樂道者

貴州印刷所承印

也。蓋光緒中。昌祚嘗習國術于秀書之父。既又另參師他人。刻意煅煉以自淬厲。而密不語人。人鮮知之。故其所集。有人實難知。知人更弗易。撼山容易。撼岳家軍難之聯。能知其意向。識其神情者蓋寡。秀書自謂得其輪廓者。然秀書固賢者。不然烏能暴人之長。而自謂不逮哉。

王廷相義不鬪寨　咸同亂時。豪強無賴。三五成羣。横行鄉村。搶刦食物。謂之鬪寨。何得勝既破開州。北街王廷璽廷相兄弟。攜食粮避居翁硐硐中。久之食盡。同硐避難者。欲出硐鬪寨。攫取糧食。約廷相同往。廷相涕泣謝之曰。我等畏賊刦掠。始來居此。豈可又往刦掠他人耶。卒不從。與妻吳氏。餓死硐中。聞者義之。

罷耍詞　罷耍詞者。道光時思毛坪牆寓光將棄家隱遯所作之詞也。牆字壽陔。擅辭華。而顛倒於場屋。其妻熱中富貴者。厭薄之。不時詬誶。牆雖曠達。然其心焉苦之矣。而未發。一夕。牆不能堪。披衣起。篝燈夜坐。草此詞置案頭。天明遂去之。既而里人有遇之於某省某山者。已披剃爲方外人矣。欲與之言。牆不與之言。後人莫其所終。其詞瀟灑出塵。讀之令人欲泛舟五湖。欲羽化登仙。洵茲濁世之一副清涼散也。詞曰。罷罷耍耍。花花世界儘寬大。五斗米折不得彭澤腰。一碗飯受不了淮陰胯。種幾畝邵平瓜。卜幾文君平卦。快活。心坎上無牽絓。耳廂邊無嘈雜。世上人勞勞堪訝。你看那秦朝長城替別人打。漢室陵寢被侍兒扒。魏室銅雀台到于今沒片瓦。哈哈。名利場。真兜搭。班定遠玉門關枉白了青絲髮。馬伏波銅柱標抵不得明珠價。哈哈。更無一般堪詫。勸不勸說甚麼玉堂金馬。虛費了文園筆札。只恐怕渴死了漢相如。空落下文君再寡。罷罷耍耍到後來都是假。憑你事業伊周。文章董賈。少不得都歸宿在北邙山下。俺去也。身不關陶唐虞夏。夢不想爭王定霸。窮滕的竹籬茅舍。忙手的琴碁書畫。忘機的鷗鳧魚鴨。適口的淡飯粗茶。檻外薔薇高架。庭前蘭蕙初卸。俺也不聾不啞。肯把韶光虛謝、閒時節從負郭問桑麻。遇鄰翁數花甲。哈哈鐵笛兒在牛背上掛。酒瓢兒在漁竿上插。詩囊兒在驢背上跨。眼底事拋卻了萬萬千千。杯中物直飲到七七八八。醉中日月真無價。哈哈。要罷就罷。儂睡在十里松陰下。一任黃鸝罵。見同治中鍾楨幹臣文鈔。

寒鐙課讀圖題詩殘句李氏寒鐙課讀圖山東阿縣節婦郝秋崖女史題五古一首云妨宛女蘿絲纏綿松柏枝。驚風折松柏。女蘿終不移。淑女偶君子。琴瑟和且諧。願言諧白首。何意中乖違。山頭石未化。泉下魂已隨。不惜微軀隕。嗟此褓兒中……藐諸維矜哀。……慈母爲經師。宵織伴夜讀。伊吾答鳴機。……寒盡春風歸。……蓼莪欲廢詩。見此丹青蹟。永留千載思。惜中有數句。已不復記憶矣。

稻田改進乾隆以前。兩流泉稻田。因地勢高寒。只產毛稗。稗殼光滑。須與谷同碾。借谷芒摩擦。殼始易去。嘉道間。始改種晚米。近十餘年來。方產白粘。光緒初年。白菓塘武生王伊臣。遠覓粘谷種之。結實甚少。次年復將所經之實再種。遂漸多。第三年年再種。實乃纍纍然。附近傚效。屢經改良。瘠土漸成沃壤矣。然比較洋水 翁沼、批杷哨各地。仍懸殊甚遠云

縣政府與縣長名稱之沿革 本縣縣政府在遜清末年。一般通稱爲州正堂衙門。公文則稱州衙或衙署。民國四五年。奉令改稱縣公署。及民十七年北伐成功。經國民政府通令全國。一律改稱縣政府。至縣長稱謂。在清末稱州正堂或知州。對上稱卑州。對下稱本州。有科名者對之稱老公祖。團甲人民對之稱大老爺。民初稱州長。民二以後稱知事。民四五稱縣知事。學校員生對之稱監督。民十七年以後。無論公文口頭、對上對下

。均一律稱縣長。與復過去之龐紛歧矣。

夜鬍成小辮　快下何大士。宿學士也。困於場屋。以教讀終身。有誨人不倦之慨。而督課特嚴。及門多通人。與兩流泉鍾進華有親誼。中山墓碑。皆出其手。道光咸豐間。館鍾氏有年。進華子侄皆從之遊大士美鬚髯。學者稱何大鬍子先生。或以聯語之有夜鬍成辮之句。蓋其就枕輒。自辮其鬍子如髮辮。而以諧音字夜壺盛小便戲之也。今書香之家猶誦。蓋其教澤之入人者深也。

五經集句名經魁　鄉試分三場。場各三日。第一場督文三篇。詩一首。第二場五經文各一通。第三場爲策論。快下何麟芝。麟書之兄。士瑗之父也。光緒。領鄉薦。中經魁。其第二場之文。各就該經之文。集句以應故其卷嘗進呈御覽焉。可謂穎慧過人矣。惜不壽。何氏之有文學者多不壽。類如此也。

馮公場　即今馬江山。康熙以前名猪場堡。地在今上場口坪上。常有鬥毆命案事件發生。雍正三年。里人黎昂。另闢新場於今址。歡迎知州馮詠蒞臨開場。因名馮公場。清末多爲哥老痞棍集中之所故有小梁山之號。人民不務正業。日以窩賭爲事傾家敗產。時有所聞。識者病之。政府正思有以矯正之也。

劉灝開闢兩流泉場集　兩流泉俗名養牛棬。後改永興場。原屬劉司地。土官劉灝於清初開闢場市。以易有無。又捐資修築八字溝大路。以便行旅。現在場東北一里許八字溝山王廟側。有石碣一方。嵌諸岩罅。即紀灝開場修路之功之碑記也。

開陽志稿編纂規程

第一章　總綱

第一條　本縣爲編纂志稿進行便利起見。特訂定本規程

第二條　設志稿編纂委員會。附於民教館內

第三條　編纂時間。以六個月爲限。自本年五月十六日起。至十一月十五日止。

第四條　各編纂委員。按照綱目門類。配合繁簡。分類負担編輯。并各負採訪搜取材料責任。不另設採訪人員。

第五條　各編纂委員有考證及抄錄文書時。得出條借閱或抄錄。并負責保管。於一定時間內歸還。

第六條　各編纂委員。爲明瞭各區各聯保事件。必須請求各區或聯保代爲採訪時。得由編纂委員會函請各區長或聯保主任。依期採訪見覆。

第七條　關於編纂過去史蹟。務須力求翔實。如有難於考證採訪之事項。可暫付闕如。不得臆斷。

貴州印刷所承印

第八條　雇員繕清稿件。應由各編纂委員負責。將自編稿件校對。以免舛誤。

第九條　各編纂委員不得敷衍塞責。因循廢時。

第二章　組織

第十條　設志稿編纂委員六人。由縣長遴員聘任之

第十一條　編纂委員會設主任委員一人。由縣長兼任。常駐委員一人。由縣長就委員中遴員兼任之。常駐委員。應辦理會內一切事務。

第十二條　編纂委員會見事務繁簡。得設雇員一人至二人。繕寫函件志稿。及抄錄官文書。并保管一切書稿。

第十三條　會內置工役一人。供應一切役務。

第三章　會議

第十四條　編纂委員會開會時。以主任委員爲主席。遇有必要事務時。由常駐委員商承主任委員召集會議。

第十五條　各編纂委員。應陸續將編成稿件交會。由其他五委員分任審察編簽具意見。然後召集會議。一讀通過。再交雇員繕寫。

第十六條　本會於每月終。開工作檢討會一次。由各編纂委員出席。報告

本月內工作情況。其有因採訪外出者。亦應由書面報告工作情形。

第四章　經費

第十七條　編纂委員會應需一切經費。由縣長就地方經費二十七年度教育經費內。按照月支預算。如數令知財務委員會支付。

第十八條　各編纂委員。按月支輿馬費叁拾元。

第十九條　編纂委員會。按月支辦公費貳拾元。作一切燈油炭火紙張筆墨之需。

第五章　附則

第二十條　本規程經縣政府公布。並令知各區長及聯保主任後施行。

第二十一條　本規程有未盡事宜。得隨時修改之。

通告（一）

查本縣縣志。自乾隆年間續修後。訖今達有餘年。并未繼續修輯。年湮代遠。文獻散佚。有識之士。慜焉憂之。亟應勉繼前哲之遺徽。俾存斯文之不墜。現在本會業已成立。其志稿目錄。分歷史、地理、政治、經濟、教育、軍備、建設、自治、社會、黨務、人物、藝文、拾佚、十三章。

貴州印刷所承印

凡各區人民。對於本縣軍事變亂。名宦鄉賢。山脈河流。農業礦產。寺觀名勝、忠孝節義等。如有重要紀載。及先輩口傳。足資採入縣志者。望即檢送來會。或本會面述。以便編纂。至各章細目。各區區公所均經分送。如須週覽。希徑往閱看可也。特此通告。

中華民國二十八年六月

通告（二）

查本縣志稿業已如期完成。惟本會同人。見聞有限。耳目難週。罣漏舛譌。勢所難免。茲特將志稿十三章六十六節。送交民衆教育館。自即日起。陳列二十日公開展覽。歡迎參觀。事關全縣文獻。凡屬地方父老。本縣民衆。儘可盡量批評。詳加指示。如有意見。統於本年十一月十五日以前。署名蓋章。函交本會。俾得匡救改正。是所至盼。此告。

民國二十八年十一月

致民教館函

查本會自五月十六日開始工作以來。現已將志稿如期編纂完畢。計分十三章六十六節。共約三十萬言。惟本會同人。見聞有限。耳目難週。罣漏舛譌。勢所不免。亟應公開展覽、希望地方人士。批評指示。匡其不逮。除會通告縣城暨各區外。相應檢同志稿十三冊。函送貴館。從十一月二十日起。陳列二十日。歡迎父老民衆。參觀指正。并請參觀者簽名蓋章。以備查考爲盼。此致開陽縣民教館。計送志稿十三冊。主任委員解幼瑩。

民國二十八年十一月十九日

貴州印刷所承印

原訂綱目及主編委員姓名

初擬時爲十三綱六十九目。着手編纂後。略有增併省減。共爲六十六目。由各委員分別主編。

歷史一目	沿革	鍾景賢
地理十一目	位置	鍾景賢
	疆域	鍾景賢
	山脈	鍾景賢
	河流	鍾景賢
	關梁	鍾景賢
	土地	熊晉明
	城垣	鍾景賢
	營建	鍾景賢
	壇廟	鍾景賢
	寺觀	鍾景賢
	名勝古迹	鍾景賢

貴州印刷所承印

類目	子目	撰稿人
政治十三目	職官	陳元一
	土司	鍾全林
	名宦	陳元一
	典禮	鍾景賢
	戶籍	范及鋒
	救濟	范及鋒
	禁政	范及鋒
	兵役	范及鋒
	工役	范及鋒
	社訓	范及鋒
	衛生	范及鋒
	消防	范及鋒
	司法	范及鋒
經濟九目	賦稅	范及鋒
	縣地方捐	范及鋒
	公產	范及鋒

農業　范晉明
鑛產　鍾全林
工業　范晉明
商業　范晉明
物產　范晉明
合作社　范晉明

教育四目
科貢　陳元一
書院　陳元一
義學　陳元一
教育行政及學校　范晉明

軍事二目
軍備　陳元一
禍變　陳元一

建設八目
塘哨墩鋪　鍾全林
郵政　楊竹君
電話　楊竹君
道路　鍾全林

工廠　楊竹君
農場　楊竹君
水利　楊竹君
義渡　楊竹君

自治三目

選舉　楊竹君
保甲　楊竹君
訓練　楊竹君

社會七目

民族　鍾全林
風俗　鍾全林
宗教　范晉明
民生　范晉明
國民月會　范及鋒
新生活運動促進會　范及鋒
社團　陳元一

黨務一目

黨務　楊竹君

人物五目

宦蹟　陳元一

藝文一目
拾佚一目

鄉賢　陳元一
忠義　魏及鋒
孝友貞節
耆年　魏及鋒
藝文　鍾全林
拾佚　鍾全林

志稿編纂印刷經費數目

一付委員伕馬火食及員役薪工	一．五二二元．五〇
一付採訪委員伕馬火食	一二〇．〇〇
一付公費雜支	一六八．四五
一付清稿繕寫筆資	二六八．七三
一付印刷費	．
一付郵費運費	．

地名對照表

開陽　開州　紫江

穀寨　谷寨

活麻冲　何瑪冲

斗斧　斗府　斗甫

王車　王扯

底窩壩　米窩壩

楊汪橋　楊方橋

主羊坡　黄羊坡　祖羊坡

博上　簸上

佘家營　三星營

洛旺河　樂旺河　龍汪河

毋溪　五溪　烏溪

項兆　項罩

干百衙　乾栢楊　千把衙　干百羊

雙流鎮　雨流泉　永興場　養牛棬

古哲溪　谷則溪

拐己　抉居

永隆鎮　雙土地

快下　拐下

喜泥壩　洗泥壩　細泥壩

劉衙鄉　劉家衙

騾馬莊　六馬莊

涼風台　亮風台

乾溪　甘溪

琵琶甪　枇杷哨　龍鳳鎮

黃李鄉　黃李香　黃李張　黃李莊

羊桃水　楊叨水

花山岩　花桑岩

光渡河　光渚河　光董河

毛口渡　毛狗渡

蛇場　新華場

新衙門　西衙門

王古　王姑

貴州印刷所承印

中火爐　中火樓
谷定戛　谷頂甲
根竹壩　坑竹壩
主扎　總扎　祖扎
抱木林　泡木坪
棋聲　其申　奇申
格舊　格九
西家壩　奚家壩　許家壩
秦九　淨九　勤九
列馬山　立馬山　勒馬山
七角井　七個井
永亨鎮　狗場壩
白安營　白巖營
馮公鎮　馬江山
臨江鎮　馬場　下馬場
宅吉　則溪　仄溪

大角口　大合口　角口河
花梨　花林
羅王渡　洛王渡
轎頂山　教頂山
龍崗鎮　羊場　大羊場　羊場北
立京　泥金
茅廬鎮　毛栗莊
立假　立賈
大兩汉河　上兩汉河
小兩汉河　下兩汉河
程堡　琴譜
害田　亥田
蒟田　狗田

開陽縣志

貴州文庫編輯出版委員會

〔民國〕

開陽縣志稿

第一册

解幼瑩　修
鍾景賢等　纂

民國二十九年（一九四〇）鉛印本

貴州出版集團
貴州人民出版社

圖書在版編目（CIP）數據

（民國）開陽縣志稿：全二册 / 解幼瑩修；鍾景賢等纂. -- 貴陽：貴州人民出版社，2019.1
（貴州文庫）
ISBN 978-7-221-15022-6

Ⅰ.①民… Ⅱ.①解… ②鍾… Ⅲ.①開陽縣—地方志—民國 Ⅳ.①K297.34

中國版本圖書館 CIP 數據核字 (2018) 第 288933 號

ISBN 978-7-221-15022-6
9 787221 150226 >

貴州人民出版社微信

貴州文庫

Mínguó Kāiyáng Xiàn Zhìgǎo
［民國］開陽縣志稿
（全二冊）

解幼瑩 修
鍾景賢 等 纂

責任編輯 楊抒婕
助理編輯 韋天亮
裝幀設計 何萍 創世天際
文庫名題寫 戴明賢
文庫名治印 董紹偉
責任印製 尹曉蓓
出版發行 貴州出版集團 貴州人民出版社
地址 貴陽市觀山湖區會展東路 SOHO 辦公區 A 座
印刷 深圳市新聯美術印刷有限公司
版次 2019 年 1 月第 1 版第 1 次印刷
開本 787mm×1092mm 1 / 16
印張 61.875
彩插 1 幅
書號 ISBN 978-7-221-15022-6
審圖號 GS（2019）699 號
定價 370.00 圓

出版説明

《貴州文庫》是收録和整理貴州古近代歷史文獻（包括少數民族文獻）的大型叢書。該項目旨在系統發掘貴州歷史文化資源，通過頂層設計和規劃，形成貴州歷史文獻的經典集成，以推進貴州優秀文化的廣泛傳播，推動多民族文化大發展大繁榮，建設多彩貴州民族特色文化强省。

《貴州文庫》收録時限自今貴州省境有文獻始，至公元一九四九年九月三十日止。所收文獻分爲漢文文獻和少數民族文獻兩大類，前者包括貴州籍人士的著述與客籍人士關乎貴州的著述，後者包括用少數民族文字記載的文獻、用漢文記載的少數民族文獻和少數民族口傳文獻。編纂分爲整理點校、原版影印以及兩種紙質本數據化三種形式，出版爲漢文文獻精裝點校、精裝影印、綫裝影印，少數民族文獻精裝整理翻譯、綫裝影印五個系列。漢文文獻板塊：點校整理系列、精裝影印系列共編爲四百餘册，綫裝影印系列數十種。少數民族文獻板塊：整理翻譯系列若干册，綫裝影印數十種。數據庫則收儲紙質出版物全部内容。

《貴州文庫》的編輯出版，是貴州文化發展史上具有里程碑意義的重大工程，它將爲提升貴州文化自覺自信奠定堅實的文獻基礎，將爲實現貴州經濟社會發展新跨越提供精神動力和文化支撑。

貴州文庫編輯出版委員會

二〇一七年四月

貴州文庫總序

貴州省山高水遠，歷史悠久。原始社會，孕育過古人類；文明時代，涵養了各民族。文化多彩，絢麗獨特。

各民族生聚於斯，敬畏自然，和睦相處，安頓心靈，富於智慧，并留下珍貴文獻：少數民族口碑文獻如苗族史詩《亞魯王》《安王與祖王》等；刻畫文獻如《侗族古法十二條》《雷公坪石刻殘片》等。此外，各民族或用自創古文字，書寫《宇宙人文論》《正七經》等；或借用漢字，書寫《賈理》《占堆多堂》之類。

建省之前，漢文獻偶論此域：如《史記》《漢書》《後漢書》《華陽國志》中提及的『牂牁』『夜郎』『竹王』等。此後，本土人外出求知，或延賓傳道，外地人或以宦游，或以遣戍，或以貿遷，或以流寓，紛紛踏入山門，遂有專注於山川道里著述之出現，如《宋史·藝文志》録有《思州圖經》一卷、《珍州圖經》三卷，元代還有《順元路安撫司志》《黄平府志》等，後《大明一統志》卷七十二引文有《遵義軍圖經》二則，可惜都因兵燹蟲蠹、天災人禍，有意損毀、無意遺棄等，現已湮滅無迹。永樂十一年（一四一三）貴州建省以後，山門洞開，文教勃興，本省人才蜂起，著述漸豐。如孫應鰲崛爲南中心學巨擘，楊文驄詩書畫馳名江左，鄭珍領清詩三百年之『王氣』，陳田甄録一代明詩。外省士人駐足，更使氣象一新，如王陽明貶謫，著居夷之集；洪亮吉督學，作水道之考，等等，不煩枚舉。僅民國《貴州通志·藝文志》所著録本籍人士著作，經、史、子、集各類，就有一千八百六十三部之多。

於是有心志者更致力於鄉邦文獻之搜集整理：歷史方面，自明代以來修纂志書者，都對貴州書籍圖録進行過全面搜尋利用；詩歌一門，則有清代甕安傅氏父子蒐輯『黔風』三種，銅仁徐棨采編《全黔詩萃》，獨山莫氏、遵義黎氏等輯纂《黔詩紀略》前後編，等等。全面文獻整理，則始自民國之續修通志。總纂任可澄先生，清楚意識到貴州文化自信必需『於文字歷史發揮而光大』，於是專設機構，徵輯編印《黔南叢書》。原規模爲二十集二百七十六種一千零九十八卷，但終因戰亂、經費等困擾，僅出版六十八種二百一十八卷而止。

中華人民共和國建立，省域歷史文獻工作得到關懷，但前期中心工作措意於政治，後期致力於經濟，文獻成績雖有，而終顯零散。近年以來，中央主導於前，空前重視優秀傳統文化之繼承弘揚，强調文化自覺自信；而貴州緊隨其後，挾政治穩定、經濟騰飛之勢，文化工作不斷提升，人文精神得以提煉。以往被遮蔽誤讀而自卑之西南邊省貴州，正以嶄新之面貌、磅礴之氣勢走向前臺。

盛世修史。二〇一六年三月，在省委、省政府領導下，啓動了大型古籍文獻叢書《貴州文庫》的編纂，這是建省六百多年來未有之盛事。期以歷史經驗，創新貴州敬畏自然、珍惜資源的『天人合一』傳統，保持貴州恒志新知、精進力行的『知行合一』精神，建設多彩貴州民族特色文化强省。

兹事體大，於是由省委、省政府主要領導任顧問，分管領導牽頭，有關部門參與，群智衆力，共襄偉業。本叢書既要取先行各省之優點，又有貴州本土之特色；既徵漢族典籍，又采含少數民族文獻；以中華人民共和國成立之前爲時限；科學規劃，頂層設計，搜采無遺，精抉細擇；標點校勘，簡體横排；遴選珍善版本，原樣再造；另擇文獻價值高、亟須保護性傳承的文獻，影印保存；同步建立『貴州古籍數據庫』，等等。初纂巨製，任重道遠，當抱弘毅之志，知難而進，誓成此編，爲實現貴州經濟社會發展新跨越提供强大精神動力和文化支撑。

任可澄先生曾懷『與中原文獻之邦絜短量長』『與歐美富强之國并驅争先』之决心編輯《黔南叢書》，『於文字歷史發揮而光大之』。今文庫之纂輯，繼往開來，百年遺願，當代可償。撫今追昔，有文字不可表達者。

是爲序。

貴州文庫編輯出版委員會

二〇一七年四月

編纂凡例

一、《貴州文庫》精裝影印系列（下稱『本系列』）收録文獻時限自今貴州境内有文獻始，至一九四九年九月三十日止。

二、收録範圍爲黔籍人士個人著述與非黔籍人士關乎黔地的重要著述及黔地官修史志，主要收入刻印本（含其複製本）、稿鈔本，所收作品與點校本容許少量重複。

三、收録原則爲寬明、清，嚴民國；刻本衆多的，選刊刻、校讎精良者。

四、本系列不編序號，出齊後與點校本一并編次書名、作者名索引。

五、本系列成書尺寸與點校本保持一致，原則上每種單獨編爲一册，但若單品種篇幅較小，可數種合印爲一册。

六、各書均在首册前排印編委會、總纂、出版項目總執行名單，出版説明，文庫總序，編纂凡例等。爲統一體例，前述部件均繁體直排。

七、各書卷首前均放置影印説明一篇，簡述該書修纂者情况、主要内容、版本價值、學術價值、文獻價值，亦繁體直排。

八、本系列以系統性搶救、保護、傳承貴州珍貴文獻爲第一要義，對底本頁面僅作必要之修補。

目次

影印説明 …… 貴州文庫編輯出版委員會 一
開陽縣志稿目録 …… 三
開陽縣志序 …… 吴鼎昌 一一
序 …… 解幼瑩 一三
序 …… 歐先哲 一七
序 …… 鍾景賢 一九
序 …… 楊竹君 二一
序 …… 鍾全林 二五
序 …… 陳元益 二七
凡例 …… 二九
開陽縣志稿編纂委員會委員姓名 …… 三一
圖版［一］ …… 三三

［一］圖版首張圖爲『開陽縣圖』，幅面較大，爲方便印刷裝訂，移入本書首册末尾。

第一章　歷史……四七
第二章　地理……五三
第三章　政治……一七七
第四章　經濟……三〇七
第五章　教育……四三三
第六章　軍事……五〇五
第七章　建設……五七七
第八章　自治……六三三
第九章　社會……六五一
第十章　黨務……七一五
第十一章　人物……七一九
第十二章　藝文……八一九
第十三章　拾佚……九二五
開陽志稿編纂規程……九五一
致民教館函……九五五
原訂綱目及主編委員姓名……九五七

影印説明

民國《開陽縣志稿》，解幼瑩修，鍾景賢等纂。

解幼瑩，貴州都勻人，民國二十七（一九三八）年七月由長寨調任開陽縣縣長。

鍾景賢，貴州開陽縣人，縣志編纂委員會常駐委員。

是志之編纂始於民國八年（一九一九），幾經周折，成於民國二十九年（一九四〇）。全志共十三章六十六節，三十餘萬言。首置卷首，後有卷末。卷首先列編纂委員會成員之姓名、開陽縣地圖、市街圖，次列編纂委員之像、印。志之目依次爲：第一章歷史，僅沿革一節；第二章地理，分位置、疆域、山脈、河流、關梁、土地、城垣、營建、壇廟、寺觀、名勝古迹十一節；第三章政治，分職官、土司、名宦、典禮、户籍、救濟、禁政、兵役、工役、社訓、衛生、消防、司法十三節；第四章經濟，分賦税、縣地方捐、公産（附貨幣）、農業、礦業、工業、商業（附度量衡）、物産、合作社（附合作金庫）九節；第五章教育，分科貢、書院、義學、教育行政及學校四節；第六章軍事，分軍備、禍變二節；第七章建設，分塘哨墩鋪、郵政、電話（附收音機）、道路、工廠、農場、水利、義渡八節；第八章自治，分選舉、保甲、訓練三節；第九章社會，分民族、風俗、宗教、民生（附銀會）、國民月會、新生活運動促進會、社團七節；第十章黨務，僅黨務一節；第十一章人物，分宦迹、鄉賢忠義、孝友貞節、耆年五節；第十二章藝文；第十三章拾佚。敘事止於民國二十八（一九三九）年十月。卷末列志稿編纂委員會組織規程、修志通告、原訂綱目、主編委員姓名、志稿編纂印刷經費數目；又附地名對照表，以免今古淆亂。因印刷舛誤頗多，又附勘誤表。

是志廣集各書，博采舊聞，體例審慎，條分綱目，凡適於時而宜書者則存之，失之信而言略者則去之。排比整齊，史料豐富，不失爲民國時期編纂水平較高之方志。然分頭編纂，雖經糅合編次，文筆亦各有殊，是其小疵。

是志出版時間或云民國二十八年（一九三九），今據歐先哲序，定爲民國二十九年（一九四〇）。該志於北京、南京、湖北、貴州各圖書館均有庋藏。此本系據貴州省文史研究館藏貴州印刷所鉛印本影印而成。該本多頁有破損，爲保持文獻原貌，不作修補。此外，因限於出版形式，書中有歷史局限性的表述及觀點一仍其舊，不作處理。

貴州文庫編輯出版委員會
二〇一八年十二月

開陽縣誌稿

王伯羣題

開陽縣志稿目錄

卷首

序 吳主席解幼瑩朱序鈐何麟書各委員

凡例

志稿編纂委員會委員姓名

開陽縣地圖

市街圖 縣城龍崗鎮臨江鎮馮公鎮雙流鎮

像 胡璧陳順鑣余士舉李立元鍾昌祚解幼瑩志委會委員

印信 清開州印貴陽府開州印貴州紫江縣印紫江縣印

金石 漢瓦當硯明宣德鼎

第一章 歷史

第一節 沿革

第二章 地理

第二節 位置

第三節 疆域

第四節　山脈
第五節　河流
第六節　關梁
第七節　土地
第八節　城垣
第九節　營建
第十節　壇廟
第十一節　寺觀
第十二節　名勝古蹟
第十三節　職官
第十四節　土司
第十五節　名宦
第十六節　典禮
第十七節　戸籍
第十八節　救濟
第三章　政治

第十九節　禁政
第二十節　兵役
第二十一節　工役
第二十二節　社訓
第二十三節　衛生
第二十四節　消防
第二十五節　司法
第四章　經濟
第二十六節　賦稅
第二十七節　縣地方捐
第二十八節　公產　附貨幣
第二十九節　農業
第三十節　礦業
第三十一節　工業
第三十二節　商業　附度量衡
第三十三節　物產

貴州印刷所承印

第三十四節　合作社附合作金庫
第五章　教育
第三十五節　科貢
第三十六節　書院
第三十七節　義學
第三十八節　教育行政及學校
第六章　軍事
第三十九節　軍備
第四十節　禍變
第七章　建設
第四十一節　塘哨墩鋪
第四十二節　鄉政
第四十三節　電話附收音機
第四十四節　道路
第四十五節　工廠
第四十六節　農場

第四十七節　水利
第四十八節　義渡
第八章　自治
第四十九節　選舉
第五十節　保甲
第五十一節　訓練
第九章　社會
第五十二節　民族
第五十三節　風俗
第五十四節　宗教
第五十五節　民生附儲會
第五十六節　國民月會
第五十七節　新生活運動促進會
第五十八節　社團
第十章　黨務
第五十九節　黨務

第十一章　人物
第六十節　宦蹟
第六十一節　鄉賢
第六十二節　忠義
第六十三節　孝友貞節
第六十四節　耆年
第十二章　藝文
第六十五節　藝文
第十三章　拾佚
第六十六節　拾佚
卷末
志稿編纂委員會組織規程
通告等件
原訂綱目及主編委員姓名
志稿編纂印刷經費數目

地名對照表
勘誤表

貴州印刷所承印

開陽縣志序

開陽於明清爲開州。乃貴陽府屬五州之一。其設州始於明崇禎四年。較餘四州爲晚。溯其建治。迄今三百餘年。山川民物之紀載。初僅附庸於府志。雖清雍正曾創修州志。第乏流傳。乾隆四十五年。知州王炳文。始成志略四卷。開陽志乘之有傳本。蓋以此爲初祧。自乾隆至今。又數閱世紀。可憑之資料。宜倍於前。民國二十八年。省府以解君幼瑩權開陽縣篆。乃創議續修縣志。爲施政之資。集邑中賢彥。從事編纂。時逾半載。初稿蕆成。二十九年。歐君先哲繼宰是邑。復籌資付印。歐君以縣志刊行。關夫政教。其含義至爲遠大。因請序於余。自以主黔三載。時值艱危。嘗引文事武功並重。以冀奠定復興。開陽縣志之及時修竣。與斯恉相符。而解歐兩君之願力。尤有足多者也。抑貴州建省較晚。以言省志。元明以前。悉無專著。弘治始創圖經。嘉靖方成通志。清康熙乾隆以後。續修者未覩殺青。以言縣志。或已有成帙。因年歲較遠。傳本漸尠而難覯。或向無記述。僅初成稿本。不及鋟板而散佚。其能踵事增華。續修付梓者。蓋稀如星鳳。所願各縣志籍。能一一輯成。與開陽縣志。次第競美。俾黔中紀

貴州印刷所承印

載。日臻翔實茂密。可供考鏡。洵余所跋望焉。民國一十九年八月前溪吴
鼎昌序。

序

民國二十七年七月、幼瑩自長寨調任開陽縣事。開陽土地人口。大於長寨數倍。經濟財政。文化物產、亦逺非長寨所能及。下車伊始。亟欲知其山川之通塞。民物之殷損。以爲施政之準繩。乃諮訪月餘。未獲要領。事實雖在。而言人人殊。無徵信册籍。以資證驗。每舉一事恆累日不能自決。烏乎。往者已矣。吾輩日夕孳孳。籌畫經營。而期有旦莫之效。於開陽者。豈竟如飄風之過耳。長任其忽逝而不思補救乎。取舊志而續修之。此固人有同心。應不獨幼瑩爲然矣、於是遍訪邦人。知開陽自崇禎設治、迄今三百餘年。雍正初知州馮詠。曾創州志。乾隆四十五年。知州王炳文續修、成志略四册。嗣是百六十年。未聞有續修者。然雍正志不可獲睹。乾隆志亦僅存孤本。而殘斷零落。已非昔時之舊。民國九年。曾議興修。未肇厥事。乃商之二三耆舊。以二十七年及二十八年地方結存經費。專作修志之用。衆議僉同。卽於今歲夏初。組志稿稿委員會。聘鍾君景賢爲常駐委員。蒙君及鋒、陳君元一、楊君竹君、蒙君晉明、鍾君全林爲委員。幼瑩亦以職責負主任委員之名。五月中旬。開始籌備。六月四日開正式成

貴州印刷所承印

立大會。各委員遂審定目錄。分任編纂。晉明又兼任三、四兩區及一區北部采訪。全林兼二、五兩區及一區南部采訪。竝君兼任校對。責任既專工作斯奮。八九月陸續交稿。復由會互加審核。分別簽註。再交主編委員重加料檢。逐一修正。十一月全稿畢集。復由會綜合審查。濟濟一堂。排日商討。凡一月始告成。猶懼事實之不無紕繆也。更陳列於民衆教育館。俾全縣人士得參觀而評議焉。冀庶幾寡失也。此書都十三章六十六節。三十餘萬言。實際負責者六人。經時不逮一歲。排比校訂。常務委員之力最多。而徵采事實。各區保甲長暨各地學校職教員。尤著勞勳。蓋千百年文獻總匯。非此無以攷見。數百里政治基礎。非此無以奠定。邦人士熱心毅力。樂襄厥成。遂不自知其成之速。幼瑩雖間一二日到會商討。參決衆說殷殷期望。仍不敢謂集事之效如此。夫吾國史地之書。浩如淵海。言方志者。每謂宜即只尺之地。網羅衆材。條理萬彙。各以源本。依地呈形欲取其精。先用其博。今茲之檢。倉卒有成。博覽未遑。精覈何恃。遽付剞劂。或有未安。惟是方志爲書。應時修補。前功易廢。後效難期。莫予偲先生有言。誰爲後來。差易爲力。竊附斯義。亟予印行。爰第名之志稿。以識感望。烏乎。值茲世界大通。學術昌明之際。羣策羣力。要惟各竭所得。以遺獻於方來。亦庶幾九仞之功。基於一簣云爾。尚冀與邦人君子續勉之。是爲序。中華民國二十八年十二月都匀解幼瑩識。

貴州印刷所承印

開陽縣志

序

宋明以還。方志大興。堆几積案。甲於乙部。名儒若章氏實齋。顧氏亭林輩。猶致力於一州一府之書。然窮年累時。畢生而爲之者。有成焉。有未成焉。蓋雖學之博。見之卓。若數大家者。亦必勤於蒐羅裁斷。復論久而始定。古之人修志。若是其慎且久也。子玄之作史通。其於史論列詳矣。而古之史。無或當者。志亦史也。古之人修志。亦猶史之若。是其難也且近世新學薈蔚。方志之學。隨而丕變。陳說務新。而一本諸科學。分門別類綱舉目張。責之專家。運羣力以赴。始克有濟。蓋其已非一家之言。一人之業之所可及矣。故今之有志於志乘者其艱且深慎久固又非古之人所得與比擬也。雖然。縣不可無志。縣之志。上究天人之故。下察民物之風。生民立命之道在於斯。從政者亦務資爲治。開陽之州也。洎今三百有餘年矣。而乾嘉之間。一見舊志。淹忽至今。無有繼者。都匀解君幼瑩。來長斯邑。慨然歎曰。「縣不可無志。縣必有志。余必觀其成！」乃招鄉之賢達六人。設局主其事。半載而藁初定。遂議梨棗。謀公之世。以近而求其稿之成於志。民國二十九年二月余承乏斯邦。得躬與其盛。披覽其藁

貴州印刷所承印

知是藁也。博採廣摭。斟酌至當。雖祖襲舊抄。要不失爲佳篇。遂籌款付梓。初版一千部。肆主人初議價陸仟元。復復增至八千。往返交涉。皆由瀧君晉明董其事。或曰。是藁也。或有紕繆。更待增刪。且緩付剞劂。余曰：「否。此大事體。倉卒固無定本。然此藁規模已具。必以行世。以求世之人。共搜擘也。而志易就矣。及其長編問世。乃略書志事之難。與夫成書之速。以紀解君之德。以及當時諸賢達之用心。并示邑之後人。知有所興起者。」冠諸端。民國二十九年六月二十一日廣安歐先哲序。

序

幼瑩縣長。持身廉正。才具明決。考獻徵文。尤具隻眼。上年來蒞吾開。下車之初。即有志續修縣志。與紳耆父老已數度商榷矣。本年二月夏歷年節。電邀景賢到城。參與其事。衆謀僉同。其議遂定。并責以常駐委員之任。景賢不敏。曷敢率爾操觚。然文獻所關。又豈敢知難而退。溯自民國八九年間。續修貴州通志。吾縣成立採訪編輯處。景賢亦編輯員之一人。蒐集稿件。已屬不少。縣長李少桓決意設局續修縣志。擬敦聘李仁宇先生爲總纂。後因仁宇先生。以年衰學荒辭謝。遂不果成。迄今又二十年矣。昔採訪稿件。強半散佚。同負編輯各員。惟存景賢與藹君及鋒二人。餘皆早世。人事變易。可勝慨哉。若再躭延歲月。老成凋謝。諮訪無由。其難更有甚於今日者。遂不自量。攘臂應之。約定春末夏初。氣候和暖。即可着手矣。五月十五景賢到城。六月四日各委員齊集。志稿編纂委員會。即於是日成立。略仿類書編纂法。由六委員分目負責。所有材料。得於參考書籍者三之一。由實地採訪而來者三之一。於吾人平日耳熟目見者又三之一。鄭子尹先生修遵義志。爲期二年半。以一年看書。半年執筆。誠

貴州印刷所承印

以材料既備。編述自屬易易耳。十月底各批稿件交齊。每稿交會。即陸續分送各委員簽註意見。再由主編者加以修正。從十一月初起。逐日開總審查會。月終。全稿於是勒成。特陳列民教館。歡迎地方人士參觀批評。夫編輯志乘。亦名山事業。頭緒紛繁。事體重大。今竟於六個月限内。如期成功。實解縣長熱心毅力。有以促成之也。景賢自惟淺薄。得從賢縣宰及委員諸君之後。濫竽其間。襄助爲理。學識有限。舛謬殊多。後之君子。不吝金玉。進而教之。使茲之志稿。一正而爲縣志。景賢等實企踵以望之矣。

民國二十八年十二月鍾景賢識於開陽縣城民教館

序

夫志者。誌也。誌其實也。舉其實以筆之於書。用誌不忘也。循此義而言之。則志者誌實以傳信。非必鋪張揚厲。誇大比附。始堪稱爲堂皇富麗。鴻文鉅製也。開陽自明崇禎三年建州。迄今三百餘年。雖地近會城。而僻處一隅。交通不便。開化較晚。商賈編氓。流寓爲多。簪纓望族。卜居絕少。世之名公鉅卿高軒固未枉顧。卽騷人墨客。游屐亦難履及。其鄙也。陋也。宜矣。然以一縣之大。其典章文物。體制不殊。沿革疆域。變遷代有。山川形勝之險易。物產品類之豐嗇。風俗習尚。節孝忠烈。苟無志以誌之。其何以供國家之採輯。士夫之稽考耶。無惑乎昔我州牧馮公詠、王公炳文、於清雍乾間而有開州舊志之作也。雖其搜羅不豐。體例未備。簡陋之譏。勢所難免。然猶付諸棗梨。剞劂行世。垂諸久遠。則志乘之作。無非本乎志者誌實之義而已。嘉道之際。時世承平。然牧斯州者。長斯土者。皆無續作。咸同苗亂。禍變頻仍。廬舍爲墟。求生不得。何暇及此。光宣以還。流亡漸復。榛莽日闢。然謀生不遑。又無力及此。民國初年。黔省有通志局之設。頒發採訪條例於各縣。時知縣事李乃揚。分令各

貴州印刷所承印

區採訪故實。擬加編輯成書。欲以主編之責。徵諸鄉先達前清太史李立元先生。時先生寓居省門。年力衰邁。撝謙固辭。邑中人士。又囑於劉知幾書彼竹帛。事非容易之語。不敢秉筆。遂爾延擱。及後黔政杌隉。時局雲擾。修志之舉。屢議未果。民國念五六年間。徐縣長健行、馮縣長光模。願念地方文獻。亟思續修。又得里人朱桂辛先生由舊都來函。願負剞劂之資。朱君先代。本爲邑中巨族。然宦遊於外已數世。遠風遙聞。熱忱贊助。事雖不成。而其惓念枌榆之心。良爲可感。惜以抗戰軍興。音信阻絕。故雖聘定人員。設局開辦。終成畫餅。二十七年秋。解君幼瑩來宰我邦。於政務叢脞。百端待理之際。每于地方人士晉謁。恆以文獻將墜爲憾。乃發大願心。籌集編印經費數千元。成立開陽縣志稿編纂委員會。以編纂之責。責諸六人。然六人者猶愳而不敢承也。解君慨然曰。凡事不可視其甚易。亦不可視其太難。視易則僨事。視難則無成。志乘之作。本非易事。而開陽縣志。以無實錄依據。纂輯猶難。然失此不圖。則恐十年之後。雖欲有爲。更戞戞夫其難矣。君等今日爲草創之人可耳。將來之修飾潤色。自有賢者以繼其後也。慎而行之。勤而求之。或可告無大罪矣。於是六人者。乃得廣集各書。博採舊聞。先則審慎其體例。次則餘分其綱目。凡適於時而宜書者存之。失于信而宜略者省之。區疇爲十二章六十六節。由六人分别担任採訪編纂之責。亦本敬播撰晉書。治平撰通鑑之遺法也。溯自民國己卯歲六月起。至十一月底止。爲時六月而全書成。經六人更番審核。陳列公所批評者半月。繼正校對者幾兩月。乃於次年元月付梓。於是垂絕百有六十年之開陽志乘。又獲重覩於今日矣。惟非解君之鼓舞。鼓促。熱心毅力。又烏能奏功如是之速哉。吁。事之必待其人而後成者信矣。然猶有慊於心者。昔新唐書之成。歷十有七年。而紀表志傳。書出兩手。吳縝猶起而糾其謬。今茲所作。成於六人。雖方志非國史可比。然爲時無幾。考證艱難。其糠粃雜揉。嵌罅分裂之處。當百倍於前作。而記敘失序。編次不倫。更足貽譏於大雅。所幸爲草創之作。誌實之篇。若海內賢達。近而正其紕繆。另文著述。俾志稿一易而爲縣志。斯更同人等之所馨香頂祝。拭目以待者也。是爲序

民國二十八年十二月開陽竹君楊蠹識於伏園草廬

貴州印刷所承印

開陽縣志

序

韓非有言。三代以上非無傳事也。久故也。三代以下非無賢人也。久故也。韓非之視三代。猶今之視秦漢也。今視秦漢。事有如昨日。人有如晤對。而於百年之間者。或惝恍而迷離。或渺茫而莫測。其相去若三代然。是何也。久故也。非久也。文史之不足徵也。足徵則三代如百年。不足則百年如三代。文之爲用大矣。而紀載之不可或闕也。國有史矣。國之有史。猶家之有譜也。孔子曰。父母之年。不可不知。知其所自。亦不忘也。情也。人不以無情也。推親親之義於一本。其行事亦不可不知也。匪惟知之。固將鑑之。猶懼或忘。書而藏之。譜也。行遠自邇。登高自卑。明一家之世系。求遺型于譜諜。亦治史學而欲通知上下古今者之所有事也。今人有不知其父母之年。而亡其高曾之名者矣。乃侈然曰。是家族主義之產物。宗法社會之遺痕。然則志鄉土者。不將以地方觀念濃厚被訕。部落思想復興見譏乎。此之謂不知類。使盡人而忘其父母之年。高曾之名。是家亡其譜矣。家亡其譜者。國必亡其史矣。國而無史。野蠻之國也。謂其國爲無文化之國焉。可也。介乎史譜之間者。厥名曰志。志也者。省縣各有

貴州印刷所承印

古以三十年爲一世。志乘之修輯隨之。備遺亡也。開之志凡兩修。再修在乾隆四十五年。所志甚簡。讀者憾焉。迄於今百又六十年矣。而未嘗續修也。此百六十年間。豈無傳人傳世者。然而一事也。問之或遠或近。一人也。求之若有若無。將不能不致怨於此百六十年間之人矣。猶賴有舊志存也。雖曰略。不猶愈於已者乎。失今不圖。將使後人而復怨後人。此開陽志稿之所由作也。非敢有作。聊備遺亡耳。故曰稿也。采無可采。訪失其人者。蓋闕如也。昔歐陽修之居滁也。問宋太祖破李景兵事於滁人而求其處。已徒見山高而水清。八十年間而故老皆無在者。今年又倍之。文獻無徵。采訪無從。不亦宜乎。往者不可諫。來者猶可追。故述往事。思來者。至論人將竢其蓋棺。而成事輒及於現在。荀卿曰。法後王。其斯之謂歟。茲稿之輯。尅期半月。耳目難周。勢所不免。匡救不逮。改正其失。馨香禱祝。望於後賢。輯既遂。循例序於簡首。

中華民國二十八年十一月　鍾全林謹識

序

開陽縣志稿序　陳德堃元益氏撰

昔賢夏文炳云。志非史而難於史也。史之難在全國。志之難在鄉黨。史之難以後人而論已往。志之難以今人而論當時。史之難恆取議於君子。志之難每招謗於庸人。故心不公非志也。筆不真非志也。綜核不精。紀事不實。非志也。拘門第。徇請託。抑卑寒。依流俗。偏執意見。不衷義理。均非志也志之難如此。可率爾操觚哉。吾邑古名開州。舊有志。爲馮公詠創修。續修者爲王公炳文。一在清雍正。一在乾隆時。距今垂百五十餘年。中經咸同苗教之亂。幾二十載。縣城兩次淪陷。其東境爲苗教據爲巢穴者。復教載於茲。鐵騎所至。全縣殆無一片乾淨土。居民死亡流離。亂後歸來者十不過二三。而故家大族更少存者。彼時元氣未復。諸務未遑。奚暇及於志。迄民國二十八年春。鄒匀解公幼瑩。服官斯土。當中日戰爭之際。政務繁劇之時。毅然以重編纂縣志稿爲務。堃適養晦鄉居。辱承謬采虛聲。函囑干役其中。堃以此乃地方不朽事業。未敢以譾陋辭。惟默念筐鏞頻徙。煙雨壓封。文獻不足。徵考鮮據。舉凡歷來之賢有司。其循良異績。流風遺韻。與夫遠朴之鄉偉望碩

貴州印刷所承印

德。奇瑰之士。浩氣大節。正論嘉言。或隱而不傳。或傳而不盡。殘缺遺漏。在所難言。第本此至公無我之心。周咨博考。求諸義理之安。據事直書。以稍袪諸非志之失。將來或貽譏。或招蹟。是所望於後之宏雅君子。筆削而潤色之。則幸甚矣。稿成將付梓。特揭其初衷以序於簡端。

凡例

一、本書以六個月編成。紀載事實。截至民國二十年十月底止

一、本書原擬部門爲十三綱六十九目。着手編纂後。略有增損。除綱仍舊外。共六十六目。後又易綱爲章。易目爲節。故書成後。除前有卷首。後有末外。共爲十三章六十六節。

一、本書以節爲單位。由六委分頭編纂。初稿編成後。遞送各委員。審核籤註意見。再送主編委員。增刪脩改。全稿彙齊。復開總審查會。一讀通過。前後凡四易稿而成。

一、本書既係分頭編纂。自非一家言可比。雖經揉合編比。文筆仍然各殊。閱者諒之

一、本書地圖及山脈河流場集位置。係以民國五年貴州陸地測量局之五十萬分之一民國圖爲底本。至城鎮市街。則係實地目測。

一、軍事章禍變節。係以平黔紀略爲依據。而參照私家紀載。父老遺聞。編纂而成。

一、志乘所以紀述過去。啓迪將來。故對於民生經濟。物產農礦。不瑣憚

貴州印刷所承印

屑。特爲加詳。

一、宦蹟鄉賢。忠義孝友等。統以死者爲限。藝文則須與本縣或人、或地、或事。有關者。始予採入。

一、怪誕無稽。涉及迷信之事。均不羼入。惟錄於舊志。不便割裂者。間亦仍之。

一。本書原擬採用標點符號。後因排版困難。僅用句讀二種。

一、一地數名。最易淆亂。特附地名對照表。以資參考。至一名數地。則無法標識。閱者惟有注意前後文氣別之耳。

一、文在華麗。史在翔實。本書之輯。純以事實爲重。不尚藻飾。行文時尤避艱深古奧之言。至與時代思想有關事件。依據中央通令。自得發揮闡明之。

一、本書脫稿後。各委員以見聞有限。耳目難周。罣漏舛譌。勢所不免。特陳列民教館二十日。歡迎全縣人士參觀批評。俾得補救其謬。指正其失。

一、本書採訪編輯。審查繕寫。時僅六月。益以同人學識淺薄。見聞孤陋。遺漏舛訛。勢所必有。故名曰志稿。閱者諸君。幸其指正。

開陽縣志稿編纂委員會委員姓名

縣長兼主任委員　歐先哲
前縣長兼主任委員　解幼瑩
常駐委員　鍾景賢
委員　蔬及鋒
委員　陳元益
委員兼校對　楊竹君
委員兼採訪　蔬晉明
委員兼採訪　鍾全林

貴州印刷所承印

開陽縣志

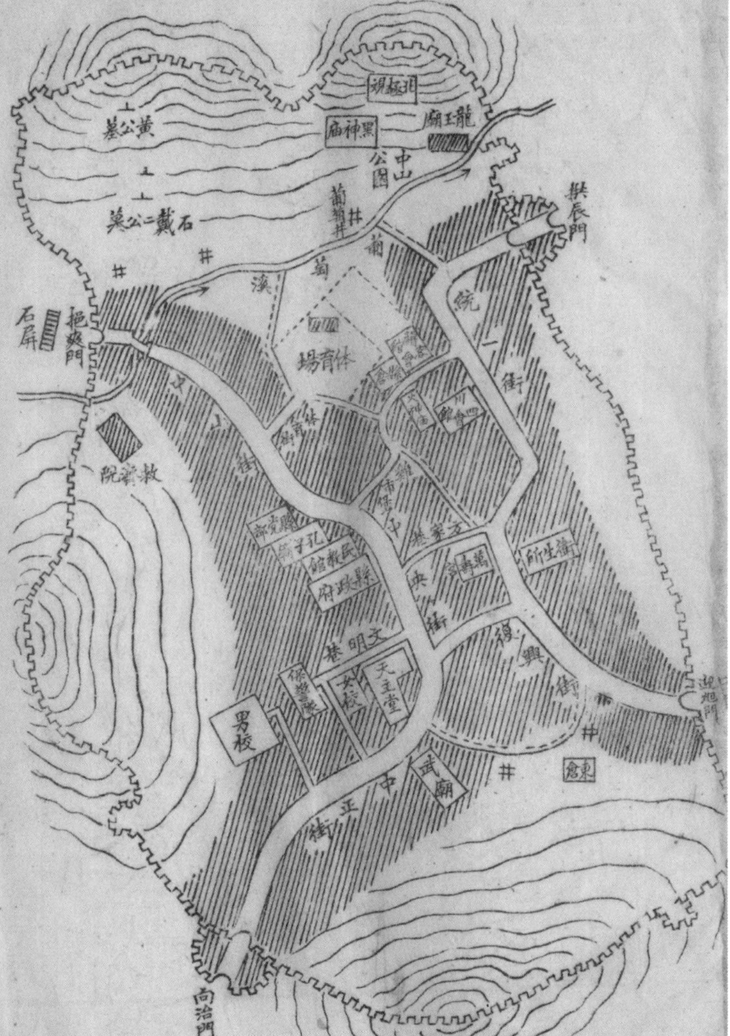
黃公墓
黑神廟
龍王廟
中山公園
戴二公墓
石屏
拱辰門
体育場
救濟院
統一街
中央街
復興街
中正街
文明巷
縣政府
孔子廟
男校
女校
天主堂
武廟
東倉
向治門
迎旭門

開陽縣城市街

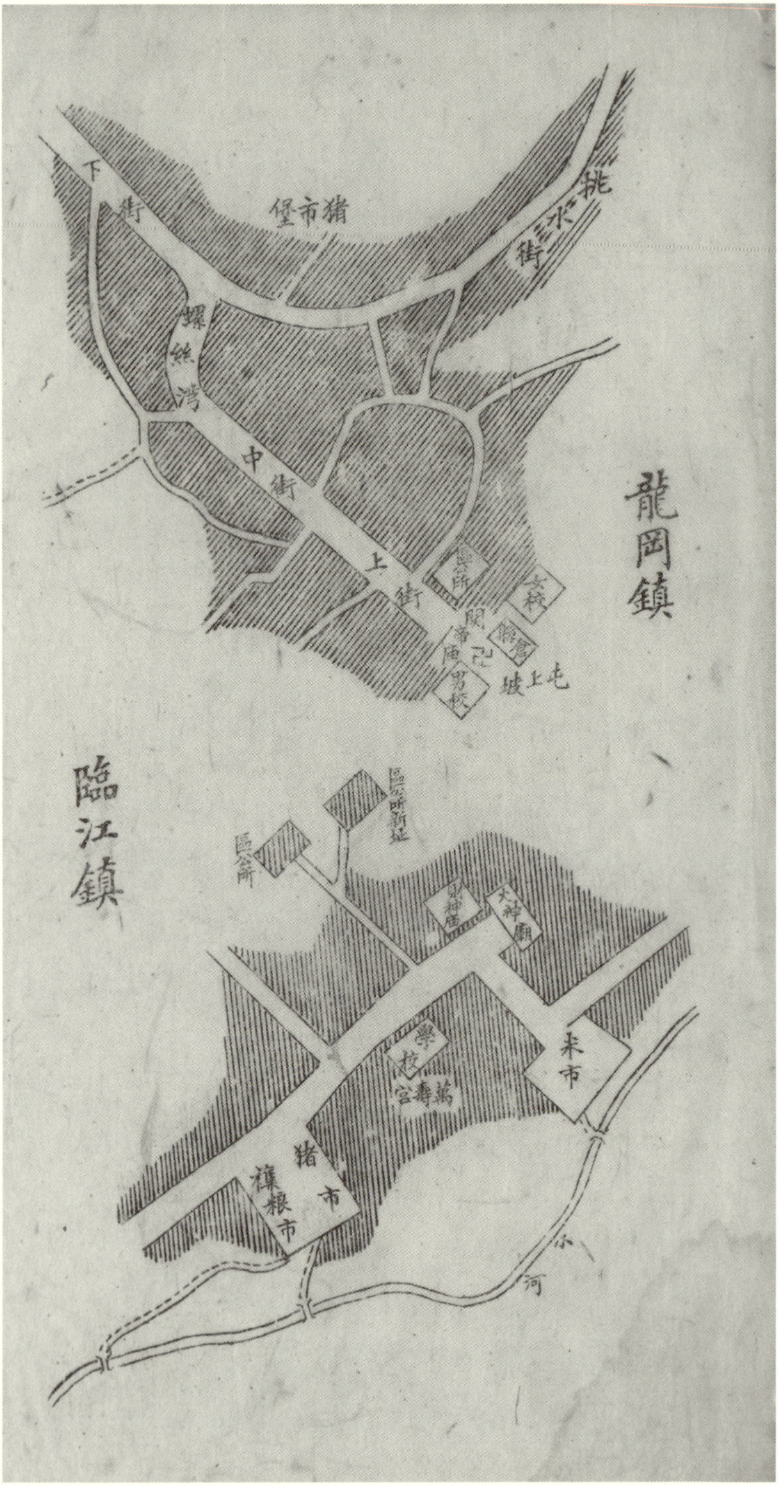
龍岡鎮
猪市堡
挑水街
下街
螺絲湾
中街
上街
女校
糧倉
男校
屯上坡
臨江鎮
區公所新址
區公所
學校
萬壽宮
猪市
米市
小河

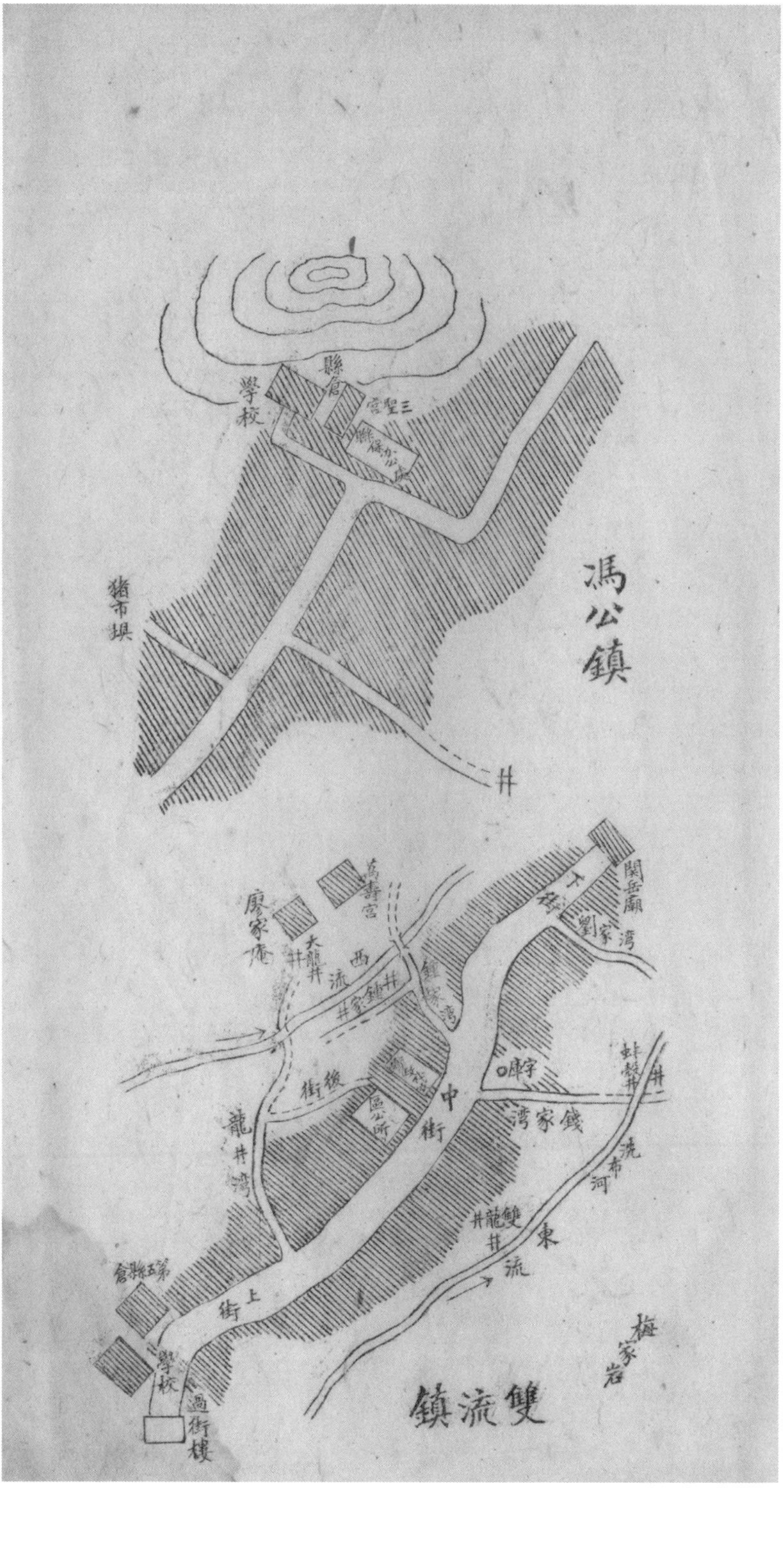
馮公鎮
學校
縣倉
三聖宮
豬市壩
井
雙流鎮
關岳廟
下街
劉家灣
萬壽宮
廖家庵
大龍井
西流
鍾家井
鍾家灣
後街
區公所
中街
字庫
錢家灣
龍井灣
流布河
雙龍井
東流
上街
第五縣倉
學校
過街樓
梅家岩

知州胡璧

開陽縣志像

知州陳順鑲

開陽縣志像

保至副將之佘士舉

三

開陽縣志像

州民表別

四

開陽縣志像

革命先烈鍾昌祚

開陽縣志像

縣長歐先哲

縣長兼主任委員解幼瑩

常駐委員鍾景賢

委員范及鋒

開陽縣志像

委員楊竹君

委員陳元益

委員鍾全林

委員熊晉朋

開陽縣志印

滿清銅質州印

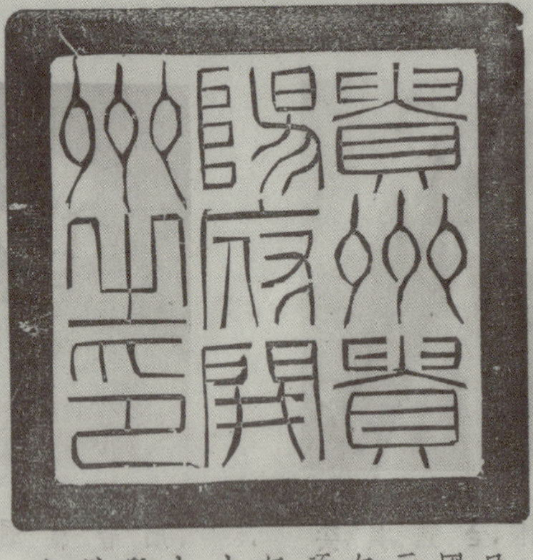

民國元年頒行之木質州印

民國二年頒行之木質縣印

民國六年北京內務部頒行之銅質縣印

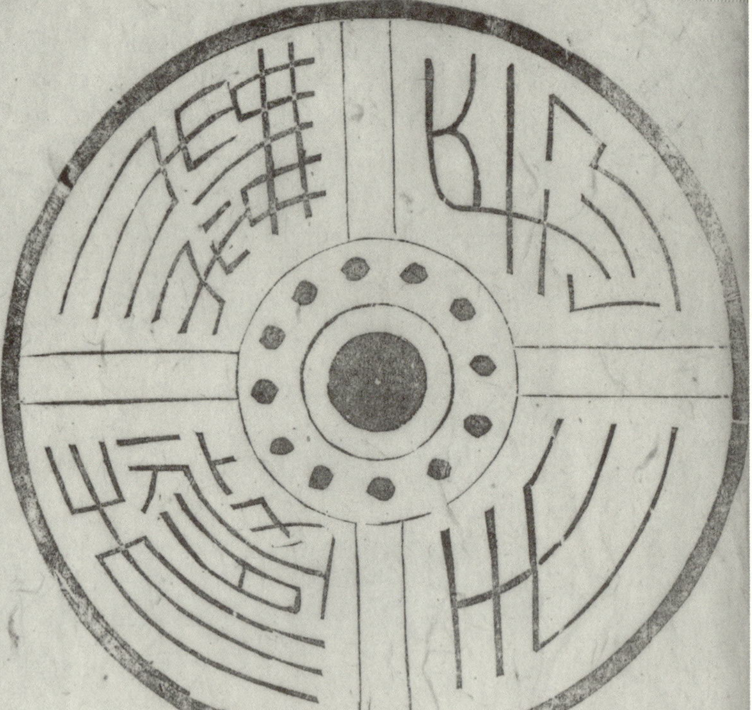

漢未央宮瓦當陽面篆文

宣德鼎款識

開陽縣志稿

第一章　歷史

第一節　沿革

開陽縣地。三代時爲雍梁邊鄙。漢時屬且蘭縣。唐季設蠻州光州。尋棄爲化外。至明末始設開州。分述如次。

(一)崇禎三年以前之開陽　開陽古爲西南夷地。夏屬梁州江外之南域。職方爾疋。蓋屬荊州西裔。及雍州之南裔。戰國爲且蘭國地。據歷代疆域沿革圖自戰國起、至漢初、貴州均爲化外、西漢時始置牂牁、唐以後又夷爲化外、元朝再入版圖秦始皇二十六年。置且蘭縣。開陽爲其西北地。秦漢之際。干戈擾攘。其縣遂廢。漢武帝建元六年。復置且蘭縣。屬犍爲郡。東至無陽鐔成二縣。南踰牂牁河即紅水江界毋斂縣。西至夜郎談指平夷三縣界。西北逾烏江上流與鼈縣交界。東北與酉陽辰陽二縣毗連。有今思南、石阡、都勻、平越、定、廣、長、羅、貴陽、清鎮、安平、修文等地。開陽即其西北境也。且蘭縣城。在今羅甸境內。漢元鼎五年。且蘭君反。漢滅之。始置牂牂牁郡。即以且蘭縣城爲郡城。平帝元始四年。更牂牁郡曰同亭。後主建興元年。太守朱褒反。諸葛亮南征。使馬忠伐牂牁。誅朱褒。以忠爲牂牁太守。魏明帝景元五年。牂牁郡降魏。惠帝大安元年。置甯州。以牂牁郡隸之。晉分且蘭地置萬壽且蘭平渠三縣。萬壽縣有今之思南印江石阡龍泉甕安餘慶貴陽等縣地。縣城在今餘慶縣境。開陽乃萬壽西北隅地。其時修文屬平渠縣。龍里貴定屬且蘭縣。後又劃今貴陽修文清鎮安平廣順等縣地置晉樂縣。縣城在今貴陽北四十里都喇營。唐矩州即其地。今之開陽。晉樂之北境也。南朝宋齊梁陳。開陽地均屬晉樂。隋改牂州爲牂牁郡。領縣二。北曰牂牁。南曰賓化。牂牁縣凡今之遵義綏陽延袤至於郎岱關嶺均屬之。縣城在今餘慶甕安間。開陽乃牂牁縣西北境也。

唐置蠻州於今第五區同知衙。領縣一。曰巴江。即巴香也。蠻州北至烏江。東臨清水河。西南斜延至平壩北境。今之貴陽開陽修文息烽清鎮皆蠻州地。又置光州於今五區之光堵河北岸。地在蠻州之南。光州後謫爲功州。唐末訖宋。滇黔及四川南部。夷爲化外。蠻州光州功州。皆羈縻州。元至元三十年。光州內附。廢爲光州長官所。屬新添葛蠻安撫司。蠻州廢爲葛蠻雍真等處長官所。均屬順元路。至大四年。置乖西軍民府。旋降爲長官所。屬管番民總管。明初貴州宣慰同知。居今五區同知衙。親轄陳湖十二馬頭。領長官司十。曰貴竹。水東。中曹。龍里。白納。底寨。乖西。養龍坑。箚佐。青山。土巡檢一曰谷龍。尋徙同知居貴陽紅邊里。正統三年。增領程番等十三長官司。天順中。移治今第二區羊場。後居楊黃寨。即今開陽縣城。天啓初。水西宣慰同知安邦彥、專兵柄。挾其侄宣慰使安位反。水東宣慰同知宋萬化。率苗仲從之。崇禎二年。安邦彥誅。宣慰使安位降。次年。分宋宣慰同知地置開州。隸貴州布政使。以乖西長官司屬焉。

（P一）崇禎三年以後之開陽　崇禎三年置開州。屬貴陽府。設知州一員。吏目一員。河防道署及總兵署。均在城內。城跨鰲頭山。金袍山。關廟後山。而築之。其疆域北界遵義。南界貴陽、貴筑。東界湄潭、甕安、平越。西界修文。蓋居烏江南岸。跨清水河（又名清水江）下游。而南貢河橫貫其南。南望山屏障其西。分十里二司。東南曰孝里、忠里、信里、禮里。南曰廉里。西曰清里。附城曰恥里。後改讓里。東曰弟里。，曰義里。東北曰思里。思里跨清水河。因名右岸曰思內里。左岸曰思外里。乖西正司。在州城東北。有地八排。後又分割爲十排。乖西副司。在城西北。有地四排。亦簡稱揚司劉司。蓋即昔蠻州光州之境云。光緒末年。厲行新政。北京設憲政編查館。各省設調查局。分州屬爲五區。附郭曰中區。即讓里。羊場曰東區。即孝、忠、信、禮、四里。翁朵曰南區。即廉、第二里。兩流泉爲西區。即清里及楊司劉司。馬場爲北區。即義里及思內里。花梨爲東區。即思外里。每區設鄉正一人。鄉正下曰總甲。曰甲長。曰牌長。

民國肇建。廢府廳州制。一律曰縣。并去其同名者。以直隸有開州四川有開縣。改名曰紫江縣。一以紫水洗泥。一以古名紫江之故。初隸貴州民政司。後隸黔中道。屬貴州巡按使。縣之行政官曰縣知事。吏目、學官、把總、均廢。乖西正副司亦廢。分爲五區。管轄與清末略同。惟劃撥插花。疆界已與前有異。除北界遵義無變更外。東北劃去烏鴉戶岩底。東南劃入王潘里。南劃去二比。西南劃去沙鍋寨、六馬莊、老潘寨。於是東連甕安平越。南界龍里貴陽。西界修文息烽。計毗連七縣。其後由五個區分爲八區。爲九區。爲十區。第一區縣城、第二區羊場、第三區枇杷哨、第四區中場、第五區兩流泉、第六區馬場、第七區馬江山、第八區宅吉、第九區米坪、第十區劉衙、各設區長一人副區長一人。尋又改爲團總。副團總。區以下曰保董。曰甲長。曰牌長。民國六年廢道制。紫江縣直屬於貴州省長公署。民國十五年北伐成功。改貴州省長公署爲省政府。省長曰省主席。爲委員制。縣公署曰縣政府。縣知事曰縣長。爲獨任制。十九年內政部改紫江爲開陽。開陽本開州之別名。其稱已古。嘉慶時重建書院。改爲開陽書院。前知州胡壁有曰。開陽者蓋欲開陽明之學也。縣以此名義兼賅之焉。各區隸屬之保甲牌。改爲鄉鎮閭鄰。無市場者曰鄉。有場市者曰鎮。改保董曰鄉長鎮長。除縣城及較大場市合併爲一鎮外。大率每鄉鎮有花戶數百家。五家爲鄰。五鄰爲閭。稱爲閭長鄰長。閭鄰數與前甲牌遂有增益。其時全縣共四十七鄉鎮。

民國二十四年。紅軍過境。中央軍入黔後。貴州劃爲剿匪區域。設十一個行政督察專員區。略仿前直隸廳州制。爲專員者。一面自己做。一面監督他人做。自己做。知其爲政之利弊甘苦。監督他人做。不責人以不能。且以身作則也。第一行政專員區設定番。領貴陽、定番、清鎮、修文、息烽、開陽、龍里、廣順、長寨、羅甸、十縣。二十五年。縮併爲八個專員區。開陽仍屬第一區。二十六年。再併全省爲五個專員區。專員不兼縣長。而以附近省會之貴陽、龍里、貴定、鑪山、麻江、甕安、平越、開陽、息烽、修文、清鎮、平壩、長寨、廣順、定番、十五縣。不設專員。直隸於省政府。由民政廳長直接監督指揮。各縣又合併自治區。改鄉鎮爲聯保。鄉鎮長爲聯保主任。其下曰保長。曰甲長。等於前之閭鄰而稍擴大之。二十八年。確定全縣爲五個區。第一區在縣境中部及南部。轄八聯保（即前第一、第三、第四、三區地）、區公所設枇杷哨。第二區在東南隅。轄六聯保。區公所設羊場。第三區在東北境。轄六聯保。即前第六、第七、第八、三區地。區公所設馬場。第四區在東部。轄三聯保。區公所設花梨。第五區在西北境。轄五聯保。（即前第五、第十兩區地）、區公所設雙流鎮。共計二十八聯保。二百二十二保。二千零五十四甲。

第二章 地理

第二節 位置

貴州地位・以全國言・適在正南・僅隔桂西・即與法屬越南交界・以十八省言・則位于西南・粵桂川湘滇黔六省・貴州實居其中・故有國防要區之譽・開陽居黔省中部・倫敦子午線東經一百零六度四十分・北緯二十七度之間・位于烏江南岸・適當清水河與烏江匯流處・縣城略偏於全縣之西・東北臨烏江界遵義甕安・東臨清水河界平越・東南以牛渡河界龍里・南有南貢河・西有猴雞嶺・西北有紅水營河・據地理學家言・使烏江湘江南明甕城諸水・可通舟楫・則開陽之清水口・實綰轂全省要區・不啻川省之有重慶・鄂省之有漢口・省會地點・舍清水口外・更無比其重要適中之處・蓋非虛語也・遵義未撥入貴州以前・開陽與四川只一江之隔・為省防第一重門戶・故有河防道之設・有總兵官之設・游擊都守千把之屬・星羅棋布・偏於境內・茶山關蜀水黔山之石刻・黔蜀古分疆之碑句・猶可考證・及遵義劃入貴州以後・開陽一變而為腹地・然仍不失為省垣屏障・故咸同之亂・竭力以保江・所謂江者・今之清水河也・欲固省垣・須保開州・欲保

貴州印刷所承印

開州。須防龔平。石虎臣之戰死玉華山。戴鹿芝之諭降轎頂山。皆所以保開州固省垣也。其後何德勝突破清水河。攻陷開州城。省垣震讋。幾爲所乘。趙德光趙德昌等之血戰江內。得而復失者再。即所以爭此天塹也。且咸同以前。貴陽通川大路。係取道茶山關。咸同亂後。綦仁兩岸食鹽運道。仍舊未改。是則昔之開州。不僅爲軍事要地。且爲商旅通衢。

全縣地勢。西南高於東北。水源山脈。大半順其勢由西南而東北。最高者爲五區。次爲一區。再次爲二區。三區。最低者爲四區。平均各地氣候。嚴冬時降至華氏十七八度。最熱不過八十五六度。以用砂壩兩流泉爲最冷。縣城次之。羊場馬江山馬場宅吉又次之。清水河下流。毋溪翁昭及花梨龍坑爲最熱。因而農作物亦隨之有早遲豐歉之別。但因境内多山。山顛與深谷。氣候亦迥不相同。如洋水與兩流泉是也。每遇兩流泉用砂壩。彌天大霧。細雨濛濛而洋水壩中。則地皆乾燥。微露日光。相隔不過十數里。氣候不同如此。縣城亦多雨霧。但不及五區之甚。愈向東北。則愈和煖矣。兩流泉一帶。有若箬笠之頂。四方皆低。一峯獨峙。其羊場馬場花梨龍坑。則箬笠之外緣也。

風向。夏季多東南風。冬季多西北風。雲趨西北多晴明。趨東南多雨霧。

故有雲走北。雨不得之諺。

標準時刻。屬隴蜀區。以重慶爲標準。全國分五個時區、東經八十二度半爲崑崙時區。九十度爲回藏時區。一百零五度爲隴蜀時區。一百二十度爲中原時區。一百二十七度爲長白時區。故本縣屬隴蜀區。

縣治居全縣西偏。東北經馬田，馬江山，馬場。出茶山關。達遵義縣城。一百八十里。東經箐口，翁昭，洛旺渡，出石家卡。達甕安縣城。一百六十里。東南經頂壩，南貢，羊場，高寨，平寨。渡清水河。達平越縣城。二百一十里。東南經羊場。出牛渡河。達龍里縣城。二百三十里。西南經枇杷哨，洗泥壩，出把關。達貴陽縣城。一百六十里。西南經雨流泉，白馬洞、出馬蹄關。達修文縣城。一百二十里。西經雨流泉、用砂壩。出猴雞嶺。達息烽縣城。七十里。

第三節 疆域

開陽毗連七縣。東北與甕安遵義交界。東與平越交界。南與龍里貴陽交界。西南與修文交界。西及西北與息烽交界。南望山屏障於西。紅水營河界其西北。烏江河套界于東北。南明河清水河界其東南。南貢河橫貫南部。縣城略偏于西。劃分爲五個區。中部及南部曰第一區。東南曰第二區。東北曰第三區。東曰第四區。西及西北曰第五區。形如獅首張口。向東怒吼狀。東西相距約一百一十里。南北相距約一百里。東北因烏江河套伸入遵義甕安。東南因南明河河套伸入平越龍里。去縣城均甚遠。全縣面積。約一萬三千七百餘方里。每方里人口率爲一〇人弱。（依據去年土地陳報處報告、開陽田土畝分、共二十萬零四千三百九十五畝二分五厘、則墾熟田土、不過佔全面積二十分之一、）以面積而論。最大者爲第一區。次爲二區、三區。五區。四區。以出產量而論。較富者爲三區。次爲一區、二區、五區、四區。以蘊藏而論。最多者爲五區。次爲二區、一區、三區、四區。以文化而論。較高者爲一區、五區。再爲二區三區四區。以人口分佈而論。最密者爲二區。次爲三區、一區、四區、五區。

全縣場集共三十二。在第一區者九。曰縣城。翁昭。中壩。翁朵。頂壩。谷撒。枇杷哨。俟場。馬頭寨。在第二區者六。曰羊場。壩子。毛栗莊。狗場。高寨。平寨。在第三區者八。曰馬場。馬江山。宅吉。谷坪。中火爐。兩路口。毛栗舖。三合場。在第四區者四。曰花梨。米坪。龍坑。休平。在第五區者六。曰雨流泉。白馬硐。雙土地。狗場壩。洋水新場。大壩田。除縣城及較大場市已隱然爲一隅經濟中心。不容移動外。其餘小場。隨廢隨興。已廢場集。茲不備載。

開陽地瘠民稀。咸同之亂。殘破猶甚。迄今七十餘年。猶未恢復。是以全縣無百戶聚居之鄉寨。百戶以上場集。亦僅羊場、馬場，馬江山、雨流泉而已。（附各該場市鎮圖四、）全縣鄉鎮村寨。茲以聯保爲綱。以保爲目。述之如左。

第一區八聯保

開陽聯保轄保七

第一保　縣城中正街。

第二保　縣城正街。上東街。

第三保　縣城中山街。

第四保　縣城下東街。

第五保　縣城統一街。

第六保　上光西。下光西。穀寨。老鵜田。打鐵哨。

第七保　龍會寺。馬頭寨。邱家壩。洞上。後壩。可渡河。夾耳坡。

北平聯保轄保六

第一保　上翁硐。下翁硐。高巖。猴耳巖。大壩。廂房。

第二保　光生壩。新寨。中谷光。上谷光。洞上。下谷光。

第三保　團坡。下水。冷道坡。黃絲菌。拐手。大塊田。潮水。

第四保　大寨。桃子窩。苦竹壩。大林。石頭寨。博上。巖灰硐。光

貴州印刷所承印

生。
第五保　馬田。大巖。大冲。小河。甘塘。小寨。三岔土
第六保　苦蕎冲。馬岔河。箐口。馬頸。坳上。茶園。洗馬塘。田壩。

頂方聯保轄保七
第一保　屋基土。南木林。頂光。涼傘坪。
第二保　松林。兩寨。
第三保　水頭。大坡。干榜。火燒新寨。
第四保　硐口。杉木坪。畬囤。頂壩。令金。
第五保　頂方。郭家寨。新房。那甲。
第六保　老矮寨。葉家莊。賫糧弔。黃連山。
第七保　何家莊。馬路。南門新寨。耳環坉。水冲

龍中聯保轄保八
第一保　翁昭。麻地口。石堡寨。關門田。閣上場。深溪溝。
第二保　窨上。穿洞。廖家嘴。石埡溝。青棡林。猪場。洛旺河。大塘懶板凳。新寨。
第三保　井坪。麻窩田。毛稗頂。巖頭紅。灣頭寨。心田。火木坪。磨

盤寨。

第四保　小濇。捍子。炮木寨。高帽頂。大地沖。毛猪溪。

第五保　中壩。燕子巖。白菓園。舊寨。水淹塘。蕉坪。毛栗寨。高龍寨。

第六保　土香樹。谷光祖。新寨。苦蕻壩。

第七保　花山巖。塘壪子。契田。小谷哨。啞棒。蜂子巖。高梘。韓頭坡。大坡頂。碗廠。乾河。

第八保　烏溪。中院。大壪。坪上。上寨。雷公田。大巖腳。龍耳坡。小巖腳。班家院。

南龍聯保轄保八

第一保　翁朵。白沙坡。何家坡。上翁丑。柯田。主龕濤。

第二保　鹿子田。官莊。皮龍。

第三保　翁坐。

第四保　南貢。後坡。

第五保　北京。佘家沓。胡家寨。下翁丑。高榜。

第六保　土扎。高寨。大壩口。

第七保　盧家院。保珠林。走馬路。
第八保　田坎寨。谷頂甲。坪脚林。脚盆坡。小花山。洗澡塘。
龍廣聯保轄保八
第一保　枇杷哨。杉木冲。谷頂架。巖下寨。
第二保　卡木坉。馬扎坪。下壩。小巖口。潘家院。茶園。巖背後。谷光。烏木浸。
第三保　毛家院。白沙坡。盧家岡。前寨。打鷹巖。官房。
第四保　長官司。黄秧田。張天水。谷撒新場。老羅田。楊家壩。新寨。香樹。
第五保　大冲。青㭎林。鄭家田。洗泥河。蒿枝冲。斗府。毛家廠。白秧塘。
第六保　穿洞。大山。尖坡。小寨。坡頭上。山谷莊。剪刀壩。楊倉壩。
第七保　高上田。乾溪。貓洞。活麻冲。土竹。山關。
第八保　小河口。滥壩。鵓鴣田。崩塘。猴鷄田。鳳凰寨。平寨。河灣。藻壩塘。

猴場聯保轄保八

第一保　銅鼓坡。半邊山。坪山。紅巖。核桃坪。竹林寨。大河邊。

第二保　馬頭寨。平寨。水頭寨。大坪子。壠土壩。楊柳壩。

第三保　王車。麻窩土。王谷。石頭寨。營盤寨。窰炭窕。冷水河。大田坎。

第四保　懶板橈。涼水井。安官寨。頭目寨。點寨。老凹冲。楊汪寨。

第五保　茅草寨。黄羊坡。黨寨。甘塘。孫家莊。總司。

第六保　猴場。塘上營。營盤寨。龍井田。汪家屋基。諸葛寨。馬壩。官塘。新寨。

第七保　芭蕉寨。下寨。滴水巖。坪上。雙全寨。汪家坡。白糊寨。中壩寨。巖脚寨。

第八保　新寨坡。歇堂樹。馬龍坡。兩頭冲。水頭寨。洗泥壩。雙鳳寨。藕田。

運治聯保轄保六

第一保　哨上。諶家田壩。大寨。新寨。朱家寨。祖比。

第二保　舊寨。祖重。吳家院。陶坑。上坪寨。

貴州印刷所承印

第三保　水頭沖。羊五。大山。上翁初。下翁初。

第四保　谷汪壩。高家寨。大寨。新場。南江河。

第五保　金官莊。大翁林。楊梅寨。山口。王鮮。巖上。

第六保　高視。磨盤。殿家大田。

第二區六聯保

龍德聯保轄保十二

第一保　羊場。

第二保　羊場。

第三保　羊場。

第四保　孫家院。桐梓園。掛寨。梨坡寨。羊比寨。

第五保　龍門寨。犛牦寨。小寨。

第六保　小井寨。馬鞍寨。永南寨。陰陽寨。

第七保　茅草寨。堤坎寨。鄧家院。大水塘。雨寨。

第八保　頂柄寨。鴨子塘。

第九保　把麻寨。後壩寨。楊家寨。主播寨。

第十保　魯朗寨。胡家寨。苟家寨。

第十一保　龍岡莊。石頭寨。頂架寨。

第十二保　小頂卡。利莊寨。

琴荊聯保轄保七

第一保　扛寨。伊家崖。

第二保　琴堡。山口。乾麻窩。木老巖。

第三保　巖底。黃家寨。余家院。簸箕寨。穿洞。喻家土。洞口。醬寨。

第四保　田壩寨。新寨。么寨坳。小奇申。馬頭寨。打磨埡。楓香坡。新屋基。

第五保　奇申。大寨。砂子坳。桅桿坳。

第六保　谷光。甲萬。大堉。老樹坪。木老壩。高寨坪。大灣。

第七保　新寨。蠶孔。甲岔。上壩。老寨。中寨。

新民聯保轄保九

第一保　楊家寨。王家莊。李家院。

第二保　主州寨。

第三保　主卡寨。

第四保 谷把寨。柿花寨。

第五保 熊寨。楊柳村。

第六保 圭平寨。甕柱寨。

第七保 主戎寨。

第八保 小寨。

第九保 石頭寨。主陽寨。寸寨。

茅雲聯保轄保十

第一保 毛栗莊。苟家寨。榜上。木橋冲。水洋頭。土地灣。

第二保 魯底。雞叫坡。大塘。山脚寨。

第三保 圭比。桃花寨。烏舖。皇京。

第四保 六角塘。黄孔。黄貓。觀洞。東馬路河。

第五保 抱老土。白虎莊。張家灣。翁招。棉花渡。大堰。石闌口。

第六保 胡家寨。王家寨。大主坤。小主坤。貓寨。田壩寨。

第七保 立京。立京比。立京網。羅家寨。西馬路河。

第八保 立賈。大谷光。那化。

第九保 林古。革老寨。小谷光。立比。

第十保　卡比。昏塘。柿花坪。

壩子聯保轄保十

第一保　壩子新場。大寨。新寨。苗寨。拐爽。土地山。

第二保　蘇家寨。谷光。賀郎。拐吓。

第三保　俱樂村。拐墮。十三寸。新莊。

第四保　大石板。隆慶場。凱廣。

第五保　拐二。谷拐。甘掌。

第六保　大項卡。衫木冲。中院寨。

第七保　黑石頭。梘槽壩。甲二寨。

第八保　翁墮。翁瓜。油菜土。

第九保　坪上。下壩。濫田冲。甲諾。油魚井。落壩田。

第十保　光村。梅子冲。高山。向耳塘。

蒲葵聯保轄保二

第一保　斗潵。窩舖。蒲窩。平寨。

第二保　馬矢寨。光巴。后寨。光中。

第三區六聯保

馬場聯保轄保八

第一保　馬場。公鷄橋。

第二保　大田坎。黑子堰。大寨。桐子園。橫坡。硤楸寨。

第三保　龍塘溝。鄢家灣。大長溝。小長溝。青龍寨。巖洞壩。水口寺。青頭堡。抱頭寨。抱木寨。

第四保　傅家灣。小寨。橋邊。香樹灣。台上。水落坑。坳上。大坪。茶山關。水淹凼。當坪。水流巖。

第五保　金鷄落。楠木渡。大沙壩。梨園。後坡。金萬寨。馬廄溝。巖家溝。花山。小林口。水洞。沙子。麻窩。

第六保　鸞那溝。茶園堡。櫻桃坡。甕耳。甕不隴。羊爪窩。三連巖。

第七保　洋水。馬家墳。蘇家塘。干溪。

第八保　馬跨。大堰塘。洗口塘。上寨。龍堰。龍口莊。

太楠聯保轄保八

第一保　中和場。舊寨。長沖。小山溝。

第二保　高爐。大塘口。甕補隴。龍井。三岔。

第三保　谷坪。太平場。桃子台。江山。打鐵溝。騾子田。

第四保　馬矢堰。老鴉溝。砩那壩。蝦子水。小寨。
第五保　大甕河。小甕河。老馬寨。園林。官堰田。茶園。
第六保　乾壉塘。甕枕。石家寨。冬瓜菌。
第七保　簡比寨。頭道河。涼風埡。趕家灣。涼水井。新馬場。
第八保　王比。廠上。老鴉山。

宅吉聯保轄保九

第一保　宅吉場。白巖山。甲作落。銅鼓山。川洞坡。麻園。花園堡。
楊其溝。李家灣。晒天坪。
第二保　火石坳。滥田溝。官莊。谷鼎。新寨。
第三保　下壩。格寨有。三塊石。甕甲。土牆院。蘇家塘。
第四保　川天溝。黄泥堡。打鉄灣。白沙水。沙子河。大壪。金雞窩。
青桐林。小米坑。林灣。
第五保　田家寨。鄭家壪。五台山。洗馬朧。桐子壩。大土。甘坪。石
灰窰。
第六保　老窩寨。潘家寨。舊衙上。銀寶灣。對門坡。高山。芭蕉溝。
瓦坪。珠槽水。老王山。打龍溝。汪壩。高池。

第七保　上堰坡。水安坪。烏梅。山巖。楊家寨。迴龍寺。秧地坡。紅花坳。大堰。甘堰。

第八保　水麻窩。甕香。高坪。田灣。馬寨。上寨。羊場。巖上。下莊。

第九保　龍井溝。石家寨。船坪。甕口塘。汪家寨。紅新寨。甕東。甕汪。大坪。泅水。

馮三聯保轄保十四

第一保　馮公鎮。

第二保　馮公鎮。練岔。

第三保　拐寨。司家寨。中寨。大壩。灰木樹。大灣。油菜冲。

第四保　乾巴寨。紅茨林。土長溝。官防溝。

第五保　郭家灣　西衙門。十字路。田坎上。

第六保　牛角坡。

第七保　雨路口。巖腳寨。

第八保　漆菌。新寨。小坤冲。何家灣。

第九保　三合鎮。楊芳溝。趕溝。田塝上。

第十保　白泥坳。谷撒河。坡頭上。石坎河。王錫溝。賫糧廠。下西陽寨。

第十一保　趙家寨。望天岡。小寨壩。

第十二保　乾田壩。吳家寨。黃家寨。中壩。上西陽寨。竹林溝。轉馬路。皮家灣。

第十三保　蛇場。對門兩寨。窰上。小寨溝。下寨。銀盆山。張家灣。杉樹林。白泥田。

第十四保　青氣隴。下壩。王比。關口。上寨。拐廣。對門山。

興永聯保轄保六

第一保　毛坪寨。龍保寨。

第二保　牛路。雙三坪。狗耳林。唐家寨。

第三保　光里溝。灰田。杉田。乾塘口。下王比。麒麟。崖山。

第四保　草壩子。馬場壩。架山寨。

第五保　陽堡田。吳扎。吉平。

第六保　火燒寨。乾溪寨。獨寨。清水平。

光里聯保轄保七。

貴州印刷所承印

第一保　毛栗鋪。三陽寨。小路。孝溪口。
第二保　箐箕灣。統井。吳家山。基場。
第三保　按齊隴。光里溝。
第四保　石龍崗。坤守被。宋家院子。
第五保　高田坎。墮秧。羊場壩。
第六保　思毛坪。大麻窩。
第七保　扯里。官溝。東猫坪。

第四區三聯保

花梨聯保轄保八

第一保　花梨鎮。花梨大坡。坳花梨寨。十字溪。長溝。高莊坪。
第二保　中火村。中火。喻家寨。花山。蘇家寨。半邊浸。下經房。馬市。姜蟲田。
第三保　十字。大荒土。馬老坪。黃金水。十字。蛇場壩。菜子坪。山岔。假麒麟。毛葛渡。
第四保　洞頭。菜子溝。巖脚寨。才堆。新寨。水口。青桐坡。大墳基

第五保　白巖。罩巖。紙廠。下山口。茶頭寨。

第六保　高池。巖頭坪。况家院。大坪上。舊寨。車尾。白寒哨。

第七保　淺溪。淺磯坡。三甲灣。窩凼寨。金打坪。馬鞍山。中壩。長坡頭。

第八保　龍洞頭。高樓。土地堡。桃子台。九寨。蘇家田。坪大堰。巖門山。

隆安聯保轄保八

第一保　木龍頭。五者坪。白菊坡。乾溪溝。水淹壩。狗場壩。桐子林。柏陽灣。龍洞。垭上。

第二保　安平鎮。安太平。休坪。后寨。官堰。尖山。小灣。石灰窑。

第三保　水尾巖。頭坪。萬寶溝。夾子溝。茅竹林。昝坪。

第四保　羊耳牌。山脚巖。坪上。灣兜。小河口。后坪。

第五保　隆興鎮。青㭎冲。桐子坪。水耳寨。半坡。姊妹崖。通木坪。河坎上。

第六保　磨坪。花山。皂角樹。撕梨坪。田灣。蘆稿凼。鴨蛋坉。樺皮林。

第七保　白巖塅。六井灣。龍井。大坪上。窄溪。后山。核桃坪。矮子寨。

第八保　石膏寨。苦竹壧。后安寨。石門坎。打鬧坡。

米營聯保轄保八

第一保　墓壙林。新寨。巖門。蘆稿坪。高壧。

第二保　泥池。大山。巖腳寨。横路。溪寨。牛角土。

第三保　新寨。窩坡。羊場壩。猴場坳。官口。大壩。米坪鎮。

第四保　洗馬堰。五寨。高巖。狗坪。翁橋。

第五保　新南。南冲。營田壩。

第六保　高官壩。水頭寨。碓窩坑。潘家寨。船坪。大堰。

第七保　下冷地。壩上。營坴。

第八保　上冷地。水子坪。石老虎。綠沙坪。

第五區五聯保

雙永聯保轄保八

第一保　上河。東家溝。老巖上。窖窮。楊橋。猩猩寨。官司壩。毛坡

第二保　紅坡。毋家寨。用砂壩。谷新溪。勒馬山。鴨子田。
第三保　雙流鎮。陶家壩。
第四保　快居寨。窰上坪。後槽。土老壩。石頭田。舊寨。卡馬冲。
第五保　巖蜘寨。楊柳莊。長坡。杉木莊。坡頭上。
第六保　雙土地。楊柳莊。白菓塘。馬鞍山。快下。上寨。
第七保　滥箐。快下寨。上寨。中寨。沙子坡。紅崖。麻窩。
第八保　燕窠。燕子哨。下寨。白巖。大田壩。荆竹林。

白崇聯保轄保六

第一保　白馬鎮。上秦九。
第二保　同知衙。郭家下寨。
第三保　新寨。熱水。
第四保　大廠坪。谷旺寨。
第五保　格九。花廠田。
第六保　許家壩。下秦九。

劉育聯保轄保九

第一保　石河。官墳。劉衙。後坡。水頭坡。老樹塘。貓貓林。皂角井

貴州印刷所承印

第二保　龍倉溝。老房子。拐囤。後冲。金家關口。大麻窩。華陽寨。
練馬壩。大寨。黃花田。長林寨。擺射。箐箕灣。
第三保　麻窩凼。乾冲。青㭎坡。榜上。白巖營。郭老寨。劉雞田。大壩。谷雞朵。盤龍寨。導化村。那卡河。銅鼓壩。
第四保　毋猪隴。倒雞寨。練扎。福頂主。核桃田。三塊石。乾窩田。
舊衙。黃柏井。
第五保　化種田。箐溝。王卡。老堡。茶凼壩。老堡河。麻窩寨。
第六保　練春。大凼。乾田壩。白秧田。清塘堰。鹽井。楊家衙。老董場。高塝。乾田。
第七保　後寨。翁貢。蘆稿壩。七角井。殿土。木廠。中山。乾龍洞。
第八保　高硯。石牛。瓜瓢寨。毛栗山。
第九保　夾山隴。後冲。翁陰。螺螄田。山岔河。干把衙。水井冲。舖子上。翁貢河。
永溫聯保轄保七
第一保　狗場壩。段公頭。吳家洞。朱吏坡。千金山。

第二保　龍井。坡頭上。洗馬塘。榛樹坪。沈家寨。舊鐵廠。樓梯堰。趙家壋。雙堰。

第三保　上馬矸。巖頭上。坤中。朱家廠。乾溝。柳家山。杉木關。大林口。大寨。

第四保　安大山。大寨。苦草坪。洋汪隴。小河。螞蝗棚。

第五保　撒卡。麻窩寨。車盆灣。榛樹灣。大寨。下寨。田上

第六保　㵎溝。皮家寨。蒙共寨。螞蝗箐。國家巖。新坡。黃泥洞。馬場壩。

第七保　大壩田。油杆沖。哨上。興隆場。趙家寨。五龍溪。馬坪。風崖。猫猫井。黑石頭。

南效聯保轄保八

第一保　晏家寨。

第二保　極樂村。馬路寨。

第三保　沙溝寨。

第四保　毛坡寨。

第五保　風巖寨。

貴州印刷所承印

第六保　沙壩土。

第七保　大水溝寨。

第八保　董家寨。

第四節　山脈

貴州[illegible]來自崐崘。至雲南宣威入威甯縣。分三大支。北曰婁山山脈。南曰苗嶺[illegible]脈。東曰武陵山脈。苗嶺山脈自清鎮境內分一支東北行。止于烏江南岸。爲貴陽修文息烽開陽諸山。開陽山脈。卽此支脈也。而清水河外之四區。又爲武陵山脈之餘脈。茲概括言之。約分三系。

（一）中部及西北山脈　自息烽南望山狠雞嶺入境。至兩流泉高峯寺。分佈于第一第五第三各區。計自兩流泉起。迤邐東行。分三大支。

（甲）中支　經干把衙、根竹壩、至縣城。由根竹壩、老王坡、分一支。走石頭寨、馬田、王必、白安督、趙家寨、蛇場、馬江山、三合場、毛坪、毛栗鋪。南達新南河。北達兩路口、中火環、馬場、宅吉。東北抵大角口。至五台山。抵清水口。

（乙）右支　由干把衙經打鐵哨、耳環屯、博上、至枇杷哨。於耳環屯分一支走頂方、頂壩、脚盆坡、佘家督、達南貢。於脚盆坡分一支走翁朵、毋溪、中壩、達洛旺河。於耳盤屯分一支走頂罩、何家營、谷光、箐口、達翁昭。

（丙）左支　由兩流泉走六稿壩、劉家衙、楊家衙、狗場壩、達三板橋。

其西北邊境諸山。由狼山嶺分一支走用沙壩、列馬山、玉皇觀、洋水新場、大水溝、大壩田洪水營、直抵大塘口。

（二）南部山脈　由貴陽蔡家關新舖分二支入開陽境。佈滿於第二區及一區南部。

（甲）西支　由上馬場入境。右為哨上、南江河、南岸諸山。左為洗泥壩、馬頭寨、猴場、諸山。

（乙）東支　由拐二拐多入境。經壩子新場、羊場、高寨、扛寨。達平寨、蒲窩八寨。又由拐二分一支。西北走谷光、泥金、泥價。東北走毛栗莊、抵棉花渡。

（三）江外山脈　由平甕入境。至洛旺河東岸轎頂山。一支走花梨、米坪、抵清水口。一支東走石家卡、高樓、狗場、龍坑、抵烏江南岸。分佈於四區全境。

貴州印刷所承印

開陽縣山脈系統表

- 甲 中部及西北山脈
  - 中部山脈
    - 中支 縣城 馬江山 三合場 馬場 宅吉 大角口
    - 右支 干把衙 枇杷哨 脚盆坡 洛旺河 翁昭
    - 左支 六稿壩 劉衙 狗場 三板橋
  - 西北山脈 用沙壩 洋水 大水溝 大塘口
- 乙 南部山脈
  - 西支 哨上 南江河 洗泥壩 猴場
  - 東支 拐二羊場 扛寨 毛栗莊 平寨
- 丙 江外山脈 轎頂山 花梨 米坪 龍坑

（四）山洞及名山

雲峯山 在東郊外。現謂爲雲鳳山。初爲開科龍場。後場廢。改建龍會寺。

三台山 在東郊外。上有三峯。與文廟縣署書院相對。形家以爲象台星。故名。

高峯寺 在雨流泉。爲開陽中部山脈及西北山脈之主山。亦名會郎山因會郎讀書其上得名。又名陰陽山。因可以占晴雨之故。

轎頂山　在四區清水河東岸。鳥道縈紆。一峯獨峙。登其頂約十餘里。上有平原。卽昔年營壘所在。咸同時何德勝駐營於此。以擾亂鄰近各縣。

犂寬哨　在耳環屯。爲城南山脈主山高梁吊、博上、枇杷哨、頂方、頂壩、諸山。皆由此分佈。

拐二大山　在二區壩子新場之西南部。山脈自貴陽迤邐而來。至此分佈於二區各地。

四楞山　在扛寨。一區之高寨、平寨、狗場、茅盧、諸山均由此分支。

大營坡等主山　在老鸛田。而城西之千百衙山。坑竹壩山。馬江山之周家大坡。馬場之牛角坡。宅吉之統井。四區之牛角坡。底窩之祖羊坡。五區狗場之黃井。皆各山脈之主山也。

燕子洞　在桃子窩。距城十里。高數丈。深半里許。中有水井。可容一二百人。每年端節。苗胞遊此。作樂爲樂。

嘯天龍　在底窩壩。爲縣屬西南大山之一。山峯常有雲氣。可卜晴雨。山之北麓爲開陽。南麓爲修文。

石筍溝石筍　在上洋水。有石柱二。屹立數十丈。大十餘圍。至用砂壩卽見之。道光中雷殛其一。現僅存一。

燕子洞　在翁硐。距城十八里。洞口在半巖上。離地十有餘丈。洞高一丈五六。深約二十丈。有陰河由下洞出口。可容千人。形勢險要。昔人避亂時。殘壘猶存。

小壩洞　在高寨。深約數十丈。

大洞　在二區官洞大寨。高三丈。寬四丈。深不測。洞內多石筍。平坦而有河沙

董家坡　在南敦聯保。有巖高二十餘丈。斗絕如刀削。上有二中字平列色紅。咸以爲道光末草寇桂十二所爲。

剌竹山　在洋水。產水銀。洋水三槽最高峯也。

洪巖溝洞　在南山鄉。長十餘里。產硝。採硝者以二十支牛油燭。可以走遍。據云通劉育聯保。

打卦山洞　在南敦聯保。洞口甚窄。側身乃入。入卽上升。卽便開朗。可容百許人。咸同時人民多避難於此。有石牕通光線。牕外則懸巖百丈。

合廁沖洞　在二毛洞頂。甚深廣。二毛洞者。卽光堵河自大壩口入洞後

之出口洞也。

馬龍坡　在哨上。山勢雄奇。可資遠矚。

營盤坡　在雨流泉。咸同之亂。丁寶楨駐練於此。

筆架山　在雨流泉。登其中峯綠野平原。盡皆入目。山麓有戴姓墳。華表猶在。

大洞　在崇正鄉。許家壩。內有觀音廟。老尼二三數。居此修持。

孔家洞　在南山鄉洋水上河。咸同之亂。及民國改革時。附近居民。駐此避難可容百人。

老虎洞　在列馬山。面向洋水槽。世亂時。爲人民避難之所。內有硝。

左家洞　在上河。與孔家洞隔河相望。可容人二三十。

金家洞　在溫泉鄉。可容百餘人。昔年皮姓人衆避匪死之。

岩灰洞　在育英鄉毛狗田。有三級。每級高七八尺或丈餘。須備樓梯始能登遊。每上一級。爲一闊壩。可容萬人。內有硝田隧竹根遺跡。又有枯髏。想係昔年避亂餓斃之人。或豺狼巢息之所。

老李洞　在永亨鎮老保。可容百人。

落水洞　在崇正鄉泡木林潘家塘腳。可容數百人。洞門崎險。須搭木杆乃能入。洞如甕。口狹腹闊。缺乏光線。咸同之亂時。何德勝幾爲團練簡廷榮等擒于此。

毛平大山　在毛平永興寺後。

麻秧洞　在毛坪龍坡河岸。口窄而內寬。高闊各二丈。深十餘丈。可容千人。亂時居民避難於此。

岩洞灣　在山羊岩。距臨江鎮二十里。高五丈餘。深約二丈。地勢平坦。可住百人。無水。

老王山　在宅吉境內。最大之主山也。自縣城馬江山三合場來。至角口渡止。

安家洞　在宅吉。距場三四十丈。高二三丈。深倍之。內有陰河。由後洞出口。可駐五六百人。爲安宣慰使駐兵地。殘堡猶存。壁刻別有洞天題字。天棚上有摩岩詩句。

岩匡洞　在平上楠木林。訓練壯丁時。百餘人在洞口操練。不致雨淋日炙。

觀音屯洞　在毋溪。有大小二洞。右爲大洞。在山頂。距地約二里有奇。洞口係照岩。深三四十丈。可容二三千人。內有河。有日光。道路甚險。左爲小洞。有觀音廟。勿須椽瓦。可避風雨。足容三百人。龕下有井。又有石室。以作禪舍。另有後洞可容百餘人。惟路極窄險。

八角洞　在水淹平。距宅吉十里。洞高十丈。深廣各二十丈。有陰河。無出洞。足容二三千人。地方有事。人民遷入其中避亂。

雙鼻洞　在官莊。朱洪祚作亂時駐之。

巖惠洞　在黃家營脚。距太楠聯保谷平十里。洞口在半岩上。距半地約半里。高二丈。深十餘丈。前臨烏江。後有峻嶺。形勢險要。何亂時附近居民多避難其中。可容三百餘人。

觀音洞　在米坪。可容五六百人。有石樓二層。空氣寒冷。洞口有廟曰慈雲寺。

石盤倉　在谷平聯保。濱河。有石中空。如藏穀之倉。故名。

金龍山　原名斗林。距毛栗舖約三里。山勢甚高。山頂有一石龕。頗似神座。建有山王廟。香火甚盛。鄉人名曰石香火。

高龍坡　在毛栗舖雞場。爲附近主山。來自猴雞嶺兩流泉。至八轎山入光里聯保境。經扯里東貓坪分佈於各地。

梨子坡　在司毛坪。由八轎山分支而來。山勢雄峻。天朗氣清之辰。造

貴州印刷所承印

其峯。可見縣城。

打錢洞　在毛栗舖。洞口朝天。下則橫進。洞內寬三丈。深四丈。高二三丈。可容百餘人。有陰河於沙子河出口。髮亂時團練在洞內製鍊刀劍戈矛。因以得名。

黃家洞　在箐箕灣。去毛栗舖約五里。深十餘丈。闊五丈。高三丈。洞口在半山。自山麓拾級而登。約五十餘丈即達。產硝甚多。可容二百餘人爲人民避難之所。

姊妹岩　在四區。遙望之。高髻纖腰。挽手而立。後其一觸電。已毀於地。現僅存一。岩山之麓。即烏江也。

米坪牛山　在米平場口。建有草亭於其上。風景美麗。

關刀山　在米坪。形如關刀。爲練團紮營之地。形勢天成。營牆及地基尙在。附近金山寺。亦有故壘。牆址猶存。

淺溪坡　在花梨。爲四區之主山。一支經花梨、長嶺岡、牛角坡、結轎頂山。一支經蘆槁坪、大土寨、桃子台、後寨、雷棚、至龍坑。一支經牛角坡、潘家寨、過米坪、結金山寺。如新場之尖山。花栗之教頂山。米坪之關刀山爲有名。

雲龍洞　距花梨二十里。高三四丈。寬六七丈。深四五里。可容千人。陰河水質清涼。可作飲料。出洞在花山。

響水洞　在泥池。距花梨二十里。洞口在半岩。距地數十丈。高七八丈。闊十餘丈。甚深。可容四五千人。有陰河由下洞流出。地形險要。髮亂時人民避難於此。

白岩大洞　距花梨五里。有三疊。深數里。寬四五丈。高約十丈。可容千餘人。岩漿下滴。如石鐘、石鼓狀。下洞有陰河。由紙廠出口。

水尾熬硝洞　在隆安聯保。距花梨二十五里。高寬均數丈。甚深。可容千餘人。有陰河。產硝。

古佛洞　亦名牛洞。距馮公鎮十二里。高約十丈深約十五六丈。洞內支洞甚多。無出口。無暗河。可容四五百人。

穡洞　在羊田。距馮公鎮七八里。高二丈餘。深三四里。寬數丈。有暗河。由支洞出口。可容二三千人。

箐口山　為箐口一帶主山。分支至翁昭。達冷水河。

紅岩尖　在新田。為龍中聯保主山。山峯最高。

和尚岩　在小湍。峯出衆山上。可聞縣城午炮聲。

下壩洞　在中壩。距翁昭十里。高五丈。寬三丈。深不測。有陰河由毛谷渡出口。可容數千人。

燕子岩洞　在中壩。高二丈。寬四丈。甚深。可容千人

穿洞　在猪場。距翁昭十里。兩岩上合。中空如門。爲通四區大道。

脚盆坡　爲南龍聯保主山。經主扎到南貢、翁朵、中壩。一支由盧家院、經佘家營、元福寺、二龍營達碗廠。自縣城至二區。脚盆坡爲必由之道。

黄老頂　在何家坡。距翁朵約三里。爲翁朵聯保最高峯。仰天窩、先鋒營、爲次高峯。

麻秧洞　在白虎山脚。距翁朵約三百步。高五丈。寬如之。深不測。內多岔洞。直通翁朵市街下面。有石鐘。有陰河。可容數千人。

水落洞　又名穿洞。在灰田灣。龍井河之水。由此洞流入。出洞後。會南貢河。成爲瀑布。洞內不能容人。

泝寃哨。爲頂方聯保主山。一支由耳擐屯出小山溝。一支由亥田至頂壩、脚盆坡。一支由葉家莊經雞扒坎。

陳家大洞　在南木林。距頂方二十里。高闊各丈許。深七八丈。可容五

六百人。

猴兒洞　在太網。距頂方十餘里。高丈許。寬三丈。深約十丈。有岔洞甚深。洞內有蓄水。洞口有營牆。可容數百人。

大壩龍洞　在水頭。距頂方十餘里。高丈餘。寬二丈。深不測。洞下層有龍潭。人民避難時。汲取爲飲料。可容二三百人。

川洞　在令金。距頂方十里。高四五丈。寬二丈。深百餘丈。有出口。溪水穿流而過。可容人數百。

賊洞　在東郭外龍會寺對門。可容八九百人。頂有穴。微露陽光。

神仙洞　在附郭。消洞在北門外。附鍾大昕三洞遊記。

神仙洞者。開陽之名洞也。予少時即聞人稱其勝。甲子秋。予任職縣立兩級小學校。居此年餘。屢欲一遊。以觀其奇。然以俗務羈牵。卒未能往。本年予復來此。主國文講席。蒲月之望。值日曜日。予與同事胡君宏菴等三人。步出城東郊。藉遊覽以消長晝。一路薰風拂袂。暑氣全消。農人分秧。高歌娛耳。約二里。至楊公橋。參觀工人築造。因過龍會寺小憩。旋以胡君擬登三台。乃出寺門。取徑阡陌間。向三台而行。已達山麓。忽談及斯洞。予頗以未遊爲憾。陳君昌祺。因

貴州印刷所承印

指示洞之所在。相去頗近。且謂距洞不遠。尚有消水洞。與賊洞焉。予聞之遊興躍然。胡君亦興致勃勃。於是改道前往。然此非赴洞之途。草徑藤蹊。道路屢失。後訪諸農人。始得賊洞之徑。既至見洞門石岩壁立。險峻非常。其前有小山屹立如屏幛。硐側山上樹林陰翳。藤蔓披拂。循徑而前。則在硐上。覓入硐之徑。不可得。劉君曰。吾前遊此。憶曾穿林而往。吾輩相攜入林。果有草徑可循。於是附葛攀藤。順岩而下。遂達硐中。硐內平坦。廣容千人。頂有穴。微露陽光。故深處亦不甚暗。硐口有頹牆。乃昔年賊人築爲屏蔽者。此硐之所由名也。牆下一溪。水潺潺流入其旁小硐中。其上横巨岩。如天然橋。吾輩徘徊時許。遂渡橋向神仙硐進發。不過數百步。得一山。硐在半山間。口僅方丈。爲林木掩蔽。非抵處不知有洞焉。洞底傾斜。入之甚寒。其內鐘乳極多。有滴成圓蓋者。潔白如玉。卽俗所謂玉杯也。旁有巨石。其形楕圓。動之發聲鏜鏜。卽俗所謂石鼓也。硐口有石柱。圍可合抱。亦係石乳凝成者。餘則無他奇也。嗟乎。山洞之中。石乳日夜滴凝。常成各種之形。又洞口稍狹。故石聲同應。其聲稍大。此均理之易明者。乃一般村夫俗子。竟誤以爲仙人之遺跡。不亦謬乎。洞後有穴窈然。惜未攜火燭。不能窮其深。殊可憾也。吾等以寒氣森岑。不可久留。遂出覓村舍休息。約半時。訪消水洞。斯洞之外形與賊洞相似而較小。開城之水。匯於此。洞內亂石錯雜。水流其間。村人因其地勢。修碾於其中。亦善利用形勢者也。洞之深處。水豬爲小灘。不知其深淺。然河水日注其中。無所漲落者。蓋亦有所洩也。予已遍遊三洞。欲作歸計。胡君曰。距此不遠。尚有一瀑布。知之者甚少。盍不便道一觀。予以胡君遊趣甚濃。遂隨之行。溯流而上。約百步。見兩岸山勢險絕。瀑布則隱於山岩間。須攀岩陟險。始得窺其面目。予因謂胡君曰。瀑布隱於絕壁之間。而名不彰。蓋士大夫不肯涉險探幽。故莫能知。而俗子村夫。知之而不能言。此其名所以不著歟。然則古今來辯才賢哲之湮沒於蔓草荒煙者。寧可以數計哉。相與慨歎久之。返校後。援筆記此。時民國十六年也。

第五節　河流

開陽東北有烏江。東及東南有清水河。據通志綱圖改正爲清水河、以別於劍河之清水江。南有南貢河。是爲境內三大河流。分述於後。

(一)烏江　烏江發源於威寧草海。烏江源出威寧、經水城、郎岱、普定、大定、織金、平壩、清鎮、黔西、修文、、息烽、於大塘口入開陽境、繞東北部、至龍坑出境、流入甕安、湄潭、餘慶、石阡、鳳岡、思南、德江、印江。沿河、后坪、至四川涪陵匯入揚子江。除於開陽納清水河外。於織金納木空河、亦以為烏江北源。於清鎮納貓跳河、於黔西納沙壩河。於遵義納湘江。於甕安納甕安河、於餘慶納餘慶水、於鳳岡納楠口河、於石阡納龍家江、納板溪河、於后坪納洪渡河、而正安綏陽之芙蓉江、亦至川境匯入、蜿蜒二千餘里、貴州中部北部諸水均入之、為全省第一大水。東北行經鴨池、六廣、修文、息烽。至大塘口入境。左納紅水營河。（甲）及銀廠河。（乙）照地輿例溯流而上、在左者曰左、在右者曰右。經阿羊渡、茶山關、楠木渡、青龍渡、桃子坪、汹水、上堰塘、下堰塘、老虎渡。至大角口。右納遵義湄潭之湘江。（丙）烏江至此。折而西南。經黃水灘、青草灘、大渡口、桃子台、王槐渡、燕子洞。至清水口左納開陽第二大水清水河。另詳于後又轉而東北。行至大石龍。左納白岩哨河。（丁）再經羅王渡、漩塘灣、觀音閣。至姊妹岩。左納小河口河。（戊）後出境。流入甕安界。曲折山谷間。約二百餘里。

（甲）洪水營河　有二源。西源發源於開息交界之白岩廠。經雲麗山、南望山、東麓。東北流至銀廠。入息烽境。至黑石頭。復入開陽境。匯洋水河。

東源即洋水河。發源猨雞嶺。經石笋溝。左納乾龍洞水。至中洋水。左納晏家寨、軒轅寺水。右納沙溝水。過洋水新埸大水溝。至下洋水。右納風岩河。東北流至黑石頭之北。與西源匯後。曰紅水營河。再經大壩田、羅耳寨、脫皮山、紅水營、馬平寺、大關口、風岩至大塘口入烏江。此河上下流爲開息天然分界。

（乙）銀廠河　有二源。西源發源於楊家衙。經白楊井、狗場壩、漆樹坪、廖家河。至天生橋與東源匯。東源發源於千百衙。經翁共河、白安營、趙家寨、牛角井、小寨、谷撒河、三板橋。左納蛇場河。至天生橋與西源匯。再經龍洞、沙中坡、石爭河、龍塘、官岩、三岔。至大塘口入烏江。

（丙）湘江　西源出遵義。東源出湄潭。匯合後。西南流至大角口。入烏江。所經非開陽地。故不詳述。

（丁）白岩哨河　發源白岩哨。經金花、石安寨。至大石龍入烏江。

（戊）小河口河　爲本縣第四區龍坑。與甕安縣岩坑兩縣分界之小河。發源太陽山東麓。至姊妹岩。匯入烏江。

（二）清水河　清水河西源爲貴陽南明河。南明河下流、未匯甕城河之先、曰牛渡河、東源爲貴定甕城河。南明河發源廣順定番北部、納貴陽縣屬諸水、經花閣鎮、甕中曹司、貴陽城南、打魚寨、烏當、東北流入開陽境、

貴州印刷所承印

城河發源於平伐羊場、納龍貴兩縣諸水、經洛山狗場、甕城橋、至巴香東北大雨汊河、與南明河匯、爲清水河、入開陽境、南明河東北流至宋家渡。入開陽境。經申耳寨、右納翁朵河。經斗府、右納谷壩河。至大雨汊河與東源甕城河匯。經牛渡、天生橋、至牛角壋。右納後寨河。折而西北行。經水老岩、谷灑漉、狗跳河。右納黃孔河。經棉花渡至小雨汊河。右納開陽第三大水南貢河。另詳。再西北行經洛旺河。右納中壩河。再經岩坎渡至小河口。右納翁招河。（子）折而東北行。右納下溪河。再納毛栗舖河。經毛坡坪、冷地、新南河。右納光里溝河。至清水口。匯入烏江。此河上游爲開陽與龍里平越天然界限。下游爲四區與一三兩區之界。

（子）翁招河　有東西二源。西源發源龍會寺。及皂角丫。經下谷光、白鶴井、箐口。至魚頭子右納龍井河。東北行至冷水河。與東源匯。

東源發源頂兆。經兩寨、母溪、金竹屯。至翁招。右納馬岔河。左納小府河。至冷水河與西源匯。東北行經松岡嶺、毛坪。至小河口。匯入清水河。

（二）南貢河　有南北二源。南源發源於涼風台南麓。經三里、臘鲊壩。左納大橋河。入開陽境。經冷水河、王扯。左納馬路河。再納馬場河。

至底窩壩西南。與北源匯。　北源發源於涼風台北麓。及熱水。經同知衙、白馬洞、水頭寨、奚家壩、淨九、光堵河。右納何瑪寨河後。至底窩壩西南。與南源匯。向東行。遛猴場枇杷哨後。右納抱木林河。左納木盤河。再東行經冷冲、南江河。左納老貓冲河。經南貢右納翁朵河。經比時坡。左納十萬溪河。經魚頁河。左納毛栗莊河。再東行至小雨汊河。匯入清水河。

此河於開陽歷史。頗有關係。如唐初設蠻州于同知衙。設光州于光堵河。及水東宋宣慰使之十二馬頭。暨底窩壩之稻田。沿河之漁業鋏鑛皆在此河沿岸。

烏江

烏江	於大塘口納	紅水營河　銀廠河
	於大合口納	湘江（係湄潭遵義水）
	於清水口納	清水河
	於大石龍納	白岩哨河
	於姊妹岩納	小河口河
	於中爾寨納	翁多河（西源）
	於斗府納	谷壩河（西源）
	於大雨汊河	南明河與養城河交匯

開陽縣河流系統表

幹流	納入處	支流
清水河	於牛角灣納	後寨河
	於下黃孔納	黃孔河
	於小雨汊河納	南貢河
	於小河口納	翁招河
	於白岩納	下溪河
	於毛沙坪納	毛栗鋪河
	於新南渡納	光里溝河
南貢河	於腊鮓東納	大橋河（南源）
	於芭蕉灣納	馬路河（南源）
	於孫家莊下又納	馬場河（南源）
	於底窩壩西北納	孫家莊河（北源）
	於枇杷哨下北納	抱木林河　南納木盤河
	於南江河東納	老貓冲河
	於南貢東納	翁朵河
	於比時坡之東納	十萬溪河
	於魚梁河之東納	毛栗莊河

（四）水井及有關農田之水利

葡萄井　在城內北極觀脚。水質清冽。

沙井　在附郭北門城外。

趙家井　在中正街武廟斜對門。光緒二十七年。天主堂以無出路爲請。經知州蕭漢傑以公基二幅贈之。仍留有門。俾人民便于汲水。

大龍井　在兩流泉。品質之佳。罕有其匹。水量亦大。除供全鎮飲取外。灌田數百畝。

鍾家井　在兩流泉西街後。位於大龍井下鍾姓老屋基。前道光時鍾應杰闢。井畔原日有亭榭。爲休憩燕息之所。

潮水　在城北七八里。忽盈忽涸。盈時水高尺許。每日數十次。可灌田數百畝。千百衙亦有之。

雙合井　在永亨鎮。天旱不涸。附近五井。以此爲大。

溫泉　在洋水溫泉鄉。及白馬洞熱水。熱度可以溫酒。通志載溫泉浴日。四景之一。乾隆州志載。溫泉在州西十里。四時可沐浴。

濬智泉　在毛家院。泉出自半岩上。清冽沁骨。灌田二百餘畝。

營盤溝　在羊場拐一。長十餘里。本爲避何亂時羊場營之外壕。故名營盤溝。現猶存遺痕十餘丈。已改爲灌田之溝渠矣。

菱角堰 在西門外。蘭葛溪源也。入挹爽門。出拱辰門。灌附郭諸田。

諶家大塘 在唷上。相傳有文姓者。宦遊江南歸來。開此塘遺其女公子。現諶家田壩。產米盈千。皆資塘水灌溉。

馬大井 在臨江鎮場後。水質澄冽。久旱不乾。大雨不濁。

龍井灣 在臨江鎮。與馬大井一山之隔。水質清潔。水量亦大。

水淹蕩 在谷平。寬半里許。長千餘丈。風景頗佳。水枯時可見田塍遺痕。或爲昔時田廬所在。滄桑變易。淪爲湖沼耳。

白菊坡井 在第四區。水質最佳。四季不涸。

龍洞溫泉 在馮三聯保、何家坡。洞口如脚盆。外成槽形。深數丈。其中爲溫泉。雖時屆冬季。亦頗和暖。龍寶寨龍井。水量亦大。

大龍井 在中壩大寨。水質清澄。四季不涸。

新橋河 由脚盆坡發源。經主扎穿洞。流入南貢河。沿河可築堰灌田。可冲水碾。

佘家營水井 在營內。質最清涼。苗亂時全營團練難民。資爲飲料。

恐敵阻斷水源。特修石牆圍護。至今尚存。

大兩汊河　在二區平寨。爲南明甕城兩流交匯處。龍里平越開陽。以此分界。

小兩汊河　在棉花渡下流。爲南貢河匯入清水河處。東爲平越。西北爲一區境。西南爲二區境。

思毛坪瀑布　下溪河由馬江山發源。東流入清水河。在未匯入之先。有懸岩百丈。分兩級。水由岩上跌下。飛湍雷聲。頗覺奇觀。岩下則清水河西岸也。

冷水河　在毛平聯保。來源較高。可灌養金角山一帶田畝。

第六節　關梁

縣屬津渡、關塞、橋梁等。於軍事交通在在有關。分述如後。

茶山關　在縣東北。爲通遵義要道。南岸至馬場十五里。北岸至遵義尚稽亦十五里。南岸陡峻。北岸稍夷。中隔一水。急湍而東。每日舟渡。來往數十次。以行旅衆多故也。開遵兩縣。均有渡田。爲船夫生活之需。船則兩縣當地之區。逐年輪製。子、寅、辰、午、申、戌、爲開陽負責。丑、卯、己、未、酉、亥、則歸遵義負責。民國二十四年以前。設有

貴州印刷所承印

釐稅所員。屬貴陽釐局管轄。清季省有釐。府有稅。歸修文縣派員稽征。乾隆州志有云。用砂、斗府二廠水銀課。茶山關合口河韋渡、袁家渡、棉花渡、洛旺河稅課。俱在州征解。康熙六十年。二廠及茶山、合口、韋渡、改歸修文縣征收。後知州劉岐詳請二廠及袁、棉、洛旺、歸州征解等語。在昔遵義未撥入貴州以前。此爲黔蜀交界要區。故今尚有蜀水黔山題額。及黔蜀古分疆之碑石。其險巇可知矣。岸旁有同治十三年知州龍聲洋義渡碑碣。

大塘口　在茶山關上流。縣境西北之紅水營河、銀廠河。在此流入烏江。爲遵義、開陽、息烽、三縣交界之處。兩岸平坦。不如烏江、茶山之陡險。河中有石巖。俗謂石龍過江。冬季水涸。健步者可徒涉而過。北岸經三汊河達遵義。南岸經三合場、狗場、兩流泉、白馬洞、達修文狗場。道途平直。有此三利。將來建築鐵道。及改修公路。均有取道於此之必要。不似現在修建烏江鐵橋。曠日費力。歷久無功。蓋石龍過江。即天然橋基也。

箐口馬頭　距城二十五里。爲一區通四區要道。形勢險峻。爲軍事必爭之地。

大營關　在縣境西南。爲本縣與貴陽交界處。自噌上至上馬場之要道也。

楊汪大橋　在楊汪寨。跨南貢河上流。長十六丈。寬二丈餘。凡三洞。每洞高二三丈。乾隆五十一年。知州陸牧建修。橋脚下有雍正六年萬壽橋碑。碑文有鐵柱拴繫之句。則知原名爲萬壽。乃鐵鎖橋也。

小河橋　在馬田。爲一三區交界處。長三丈餘。寬一丈五六尺。地當馬田到毛坪之衝。爲邑人何人鳳倡修。橋碑字已磨滅。

萬壽橋　在一區大翁林。爲一二區分壤之地。河水於南江河渡。匯入南貢河。橋旁卽興隆場。由噌上至羊場必經之道。

許家橋　在南貢渡口上游。明季有許潢者（舊志作許有信。）經商兩廣。獲巨資。努力爲善。特建此橋。岸窄水湍。三修始成。後被洪水所毀。現存一孔。

蔭子橋　在佘家營脚小河上。只有一孔。長一丈有餘。

喻義橋　在白馬洞。跨銀廠河上。南貢河北源也。下流則奚家壩河。勸久河。俗名皂角橋。一大孔。高二丈。乾嘉間兩旁人烟甚多。橋頭大方碑。嵌於石罅中。字已漫滅。又有嘉慶十六年八月臬司示諭。碑鐫有大橋、白馬洞、陸平寨、斷山、大寨、同知寨、打柴沖、同心協力。嚴防盜賊。……等字。今各寨多半已無。附近人烟寥落。可見今昔盛衰之象矣。由縣馬莊分路至凉水井。卽經此。

光緒河橋　乾隆四十四年重建。碑謂原橋建於有明嘉靖年間。乾隆時橋又已圮。此橋乃清嘉慶十九年所建。附碑序。

自昔造舟爲梁。文王留遺愛於渭涘。乘輿濟人。子產著恩惠於溱洧。事關方便。澤係仁心。斯不必天下中國。成極樂利。又何待三江五湖。始傳盛槪。維茲光斗河者。渙然自白馬洞而下。川流不息。非同溝澮之偶經。攝乎開筑屬之間。往來接續。實爲充衢之要道。不有橋梁。何以利濟行人乎。故前人念切。在明嘉靖時曾有建修者。然歷年既多。不無傾頹之勢。巨浪奔騰。長橋臥波。竟成險阻。往來至此。嗟道路之崎嶇。病關河之難越。每每裹足而不前。某等念徒涉之艱辛。久情殷於利濟。但愧力不從心。乃集腋以成裘。由是同心協力。分募四方。蒙仁人君子之樂助。感善男信女之勷扶。俾迴既倒之狂瀾。差作中流之砥柱。此固非普度慈航。利涉大川。人人得而濟之。庶使由斯道者。安步而過。不事褰裳之勞焉。則幸矣。是爲序。開州學生夏登雲題。匠師何能才、何玉才。大清嘉慶十九年歲次孟夏月二十五日首士韓國相捐銀一百四十両。何開祖捐銀六十両。韓世興捐銀五十両。韓世廣捐銀五十両。龍亨昌、于登謨、劉德才、劉大元等、各捐銀三両五錢。

猴鷄嶺　在五區。開陽、息烽以此分界。爲兩縣交通必由之地。南望山脈正幹也。山勢雄奇。道路險峻。

陽橋　在南山鄉。父老言。少時猶見巖際有鐵練。

龍坡渡　在毛坪八仙山脚。爲毛坪達四區營屯要道。地形陡險。犵鷄寨巖口。位於山頂。羅叢鳥道。中通一綫。可由此達灰田小河入城。

蜈蚣橋　在臨江鎮場口。橋頭有石鷄一隻。先民附會。謂鷄吃蜈蚣。橋則鞏固。建於明洪武年間。

永順橋　在龍口河。距臨江鎮三里。清初丙戌年建。有碑記。

楠木渡　在三區。距臨江鎮十七里。爲通團溪、尙稽要道。年來整頓船隻。修理道途。行旅稱便。較之經過茶山關。約減七八里。

五台山及清水口　山在清水口。山勢偉峻。爲宅吉通米坪要道。清水河至此匯入烏江。江面寬闊。水勢急湍。形勢最爲險要。有渡船濟往來行人。

合口河　湘江至此。合入烏江。故曰合口。俗稱角口河。爲開陽東北極遠之地。湘之西爲遵義。湘之東爲甕安。乃三縣交界之處。遇有變亂。必先爭此。兩岸立有光緒七年布政使司義渡碑記。

天星橋　在角口河上流、甕東。河中有巨石二。水涸時。現出水面。匪類常搭橋偷渡。

甕口塘等渡　在角口下流。爲開、甕兩縣要渡。雷子保渡、沙子河渡、均在三區。

大龍塘等渡　爲三、五兩區交界處。距三區臨江鎮三十五里。桃子台、茶園、等亦係要渡。

永遠橋　在毛栗鋪。乾隆時修建。

新南河渡　在毛栗鋪。清水河下游也。清水河至此東北流。即於清水口匯入烏江。

紅巖口　在司毛平。山形險要。山脚即清水河西岸。對河則四區地。

巖底　在扯里。萬山叢雜。中通一道。山路既竟。即清水河也。

羅王渡　在四區對岸。爲甕安境。河中有石巖。高出水面約五六丈。

四區橋梁　巖脚巖大橋。高三丈餘。楊滔水、永安橋、余家橋、工程均浩大。

分水埡　在四區。距花梨二十五里。爲通中坪以達平越、甕安要道。

余家橋　在四區。距花梨四十里。爲通巖坑要道。

龍坑渡　在四區龍坑場。地爲開陽邊境。距縣城及區所均窵遠。渡河乃甕安界。爲匪徒出沒之所。

和尚巖　在小嵛。地勢險要。與小巖腳、水洞營、大塘坡等隘。均爲氈帽營之外衛。石卡尚存。營牆遺址。亦班班可考。

洛旺河渡　即清水河。西岸爲一區翁昭聯保。東岸爲四區花梨聯保。爲開陽、息烽、修文、通平越、甕安、黃平大道。花紗布疋。漆桐棓茶。均由此經過。河寬浪平。形勢險要。未裁釐金以前。設有分卡。征收往來稅課。何得勝送戴鹿芝歸。以爲青天。臨河嗟嘆。即此。

毛狗渡　距翁昭二十里。爲清水河下游。地勢亦頗重要。

小河口　翁昭河至此匯入清水河。對岸緣沙坪。咸同苗黨。每由此渡河。優擾江內。現在一、三、四區。以此交界。爲土匪出沒之所。

南貢渡　在南貢場南。兩山夾立。中通一泓。天梯石棧。路極斗險。爲縣城至羊場達龍、貴要道。兩岸茂林中。有棕竹。有猿猴。上下計十五里

魚梁河渡　在南貢渡下游。係通毛栗莊要道。

南江河渡　在南貢河上游。爲通新場必由之路。

枇杷哨渡　在枇杷哨場之南。爲縣城至貴陽要道。

猴場渡　在猴場之北。河面甚寬。冬日水涸。則架行橋。以濟行人。

把關　距枇杷哨二十里。與貴陽分界。過關後下至山脚。逾小橋。即貴陽馬場境。

紅水營　在五區。紅水營河中流也。過河後。即息烽境。

馬蹄關　在白馬洞南。與修文分界。

開修息界碑　在白馬洞熱水之南。東爲開陽。西北爲息烽。西南爲修文。有四方碑。三縣以此分界。

宋家渡　在壩子新場西南。南明河下游也。貴陽。龍里、開陽三縣交界處[illegible]。

臘渡河渡　距羊場十五里。南岸爲貴定縣境。

牛渡　在大雨汊河下流。東岸爲平越境。

棉花渡　在第二區。爲通平越、黃平、甕安等縣要道。下流即小雨汊河也

第七節　土地

本縣土地大致情形。茲分面積、地勢、土壤、地價、等項述之。

（一）面積　本縣土地總面積。根據縣府民國廿七年十月三十日農業普查表所載。爲一四、一零零方華里。地方人士有謂爲一三、零零零方華里者。但均未經精確測量。已經開墾之熟地。佔總面積百分之一二。即一、六九二方華里。（且據本縣土地陳報處二十八年三月冊報。全縣墾熟田土共二十餘萬畝。）荒山荒地佔百分之八八。即一二、四零八方華里。熟地共有田坯一、二零零、零零零石。約合二九三、四一零市畝。其中水田佔一、零零零、八零零石。約合二零零、一六零市畝。佔百分之八三、四零旱地坯佔一九九、二零零石。約合九三、二五零市畝。佔百分之一六、六。可以開墾之荒地。約有田坯一、零八零、零零零市畝。亦即二、八八零方華里。超過熟地一、一八八方華里。至荒地如是擴大之原因。不外三端。一由于土質之多瘦瘠。地力不充。如附近縣城之乾河坡、水淹坪等處。平原達十方里許。然以遍地黃泥。每每得不償失。遂至無人過問。二則由於土泥下層。石巖過多。泥土又淺。如一區之石頭寨、三區之馬場、宅吉等地。竟有于巖石上挑土成田者。可見一斑。三則由於人工之缺乏。與經濟之困難。本縣全縣人口。根據縣府二十七年十月三十日農業普查案內所載。合計一一四、五八五人。平均每方華里僅八、一二人强。（另據縣府二十八年二月調查全縣人口共計十三萬零、平均每方華里十人弱）、地廣人稀。無力墾種。故近年來即熟地中亦不少荒蕪者。遑言開墾。加以新墾土地。必需資本。以作添置耕牛、籽種、農具之用。頻年農村經濟。日趨艱竭。維持生活。尚感不易。焉有餘貲。以從事開發。至天災人禍之影響農民。更無論矣。

（二）地勢　本縣地勢。較貴陽爲低。成一傾斜形。西南高而東北低。以五區爲最高。一區次之。二、三區又次之。四區最低。全縣最高處爲五區之雙流鎮。縣城次之。最低處爲四區之龍坑。三區之宅吉次之。本縣全境內純係山岳地帶。平原極少。故廣大開展之田壩。幾于鳳毛麟角。卽有阡陌連綿之處。如縣城之東門壩。三區之官田壩。一區之底窩壩、洗泥壩等。至多不過三五里。餘則畸零錯雜。散布于溪澗之間。巖壁之下。農民爲適應環境計。多于山勢較平之山腰。拓土成田。或如梯形。或如帶形。故有梯田帶田之名。此等田地。以囿于地形。

大多狹小。有收谷少至一斗以下者。耕耘既多不便。加以田少塝多。塝又陡高。每年清除草莽。以迄收成。無不大費工程。加之田位于山。接收日光。自嫌不足。禾既不甚樸茂。收益從而短少。大概除城之附郭。鄉之村脚。多屬膏腴而外。其餘則事倍而功半。一遇旱潦。則收成百不一二也。

(三)土壤　本縣土壤。大多磽瘦。膏腴甚少。其種類簡言之。約有五等。一曰砂質壤土。俗名砂地。有油砂、紅油砂、青油砂、紫油砂、扁砂之別。因砂粒中含油質。(米飯中常有砂粒、嚼之可聞桐油味、足資證明、)故性煖耐旱。旱則同潤。雨則濾水。所種穗大而堅。是爲上地。青油砂地。如四區之龍坑。土質肥美。爲全縣冠。紅油砂地又名雞血泥。以五區之洋水三槽爲最多。紫油砂地如三區之司毛坪是。此外如一區之底窩壩、谷撒壩、翁招。三區之毛坪等處。則爲油砂地。一區之水頭、大坡、松林、兩寨。吳溪等地。則爲扁砂地。但較油砂。已遜一籌。二曰壤土。俗名白膠泥、白墡泥、鴨矢泥等是。性煖。不耐旱。肥料多而耕及時。所種亦穗大而茂。均爲上中地。如三區之馬江山、馬場、中火爐、宅吉。四區之花梨、米坪。一區之洗泥壩。二區之羊場田壩、高寨、扛

寨等地。則爲白膠泥雜白墡泥。至鴨矢泥。則以一區之石頭寨。三區
之馬場爲多。三曰粘壤土。俗呼大眼泥。其色黑黄。不耐雨旱。工作
認真。尚可有收。是爲中地。如五區之永亨鎮、大壩田、永隆鎮、燕
子嘴。二區之宜今、宜假、蒲葵鄉、狗場。一區之頂灶、馬田、及南
門新寨、谷頂甲。三區之馬江山、三合場、吳家山、光里溝、濫王必
。谷坪等地。皆最多。四曰灰包泥。亦粘壤土之一種。含粘土成分。
較多於大眼泥。色灰黄。耕肥不失法。歲亦薄收。且必須佐灰。其法
于插秧之前數月。以草燒灰儲之。俟栽插時。用盆盛灰置田中。以秧
根入盆中。蘸灰後。方插入田。始可有收。惟米每斗較重一二斤。是
爲下地。如五區之雙流鎮、石牛。一區之干把衙。坑竹壩、硐上、頂
方、頂壩、蔣家寨、郭家寨、畲往、茶園、谷光等處均最多。三區之
谷坪、宅吉。亦有一部。五曰粘土。俗名死黄泥。質密而固。最不宜
于植物之生存。僅能用製磚瓦。工作施肥。即倍加認真。亦幾無收成
之可言。是爲下下地。本縣各處。幾于無地無之。惟以縣城附近之地
爲最多。加可渡河、小山溝、火燒新寨。干膀、干田壩、水淹坪、干
河坡等地。往往平原數里。但除茅草而外。滿目荒涼。即此故也。土

壤之比較。全縣當以龍坑為第一。據老農言。當地豐年。每穗足有四百五六十粒之多。其收益超過各處一倍或幾二倍矣。次為洋水。第三為底窩壩、谷撒壩、翁招等處。最劣無過於縣城附近之于河坡、火燒新寨。其次則雙流鎮等處。如以各區作單位比較。則應以三區為第一位。二區第二位。四區第三位。五區與一區第四位。

（四）地價　本縣地價。積習相沿。從不論及土地面積之大小。水田大都以谷挑數目。為給價標準。而谷挑數目。常較實收益數為少。名曰田坯子。實收數約佔田坯之八成。而所謂田之優劣。不僅以土壤之肥瘠為斷。同時復兼以水源之枯旺。所在之地勢與氣候而定其等級。上田每挑約十二元至十五元。中田八元至十元。下田四元至六元。此不過通常之原則而已。有時地價。每因當地經濟之榮枯。人事之情形。亦受影響而變化。如二區之蒲葵鄉。三區之馬場。與一區之底窩壩、谷撒壩一帶。富戶較多。互相競買。致各該處地價。竟有賣至三四十元一挑者。至少亦二十元左右。甚至有時因人事之糾紛。或求買業之完整。即五十元以上亦有之。至如四區之龍坑地方。土地既屬肥沃。水源又旺。氣候較熱。堪稱全縣上上等。但以當地富戶較少。其地價反不及馬場。最高亦不過每挑二十元而已。故本縣地價最高。首推蒲葵鄉與馬場。次爲底窩壩、谷撒壩。再次爲洋水、翁招。至地價之賤。當以一區之南江河。五區之用沙壩等地爲最。當地水田。通常不過一二元一挑。且極難出售。成交亦少。該地地主招佃。亦頗困難。以其地力過薄。並多濫包田故也。至於附城各處。如火燒新寨、洞上、頂壩等處田地。亦多下等。但因距城較近。其地價約與五區之雙流鎮相等。爲次等之低價地。至言收益。以市畝而論。（每畝以六十方丈計）上田每畝可收谷二石四五斗。中田每畝至多二石。下田每畝則僅一石左右而已。

第八節 城垣

明崇禎三年置開州。即於宣慰同知所在地之楊黃寨建州治。楊黃寨者。先民楊黃三所居故名。或曰乃種族名。苗胞中有一部落曰楊黃。世居其地。故曰楊黃寨。城基東南跨武廟後山。西南跨鰲頭山。（即縣府後山）西北跨金袍山（即中山公園之北極觀）及黃坟山（即明知州黃嘉雋忠骸所在）。惟東北較平坦。初爲河防道沈翹楚、知州黃嘉雋建築。周三百六十丈。設四門。東曰布德。西曰水迎。南曰貴陽。北曰茶山。有葡萄溪。（即西門河）自西入。繞黃坟山腳。過中山公園、葡萄井。北流出城。故西門北門。各設水關一道。

崇禎十六年。流賊入黔。苗仲作亂。城牆多毀。康熙元年。知州徐昌修復。乾隆三十四年。知州趙由坤詳請重修。表裏均易以石。且增添丈尺。又以黃公墓與城根密邇。捐資繞砌。離墓三十丈。計外牆七百四十三丈四尺。內牆七百三十五丈九尺六寸。折中爲七百三十九丈六尺八寸。高一丈七尺。共費帑銀二萬二千五百六十兩零五錢五分一釐。閱二年工竣。四城門易其名。東曰迎旭。南曰向治。西曰湧金。北曰拱辰。南北有月城。東西有照牆。城垣高聳及要塞處有炮台四座。門各有樓。石方高度。每層均爲一律。有若甎甋砌成。雖地有起伏。而石塊則平如水。故欲測城山之高低。數其石層。卽可知之。工程精美。有足稱者。

光緒七年西門傾圮。知州梁宗輝修復。易名曰挹爽。光緒三十年大水。北門一帶女牆傾圮。知州張運芙籌修。民國元年知州簡協中籌款八百兩。培修四城樓。均題有額。東曰黃鸝喚晴。南曰紫水澄波。西曰白馬擁瑞。北曰清江穩渡。民國二十二年。西門又圮。縣長傅啓鈞籌款六百元修復。仍存挹爽之名。并于石額上刻培修人名

城內市街。自挹爽門至孔廟曰中山街。孔廟至上丁字曰中央街。上丁字至向治門曰中正街。上丁字至迎旭門曰復興街。龍井坎至拱辰門曰統一街。

又有方家巷、雜市堡、體育街、女學街、城隍右巷等。皆南北東西連絡之街巷也。重要商店及黨政等各機關。多集中於中央街一帶。咸同之變。全城毀于火。僅存武廟大殿。所謂巋然靈光者是也。現有居民一千一百餘戶。人口六千餘。男女壯丁約二千人。開陽鎮聯保辦事處設於城內。

縣政府、民教館（原吏目署）孔廟、縣黨部、（原學正署）天主堂在中央街。養濟院、民衆體育場、在中山街。挹爽門內有橋。曰全功。光緒時重建。又有袁章氏百壽坊。係道光年間巡撫賀長齡題建。均在中山街。女學校、（係三忠祠故址）三公廟（祀黃石戴）保警隊（原城隍廟）在城隍巷。男學校（開陽書院故址）、開陽自衛總隊部、（原關岳廟）南倉故址、（在毛姓宅後）在中正街。東倉、（東門義倉）福音堂、合作金庫。（萬壽宮）衛生所、（節孝祠）在復興街。四川會館、開陽鎮聯保辦公處、（火神廟）第一縣倉、在統一街。中山公園、北極觀、黑神廟、龍王祠、在金袍山。

葡萄井、在中山公園腳。東門井、王家井在復興街後。和尚井在中山街。南門井在中正門外。儲水池在龍井坎。係備作消防之用。

城內溝水第一支爲中央街一帶。總匯于方家巷。經龍井坎。順石巖出東城。第二支爲中正街一帶。順街行。經復興街。至下丁字。一流入龍井坎。一進還出東城。第三支爲武廟後山諸水。順王家井出東城。第四支爲中山街一帶。流入西門河。

民國二十二年。縣長傅啓鈞修理中山、中央、中正、復興諸街。西起百壽坊。南至向治門。東至土地廟樓。北至龍井坎。長約二百五六十丈。中鋪整方石板。闊三尺。旁以石塊鑲之。去洋一千五百餘元。（縣城市街圖、見卷首。）

第九節 營建

營建分公署公所、學校、倉儲、三項言之。

（甲）公署公所

（一）縣政府 在中央街。爲前開州知州衙署。坐西南。向東北。明崇禎三年建。康熙二十五年毁於火。重建。歷任均有修葺。咸同之亂。城陷署焚。同治十年、知州龍聲洋重修。現在臨街爲照牆。爲升旗台。左門額曰博愛。右門額曰和平。即前州署東西轅門也。入大門。右爲監獄。二門內爲禮義廉恥坊。右廂爲農村合作社。左廂爲田賦征收處。即前之六房也。衡理堂即法庭。左楹爲司法處。右楹爲財委會。再進爲會議廳。（昔之穿堂、）爲大禮堂。（昔之二堂、原有額曰懸鏡堂、）左爲縣府辦公廳。右爲得月樓。昔州署花園也。花園側爲蕭曹祠。大禮堂後原有忠愛堂五間。今圮。再後爲廚爲廁。（左方毗連城隍廟處、原有倉廒多間、今均圮、）牆外爲防空洞。重建州署時。龍聲洋匾額甚多。如衡理堂、花半徑、柳一軒、及花廳對聯之客好自殷懸榻待。時平休豔着鞭先。時大亂初平、故應偃武修文云、暨遇士反嫌單說項。願人同體四心知等。字爲平原體。款識爲龍。據耆老云。實出於其舅氏楊元龍手筆。遒徑芳古。毫走龍蛇。近之如袁思韡。遠之如何紹基。並不多讓。

乾隆開州志及貴陽府志云　州治舊爲楊黃寨民居。崇禎三年建治。州民楊口華遷九祖塚建州署。河防道沈翹楚、知州黃嘉雋監造。康熙元年知州徐昌修葺。十年知州王之官重修。二十五年毀於火。知州王永烈重建大堂五間。二堂三間。三堂五間。東西廊房各三間。頭門、儀門各三間。四十七年知州楊文鐸於大堂左右建書吏房八間。五十七年知州艾淳重修二堂。後建戲台。今爲過廊一間。署右開箭道。今廢。右建書室三間。小屋三間。後頹壞。知州馮詠。因其舊規。覆草編籬。僅蔽風雨。　自馮詠解任後。司土者升調不常。皆沿其舊。風雨漂搖。難免傾圮。知州柳霈捐修大堂三間。儀門三間。乾隆三十七年知州張鈞以規制卑隘。捐俸修大堂五間。二堂五間。東西廊房各三間。三堂五間。左右廂房各三間。儀門頭門各三間。左右吏舍十間。甬牆一座。規模制度。煥然一新。

(二一)縣黨部　在中央街。大門外爲木坊。內爲升旗台。爲禮堂。堂後爲辦公室。左廂爲職員住宿室。原爲學正署。民國後裁學正。設城自治議事會董事會於此。嗣又爲勸學所、縣議會、財政局、建設局。現爲縣黨部。

通志云　開州學在州署左。康熙三十八年。巡撫王燕題請設州學。立文廟。置學正一員。於明倫堂後。建屋二層。各三間。爲正學署。

(二二)監獄　在縣府儀門外右側。原有囚牢五間。看守室二間。獄神廟三間。與前知州署同時修建。年久漸圮。民國二十八年。縣長解幼瑩改建。新範二五八火甎四萬塊。連同石灰、木石、工資共去法幣二千七百餘元。顏曰悔過室。門前題過而能改。善莫大焉八字。於原砌周繚石垣上。加眠甎六七尺。嵌石一方。題靜思已過。南爲看守室。北爲花圃。石垣後爲女監。爲民刑所。前爲管獄員辦公室。

乾隆州志云　州署二門後爲監獄三間。值宿房一間。

重修開陽監獄碑記　民國以來。言司法者。盛倡改良監獄之議。然開陽監獄。年久失修。牆頹屋傾。定罪之囚。亦雜側刑所。斗室幽居。教誨無方。思過無地。迄未有所改善也。戊寅秋。解縣長幼瑩蒞開。即極積籌款建修。補繕石垣。於其上加磚五尺。新修囚室三間。看守室三間。共費款二千七百數拾元。悉心經營。工料堅實。歷十閱月告成。來日之獄囚生活。出水火而登衽席。恥格有方。化頑梗而儕編氓。仁心惠政。刑期無刑。其爲功於人道郅治。豈淺鮮哉。民國二十八年季夏范穎記。

（四）國民自衛總隊部　在中正街。有禮堂一間。辦公室二間。住宿室二間。係就原關岳廟改用。

（五）保安警察隊　在女校街。上爲禮堂。左右爲辦公室。後爲宿室。左有操場。有籃球場。係就原城隍廟改用。

（六）養濟院　在中山街。有房屋三間。俗名孤老院。光緒十年重建。乾隆州志云。養濟院在城北。係知州馮詠所建。因被火遂廢。後知州屈曾發捐資。置房六間。建於城西等語。即今院址也。

（七）農圃　在東郊奎閣前。有屋三楹。爲技士辦公及工人住宿之所。

（八）合作金庫　在復興街。係就萬壽宮改用。

（九）衛生所　在復興街。係就節孝祠改用。有診病室、手續室、辦公室、掛號處等。

(十)區公所

(子)第一區區公所　在枇杷哨。民國二十年修建。有正廳四間。廂房四間。廚廁各一間。後又補修正廳一間。

(丑)第二區區公所　在羊場。宣統元年修建。正房三間。左廂二間。下廳三間。廚廁各一間。民國十八年區長盧中閣補修廂樓三間。民國二十六年建三層土碉一座。

(寅)第三區區公所　在馬場。民國二十八年新建。計正廳三間。所門一間。廚廁各一間。

(卯)第四區區公所　在花梨。民國二十七年新建。計正房三間。碉一座。

(辰)第五區區公所　在雨流泉。民國二十一年新建。計正廳三間。所門及兵房三間。廚廁各一間。

(十一)聯保辦公處

開陽聯保　係修葺火神廟暫用。有正廳三間。

南龍聯保　在禽朵。即前舊四區區公所辦公處。原係民房。曾籌款購獲一部。有正廳。有廂房數間。

猴場聯保　係就善堂暫時改用。有正廳三間。
運治聯保　在硐上。就財神廟暫用。有正廳二間。廚房一間。
龍德聯保　在羊場。係就客籍會館暫用。
琴莿聯保　在馬頭寨。係修葺興佛寺左廂作辦公室。大殿作壯丁訓練憩息室。
壩子聯保　在壩子新場。係補修水口寺廟宇暫用。有大殿一間。下殿三間。左右廂房各二間。
馮三聯保　在馬江山。係以三聖宮改修。上殿三間。下廳三間。廂房六間。前第七區區公所卽設於此。
興永聯保　在毛坪。民國二十六年。就永興寺改爲永興鄉鄉公所。現爲聯保辦公處。上下廳各三間。左右廂房共四間。
隆安聯保　在龍坑場。民國二十八年以舊廟改造。有屋宇三間。
太楠聯保　在谷坪。民國二十六年王家貴將該地廟宇改修。有正廳四間。又新建廚房一間。
馬場聯保　在黃李鄉。係就水口寺改造。有正廳三間。廂房四間。短期小學及民衆學校均設此。

宅吉聯保　係江現魁之業。有正殿三間。右廂二間。

米營聯保　在米坪。民國七年譚文榜、譚啓勛新建。有正房三間。

永溫聯保　在永亨鎮。民國二十六年前聯保主任黎德全新建。有正廳三間。

劉育聯保　在劉衙鄉。即前劉衙初小故址。有房屋七間。

白崇聯保　在白馬洞。係就萬壽宮修葺暫用。

其餘各聯保辦公處。或係租賃民房。或係借用私家祠堂。則無所謂營建矣。

（乙）學校 附體育場

（一）民衆教育館　在中央街。臨街爲磚坊。進而爲大門。再進爲禮堂。堂右爲圖書館。堂左爲遊藝室。堂後爲職員辦公室。原係吏目署。民國後廢。葺爲警備隊。爲團防總局。爲教育局。現爲民教館。

乾隆州志及貴陽府志云　開州吏目署。舊在城隍廟側。錢牧移建州署左。大堂住房各三間。東西耳房各一間。乾隆三十七年。吏目張澤捐修。二堂三間。左右廂房各一間。外書房二間。役房二間。頭門一間。乾隆四十五年。吏目張學紳增修頭門爲三間。甬牆一座。

貴州印刷所承印

(二)民衆學校　在民教館後。民國二十五年。就周公祠設立。周公祠者。前省主席周西成生祠。民國十六年建。

(三)幼稚園園地　在中山街。地址適中。花木蓊蔚。原係前清訓導署。民國初年。改設第一區團防局。後爲軍隊駐所。年久失修。日就頹圮。民國二十五年。紅軍過境。折作建築碉堡。遂廢。現以原址爲幼稚園。

貴陽府志云　康熙二十六年。改敷勇衛爲修文縣。開州學仍附之。三十八年設州學。立文廟。四十六年設訓導於文廟右。建屋二層。各三間。爲訓導署。

(四)體育場　在中山街。即前柴市壩。經縣長徐健行馮光模解幼瑩先後開鑿石巖。剷凸填凹。東西約七十公尺。南北亦如之。置有各種體育用具。凡盛大集會。皆在此舉行。

附體育場紀事碑　年來國難日亟。體育救國之說。震盪耳鼓。煅煉體力。誠積極不容緩矣。民國二十五年。前縣長徐健行。就柴市壩闢作體育場。會遇害未竟其工。馮縣長踵而成之。然阻於巖石。面積不過三數畝。去歲解縣長幼瑩來涖吾開。以其湫隘。特加擴大。合李楊捐地。縱橫七十餘公尺。甃巖砌基。填窪削凸。缺者補之。虛者實之。共費一千九百八十五元。自今以後。凡遇擴大典禮。宣傳集會。均可雍容爲之。無摩肩疊足之慮。而前挹蒼翠。後攬清流。運動之餘。尤可一滌襟懷。養吾浩然。是不僅體育而已。鍛鍊體力。更須培養氣度。始足肩此復興民族之重任。工既竣。述其經過如此。民國二十八年六月鍾景賢記。

（五）城區小學　在中正街。即前清開陽書院。亦即昔之三台書院遺址。咸同之亂。毀於兵燹。光緒十二年。知州胡壁重建。計五間。三進。左右均有廂房。側有花圃。有六角草亭。清末廢科舉改爲開陽學堂。後又改爲兩等小學校。現爲城區小學。有禮堂三間。教室六間。宿舍七間。辦公室一間。工友室廚廁各一間。操場一畝八分。體育器械俱備。

開州志云　乾隆二十七年。知州呂正音以修理文廟餘銀。買城東王經宅基。建立義學。講堂五間。堂後建文昌閣一所。及周圍牆垣。又買土香樹絕產。撥耶里大巖公田租花以資膏火。三十四年。知州趙由坤重修講堂五間。增修頭門一間。左右耳房各一間。頭門外豎東皋書院匾額。閣庠德之。

開陽書院總錄序云　黔之文教。開于王陽明之謫龍場驛丞。龍場今修文縣也。開之爲州。與修文同隸貴陽府。距修且百里而近。州城東舊有書院曰東皋。傾圮已久。會中州呂公柱石。蒞此邦。卜建城之南隅改題爲開陽。開陽本州之別名。其稱已古。然謂欲有以開陽明之學也。於義亦通。後州人用形家言。以院當三台山。復改稱三台。其名既欠典雅。且恐失呂公命名本旨矣。咸豐季年。城陷、院燬。光緒乙酉夏。璧忝司州牧。時肅清久。閭井鱗次。而院仍鞠茂。憮然惆焉。明年春諏於衆。謀所以復之者。捐廉爲之倡。復查前人册報歸公荒蕪存業。暨璧陸續清出各絕業。稟請大憲。變價興修。屬佘君士舉董其事。鳩工庀材。越十閱月落成。並建文昌閣於其上。仍從呂公舊稱。俾都人士顧而思之。庶幾爭知私俶陽明。風氣日開與。既揭斯意聯之楹。復當以工費之所出。租息之所入。及規條課程之所以經久而垂遠者。刊諸石。爰書數語爲之記。光緒十三年胡璧撰。

（十六）城區女小　在中央街。爲三忠祠故址。建於光緒六年。清末改作初等小學堂。反正後爲女子初級學校。現更名爲城區女小。計禮堂一間。

教室四間。辦公室教員室各一間。操場在城隍廟左廂。面積八分。三忠祠係祀明知州黃嘉儁。及咸同殉節之石虎臣戴鹿芝三人。

（七）龍岡小學　在羊場。民國八年。胡裕昆陳敬宣李增榮等。募捐建築。計正房六間。教室四間。廚廁各一間。操場一畝八分。

（八）龍岡女小　民國十九年。縣長司繩慶倡建。推定胡裕昆等於男校右側川主廟廢址。新修正房三間。左右廂房各三間。二十六年建修校門一座。操場九分。民國二十八年。歸併龍岡男校。

（九）劉衙小學　原在劉衙寨。民國二年。劉華清劉茂春等建。有教室四間。宿舍七間。圖書室一間。廚廁共四間。操場一畝。民國二十八年。以屋宇湫隘。不易發展。移設慶壽寺廟內。而以原校址。作劉衙聯保辦公處。現擬籌辦女小於此。

（十）枇杷哨小學　在枇杷哨。有教室三間。宿舍四間。遊藝室三間。成績室三間。廚廁四間。

（十一）雙流小學　在兩流泉。民國二年。鍾燧鍾福謙等建。有禮堂一間。教室三間。宿舍五間。休息室廚室各一間。操場二畝。

（十二）馮公小學　在馬江山。民國三年建修。有禮堂一間。辦公室一間。

貴州印刷所承印

宿舍二間。操場一畝。

(十三)茅廬小學　在毛栗莊。民國二十一年修建。有教室二間。辦公室一間。宿舍二間。

(十四)頂兆小學　有教室二間。辦公室一間。宿舍三間。廚房一間。操場五分。

(十五)敎化小學　在中洋水。民國二十一年。就原有之黑神廟改建。計教室二間。宿舍二間。操場一畝。

(十六)宅吉小學　就該地蓮花寺改用。有教室宿舍各一間。操場三分。

(十七)花梨小學　民國十七年。就廟宇改造。並新建對廳一向。計有教室二間。宿舍及接待室各一間。操場五分。

(十八)臨江小學　在馬場。民國元年。曹繼藩楊德燦提倡。由車朝軒余清和體成州賴明初等經修。計正廳五間。左右各有廂。廳後爲廚房廁所。右面爲操場。民國二年建對廳三間。

(十九)新民小學　在二區狗場。有禮堂一間。教室宿舍各一間。

(二十)米坪小學　民國二年改建。除原有正房五間外。新修對廳三間。廂房四間。廁所一間。操場一畝。

(廿一)甕朵小學　係購買正房五間改造。現係教室二間。宿舍二間。禮堂一間。操場四分。

(廿二)永隆小學　在雙土地。有正廳三間。

(廿三)永亨小學　在五區狗場。有正廳三間。左右廂房各二間。

其餘短期小學。因無固定性。遷徙不常。係就各地寺廟培修暫用。勿庸備載。

(丙)倉儲

(一)縣倉　民國二十八年縣長解幼瑩建。以貯各區各聯保建倉積穀。現工竣者。有五。第一縣倉在縣城北街。第二縣倉在羊場。第四縣倉在花梨。第五縣倉在雙流鎮。翁昭縣倉在翁昭場。除花梨翁昭係三間外。餘均五間。可藏穀二千石。其第三縣倉及各聯保縣倉。現正籌劃中。所有尺度材料。均有精密規定。錄之如左。

(子)倉高一丈七尺八寸。深二丈。長五間。每間寬一丈。九梗柱。尖大五寸。

(丑)地板厚一寸二分。壁板厚四分。四壁全裝橫。板厚一寸。

(寅)每列柱腳均用連石。每個柱眼均上開子。

(卯)每顆地枕下。墊石撬二個。枕木尖大四寸。

(辰)倉底每隔一尺二寸五分處。安置地枕一根。地枕距地一尺。

(巳)倉內安置竹氣洞五個。竹筒直徑一尺八寸。由倉底直穿望板。

(午)建築工作。及所用柱料枋板等。均要極堅實。

(二)義倉　開陽義穀六千五百餘石。分存各區。共六十處。除有穀無倉者五處外。(城內南倉、五區兩流泉倉、谷汪倉、三區宅吉哨一保倉、青龍寺倉、)共有五十五處。

第一區之東倉。在城內東街迴龍寺倉在寺內。土竹倉在尼姑廟內。馬頭寨倉在底窩壩、宋姓門首。主羊坡倉在朱姓門首。猴場倉在場上。中壩倉在中壩寺內。哨上倉在場上。新場倉在南江河場上。鳳凰寺倉在寺內。中壩場倉在場口。翁朵倉在場上。佘家營倉在昭忠祠。

第二區之羊場倉在區公所後。馬頭寨倉在寨上。高寨倉在寨上。中壩倉在中壩寺內。黃孔倉在谷班。狗場壩倉在場上。毛栗莊倉在場上。林古倉在林老寨。拐二倉在拐二寨。壩子倉在場上。

第三區之元豐寺倉在馬胯寺。甕枕倉在寨上。乾堰塘倉在寨上。老馬寨倉在寨上。雲台寺倉在寺內。水流岩倉在太平寺。水口寺倉在寺內。孔雀寺倉在寺內。一保倉在宅吉場上。二保倉在棡子壩寨上。三保倉在谷旺祖寨上。四保倉在岩下寨上。五保倉在官莊寺內。蛇場倉在場上。馬江山倉在場上。三聖宮後。拐寨倉在寨上。毛坪寺倉在寺內。司毛坪倉在飛鳳義學故址。中火爐倉在黑神廟。水口寺倉在寺內。第四區之花梨倉在區公所對面。休平倉在場上。龍坑倉在場上。米坪倉在泥池寨上。營盤倉在場上。

第五區之劉衙倉在慶壽寺。白馬洞倉在寶王廟。快下倉在下寨。上洋水倉在玉皇觀。中洋水倉在觀音寺。下洋水倉在金粟庵。狗場壩倉在場上。

第十節 壇廟

凡官營者曰壇廟。所以別于普通寺觀而言。

孔子廟 在中央街南頭路西。明崇禎三年建州時。知州黃嘉儁於州署左。建屋數楹。爲諸生講課地。十六年苗叛毀焉。清康熙元年。知州徐昌造平屋三間。祀孔子。是爲孔廟之始。（後爲明倫堂即今縣黨部）康熙三十八年。巡撫王燕題請建立州學。周能讓遷五祖塚爲學宮。建大殿五間。啓聖祠三間。東西廡各三間。大成門櫺星門各三間。名宦鄉賢祠各一間。共費帑金六百兩。雍正五年。知州馮詠任內。改啓聖祠爲崇聖祠。又置禮門義路雨坊。開鑿泮池。左右建德配天地。道冠古今二坊。下馬碑等。乾隆二十五年。知州呂正音與儒學蕭褋、蕭艮杰新建櫺星門。泮池。并補修殿宇。裝換匾額。咸同之亂。除石建之櫺星門、宮墻、泮池無恙外。餘均毀于火。同治十三年。知州龍聲洋重建崇聖祠三間。大成殿五間。東西廡各三間、大成門五間。名宦鄉賢祠各三間。現除名宦鄉賢祠於上年折卸外。餘尚完好。至建立學宮以來。歷任均有補修。廟內惟知州馬懋修碑文一。茲錄如左。

知州馬懋修培修碑。蓋聞聖宮爲士林之望。應即隨時修復。用隆祀典。茲將曾佐臣捐銀三十兩。何海清捐銀十五兩。培修石欄杆、石檐、石獅、石門坎及禮門義路之頹缺者。特勒石以昭慎重而壯觀瞻。署理貴陽府開州知州馬懋修、特授貴陽營開州把總劉天壽。特授貴陽府開州學正錢方堃。特授貴陽府開州訓導劉仲魁。庠生佘學成、陶升旭、李必清、王治香監修。鍾昌祚撰并書。石工陶升、文忠順。大清光緒十八年壬辰之秋七月穀旦公立。

乾隆州志云 學址。周能讓於獻土建學時。定有四界 上至鰲極山頂。下至簡槽井。右至石魚直上。前州邢碩輔借西廡輔側基修倉。左至石鳳直上。學基甚寬。城居射利之輩。漸侵爲宅。又將牲畜於禮門義路外作市交易。乾隆二十九年。紳士呈請逐趕畜市。清理學基。有周能讓之孫維元。白其事。伊祖曾刻載四至碑。瘞於西廡中柱上壁土內。學正蕭摞掘看確。仍掩之。牒請州牧程明勳。將畜市逐於城北下街。學基照常安佃。勒石永禁。

關岳廟　在中正街。原爲關帝廟。崇禎三年建。康熙二年知州徐昌出俸銀五百兩修之。前後殿各三間。前廳三楹。左右有廂。大門、儀門各三間。雍正五年。知州馮詠重修。後殿改爲追封殿。乾隆四十二年。知州蔡奏功建戲樓三間。閣一座。四十五年知州王炳文。僧滙涔。以其傾圮。醵金重建。前後殿各五間。左右廂房各二間。咸同之亂。毀於兵。僅存大殿一間。同治十三年。知州龍聲洋重建。民國初年。軍政部令武廟各祀武穆。故曰關岳廟。現存大殿五間。甬牆一座。左右門及兩旁走廊。及後殿遺址而已。

茲錄光緒九年碑文一通如左

碑文　署理貴陽府開州事即補同知直隸州加五級紀錄十次劉。爲立碑存記。以垂久遠事。蓋維春秋兩祭。乃朝廷祀典之隆。文以與夫教化。武以興夫功勛。故於致祭之必用犧牲玉泉。以昭其敬。四海之內。皆遵循而相率焉。本州涖任期年祇承祭獻。文廟尚有三牲之設。武廟別無太牢之供。殊爲闕典。何足以荅神庥而彰盛祀。竊黔省上下兩游。自苗教各匪倡亂以來。禮皆廢弛。各屬地本豐腴易於復興。惟開州僻處山陬難期備就。以致多未籌及。實於大祀。則有歉然焉。查有讓、弟、廉、劉司等里。曾經呈請印簿。將所存義倉穀石。查照向章。春借秋收。議取息穀。每石收息二斗。以一斗作爲州署公用。前任均經照辦。本州自媿才疎。無力捐辦。告厥成功。豈能不以地方現有之成規。復興我朝之盛典。茲共獲穀六十三石。悉數變價。計銀四十兩零九錢。均經交與本城汛卽補守備劉長壽。紳士記名簡放鎮佘土舉。尋商生息。每歲春秋祭祀。卽作爲辦理武廟太牢。及一切祭品之需。庶於馨香之薦。聊敬區忱。還冀諸君子執力勗勸。其有未辦之件。亦將次第卽可興舉矣。豈不善歟。是以誌之。用附諸石爲記。大淸光緒九年歲次癸未季春月吉日。

城隍廟　在中央街。崇禎三年建。苗叛被毀。康熙三年。知州徐昌修正殿三間。後殿三間。左右廂房各一間。門三楹。費一千二百兩。後知州張效栻、王炳文更修。咸同之亂。毀於兵燹。僧海澄等所建之牛馬王廟亦毀。光緒初年。知州龍聲洋重建。現存劇台一座。正殿三間。後殿三間。左右廂房各二間。而正殿冥罰尤嚴匾額。字徑四五尺。結構之佳。尤爲遠近罕觀。即龍聲洋手筆也。現尚完好。其舊志謂大理寺評事符渭渼碑文。已不可考矣。

先農壇 先農壇。在東門外龍會寺前。雍正五年。知州馮詠捐造正廟三間。東神倉一間。西洗牲所一間。知州馬天驤、屈曾發培修。後漸圮壞。咸同之亂毀於火。光緒二十年。知州陳維彥重建殿屋三間。內設先農后稷木位爲每年舉行耕耤儀注之所。屋宇現存。厲壇故址在北門外。已無考。乾隆州志云。東曰先農壇。北曰山川壇。曰厲壇。

龍王廟 在北門葡萄溪上。有屋宇三間。光緒十八年。知州李上珍建。

火神廟 在統一街。光緒二十年。知州陳惟彥建立。有屋宇五間。祀祝融。

新建開州火神廟碑銘 誥授中憲大夫在任候補知府開州知州前大理寺丞加三級陳惟彥撰 記曰。治人之道。莫急於禮。禮有五經。莫重於祭。蓋從來祭之爲先如此。聖朝受命二百餘年。制禮作樂之事。最嚴大備。所以懷柔百靈。綏承祉福。孚洽神人者。規於古先聖王之意。而斟酌之。而損益之。非族者不在祀典。謀始之慎。亦猶行古之道也。其有功烈於民者。隆殺等差之辨。靡有遺棄。著於令甲。纂爲典要。俾天下知重民事神之義。無敢不敬。朝廷體制。蓋有本焉。至如忠孝節烈之事。匹夫匹婦之誠。亦在朝廷褒崇之列。往祠宇相循。布滿天下。春秋匪懈。典在祀官。其餘順陰陽通鬼神者。至矣、盡矣。顧惟五行之神。祀之而未定也。昔者周公制禮。有明祀矣。孔子及柳下惠皆常論之。又信而有徵矣。豈亦非族之不在祀典哉。夫五行之繫乎天人。非細故也。古之聖人詳焉。以重其義。其於國家重民祀神之意。下及匹夫匹婦之得列祀官者。何如也。自王肅於五祀。謂無天帝。意在與註禮之鄭氏爲難。其蔽也。并人帝、人官之祀。不復明於天下。其後蔑古者。多附肅論。竟無申其義。以爲治世議禮之助者。意者。天人顯晦之間。亦有時數耶。夫五行之與天地相終始也。周公孔子之爲百世帝王所取法也。德亦有所不伸。言亦有所不著。即幸際聖朝之禮明樂備。而猶不得豁然大光明之。此其祀可終於不明哉。竊查典禮夜明之祀。則配五星。歷代帝王。首先炎皞。人官之五。散見於社禝先嗇。而於台一專祟之祀。及頒之天下。正其本義者。未若他祀詳也。且既別立火神廟。而直省荐饗之儀。仍缺弗着。水火於民事尤切。而顧不備者。知爲議禮之漏。無以助益盛明。必非聖人進退百神之本意。謂僅如是已也。蓋五祀大典。準之古者。制祭祀等威之辨。惟聖人爲能饗帝。天下郡縣。從月令百縣雩祀之文。按禮爲祭。義有當焉。自京師外祀火者。固以奉祝融氏爲宜。今天下援祀火神之典。而立廟者。罔或有間。意其本於協民情。而和神人。雖猶私祭。而既有以開其先者。即不得謂私矣。歲甲午。余來知開州事。地故僻處。民生皆瘠貧。守土者相率視如傳舍。地方祀事。文獻因陋就簡。率皆弗究。而於火神之　。他郡縣所視爲切切者猶缺如。節孝之祠。至以之從孔子廟中。以與鄉賢共室而祭。於義安乎。余既視事後。惆焉惕焉。皇皇焉。而慨曰守土責也。謀舉廢墜而更張之。而集資苦弗易。以地多陰沴。而災潦疫厲之無所禱也。亦援祀火之義。立廟棲神。以扶陽氣。妥靈佑。若節孝祠。必出於孔廟外。以嚴有辨。而別立祠。爲人心觀感者。將以次舉。他如有所待爲。及爲之而有未竟。則將俟之異日。或後賢之來此同余志者。求其不至因陋就簡如前日焉。固地方之事之所宜耳。余既慨於此州祀火之廢。并慨然于五行之祀之不明也。一於今之立廟而詳說之。知我罪我。其是也夫。廟經始於歲之七月。越五月而落成。紀其緣由。永諸樂石。系以銘曰。祝融司方發其英。沐日浴月百寶生。禹玉牒辭奉神靈。享祀妥佑嘉會亨。官兼火土食相乘。毓毓德兮嶽嶽精。芳風晻藹升飶馨。我父我子望旄旌。小大稽手神式憑。神光見兮滿戶庭。日暘日雨福我氓。福我氓兮曩與仍。大清光緒二十年季冬月中浣穀旦立。

三忠祠　在城隍巷。大殿五間。對廳三間。左右廂各三間。光緒六年。知州粱宗輝建。祀殉難之黃、石、戴三公者。黃公嘉儁。浙江鄞縣貢生。崇禎十六年。流寇入黔。仲苗作亂。城陷。闔家殉難。石公寅谷。字虎臣。雲南進士。咸同之亂。甕安危急。帶團攻玉華山。咸豐九年正月。在甕屬高視十二拐陣亡。戴公鹿芝。字商山。浙江淳安進士。同治二年。何得勝陷開州殉節。吏目聶禁。及咸同死難團練等。亦附祀於內。清末改爲初等小學。民國後爲女學校。

三忠祠記　州城舊有黃公祠。公於明崇禎末殉仲苗難。祀之。已多歷年所。國朝咸同間。昆明石公。蘭谿戴公。先後來牧。其時何陳二逆倡亂、往來州境無慮日。二公一以剿賊陣亡、一以城陷身殉。其事功之著。死事之烈。州民至今思之不少衰。光緒戊寅、梁華堂刺史至、從州人請、因黃公祠燬于兵。構室三楹、合二公并祀之。顏曰三忠祠、誠盛舉也。顧規模粗具、旋以卓荐去、歲甲戌。鄉湘劉燦文直刺權篆、會司道憲勾稽州屬昔年陣亡團練卹賞。得金一百數十兩。檄行下縣。置產作祠中費、現以祠工多未竣。飭紳查造歷年殉難紳團士女姓名。起咸豐戊午。迄同治辛未。計九千數十名口。上之。冀得多金。將大新祠宇。格於例。事寢。乙酉夏、予蒞此邦。朔望展拜祠下。睹風雨數椽、漸就傾圮。不勝今昔之感、歸檢殉難檔册姓名。盈數寸許、赤子何辜。靡有孑遺、更慨然久之。亟思拓祠宇。進諸人。并列名其間。苦貲無所出、越明年。因捌修書院。樽節餘資。闢祠前隙地爲屋五。一廊、一堂階。廚室器具俱備、分置三龕。祀殉難男女。左右并列。修葺正宇。甃石疊瓦。丹堊一新、神牌不如式者改題之。男女宜異席者別祀之。一切歲修祭費。義學修脯。廟祝工食。悉爲釐定。凡八越月工成。諸事一均就緒、復念三公之忠、已邀天鑒、贈官蔭子。事宣史館、而殉難諸人。例得旌表、難任澌滅。牒大府聞于朝、仰邀天語表彰。榮光泉壤。亦以明死生之大。匹夫而有重於社稷也。夫諸人當日。本可以死。可以不死。徒以涵濡累朝教澤。并三公之功德。及民甚深。其亮節孤忠。又足以激發愚夫愚婦。砥節礪名。親上死長之忱。用是生長井里。無官守職司之責。而激昂大義。甘蹈而不辭。生時各效其同仇敵愾之力。死後忠魂毅魄。幸得與三公俎豆其間。視鄉閭賣粱文繡之子。老死牖下。死而湮沒不足道者。奚啻霄壤。予于三公。忝屬後進。於殉難諸人。尤有父母斯民之義。則今日丹楹刻桷。陳酒醴。奏笙簧。必敬必備。不得非鬼而祭也。敢弁髦視諸。惜予庸劣不職。不克光祀事而和神人。匡其不逮。俾臻善美。深有賴于後之君子。附三公考。

黄公諱嘉儁。遺其字。浙江鄞縣人。明崇禎三年。由進士領州牧。多惠政。十六年。流寇入黔境。仲苗乘亂圍州城。公守禦凡四月。力窮城陷。與吏目聶禁同以身殉。闔署卅十六人。無一生者。士民哀之。葬城內北極觀後。

石公諱虎臣。字寅谷。先世浙江。宦雲南。遂寄籍爲昆明人。道光己酉領鄉薦。咸豐壬子成進士。改官黔中。初權州篆。既除真。旋升直刺。公在官凡五年。賊徧鄰邑。民賴以安。嘗越境討賊。餉糈不繼。典衣繼之。櫛沐久。皮膚時有脫落。公不自知也。省門特爲東北長城。賊酋何二凤悍。久據甕安屬之玉華山爲巢穴。公奉檄往剿。駐軍高視。屢戰皆捷。會大霧。援賊麕集。軍潰。公力戰死。時咸豐九年正月十三日之事也。後親卒求公遺蛻於積屍中得之。其面如生。州民爭迎歸葬黃公坟下。事聞。贈按察使司銜。戴公諱鹿芝。商山其字也。浙江蘭谿副貢生。後由進士官知縣。所至皆有聲。咸豐壬子知州事善政尤多。有戴青天之稱。以量移去。司兵枋屬功。晉三品銜候補道。尋署安順府知府。會石公陣歿。賊圍州城。急檄公率師來援。敗賊牛角坡。進至江外。斬首千餘級。民遮道留復攝州篆。明年賊再至。時值春耕。公恐荒農事。單騎入賊壘。曉以禍福。賊感公誠。留數日。欽禮送還。不敢犯州境者凡四載。公再至開。恩信大著。民恃無恐。守禦漸弛。同治癸亥九月初六日。賊僞帥奕至。以厚賂啖匪人某。潛啓門進。公聞變。冠戴坐皇堂。大呼曰。賊幸殺我。毋傷我百姓。罵不絕口。遂遇害。配姚氏殉。後賊酋至。縛害公者。斬以祭。斂殯公夫婦如禮。復爲治喪。眷屬悉遣出。賊退。州民築壙。依石公墓。合葬公夫婦。詔贈太常寺卿。光緒十三年歲次丁亥仲秋月下浣之五日，知州事古零陵胡壁桐琴氏撰并書。

三忠祠碑記　予既作記，並詳考三公事實，暨附祀殉難諸人顛末，鐫版懸祠壁矣，前後所置田祖息銀，並一切章程，不勒諸石，懼不足垂久遠。因條列於左。

一、清里中戶鹽井田一型共十二坵。上抵朱姓田，下抵盧姓田，左抵黄姓田，右抵朱姓田，屯糧六斗五升，每年佃白米一石二斗。

一、劉前任青照，奉善後局扎，發團練印銀，置買段香泉東門外跳墩田一型，上抵劉姓田，下抵河溝，左抵奎閣，右抵佘姓田，又對門山接連大田二坵，上抵譚姓田，下抵王姓田，左抵譚姓田，右抵路坎。共民糧二畝六分八釐二毫，價銀一百一十兩，每年佃淨穀九石，外發交佘士舉、殷鳳池、領借銀三十兩，每年一分六釐行息，計息銀四兩八錢，按春秋二祭繳署，作三公祭費。佘士舉捐讓里蔣家寨田一型，載民糧六分七釐每年佃白米三斗，周應斌繳出前買朱姓絕業市銀四十兩，范至誠領借，每年二分行息，計銀八兩，按清明中元兩節繳署，轉發紳首，從俗延僧超薦，鍾爍祿繳出前買朱姓絕業錢五千文，范至誠領借，每月認息錢一百文。按月給看司作殉難總祠香燈紙燭之費。

一、發貲城內絕基市銀四十兩，范至誠領借。每年一分六釐行息，計息銀六兩四錢八分。臘正兩月繳署。作祠中歲修。並殉難總祠春秋祭費。

以上契據、佃約、借券。均存房備案。租穀米除完糧外，悉給看司作工食。及三公祠香燈紙燭墳前點燈等費。

一、祠內新設義學一所，館師由紳首公舉，請官選定。飭下關聘，每年束脩銀二十四兩，除由本城□絕基租銀提出十八兩，官另捐廉銀六兩湊足。按三節統由紳首領出致送。另冊并章程存案。祠中除設義學外，祗文武官新舊交卸時。暫作公館。不得久假。外人概不准租借。凡所置木器，均烙有火印。責成看司經管，具領存案。如有損失。責令賠還。

光緒十三年歲次丁亥孟冬月中浣知州事胡璧刊立。

奎星閣　在東門外雲峯山左。府志云。道光七年，知州譚煒建。僅二級。咸同之亂未毀。光緒二十二年，知州陳維彥重修，改爲六方三層，閣前有屋三間。現改作農圃辦公處，

重修開州奎閣碑記　日月星辰。天之文也。山川草木。地之文也。人紀人綱。六藝之道。人之文也。古者聖人。觀天文以察時變。觀人文以化成天下。文之時義大矣。而說者曰。天道遠。人道邇。然歟不歟黄農以前。載籍堙化。不可考。自堯以來。稱煥乎有文。至周稱郁郁乎有文者不誣。豈非天之垂象。河洛之出圖畫。有以積爲聖人之則象者耶。不然何其盛也。賁之象曰。剛柔交錯。天文也。意陰之與陽。日之與月。錯然而成章者。近退若乃星辰之數。則天官家言。有主名。有相事。若所主鑿鑿者然。意即聖人觀察之所繇繫者乎。其亦誣乎不乎。非斗魁枕參。首魁戴筐。六星曰上將。曰次將。曰貴相。曰司命。曰司中。曰司祿。而皆曰文昌宫。其於稱也。奚取焉。若奎與參。並西宫。宿近北斗。馬書班志。皆云奎封豨爲溝瀆。又主毒螫殺萬物者。星經則言爲府庫。爲大將。而或者曰奎主文昌。夫文昌宜在斗魁。中魁非即文昌宫也。文昌又非宿也。於古昌訓明。豈皆以文明之義名之耶。於是天下之祠文昌。祀魁與祠奎者衆矣。然其實主武爲最。豈即所謂剛柔交錯爲文者乎。不可深究。嗚呼。惡在天道之不遠也。雖然。客星之犯。德星之聚。嘗有明驗矣。且宋景公有德言三。而熒惑退。感動不爽如此、惡在其必違也∴然則祠文昌及魁與奎者、無亦天人交感之義所不廢乎。今文昌者。皇皇祀典矣。魁亦祀在天下。而郡邑之尙文風。作星家言者。於是尤重奎閣。抑聞之。宋徽宗時。道士奏靑詞云、值奎宿奏事帝前。奎宿者。蘇軾也。於是文人藉響傳焉。此其不經於古而尤。大盛於今者歟。昔在聖人之抱天文觀焉、而辨察焉。而修象焉。而斷則焉。而成其本末表裏焉。可見後世之下感而上應者。葢亦有之。春秋遇變而熒。君子謂之不知道。漢武之祠靈星徼福。諸葛之禮斗延壽。非正也。今之尤加意於奎者。如何哉。舉其事者。文人學士倡焉、予何必謂其不然。夫今之文、非古之所謂文矣。而今之祠文星者。特重于古。意亦煥乎郁乎之機、將有復明者乎、歟牂歲歲陰在午、予領開州牧事。開州瘠地也。又遭兵火旣久。祀典多不修。於是視其不修。與雖修而苟簡無當者。籌資規度、悉如其禮。而州人士因思葺其奎閣以爲請。越明年。修楊公橋。法古徒杠輿梁之義、濟病涉者。去橋未遠、奎閣在焉。葢危乎其將圮也、乃遂折而爲之、且落成矣、大風猝倒。而又爲之。戛戛乎難哉、如是其不能已。著州之文學。蒸然勃然。喜而相與以有成也。予于州人士、葢嘗告以大者遠者。於是嚮學君子。不以予言河漢。蓋視往者之聑爲有間矣。建閣之祠奎也。所由來者非一日。昔蔡文端之先人。爭於祠官。欲正文昌之祀。幾行而仍其舊。蓋入人者深也。鼓舞風俗。刺史之職。今州人士。求新其閣也。蓋亦仍天下舊。刺史任責焉耳。奚硜硜然執古爲言哉。雖然不可以不告也。古之人。因天而盡人。因人以合天。遂因人而教人。傳之以其實者。不祗禱視而覬覦者。非古聖人意也。且貧賤也而富貴之。短折也而壽考之。其不知命。而震而徼鬼神之權者。難與明矣。甯有過魯而智琴之者乎。雖然天啓其心。不能保無藉口。然何如盡人者之不眩也。夫椎輪大輅之始也。祠奎者。其因此蒸然勃然者。而蔚然決其煥乎郁乎之機。人文於是乎存焉。則祀奎亦椎輪之大輅。蓋猶行惡之道也。若曰仍天下之舊者。仍天下之情。嗚呼。是誣之誣者。則否不敢知也。在任候補知府開州知州大理寺丞陳惟彥撰。都司陳冠英捐銀一兩。武舉蕭逢春、陳玉安各捐銀一兩正。袁澤捐銀十二兩。陶秀書捐銀十五兩。陳德堃、劉文元、石生云、梁孝禮、裴森以上五人。各捐銀八兩正。董事范至誠、向錫齡、王國香、陶炳香。大清光緒二十二年歲次丙申仲春月穀旦。

節孝祠　在東街、原與鄉賢祠同附於文廟內。光緒二十年。知州陳惟彥另建。計上下廳各五間。左右有廂。中置邑節婦貞女栗主。祠之產業。則貞女汪二鳳捐置。

第十一節　寺觀

開陽寺觀。據前佛教會統計約二百八十餘。（據二十八年元月編整保甲統計、共二百一十六戶、由於有產無廟、及隨時改爲學校公所者、即不在編查之列、）其中以長慶寺、玉皇觀爲最大。茲錯綜述其可紀者如左。

北極觀　在城北金袍山上。下臨葡萄。右擁黃山。城郊景物。一覽無餘。明崇禎三年。河防道沈翹楚、知州黃嘉儁建。祀祖師。故又曰祖師觀。後僧首海澄重修。咸同之亂毀於兵燹。僅存第二進之祖師殿。第四進之玉皇殿。同治十二年。知州龍聲洋修復。現存前殿三間。兩廂各三間。祖師殿三間。觀音殿（光緒七年修）、三間。直廳三間。玉皇殿三間。前有字塔七級。高聳雲霄。殿上鐘爲康熙四十二年五月鑄。上有開州正堂加一級紀錄六次宗讓。貴陽城守營駐防開州李友陞。開州儒學正堂劉兆興等銜名。有聯一、字體之妙。直超道州而上。文曰。有志者事竟成。想當年鍊棒磨針。那般辛苦。昧心人神必殛。看此日金刀炫甲。何等威靈。款爲知州龍聲洋題欵。

黑神廟　在金袍山。乾隆州志云。黑神廟正殿五間。僧海澄修建。前殿三間。左右廂房各二間。其徒湛漢修建、咸同之亂被毀。承平後僅修復上殿五間。下殿兩廂。徒存其石門基址而已。清風明月之夜。觀月輪出於林梢。俗塵爲之一洗。

萬壽宫　在城内復興街。乾隆二十二年撫州客民楊公友捐修。咸同亂後重建。

客籍會館　在城内統一街。原爲老川會館。民國八年增修。改今名。上有正殿六間。下有劇台。有洋樓。旁有長廂五楹。爲集會觀劇之用。

四川會館　在統一街。正殿五間。前有劇台。左右有廂。光緒初年。川籍人來開者日多。新建此爲集會遊宴之所。

天主堂　在中央街。光緒初年修建。前爲五楹。臨街而建。右爲禮拜堂。爲學校。左爲花園。爲神甫住室。禮拜堂内聯語。多詠同治初年夾山朧教案事。

長慶寺　在翁朵聯保。相傳明末州官周師皋建。師皋蜀產。卸任後。夫婦卜居此地。死後以其住宅爲廟宇。遺產爲廟業。每年分穀千担。爲開邑大禪林之一。寺在官莊大林中。青翠蔽日。風景極佳。原廟毀於火。光緒中重建。上下殿各七間。左右兩廂各三間。師臯來開邑。或係吳三桂時。

忠義祠　在佘家營。中奉石戴二公。及咸同死難紳團。同治末年建。

玉皇閣　在頂方。清嘉慶間建。髮亂時毀於兵。惟餘閣三間。光緒十四年培修。知州胡璧所撰碑文。多被後之侵占廟業者剷去。

寶堂寺　在蔣家寨。建於一圓山頂叢林中。老樹參天。風景極美。前曾設初級小學於寺內。

玉皇觀　在五區南敦聯保南山鄉。南山鄉即上洋水。上洋水在開州設治以前。屬貴州宣慰使司隴莫宅溪管轄。有清一代。均屬清里。該觀相傳爲三廟合成。一大水塘玉皇觀。一青藥沖青藥寺。一桐子園朝陽寺。据老僧相傳。該觀現址。原係濫蕭塘。苗民聚居之。僧某通堪輿。欲得其地以立寺。慮苗民之不可也。知苗民素信鬼神。陰移神像於今址。而揚言某日神飛去。久之。於其地得神像。於是好語苗民曰。神欲居之奈何。苗民遂遷今之桐子園。今桐子園有苗民十餘家。即其後裔。證以舊志大水塘神像。陰雨飛降於此。乃造觀祀焉之語。及該觀現存有明朝陽寺古鐘。暨觀內有丹十餘口。當可信。該觀原名金華山。爲縣北一大叢林。分三進。各十餘楹。皆有廂。山門居中。僧甚衆。分兩房。所畜之犬亦數十。一僧人專領之。產業極廣。率爲歷代僧徒努力蓄積所置。以乾隆時。該觀大鐘所載田型觀之。範圍之廣。亦當可信。今之宇。据正殿大樑。爲咸豐十一年建。僅十一楹者二進。左右兩廂各三楹。內分玉皇殿、佛殿、關帝廟、觀音殿等部分。在民國初年。夏歷正月初九。遠近來觀燃燭者猶二千餘堂。每堂四十九支、有不遠川東而來者。若自安順、清鎮、龍里、貴定、平越、遵義、等處來者無論矣。於時田谷尚倍今茲。今僅千餘挑。二分之約五百挑。歲解財政局淨穀五十石又他費數十元。僅僧數人。而玉皇誕日。燃燭不過三百堂左右。亦可觀迷信逐漸減少矣

軒轅寺　在上洋水。爲玉皇觀脚廟。

觀音寺　在中洋水。

黑神廟　在中洋水。

金粟庵　在下洋水。正殿五間。兩廂各二間。殿後有明洪武時乖西正司楊文真墓。

迴龍寺　在中洋水之大水濟。

鹿池寺　在上洋水。

萬壽寺　爲楊司行香之所。在五區劉衙老董場。寺存。有僧。

慶壽寺　爲劉司行香之所。距劉衙寨約三里。俗稱下寺。除寺後觀音殿矮屋三楹外。皆咸同亂定後重建。有碑記。計五間五進。左右各有廂。民國二十八年。遷劉衙小學於此。

附照抄碑序

序曰。蓋聞三皇治世。五帝以下。從古至今。國朝有太廟。諸侯大夫宗廟。士庶人亦有宗祠佛堂。永饗祀典。我劉氏先祖諱海公。原籍江西吉安府盧陵縣大水塘高坎子劉家村。自洪武初年。南征黔地。於國有功。隨封中山侯之職。我先祖不願官高職大。只想子孫永襲不替。與國同休。傳至十一世祖國柱。於天啓元年承襲。至崇禎末年。聖朝太祖開闢。柱祖率土投誠。蒙佛祖庇佑。官還原職。永襲勿替。所以先有衙門。後設佛堂。於康熙初年建設重修慶壽禪林佛堂。永繼祀典。聖朝以來。風調雨順。四海揚清。待至咸豐年間。何逆苗匪倡亂。至九年歲己未。逆賊竄入州境。於次年庚申。大兵趙德昌剿賊。驅賊過河。在平甕雨邑之地上太平玉華山。與扎營寨。又同治二年歲癸亥。賊復入州郡。九月初六日夜。將城打破。衆民逃散。賊扎白巖營。次年甲子。提督單門趙輝堂。率大兵恢復開州。在本寺興設糧台。於七月十八日夜破白巖營。賊偷刧糧台。將本寺佛殿概行燒燬。只有觀音堂、文昌閣三間。片板不全。連年兵發。四圍人衆。住扎本寺。於丁卯年概行逃散。並無人烟。承領首劉尙卿稟視諸佛護佑。如劉氏宗族不滅。得歸故郡。再來捐資重修。果蒙佛祖庇佑。於同治戊辰。大兵統領安果二軍唐劉。恢復全黔。將賊平服。衆民沾恩得回原境。本寺中原僧人只存三單。一切常熱、香燈、碑記、文約並無。於同治十一年。州主龍聲洋發給執照管業。田土漸漸開闢豐熟。於光緒十年歲甲申正月十八日。創修大殿。氏族中樂從捐資。及客邊各姓募化善緣。湊積建修。本寺中常熟漸豐。特將殿宇佛像金身功完。勒石垂碑。將本寺田業地土註明。永遠爲記。　正長官司楊永清承領首劉尙卿光緒十七年歲辛卯仲夏月日建立

關帝廟　在扛寨場。屬二區二聯保。

興佛寺　在二區二聯保奇申馬頭寨。寺宇計正殿三楹。左右廂各二間。爲光緒二十九年癸卯歲羅汝昌等重建。林木陰翳。有似洋水玉皇觀。原日寺宇。燬於咸同之際。基址猶多殘存者。父老相傳。謂盛時有僧百餘。

似非虛語。據寺後觀音堂故址中道光二十九年歲次己酉季冬月僧樟楦等重建碑記。知斯廟之設。肇自朱明萬歷年間。並謂歷次修葺。均有碑記可考。尋其寺中。更無他碑。有之則道光三十年所立糧碑也。規定孝、信、禮三里完糧辦法。并以此地離城甚遠。設櫃征收。以免人民跋涉。則與寺無關者。該寺山林題曰。大興慈林。山門外有土地石廟。爲道光十八年重建。上刻鑪眲坐三字。

茲節錄道光碑記序文如左。

粵稽漢明。尊崇釋教。始立寺觀於中朝。歷代崇祀。普天之下皆然。故斯廟之設。肇自大明萬歷年間。乃一茅庵耳。迨至蝸鑄二大師祖。方建竪上下殿宇。左右兩廊。廣置田產。至洪鈞二祖師糕及彌權等。俱有修置補葺。垂有碑記可考。至道光時。僧楦以殿宇年久將朽。革故鼎新重建上下兩廊。於後另修觀音祖師正殿。所費約千百餘金。（下略、碑末及碑陰爲田畝數目、孝信禮三里、均有產業云、）

青山寺　在二區三聯保之狗場壩。距場約半里。民國二十四年建。遙望之。碧色山中一蘭若。可喜也。

山峯寺　距二區三聯保狗場壩可二里。係古廟。

茅蓋寺　在二區三聯保。距狗場壩五里。去新寨爲近。据私家譜牒。其寺當始於明朝。

老萬壽宮　在五區兩流泉街後。碑記無存。有惡其害己者毀之也。故該廟殘碣字畫猶完好。特讀之不能成句讀耳。該廟建於康熙七年。有開山住持楚僧大圓刻置牆上之磚可據。升高而望。猶能辨認焉。咸同之亂。寺宇未毀。第二進。光緒初年將圮。因折去。今存者正殿共六間。及戲樓一所。樓上出風入雅四字額。爲秀士饒某所書。饒兩流泉人。相傳彼時學政。有字蓋八屬之批語。今雙流鎮附近。饒氏所書之墓碣。尚存數處。學政之褒。信有徵矣。

文昌閣　在五區雙流鎮。道光中鍾汝紳倡建。基高六七尺。後毀。民國四年。鍾鴻賓等重建。今存。

廖家庵　在五區雙流鎮街後。爲康熙年間廖顯才建。顯才法名滄海。遇同伯道。志托空門。乃建斯廟。

寶王廟　在白馬洞場後。乾隆時建。道光二十八年。八大墊廠主。承首重修。牆上碑載用銀一千五百餘兩。錢七百餘串。石工五千七百餘。木工二千三百餘。彫工一千六百餘。小工三千餘。食米八十餘石。咸豐七年落成。可覘當時富力也。乾隆四十七年碑。有總理廟務署貴州貴陽府修文縣正堂張圯捐資陸拾陸兩。又修文縣督捕廳高鑑捐資十兩。其時鎮稅蓋由修文縣征解故也。咸同之變。廟毀。僅存戲台。民國初年重建正殿五間。

觀音寺　在白馬洞。建於康熙初年。規模宏大。咸同時毀。亂平後。重修長三間二進。

玄天宫　在白馬洞西南四里許之下寨。其修建時間。較附近各廟爲早。殿宇猶存。

萬壽宫　在白馬洞。光緒初。知州龍聲洋重建。龍時正開採汞鑛也。

青龍寺　在新寨。長五間四合口。光緒年間建。

太平寺　在同知衙。正殿五間。左右兩廂各三間。

觀音閣　在五區瓦罐窰。康熙年間建。木材皆馬桑樹。此木今已無。以此可以鑑别屋宇之年代。

觀音寺　在下秦九。

三教寺　在白馬洞上寨。咸同年間修建。亂時未毁。可謂魯殿靈光矣。

圓興寺　在底窩壩楊汪寨。據光緒丙戌重修木刻序文。元朝刱修。殿宇輝皇上。咸豐庚申辛酉。賊匪猖獗。化爲灰燼。據乾隆三十六年僧智洪重修時。七十八歲老人周維翰德輔氏所撰碑文。有不知剏自何年。嗣於康熙三十年。元善和尚見廟宇寥落。始於康熙三十四年改建增修。又據該寺嘉慶十一年十月十日所鑄之鐘。有崇禎九年。總府許公施田三畝等語。現寺內觀音像。相傳即許所塑。

馬頭寺　在底窩壩馬頭寨。

朝陽寺　在底窩壩平寨。濱南貢河。石工精緻。

安官寺　在底窩壩安官寨。

川主廟　在羊場。原爲關帝廟。民國二十五年改建。更名客籍會館。

蓮花寺　在宅吉。有殿宇三進。康熙時建。知州徐昌有序文。歷經變亂。觀音閣巋然獨存。詳載藝文。

永興寺　在毛坪。明季建。毀於咸同之亂。光緒十八年重修。廟貌雄偉。相傳建廟時。有堪輿者。謂此處地形爲一撲地虎。須植樹林。始免虎患。所植爲柏樹。每家各植一株。共三百餘株。今存者只一百一十八株。老樹參天。枝葉暢茂。而現存居民僅二十餘戶。兵燹摧殘。興復不易。可勝浩嘆。又謂明建文帝曾過此廟留宿一宵。故名永興寺。碑碣毀損。

無從考證矣。

孔雀寺　距馬場三里。原廟毀於咸同之亂。今之殿宇。乃光緒丁亥重修。

雲台寺　在馬場。明萬曆間建。內有古坟二所。修篁千竿。綠蔭蔽日。鳥以鷂、鶴、蓑衣鶴、白鶴、爲最多。日暮投林。動以千計。

官莊寺　距宅吉五里。原廟毀於火。光緒二十九年重建。常熟二百餘挑。廟貌雄麗。周圍皆森林環繞。遊憩其中。塵念頓釋。

三教寺　又名水口寺。在毛栗鋪雞場。供奉儒釋道三教。原廟已毀。現在殿宇。係光緒年間重修。設有短期小學一所在內。

飛鳳寺　在司毛坪。距馬江山十五里。光緒間知州胡璧重建。設義學一所於內。曰飛鳳義學。

伏龍寺　在四區隆安聯保。龍蟠虎踞。頗擅形勝。有大佛三尊。高一丈餘。殿宇皆馬桑樹。爲萬曆時安宣慰暨蔡邱宋三姓修建。鐘亦爲萬曆時所鑄。有明貴州宣慰使安阿箇木刻坐像。乃開陽有歷史價值之彫刻物也。

海印寺　在四區米坪鎮。現米坪小學設於寺中。

玉皇閣　在四區高樓蘇家田壩。

法靈寺　在新寨土丘上林中。距翁昭二十里。爲附近古廟。

貴州印刷所承印

觀音寺　在毋溪。距翁昭十五里。地居山腰。林木蓊翳。風景頗佳。

鳳凰寺　在翁昭。距場二里。現設短期小學於內。

祖勛寺　在毛栗莊。有大理石屏。花草人物。儼然如畫。現尚存二幀

泉龍庵　在毛栗莊胡家寨。庵門有碗架巖。

第十二節　名勝古蹟

凡境內勝蹟。名坟碑刻。堡砦。及金石印信等。述之如左。

中山公園　在城北。山勢陡絕。林木蓊蔚。逾葡萄溪達山麓。左有碑亭。翼然峙立。入轅坊。即公園門也。拾級而登。可百數十步。蜿蜒于樹陰中。至山腰。有坦場。踞石凳憩息。可領林泉之勝。再上爲黑神廟。爲北極觀。明知州黃嘉蔭所建。清同治知州龍聲洋補修。殿上有鐘。古色斑斕。爲康熙時鑄。兩楹有長聯字。爲平原體。龍蛇起舞。直駕何子貞而上。憑高遠眺。城內街市。瓦屋鱗比。郊外田隴。阡陌相連。光緒初年。知州胡桐琴題曰開陽第一山。循左路下山。道旁有亭。可少憩。過葡萄溪。下流則北門也。

龍會寺　在東郊雲鳳山上。叢木密茂之中。微露殿閣鰲極。情景之佳。直可入畫。上殿五楹。塑釋迦牟尼佛。匾曰衆妙之門。左右十八羅漢。題

署爲同登極樂。爲家在蓬萊。隨喜一周。神志爲之一變。下殿三楹。供觀音像。藝術秀美。兩廂客廳。爲遊人憩息宴飲之所。院中紫荊、紫薇、金桂、籐蘿。皆爲塵市罕見。廟宇係光緒十二年知州胡璧重建。殿前一鐘、字蹟剝蝕。微露貴州前衛引進舍人字樣。雖年號磨滅。實爲明季以前所鑄無疑。雲鳳山實雲峯之訛。昔水西苗據此。苗民於峯側集場爲開科龍場。後場廢。遂建龍會寺。通志載龍會黃鄽。州治四景之一。先農壇則在寺前。係清時舉行耕獵祀禮之地。

奎閣　在龍會寺左。閣六方。高三層。踞於小阜之上。喬木環繞。翠靄可觀。農圃植物。劃畦育茂。道路寬闊。氣象嚴整。遙眺城市。一覽無餘。風景之美。無復加矣。南門河與北門河匯流其麓。郊遊者以登臨一週爲快。

毓秀橋　在奎閣之左。跨于西門河上。橋洞三孔。規模宏大。係民國十六年新建。惟作之不終。頗爲名勝之累。楊公橋在其上游數丈之地。故橋已無。橋上船廳亦毀。僅右岸橋頭。遺痕猶存。

黃公坟　在城西北。爲明知州黃嘉雋墓。乾隆州志云。崇禎十六年。流寇入黔。州屬苗仲作亂。城陷遇害。士民哭祭三日。藁葬北極觀後。雍正

貴州印刷所承印

五年。知州馮詠表其墓。日久毀塌。後知州柳霈修築。議置春秋祭田未果。又知州劉標砌石成墓。立碑敘其事於墓前。乾隆三十四年。知州趙由坤。修築城垣。因其墓與城甚近。捐資繞砌。離墓三十丈。天末孤忠。遺骸斯在。荒煙墓草。拜掃寥寥。享血食以慰幽魂。不無望于開土之賢司牧矣。現在墓爲石砌。碑上橫題曰黃公墓碑。每年春秋祭享。地方人稱曰祭弔黃坟。

墓碑文曰　考之州志。黃公諱嘉雋。浙江鄞縣人。明崇禎三年。公來牧斯土。築城編甲。謀士通商。諸要務犂然備舉。民苗德之。十六年流寇入黔。仲苗作亂。城陷殉難。闔署三十六口皆遇害。無一生者。士民罷市。哭泣三日。稾葬北極觀後。我朝雍正五年。州牧馮公詠表其墓。日久毀塌。柳公霈重而修之。後劉公標砌石豎碑。略紀顛末。以誌不忘。乾隆三十四年。趙公由坤界其垣。嘉慶二十五年。金公淳權其祭。道光十九年。李公士鈞新其祠。諸先生之爲公謀者。罔非各盡其心。期妥忠靈於地下而已。余自二十五年。承乏于茲。每於春秋祭祀。拜祠展墓。竊見三楹丹堊。壁且有詩。四尺崇封。碑已沒字。姓氏埋藏。殊爲憾事。因沿舊石。重加刮磨。考公實迹以誌之。俾後之君子。採集有資。亦禮失求野之意也。是爲記。時道光二十七年夏四月穀旦。知州事桂隆題并書。

碑陰文曰　竊惟忠臣義士。有褒封之典。士大夫有表彰之文。旌死者於前。所以勵生者於後也。然古今來代遠年湮。文獻無徵。以至沒而無傳者。不乏其人。則夫碧血縱横。有賴於吾人之表而揚之。以著名節而勵風化者。誠非淺鮮。己卯春。余奉命守是邦。考州乘載。前明崇禎十六年。流寇外侵。夷酋内叛。州牧黄公殉節事。肅然起敬。於是訪其塋域。於北山之麓。得野老傳聞。公與夫人暨子二女一。闔門赴難。州人哀之。稾葬北極觀後。述其事者。猶悠悠有餘羨焉。則知公之德惠。入人之深。感人之切。即此已可概見。惟是公以萬里孤忠。取義成仁。當兵燹之餘。州人倥傯。無暇請旌。致未勒諸貞珉。故迄今野蔓荒烟。不封不樹。千載而下。追維往佚。表而出之者難矣。雖然天壤間惟名與文。並垂不朽。公之文章不概見。而當鐵馬金戈。抗衡強賊。穿齦嚼齒。其致身不二之概。口然膾炙人口。凛凛然有生氣。比之張巡許遠。叱多讓焉。嗚呼。公之名節。直可維世道。礪人心。爲千百年風化攸關。後之人。烏可任其湮沒不彰云。爰爲遵例。封並勒石墓門。而紀其事。公諱嘉雋。浙江鄞縣貢生。夫人以下。姓俱失傳云。　皇清乾隆二十五年歲次庚辰四月賜進士出身奉直大夫知開州事劉標頓首撰。修職佐郎儒學訓導張士英書丹。登仕佐郎署州尉莊世鏞立石。

石公墓　在黃坟山山腰。公諱寅谷。字虎臣。雲南昆明人。咸豐九年。甕安危急。公慮甕安一陷。開邑不保。率團練圍攻玉華山。正月十三日。戰死於甕安高視十二拐地方。家屬已移柩至省。將正首丘。州人以公保衛地方。氣節懍然。環請巡撫留葬開州。遂葬於此。墓碑中行。書賜進士出身特授開州正堂石公諱寅谷之忠烈墓。

碑文云　夫以志士捐軀。仁人殉難。自古忠良。發幽光於青史者有之。惟我石公。來守此州。禦寇則勇冠三軍。克敵則身經百戰。值計窮力竭之秋。念念勿喪百姓。當粉骨碎尸之日。聲聲只報君王。如此肫誠。敢不留傳萬古。是以首等。捐募勒石。永垂不朽。聊以激忠貞於後世云爾。大清光緒二年臘月吉日開州首士等公立。

戴公墓　在石公墓下。同治二年。何得勝陷開州。公死節於今縣政府衙理堂。夫人姚氏。亦以身殉。何得勝佩公清廉。甚惜之。殺誰報戴公已去任之晏某。及守城不力之武弁。備棺槨葬公及夫人於此。光緒二年。官紳立碑於墓前。題曰賜進士出身按察使御署開州正堂戴（公諱鹿芝）（夫人姚氏）忠節雙墓。

碑文云　從來精誠可表於天地。志節可昭於日星。凡屬牧民。咸知此意。如公者不多概見。比夫兩次爲我州牧。澤沛羣黎。秉忠一心。而至於殉難。合州士民。誰不慘極。是以州牧朱連陞。局紳佘士舉等。捐募勒石。永垂不朽。亦聊報恩於萬一耳。

聶少牧墓　在黃坟右。爲明開州吏目聶禁墓。禁與知州黃嘉儁同時殉難。州人殮葬於此。墓碑題曰前明殉難開州少牧聶公諱禁之墓。旁書道光十九年清和月立。

周能讓墓　在文廟大成門左。能讓明人。崇禎三年建州時。遷祖塚五。立學宮。崇聖祠有一冢。亦明季周氏祖墓也。

魯郎讀書處　在兩流泉高峯寺故址。魯郎宋末人。避元亂。隱於寺中。讀書自娛。鍾氏譜謂山頂有魯郎讀書處石碣。圖書集成載。魯郎宋末元初人。隱於養牛棬高峯寺。高峯寺又名陰陽山。按養牛棬即兩流泉之訛。後寺圮。移建於兩流泉上街。改名朝陽寺。即今雙流小學也。

漢瓦當硯。徑約四寸餘。厚七分。陽面中心。凸一圓珠。大如雀卵。周圍繞小珠十二顆。有字四。曰長生無極。爲小篆體。陰面劖爲硯。周緣有沿邊。正中微凹。據考據家及金石萃編。以爲漢未央殿瓦當。較瓦身尤爲希重。藏雨流泉寶善堂鍾氏。見卷首

唐揚威將軍墓　在江山桃子台。墓碑題唐勅授揚威將軍始祖楊公立信之墓字樣。其孫楊肇昌封中山侯。征蠻有功。授乖西正長官。乾隆州志云。乖西蠻彝長官司正長官楊錫祚。舊籍江西吉安府廬陵縣人。遠祖楊立信。唐隨征黑羊箐有功。授安撫司。據此。則此墓爲楊司之始祖。開陽古蹟之有載籍可考者。當推此爲最早。立信裔孫楊文楨。洪武四年歸附。授乖西正司職。頒給印信。楊氏族譜。作文禎。墓在金粟庵。碑題明封貴州乖西軍民府兼理軍馬糧餉事楊公文楨之墓字樣。忠火爐有大明進贈兵馬司楊公文佑之墓。文楨弟也。

明萬曆鐘　在五區玉皇觀。除懸柄約高三尺。上鑄萬曆三年九月十八日造。又大明國貴州宣慰使司隴莫宅溪管下上洋水朝陽寺。按今玉皇觀爲昔日桐圍之朝陽寺。大水塘之玉皇觀及青菜冲之青菜寺三廟合成。詳見寺觀類。

教頂山故堡　山一名小轎頂山。以別於餘慶黃平間之大轎頂山而言。在四區。下臨清水河東岸。渡洛旺河東行。即山之西麓也。迤邐繞山行。約十五里。乃至。危峯獨矗。環山皆崖。憑險拒守。仰攻不易。中一平原。四周略高。即咸同間何得勝大本營。何駐之以擾亂開、修、平、甕圖窺貴陽者也。山距縣城六七十里。風清日朗之辰。立孔子廟大成門前。可以遙見。俄而清水河之河罩起。如白雲一縷。自下冉冉而上障之。則不可復觀矣。營門壁壘。依稀猶存。咸同時知州戴鹿芝勸降何得勝於此。邑人鍾昌祚詩。光公墓道哭宿草。教頂山麓勸學人。即指此而言。邑外文風落後、不甚注意讀書、光緒末、昌祚留學日本歸來、任勸學所總董、特往其地、故云、

宋萬化墳　在猴場聯保。由猴場至點寨底窩八寨之一、之道旁。墳爲石墓。碑鐫明故宣慰宋公諱萬化之墓。道光辛丑年仲春月吉日重建。男嗣殿。暨平寨、安官寨、塘上寨、營盤寨、衆裔祀。聯云。喬木發千枝。甯非一本。長江分萬派。總是同源。按萬化即水東宣慰同知。水西安邦彥叛亂。萬化從之。崇禎三年。邦彥敗死。削萬化職。以所轄陳湖十二馬頭置開州。

萬人坟　在三區兩路口涼風凹。咸同之亂。有武官商某及士兵難民叢葬於

此。有二顆。甚高大。豎有碑碣。萬人者謂其藏骨之多也。

太師坟　明季有張李莫三人墓。號太師坟。考張墓在龍坑田壩中。名張登貴。明永甯王之太師。兼貴州巡撫御史都察院。李爲李憲榮。明季。官至餘慶伯。後封川黔都總兵都僉事。（官誥殘碣抄附）莫墓在小河口。相傳爲莫文宗之墓。據中坪關帝廟碑。尤信。碑見藝文內。

李憲榮墓官誥殘碑　奉天承運皇帝詔曰。元戎秉鉞。遏狂寇之六梁。深阻觀兵。奏膚功於三捷。宜頒彤矢。載錫黃麻。爾援剿川黔總兵官都督僉事李憲榮。雷霆精銳。冰雪聰明。將軍覽黃石之符。劍搖邊月。戰士痒青絲之絡。旗掣罡風。允矣萬里長城。奚止一方巨鎮。騰躍鐵歎金之騎。紀煎茅而扼喉。總投石超距之材。蹈中權而拊背。行踏賀蘭山之缺。以膺凌烟閣之圖。茲爾覃恩。晉爾階爲上護軍龍虎將軍。錫之誥命。嗚呼。朕撫大業以痛心。望新軍而額手。祖宗鍾簴。豈惜絲綸。黼黻河山。還期帶礪。尚克懋哉。勿替朕命。制曰。戎旅恢疆。聿藉外攘之力。勤渠聶義。爰徵內助之賢。用賁嘉言。以彰懿德。爾援勦川黔總兵官都督僉事李憲榮妻楊氏。名家閨秀。化國閭儀。潔修蘋藻之誠。孝能盡志。勤勉豹韜之業。敬可齊眉。乃君子以捍檗爲功。而内人以忠義相礪。不加榮錫。曷表徽音。茲用封爾爲夫人。翟茀在王畿愈輝。鸞章於粧閣加重。永曆元年月日皇帝之寶。奉天承運皇帝詔曰。殘上痛二京之淪亡。恨不滅此朝食。稔九廟之腥羶。矢志寧甘褁革。名顯閫外。威著師中。纛茲流氛蹂川。業壯七萃八屯之衞。繼焉藍逆煽黔。復建五侯九伯之威。胡運將終。領四十萬衆直清江漢。周曆重新。將三十六軍果平南北。爾倘薄伐凱歸。朕當於裏飲至。茲覃恩授爾階爲上柱國光祿大夫。錫之誥命。嗚呼。肇敏不窮。錫祉未艾。戎功克成克勉益懋康侯欽哉。制曰。國有良將。猶家有賢妃。倘竭力已著青緗。斯芳名足隆彤管。豈曰蘭心蕙質。允重丹史黃麻。爾楊氏乃李憲榮之妻。玉姿淑聖。天性柔嘉。月饉霜筐。每增劍戟之寒。篝燈降火。偏生旌旗之焰。賢聲允而益崇。徽音引之勿替。茲覃恩封爾爲尙儀一品夫人。錫之誥命。螭頭頻勅。忻逢重潤重光。鳳誥再頒。快覩晉師晉傳。永曆二年月日皇帝之寶。

夏天官坟　在馬江山小寨壩。堪輿家視爲牛眠穴。因而著名鄉里。

周師臯坟　在長慶寺對門新寨。長慶寺緣起人也。相傳師臯大周時爲開州知州。後吳三桂敗。隱居於此。沒後以其田廬爲寺廟。

饒家坟　在雨流泉。石刻之佳。馳譽遐邇。墓聯云。此日欲報劬勞。空懷萱室。當年備嘗艱苦。頗費婆心。字爲歐體。騷人墨客過其地。咸捐摹攜歸。

明僧坟　在馬場雲台禪院。即中莊寺。明萬曆間墓也。

二龍營　佘士舉營也。牆址已無。只存石砲台二個。佘與何得勝戰敗。在此降何。扯雞爲誓。言歸于好。後叛得威。另築三星營。

紥營坡　在猴場。爲參將龔安商鞏淮紥練之所。斷殘牆壘猶在。

塘上營　在猴場西里許。咸同之際。人民駐此避亂。

興隆大營　在毛家院東四五里。何得勝圍攻未陷。

羅德現坟　在壩子新場甲若。羅有大力。能折廟扛鐘。附吳三桂。爵至將軍。三桂平。隱歸故里。爲清吏偵知。擒至貴陽威清門外今菜園殺之。收尸歸葬於此。

坴上坡　在羊場。咸同之際。人民避亂於此。弱者坐坴。強者守壕。牆壘今尙完好。

先鋒營　在毛栗莊洗扒田。爲趙德光駐兵處。

趙剛節公營　在火石壩。居羊場至毛栗莊之間。

石海螺　一頭石如酒罈。吹可成聲。在四花坪海拔沖路旁。有石巖一方墊脚。行人過其下。可立石上吹之。吹口已光滑。

諶宅石壘　在五區花廠田。諶醫生。乾隆時人。精於岐黄之學。相傳雲貴總督延往診疾。諶慮盜匪。不欲遠行。總督飭開州知州派兵防守。乃修石牆圍護其宅。今壘猶存。

大營山　在同知衙新寨。咸同時人民避難于其上。

卡子門　在白馬洞熱水。昔爲開修交界要道。殘餘石牆猶存三數丈。牆下有涼水井。行人飲之解渴。

僧綱司石塔　在縣城北門外小丘上。僧官坟也。塔上字蹟多剥蝕。惟存僧綱司及康熙字樣。知爲清初僧官埋藏骨灰處。佛教設官。始自唐文宗。明改置僧錄司。各府州置僧綱司。清初仍之。爲掌管各州縣佛教之官。設官不設祿。掌管道教之官曰道紀司。秩皆未入流。

明楊起祥墓　在思毛坪。墓碑題皇明敕封世襲將軍楊祥起之墓。

袁鳳楠墓　在思毛坪　墓碑題敕授武德郎正將軍一世祖袁鳳楠之墓。碑序内有我祖生於江西。在西蜀職列將軍。受命征平黒羊箐。卸職歸田。壽一百一十八歲。卒卜於兹。道光十年立此碑時。碑上奉祀子孫。已列至九世。可知亦明季坟也。

仙人下碁及轎子石　在馬場北三里許瘋子巖。怪石峋嶙。山頂有巨石。高數丈。頂平如桌。左右各一石。狀如人形。伏於桌側。極似兩人對弈狀。其側里許。另一石高數丈。酷似一有頂之轎。憑虛獨立。鄉人名曰轎子石。

搖兒石　在馬場南三里許沙岡坡上。高數丈。成鉗口形。中有一石嵌入其間。迷信者謂可觀兒女之有無。如搖之而動。即爲產兒女之朕兆。

泥馬　在三區兩岔河。自水口寺以下消水硐附近。河中有泥堆一座。長十餘丈。高丈餘。與河身平行。但不因河水之冲刷而減削。反日見其大。蓋亦崇明啓東之類歟。

白巖山營　在宅吉。爲咸同亂時所建。營牆尚存。可容四五百人。

馬鞍營　在官莊。營牆厚四尺。高可丈餘。足容數百人。

馬中嶺營　在毛栗鋪管箕灣。距場五里。咸同時。駐兵於此。牆石猶存。

白巖營　在扯里。距毛栗鋪場三里。舊壘尚存。

石家卡　在第四區。爲開陽達平甕要道。有三關。虎奮關在淺溪。虎威關虎視關在十字。苗亂時。知州石寅谷修建。石門牆垛猶存。

附虎奮關碑

環州皆江也。而新場一帶。遠隔江外。自平甕迭遭兵火。苗教兩匪。大肆猖獗。江以外有岌岌乎不可終日之勢。會賊大至。議者以劃河自守爲上策。心竊非之。整旅渡江。追奔百餘里。得以粗安。余承乏開陽。於茲三載。凡山川形勢。周流遍。賊退。召二三父老爲堅壁清野計　於形勢險要之地。築關凡三。虎噴其一也。關成。扼平甕之衝。遮苗教之魄。既得地利。復仗人和。新場一帶。可以言守與戰矣。喜士民之相與有成也。累贅片言。以張義舉。失守土者不以尺寸與人。願後之來牧是邦者。鑒此寸衷。以永保斯民於無替云爾。　賜同進士出身署開州知州普安縣知縣石虎臣立并序。　正長官司楊。恩加府經馬華豐建、幫辦公局事謝洪恩、曾定邦。督工民謝德科唐文才況仲光。

大清咸豐八年歲在戊午暮春月中浣十五日吉旦立。

長嶺岡堡壘　距馮公鎮二里。堡內約佔地面二三畝。咸同時修建。現存土牆高二三尺。

牛角坡堡壘　距馮公鎮十二里。地勢高聳。道途險峻、高約四十餘丈。現存堡牆。痕跡尺許。

乖西正司衙署遺址　係楊土司衙署。一距馮公鎮五里，地名新衙門，地基牆垣尚存，現已出售。一在楊家衙，署址現爲村落民居。池榭已爲田畝。易主多年。父老指點，即所謂塘田是也。榭基猶依稀可考。

乖西副司故署　原署在大寨。後移劉衙。在今聯保辦公處後，房屋基址尚存。

洞上　在毋溪之坡頂，有廟建於巖洞中。又名觀音洞。坡度甚高，約四五里。道路險窄，只容一人。觀音蓮台下有泉水，質甚清涼。夏日登之，宜於避暑。仁法和尚造像，藝術可觀。仁法者即海池，號蓮山，清季長慶寺住持也。

石人　在清水河洛旺河渡西岸坡上。高數丈，似一人危坐巖際之形。

人心不足巖　在翁昭，紅巖尖山上。有一人字，巖紅字綠。瓜瓢巖上有一足字，巖白字黑。距地五十餘丈，字大三尺。前人相傳，係仙人張三丰書人心不足四字。但心不二字則不可考。蓋附會之以訓世耳。

巨臼　主扎之寶藏寺。在偏山頂上。早年已毀於火。現存有三尺徑心石凳。及大碓窩各一。碓窩可容穀米二三斗。其見當年和尚力量之大。

鐵釘山　在翁朵之主壑。距場二三里。上有石桌一張。側有兩凳。造作天然。俗呼爲仙人下棋處。兩側之凳、略可動搖。

天生橋　在主扎河上。爲兩岸巖石交合而成。寬長十餘丈。橋有二層。上層爲方田。周圍繞以松樹。次層爲行人道。下層方爲河水。

先鋒營　在翁朵、現有殘牆及石基。

三星營　在脚盆坡與南貢塲之間、佘士舉二龍營失陷後、另營于此、原爲木栅、後改砌石牆、有四門、形勢壯麗、營内有忠義祠、祀石載二公、及咸同殉難團練、因爲佘士舉駐兵處、故又名佘家營。地勢險要、何得勝黨聚攻數年、并未失陷。

三星營碑　國家承平以來、百餘年矣。然一治一亂。天道本有盛衰、而執吉執凶、人情當知趨避、故此處營砦之紥、自從何逆猖亂、先紥官莊戶之山、名二龍搶寶。因甲子年冬月十八日。被河逆糾平、甕、修、開各處苗教匪數萬衆。將此營圍住、至臘月二十八日。方攻賊退開。被圍之時、凡四十日、艱於水道、爲汲水亡者約計四五百餘人。故至乙丑年擇得地利於此、六月内搬來住紥、取名三星營、幸得保全一帶村寨、共數萬人之生命、當時止有省城東北角紅邊小關、方有兵練餘上至安順、左至遵義、下至湖南、千餘營砦、皆被攻破蹂躪、獨有開州三星營被圍擾至四五年之久。而賊未能攻破者、全賴一時之勇夫、願傚二公忠義、遇敵不辭。陣亡不怯。仗大義以圖存、多捐軀以殉難、不惟能顧全此營、並使賊不敢肆志於省垣。皆由此處爲之咽喉、以致賊路不通、省垣乃得安堵無恙、迨肅清以後。地隣信善等、弔孤魂之無依、感有功之當報、據此營地、有地主劉文美、劉文發、劉啟泰、劉啟安、李世科、李世榮、葉於榜等、願以牆圍之地基、施入祠中、照多少均分耕種、每年認菜油貳拾肆斤、以作戴石二公及衆勇士長夜香燈。但願平安是望。設萬一不幸、種有土花、定要挖開、任人造房居住。不得阻攔、以誤大事也。是爲序。

一祠內每年春秋二祭、春祭以春分日爲定、秋祭以十月初一日爲定、至於牲品之數、猪定壹百斤、羊定貳拾斤、雞一隻。炮壹千。香紙燭當足用、其餘小菜酒米荳腐等項、亦宜豐盛足用、凡來與祭之人宜宿一宵、俟第二早用早飯後方散、無庸去就不齊。

一義學宜每歲延通達之師、朝日講解、不荒功課。方不負前人義舉之意、其有束修、照各處施入學由、各年佃花所入計數、判作四股以一股作完糧之費、以一股作分花收存風晒之費、以二股作學中修資。至交領修資。新陳一半。不得違誤爭論。

一議七月半節每牌位一名。備包袱二封。金銀錁錠四個。惟有戴石二公及首領。每名處備四封。錁錠每封以四個爲定。不容短少其數。

大清光緒癸未年秋七月谷旦開邑衆首士公立。

三星營碑序　蓋聞崇德報功之典。自古昭然。我州之捐軀殉難。惟有石戴二公。足使鄉民之能奮義勇而同殉難者。亦爲二公之忠義激之。其功德真沒世不忘矣。於是治下民等。沐恩最深。因建一祠于三星營中。名曰忠義祠。朝夕香燈。春秋祭祀。一以報二公之忠義。一以妥衆位之孤魂。俾同配享。庶幾精靈始有憑依矣。以故感激地鄉樂善之家。發心施田於某處。以培義祠。兼設立義學。姓名田型永垂碑記。……亦有將田當入祠中。雖不上碑文。至贖取之銀。永作祠中公項。或培修祠宇。或再當田型。任隨調用於無窮也。是爲序。

白安營　在永亨鎮西南。三面懸巖。惟一面可通。最擅形勢。咸同時原爲民營。失陷後。何得勝駐兵於此。

何家營　在頂兆。距城十五里。爲何正觀駐兵處。同治四年。何得勝再陷開州城。知州許其翔走避於此。現營牆強半倒塌。有居民四五戶。

白泥坡營　在河底下。距頂方十餘里。爲何亂時駐練處。營牆已無。

蠻州城故址　唐季置蠻州。故城在今第五區同知衙。後爲宣慰司行署。後又爲宣慰同知所在地。同知衙之名。存其最後之官署也。年湮代遠。城址署基均不可考矣。

光州城故址　在今第五區光堵河。亦唐季所置。光堵者。南貢河之北源。白馬洞河之下游也。當縣城至扎佐要道。城基已無可考。惟荒烟蔓草。牧豎漁翁往來其間而已。

河防道署總兵署　明季建州時。設河防道一員。署址在東門。總兵一員。署在丁字街。遺址均不可考。總兵所屬前、後、左、右四營。計游擊四。守備五。千總十五。把總二十　其署均在城西。距城十五里有千把衙者。即千把衙之譌。其地昔爲千總把總衙署所在也。

勿忘國恥碑　在兩流泉。民國五年。日本提出二十一條件。強迫北京政府承認。該地人士。立碣以示不忘。

革命先烈墓　在兩流泉賴陝。碑題鍾烈士昌祚墓。碑陰刻國民政府表彰文。昌祚留學日本。加入同盟會。回國後。在黔與張石麒等組織自治學社。爲同盟分會。辛亥九月十四。貴州反正。自治學社之力也。後爲反對黨殺害於安順。民國二年。北京稽勛局追贈陸軍少將。民國十八年。國府以烈士爲國捐軀。特明令表彰。縣長司繩慶奉到國府成仁取義匾額。率全縣官紳。送至其家。并展奠其墓。

古印　明季開州印。已不可得。茲覓得滿清州印。右曰開州之印四字。係小篆體筆畫多有缺損。中爲滿文。左爲長脚文。或謂亦篆文之一種。但不可識。民國後頒行之貴州貴陽府開州之印。貴州紫江縣印。紫江縣印。一併摹入。（見卷首）

徐縣長健行墓　在黄坟山。民十以後。官吏貪污。視爲尋常。二十四年中央軍勢力到達黔境。勵行廉潔。勇於任事。實自徐始。後爲股匪彭治倫殺害。開人以其志節純廉。營葬於此。

附墓碑　縣城之西。公園之側。林木蒼鬱。亂石嵯峨。誠風景佳好之地。亦歷來殉城賢宰埋骨之處也。丙子秋八月。縣人復葬故縣長徐公於此。今古不殊。烈骨長留。豈但與鰲峯紫水並千古。亦至足興衰而起敝歟。徐公諱健行。字再侗。廣東蕉嶺人。以乙亥冬十月來宰開陽。承重任於疲敝之後。謀整與於亂離之時。因地敷政。不遺餘力。行政、教育、交通、治安、綱具目張。成效大著。見夫風俗頹廢。爭訟特多。尤諄諄以恢復道德。息事寧人相勸諭。人皆感其意而激於辭。數月以來。人民安樂。匪特上峯倚畀綦重。縣人尤樂久蔽棠蔭。乃不幸而有七月二十九日之變。是日夜半。公方就寢。突有流匪百人。乘夜圍攻縣城。公聞警。親率警團。力圖抗拒。乃因變起倉卒。衆寡懸殊匪陷城。公亦殉難。嗚呼慟哉。今歲二月。赤禍西南。凶燄瀰天。縣城之危急在旦夕。縣人咸相率走避。上峯亦電令放棄縣城。退守江北。而公以守土有責。不忍令縣民失恃。屹不爲動。率城中鄉卒。日夜嚴防。辛勤無寐者。兼旬。人心安靜。禍卒未作。方是時也。以縣長棄職者衆矣。爲一身安危計。大可避危而就安。乃公竟不出此。誓與城共存亡。是臨大敵而不懼。居大禍而不亂者也。乃不幸爲小醜所祟。惜哉。雖然有未足憾者。公廣東世族。家足自給。其來宰開也。未嘗爲利祿計。亦未嘗爲虛名計。唯以建設地方。安撫人民爲心。故每謂人曰。當此國家危急存亡之秋。內治尤急。縣爲之基。爲縣宰者。胥能一志爲國爲民。則國家無不治。故公之死也。甯不能謂之爲國爲民而死乎。爲國捐軀。萬里埋骨。得一縣之民哭而葬之。使萬世之人。過而拜之。其較殘民肥己。保其首領以歿。歿而湮沒不足道者。高下固何如乎。徐公九泉。當可無憾也矣。中華民國二十五年八月。

福祚靈長　兩流泉戴氏。嘉道以前。代有科甲。簪纓縣邈。惜後嗣陵夷。無從諮詢。鎮西吳家溝有墓。石牌坊石獅子皆倒壞。僅餘坊上福祚靈長四大字。墓碑亦圮。故無從知其年代矣。

銅鼓　苗族從前戰時所用之戰鼓也。黔中每有發現。相傳皆諸葛武侯南征時所賜。苗族珍之。茲鼓現存蒲葵聯保。爲共有物。係清末大風拔木於樹根得之。銅色芳古。製作精緻。空其一面作盆狀。徑一尺四寸許。周圍約四尺二三寸。高八寸許。中有圓心。徑二寸。心外有十二角。若光芒狀。酷似國徽形。花紋九道。環繞光芒外。具見先民藝術之美。內有方印四。各大約一寸四分。邊闊一分許。文已模糊。難可識認。

宣德銅鼎　藏平寨何士林家。底有大明宣德年製六字。爲魏碑體。

開陽縣志稿

第三章　政治

第十三節　職官

吾地自明崇禎三年建州治以來。除特設河防道僉事一員旋奉裁外。置知州一員。吏目一員。滿清仍明制。設知州一員。吏目一員。康熙時先後設學正一員。訓導一員。其後增設醫陰陽二學。僧正道正二司。官階知州爲從五品。學正爲正八品。訓導爲從八品。吏目爲從九品。醫學典科。陰陽學典術。僧正司僧正。道正司道正。各一人。均未入流。其吏役。知州有書辦八人。門子一人。皂隸六人。民壯十五人。轎繖扇夫七人。斗級一人。學正有學書一人。齋夫一人。膳夫一人。門子一人。訓導有齋夫一人。膳夫一人。門子一人。吏目有書辦一人。門子一人。皂隸二人。各官薪俸養廉。皆有定制。役食亦有例給。典科以下四官。不給祿食。至清季宣統元年。裁訓導一員。改州署門子爲傳宣所。宣統三年。添設主計員一人。改革時。學正吏目主計員均廢。中華民國元二年間。仍稱開州。僅有知州一員。或稱州長。至民國三年奉　大總統令。全國所有府廳州除順天府稱京兆尹外。其各府廳州。均改稱縣。并改開州爲紫江縣。縣署稱縣公署。縣知事以下設科長。綜核前之吏戶禮兵刑工六房文稿。設承審員。秉承縣知事之命。審訊民刑案件。設管獄員。管理監獄及民刑看守所人犯。設經征員。征收地丁錢糧。其隸屬於縣署者。有經費局。管理地方經費。勸學所辦理全縣學務。勸業所桑區管理員。主辦實業。民國十五年。仿川省例。各縣省款年收在壹萬元以上者。設征收局。局長由省政府牌委。會計文牘由財政廳委。另設稽核專員。由省政府牌委。旋改縣公署為縣政府。縣知事為縣長。縣府下設四局。公安局管理縣城及附郭盜匪防衛事宜。裁城內第一區團防局、財政局管理地方經費以經費局改設、教育局管理教育行政及教育經費。以勸學所改設、又于地方經費局內、劃出學款獨立、建設局管理實業及建設各事。城鄉電話欵設完竣。添設電話局。設局長一人。併桑區管理員及勸業所。改為農事試驗場。設場長一人。民國十九年。裁稽核所。改紫江縣為開陽縣。由國民政府另頒銅質新印。民國二十四年。中央實力達於黔省。裁局併科。於是征收局及四局職務。均統一於縣府矣。茲沿舊例。將設州以來州官。及儒學等姓名。臚列於左。而現在縣府組織執掌。及各會等。亦附於後。

河防道表

沈翹楚　江南進士　明崇禎三年任旋裁

知州表　民國後改稱縣知事縣長

黃嘉雋　浙江鄞縣人貢生　明崇禎三年任十六年殉難

王□□　洪化二年見朝陽寺鐘

周師皋　四川銅梁舉人

范□□　見朝陽寺鐘

李大任　四川墊江人歲貢　清順治年間任

徐　昌　江西東鄉人貢生　康熙元年任

王國泰　遼東貢生　康熙年間任

王之官　遼東人蔭生　康熙十年任

吳加爵　康熙

張登進　正藍旗人監生　康熙

王永烈　正黃旗人監生　康熙二十五年任

袁承泰　湖廣人監生　康熙

宋　讓　山東人歲貢　康熙

閻成詔　遼東人監生　康熙

楊文鐸　江南人舉人　康熙四十七年任

劉邦瑞　遼東人監生　康熙

貴州印刷所承印

艾　淳	遼東人監生	康熙五十七年任
周　[illegible]	江南溧陽舉人	雍正年間任
馮　詠	江西金谿進士改庶吉生	雍正初年任
馬天驥	鑲黃旗人	雍正
張能厚	四川人舉人	雍正
于　敏	鑲紅旗人	雍正
程　章	廣西舉人	雍正
李　焯	陝西舉人	雍正
邢碩輔	直隸恩貢	乾隆年間任
劉　岐	山東監生	乾隆
錢維錫	江蘇常熟貢生	乾隆
柳　霈	河南監生	乾隆
林牧光	福建舉人	乾隆
劉　標	直隸進士	乾隆
呂正音	四川長壽舉人	乾隆二十七年任
陳世盛	廣東人監生	乾隆

程明勳　湖北人監生　乾隆

蕭應銳　廣東人監生　乾隆

趙由坤　江西人貢生　乾隆三十四年任

衍　慶　正紅旗人　乾隆

德　永　正藍旗人　乾隆

史起鳴　江南人舉人　乾隆

張　鈞　陝西漢中人進士　乾隆三十七年任

凌　浩　廣東籍河南進士　乾隆

毛宣徽　河南人舉人　乾隆

屈曾發　江南常熟舉人　乾隆

蔡奏功　江西人監生　乾隆四十一年任

張校栻　甘肅人舉人　乾隆四十二年任

王炳文　湖北黄岡人歲貢　乾隆四十四年任

馮克鞏　浙江嘉興人監生　乾隆五十三年任

楊自強　雲南通海人拔貢　乾隆五十三年任

陸爾熾　浙江仁和監生　乾隆五十八年任

貴州印刷所承印

錢　樹　浙江仁和監生　乾隆五十九年任
董興元　漢軍鑲紅旗人官學生　嘉慶元年任
安嘉相　湖北江夏人舉人　嘉慶三年任
甯　錡　浙江會稽舉人　嘉慶四年任
范光晉　順天宛平舉人　嘉慶五年任
劉若璹　湖南長沙廪貢　嘉慶六年任
李炳焜　湖南人廪貢生　嘉慶七年任
施學澍　浙江省舉人　嘉慶九年任
繆光黻　江南弋陽舉人　嘉慶十年任
張　瑛　湖南長沙拔貢　嘉慶十二年任
薛振基　嘉慶十四年任
呂柱石　河南永城監生　嘉慶十五年任
張　璿　順天宛平舉人　嘉慶十八年任
李　機　直隸貢生　嘉慶十九年任
魏廷玠　直隸柏鄉舉人　嘉慶二十年任
邵孟峻　江西南昌拔貢　嘉慶二十一年任

舒　晉	江西南昌貢生	嘉慶二十三年任
金　淳	順天大興供事議敘	嘉慶二十四年任
張寶鎰	滿洲正藍旗舉人	嘉慶二十五年任
譚　煒	江西德化拔貢	道光七年任
過靜和	安徽含山舉人	道光八年任
陳維玲	山東曲阜舉人	道光十年任
金瑎生	安徽休甯舉人	道光十一年任
鄧應台	江西金谿舉人	道光十二年任
薛　棨	陝西長安人吏員	道光
鹿丕宗	直隸定興拔貢	道光
普　祥	鑲白旗人監生	道光十三年任
楊書魁	漢軍紅旗人貢生	道光十七年任
英　達	正白旗人舉人	道光十八年任
李士鈞	安徽阜陽監生	道光
王　榮	山西安邑拔貢	道光十九年任
林維光	福建長樂舉人	道光二十年任

陳治昌　廣西臨桂廕生　道光二十一年任
宋　頁　陝西神木人進士　道光二十二年任
吳元慶　順天大興舉人　道光二十三年任
嚴錫珍　四川舉人　道光二十四年任
桂　隆　滿洲人監生　道光二十六年任
鄭竹虛　咸豐四年任
石虎臣　雲南昆明人進士　咸豐五年任
曹　瑔　咸豐九年任
鄭選士　甘肅秦州人進士　咸豐九年任
戴鹿芝　浙江蘭谿人進士　咸豐十年任
段紀傳　同治二年任
武　同治三年任率土弁劉榮章剿賊
許其翔　同治四年任
彭秉鐸　同治五年任
周秉柱　同治八年任
符　星　同治九年任

田永安	四川金堂人廩生從軍	同治十年任
龍聲洋		同治十年任
蕭蓁之	四川嘉定人附生	光緒三年任
趙世煊	四川宜賓人附生	光緒四年任
梁宗輝	廣西人舉人	光緒五年任
劉毓芹	山西三原人附生	光緒八年任
劉青照	湖南湘潭人軍功	光緒九年任
胡　璧	湖南零陵人廩生	光緒十年任
馬懋修	四川江津人舉人	光緒十七年任
李上珍	雲南昆明人舉人	光緒十八年任
李家蘭	江蘇人監生	光緒十九年任
陳惟彥	安徽石埭人監生	光緒二十年任
劉炳蔚	四川灌縣人監生	光緒二十二年任
唐樹桐	四川三台人軍功	光緒二十三年任
田規稜	四川人	光緒二十四年任
蕭漢傑	江西太和舉人	光緒二十四年任

貴州印刷所承印

張　銕　雲南昆明進士　光緒二十七年任
陳介白　四川江北人舉人　光緒二十八年任
張運芙　湖南湘鄉人軍功　光緒二十九年任
譚希杜　湖南湘潭人廪生　光緒三十年任
張　翰　湖南長沙世職　光緒三十一年任
倪家驥　雲南昆明人監生　光緒三十三年
楊　煜　四川酉陽人監生　光緒三十四年
陳順鑲　四川漢州人内閣中書　宣統元年任
劉貞安　四川奉節人進士　宣統二年任
簡協中　雲南昆明人廪生　宣統三年任
楊永燾　貴州清鎮人舉人　民國元年任
熊其光　四川江津人清附生　民國二年任
彭汝棐　貴州黎平人附生　民國三年任
唐積福　貴州遵義人　民國四年任
趙振海　湖北崇陽法政學生　民國六年任
程雲九　貴州邛水人　民國七年任

李乃揚　四川巴縣人貴州優級師範生　民國八年任
潘　沅　貴州貴陽人　民國十年任
聶汝驊　貴州貴陽人　民國十一年任
申　懋　貴州婺川人　民國十二年任
劉文光　雲南人　民國十三年任
顏　瑾　貴陽人　民國十四年任
孔慶玫　普安人　民國十四年任
王壬林　仁懷縣人華西大學生　民國十五年任
丁國佐　貴陽人保定軍官生　民國十六年任
許鴻猷　四川古藺縣人　民國十七年任
張金鑑　安順縣人前國會議員　民國十八年任
周鳳池　遵義縣人　民國十八年任
劉文閣　遵義縣人　民國十八年任
司繩慶　貴陽人保定軍官生　民國十九年任
陳顯烈　石阡人　民國二十一年任
傅啓鈞　四川敘永人　民國二十二年任

貴州印刷所承印

朱品璑　貴陽人　民國二十二年任

牟伯傑　甕安縣人　民國二十四年任

徐健行　廣東蕉嶺人東吳大學畢業　民國二十四年任

馮光模　貴州遵義人上海法學院畢業　民國二十五年任

解幼瑩　貴州都勻人持志大學畢業　民國二十七年任

學正表

劉兆興　平越舉人　康熙三十七年任

張維珍　鎮寧歲貢生

楊昌英　餘慶歲貢

唐傳中　湄潭舉人

夏　燾　安順舉人

覃一仁　石阡舉人

劉玉山　大定廩貢

郭石介　思南舉人

許　翺　思南舉人

蕭　櫟　都勻舉人　乾隆二十五年任

陳玥　大定舉人　乾隆四十五年任
劉世名　都匀舉人
彭謐　遵義舉人
張淵　黔西舉人
陳玥　玉屏舉人
胡運隆　黄平舉人
鄢日棟　鎮遠舉人
王□□　印江歲貢
王超　思南孝廉方正
胡惠然　安順舉人
陳濟時　興義歲貢
黄淳　大定舉人
費德鎮　思南舉人
周登煥
甘如盤　甕安貢生
諶忠觀　平遠貢生

趙克賢　　咸豐十年任
周之禎　遵義舉人
伍仲美　號鏡川籍未詳
車口口
劉淑昌　　光緒
黃金綬　安順貢生
諶顯模　平遠舉人　光緒十七年任著有古柏軒詩存行世
錢方壍　黔西舉人　光緒十九年任
徐啓緒　思南人副榜　光緒二十三年任
洪熙元　畢節人舉人　光緒二十五年任
馬　　舉人　宣統三年任

訓導表

李贊信　大定府歲貢生　康熙四十六年任
張鵬翼　安平歲貢
夏之訓　思南歲貢
敖　預　思南歲貢

孫炳恭　清平歲貢
萬鼎植　清平歲貢
陳其璋　威甯歲貢
張士英　畢節歲貢
蕭良杰　威甯歲貢
倪本毅　開泰舉人　乾隆四十五年任
王趣士　平越廩貢
范金聲　平越貢生
周升揚　都匀舉人
吳彰瀛　畢節舉人
蕭培琳　永甯舉人
鄧而亨　荔波歲貢
黎　愷　遵義舉人
廖銓衡　餘慶廩貢
朱壽增
孔昭黔　同治五年任在貴陽歲考見鍾氏譜

郭永芳　光緒十三年任書三忠祠木屏見鍾氏文錄殘本

劉仲魁　畢節廩貢　光緒十八年任

王朝昌　大定廩貢

吏目表

聶　禁　明崇禎年間任十六年殉難

趙啓龍

余滋化

江令文

陳　綸

鄧維侯

潘　悰

李　荃

徐　霆

劉應龍　湖廣監生

范　墀　浙江監生

丁　綸

張　鐃　浙江紹興監生

金可立　浙江山陰縣人　乾隆

陳廷觀　順天大興縣人

李　鎮　江南人

李桂似　河南彰德人

董　任　浙江鄞縣人

黃　鎮　順天宛平人

熊　曜　廣東嘉應州人

張三燮　江蘇青浦人

沈宗漢　浙江山陰人

李懷信　廣東嘉應人

莊世鏞　江蘇元和人

李宗愿　安徽懷寧人

錢之森　浙江錢塘人　乾隆二十五年任

張　澤　順天大興人　乾隆三十六年任

賴廷翔　廣東嘉應人　乾隆四十年任

貴州印刷所承印

朱翰臣　江西高安人　乾隆四十三年任

張學紳　廣東嘉應人　乾隆四十三年任

沈文鏐　江蘇監生　乾隆四十九年任

吳掄元　江西豐城人監生　乾隆五十三年任

田　珠　直隸任邱監生　乾隆五十四年任

樊　斌　江蘇吳縣監生　乾隆五十四年任

汪守謙　江蘇武進監生　乾隆五十七年任

朱　鏽　順天宛平監生　乾隆五十九年任

史　培　安徽桐城監生　嘉慶元年任

陳錫楷　山西代州附貢　嘉慶二年任

張世芳　順天大興監生　嘉慶四年任

蔣　錦　江蘇吳縣監生　嘉慶六年任

黃友鴻　湖南善化監生　嘉慶七年任

趙錫疇　廣東長寧監生　嘉慶十六年任

孫　苞　安徽合肥監生　嘉慶十六年任

甘培高　四川石柱監生　嘉慶十九年任

雲　澍	甘肅人	嘉慶二十年任
沈慰增	江南如皋監生	嘉慶二十一年任
汪雲從	直隸清宛吏員	嘉慶二十一年任
彭　煜	江西盧陵監生	道光四年任
劉選琨	湖北黃岡監生	道光五年任
陸元仲	江蘇嘉定監生	道光七年任
王鼎元	江蘇上元監生	道光八年任
陳　禮	順天大興議敘	道光九年任
謝文耀	浙江監生	道光十九年任
田世芳	湖南沅陵監生	道光二十年任
陳逢華	江西永新監生	道光二十二年任
喻　湘	江西南昌監生	道光二十二年任
段佐廉		同治三年任
左治元	吏員出身	光緒元年任
萬　鍾		光緒八年任
馮興植	廣西監生	光緒十五年任

周著原　四川監生　光緒十七年任

王曰仁　雲南軍功　光緒二十年任

唐棣芳　湖南益陽監生　光緒二十一年任

李華廷　湖南監生　光緒二十三年任

曾鳴崗　四川敘府監生　光緒二十四年任

陳鼎新　湖南邵陽監生　光緒二十六年任

隆明光　四川監生　光緒二十七年任

余光明　四川廪貢朝考分發　宣統元年任

李　傑　宣統二年任

陳口口　宣統三年任

明因備盜防夷。曾於州治設總兵官一員、（州人傳一鶚任）鎮標游擊五員、旗鼓廳一員、守備五員、千總十五員、把總二十員、火器營把總一員。河防道僉事并設有鎮夷中軍守備一員。（州人汪明洪任）旋俱奉裁。清康熙十九年，額設把總一員，兵四十二名，由貴陽城守營游擊撥出分防，名曰開州汛。升遷最少，有任至十數年者。其兵未取給於田賦糧米，薪俸餉糈馬乾，則由庫供給，所負責任，以守城備盜爲主要。地方有警，知州得用公函咨請出防焉。茲亦沿舊例將其姓名有可稽者并臚列於左。

把總表

殷承謨

楊虎

李有申

王有俊

張奇英

劉啓龍

鄧龍

武承茂

王榮　貴陽人

徐士俊　貴陽人千總

張志誠　湖南辰州人千總

余勳文　安順人

李芳　貴陽人

安長臣　貴陽人

左明德 貴陽人

楊　明 貴陽人

謝欣恩 開州人

胡　某 貴陽人

劉長壽 光緒九年任

朱連陞

袁廷貴

劉天壽 貴陽人 光緒十四年任

譚德全 光緒三十三年任

桑榮先 貴陽人 宣統元年任

自改革後。保持地方安甯者。除各區團兵外。縣城有警備隊之設置。餉由地方供給。初時委任人員。必經省方訓練畢業。遴選學識俱優者充之。由縣知事指揮。洎後則人選不似前之鄭重。縣知事每以私人充數。流品不齊。所謂警備者。名存實亡。至十八年而有公安局之設置。設兵二分隊。餉糈仍取之地方。旋周李內爭。潰軍迫近城郊。公安兵遂乘危要挾。弗遂則持槍稱亂。政府人民。均處內外交煎之中。後有公安隊之設。至民國二十四年後。有保安中隊之設。繼而擴充爲保安大隊。民疲於供億矣。幸不久即撤。代以警佐辦事處。二十七年。更易以保安警察隊。全縣共設若干分隊。設大隊部於縣政府。縣長兼大隊長。裁各區常駐團隊。易以保警分隊。自此指揮統一。或可爲長久之規矣。

現在縣長之下。設秘書一員。（開陽係二等縣由第一科長兼）一二三科各設科長一員。各科設科員二員。事務員一員至二員。第一科職掌內務典禮警團戶籍衛生。第二科職掌統稅款經費收支。第三科職掌教育建設。關於征兵事務。設有兵役主任。視察教育。設有督學。實業建設。設有技士。保甲。設有區務督導員。經費審核。設有會計主任。推收丁糧。設有田賦征收處。辦理禁煙。設有肅清煙土辦事處。辦理農村合作事業。設有合作室。至於附設於縣政府內。或不設於縣府而以縣長爲主官者。有如

司法處　縣長兼理司法行政事務。及檢察官。另設審判官一員　審理民刑案件。以下有書記官。有錄事。

財務委員會　以委員九人組織之。設主任委員一。出納股主任稽核股主任各一人。均由委員中選任。管理地方經費出入事宜。

國民自衛總隊部　設總隊長一人。以縣長兼任。副總隊長一人。以教官兼

任。另設督練員二人。書記事務員司書各一人。又訓練員若干人。派赴各區訓練壯丁。

保安警察大隊　設大隊長一人。以縣長兼任。大隊副一人分隊長四人。隊兵一百二十人。分駐縣城及各區。負緝捕匪類。保衛治安之責。

教育委員會　以當然委員四。聘任委員三。組織之。規劃促進全縣教育爲宗旨。

義務教育委員會　縣長兼主任委員。聘委員十人組織之。辦理改進教育事項。

動員委員會　以縣長。黨部書記長。軍訓教官。駐軍長官。師團管區司令爲委員　縣長兼主任委員。分設四股。每股設股員一人。辦理精神動員事宜。

教育經費稽核委員會　以委員九人組織之。稽核教育經費收支是否確實。預算已否遵行。

農田水利整理委員會　縣長兼主席委員。當然委員五人。聘任委員三人。辦理工程養護及籌備還款事宜。

國民經濟建設運動委員會支會　縣長兼會長。聘任設計委員專門委員各若干人。辦理各種經濟建設事務。

禁煙委員分會　設委員五人。縣長及第一科長爲當然委員。餘由縣府聘任。辦理禁種等事務。

賑務委員分會　由縣府聘任常務委員五人。委員十人。並指定常委一人爲主席。辦理災害及救濟事宜。

優待出征家屬委員會　以縣長。黨部。縣府主管科長。財委會。縣商會。地方紳耆一人至三人。及慈善團體法定團體等負責人組織之。辦理優待出征軍人家屬事宜。

第十四節　土司

開陽土司有三。一曰水東宋氏。二曰乖西正司楊氏。三曰乖西副司劉氏。宋氏自漢唐迄明末。世據茲土。爲水東諸宋所宗。而舊志不載。茲之所輯。以志稿限期迫促。即有關如貴定諸志。皆不及搜求寓目。聞宋譜道光本。都八萬餘言。皇皇鉅製。當有可觀。後有作者。幸其詳之。

（一）宋氏　蠻州宋氏。微子之胤也。宋亡。公族徙南中。久之。有能役屬[illegible]夷民者。遂建國爲之君長。世其爵土。又自分其轄地。以封其子弟。若諸侯之附庸然。與中國時通時絕。秦漢用兵西南。輒郡縣其地。然不能遂有之也。服則舍之。授以職。俾其襲。以時朝貢於中國。唐德宗朝。宋鼎襲蠻州刺史。蠻州今開陽縣地也。蠻州領縣一。曰巴江。巴江即巴香。在開陽南部。地跨今貴定縣境。宋萬傳襲巴江縣令。建中三年。宋鼎等嘗入朝。時朝議以其國小。自後不許隨例入朝。貞元十三年。亦德宗年號正月。蠻州復求入朝。訴於黔中經略招討觀察史王礎。礎為之奏曰。西南蕃大酋長正議大夫檢校蠻州長史繼襲蠻州刺史資陽郡開國公賜紫金魚袋宋鼎。左右大首領朝散大夫前檢校邛州刺史賜紫金魚袋謝汕。左右大首領繼襲蠻州巴江縣令賜紫金魚袋宋萬傳。界首子弟大首領朝散大夫牂州錄事參軍謝文經。前件刺史建中三年一度朝貢。自後更不許隨例入朝。今年懇訴稱。州接牂牁。同被聲教。獨此排擯。竊自慚恥。謹遣使隨牂牁等州縣朝賀。伏乞特賜優諭。兼同牂牁刺史授官。其牂牁蠻兩州。戶口殷盛。人力強大。鄰側諸蕃。悉皆敬憚。請兩州每年一度朝貢。仍依牂牁輪環差定。並以才幹位望為衆推者充。敕旨曰。宋鼎已改官訖。餘依舊。界首者。乖西也。

閱百四十年。至後唐明宗天成二年。牂牁清州八郡刺史宋朝化入朝。冠帶如中國。貢草荳蔻二萬個。朱砂五百兩。蠟二百觔。清州後訛為曾州。亦作曾周。今珍珠馬場卽其地。牂牁清州其地皆在水東。宋朝化水東宋氏之祖也。

宋景陽者。宋鼎之裔之疏族也。名發誠。占籍真定。五代之際。羣雄割據。五十年間。號令五擅。蠻州宋氏。莫知所向。乃結廣右蠻夷以自固。而中朝以爲叛服不常。結羣蠻爲亂。周世宗顯德四年。假景陽湖廣節度使。率師征之。底定廣右。進兵黔南。遂下蠻州。取宋鼎之裔而代之。宋藝祖開寶八年。朝廷因置寧遠軍大萬谷落總管府。就加景陽爲寧遠軍節度使。大萬谷落總管府都總管。大萬谷落。卽蠻州之訛。夷語稱蠻爲大萬。州爲谷落云。（一本稱開寶六年八月、授景陽武昌都總管、昭武大將軍、建總管府於大萬谷落、）景陽妻徐氏。徐芝誥之女也。有子七人。曰存孝。存弟。存忠。存信。存禮。存義。存廉。又有存恥者。則其女美容之壻蕭清樑。後授土職所更姓名也。於時皆分守其地。太宗雍熙四年。景陽卒。贈大尉。謚忠成。長子存孝襲。存孝卒。子裕襲。裕以威惠服夷民。改授寧遠軍經略安撫使。

宋高宗時。景陽諸子之十一世孫錫華等。皆有軍功。於是就其所守自紹興之二十一年至二十七年皆授官。以存孝裔錫華。爲鄉平宣撫。存弟裔錫定爲草塘宣撫。存忠裔錫尊爲密納安撫。存信裔錫佐爲新添葛蠻安撫。存禮裔錫位爲麻哈平蠻安撫。存義裔錫德爲樂平宣撫。存廉裔錫章爲大平伐宣撫。錫戫爲小平伐副安撫。皆設司有印。子孫世襲。而存恥之裔蕭任成。亦管理把慿。初不設司。印越角。所謂宋氏之七司八印者。此之謂也。既而諸司有分襲者。有兼併者。任成之裔。亦傳至清雍正八年。其司乃革。把慿卽把平𨚗平司。在今貴陽境。後分司於龍水鎮。屬湄潭。大小平伐把平密納新添諸司。在貴定。樂平麻哈兩司在麻江。後均置副安撫。麻哈司卽巖下司。草塘司在甕安。後分司有錫林及上下觀音。屬正安。此其大較也。其不盡符者。以各縣設治。固非以諸司轄境爲斷。諸司轄境多插花。因人事復時有縮伸。如新添司屬之葛蠻。其地跨今開陽修文境。其後見奪於永高。高使其子勝守之。新添司地。轄及湘西焉。

永高者。景陽長子存孝之裔。而錫華之曾孫也。以宋寧宗慶元四年。襲𨚗平司。兵力漸強。乃自改其巴江縣爲平蠻軍。徙治小谷龍。改其界首部爲遏蠻軍。（界首卽開陽乖西地、巴果前、）平蠻後諱爲白馬。遏蠻後諱爲遏馬。今縣西同知衙北五里許。有鑛洞。以白馬名。疑卽平蠻軍嘗駐地。又第五區地有洛馬。修文屬去同知衙二十里而近。有葛馬。疑卽遏蠻軍地。嘉泰元年。永高入貢。旋克麥新蠻。又自號麥新爲新添軍。使其子都勝居之。麥新貴定之古稱。都勝永高之第三子也。已復舉兵征思南石阡鎮遠光揚底窩乖西大小平伐等處之不服者。嘉定二年。永高移居貴州。貴州卽矩州。時已謂爲貴州。今貴陽也。十年又征平都匀雒霸同林地松板水。朝廷因命永高爲貴州經略安撫使。嘉定十二年。永高卒。長子都福襲。都福衰弱。退居蠻州。

永高之子六人。自永高勢力由蠻州東漸。分諸子爲諸司監。永高既卒。次子都裕授草塘副安撫。四子都洹。授麻哈副安撫。五子都禧。授樂平副安撫。六子都祐。授小平伐副安撫。皆世襲。而都勝受朝命爲右武大夫。西上閤門使。沿邊溪洞經略使。大著德威。卒。孫提嗣。官巴蠻都總管。提卒。子朝美嗣。官新添遏蠻軍安撫使。化導夷俗。卒致醇美。西南稱之。

元世祖用兵西南。黔地土官。依險自保。時降時叛。多未附。更發兵討之。至元二十年。七月壬申。軍民千戶宋添富。及水西酋阿里降。始班師。添富清州宋氏之裔也。二十八年十一月乙卯。新添葛蠻安撫使宋氏內附。二十九年正月。從葛蠻安撫使宋子賢之請。招諭平伐大甕眼紫江陂陵潭溪九堡諸蠻。元成宗大德元年五月。給葛蠻安撫司驛券一。是時湘西龍山保靖桑植諸縣。皆新添安撫宋氏轄地。

大德五年（一本作大德二年五月、）大平伐土官宋隆濟。同水西酋長女子折節反（宋譜韻編、謂隆濟為景陽之十六世孫、襲雲南宣慰同知、以其時尚隸雲南故也云云、按貴州二字、不始於貴州省設治後、及阿重進、雲南行中書省平章政事、是時所謂之雲南、亦與異日之雲南省有異。不能謂雲南省設治在貴州省前、遂謂貴州省設治前之貴州、便屬雲南也、宋譜多以隆濟屬大平伐、又謂大平伐宣撫龍豆子、錦與隆濟之禍、又謂隆豆謂隆濟親兄、官之蠻蠻、曲而官書謂大平伐司、土司宋龍豆、其先鍾離人、蜀漢時從征南中、有部、世守之、又謂龍濟蠻州宋氏之裔、似亦非憑空臆造者。按宋譜多祖景陽、與景陽之三從兄弟景通、而斤斤自別於蠻州、故宋謂今開陽之底窩蒲窩諸宋、為蠻州故宋遣裔、細繹其意、不外認蠻州故宋之裔、與苗同化、是以一則曰、頃敘華胄久冠裳、再則曰、非若與苗同化之公族宋氏、同歷秦漢晉隋、史無傳世少聞見、查今苗族衣冠、猶是三代遺制、而吾人所著、皆滿裝、而非漢官威儀也、滿清入關、大改體制、為薙髮更衣、屢次流血、而綵於屈服、貴州僻處一偶、時乃定、古之遺制、一切以苗蠻目之、故多獨存者耳．其詳與本篇無關、姑不具論、至謂史無傳書、世少聞見、讀宋氏譜韻、於史有傳書、世多聞見者、亦不過宋弘宋義二三人、然亦自發、故又曰、沿及唐代、適有南和宋據者、宋氏先代之往事、蛛絲馬跡、於是始有可儀云云、如斯而已、蠻州故宋、世有蠻州、古史失記、宜其世少聞見也、然不能否認其為徽子之裔、宋之公族也、則世多聞見、史有傳書者、亦多矣、宋鼎宋萬傳宋朝化等、襲有先業、履土黔中、固不得以蠻起少之也、且今環底窩場而居諸宋、若安官寨、若平寨、吾撫其碑、祖宋萬化、若馬頭寨、吾聞其譜、祖宋德茂、萬化明末嗣宣慰同知、德茂明初開府底窩、副趙曾、必曰苗宋、此又何說、惟蒲窩斗蒲諸宋、信猶三代衣冠者、吾聞其筆、見其人、渾渾噩噩、無勢利之心、不求聞達、力農而自食、是識中華民族之善類、吾羨慕焉、欲就婚媾、猶懼其不能降以相從也、奈何以此少之、故附宣而為開陽諸宋誌、至謂景陽、若原與蠻州故宋渺不相涉者、吾竊發焉、一易發乎、是以景陽之裔、歷十餘傳、亦有乘機叢併、勃興忽滅、假大義滅親之名、行懷奪代有之計者、然則謂景陽與蠻州故宋不相及、若風馬牛也、可乎、柴世宗時、凮楫之旁、猶侖有人軒睡、宋藝祖匆匆釋諸將兵權、於燕雲十六州且不能有、遺患西鄙、直至亡國而後已、皆非能勤遠略者、又安能命將出征、勞師襲遠、以取西鄙之國、而事戎狄之長哉、故羈縻其因之也、舊曰能之。易爲獨遣乎宋氏、舊曰倆合、、胡爲乎蠻州、故宋既下、而又命一新宋、世有蠻州也、是拒虎進狼之說也、、智者不爲也、故府志曰、景陽者、宋鼎之裔、今宋某輒曰否否、是府志爲無據矣、是前人不知闕疑矣、宋鼎之世、去今千二百年、莫能起而問之、卽道光時人、亦莫可究詰·而書籍之繁如淵海、難以悉考、且歷代毀於兵火者、不知凡幾、以開陽論、乾嘉時、居民數倍於今、咸同後、室廬百無一二、其間紀載之無傳者、必多、今於宋景陽酌書曰、鼎疎族也、率苗獠紫江蠻四千人。攻楊黃寨。進陷貴州。

紫江蠻亦作紫薑蠻。沿今光斗河至魚梁河而居。楊黃寨今開陽治所也。時有宋安仁者。襲曾竹長官。爲景陽十四世孫。先世以功代清州刺史。宋朝化之後。安仁元成宗所賜名。本名阿蠻。一作阿重。曾竹長官、據府志宋譜及他書、多羅阿重、爲龔草塘安撫者、隆濟之反也。阿重棄家闕詣見上。陳撲滅機宜。帝嘉之。賜名安仁。授爲順元宣撫同知。以上據府志及宋氏墨譜殘本、殘本作封爲順元同知宣慰使、而命湖廣平章劉國傑督師討之。有宋光者。景陽之三從兄弟。景通之十六世孫。名盧慕都帶名儲之子。而萬元名國之父也。時爲白馬宣撫使。轄今省東江內外各地。卽谷龍司也。於是光亦奉名討隆濟。大敗折節於烏江南岸。明年又敗之於墨特川。在今省會西北隅、及折節之擒也。隆濟竄逸。阿重乃深入烏撒烏蒙。至於水東。在敘永招諭木樓苗獠。生獲隆濟以獻。大德七年。隆

貴州印刷所承印

濟平。遂令阿重居隆濟故地。命其地爲靖江路。以阿重爲總管。佩三珠坐虎符。階昭毅大將軍。其所居今縣治西第五區同知衙地是也。後漸進至雲南平章政事。階榮祿大夫。封順元侯。卒贈貴國公。謚忠宣。阿重再傳。至其孫曰蒙古歹。以平寇功。進階昭勇大將軍。俄加八番順元等處沿邊宣慰使。兼四川行省叅知政事。階鎮國上將軍。洪武初。蒙古歹降於明。賜名欽。授貴州宣慰同知。世襲。親轄陳湖等十二馬頭。領貴竹等十長官司。馬頭者宋氏所部名。猶安氏之頭目也。（安氏轄四十八頭目、）今一區米窩壩。（米俗作底）及二區之奇申。尚有以馬頭名寨者。而陳湖馬頭。現屬貴陽境。

洪武十四年。（西曆一三八一年）宋欽卒。其妻劉淑貞。率其子誠入朝。賜米三十石。鈔三百錠。衣三襲。淑貞一名瓆珠。智略女子也。時水西宣慰使安阿羣卒。阿翠之妻奢香襲。奢香亦女中之傑出者。（奢亦作佘、清季川滇黔交界處土官、猶有佘姓者、譜易佘爲余云、）然性傲。而都指揮（一作都司）馬曄（曄亦作煜）者。遂惡之。欲中以事。加之罪而除焉。乃笞辱之。意其怒而爲不軌。殊奢香忍受退而謀於劉淑貞。淑貞曰。曷見上而愬之乎。日訴將安所用。吾意欲殺之。淑貞曰。夫上之所以重曄者。以其能郵驛而得邊境耳。今四川道梗。我能助上開思南鎮達隴聳羊腸諸道。以達邛蜀。上方倚我之不暇。何惜此區區啓邊釁者。香遂邀淑貞與之入貢。具言嘩激變。及諸蠻欲反狀。願效力開西鄙。世世保境。以乞除此害。上驚且喜曰。吾固知此奴妄。果然。微若言。幾敗乃事。乃責香開道。而中嘩以事。殺嘩。香遂開偏橋東水以達烏蒙烏撒。及容山草堂諸境。且立龍場九驛。歲歲貢馬疋廩積。以通往來。諸羅卒得不滅。而西南賴以益闢者。明故貴州宣慰同知今開陽之同知衙人宋欽之妻劉淑貞女士之力也。

誠卒子斌代。斌老子昂代。斌頗讀書。喜近文士。每恨土酋家習弄兵。不曉書扎。嚴督諸子向學。以振俗陋。順昌廖致達騊。宣德中從戍都匀。有詩名。著疆恕齋集。斌集厚幣延教諸子。稱疆恕先生。久之斌二子昂昱。並以吟咏馳聲譽。所部多化之。及斌老而昂代也。廉儉自持。益崇儒業。多市經籍以惠司士。部內有爲亂者。必自咎改行。終昂之世。民夷輯和焉。按底窩壩宋譜殘本等、皆謂昂兄斌襲位、卒後乏嗣、故以弟昂繼襲云云、正統七年。昂卒。子然襲。

然貪淫。科害所管陳湖十二馬頭地。致苗民激變。水西宣慰使安貴榮欲并然地。誘其民作亂。於是苗酋阿朵等。聚衆二萬。署立名號。攻陷堡寨。譚然所居大羊場。然僅以身免。貴榮遽以狀聞。冀令己按治之。會阿朵等洩其情。官軍進討。貴榮懼。乃自率所部爲助。事平。宋然坐斬。然奏世受爵土。負國恩。但變起於貴榮。而身陷重辟。乞分擇。因從末減。依土俗納粟贖罪。時安貴榮已前卒。亦坐奪爵焉。都御使請以宣慰同知宋然所領十長官中貴竹平伐七長官司設立府縣。皆以流官撫理。巡撫覆奏。以蠻民不願。遂寢。然宋氏亦遂衰。子孫守世官衣租食稅。聽徵調而已。

天啓二年。水西宣慰使安位之叔父安邦彥挾位反。嗣宣慰同知宋萬化叛以應之。率苗仲九股陷龍里。萬化爲巡撫王三善所擒。其子嗣殷擅嗣職同叛。總督朱燮元討滅之。崇禎三年。以宋氏親轄之十二馬頭地置開州。宣慰同知宋氏革。宋氏分族轄地在開陽。與萬化嗣殷父子同時失職可考者。有宋德茂之後。

宋德茂者。宣慰同知宋氏之分族也。墨譜稱、德茂爲宋招討親侄、招討爲誰、墨譜失記、以其時考之、當係指宋親輩、要之必其時宣慰同知之近親無疑者、吳皇元年。元順帝至正十六年、朱元璋克金陵而据之、二十四年、元璋稱吳王、德茂歸吳王朱元璋。墨譜謂皆太祖高皇帝、按其時元璋猶未稱帝、於京都。沿墨譜書之、當係指金陵、隨總兵余大海征討於蘇州及山東等處。北溝河鄱陽湖諸役。皆有功。洪武二年。授副總府。頒給誥命。領軍征剿雲貴蠻夷。以功陞授平蠻將軍。加贈讓平侯。委剿北門一帶。（北門必係指今貴陽北門、）晉守蠻夷招討宣慰使。頒給印信。領旨攻蠻夷部落。更副總府日底窩總管府。代管十座長官司。及一帶苗蠻。宣德六年。有京差張朝得者。來黔踏勘土司口食田土多寡數目。宋氏恃乃祖德茂有功。不服京差檢定。並將委官毆之至斃。於是有旨罷職。蒙紅邊宣慰啓奏、仰管附近一帶地方。催辦糧馬。供應上司驛遞。正統二年。毆死京官者卒。所遺催辦糧馬職務。三子分襲。有管理喇平司內糧馬者。有管理清水司內糧馬者。而管理底窩三牌地者。日景堯。天順六年。景堯卒。子老芳襲。弘治九年。老芳卒子金襲。嘉靖二十八年金卒。子玉襲。萬曆三十九年玉卒。子顯坤襲。天啓元年顯坤卒。長子矩襲。崇禎四年去司去職。建設開州。分額十里。只留揚劉二司同轄。先年有縣無州。開州先設。開州之設自此始。（本段皆據馬頭寨宋氏墨譜、墨譜詞不達意、字多訛誤、細玩之、其中有物、開陽舊家咸同後百無一二、又皆陵夷而舊志失修、垂百六十年、以其非近人所述、雖簡陋、猶可據、不忍割置、故詮次之、以俟考、）宋氏衙署。在同知衙。即蠻州治。後移底窩壩。又移大羊場。再移揚黃寨。即今開陽縣治。宋萬化附安邦彥畔。革其職。以其地置開州。以揚黃寨爲州城。

（二）楊氏　乖西蠻夷長官司正長官。其先曰楊立信。廬陵人。（今江西省廬陵縣）五代時。從征黑羊箐有功。授職土。稱安撫司。歷趙宋世守其土。役屬蠻州。宋及元爲雍真乖西葛蠻等處蠻夷長官。明太祖洪武四年。楊文真内附。五年授文真爲乖西蠻夷長官。永樂九年八月。文真卒。十五年子暹襲。正統六年八月暹卒。子琮襲。天順八年十二月琮卒。子日丙襲。宏治九年七月。日丙卒。子暉襲。正德十年十月。暉卒。子像襲。嘉靖三十一年九月像卒。子世爵襲。萬曆五年閏□月。世爵卒。子鏌襲。萬曆二十八年十月鏌卒。子光壽襲。崇禎十二年八月。光壽卒。子國恩襲。尋卒。子瑜應襲。會明季之亂不果襲。順治十五年。清兵入黔。瑜投誠。仍授長官。康熙六年。頒給印信。後爲吳三桂所奪。十九年三桂平。（時三桂已死，爲其孫世璠也。）瑜復投誠。復其職。康熙二十一年。瑜卒。子兆麟應襲。二十二年巡撫楊某爲之請。仍命管理長官司事。三十九年署開州事錢某。誣以科派革職。家丁羅朝貴冒死叩閽。直其冤。奉旨發還。康熙四十五年。以兆麟子錫祚老。乾隆二十八年。子淞襲。淞疾。嘉慶十一年子燦榮襲。道光三年燦榮卒。子培蒸襲。十九年三月培蒸卒。咸豐間襲者。曰楊永寬。見石家卡碑序後。又乾隆五十年。花梨新場碑所載長官曰楊紳、不審卽淞之別名否。永寬楊氏譜作永觀。同治癸亥九月。何得勝踩躪開州。闔家避亂。死亡未知。同治十年十月亂平。永觀弟永清由川逃歸。弟承兄職。永清卒。子沛恩襲。光緒末沛恩卒。子榮芳襲。而族人爭襲涉訟不休。民國初元司革。

據光緒六年楊氏譜。文真作文禎。禎傳文佑。佑傳遵。遵傳爲及爵。爵傳暉。暉傳世爵。爵傳鑀。鑀傳光綬。綬傳國恩。恩傳瑜。瑜傳兆麟。麟傳錫祚。祚傳松。松傳燦榮。榮傳培基。基傳永觀。觀傳永清。與舊志不合。而字形字音。頗多舛譌。無從考證。承襲年月。亦不詳。惟兩說并存而已。

（二）劉氏　乖西副長官劉氏。其先曰劉啓昌者。廬陵人也。五代時從征黑羊箐有功。授職土。歷宋世守之役。屬於蠻州。宋及元爲雍真葛蠻等處蠻夷長官。明洪武四年內附。五年授劉海乖西副長官。永樂元年二月。海卒。子德秀襲。宣德二年德秀卒。子銘襲。正統十四年三月銘卒。子勇襲。天順八年十月勇卒。子訓襲。（劉司土官頂替宗圖、訓作瀏、）成化二十三年十二月訓卒。子倖襲。正德十年倖卒。子達襲。嘉靖三十年正月達卒。子應恩襲。隆慶六年十一月應恩卒子宗道（據府志按開州志作宗直、）襲。萬曆三十八年正月宗道卒。子灝襲。天啓七年八月灝卒。子國柱襲。順治十五年歸順。復其職。仍授副長官。康熙元年始給部頒號紙。七年國柱卒。子芳慶應襲。會吳三桂之變。二十一年乃任。四十年九月。（開州志作四十四年）芳慶卒。子之俊襲。雍正四年九月。之俊卒。子銚襲。（銚州志作先）七年十一月銚卒。子嘉祥幼。乾隆六年襲。三十六年十月。加祥卒。子煊襲。四十年卒。子洪勛幼。四十八年襲。嘉慶八年以疾去職。十九年子尚忠襲。道光十一年九月尚忠卒。子標襲。咸豐十年五月。標卒。子榮章襲。同治三年十一月。榮章率團隨知州武攻剿何得勝於州境挑子窩陣亡。亂平後。同治十年四月。榮章弟榮春襲。光緒三十四年。榮春老。子天欽襲。民國元年司革。

土司之職。爲招撫苗民而設。一則使其不爲内亂。一則開疆拓土。歸入版圖。如洪武時楊文禎招撫谷撒壩十二寨二百九十四戶。又米坪宅吉龍坑羊耳牌烏鴉尾大小三百七十一寨。一千九百一十一戶。又龍堰馬跨谷項甕谷隴四寨。一百二十戶。楊文佑招撫洋水三壋牌子寨十八寨。三百一十三戶。及清水江苗房金房徠川黃池金子巖黍子坪潘家寨三十六寨一百三十一戶。共先後招撫五百零一寨。五千四百三十三戶。征糧米一百六十一石。戰馬一匹。勅令文禎文佑等。管理人民糧馬。催征上納。勿得苛害百姓。不許侵佔地方。希圖便益。

改土歸流後。土司職權。日漸削減。其始曰宣慰司。曰安撫司。繼又曰長官司。清末則僅稱爲土目土弁。蓋爲時既久。夷民散居村寨。習爲漢俗。舊志謂其不過庸劣備員而已。

光緒以後。楊司轄地八排。曰附近排、麻窩圍一帶是。曰坤中排。狗場壩一帶是。曰撒卡排。曰毛坪排。皆在江內。（後又分劃爲六排、增花戶排、谷光排、）曰水口排。曰十字排。曰黍子排，曰泥池排、皆在江外。即今花梨米坪龍坑一帶是。劉司轄四排。曰附近排。劉衙大寨一帶是。曰上排。兩流泉一帶是。曰中排。山鬧土竹白菓塘一帶是。曰下排。枇把哨毛家院卡木坨一帶是。其職務只征收丁糧。繳呈州署。而取其贏餘自奉耳。

明永樂三年。楊司衙署在蜡坪寨。設巡捕廳官守廳。招撫苗寨。征收丁糧。旋住遵義轄官嘴。後移中火爐（楊文佑墳在此、）再移花梨蔣家寨。移白菓樹。移舊衙。移馬江山新衙。同治十年移麻窩圍。劉司衙署初在大寨。後移今劉衙鄉。

第十五節　名宦

開陽設治已三百年。牧斯土者。其間或以忠烈。或以廉正。或以才能。或以幹練。著稱一時者。頗不乏人。茲擇其足以垂示來茲者錄之。

沈翹楚　江南進士。明崇禎三年任河防道。督建城垣。監修衙署祠宇。課士教民。政聲卓著。未幾奉裁去任。

黃嘉雋　浙江鄞縣人。以貢生起家。明崇禎三年。始建州治。公秉承河防道僉事沈公翹楚意督築城垣。初編里甲。課士通商。民苗德之。十六年流寇入黔。州屬苗仲作亂。陷城遇害。士民哭祭三日。時苗仲勢猶盛。乃藁葬北極觀後。公有二子。曰亥。曰辰。均殉難。同死者共三十人云。其表墓祠祭另詳。

徐　昌　江西東鄉人。以貢生起家。順治末。授開州知州。時貴州初入版圖。當兵亂之後。城郭宮室。多毀。官吏無衙署。寓寺觀中。請帑修葺者多被駁。州縣率多派其費於民間。昌乃捐俸修城池。葺衙署。學校祠廟。以次修復。捐廉五百兩修武廟。民不知役。康熙初去任。州人請入名宦祠。

楊文鐸　江南江都人。清康熙三十二年舉人。考授內閣中書。選開州知州。性廉潔。最喜文學。時開州無書院。貧者艱於延師。多廢學去。文鐸建東皋書院（康熙四十年）。延名師以教授之。人爭向學。士風自是丕振。遷貴陽府知府。卒於官。請入祀州名宦祠。

馮　詠　字夔颺。江西金谿人。康熙六十年進士。改庶吉士。清雍正初。授開州知州。表黃公嘉儁墓。開州多陋規。每年派水火馬伕銀三十兩。需用馬伕皆派之各司里。短夫派之四門。打掃圍墻夫派之恥里。（即議里）每歲納生硝百斤。派之弟里。衙門所用柴薪。派之恥里。又派職事例銀三十兩。迎春扮演故事銀十兩有奇。器皿各項銀三十餘兩於境内。胥吏鄉保。每以一派十。民以重困。詠皆詳請革之。惟生硝如故。詠立碑於州署門。使民知所遵守。又請以乒乓山二堰山租。及義里小林口馬湖㵲梨園租銀四十餘兩。資義學膏火。土租爲名宦鄉賢祭費經費。田租給養濟院。並捐資置備祭器。又以開州無志乘。掌故多缺略。乃延州人貢生盧燦等修開州志略。任數年去。繼任爲黃旗人馬天鑲。完成先農壇工程。

柳　霈　河南監生。與學正苛瀾等分募捐金。修補學宮大成殿東西兩廡。新換先賢先儒栗主。明倫堂三間等。復補築黃公墓。思置祭田未果。去任。

呂正音　四川長壽舉人。於乾隆二十五年。與學正蕭樑。訓導蕭良杰等。

補修大成殿兩廡。大成門。改建櫺星門。禮門義路。濬泮池。移忠義節孝二祠於訓導署後。建義學。籌膏火。并庠生汪深邱昂共捐銀四十三兩。買東門外民田一畝。年收租一石一斗一升。以供修葺。

趙由坤　江西貢生。州城初係用土築成。每易傾圮。且四城樓亦均折毀。乾隆三十四年。坤詳請重修。表裏均易以石。復捐資繞圍黃公墓於城內。俾忠骸所在。幽宮永固。

王炳文　湖北黃岡人。以議敘授兵馬指揮。乾隆四十三年。授開州知州。有惠政。初前知州馮詠所修開州志。以歲久書版多失。乃延州人進士楊炎。拔貢朱錦雯　貢生盧師裔等復修之。書成凡四卷。在任數年去。

楊自強　雲南通海人。號雲溪。以拔貢起家。歷官直隸東明夏鄉等縣。性耿介。不諂上以虐民。乾隆五十三年。知開州事。有惠政。民愛戴之。陞大定府知府。以事拂上官意。遂乞休。寓居貴陽城。卒葬西門外羅漢營。

安嘉相　字桂甫。湖北江夏人。以舉人起家。歷任長寨同知。平南籠苗。知廣順州知州等廳州。嘉慶三年七月。調開州知州。嘉相性剛毅。治事嚴整。吏民皆畏憚之。公事暇。輒訓課諸生而甲乙之。諸生敬愛之如師。又嘉相工書法。好吟咏。尤爲人所寶藏。後遷八寨同知。卒於官。

呂柱石。號未詳。河南永城人。太學生。於清嘉慶十五年授開州知州。先是州城東舊有東皋書院。傾圮已久。成廢墟。公下車觀風試士。進諸生而言曰。州人事儒雅樸茂。若得書院以宏造就。其人文蔚起。必更有可觀。因亟謀所以修復之。首捐俸爲之倡。兼募貲共得銀柒百兩。以東皋故址近市。湫隘囂塵。不宜於講學。乃就州署右後鰲山下文昌宮舊址。拓地改建。委舉人林鍾揖等董其事。越二年而工竣。題曰開陽書院。并廣籌膏火田畝。使寒畯之士。得以深造云。

邵孟峻　江西南昌人。以拔貢起家。先後授餘慶縣知縣。嘉慶十六年。歷署貴定修文等縣。嘉慶二十一年。授開州知州。孟峻性嚴厲。不徇請託。稔知健訟奸民。每與吏胥交結。以恐嚇詐鄉。民孟峻嚴治之。並治胥吏之相援爲奸者。凡民間爭訟。限期審結。定限綦嚴。不准延時日。胥吏以審結速。便於民不便若輩之藉端索詐也。多詐稱兩造未至。峻廉得其詐。重杖之。而弊端以息。凡捏情誣告人者。一經對簿。峻數語輒發伏。當時開修貴三州縣人民。無不欽其聽斷明決。有神君之譽。時定番州牧某。挪用倉谷本銀。被大吏查追出。交貴陽府知府買穀還倉。府令

貴州印刷所承印

縣採買。孟峻請於大吏。言採買率得之富戶。價值多爲胥吏鄉保所侵。
有半給者。有全不給而令民間白納者。得賄既足。便免富戶而派累窮民
。仍以實結報官。廣孔百出。官府耳目雖長。亦難以備知。府檄又云。
願者領銀。不以此強民。今縣並無一人承領。則不願可知。請援向例。
應還倉谷。止將秋米變價填足。不必議及採買。照此辦理。所少銀七百
。職即代補送倉。大吏從之。其惠及小民如此。真良吏也。
鹿丕宗　直隸定興人。以拔貢起家。充鑲紅旗官學教習。期滿以知縣用。道
光十二年分發貴州。十五年補授施秉縣知縣。歷署開州知州。及修文桐
梓龍泉郎岱平越等廳州縣。二十年以卓異補授平越州知州。二十四年升
都匀府知府。咸豐元年以苗疆俸滿。賞加道銜。四年二月。兼護貴東道
。十二月。獨山州匪徒拒捕撲城。丕宗督兵勇進剿。殲擒首逆。巡撫蔣
霨遠上其功。請寬免失察處分。下部議敘允之。五年九月。桐梓餘匪勾
結黔西土匪。竄擾大定等處。丕宗會合兵弁夾擊。殲其渠。餘匪肅清。
奏入。賞戴花翎。十月。所屬都江廳城陷。革職留任。十一月。丹江廳
陷。諭仍留都匀府本任。以觀後效。下游台拱苗匪。連陷數城。漸逼都
匀境。龍里貴定兩邑教匪復合攻府城。丕宗募勇登陴。親歷各門。指揮

督戰·間由奇兵迎擊之。殺賊甚多。並訪獲城中匿匪悉誅之。以忠義激士民。人皆感泣·困守年餘。糧盡援絕·六年城陷死之。妻蕭氏自焚死·時丕宗己卯任十有八日矣。貴州提督孝順等奏聞。賜䘏如例。並於原籍建祠·同治七年。巡撫張亮基奏請予謚。并在貴州各任所建祠。其隨同殉難之家丁。孫福李壽黃元·僕婦周趙氏李王氏。婢冬桂·一併祔祀。尋予謚壯節。子傳霖。字滋軒。逃至外舅張鍈任所。會鍈子之洞講學於邑紳宋杰家。後傳霖之洞同任軍機太臣大學士。卒謚文端文襄。人樂稱之。亦以見忠節之有後也。

嚴錫珍　公諱錫珍。號琴帆。爲漢嚴子陵先生後。中道光乙科酉鄉試·時年二十有三。兩試南宮報罷。就本班知縣。簽掣入黔。始至。受知於松撫軍。委權廣順州。繼署永從縣。旋題授開泰縣。任開泰年餘。遂督銅運入京。差竣。署開州。薦卓異。任滿調普定縣·知永甯州·丁內艱·貧難歸葬。南皮張公在貴陽。聞公貧。贈千金·俾得扶櫬歸。起復後·歷署郎岱清平。上官嘗稽州縣之殿最·益陽胡文忠曰。上游一箇官耳·問爲誰·以公對。於是士大夫嘗以一箇官呼之·厥後嚴渭春撫軍由湖北入黔·先致書當道。問一箇官行止。黔官不能對。德溥時籌筆薇垣。代

貴州印刷所承印

述顛末。蓋嚴撫聞胡文忠言。後宦黔者不知也。戊申署桐梓縣。甫下車。差役楊寵喜者。公一見大怒。將置重典。幕友詰其罪。公曰是役有反骨。眉目間帶殺氣。若不殺。終必爲亂。楊役懼。遣其母妻具呈於府。時遵義郡守某公。行檄問狀。公以前言對。守遺公書曰。無罪而刑人。何以令衆。公不能抗。遂釋寵喜。因曰。是役不殺。黔民難安堵矣。兩年餘。解任去桐。未及三年。而楊逆糾衆叛。戕官屠城。殆無虛日。後楊逆成擒。而苗逆復起。人以是服公先見。而燎原莫遏。擾攘二十年。誰之咎歟。咸豐甲寅春。委署丹江通判。公自道光庚寅。捧檄入黔。二十有六年矣。所任之處。興利除害。卓著循聲。因秉性剛介。往往招忌。故久而弗還。丹江之委。相知者謂曰。丹江地瘠民貧。近歲苗民不靖。駐城兵多調發。屯政久已廢弛。土城不堅。一旦有警。何以措手足。況非本缺。辭之必不強子行也。公曰。普天之下。誰非王土。使人人擇善地。則惡者誰爲守乎。余作官近三十年。從不趨肥避瘠。豈至是而改其操哉。遂捧檄行。丹爲都匀府分駐之地。公至郡。謁郡守鹿壯節公。鹿曰。黔中漢民奸而苗民頑。素不相睦。近則苗勢強。地方多故。吾輩守此空城。不知死所矣。公曰。然。黔苗不變則已。變則衆心一所。幸無大志。寡深謀。官司防剿。不難於兵而難於糧耳。藉使兵食足。此等跳梁未爲憂也。鹿公曰善。子行矣。勉之。遂馳往。其地爲苗疆。左倚都江。右倚台拱。以凱里爲門戶。築土城於高山之上。公至。見土地荒蕪。屯卒寥落。問其故。則云歷年征收遲滯。終歲勤勞。竭其物力。僅足輸官。無餘粟以自贍。故逃亡耳。公惻然。爲復其舊制。招納流亡。半載間。復業者數百家。時復親歷各寨。省其疾苦。卹其困乏。撫良誅暴。丹民泣然望治。乙卯春。台拱苗民倡亂。公以丹台接壤。捐廉募勁勇五百人。擇地扼守。先機防禦。境內帖然。台拱苗聞風不敢犯。俄而撫軍遣員督師劉辦。賊投誠。師旋有日矣。公遺督師書曰。台匪未經重創。遽爾投誠。乃度其勢未足與我軍抗也。宜乘其羽翼未成。器械未備。殄其渠魁。寬其脅從。恩威並用。則已叛者懲。未叛者儆。若卒然旋師。必將復舉。則難制矣。師旋不十日。而各屬苗逆蠢動。漸肆蔓延。公復募勁勇二千人。朝夕訓練。賊屢欲至而不敢逼。春暮。賊帥有欲犯丹境者。其酋曰。嚴公守此。幸無躁。既而偵知公瓜期已屆。羣苗相賀曰。嚴大老黃將去矣。去而圖之。何患不克。大老黃者。苗人稱官之詞也。郡守知之。乃上其事曰。丹江嚴倅。備戰守才。若必瓜代。誠恐不保。期至遂不代。賊聞之怒。糾合都江賊苗共五萬人。直逼丹城。公預設三伏以待。並於城中然號炮。四面皆應以炮。金鼓聲震山谷。賊驚竄欲回。伏兵齊出。公命兩衛率衆開門乘之。賊大潰。斬獲三千餘人。奪獲槍炮數千件。糧米二千石。賊首張降。公欲受而烏公不許。公曰。賊之敗於我者中計也。城中積粟無多。而外運甚難。兵餉無措。君欲以二三千餓兵。殲五萬勁敵。吾不知其可也。烏公亦懼糧餉無籌。乃緩其攻。陽許納降。而暗請添兵撥餉。並稱兵糧若足。不及百日。可盡滅羣醜。謂予不信。願受軍法。不然台賊不滅。丹城不保。丹江失則諸城亦大可憂。書上不報。乃議退兵。設虛伏於路。烏公斷後。賊不敢追。整旅旋丹。遣弁詣賊催降。賊酋知我軍糧不足。遂不允。季夏。賊復大至。丹苗之食盡者。以次叛而應之。衆至六萬。長圍困城。城中食亦盡。兵士屢出奮戰。因糧於賊者。又閱月。互有勝負。秋仲。兵疲不能復鬥。遂掘草根剝樹皮食之。最後則皮箱馬夾之屬亦以爲餐。公不得已。咬指血書申函請救云。縱不爲文武身命計。當爲百姓朝廷地土計。況丹江一失。下游半壁。皆非我有。撫軍蔣公得書。乃扎遣賓授丹紅黃通守某。以五百人糧四十石入援。軍行至凱里。畏葸不敢進。撫軍聞之。嚴檄催進。並有如再逗遛。以軍法從事之言。黃倅告人曰。賊衆六萬。以五百人進剿。何異驅羊入虎口。吾甘蹈法。不肯餌賊也。公知事不可爲。與烏公各藏砒鳩於衣。以備倉猝。恐爲賊辱。九月初。士卒多臥病。掘地覓草。忽得黑米石餘。爲粥以餉士民。各得杯許。初十日。賊復八面攻城。三晝夜炮聲不絕。十三日昧爽。士卒饑病甚。不能執兵。然猶臥地奮呼。忍死相持。延至午刻。聲息俱竭。賊始攻破東門入。忝戎烏公（即烏爾滾珠）被難。公守南門。聞變馳返署。肩門着衣冠。服毒升公座。題其几日。城存與存。城亡與亡。毒發死之。時咸豐五年也。公當丹江卡陷時。公子薌府在籍奉公手諭。有丹城已危。我爲國捐軀。夫復何恨之語。公子乃奔走入黔。效秦庭之哭。求援於鄰封。事未集而凶耗至。時中下游一帶。羣盜如毛。丹江道阻。謀歸葬公不果。光緒元年春。國琳乃芒鞋草服至丹。扶柩晉省。薌府先入筑迎櫬歸。率贊邦等瞥基於重慶江北野茅溪石陽公所之側。嗚呼。丹江蕞爾微區。士城高不及尋。內無餉外無援。以二千疲敝之師。拒六萬衆之勁敵。大小數十戰。出奇制勝。固守半載有餘。非胸有甲兵。忠愛素著者。能耶。卒以食盡兵疲。從容就義。亦張睢陽之亞也。飾終令典。備極哀榮。孝子賢孫。能返忠骨於千六百里之外。公可謂不朽矣。又公任開州。惠澤及民。以道光二十五年去任。州民被澤深。大有廉叔度來暮去遠之思。因泐其惠政於石云。父母斯土。訶誦村鄰。端風造士。除匪安民。公明果斷。清廉慎勤。恩能洽衆。刑亦稱仁。欲留不得。依戀陽春。感茲誌石。遺愛長新云云。

石虎臣 號寅谷。雲南昆明人。原籍浙江會稽。道光己酉科中式第一人。咸豐壬子成進士。即用知縣。分發貴州。豐咸五年。署開州。人民苦於以往糧價之折色苛斂。到任後。即減糧價。人民歡聲震天。勤於聽斷。訟至立判。囹圄爲空。城內艱於水。捐資疏泉。以便民食。六年。調署安平縣。州民詣省請留以千計。允之。逾年。民間感其保障功。爲立生祠。時平越甕安等處。土教各匪竊發。而都麻一帶苗教各匪。更肆蔓延。陷城戕官。時有所聞。又值鄰省皆有兵事。協餉不繼。大府以庫帑奇絀。莫知爲計。公乃捐廉助餉。自練鄉團。以佘士舉李樹德歐陽錦城晏章漢馬廷颺周國璋等總其成。七年閏五月。都麻苗教賀洪恩沈大六陳銘勛等。率黨分由麻哈擺郎進逼平越。由藍家關進攻甕安。平越知州高本仁。以平甕賊衆。適公正清查本州教匪。至落旺河邊。本仁乃請檄公渡河。進扼中坪。遏賊旁竄。並鎮撫高平諸團。是年六月初九日。苗教等由平越楊義司竄擾州境。公復率佘士舉李樹德等。由落旺河追擊。進復建中雞場。秋七月兵敗績於山王廟。省檄副將兆喜。參將賈連升。黃平知州陳世鑣等來援。世鑣遇伏於落柳戰歿。兆喜等至花梨。與公會軍巖門關。八月。公遣團首馬廷颺馬華豐等。由東南進圖牛場。自與兆喜率軍至高坪。苗教衆間道天堂梔杍坪犯巖門營。公回援却之。華豐等復敗賊苦蕎坪。苗教黨分走。甕安稍靖。公乃旋師兩岔河。八年正月。苗教等既陷都麻。遂分趨龍里貴定。並據楊義司等處。省城大震。二月再檄公渡大兩岔河。同年十一月。復出軍巴香。以孤軍無助。仍退駐大兩岔河。於何德勝王廷英陳紹虞等。時時來犯。屢爲公所敗。九年正月初旬。公以何苗踞玉華山險地。與州境逼處。若不剷除。患胡底止。乃毅然率佘士舉李樹德團衆二千餘。進扼中坪。據甕安高梘。阻賊出入要衝。時土匪羅加弟。運餉玉華山，公命部禽斬之。知玉華山賊有備。乃部署諸官兵。分左右翼進。斬獲頗衆。十三日。進至楓香坪五道河。賊衆齊進。前後夾擊。將我兵練截爲兩段。首尾不能兼顧。何等見公親臨戰陣。陷險。愈圍攻不退。公揮軍力戰。衝殺盪決。至身受重傷。猶手刃數賊。力竭陣亡。次日得平甕暨本州團練增援。始將公遺骸尋獲。棺殮扶歸州城。士民迎哭道左者。數千人。無異赤子之喪慈親。復請准大府。將公忠櫬葬於城內北極觀後黃公忠墓之下。經撫院蔣具奏。從優議卹。加贈道員。給雲騎尉世職。光緒十五年。巡撫林肇元。奏請於服官任所。原籍地方。建立專祠。十九年撫院崧蕃。請將該故員死難事蹟宣付史館。允之。公無子。以胞弟廷棟子繼嗣。光緒十七年春。詣墓前成服。題主日。父老聚觀者。猶多泣下沾襟云。

鄭選士 字秀峯。甘肅秦州人。道光丁酉舉人。甲辰進士。威寧州知州。咸豐九年。石公寅谷戰歿後。公權開州。值何苗得勝等盤據上大平玉華山。勢鴟張。是年九月。薄開州東北境。公督團禦之。危城以保。以威甯急。調公還任去。

戴鹿芝 錄俞樾撰公墓表。道光十七年。余始應鄉試。廁名副榜。榜末爲戴君商山。越二年。而君舉於鄉。越五年而成進士。諸同年生。咸詫曰。吾榜成進士者尟。君列榜末。不數年掇高弟以去。豈非吾榜之高才生歟。乃始藉藉稱道戴商山戴商山。然而固未之識也。同治五年。余寓吳下。有戴氏子曰儒者。投刺於吾門。稱年家子。而求見。進而問焉。則君之嗣子也。手一編曰。是君之家傳。嗚呼。君死。余蟄伏久。於時事罕聞見。不知君死狀。受而讀之。乃歎曰。若君者〃豈獨吾榜之高材生歟。乃當代之魁士名人也。按家傳。君諱鹿芝。商山其自號也。浙江蘭谿人。道光二十四年進士。二十七年。補應朝考。以知縣發貴州試用。補印江縣知縣。升郎岱同知。歷署修文、定番、永寧、開州、等州縣。平越直隸州知州。代理安順府知府。君才識明練。勇於任事。不畏彊禦。不避艱阻。其攝修文令也。文民屠福生謀叛。前令上變。大府卽命君往代之。君急馳至修文。屠氏詗者日數輩。三日夜無動靜。意稍怠。君忽單騎率數役馳入屠所居寨。屠父子五人皆大驚。厥角於地。稱死罪。君笑曰。無恐。從我歸耳。皆傫然行。君釋罪而用之。後賊至。屠父子殊死戰。城竟以全焉。修邑糧賦。向分兵科兩種。一曰軍田。明季討平安邦彥後。改土歸流。取其地分獎將士。且屯且守。酌取其贏。是謂軍糧。軍糧較重。一曰民田。由人民承領荒地。竭力墾治。官廳按畝起科。寡取之以廣招徠者。是謂科糧。糧較輕。兩種均各就該管守禦千戶所完納正米。以充軍食。清康熙中。改衞設縣。裁撤各所官兵。統歸縣轄。每歲除坐支汛官兵米。儒學廩米。公署役食米外。於是責令民間折銀完納。久之流弊漸滋。米值遞賤。銀根奇絀。每糧一斗。須賣米三五斗始能敷其額征之數。衆皆苦之。君知其病民。而徒歎愛莫能助也。適下游諸苗。因鬧糧蠢動。公乃陳訴人民疾苦。代爲請命。減定折徵價。勒之於石。其攝永寧州牧也。州固苗疆。頑民結寨自固相望。劇盜伍王臣踞石頭寨。也寨地尤險。大軍攻之未即下。以武功爵羈縻之。益偃蹇。君偶有事於小箐。距其寨甚近。有担荷鴉片而過者。趾數千接於道。問之皆賊黨也。命奪而燒之。一夫蓬頭突鬢。六品官服騁而前。疾呼曰。勿勿。君云誰何。曰吾石頭寨伍王臣也。君大捽之踣地。欲殺之。無刀。顧曰。刀來刀來。倉卒無應者。乃反接之以入城。城中皆大驚。或勸勿殺。君怒曰。賊來在我。終不令爾曹獨死。遲明出伍王臣於市殺之。竿其首懸之石頭寨。明日仍有事於小箐。則伍王臣妻子兄弟皆囚服道旁。叩頭血漉漉求。君揮以肱曰。去去。勉爲良民。無犯我法矣。於是威望益振。大吏倚之爲重。所至羣盜皆屏氣。莫敢支吾。然竟死何得勝之難。咸豐九年。何得勝與玉華山諸賊相結連。並踞上大坪以爲倚角。勢張甚。平越州高牧。屢請病乞休。大府檄君代之。未至而開州告急。大府復飛檄委君兼攝開州事。公以開州爲省北屏障。遂改道赴開。公任開州。執法嚴而慈惠愛民。曾力阻抽釐榖釐金捐輸。故軍民樂爲效死。同守危城。賊知君有備。不敢窺州城。然踞巢穴竄擾鄰境如故。君以兵禍不解。民且廢耕。思如屠福生事勸之降。十年閏三月。單騎馳賊營。父老遮道留甚苦。君曰、吾計之熟矣、彼脅從者。皆吾民。未必卽受苦。得還延十許日。雖殺我耕事畢矣。聞者皆泣下。既至。何貫箕踞坐。上其手曰。官來。吾英雄。官亦英雄。君叱曰。否。汝言何也。吾汝父母。若曹吾子耳。父母不忍其子死。汝言何也。賊意稍沮。君百端陳說利害。卒不聽。居賊巢者數月。惟取所攜周易集解。孝經衍義。皇極經世諸書讀之。見賊輒漫罵之。欲激其怒。俾殺己、得勝福保均優容之、且謂公乃第一好官。使人盡如公、苗不反矣。卒以肩輿禮送回城。曰。公在吾等決不敢窺城闉一步也。越二年。君坐事去官。代者未至。賊惑於浮言。謂君行矣。率衆攻城。無兵無餉。無以守。君檄調所屬各團。多受賊牽制。不克悉赴援。賊復斷餉道。士皆枵腹。城遂陷。君冠服坐堂上。賊至。君手劍擊賊。賊還擊之。額顱血湧出。遂仆。賊相戒勿殺君。

一云。公方守西城　賊至北門入。聞警　遽率子孫及親丁。直犯賊。何得勝懸謝之公首撞何得勝。大呼速殺我全家。勿傷百姓。因被害。妻姚淑人。縊於署得勝素欽鹿芸。因諭羣賊勿妄殺。以故百姓無傷。得勝命斬　君奸細晏三日。使我負殺好官名。並以禮殮公。聽民哭祭云。併存之。

復蘇。顧其弟鹿椿曰。吾此時心愈定。亦愈清。平日讀書之效。至此驗矣。吾生無愧怍。死且爲神。言已大笑。遂卒。嗚呼。雖古所稱結纓銜須者。何以過哉。妻戴姚淑人。已先縊於內署。事聞。贈按察使司銜。蓋公生前已有旨以道員用。故從三品例賜卹。且詔原籍及死之地。皆建專祠。以時致祭。君雖死不朽矣。君舊所部民。聞君死。莫不流涕。即鷙悍凶殘之何得勝輩。亦譽之爲戴青天。蓋其忠誠所感發如此。然則吾儕當日藉藉稱戴商山戴商山。其知君殊淺也。巡撫張亮基。奏請卹略曰。鹿芝居官愷悌。報政廉勤。吏畏其威。民懷其德。知能禦寇。屢蕩鴟張。勇不顧身。曾入虎穴。樹一方之保障。盡瘁殫忠。嬰五載之危城。成仁取義云云。

叚紀傳　不知何許人。咸豐十年。以州同隨戴公商山。佐戎幕府。治軍事。時江外金山寺賊陳紹虞等勢甚熾。戴公方與團首佘士舉籌防。而丹江參將趙德光。函約會攻羊場扛寨巖底賊。戴公集開修各團。遣委員左茂森。率往會師。又以金山寺急。乃命紀傳偕吏目叚佐廉。學正趙克賢等。率團練往助士舉。攻金山寺賊破之。紀傳器宇恢宏。有遠識。同治二年。州城陷。戴公殉難。公權州篆。深知佘士舉之降賊爲屈於勢力。及保境衛民計。力爲佘陳訴於大府。佘亦能承仰公意。於圍攻省城之役。

遲遲不進。卒能取信於大吏。得自拔來歸。以功名終者。實嚴公成全之力也。不久卽去任。州人深惜之。

龍聲洋　字海生。四川金堂縣人。以廩生從戎。積功賞戴花翎。以知府用。授開州知州。同治十年到任。時黔大難初平。流亡未盡復。廬舍邱墟。田畝荒蕪。官署祠廟。更少存留。公以創造精神。披荊斬棘。經綸草昧。一面撫綏安輯。抑強鋤暴。俾流離失所之衆。念鄉土而樂歸來。戶口稍復。田土漸闢。乃遵設善後局。以公正紳首董其事。清釐存絕逆名業產。依據定章。嚴杜影射假冒。區分經界。使息爭端。量地肥瘠。分則科賦。驗核契證。發給執照。俾真正業主。得資爲世守。並薄定田賦。蠲除煩苛。旣紓民力。無損國用。復以當日苗教變亂。殺戮最慘。人民孑遺幸存。復業無多。公乃請准大府。給代耕者以耕牛籽種之需。並寬緩其租稅應納之數。於是鄰省之民。多聞風而樂耕於其野矣。然而大兵之後。必有凶災。況著名蠻煙瘴雨之區。值人民寥落之際。則沴戾爲殃。病疾侵擾。勢所不免矣。公乃廣爲求醫市藥。以愈民之旣病。復多貼文告。親爲講說。教民以食無過飽。睡無過多。洗浴清潔。爲預防之方。經所謂如保赤子。心誠求之者。非耶。蒞任已二年。公治事退休處

○尙湫隘○僅蔽風雨●至典禮應祀各廟●更闕焉未備○公詢謀僉同○以絕欵產易值○並捐廉以補其不足○先將學宮武廟修復○以次及於城隍廟○再次及於四城樓衙署○俾師儒感教化○戢強頑○刼後遺民○重新視聽●凡此皆爲政之要務○固非公形民之力○而有醉飽之心也○公於公餘暇●每垂詢父老以地方利弊之所在●稔知州西境白馬硐者○富硃砂水銀礦產○承平時○地方之富庶繁榮○基於是○大亂後停開●公以貨棄於地爲可惜●爲開人謀久遠福利計○慨以私財鉅萬●鳩工開掘○功垂成矣○忽洞下水溢出○致有妨施工○豈果地愛其寶歟○抑開採之術未精歟　然公惠愛開人之心○固不以事之成敗而湮沒也○至公之宅心仁○守己廉○奬善疾惡○聽斷明敏○治事勤愼○則由公之修養有素○用能奏績於草昧之餘●而循聲卓著也○公任五年後去○州民戴德不忘○特泐石以誌其愛○又公善顏魯公書法○今觀其遺墨衡理堂○冥罰尤嚴等字○飛舞遒勁○更令人欽慕其風采云●

梁宗輝　字華堂○廣西人○以舉人起家●光緖五年○授開州知州○公宅心慈祥○有梁婆婆之譽●以之救敝扶衰○培養元氣●固綽有餘裕也○時年穀屢熟●人民習於故常●鮮爲儲藏計○公慨然曰○穀賤則傷農○苟有凶

旱水溢之不時。不預爲備者。將菜色不免。而饑饉薦臻矣。記曰。耕三餘一。耕九餘三。其意可深長思也。於是毅然以耕牛籽種餘貲。暨捐廉購穀爲之倡。更勸導富農。各量其田租所入。什取一入公以資積儲。名曰義倉積穀。訂定規約。交殷富公正紳首保管。遇歉歲或須出陳易新。則薄取其息。裕民食。防災荒。法至良也。又完納丁糧。向須補水。公改爲以市用銀。每畝照二錢完納。以福人民。明州牧黃公嘉儁。舊有祠祀。燬於兵燹。公爲新其祠宇。並以苗亂時剿賊陣歿之石公寅谷、守土殉難之戴公商山等神主附祔於祠。門額曰三忠祠。題其龕曰忠成鼎峙。聯曰。良吏卽忠臣。想當年百戰捐軀。婦子家人。並藉大名垂竹帛。報功因食德。喜今日三賢濟美。馨香俎豆。常留正氣壯河山。又城西門原名湧金門。因日久石墻傾圮。公籌貲補修之。易名曰挹爽。迄今猶存云。

胡　璧　字桐琴。湖南零陵縣人。以生員從軍。積功保同知銜。清光緒十年。授開州知州。歷署湄潭清鎮等縣。以卓異遷雲南知府。公任開州時黔難敉平十餘年。見州治規模雖略備。而廢墜待舉之要政。一爲糧賦未復舊額。由於田土未盡闢。一爲書院所以育人材。義學所以廣教育。

今皆付缺如。至創義渡以利濟涉。通商旅。建殉難總祠以妥忠魂。安毅俾。悉殫精竭力以赴之。期有成而後止。蓋州屬自亂後。田土雖經設局清查。其有主存業。固已確定。領照耕管。至界在存與絕之間。而原主逃亡在外。經有證明。而逾限多年未歸者。其產業照章應行入公。然當時或許人代耕。其後或被人冒混。均爲遺漏田賦荒蕪地畝之媒。公嚴爲鉤稽。釐剔弊混。凡遇人民因經界涉訟者。契照稍不明晰。必輕騎簡從。親爲履勘。一面廣詢誠樸父老。附近田畝契照之有無。及其荒蕪之故。苟有冒混朦佔者。必嚴罰之。一面聽人民具報絕產數目。核實後。廉值出售。比量升科。給照管業。不擾民而便民。裕民食而復國稅。基於是矣。即以變產所入之款。加以捐募。爲新修書院之資。州城舊有開陽書院。清嘉慶十五年。前牧伯呂公柱石所建。咸豐九年。苗教衆陷城。書院燬於火。公重修之。仍名曰開陽書院。復以其餘資建殉難總祠於三忠祠之對廳。一舉而裕國養民教民事神之政粗備。悉公任開後三年事也。書院落成。復籌山長束脩之奉。及諸生膏火月課之需。並圖書有費。賓興有費。歲修亦有費。（見創修開陽書院遺礦鎮）吁。公之嘉惠士林者。誠無微不至矣。更進而謀擴充義學。使漢夷一般子弟。悉有就近向學之機會。藉教育以戢其頑梗之氣。計所成立義學。曰陶淑。曰育英。曰崇正。曰務本。曰飛鳳。曰養正。共六處。凡校舍之建築。塾師之修脯。悉公所經營擘畫。記云。化民成俗。必於學。洵知所本者矣。州境東臨落旺河。爲通甕黃要道。土貨布疋。出入通衢。舊有私渡。值春夏水漲之時。過客商過渡。舟子必多方留難。每致望洋興歎。行旅苦之。公乃籌資置產。創設義渡。民不病涉。而交通便利。並設養濟院以濟孤貧。公任開五年去。其事功如此。至其持法以嚴。待人以寬。治事勤而案無留牘。禮宿學而宏獎後進。他如平朱洪竹之亂。任人得宜。不動聲色。而餘孽授首。巨患以銷。㝡㝡乎幾於古循良吏矣。民之愛之。去後爲位而祝之。誰曰不宜。按公去後、士人爲立生祠於書院講堂左側、後改設學校、遂廢、

馬懋修　字文卿。四川江津縣人。以舉人起家。清光緒十七年。署開州知州。曾培修大成殿。鏞陛三面石欄杆。并泮池石欄杆。曾泐石記事。十八年去任。碑文另詳。

李上珍　字立堂。雲南昆明人。以舉人起家。授正安州知州。十八年調署開州知州。曾建龍神廟於北極觀下。十九年去任。

陳惟彥　字劭吾。安徽石埭人。以監生起家。初爲大理寺丞。後加四品銜

補用府。清光緒二十年，授開州知州。公性剛介，沈毅有爲。不輕喜怒。不畏疆禦。州城西舊有天主教堂。同治元年，地方人民曾釀教案毁之。自撫院下及州牧，均詿吏議。於是闒茸者不諳中外通商傳教約章。凡涉及民教訴訟，罔討曲直。一以屈壓人民媚教。固位苟祿爲事，致民氣積不能平。公履任方月餘，有教堂司事某。自扎佐來城，開設醫館。公偵知之。冀民教相安而已。適城中某甲。以武生充總甲，虎而冠者也。利土著者之愚懦供指使。嫉客民崛彊，不甘其奴役，乃藉仇教爲名。煽動所管花戶。定四月念二日趕集期，各帶武器來城聽指揮。意將騷動以遂其私也。先數日。因午夜私開東城門，謀洩。爲公所覺。公優容之。佯若無事者。每召集某甲至署。垂詢地方一切。語恆移晷。意殊殷拳。某以公形格勢禁。莫如伊何。趾愈高氣愈揚。迨發難之數小時。公集同城文武於署。密議弭變策。飭范總甲至誠帶城内民壯。梭巡四街。見有持武器鄉民。嚴飭解除之。公自率親丁衞兵拾數人。公服坐東城門口。當要衝。以把總吏目學官。帶兵役分臨南北西三城門。四門洞開。惟禁人出入。部署既定。約巳初。見東郊外一帶有團旗飛揚，武裝民衆接踵於後。即某甲所管之里長也。俗稱團首公俟其臨近。命役疾呼曰，止。

里長等驚。如爲公。皆次且前謁。公詰以何故集團。則囁嚅不能盡其詞。一再叩之。乃對以某總甲所命也。公悉令解除其旗仗戈矛。堆置城根。宣諭於衆曰。時正農忙。爾衆願入城趕集者聽。否則歸勤爾業。勿妄動。譁以去者強半。餘仍許入城市。易有無。公清理收獲武器約數百件。南北西三門。悉如之。惟所收武器較少耳。俄頃間。彌天之禍以息。公仍持靜默無所究。當公之解除民衆武器也。某甲心惴惴不息安。至是乃帖寧。越數日。公召司事盧某婉諭護送之還。值端節。某甲入賀。公初以禮接之。徐詰以午夜閉城何事。集團入城又何事。某甲知不能隱。悉以實承。公乃坐堂宣佈某罪狀。褫其衣頂而管押之。某願入產以贖罪。公憐其情而允之。將入產撥充奎閣祭祀費。無何。盧某復來城。設醫館。公據約力却之。乃寢。明年夏大旱。城內井泉本少。至是愈涸。某夜土賊擬舉火乘機刼掠。西街後某宅火已作矣。公聞警急率衆撲滅。並戒衆勿喧嘩。見一人岔息狂奔。大呼火起。公命役縛繫之。一訊而伏。論如律。旋孝里羊場以賊燒刼告。公遣駐軍二十人漏夜馳往援。會團紳葉某等。圍捕之。斃賊三。地方以甯。其沈幾應變有如此。旋命折各街草房。無力者量助之。並置消防器具。銅木水槍三十餘件。及各街太平缸等。而火患幸息。公在京師久。洞悉中外大勢。到任後。觀風問俗。日進諸生於實學相勗勉。勿徒工制藝爲事。餘暇並出其郵筒所寄時務報。萬國公報。匯報等。令諸生傳觀。俾知強鄰虎視。國步阽危。用資警惕。僻壤下邑。獲睹報紙。公實開其先也。大成門右側。舊有屋三楹。祀名宦鄉賢。於例固合也。不知何時祔各節孝木主於內。且題額曰鄉賢節孝。衆習焉不察也。公謁聖畢。即慨然以瀆禮違制。有礙風化觀感是懼。擇地於東街。改建節孝祠。移各節孝木主入祀焉。並聽節孝婦女之無家者。入祠居住。其端風勵俗。得治道之本務矣。他如東郊奎星閣。爲譚前牧煒所建。歲久失修。甲午三月。被大風折毀。奎宿爲應祀之神。且其地風景佳勝。尤文化所關。又食德崇報。火神廟遺址僅存。公悉籌款新建。併於乙未冬與節孝祠同觀厥成焉。或難之曰。乙未歲旱。公大有事於土木。不將疲民乎。蓋公預集資以興工。當旱災將成之日。正合以工代賑之意。匪惟不疲民。民且資以爲利也。公治事勤廉。獄訟衰歇。而自奉甚約。其夫人恒躬自滌濯。非隘也。將以儉德率下也。公精力強健。簿書之暇。即習拳術。嘗手一鐵丸。約重十餘斤。日必數十舉。衆方以爲異。公釋之曰。吾人處天步艱難之際。無異燕巢危幕。吾殆仿陶公之運甓。以起士夫衰頹之氣耳。歲丙申。公將去。猶添購經史子集經世之書數十種於書院圖書室內。以嘉惠士林。作留別之資。公歷署婺川縣。遷黎平知府。皆卓著循聲。旋總黔榷政。風規尤峻。先是黔榷政所盈。年必數十萬金。無奏報。藉供各大吏之挹注分潤而已。公釐剔其弊。詳請儲於庫。著爲令。宣統二年。遷湖南鹽理財政官。後致仕家居云。

劉炳蔚　字雨生。四川灌縣人。監生。光緒二十二年。署開州。曾建先農壇黑神廟。並添設開化義學。玉清義學。兩處。

蕭漢傑　字冠侯。江西太和縣人。以舉人官瑞昌縣教諭。遷開州知州。清光緒二十四年到任。値己亥庚子水旱爲災。公以格於例。請賑不行。乃慨捐廉銀三千兩。於貴定、麻哈、都勻、等府州縣。市米運開平糶。名日飛輓。災難稍紓。公長文學。每課士見文理稍優者。必改易其瑕疵。使成完璧。受益者頗多。公復以饑荒之餘。四鄉多劇盜。爲人民籌保衞計。畫全境爲五大團。倣練營制。名曰福壽吉慶中等字團。以五鄉正爲團長。每團選壯丁壹百貳拾人至壹百伍拾人。擇精於刀劍劈刺。及土洋槍射擊術者。充任教師。訓練期爲四閱月。各丁受訓後。還歸各鄉正指揮。地方有警。則出而共禦之。又培修武廟。旋還試用道。二十七年九月卒於任。

張鍵 字紹階。雲南昆明人。以進士即用知縣分發貴州。清光緒二十七年。署開州知州。公宅心寬厚。遇士以禮。每聽訟。對於理曲者。必娓娓解說。使自知其非。而後止。嚴禁吏役需索。非重罪不易决解者。不輕囚繫人。時清廷銳意變法。籌武備。興學堂。變賣本城基地。約價銀貳千兩。悉與入公。又計畫提撥各里廟產。以充辦學經費。各寺僧多方營求。關說彌免。公不爲動。規畫甫定。公以授銅仁縣去。後之抽提廟捐。得以暢利無阻者。實公倡始之力也。

陳介白 字鄰蓀。四川江北廳人。由舉人大挑一等。以知縣分發貴州。清光緒二十八年十一月。署開州知州。公嚴明果斷。風裁峻嚴。州城賭博。向由於新年弛禁數天。以致暗中聚賭自肥者。莫可究詰。而傾資於賭窟者。項背相望。又哥老會亦漸恣肆。二者皆風俗之憂。公履任初。廉得其情。懲勢豪某一。以儆其餘。後值新年。均無犯賭者。至放會之風。更斂迹而莫敢承。公亦嘉其自新。不爲已甚。翌年去任。歷署荔波、貴筑、修文、等縣。還赤水同知。致仕歸。

張運芙　字伯渠。湖南湘鄉人。以監生從軍。積功授開州知州。清光緒二十九年十二月到任。公性廉介。果毅有爲。初以語言隔閡。若無所短長。稍久洞悉地方情形。聽訟折獄。擇賢任事。悉契輿情。先是北城一段女牆。圮於山洪。長約數十丈。公因案籌鉅款修復過半。司出入者。則委之邑人范學海。公但稽核其成。至因案捐贖者。皆折服公之廉明。無怨讟微辭。會夏大風雨。大成殿兩木壁傾圮。公易以磚石。工作方殷。公日督課之。光緒三十年七月念某日午後。猶見公健步督工。是夜遽嬰暴疾卒。年六十有餘矣。州人咸痛惜公之賫志以歿。無由竟厥公之措施也云。

張　翰　子愚菴。湖南長沙人以雲騎尉世職從軍。積功署貴州安南知縣。旋授開州知州。光緒三十一年六月到任。公善左腕書。能詩。有鐵笙菴詩集。在申江久。曾鬻詩字以療貧。因熟諳中外大勢。清室決廢科舉。銳意興學。詔地方有司切實舉辦。公仰承其意。提廟產。增斗息。免屠猪者日供應文武官差肉。移其漏規。創屠宰捐。又創牲場、油榨、及水碾捐種種捐項。悉以之充各學校經費。本城小學校原有之開陽書院也。其建築式稍舊。不合學校用。公以廟產售價所得款尚裕。擬如式重新講室。並四週牆壁。悉易磚石。已繪圖詳准。乃工未興而公卒。惜哉。又公在時。曾奉開辦巡警札。苦經費無出。乃就舊日義穀息嚴密綜理。而取盈焉。故事。義穀每歲青黃不接之際。薄取息。聽人民借貸。值歉歲。或蠲除其息焉。息所入無多。聽州牧撥充臨時慈善事業用。今確定其息爲巡警常年的款。必量出爲入。警政乃舉。兼善之難也如此。

陳順鑲 字贊卿。四川漢州人。由內閣中書以知縣分發貴州補用。清宣統元年。署理開州知州。歷署桐梓縣知縣。因鼎革致仕歸。公任開時。清廷憲政。方在萌芽。有詔云。大權操於朝廷。庶政公諸輿論等語。實仍專制也。公素嫻吏治。且慮吏求益。特設公益局於城隍廟。復訪求德望素孚者十數人充局紳。凡地方公款出納。於此鉤稽。地方興革要政。於此取決。事無廢墜。款無虛糜。公治盜嚴。亦鑒憐其爲饑寒所迫。嘗有某竊賊初犯。公鞫。悉其隱。宥其罪。給資而遣之。警以勿再犯。某陽從而陰違之。公時行田畝間。喜共農夫野老語。備悉某賊性未改也。竟再犯。公杖而斃之。由是而四境甯謐。幾於夜戶不閉矣。公甘儒素。歷官京外。不挈眷增累。其子弟之到官省視者。絕不准與聞政事。同飲食寢處。嘗以十事相戒曰。酒、色、財、氣、煙、嫖、賭、噍、搖、官。

胥敗家者也。一人爲官。舉家待以衣食。有不貪墨而長遊惰者耶。其子弟從稍久。必遣歸力農。恐荒本務。其清廉不私爲何如。越一年而去。州人愛慕之。爲之立石。誌去思。曰。明懿澹定。曰。是真不要錢的好官。（碑文另詳藝文）

劉貞安 字問竹。四川奉節縣人。由進士即用知縣。分發貴州。宣統二年。署開州知州。時清廷正分期禁革鴉片煙。公以禁煙後。人民生計維艱。察知地方富藏。如礦產不能驟辦。而茶與橡桑。則舉目皆是。茶質濃厚。橡可飼山蠶。惜無人講求製茶。及育蠶之術。以致利難普及耳。適邑紳李立鍇。正提倡實業。謀開辦蘭茶公司。公力助其成。並出貲百餘以爲倡。惜未久。值改革而罷。又禁煙分期減種。其考核頗難。本屬稗政。視察吏欲借以牟利自肥。公力爭之乃已。因而速去。州人感其保障之德。爲立石以誌愛曰。望君如望歲。得艾曾幾時。借寇窮呼籲。瓜代竟及期。公福我州民。淪髓而浹肌。學優始如仕。古訓即師資。文章寓經濟。妙筆五色持。得人宏教育。皋比仰風規。療貧倡實業。蘭茶因地宜。片言能折獄。戢暴撫瘡痍。劉寵名一錢。廉潔無瑕疵。奉令除罌粟。芟夷蘊崇之。恥彼貪婪輩。緣法作詭隨。脂膏忍朘削。剜肉以充饑。

藉非公強項。元氣必澆漓。閒步城西隅。屹然覩碑豐。嚴鄭陳三公、。輿誦儼在茲。公德堪與並。詢非阿所私。

簡協中　字寅欽。雲南昆明人。以員生從軍。積功賞戴花翎同知銜。分發貴州補用。清宣統三年四月。署開州知州。到任未久。即值革命軍興。是年九月十八日。開州反正。公亟欲求去。奈眷屬相隨。苦無貲。又因民衆數百人。泣懇留。公徐曰。但得貲遣眷旋里。免亂方寸。余誓與衆父老共安危。與孤城共存亡。衆嗥應。立即納貲。公乃出視事。反正初數日。城中秩序尚安靜。無何暴徒騷動。竟妄言無政府。而乘隙尋仇報復之事。漸次紛呶。公持以鎮靜。有周某者。素無賴。以脅力迫人者也。其凶燄莫可近。公廉知之。某日午。遣親軍逮捕之。訊其凶狀。遽殺之以徇於市。自是暴亂頓息。城中賴以乂安。鄰縣多騷然不寧。惟我州政令如常。田賦收解十之九。則公治亂國用重典之效也。厥後巨匪因省招撫而入城。駐軍驕悍而暴戾。公悉肆應曲當。俾於民無傷。翼年。爲中華民國元年夏曆正月十七日。突有前曾駐防州城之北防先鋒隊大隊入城後。始知滇軍入省代黔政。先鋒隊其潰出者也。公靜以待之。至午夜。該隊長饒某逕入州署。向公索餉。並以搜刼往民相威脅。勢洶洶。不可遏。公婉詞請其少待。即令團防局長桑榮先。與之周旋。桑爲貴陽人。素識該隊長者也。復又召集紳首。密議應付方略。僉謂彼已深入。徼論勢難與敵、即使兵強械精。亦投鼠忌器、迨桑返。述交涉結果云。饒願以槍彈易銀。值相等、公允之、由衆給資、作地方武力、事乃寢、公於是朝夕訓練團防。復注意各學校之規復。會有惡僧某。糾衆行刧。州西北。寖蔓延於東北境内。人民不遑甯居。公命榮先與士紳劉華清分率隊剿捕之。三閱月。首惡被戕、餘賊獮薙殆盡、夏四月。大風拔木。大成殿右壁被毁。公亟修復之。並重新四城樓。各題以額。至八月遷即岱同知以去。臨别時。士民之祖送者。莫不感而流涕。因立石以誌其遺愛云。

楊永肅　字筱培。貴州清鎮縣人。前清癸卯科舉於鄉。中華民國元年八月。任開州知州、公局度謹飭。廉隅自矢。時國步初更、一切法規。諸多未遑。公惟以愛民不擾、爲施政要務。會二年春暮。重申禁煙令。已將結實收漿矣、大吏竟派兵剷除、公自認失察於事先。以維護民衆、因是掛冠去。北區人民。思慕不置。特爲之立石以誌之云。

唐積福　字希澤。遵義人。民國五年任、周知民隱。寬猛得中、在任二年。保存民間元氣不少。

李乃揚　字少桓。四川巴縣人。寄籍貴陽。貴州優級師範生。民國八年任。治從大體。不規小利。其動止威儀。頗不失儒者氣象。辛酉歲饑。博採羣議。折衷一是。辦理平糶。實惠災民。在任二年又七月。無不義之財。其廉潔尤可風。臨去。邑人士泐石以紀惠愛云。

徐健行　廣東蕉嶺人。東吳大學畢業。民國二十四年。由册亨調任開陽。貴州在軍閥時代。賄賂公行。舞弊取巧。視爲官吏應有之權利。健行到官。奉公守法。廉潔自礪。一洗從前泄沓之惡習。非義之利。一文不取。職任範圍內之事。雖苦不辭。縣人稱之。爲二十四年中央實力達到黔省後開陽第一任好官。二十六年七月三十日夜。股匪彭治綸作亂。攻入縣府。健行聞變。短衣袴。倉卒出禦。飲彈遇害。縣人惜之。民衆熱烈追悼。公葬於前知州戴鹿芝墓之右。

聶　禁　崇禎時任開州吏目。十六年。流賊蠭起。苗仲作亂。陷州城。與黃嘉雋同時殉節。葬北極觀後。碑題前明開州少牧聶公禁之墓。

彭　謚　遵義府舉人。乾隆四十五年任開州學正。王炳文續修開州志。彭董其成。

蕭良杰　咸甯歲貢。乾隆四十五年任開州訓導。時修開州志。良杰與聞其問。三閱月而告竣。

劉仲魁　號星垣。畢節人。廩貢。清光緒癸巳。選授開州訓導。到任後。勤於課士。復勤於自修。嘗自撰楹聯云。官有餘閒。還讀我書消歲月。身無別事。時聽鳥語喚春風。見大成殿聖牌前製不合式。又以鄉賢祠春秋祭費無出。乃進諸生王治香、石生雲等集議捐資。共得銀捌拾餘兩。除如式新製聖牌外。餘銀陸拾兩。放借生息。作鄉賢春秋祭祀費。由學齋長、及鄉賢子孫內一人。互相經管收息、頒胙等事宜。以示崇敬之意云。

第十六節　典禮

古訓有云。國家大事。在祀與戎。可見中國事神治民。在昔并重。文昌、城隍、火神、龍王等祀。反正後已廢。春秋丁祭。民國二十年後始廢。婚嫁喪祭。因立法院尚未規定。民間祇好新舊并用。茲將過去及現在之重大者。撮要述之如次。

(一)祀孔　自漢武帝時董仲舒獨尊儒術。罷黜百家後。孔子遂爲百代之師。每年春秋仲月上丁之日。舉行丁祭（君主時代、春秋祀典、逢甲祭天、乙祭地、丙祭宗廟、丁祭文廟、戊祭武廟、故祀孔日丁祭乃國家大典。先一日在文廟殺牛、羊、豕。焚香帛行禮。日省牲。夜間寅刻。文武各官齋沐冠服。齊集大成門。初行迎神禮。次爲初獻。爲亞獻。繼爲終獻。爲徹饌。爲送神。同時并由分獻官分祭先賢、先儒、崇聖祠、及名宦鄉賢等祠。儀式極爲隆重。民國十九年前每年春秋祭祀均依例舉行。

(甲)配享孔子者、四配曰復聖顏回。宗聖曾參。述聖子思。亞聖孟軻。兩序十二哲。曰閔子騫。冉仲弓。端木子貢。子路。子夏。子若。冉伯牛。宰予。冉求。子游。子張。朱熹。兩廡先賢。曰子產。林放、原憲。南宮适。商瞿。漆雕開。司馬子牛。冉儒。伯虔。冉季。漆雕徒父。漆雕哆。公西赤、任不齊、公良儒、公肩定、鄡單、罕父黑、榮旂、左人郢、鄭國、原亢、廉潔、叔仲會、公西輿如、邽選。陳亢。琴牢。步叔乘。秦非。顏噲。顏何。縣亶。牧皮。樂正克、萬章。周敦頤。程顥。邵堯夫。蘧伯玉。澹台滅明。宓子賤。公冶長。公晳哀。高柴。樊須。商澤。巫馬施。顏辛。曹卹。公孫龍。秦商。顏高。壤駟赤。石作蜀。公夏首。后處。奚容蒧。顏祖。句井疆。秦祖。縣城。公祖句茲。燕伋。樂欬。狄黑。孔忠。公西蒧。顏之僕。

施之常。申棖。左丘明。秦冉。公明儀。公都子。公孫丑。張載。程頤。先儒曰。公羊高。伏勝。毛亨。孔安國。后蒼。許慎。鄭康成。范甯。范仲淹。歐陽修。謝良佐。羅從彥。李綱。張栻。陸九淵。陳淳。真德秀、何基。文天祥。趙復。金履祥。陳澔。方孝儒。薛瑄。胡居仁。羅欽順、呂柟。劉宗周。孫奇逢。張履祥、陸隴其、張伯行。穀梁赤。高堂生。董仲舒。劉德、毛萇。杜子春。諸葛亮。王通。韓愈。胡瑗。韓琦。楊時、尹焞。胡安國。李侗。呂祖謙。袁燮。黃幹。蔡沈。輔廣。魏了翁。王栢。陸秀夫。許衡。吳澄。許謙。曹端。陳獻章。蔡清。王守仁。呂坤。黃道周。陸世儀。湯斌。

（乙）崇聖祠　祀孔子五代。木金父。祈父。防父。伯夏。叔梁紇。并以顏、曾、思、孟四氏配享。由學官分獻。

附鄂爾泰伍王位次議　爲以五王位次。頒示各學事。照得本部院前在江南。據宜興縣學詳稱。轉奉憲牌。即將啓聖祠改造。謹繹部文內開。添設聖牌。按昭穆位次。或係正位南向。餘依世代東西分別。或以五代并皆南向。止照左右坐次。分別昭穆。原未經示明。相應詳請批示遵行。本司看得奉上諭。將肇聖王、裕聖王、詒聖王、昌聖王、啓聖王、加封三爵。改造聖祠。添設神牌。此誠千古未有之盛典。萬世不朽之鴻猷也。但昭穆位次。若非依據經文。詳議定式。則即一省之內。各府州縣。互有異同。非以遵崇聖裁。仰答帝心也。今博採經傳。準古酌今。欲令各學規模。歸於畫一。未敢擅專。謹依竊詳議。呈列於左。謹按典禮。該學所稱肇聖王以下昭穆位次。所謂正位南向。餘依世代東西分別者非也。所謂并皆南向。照左右次序分別昭穆者、亦非也。嘗考諸經義。周禮春官小宗伯。辨廟祧之昭穆。而昭穆之名始見於此。禮記王制。天子七廟。三昭三穆。與太祖之廟而七。諸侯五廟。二昭二穆。與太祖之廟而五。而昭穆之位次。未有聞焉。祭統曰。夫祭有昭穆。昭穆者。所以別父子遠近。長幼親疏之序而無亂也。此雖主生者之昭穆而言。而亦可知昭穆之義。大抵取其有別有序而無亂者也。至於昭穆位次。於經義皆無所據。後世儒者。議論紛紜。鮮所適從。古今禮制既殊。其廟貌規模。廣狹豐儉之度。亦難以古制相繩。惟博採諸子之論。明乎禮意之所在。以爲之折衷可耳。朱子嘗引孫毓以爲外爲都宮。太祖在北。二昭二穆。以次而南。考諸孫毓之說。宗廟之制。外爲都宮。內各有寢廟。別有門垣。太祖在北。左昭右穆。差次而南。由此觀之。則廟中之主。昭穆各不相望。而義取於有別。今所謂并皆南向。左右次序分別昭穆者。是無別之甚者也。故謂其說非也。朱子之言曰。太祖之廟。始祖之君居之。昭之北廟。二世之君居之。穆之北廟。三世之君居之。昭之南廟。四世之君居之。穆之南廟。五世之君居之。廟皆南向。各有門堂寢室。而牆宇四周焉。凡廟主在本堂之室中。皆東向。及其祫於太祖之室中。則惟太祖東向。自如而爲最尊之位。羣昭之入乎此者。皆列於北牖下而南向。羣穆之入乎此者。皆列於南牖下而北向。南向者取其向明。故謂之昭。北向者取於深遠。故謂之穆。蓋羣廟之列。則左爲昭。而右爲穆。祫祭之位。則北爲昭而南爲穆。五廟同爲都宮。則昭常在左。穆常在右而外有以不失其序。一世自爲一廟。則昭不見穆。穆不見昭。而內有以各全其尊。由此觀之。古者廟皆南向。廟主皆東向。羣廟之制。雖左昭右穆。皆以各全其尊。惟祫祭始屈於太祖之尊。而就南向北向之列。則各全其尊者常也。屈於所尊者暫也。今所謂正位南向。餘依世代東西分別者。是使居正位者止於肇聖。自此而下。啓聖亦不得以自全其尊。而常就旁列。故其說亦非也。朱子之言又曰。後世公私之廟。皆爲同堂異室。而以西爲上者何也。曰由漢明帝始也。降及近世。諸侯無國。大夫無邑。則雖同堂異室之制。猶不能備。南渡之後。無復舊章。雖朝廷之上。禮官博士。老師宿儒。莫知其原者。是古制之不可復見。朱子已言之矣。然則如之何而可。爲之準古酌今。依經傳義。則莫若廟固南向。主亦南向。不可謂古是而今非也。況弟子之於先師。後人之於先聖。既南向則主祭者以下皆得北面。是南向之禮、固一定而不可易者也。而欲各立一廟以成尊。勢有不能。同居一室而無別。禮又不可。今惟就廟之中。隨其地之廣狹。分爲五室。所謂五室者。非能準諸古制。不過如今之所謂龕是也。以肇聖做始祖之禮。居於正北。裕聖居左。詒聖居右。稍次而南。更約前尺許。而肇聖之室。視裕聖、詒聖約深尺許。裕聖、詒聖視昌聖、啓聖復約深尺許。從外觀之。則五室并齊。從内觀之則位之深淺各殊。示之尊卑自別。則五聖之靈。其亦安矣乎。要而言之。則同在一廟。即外爲都宮之禮也。肇聖居北。即太祖居北之禮也。四聖以次而南。即二昭二穆以次而南之禮也。左昭右穆。即不失其序之禮也。各爲一室。即各成其尊之禮也。子游不云。其庶幾亡於禮者之禮也。其動也中。予不敢自謂其說之果中。亦庶幾亡於禮者之禮也夫。若此者變而不失其爲常也。權而不害其爲經也。變而可常。權而可經。則於禮也其庶幾乎。此議業經江寧撫部院行之七屬。復經兩督部院頒示兩江在案。今本部院蒞任滇黔。所有五王位次。擬合頒行。

(丙)名宦祠　附文廟內。於祀孔畢。由分獻官致祭。祠內祀郭子章(明巡撫)、王杏。(總督奏請貴州專設鄉試、)趙廷臣。甘文錕。王燕。(巡撫請設開州學、)范承勛。(總督)田雯。(巡撫)楊德勝。(明總兵、)金鎮貴。(總兵、)李科。汪明試。(均副總兵。)黃嘉儁、徐昌。楊文鐸。馮詠。柳霈。呂正音。王炳文。石虎臣。戴鹿芝。龍聲洋。胡璧。陳惟彥。陳順曦。(均知州、)聶禁。(吏目、)劉兆興。(學正、)等。

(丁)鄉賢祠　亦附文廟內。於祀孔畢。由分獻官致祭。祠內祀傅一薦。(明總兵、)汪澤民。傅宗祥。(一薦孫、梓潼縣知縣、)周能讓、楊文華。簡應時。盧學新。盧應鳳。盧應龍。盧應奎。盧國賢。王之林。何兆柳。何人鳳。譙文學、譙會溟。謝體仁等。

(戊)祭器　有大豆。簠、俎。鉶。登。爵。簠。簋。籩豆。祝版。香爐。罍罇。酒罇。尊幕。龍幕。帨巾。籩巾。盥盤。盥架等。

(己)祭品　有太牢。少牢。豕。太羹。和羹。黍。稷。稻。粱。形鹽。

藁魚。鹿脯。鹿醢。醓醢。韭菹。菁菹。芹菹。筍菹。棗。栗。榛。菱。芡。白餅。脾析。豚拍、香。帛。炮。燭等。

(庚)樂章　有六。迎神奏昭平之章。文曰。大哉孔子。先覺先知。與天地參。萬世之師。祥徵麟紱。韻答金絲。日月既揭。乾坤清夷。

初獻奏宣平之章。文曰。予懷明德。玉振金聲。生民未有。展也大成。俎豆千古。春秋上丁。清酒既載。其香始升。

亞獻奏秩平之章。文曰。式禮莫愆。升堂再獻。響協鼓鏞。誠孚罍甗。肅肅雍雍。譽髦斯彥。禮陶樂淑、相觀而善。

終獻奏敘平之章。文曰。自古在昔。先民有作。皮弁祭菜。於論思樂。惟天牖民。惟聖時若。彝倫攸敘。至今木鐸。

徹饌奏懿平之章。文曰。先師有言。祭則受福。四海黌宮。疇敢不肅。禮成告徹、毋疏毋瀆、樂所自生。中原有菽、

送神奏德平之章。文曰。鳧繹峨峨。洙泗洋洋、景行行止。流澤無疆。聿昭祀事。祀事孔明。化我蒸民。育我膠庠。

祭畢後。將牛、羊、豕、肉分送。名頒胙。受之者以爲榮。文廟左右禮門義路兩門。平時嚴扃。無論何人。不准出入。只能宮牆外望。惟祭祀

前後兩日。任人瞻仰。

（二）孔子誕辰　從前除丁祭外。每年八月二十七日聖誕節。書院及學校亦以太牢致祭。民國二十年飭令聖誕日在文廟舉行紀念會。以縣長主祭。各公務員各紳耆父老暨學生軍警等。均應參加。并由官紳講述孔子遺教。二十八年。國府令以孔子誕辰爲教師節。

（三）祀關岳　清季以關羽爲武帝。順治時。定每年五月十三日祭關廟。雍正時。上諭於春秋仲月上戊日致祭。民國初元。兼祀岳飛。并以張飛。王璿。韓擒虎。李靖。蘇定方。郭子儀。曹彬。韓世忠。旭烈兀。徐達。馮勝。戚繼光。趙雲。謝玄。賀若弼。尉遲敬德。李光弼。王彥章。狄青。劉錡。郭侃。常遇春。藍玉。周遇吉等配享。其儀注與文廟同。惟送神後。尚有柴祭。故樂章有七。一日迎神。二日初獻。三日亞獻。四日終獻。五日徹饌。六日送神。七日望燎。民國十九年前。每年仍循例舉行。

（四）祀文昌。嘉慶六年。諭旨祭文昌帝君。照祭關帝例辦理。七年。上諭每歲以二月初三日文昌誕辰爲祭期。秋祭。由欽天監選吉預知。致祭禮節與武廟同。有樂章七章。滿清末季。已不舉行。文昌星宿之主文運者。亦稱文曲星。又稱梓潼帝君。一說文昌係神名。姓張名亞子，居蜀七曲山。仕晉戰歿。人爲立廟。職掌文昌府事。及人間祿籍。元加號爲帝君。又謂文昌爲蜀人張育。符秦陷蜀時戰死。衆說紛紜。莫衷一是。亦見中國遵崇文教。不求甚解之意。

(五)祀先農社稷　雍正四年。令直省各府廳州縣。設先農壇。每年以季春亥日致祭。祭畢。行耕藉禮。地方官掌犂、進鞭。秉耒播種、九推禮畢。停犂釋鞭。所以重農事也，上戊日祭社稷神祇。民國初年均廢。

(六)祀城隍等　昔日凡入祀典之廟。如城隍。火神。龍王等。每歲以時致祭。若遇天災旱災。祈晴祈雨。或閉南北門。或禁屠齋沐。或親臨禱祈。朔望亦必赴各廟上香。又有立春日行迎春禮。中元節行厲祭等。民國成立後均廢。

(七)祀三忠祠　黃石戴三公。殉節開邑。建有專祠。每年春秋致祭。民國初年。僅于清明日設祭墓前。由縣長率領官紳行禮。并演說三人事蹟。俗謂上黃墳。

(八)上任禮　州官上任。先拜東門城門，繼祭城隍廟，到州署拜儀門，至大堂行望闕禮拜印，然後坐公座啓印，皂隸排衙。吏房呈押。吏役參見。復至各廟行香。閱城閱獄。謁聖。明倫堂講書。每年正月開印。臘月封印。遵照欽天監所定日時行禮。民國後均廢。十八年以前。官氣重者。亦偶一爲之。

(九)鄉飲酒等　每歲正月十五日。十月初一日。擇鄉里之年高德劭者。舉觶獻酬。謂之鄉飲酒禮。每月朔望。於州城及各鄉鎮講約所。宣講聖諭十六條。勸善規過。謂之講約禮。每月朔望。州官行香講書畢。詣射圃。設鵠習射。謂之鄉射禮。凡新進生員。發紅案後。傳集州署。簪花掛紅。鼓樂導引。州官率領新生謁文廟行禮。詣明倫堂見學官。謂之送學禮。鄉試之年。州官柬請赴科生員至署。張設盛筵。舉觴稱餞。發給科舉銀兩。謂之賓興禮。鄉試中式之員。赴京會試。州官設席祖餞。發給盤費銀兩。其儀節較之賓興尤爲隆重。謂之鄉舉禮。有政績德行之官紳。由督撫轉報。經部核准。送其栗主入名宦鄉賢二祠。謂之崇祀名宦鄉賢禮。年高碩望。壽至耄耋。由州官餽贈存問。百歲老人。則賜銀建坊。謂之優老禮。設育嬰堂。收養無依之孤幼。謂之慈幼禮。滿清中葉。鄉飲講學諸禮已廢。科舉停後。鄉射，送學，賓興諸禮又廢。餘則徒存其名而已。

（十）總理紀念週　縣屬各機關、各學校、各團隊、於每週星期一上午九時。舉行紀念週•以其所在地最高長官爲主席。其秩序爲

一紀念週開始。

二主席就位。

三全體肅立。

四唱黨歌。

三民主義。吾黨所宗。以建民國。以進大同。咨爾多士。爲民前鋒。夙夜匪懈。主義是從。矢勤矢勇。必信必忠。一心一德。貫徹始終。

五向黨國旗及　總理遺像行三鞠躬禮。

六主席恭讀　總理遺囑。全體同時循聲宣讀。　總理遺囑　余致力國民革命。凡四十年。其目的在求中國之自由平等。積四十年之經驗。深知欲達到此目的。必須喚起民衆。及聯合世界上以平等待我之民族。共同奮鬥。　現在革命尚未成功。凡我同志。務須依照余所著。建國方略。建國大綱。三民主義。及第一次全國代表大會宣言。繼續努力。以求貫徹。最近主張。開國民會議。及廢除不平等條約。尤須於最短期間。促其實現。是所至囑

七向　總理遺像俯首默念三分鐘

八講讀　總理遺教。或工作報告。

九宣讀黨員守則。（由主席先宣讀誓文　然後領導全體循聲宣讀守則十二條。）

一　忠勇爲愛國之本

二　孝順爲齊家之本

三　仁愛爲接物之本

四　信義爲立業之本

五　和平爲處事之本

六　禮節爲治事之本

七　服從爲負責之本

八　勤儉爲服務之本

九　整潔爲強身之本

十　助人爲快樂之本

十一　學問爲濟世之本。

十二　有恆爲成功之本。

十禮成。

貴州印刷所承印

（十一）升降旗　各機關各學校。每日應舉行升降旗禮。各級學校并應呼口號。二十八年五月省府教育廳。將口號重新修正如左。

一　努力學業修養

二　努力抗戰建國。

三　實行新生活。

四　實行三民主義。

五　服從　蔣總裁。

六　打倒日本帝國主義。

七　中國國民黨萬歲。

八　中華民國萬歲。

二十八年六月。省府規定各縣以保爲單位。於每月舉行月會時。一律先行舉行升旗。

凡升降旗時。車馬止步。行人肅立。屋內屋外。聞黨歌即須起立致敬。

（十二）植樹節　總理逝世後。中央即規定每年三月十二日爲植樹節。并以本星期爲造林宣傳週。本縣各區。每年均遵令劃定地畝。舉行植樹。

（十三）國慶　凡週雙十節。元旦。及本省反正紀念日等。均遵照中央頒發紀念日辦法表。及省府命令舉行。

（十四）國難　凡遇國難紀念日。各地均下半旗。停止娛樂。統遵紀念日辦法舉行。對于先烈先哲。有默哀默念之規定。

（十五）各種集會　有奉令舉行者。有臨時舉行者。有屬於慶賀者。有屬於追念者。其儀式臨時規定。或遵上級機關命令辦理。

（十六）軍人讀訓　軍事學校部隊。舉行開學畢業典禮。及入伍退伍儀式。檢閱校閱團隊。暨士兵團隊每早點名。軍官任職宣告。均肅立誦讀黨員守則十二條。軍人讀訓十條。黨員守則見前。軍人讀訓爲

第一條　實行三民主義。捍衛國家。不容有違背怠忽之行爲。

第二條　擁護國民政府。服從長官。不容有虛僞背離之行爲。

第三條　敬愛袍澤。保護人民。不容有倨傲粗暴之行爲。

第四條　盡忠職守。奉行命令。不容有延誤怯懦之行爲。

第五條　嚴守紀律。勇敢果決。不容有廢弛敷衍之行爲。

第六條　團結精神。協同一致。不容有散漫推諉之行爲。

第七條　負責知恥。崇尚武德。不容有污辱貪鄙之行爲。

第八條　刻苦耐勞。節儉樸實。不容有奢侈浮滑之行爲。

貴州印刷所承印

第九條　注重禮節。整肅儀容。不容有褻蕩浪漫之行爲。

第十條　誠心修身。篤守信義。不容有卑劣詐僞之行爲。

（十七）月會　動員委員會規定。凡舉行月會。應誦讀國民公約。其文如左

一　不違背三民主義。

二　不違背政府法令。

三　不違背國家民族的利益。

四　不做漢奸和敵國的順民。

五　不參加漢奸組織。

六　不做敵軍和漢奸的官兵。

七　不替敵人和漢奸代路。

八　不替敵人和漢奸探聽消息。

九　不替敵人和漢奸做工。

十　不用敵人和漢奸銀行的鈔票。

十一　不買敵人的貨物。

十二　不賣糧食和一切物品給敵人和漢奸。

〔婚禮〕民間婚嫁喪祭。國家尚未明令規定。崇新趨舊。隨人隨地而易。舊者仍沿父母之命。媒妁之言。納采問名。擇吉親迎。新者則本於婚姻自由之原則。初則求婚定婚。繼則結婚同居。現在礪行新生活。崇尚簡單樸素。智識階級多採用文明結婚儀式。集團結婚。亦漸有行者。

（十九）喪禮　喪禮亦新舊雜用。舊者麻冠衰履。成服點主。僧道經讖。受弔散帛。即經濟拮据之家。亦必典賣借貸。顧全排場。蓋誤解喪葬鬧綽。爲人子盡孝之表示。強勉行之。貽害實大。新者則男子左臂圍黑紗。女子胸際綴黑紗結。一切開路、唸經、擇吉、堪輿。一律取消。惟於殯葬之前一日。設奠追悼。演說死者生前遺事。及足以垂範鄉閭之美德。禮畢後。或茶點。或素宴。一餐而罷。次辰親友齊集送葬。或近或遠。或臨穴啜泣。隨各人關係而定。

（二十）祭掃　孝之一字。爲我國美德。追念祖先。分春秋二祭。春祭於墓前舉行。秋祭於宗祠。或于中元節祀奠。香帛酒饌畢陳。子孫依序行禮。并可約親友坊鄰飲福。

（二一）其他慶賀等　民間壽誕有賀。生子有賀。建屋有賀。開張有賀。等而下之。移居有賀。小孩彌月有賀。週歲有賀。定門有賀。唱洋戲還願均有賀。又建醮追薦。百日念經。週年燒靈。立碑砌墓。保福替身。均須送儀。多爲識者所不取。年來經濟拮据。教育漸見普及。國家又提倡新生活運動。上層社會之士紳。復大聲急呼。節約儉樸。于是虛糜金錢。無謂應酬之事。逐漸取消矣。

第十七篇　戶藉

賦役全書云。開州戶二萬三千二百六十八。與原額二萬三千零六十一相較，新增二百零七戶，此乾隆嘉慶間之戶數也。（康熙通志、謂開州原無戶數、乾隆通志、謂原額無戶、新增戶一千二百四十、州志載一萬七千二百三十六戶、）貴陽府志稿云。開州里十司二。漢戶二萬三千五百零四。口十萬四千五百六十八。內別爲孝里一千一百七十七戶。四千六百六十二口。弟里二千一百九十九戶。八千九百八十二口。忠里一千零九十八戶。五千三百六十六口。信里二千七百八十一戶。一萬三千二百三十一口。禮里一千五百五十一戶。五千二百零八口。義里一千七百三十七戶。七千五百五十九口。廉里二千四百七十一戶。五千五百零二口。恥里附郭二千一百九十八戶。七千一百六十七口。思里一千七百八十四戶。一萬三千零四十口。清里一千七百三十四戶。一萬二千一百八十二口，乖西正司。落旺江江內四排。江外四排。二千七百四十六戶。一萬三千一百口、乖西副司四排。二千零二十八戶。八千五百六十九口。此則道光間稽查保甲之戶口數也。咸同苗教之亂。何得勝據甕安玉華山。及州屬轄項山爲窟穴。進窺省垣。城州再遭殘破。四境亦數被蹂躪。丁口之罹鋒鏑而死。及逃亡未歸者。約佔十分之六七。亂平後、城中通衢、林木蓊蔚、野獸潛跡、居民僅茅屋數家、四鄉之斷壁殘垣、及房屋基址遺跡、今日猶存、及民國十年前後。商業繁盛。民力富裕、據各區冊報。全縣約二萬三千餘戶。男女共十三萬餘人。其時皆由各區估計。造報不符實際。至二十五年奉令於每年初。編查戶口一次。且由省撥款補助。經二十六、二十七兩年編查。仍多遺漏。至二十八年。奉滇黔綏靖副署及省政府令發各縣編整保甲完成限期表。保甲編整應行籌辦事項。保甲編整程序各一份。飭縣遵照。經於一月十五日開始編整。至三月底完成。茲將辦理編整情形附後。

(一)編整人員　保甲編整員。由縣先派定保訓所畢業學員三十七人充任。并選富有保甲經練者二人充任編整指導員。及以縣府秘書兼第一科長充任編整總指導員。

(二)編整之組織　每區爲一編整隊。以區長兼隊長。區員兼副隊長。每聯保爲一編整組。以聯保主任兼組長。各組設組員四人至九人。由編整員及聯保書記與較優之保長充任。

（二）編整工作　每編整隊開始工作前。由隊部集合編整員及其所屬聯保主任保長與地方士紳。開隊之編整會議。由指導員出席指導。商討編整實施步驟。并調整聯保區域。每組於編整前。由組長召集組員暨所屬保甲長開組之編整會議。指導員與隊長副隊長分別出席指導。商討工作分配。及進行編整詳細步驟。同時召集戶長。宣傳編整之意義。再按查勘地形。編甲編戶。與清查戶口辦理附帶各事項。順次進行。各組工作完畢。交換復查後。集中各聯保辦公處辦理統計。編整指導員及隊長於編整期內。輪負各保甲實地指導。統計開陽共二萬五千四百一十五戶。一十二萬九千一百零八人。

茲將各區暨所屬聯保戶口數目分列於後：

第一區屬八聯保。計七千二百三十九戶。三萬五千六百九十人。內男一萬五千三百五十五人。女一萬七千三百三十五人。各聯保數如後。

開陽鎮聯保	一一八九戶	五七六八人
運治聯保	八二四戶	三六六六人
猴場聯保	一〇一六戶	五五九〇人

龍廣聯保	八二二戶	四五五六人
南龍聯保	九四九戶	四五〇五人
龍中聯保	八五八戶	四一九九人
頂方聯保	八八〇戶	四〇〇六人
北平聯保	七〇一戶	三四〇〇人

第二區屬六聯保。計五千七百三十六戶。二萬八千零四十三人。內男一萬四千二百五十七人。女一萬三千七百八十六人。各聯保數如後。

龍德聯保	一五六〇戶	七四四一人
琴荆聯保	七四二戶	三五七六人
新民聯保	九五五戶	四七四〇人
茅廬聯保	一〇六二戶	五一三六人
壩子聯保	一一三五戶	五五一〇人
蒲葵聯保	二八二戶	一六四〇人

第三區屬六聯保，計五千七百三十一戶。三萬零五百人。內男一萬五千三百四十八人。女一萬五千一百五十三人。各聯保數如後，

光里聯保	七〇三戶	三五七八人

興永聯保	六二二一戶	三〇八三人
馮三聯保	一五四六戶	七七八三人
宅吉聯保	八八八九戶	五四六三人
太楠聯保	八八一戶	四六七一人
馬場聯保	一〇九〇戶	五九二二人

第四區屬三聯保。計二千七百三十七戶。一萬四千四百一十人。內男七千三百一十三人。女七千零七十七人。各聯保數如後。

花梨聯保	八七八戶	四三九六人
隆安聯保	九六八戶	五一一一人
米營聯保	八九一戶	四九〇三人

第五區屬五聯保。計三千九百七十二戶。二萬零四百六十五人。內男一萬零四百零一人。女一萬零零六十四人。各聯保數如後。

劉育聯保	八三四戶	四四二二人
永溫聯保	八四五戶	四一四六人
南敦聯保	七三三戶	三七四三人
白崇聯保	六七二戶	三五四九人

雙永聯保　八八八戶　四六〇五八

第十八節　救濟

分義倉、建倉積穀、災荒、養濟院、救濟院五項。

（一）義倉　貴陽府志載。康熙二十八年。河南道御史周仕煌。疏請令民輸米粟實常平倉。以備荒歉。予官有差。工科掌印給事中譚瑄。疏請沿邊諸州縣官民。輸米粟貯倉。以備賑濟。照捐納例予官有差。皆下部議行。貴州之有積貯自此始。三十一年上諭。各地方官勸諭百姓。比戶量力捐輸米穀。春夏借與乏食之民。秋冬照數償還。每歲依例舉行。州縣官各具其姓名及米穀之數以上。尋又諭直省現任各官。量力捐穀。於就近地方常平倉存貯。每年逐一造冊報明。自是而貴州積貯之事彌廣矣。開州舊存積貯穀四千石。重農穀四十石、欽奉穀三十八石一斗四升。麥三十七石五斗。（州志重農穀作三十石、於此數外又有分貯貴陽米四千石、易穀八千石、）此乾隆初常平倉之藉。其積貯即康熙二十八年之所籌備也。重農欽奉。即三十一年之所籌備也。開州常平倉額。貯穀二萬七千五百三十八石五斗七升。溢額穀五百二十九石二斗。（光冊報云、常平倉實貯重農穀二百四十七石、積貯穀四千九百十八石、欽奉穀三十八石一斗四升、加貯穀一千石、罰米易穀二十石九石九斗三升麥易穀七十五石、常平穀二萬一千三百三十六石五斗、社穀二萬七千五百四十四石五斗七升、溢額穀五百三十五）

石二斗在其中、此又道光間常平之積貯也。

大清會典載。各直省常平倉。皆州縣官專司之。社倉義倉建自商民。官爲經理。凡常平積貯之法。必相風土之熱寒燥濕。東西南北異方。稻麥粟米異宜。每歲出陳易新。高燥者以十之七存倉。十之三平糶。卑濕則存半糶半。各因時宜而變通之。以均歲之豐歉。督撫於歲終核實奏銷。以册送部稽核。如有虧缺。先請動帑買補。將虧空官員題參。照例治罪。限年追賠。凡買補之法。春夏出穀。秋冬還倉。依市價於本地產穀之區。或鄰邑價平處買運。如數還倉。遇歲歉市貴。則展至次年。若倉庾闕乏。亟需補足者。申明上官。準於賤價州縣和糴。抑富民派保甲者劾之。凡民間收穫。隨其所贏。聽出粟麥。建倉儲之。以備鄉里借貸。曰社倉。公舉殷實有行誼者一人爲社長。能書者一人副之。共領其事。按保甲印牌。有習業而貧者。春夏貸米於倉。秋冬大熟。加一計息以償。中歲則蠲其息。社長社副。執簿檢校。歲以穀數存官。經理出納。惟民所便。官不得以法繩之。豐年勸捐出穀。在順民情。禁吏抑派。有好義能捐十石至百石以上者。旌賞有差。社長社副。經理有方者。按年給獎。仍以息穀酌酬勞勤。凡紳士捐穀以待賑貸。曰義穀。各就市鎮鄉村建倉。春頒秋斂。取贏散滯。奬善酬勞。悉依社倉規條。惟頒斂之期。出入之籍。時呈所在官核之。官於交替時。授受簿籍。察其虛實。以行勸懲。此諸倉之大別也。

附布政使百糧儲道周折穀填倉示諭。照得黔省各屬。存貯常平倉穀。因辦理銅仁、興義、小竹江等處軍需。共動缺穀一百八十八萬二千二百石。內除買補外。尚計未買穀一百六十六萬一千餘石。例應即時買補。以實倉儲。惟查黔省地方。山多田少。產穀無幾。力田農民。每年所收穀石。除納正賦外。所餘有限。若復加以采買。誠恐終歲勤勞。所入不敷所出。實堪憫惻。查各屬每年有額征秋糧并地丁改征耗米。及官莊學租各款米石。除支付兵糧、廩米、寒生、孤貧等項口糧之外。餘剩米價。均應變價批解藩糧兩庫折用。查存剩餘米。既於民間完納之後變價批解。而常民缺穀。又須發銀來買。不惟出納之間。輾轉多事。抑且恐差役兩次追呼。重價折收。反滋民累。經本司道體察民情。通盤籌劃。將各處應徵變價餘米。詳請奏明。自嘉慶八年九月開徵爲始。除應支兵糧、廩米、寒生、孤貧等項口糧。仍徵本色米石外。其應存變價餘米。即照一米二穀之例。改徵穀石。歸補常平。欽

貴州印刷所承印

奉硃批依議。欽此欽遵在案。但黔省額糧。槪行納米。由來已久。一旦更易舊章。先徵米。後又徵穀。竊恐民苗不諳。妄生疑議。致滋事端。除通批各地方官遵照外。合行臚列章程。剴切曉諭。爲此示仰紳耆約保農民人等。查照後開各條。一體遵照。米穀兼納。務挑實穀上倉。俟將動缺倉穀買補足之後。永無采買。民苗等尤當體貼苦心。踴躍完納。倘再茫然無知。聽信不肖官吏慫恿。將銀變而給胥役折收。希圖省力。則倉無實穀。官爲采買。仍係你等受累。如爾小民等負穀交倉。倘有不肖官吏。任意刁難。不收實穀。勒折銀兩。許即赴轅啓稟。以憑法懲治。爾紳耆約保農民等。亦不得故意違抗。致干查究。

乾隆七年秋七月、碑在宅吉、章程略、

咸同苗教之亂。兵匪交乘。州屬備極蹂躪。倉儲一空。咸豐十一年。巡撫田興恕以軍糈不給。舉辦厘穀。於秋穫時視田穀以十取一。多寡就租抽厘。檄官紳分赴各屬設局辦理。因其煩苛病民。同治二年。巡撫張亮基奏請停止。輿論翕然。迨日久。軍食無資。不得已復奏明舉辦義穀。然亦弊竇叢生。收數無多。

附舉人唐樹勳上巡撫稟。勳等辦理義穀。亦體上憲萬不得已苦心。暫行抽取。而自采買。新陳不繼時、委有妥辦義穀委員下鄉采買、真僞莫辨。禍有不可勝言者。計采買每穀一石。給銀一兩叁錢。但各鄉市斗。實溢省斗之三。加以尖量。每斗溢二三升。是買鄉穀一石。已得省斗二石。實合京斗三石零。弊一。采買穀石。遂索馬馱運。各處搜索驚擾。月中。練至花革老。張旗封馬。民驚爲賊。悉走避。弊二。皂白不分。隨意指買。富者巧脫。貧者搜索迨盡。弊三。采買到鄉。需索供給。或入室搜尋。乘間竊取。稍不如意。竟至毆縛紳衿。有如生員熊渭占等。鞭撻士婦。有如吳黃氏等。弊四。各處封馬。強者以銀買賄脫。弱者馱運數日。僅領市錢百文。弊五。石板哨爲餉米大道。上至各屯。率多倚馬營生。自封馬禍行。馬皆絕跡。近日鄉場米石無幾。價漸昂貴。進省者尤少。弊六。采買不均。貧者徹骨。將至糧石無出。義穀難清。弊七。請嚴禁。從之。

大亂敉平。地方漸次墾復。州官乃飭由各富戶、按畝捐輸、更以籌辦善後耕牛籽種之所餘。購穀存儲備荒。至光緒十三四年。全州義倉始備。其時各地義倉。即由總甲管理。按年以一部分放借生息。以息折銀繳解州署。用作寒衣濟癱及慈善之費。其息視年歲豐歉。或多或少。並無額定繳納數目。至光緒二十二年。州官張翰。奉令開辦巡警局。當經請准以義穀生息。爲巡警局經費。預計全州倉穀共五千餘石。以二斗取息。年可穫息千石左右。可折銀一千三四百兩。此後義倉息穀。遂爲地方經費常年收入大宗。而地方機關及一切公務用費。亦多賴以支付。故每年秋收後。各管倉人員。照例將加二息穀。以五升作鼠耗及管倉員津貼。以一斗五升按政府定價折解。即遇豐年不能貸放。人民亦須照數攤息。因而弊竇叢生。頗爲民病。

附縣監查委員會呈請改革義倉積弊。約有五端。一、虧蝕。交貸不清。爲虧蝕之最大原因。縣義倉自十五年整頓以後。凡管倉人員。稍明利害者。斷不敢明目張膽。侵吞肥己。然虧蝕之弊。仍未絕跡者。則由於交替之際。接管者不遵照手續。嚴格接收。對於實欠在民之谷。或意存見好欠戶。不上緊追收。或利其有積欠。而便於積利滾算。欲矯其弊。惟嚴責經手人墊賠。二、大進小出。義倉斗量。本定有劃一量式。（上狹下寬名倒提斗）、以杜出入不公之弊。乃近聞一般管倉人員。故違定章。有進尖斗出平斗。每石明加二行息。不啻加三。其名曰預補鼠耗。非監放人破出情面。弊不易除。三、攙和粟穀。每值秋收還穀之際。必令車淨空穀。此爲正辦。但車出之穀。則仍存倉之隙地。俟來年放借。攙和其中發出。人民或有責言。則以鼠耗對。此弊甚普。非監放人員秉公視察糾正。其弊不易剔除。四、私賣漁利。假揑借劵。抵搪監放人員之考核。蓋義倉穀息。爲財局大宗經費。固定收入。豐歉皆須放借。乃豐年則不借不能。歉歲則欲借無穀。縱有人詰其放借不公。或飾稱爲上年積欠未清。特換新劵。巧爲彌縫。使人無可究詰。實則貪其價高。私賣漁利肥己。此弊於穀貴之年。最爲普遍。欲除其弊。必在收穀之時。嚴飭管倉人員。出具收清切結。不准蒂欠。放穀之時。必奉明令。否則重罰。或可稍息。五、公私混雜不清。向來存儲倉穀、於各區鄉鎮。地址必取適中。以便多數人領借歸還。乃漁利之輩。擅將倉址遷移。朦稱如何便民。或竟存儲私人倉內。價高卽自由出賣。公私混淆。使人不能過問。或以少數敷衍放借。或以劣穀掉換好穀。便以藏奸。以後嚴定公私界限。其弊自絕。以上數條。舉其大而顯著者言之。至於借穀還穀時間。故意留難。俾民衆消費有用時光。尤所在皆是。能逐一剔除其弊。則人民受福良多矣。

民初縣署歷任移交册載。全縣十區。共存義穀市石五千八百七十七石七斗四升八合八勺。照例以市石一石折合京石一石六斗六升六合。共合京石九千七百九十二石三斗二升九合五勺。除甕安撥去插花六十八京石八斗三升二合三勺外。實存京石九千七百二十三石四斗九升七合二勺。計第一區市石七百三十四石零二升五合。折合京石一千二百二十二石八斗八升五合七勺。第二區市石一千四百九十五石六斗八升四合六勺。折合京石二千四百九十一石七斗五升一合。第三區市石八百五十四石零三升三合。折合京石一千四百二十三石八斗九升九合。第四區市石四百一十石零五斗。折合京石六百八十三石八斗九升三合。第五區市石二百二十二石九斗五升。折合京石三百七十一石九斗三升四合七勺。第六區市石四百六十八石七斗零八合。折合京石七百六十八石六斗零二合四勺。第七區市石四百二十石零四升七合二勺。折合京石七百零六石四斗六升一合七勺。第八區市石二百三十一石三斗六升。折合京石三百八十五石四斗四升五合。第九區市石四百零三石四斗八升。折合京石六百七十八石六斗五升五合。第十區市石六百零二石七斗六升一合。折合京石九百九十九石零五升零四勺。冊籍所載。雖有此數。而實則積弊相承。有倉之名。無穀之實。各倉所有穀石。平均不過半數而已。至十五年縣長王槐森。始從事整理。勒令各管倉員先將各倉額數填齊。乃爲追收欠數。清理糾紛。於是全縣倉穀。差稱全備。十八年爲劃一倉斗。改爲倒提斗。由縣製發各倉領用。各倉皆以原有市斗谷石折合倒提斗。其所有穀數。遂較原額爲多。

附各倉改倒提斗後穀石數目。第一區東倉存穀三百四十五石。南倉三百四十石。（因倉毀、歸併東倉）以上一區二倉。共穀六百八十五石。第二區羊場倉四百四十五石五斗零一合。馬頭戶倉一百七十一石六斗零五合。高寨倉六十四石六斗五升六合。中壩倉五十八石三斗五升三合。黃孔倉五十二石一斗一升二合。狗場戶倉八十石零七斗六升一合。毛栗莊倉三百五十九石六斗。林古倉二百一十四石四斗五升三合、拐二倉二百零七石零三升九合。壩子倉一百二十石零五斗三升三合。以上二區十倉。共穀一千七百七十四石六斗一升三合。第三區迴龍寺倉一百零七石六斗四升六合。土竹倉五十三石八斗三升五合。馬頭寨倉一百六十五石二斗六升九合。祖陽坡倉九十三石五斗三升六合。猴場倉四十三石六斗二升八合。中壩倉一百五十八石二斗六升三合。哨上倉八十三石七斗四升八合。新場倉一百六十五石七斗八升九合。以上三區八倉。共穀八百七十一石七斗一升四合。第四區鳳凰寺倉八十五石五斗零九合。中壩倉一百一十二石六斗四升五合。佘家營倉一百石零七斗二升六合。翁朵倉一百一十二石六斗四升五合。以上四區四倉。共穀四百一十一石五斗二升五合。第五區兩流泉倉三十四石七斗一升二合。谷汪倉七十七石二斗零六合。白馬洞倉八十三石五斗八升。泱下倉六十九石九斗一升九合。劉衙倉二百四十一石五斗二升六合。狗場壩一百二十石零五斗七升。上洋水倉一百四十七石七斗五升一合。大水溝倉九十一石二斗六升七合。下洋水倉八十石零九斗五升九合。以上五區（舊十區併入）九倉。共穀九百四十七石四斗九升。第六區元豐寺倉四十石零二斗五升一合。甕枕倉四十四石八斗二升八合。老馬寨倉一百三十石零七斗四升五合。雲台寺倉一百二十五石六斗七升二合。水流岩倉六十四石四斗零三合。水口寺倉六十四石四斗零三合。孔雀寺倉六十三石三斗一升七合。干堰塘倉四十三石六斗三升八合。以上六區八倉。共穀五百七十七石二斗五升七合。第六分區（舊八區、一保倉三十八石五斗五升八合。附一保倉一百一十七石一斗四升七合。二保倉三十七石一斗八升六合。三保倉三十七石八斗二升。四保倉一十五石七斗九升八合。五保倉三十三石四斗二升。以上六分區六倉。共穀二百七十九石九斗二升八合。　第七區蛇場倉七十一石一斗零八合。青龍寺倉一十四石七斗三升七合。馬江山倉六十九石零四升三合。拐寨倉五十五石四斗六升四合。毛坪上寺倉五十七石五斗四升七合。司毛坪倉四十四石六斗九升五合。中火爐倉四十二石零四升七合。水口寺倉一百一十四石五斗八升六合。以上七區八倉。共穀四百七十石零二斗二升七合。　第八區（舊九區）花梨倉一百二十石。修平倉八十四石二斗五升五合。龍坑倉一百零三石八斗四升八合。桊坪倉一百一十五石五斗四升八合。營屯倉六十九石零四升三合。以上八區五倉共穀四百九十二石六斗八升六合。　總計全縣六十倉。共存穀六千五百一十一石三斗三升。（財政局二十三年冊報、）

近十餘年來。漸見虧蝕。各倉實有存穀。僅四千石之譜。其餘則積欠在民。頗多糾紛。二十七年冬縣長解紋瑩呈准自二十八年起。收歸縣府直接管理。與積穀合併。改名縣倉。無復攤息折征積利滾算之弊。

附二十八年整理義倉暫行辦法。（甲）改定名稱。一、全縣義倉凡前歸財委會經管者。自本年（二十八年）起。完全由縣府管理。并更名爲縣倉。

二、倉名冠以所在地名。例如龕招縣倉、批把哨縣倉是；（乙）清理。一、各區區長爲該縣倉清理委員。由縣府給予委令。二、各區區長奉到委令後。立卽令派縣倉所在地保甲職員爲縣倉管理員尅日接管。三、保甲職員接管後。須立卽盤量現穀。清理舊欠。於十日内報由區長轉報縣府。四、舊欠確係前任管倉員虧蝕者。由接管之保甲職員。立卽解送區長核追。如延不賠還。區長立報本府。指賣其產業歸還。五、舊欠確係在民者。其家資較好之戶。應強迫於本年三月以前歸還。其資力稍弱者。飭令改換約據。限本年秋收歸還。（丙）保管。一、各區區長自本年起。卽負境内所有縣倉之經理事項。二、縣倉所在地之聯保主任、保甲長。自本年起。會同負保管當地縣倉之專責。三、縣倉之鑰匙。由當地管倉之最高保甲職員執掌。四、啓倉封倉。應由負有專責之保甲職員眼同爲之。並於記錄上蓋章爲憑。其啓後之封條。應先期報請各該區長臨時核發。（丁）附記。一、本年爲清理時間。除舊欠改貸外。任何縣倉。不得貸穀。二、本辦法呈請核准後施行。

（二）建倉積穀　二十五年十二月。省政府訓令。查本省粮食。產量不豐。大祲之年。僅能自給。比年災害頻仍。雨遭匪患。存糧多供軍食。倉儲徒有虛名。本年苦旱。報災達三十餘縣之多。秋禾已盡。雨候尚愆。瞻念前途。殷憂彌切。將樹救荒之根本。宜爲未雨之綢繆。自以籌畫整理各縣倉儲爲最急切辦法。因根據內政部頒定之各省建倉積穀實施方案。及各地方建倉積穀辦法之大綱。參酌本省情形。製定整理二十五年度本省各縣倉儲暫行辦法。建倉積穀辦法大綱。及各縣應儲倉穀最低數量表。飭縣積極辦理建倉積穀事務。此項積穀。除以備荒卹貧外。必要時并得用於輔助農村生產事業之發展。復以有倉有穀爲原則。規定各縣應儲倉穀數量。暫以比照人口總數。於五年內積足一個月食糧。（內政部定爲三個月、）爲最低標準。嗣省府復先後公布各縣捐助倉穀給獎辦法。縣區保倉貸穀辦法。倉穀平糶辦法。及建倉積穀查驗實施辦法。倉儲保管委員會組織規程。各級積穀倉保管辦法等。督促各縣切實辦理。不容因循致誤。茲將本縣二十五六兩年積穀數目。列表於後。

開陽縣二十五六年度各區應儲倉穀最低數量表

區別	人口數	行政院原定積穀標準（三個月）	本省暫定積穀標準（一個月）	二十五年應儲數	二十六年應儲數	備考

一	二一、二四〇	一〇、九二四、石	三、六四三、石	三六五、石	七三〇、石
二	二六、九四一	一三、八五五。	四、六一八、	四六三、	九一六、
三	一三、六六一	七、〇二六、	二、三四二、	二三九、	四七八、
四	一四、三七四	七、三九二、	二、四六四、	二四七、	四九四、
五	二〇、一七二	一〇、三七四、	三、四五八、	三四六、	六九二、
六	一五、一八三	七、八〇八、	二、六〇三、	二六一、	五二二、
七	一五、四六九	七、九五六、	二、六五二、	二六五、	五三〇、
合計			二一、七八〇、	二、一八六、	四、三七二、

說明

一　本表各區人數。係根據保甲冊報。
二　本表標準數。係照每人每月平均食糧一公斤計算
三　本表係以新石爲單位數。
四　每石重一百七十五公斤。每公斤合舊秤十三兩七錢八分。
五　二十七年積穀數與二十六年同。現在辦理中。
六　原一三兩區從二十七年十月起。併爲第一區。六七兩區併爲第三區。

上項儲穀。因未建倉。故至二十七年七月。僅收入穀二千七百九十五石一斗三升。未收三千七百六十二石八斗七升。其已收之穀。則暫藏各聯保主任或保長住宅內。縣長解幼瑩乃呈准。以未收穀三分之一。計一千二百五十四石二斗九升。折價飭繳現金。作建倉費用。每石折價三元。可收洋三千七百六十二元。每區建倉一所。每所需洋九百八十五元二角。五所共需建築費四千九百二十六元。尚不敷一千一百六十四元。定於二十八年上半年內。建倉三所。其餘二所。俟籌足經費。再行修建。現在縣城、羊場、雙流鎮三倉。已經竣工。又翁昭花梨二處倉。係罰款建修者。亦將完成。每倉計可儲穀二千石。連前義穀倉廒。擇其可用者。稍事修葺。則建倉以備。預定五年積穀之數。當可漸次舉辦完成。（附縣倉貸穀辦法、）

開陽縣縣倉貸穀辦法

一本縣縣倉。借貸倉穀。除法令另有規定外。增訂本辦法補充之。

一各保居民。向縣屬各縣倉貸穀。無論人口多寡、每戶每年不得逾貳石。

一貸出之穀。每倉斗取息一倉升。本利歸倉存儲。

一各保居民需要貸穀時。應於每年五月内向各該保保長聲報借穀數量。經保長查考。果係貧農。始予登記。各該保長於五月底。應將全保貸戶及穀石彙成一表。共繕三份。逕呈區公所核轉。縣政府核奪。

一縣政府核准貸借後。除留原表一份存案外。餘表加蓋縣印發還。一份存區公所。一份交原保。同時指定貸穀之倉廒。由區公所分別轉飭知照。

一各保居民貸穀、經核定後。保長應將發還之原表。及各戶借據。持向指定倉廒之負責聯保主任保甲長。商定量穀日期。再集合全保貸戶。由保長率領。至期同時往借。不得或先或後。還穀亦如之。

一經管縣倉之聯保主任保甲長。接到區公所通知。貸放各保倉穀後。應即分配某保某日量穀。逐日排定。列成一表。報請區公所派員監放。還穀亦如之。

一經管縣倉之聯保主任保甲長。應將各保貸穀表。及各戶借據。妥爲保存。并備專簿登記各保借還穀石。與借還日期。

一登記簿册及借據表。概用大數字。不得塗改。

一各保貸戶還穀時。先風晒乾淨。保長應隨同往取原表。及各戶借據發還之。
一借穀日期。每年至晏不得過七月。還穀至晏不得十二月。統於一次借還清楚。
一經管縣倉之聯保主任保甲長。無論開倉封倉。應眼同爲之。如內中一人未到。其成年之妻子兄弟。應到場代表。
一各保貧農借穀。保長應負責担保。但不得故意留難。違者議處。
一縣倉之鎖鑰。由保長保管。單據簿册。由聯保主任保管。
一倉穀儲滿三年。無人貸借者。縣政府得酌量情形。擬定推陳出新辦法。呈准施行。
一保長揑造貧農姓名。朦借倉穀者。依法懲處。
一經管縣倉之聯保主任保甲長。如有舞弊情事。依法懲處。
一經管縣倉之負責人。如有交替。區公所應派員監視交接清楚。由監事人與當事人共同會報。
一倉穀翻晒時。如有耗散。准予報銷。但不得過百分之一、五〇。倘遇特別情形。腐耗過鉅時。應專案報請查核。
一經管縣倉之負責人。應隨時察看倉廒。有無破漏。倘須修理。用款在十元以上。由負責人共同報由區公所核請縣政府發給之。

一縣倉不設工役。量穀時由貸穀還穀人。輪流爲之。

一借據式樣如左

某保某甲居戶某某。今借某等保管之第某縣倉倉穀若干。限於本年秋收完畢。風晒乾淨後歸還。並加息一分。共還穀若干。決不短少延誤。此據。

立借約人　某某

保　證人　住某保某甲

中華民國　年　月　日　立

一本辦法如有未盡事宜。得隨時修改。呈請核定施行之。

一本辦法經呈准公佈日施行。

（三）災荒附賑濟　清光緒十年十月。州城大火。四街延燒幾遍。僅存州署學宫。及民房三間而已。　十八年春三月。西門復火。延燒十餘家。　二十一年夏。自前五月初。迄後五月中。亢旱四十餘日。秋收歉薄。斗米銀八錢。　二十五年夏秋間。禾苗秀榮。大有豐收之象。詎七月初。大雨兼旬。晝夜如注。至八月初秋。陰雨連綿。白晝如晦。以迄於九月初。經雨閱月。始見晴霽。禾黍收成。不及什一。災象已呈。至次年三月。節屆穀雨。農民急於播種之際。乃凄風苦雨。氣候轉變。寒若初冬。有播穀種下田。壞至三次者。統計全縣損壞穀種不下七八千石。芒種將屆。無秧可插。忽謠傳官府。將封倉遏糶。於是鄉民夙有存穀者。遂急於出售。以冀得值。而存穀以空。米價飛漲。每斗約值銀一兩八九錢。恐荒更甚。採摘紅籽、蕨根、篙芝充饑者。估全境百分之六十以上。鄰縣如遵義、修文等地。災荒尤甚。以致乞食者絡繹不絕。道殣相望。故事。州縣報災。例有定限。春災不過三月。秋災不過七月。即須如限具報。方能請賑。州屬去冬今春。均遞時成災。格於舊例。不能詳報。州官蕭漢傑乃慨捐廉銀三千兩。市米平糶。而以總甲范至誠。紳士陶炳湘、陳紹先等董其事。價雇民伕馬匹。向貴定麻哈都勻等府州縣。採購米糧。運州。并製護旗多面。名曰開州飛輓。人民賴以全活者頗多。

民國九年夏秋間。稻將吐穗之際。嘀雨不時。禾生青蟲。長寸餘、頭分紅黑。食穗。捲稻葉蟄其中。以一、四區爲甚。全縣秋收。概計不過三成。至十年三月。大雨雹。山洪暴發。水由城北女牆溢出。淹斃數人。漂流房屋甚夥。小春復無收。米價陡起。每斗至洋叁元以上。二區至演成搶穀之案。知事李乃揚。以年豬捐款積存洋二千餘元。購米平糶。荒象漸息。

十四年夏炕旱成災。斗米值洋伍元。流亡相屬。餓殍載道。慘不忍睹。

十七年城北街大火。延燒十餘家。

二十三年三四月間。大雨雹。連續三次。龍坑、宅吉、翁招各地。房舍牛馬、禾麥損失尤巨。中央政府撥款一千二百圓賑災。

二十五年夏秋間。旱災嚴重。收成歉薄。至次年六月。由省賑務會配發開陽急賑款八千五百元。其中官款二千五百元。義賑款六千元。按各區災情輕重。定甲乙丙三等分配。計第二、四、六等三區爲甲等。各配發一千四百元。第一、五、七等三區爲乙等。各配發一千貳百元。第三區爲丙等。配發七百元。由縣府委員分赴各區。照册報災民丁口多寡。預定日期。集合災民。分給賑款。

又於二十六年六月。縣府奉省賑務會令。本省上年旱災奇重。民食恐慌。經會議決。由湘川採運大批糧食運黔。辦理平糶。開陽列爲丙等災。計配發糶米筑斗三百零四石。合行營新斗四百零四石。合新秤七萬零七百斤。飭派員赴鎮遠平糶倉照數領回。辦理平糶。嗣以道途遼遠。運輸困難。復奉省賑會令。開陽賑米。得援照西路各縣處置糶米辦法。准在鎮遠或清溪等縣。斟酌情形變賣。攜款回縣。購米平糶。於是由縣派員前赴鎮達。將配發糶米變賣。因此米由湘運鎮。已歷數月。多被水濕霉爛。故僅獲價洋一千餘元。縣府即將此款配發各區。計第一、四、六區各發洋二百元。第三、五、七區各發洋一百元。第二區發洋一百六十元。由各區區長領取。分區辦理平糶事宜。

附馮縣長光模呈報各次平糶及結束情形文。竊查開陽前此奉發糶米三百零四石。飭派員赴鎮遠變價同縣。就地購米平糶一案。當經派員范作新前往領取變價。計共售獲法幣一千零六十元零五角。業已呈報有案。旋即開會議決。將款分發各區。就近購米平糶。查第一、四、六區受災較重。各配發二百元。第三、五、七區較輕。各配發一百元。第二區配發一百六十元零五角。定於九月十壹日。各區一律開始。并同時議決。推選正紳。爲各區平糶委員。每區推選二人。協同區長辦理收支一切事宜。復由會議規定。以縣城市斗爲標準。每斗照購價減售四角。以昭劃一在案。茲據各區及各平糶委員呈報歷次平糶情形。計第一次。第一、四、六區以每斗一元八角。各購入米一十一石一斗一升。以每斗一元四角售出。各售獲洋一百五十五元五角四分。第三、五、七區。各購入米五石五斗五升五合。以一元四角出售。各獲洋七十七元七角七分。第二區購入米八石九斗一升六合。以一元四角出售。獲洋一百二十四元八角二分。又第二次。第一、四、六區。各仍以存洋一百五十五元五角四分。購米平糶。以每斗一元六角購入。各購入米九石七斗二升一合。以每斗一元二角售出。各獲洋一百一十六元六角五分。第三、五、七區。各以存洋七十七元七角七分。購入米四石八斗六升。以一元二角售出。各獲洋五十八元三角二分。第二區仍存洋一百二十四元八角二分。購入米七石八斗零二合。復以一元二角售出。獲洋九十三元六角二分。又第三次。第一、四、六區各仍以存洋一百一十六元六角五分。購米平糶以每斗一元三角購入。各購入米八石九斗七升三合。復以每斗九角售出。各獲洋八十元零七角五分。第三、五、七區。各以存洋五十八元三角二分。購入米四石四斗八升六合。以每斗九角售出。各獲洋四十元零三角七分。第二區仍以存洋九十三元六角二分。購入米七石二斗零二合。以每斗九角售出。獲洋六十四元八角一分。自應準備第四次購米。繼續平糶。以損失完畢爲止。以符定制。無如斯時新穀已漸登場。米價低落。民衆大多不願再購糶米。往返費時。遂與各委員會商。仍以餘款購米。擇區內赤貧之戶。散放領取。但不取價。以便結束。而免久延。現經照數散放完竣。先後呈請查核轉報等情前來。覆查屬實。理合將辦理平糶結束情形。具文呈報。敬祈鑒核備案。

（四）養濟院　有房三間。在城西。清光緒十年。知州胡璧重建。以鰥寡孤獨之窮老者。留養於院。定額十二名。正副額各半。其口糧由地方經費斗口款內。正額每名月給米一斗五升。副額每名月給米七升五合。按月計需米一石三斗五升。又由省款內按月給鹽菜銀三元。由縣府請領轉發。亦照正副額攤配。但至民國二十七年。此項鹽菜銀。即已停付。

（五）救濟院　民國二十二年傅縣長啓鈞創辦。僅對貧民送診施藥。別無建樹。旋以經費無的停辦。

第十九節　禁政

宣統初年。清廷以外侮憑陵。國難日亟。力圖自強。乃下詔禁煙。并頒定分期減種辦法。冀於五年內肅清全國煙苗。至三年冬。國體變更。民國建元。以國際條件關係。仍嚴厲禁種。而一般愚民。遂以日局紊亂。爲偷種之機會。民元冬復大量播種。至二年三月貴州都督府派遣滇軍來縣督剷。而北區一帶人民。不諳國家法令。以該地氣候溫和。作物較早。行將收割。棄置可惜、遂有要請官府矜恤之義。其時縣屬各地。土匪蜂起。遵甕邊境、亦萑苻遍地。匪徒朱青雲等。復從中煽播。遂發生宅吉抗剷之事。省當局乃加派多軍。來縣督辦。并分赴四鄉嚴剷盡淨。而宅吉之人民。傾家蕩產。身受誅戮者、殆難悉數。各地亦備受荼毒其事始息、是亦禁政中開陽可恥可痛之事也。語云。懲羹吹虀。又云前事不忘。後世之師。開人亟宜有以自警也。

七年護國軍興。省當局以餉源關係、弛禁。十三四年間。舉辦燈捐。統計開陽所出約三萬餘元。十五年奉令征禁煙罰金。年額四萬元。二十二年復征煙燈捐。年約一萬五千餘元。直至二十四年。貴州受中央統制後。此項禁煙罰金、煙燈捐、始行停征。慨自弛禁後十七八年之間。雖利之所在。害亦隨之。其於弱國病民之大端。無待論矣。

二十五年六月。國民政府軍事委員會。設禁煙總會。頒定禁煙禁毒五年進度表。復飭各市縣。組織禁煙委員會。照規定職掌。辦理禁煙禁毒、一切事宜。照進度表。開陽於二十七年冬禁種。嗣以抗戰發生。省當局爲增多生產。加強抗戰力量計。乃呈准提前。於二十六年冬與貴陽、遵義、桐梓、修文、息烽等十九縣。同期禁種。當時以變更計劃。命令稍遲。業已播種。至二十七年春夏間。復以違種發生煙案。縣長馮光模。及六七兩區區長。均連帶去職。保甲長等以次懲罰有差。乃告平息。及二十八年。已報肅清。可謂根株盡絕矣。

關於禁吸事項。二十五年春奉令組設戒煙所。分傳戒、勒戒、調驗三項。縣府嚴飭各區。先就年力富強之壯丁及貧農。分期送所施戒。二五、二六、兩年計戒斷煙民六百三十七人。二七二八年間。調驗戒斷者六十五人。傳戒者三百八十五人。嗣經縣府於編整保甲時。檢舉登記煙民。尚有一千八百二十九名。每名發給免費吸煙執照一張。在戒煙所設立之初。政府復顧及衆多煙民。不能同時戒絕。爲寓禁於征。藉示限制。乃發給癮民執照。以六個月爲一期。繳執照費三元。每期遞加。但至二十五年冬。即已停征。同時設售吸管理所。供不能開燈及旅客之吸食者。月納取締費三元。由縣府限定家數。按期遞減。應於二十七年底完全滅除。不准再設。二十七年春。縣城設土膏店一家。由貴陽土膏行棧。購領煙土。回縣熬膏。限制煙民。購買吸食。尋即廢止。二十八年夏。民政廳派委禁煙督察員一人。駐縣補助縣長。辦理禁煙行政事件。省禁煙督察處。復委監管員一人。來縣設支棧一所。辦理存土登記。納稅貼花事宜。支棧下設內銷商店一所。零售稅土。癮民則憑免費執照．購買吸食。督察員與支棧等亦撤銷。是年八月。財政部擬定收買存土辦法。呈准行政院實行。以縣長承省督辦公署命令。於縣府附設肅清私存煙土臨時辦事處。策動區保長。辦理收買全縣存土事務。每兩定價四元。限自同年九月起。至十一月收買完竣。十二月至次年元月為檢舉時期。過此如發現人民有私藏煙土者、坐罪綦嚴。現正着手辦理中。

第二十節　兵役

民國二十二年。中央政府公佈兵役法一十二條。廢除招募。實施征兵制度．自二十五年三月一日起施行。至二十六年六月。貴州軍管區籌備處成立。設立貴興、鎮遵師管區二處。貴陽等團管區六處。開陽隸於貴興師管區貴陽團管區下。承其命令指揮。辦理全縣征兵事務。現行兵役制兩種。一為國民兵役。凡中華民國之男子。年滿十八歲起、至四十五歲止。中間二十七年。均有服國民兵役之義務。內分初、前、中、後四期。初期二年。前期五年。中期十五年。後期五年。中期又分中一、中二、中三等期。惟於初前兩期。每年及中一、中二、兩期。每期各受訓練一月。二為常備兵役。凡中華民國之男子。年滿二十歲至二十五歲。經檢定合格。均有服常備兵役之義務。內分現役、正役、續役、三段。現役三年。正役六年。續役至滿四十歲止。除現役有兩年在營外。餘皆退休在家。在兵役年齡中。有及齡、適齡之分。及齡者。年齡屆及某種兵役之謂。（如年滿十八歲爲國民兵役及齡。滿二十歲爲常備兵現役及齡。滿四十歲爲常備兵役除役及齡。）適齡者。適合服現役年齡之謂。（自年滿二十歲至屆滿二十五歲之期間、均爲常備兵役入役之適齡、）照兵役施行法暫行條例。又有緩役免役之別。其適合緩役規定。請予緩役者。應繳緩役金一百元至二百元。由縣政府征收。作爲優待出征傷亡軍人家屬撫卹之費。計本縣適齡壯丁。共一萬六千三百九十八名。內計甲級（二十歲至三十歲）、九千七百九十七名。乙級（三十歲至四十歲）、六千六百零一名。其中應緩免役者六千八百六十五名。應役者九千五百三十三名。每次應征兵員。均照章按三部抽籤辦法征送。自二十六年九月起。至二十八年六月止。先後共計征送壯丁一千四百一十二名。年來出征陣亡者。有上尉曾附喻操一員。下士班長陸永貞、蒲伯章二名。上等列兵劉文彬、楊名聲二名。一等列兵樂凱、馬金山、袁樹臣、傅海云、吳樹平、周文安等。二等列兵唐忠、劉光華、陳銀昌、王玉臣等共一十七名。由縣優待委員會調查撫卹中。

第二十一節　工役

貴州印刷所承印

二十四年四月。縣府奉蔣委員長電令。以湘黔公路。脈貫西南。建設實爲當前急務。飭募石工三百名至五百名。送貴陽綏靖公署集中。派赴工段。當經募送石工八十五名。餘以本縣石工缺乏。呈准免募。同年六月。復奉綏靖公署電。飭征石工一百名。土工二百名。修理烏江段未成公路。經先後征送石土工人一百七十名。二十五年九月。軍事委員會委員長行營。製定川黔兩省義務征工實施方案。關於民工工作日數之確定。民工糧食之救濟。赤貧單丁之免征。以及工具之補充各項。并經參酌各縣實際狀況。分別規定。由省政府轉令辦理。二十六年七月。國民政府公佈國民工役法。內政部復訂定國民工役法施行細則。通飭遵照。至二十七年七月。奉省政府主席電。以川滇公路。限本年十月內完成。本省境內赤威段工程。自應漏夜趕造。惟該路所須石工數萬。應由各縣廣爲征集。特規定本縣應征石工百名。經如數征集。派員率領赴畢節工段工作。又於二十八年奉省政府令。第一次征送民工二百名。修築貴陽新電廠公路。第二次征送民工二百名。修理貴陽市街。第三次征送民工八百名。擴修貴陽飛機場。計前後六次。本縣共征送出境石土民工一千五百五十五名。至縣境工役事項。在本年關於城鄉道路之修整。及城西郊森林之種植。均照義務征工辦法。征集民工或壯丁從事工作。

附錄川黔兩省義務征工實施方案

第一章　總綱

（一）凡年在十八歲以上。四十歲以下之人民。（暫以男子爲限）均有應征之義務。但有左列情形之一者得免除之。

1. 現役軍警。

2. 肢體殘廢、或精神喪失、確有痼疾。不堪工作者。

3. 確係單丁。有贍養家室之責。賴每日勞力收入以資生活。經鄰里五家以上之證明者。

（二）義務征工時間。應以不妨農事爲原則。但遇軍事有關之緊急工程。不在此限。

（三）凡屬下列與公共利益有關之工程。各省市縣，均得適用本方案。

1. 交通　凡鐵道公路之路基、路牀工程，路面之石材。及其他一切建築物大量材料之搬運。

2. 水利　凡疏河、築堤、搶險等之石方工程。及其他建築物大量材料之搬運。

3. 農林 凡墾荒造林。及有關公共灌溉工程。及驅逐大量害蟲。防旱、防水等工作。
4. 衛生 凡開溝排除污水。清潔地面。及其他有關公共衛生之工程。
5. 防禦工事 凡築城、坑道、碉堡等防禦工程。
6. 其他 有關公共利益之工程均屬之。

（四）民工工作期間。應按每日每人所能工作之工程數量。以十五乘之。爲其應征工作之最大限度。
（五）遠道民工來往日程。應以作工論。
（六）義務征工在事人員之奬懲。另定條例規定之。
（七）被征民工。如有不能親身工作者。得僱工自代。或繳代工金。其金額由縣政府酌量規定。其征收保管動支手續。應由省政府另行詳密規定。
（八）民工之衛生及防護事項。應由縣政府負責辦理。
（九）醫藥撫卹之費。由工程費項下支給。

第二章 民工之組織

（一）各縣平時應令飭各區長責成各保。按照本方案之規定。造具應征民工名册。呈報區署。各區署根據名册。造具民工統計表。呈報縣政府呈轉。
（二）民工之編制。照下列規定辦理之。
1. 調查編造該甲民工名單二份、送保長復查。并無隱瞞等情弊。以一份存照。一份送聯保主任轉呈區長抽查無誤後。根據各單編造各保應征民工統計表。呈報縣政府存轉。
2. 根據前項之結果。由縣政府編定番號。飭各區照下列規定組織之。
（甲）各保按照各該保民工人數。以三十人爲一組。分爲若干組。餘數不足三十人在十五人以上者。仍設一組。十五人以下者。酌量併入其他任何一組。組設組長一人。由保長、甲長中選派兼任之。
（乙）保長兼充分隊長。統率該保之各組。
（丙）區長或聯保主任兼充隊長。統率該區之各分隊。
（丁）縣長兼充大隊長。統率該縣各隊。

第三章　民工之使用

（一）各省政府各行政督察區及縣政府。每年應將該管境內應興辦之工程。擬具計劃書。按照計劃書規定征工區域。預爲支配民工。其支配之程序。應先儘最高機關所指定之工作。次爲省政府。再次爲本縣。但非遇特別緊急工程。每年每一民工之工作期間。不得超過本方案第一章、第四條之規定。

（二）民工工作。應按每人每日平均工作量、按土石方數。或其他工程數量。平均分派。做完爲止。

（三）征調民工做某項工作。必須一次完成。不得採用輪派辦法。以免發生互相推諉。延長工作之弊。

（四）征用民工。由各級政府於開工前一月、以命令行之。

（五）民工固有之工具。如鐵鋤、扁担、土箕、繩索等。應由各組自行攜帶備用。但遇特殊情形時。得由各縣政府統籌辦理。

（六）民工工作時之糧食。以自帶爲原則。但有特殊情形時。得由省政府斟酌情形。變通辦理。第四章工作時間之管理從略、

第二十三節　社訓

二十五年。軍事委員會別働隊第十四中隊分駐開陽時。曾派隊員赴第一、三、五、七等區、訓練壯丁。旋因該隊奉調離開。未竟全功。二十六年。設社訓總隊。以縣長兼總隊長。設軍訓教官兼副總隊長一人。由軍委會政

治部委派。設督練員三人。由軍管區司令委任。負訓練壯丁之責。嗣改爲國民自衛總隊部。二十七年九月。開始幹部訓練。計結業訓練員三十餘人。同時復集合縣府以下在城各機關公務人員訓練。兩月結業。又自十二月起。開始訓練壯丁。第一次訓練達三十保。計出隊壯丁一千九百五十四人，第二次訓練達二十九保。計出隊壯丁一千七百零八人。至二十八年七月。利用農隙時間。作第三次訓練。達三十一保。計出隊壯丁二千一百人。每次均以兩月爲期。九月。自衛總隊部復開辦婦女助訓班。共有學員三十餘人。在同年五月。軍事委員會檢閱長蘇殯來開檢閱壯丁。計一日之調集已訓壯丁達二千九百七十餘人。當以成績卓著。代表委員長蔣丁獎金。

第二十三節 衛生

民國二十六年冬。縣府奉民政廳令。設立醫務所。內設所長一人。事務員一人。月給經費四十元。由省款支領。對於貧民施診施藥。（藥費由地方經費月支洋二十元）、至二十七年。省衛生委員會成立。醫務所及戒煙所均劃歸衛生委員會統轄。二十八年九月。廢醫務所戒煙所。改組衛生所。兩所原有事務。併由該所辦理。所長由衛生委員會直接委派。仍受縣政府督導。所長下設醫佐一人、衛生員二人。月需經費及藥品。均向該會直接支領。

第二十四節　消防

清光緒二十年。知州陳惟彥。以縣城民居櫛比。茅屋間雜。爲消防計。特令人民折除。并購製抓鉤十餘把。銅木水槍三十六支。及石水缸十數口。分置各街蓄水。以備汲取。歷經多年。均已毀棄。至民國二十七年。解幼瑩。以抗戰期間。時虞敵機轟炸。消防工具。最爲緊要。爰呈准以戶捐節餘款。購置長梯、抓鉤、斧頭。鋸子各二十五具。分發保警隊、及本城各保應用外。另置斧頭、鋸子、抓鉤各共二十件。以各八件存羊場區公所。又各四件存雙流鎮、馬場、馬江山、聯保或區公所備用。縣城則以壯丁組織防護團領存。復就文廟泮池。及水龍坎、南街、兩水池。疏浚修砌。使多蓄水量。以爲之備。

第二十五節　司法

清代牧令。以聽訟治獄爲要務。苟能伸張屈抑。平反寃獄。於牧令之能事得過半矣。故於守令之賢者。輒稱之曰神君。曰青天。頌之曰案無留牘。明決果斷云。共和肇建。以立法、司法、行政三權鼎立。爲法治準則。在繁劇之通都大邑。多有地方法院之設。貴州僻塞。而又絀於經費。故以縣長兼理司法。民初。各縣例設承審員、典獄員各一人。皆由縣長選用。報請高等審判廳加委。秉承縣長意旨。辦理民刑案件。訴訟費用。多不按章則征收。書警勾連。弊害頗多。至二十六年元月。開陽司法處成立。設審判官一人。書記官二人。管獄員一人。錄事二人。執達員一人。庭丁二人。工役二人。法警由政警兼充。月支經費二百零八元貳角四分。審判官、書記官皆由高等法院就考選及訓練合格人員中委任。於是審判權乃獨立。由審判官直接負責。縣長仍兼理司法行政事務。并執行檢察官職權。年來訴訟費用。及審判案件。均照法定程序及征收裁判費規則辦理。書警亦照預算實給薪餉。縣民多尚氣好訟。雖鼠牙雀角之爭。錙銖之較。一時氣忿所激。亦必出於訴訟。自二十七年七月至二十八年六月。計售出民狀七百三十三本。刑狀七百七十本。司法印紙八百一十元。判決及和解撤回民刑案件。共計終結三百零一件。

清末於死囚要犯。則分禁大監及上卡二處。罪犯輕者則拘押下卡。皆在縣府頭門內右側。屋窄而狹。空氣不通。臭穢難近。看守者有卡差獄頭。復就舊犯擇其狡黠兇悍者。爲之火頭。以管理內部犯人。并助卡差獄頭爲虐。凡新收囚犯。例必需索多金。自門房管監卡者、掌鑰匙者。以至卡差、獄頭、火頭。均有分潤。復以酒肉遍餉舊犯。謂之團籠。籠有内外之别。内籠尤狹暗近廁。其不滿卡差獄頭之慾者。則收管内籠。或縛置廁所。鋪位亦有高低。以出錢多寡爲定。甚有直立其中。求一卧處而不得者。更有閘板。以要犯手足穿厚木中縛之。使其坐卧不能。轉側不可。誠人間地獄也。民初。分監獄、及刑事管理所、民事看守所三部。均以典獄員管理之。於舊有弊端。固多革除。而典守者猶不免視爲利藪。囚犯生活。亦未改進。二十七年秋。縣長解幼瑩乃修建監獄墻屋。記費款二千七百餘元。現已竣工。

第四章　經濟

第二十六節　賦稅

賦稅包涵國稅、及省地方稅而言。內分丁糧、印花稅、菸酒稅、契稅、屠宰稅、普通營業稅、等項。

（一）丁糧　乾隆開州舊志載。原額人丁九百二十二丁。徵銀一百八十五兩。乾隆四十一年。奉文攤入田畝。　原額民田一萬三千一百六十七畝五分四尼三毫八絲九忽。徵銀六百二十五兩四錢五分八尼三毫三絲四忽七微七塵五纖。米六百五十八石三斗七升七合一勺九抄四撮五圭。　原額已變未變及新墾田共三千八百四十一畝九分五尼二絲。徵米一千二百九十石零三升九合九勺九抄六撮。　原額楊土司民田四百二十畝。徵銀三十八兩三錢五分三尼四毫八絲三忽八微九塵四纖。米二十一石。康熙四十年。丈增田五千八百八十二畝三分四尼七毫五絲三忽九微、徵銀一百零九兩二錢六分二尼一絲七塵一纖六渺、　原額劉土司民田二百畝、徵銀一十八兩二錢六分四尼五毫一絲六忽四微四塵。米十石。　原額儒學田。二十四畝八分一毫。徵銀一兩一錢七分八尼九絲九忽五微。米一石二斗四升七抄。　原額汰兵徵銀不徵米。民田一百零一畝九厘一毫六絲六忽。徵銀一十二兩二錢三分九厘五毫九絲九忽二微、　原額課土屯田一百一十四畝六分一厘六毫六絲。徵米三十四石三斗八升四合九勺三抄。康熙五十七年。新墾田六十四畝。徵銀三兩零四分四厘七毫五絲、米三石二斗。　五十八年起。節年新墾田二百七十畝。徵銀一十二兩八錢二分五厘。米一石三斗五升。　額外學租銀五兩八錢一分。　以上共徵銀一千零五兩六錢零一厘八絲九忽四塵八纖六渺。米二千零七十三石一斗一升六合七勺五抄九撮一圭四粒六粟。

丁銀者。丁徵銀而免其力役。所謂變力差爲銀差是也、地糧者、土地所自出。有直徵米者、有折徵銀者、徵米者謂之本色米。折徵銀者謂之折色輕賫銀、康熙五十二年恩詔、嗣後續生人丁、永不加賦、徵收錢糧　但據康熙五十年丁册爲常、故丁口在五十年以前。乃有關於錢糧之政。五十年以後。則僅以驗虛實。備保甲耳、丁銀在雍正乾隆間。已有旨毋庸輸納、續又奉旨令貴州通省丁銀咸入田地按畝徵收、地丁遂合而爲一。

貴陽府志。根據乾隆三十九年賦役全書載、開州成熟田二萬五千四百二十三畝八分七厘二毫九絲五忽二微一塵五纖九渺。依通省科則。每畝均攤丁銀共丁銀一百三十八兩四錢二厘。原額田二萬八千三百七十六畝五分一厘六毫四絲一忽七微四塵三纖。科則不一。共徵米二千八百二十三石六斗二升六合一勺。折米銀三百五十九兩七錢五分五厘、條編銀二百零一兩五錢七分五厘。馬館銀三百二十五兩七錢九分八厘。除荒蕪外、實成熟并減則田二萬五千四百二十三畝八分七厘二毫九絲五忽二微一塵五纖九渺、有徵米二千一百二十三石二斗四升五合一勺。折米銀三百七十三兩九錢九分七厘。條編銀一百九十一兩四分三厘。馬館銀三百零七兩六錢四分一厘。通計開州田二萬五千四百二十三畝八分七厘二毫九絲五忽二微一塵五纖九渺。無士、有徵米二千一百二十三石二斗四升五合一勺。銀一千零一十兩八分三厘。丁差折米條編馬館四項總數、條編則一條鞭法、所編雜賦雜役也、馬館則郵傳之供也、

州屬十里。原額徵米徵銀民田一萬五千五百一十二畝五分九厘。每畝科米一斗。本色折色各半。又徵條編銀九厘七毫一絲七忽六微九塵六渺。馬館銀一分六厘七毫五絲三忽九微九塵四渺、米每石折銀

四錢二分。共該本色米七百七十五石六斗二升九合五勺。折米銀三百二十五兩七錢六分四厘、條編銀一百五十兩七錢四分七厘、馬館銀二百五十九兩八錢九分七厘。除荒蕪外，實成熟田一萬四千四百二十八畝八分五厘一毫一絲四忽二微。徵本色米七百二十一石四斗四升二合六勺。折米銀三百零三兩六厘。條編銀一百四十兩二錢一分五厘。馬館銀二百四十一兩七錢四分。 原額不徵銀已變價官田一千二百三十一畝七分四毫五絲一忽。內上田四百七十三畝一分二厘三毫三絲三忽一微。每畝科本色米三斗。中田五百四十八畝九分八厘二毫一絲七忽九微。每畝科本色米二斗三升、下田二百零九畝五分九厘九毫、每畝科本色米一斗五升 共該本色米二百九十九石六斗四升二合七勺、除荒蕪外、實成熟田九百四十五畝四分六厘四毫三絲三忽一微、內上田四百七十三畝一分二厘三毫三絲三忽一微。中田二百六十一畝七分四厘二毫、減則中田一畝。每畝起徵本色米一斗一升五合、康熙三十九年以後、新墾田畝、題請減則、計中田一畝減米一斗一升五合、下田二百零九畝五分九厘九毫。共有本色米二百三十三石六斗九升二合五勺 原額不徵銀未變價官田。四千五百二十一畝八分三厘三毫三絲九忽五微四塵三纖。內上田七百三十畝九分四厘九毫四絲七忽。每畝科本色米四斗五升。中田八百七十七畝八厘五毫。每畝科本色米四斗。下田二千九百一十三畝七分九厘八毫九絲二忽五微四塵三纖。每畝科本色米三斗五升。共該本色米一千六百九十九石五斗九升九勺。除荒蕪外、實成熟田二千九百三十九畝一分六厘八毫九絲六忽七微一塵五纖九渺、內上田七百三十畝九分四厘九毫四絲七忽。中田八百七十七畝八厘五毫。下田一千一百八十畝七分八厘三毫四絲九忽七微一塵五纖九渺、減則下田一百五十畝三分五厘一毫。每畝起科本色米一斗七升五合。（康熙三十九年以後、新墾田畝題請減則、共減米二十六石三斗一升二合四勺）、共有徵本色米一千一百一十九石三斗四升七合。徵糧汰兵田一百畝。每畝科米四斗。該米四十石。每石折徵銀三錢。共徵銀一十二兩。

乖西正副土司民田六百二十畝、每畝科米一斗。本色折色各半、又徵條編銀七分三毫二絲二忽五微八塵七渺。米每石折銀四錢二分。共該本色米三十一石。折米銀一十三兩二分。條編銀四十三兩六錢。上田三百二十一畝三分五厘六毫五忽。每畝米二升。又徵馬館銀三分五厘。共該米六石四斗二升七合一勺。馬館銀一十一兩二錢四分七厘。中田五百七十四畝八分一厘六忽。每畝科米一升九合七勺二抄一撮一圭四粒三粟。又徵條編銀七厘六毫八絲三忽六微五塵二纖六渺。馬館銀三分五毫七絲一忽一微九塵八纖九渺。共徵米一十一石三斗三升五合九勺。條編銀四兩四錢一分七厘。馬館銀一十一兩八錢二分五厘。下田五千三百五十三畝六分六厘六毫四絲二忽九微。每畝科米二升八合。又每畝徵馬館銀八厘。共米一百四十九石九斗零二合七勺。每斗折銀三分。該銀四十四兩九錢七分一厘。共馬館銀四十二兩八錢二分九厘。旱田一百四十畝五分五厘五毫九絲七忽三微。每畝徵銀二分。共徵銀二兩八錢一分一厘。

就州志與貴陽府志所載。丁差銀及地糧銀米數目比較。互有不同。如丁銀州志載一百八十五兩。府志於攤入地畝時僅有一百三十八兩四錢二厘。又州志於丁差折米條編馬館四項總數。共徵銀一千零五兩六錢零一厘八絲九忽四塵八纖六渺。米二千零七十三石一斗一升六合七勺五抄九撮一圭四粒六粟。與府志之四項總徵銀數。一千零十兩零八分三厘。米二千一百二十三石二斗四升五合一勺相較。州志列數皆少於府志之數。

又有耗羨之徵。起於雍正中。先是州縣徵地丁銀米。類有耗羨。蓋陋規也。至是始定爲正供。天下皆每兩加一錢。謂之加一耗。文武官養廉之費悉出於此。而貴州一省。以錢糧甚少。科則稍重於他省。其在貴陽者銀米均加一五。開州亦同。州正銀一千一十兩八分三厘。耗銀應一百五十一兩五錢一分二厘。州正米二千一百二十三石二斗四升五合一勺。耗米應三百一十八石四斗九升六合七勺。除鼠耗外。實存耗米二百六十壹石三斗五升四合七勺。每石變價銀五錢五分。共銀一百四十三兩七錢四分五厘。凡耗米變價、皆解布政司庫。府志

附二區與佛寺糧碑　原夫量地制邑、度地居民。厥田有九等之殊。成賦有三壤之分。此固朝廷保民如赤、而開邑尤沾被者也。蓋開邑地瘠民貧。錢糧原有定額、迄乾隆四十七年。書差舞弊。漸次增加。州人控司批府、府主徐公酌斷。除收廩兵等米外。每斗折銀二錢二分。無論米價高低。遂爲定額。以作舊章。嗣後沿至道光十四年。役弊復生。紳耆控經藩道府。蒙上憲飭照徐公斷案。委員監收。民是以蘇、至二十七年。桂任役弊尤甚、各里花戶控蒙孫道憲朱府尹。俱斷仍照乾隆年間府主舊章完納。殊蠹役藐視憲諭。蒙混州主

。欲變亂舊章。幸陳官查實弊竇。洞悉輿情出示給印。盡革夙弊。昭示良規。設櫃四鄉。照徐公舊章徵收。未幾陞遷。迨甘主蒞任。更憫孝信禮三里離城甚遠。而窮民以厘毫差糧。受累上納。正供少而私費多。爰出示三里。永設櫃于興佛寺。無論柱之大小。悉照二錢二分之例徵收。不得偏於小柱。每歲三里在興佛寺上納。許三里勒石刊碑。奉陳官之示者。儼然金玉之音。仰甘官之碑者。不啻蔽芾之棠。是以民等遵奉陳甘州主所給章程。開列於後。

一示。每年徵收秋糧十里共上白米三百四十石。除穀斷碎。遵部頒斗斛平量響攩。地盤擈米花戶收囘。

一示。每年折徵糧銀屯糧每斗折銀二錢二分。成差完納。民田一畝。該糧五升。折銀一錢一分。民差一畝折銀一錢一分。共合二錢二分之額。旱差一畝納銀四分。

一示。糧差各款。其銀色砝碼。俱以九八爲定。各里較定九八砝碼二個。一重五兩。一重十兩。永無異議。

一示。每年自九月開徵。限十一月內將米上足。其折銀十月十五初比。十一月次比。臘月封印前三比。官派委役及親信人至設櫃處。按期收取。三比後。有拖欠者。以來年三月內歸數全完。如敢逾抗。奏銷已過。飭差鎖拿。如數追比。里差路費。該欠戶給與。不與衆花戶相干。一示。秋糧上納。每有柱內牽連。此受彼累者。以後准破柱完納。各清各款。免受拖累。至割票取獲之錢。概行免除。一查得各里保頭。先於五六月預截糧石。開徵後派長差下鄉勒折。長差之外。復又耗差。受累已久。今概行革除。一示。孝信禮三里永遠設櫃於興佛寺。每歲官派親信人及老成里差收取。飯食伕馬均不派及民間。以免滋擾。以上諸條。花戶等共宜凜遵。共為良民。始不負上官之意。如有不法之徒。串合惡差、以害善民。致壞糧額者。公同送官究治。如我花戶進州。被差挾仇妄報者。公出盤費上控。永免其害矣。道光三十年六月立。

咸同亂後。民間契據損失。田土荒蕪。同治十一二年間。州官龍聲洋辦理善後。飭各花戶或其親族自行報明田坵。由各總甲總辦幫辦等註冊踏勘明晰後。發給營業執照。分上中下三等。計挑安糧。州屬十里二司。共民差糧一萬九千一百六十四畝八分四尼四毫。又民屯糧米二千一百二十四石三斗七升。內計孝里民差一千二百五十七畝一分九尼四毫。民屯糧米一百二十二石三斗二升七合九勺。弟里民差一千四百

貴州印刷所承印

五十九畝五分。民屯糧米一百四十三石五斗二升五合。忠里民差八百九十畝。民屯糧米四十九石八斗。信里民差。三千零九十五畝一分五厘。民屯糧米二百五十石。禮里民差一千七百九十八畝四分。民屯糧米一百五十九石九斗五升二合。義里民差一千零七十二畝五分。民屯糧米二百一十石零四斗。廉里民差八百九十四畝六分。民屯糧米一百七十石零五斗八升。讓里民差二千八百三十七畝三分。民屯糧米一百八十九石、清里民差一千一百九十四畝七分。民屯糧米一百六十三石九斗四升。恩内里民差三百零七畝六分。民屯糧米四百一十石、恩外里民差五百六十七畝九分六厘。民屯糧米一百八十四石。楊司民差三千四百九十畝。民屯糧米五十石零四斗。劉司民差二百畝。民屯糧米一十石零八斗六升。學田民差一百畝。民屯糧米九石二斗七升。　其民差每畝正銀以五分二厘九毫四絲計算。照解藩庫。計孝里正銀六十六兩六錢三分一厘二毫八絲五忽。弟里正銀七十七兩三錢五分三厘五毫。忠里正銀四十七兩一錢七分。信里正銀一百六十四兩零四分二厘九毫五絲。禮里正銀九十五兩三錢一分五厘二毫。義里正銀五十六兩八錢一分二厘五毫。廉里正銀四十七兩四錢一分三厘八毫。恥里正銀一百五十兩零三錢七分六厘九毫。清里正銀六十三兩三錢一分九厘一毫。思內正銀一十六兩三錢零二厘八毫。思外正銀三十六兩一錢零一厘八毫八絲。劉司正銀三十二兩八錢七分三厘。楊司正銀一百八十四兩九錢七分。又丈增銀一百六十五兩四錢五分八厘。每畝連耗共應徵銀二錢三分。龍官以當兵燹之後。地瘠民貧。每畝酌減三分。以蘇民困。經勒石刊碑。永定爲例。　至民屯糧米。每年僅照京斗收入倉米二百八十石。內計孝里應納倉米一十二石八斗。弟里應納倉米一十五石四斗。忠里應納倉米一石。信里應納倉米二十二石八斗。禮里應納倉米一十五石三斗。義里應納倉米三十四石。廉里應納倉米二十八石一斗。讓里應納倉米十石零一斗。清里應納倉米二十石零三斗。思內應納倉米八十六石四斗。思外應納倉米三十三石八斗。除收入上列倉米外。每斗仍照二錢折色上納。大亂初平。每年收入二三䟓以至六七䟓不等。至光緒十六年。州官胡璧。始詳報十足徵解。其後歷經墾復。至宣統間。成熟田畝已有二萬一千五百六十五畝零一厘二毫。其中由州官設櫃派書徵收者。有一萬五千四百零五畝一厘二毫。由楊劉二土司撥徵者。有六千一百六十畝。楊司收地八排。共秋糧五百零八石。僅解州銀三百二十兩。劉司收地四排。共秋糧一百零八石。僅解州銀二十九兩零九分。至民國二年。州官熊其光為力除中飽。據實呈報。并將楊劉土司撥徵糧額。提歸州署徵解。

附州官熊其光呈報貴州國稅廳籌備處文　竊查清理財政。前清設有專官。一再調查。力除中飽。然其間行政官吏。據實報告者。固多。隱漏斂飾者。亦復不少。間有原因複雜。事實難行。欲報而未能者。現在民國肇建。理財為先。凡屬公欵。應當勉竭棉薄。力圖整理。顧廳長開誠布公。體察下情。庶幾下級官吏。得以竭盡愚誠。古人有言。請自隗始。伏查州屬民田。原額一萬伍千四百零五畝一厘二毫。定章每畝徵收丁銀六分五厘五毫七絲。共應徵銀一千零一十兩零八分三厘。加耗一五計算。此昔年報解之數。究之實徵於民者。每畝一錢六分。超過原額一倍有奇。嗣奉通飭。查照銀額。每一兩連耗改徵銀一兩六錢二分。則每年應解丁銀一千六百兩零。前任報解有案。固無待於言矣。然此每兩連耗改徵銀一兩六錢二分之數。雖係依據昔年每畝徵銀一錢六分而來。殊不知與民田原額相軒輊。請得而詳陳之。查民田原額。每畝徵銀一錢六分。共應徵銀二千四百六十四兩零。就現在每年應解丁銀。祇須田一萬零畝。所徵之數足矣。尙存五千餘畝。可收銀八百餘金。卷查此數歷來未報告。其所以不報之故。非盡屬經徵官吏中飽。其中大有原因在。蓋州屬糧田。因昔年報荒短少。及歷年荒蕪未報者。每年徵收糧額較昔年短收二百六十石有奇。其初清理財政時。歷前任不察底蘊。援案造報。嗣因報部有案。未便呈請變更。以故每年報解無出。不得不由地丁漏款挪移補解。綜計現在每年徵收丁糧。以盈劑虛。除解外實長民田二千三百餘畝。約盈餘銀四百金之譜。惟是州屬地方瘠苦。民風淳厚。書吏每年所入。難贍身家。所賴以爲生活者。徒以前項之漏規在。聞各前州屬欲揭出。該書吏卽實有煩言。起而全體辭退。此非挾制官長。勢難枵腹從公。又以一經舉報。全案一律推翻。俾手續之繁難。戀其中之餘潤。不報之故。實基於此。知事才庸任重。自愧萬無一長。惟對於國利民福之事。無不竭力爲之。總之毀譽何常。但期於國有濟。取舍難定。惟祈於民無傷。舉凡民之所出。以及國之所入。務須針孔相符。期不背共和政體。知事非不知區區之數。不過大江一勺。太倉一粟。然狐集成裘或有資於半腋。

當此財政奇絀之際。政府多收得一分之銀。地方即可多辦一分之事。但事多牽制。辦理必須得法。想我處長仁民愛物。慮事周詳。應如何方能上裕國課。下蘇辦公。謹率闔署書吏。延頸企踵。以待明命。上之陳述。徵諸所聞。應俟壬子年份丁糧掃數清楚之後。每年究竟能餘若干。彼時再行詳細造册呈請更正立案。所有查得州屬經收丁糧漏款大概情形。理合具文呈請查核示遵。再州屬楊劉二土司撥徵田有六千一百六十畝。應徵銀九百六十餘金。現在每年僅解銀三百四十九兩零九分。餘即爲該土弁乾沒。邇來五族共和。亟應改土歸流。同是中華國民何能任其獨享權利。容俟調查明確。另文請示辦理。合併聲明。時民國二年五月

又熊知事其光呈覆貴州國稅廳籌備處文　爲呈覆事。案奉處長第三號委任令開。案查該州楊劉二土司。每年撥徵銀額。與繳解之數不符。經前清之清理財政局。飭前任州牧查明呈覆。除原文有案邀免冗錄外。後開仰該知事遵照。親臨該地詳查履勘。該土司等徵收實數。是否與前州牧呈報相符。并剴切開導該土司等。據實報告。慎無狃於積習。致干咎戾。該知事亦宜妥慎將事。毋負委任。仍將辦

理情形呈覆核奪。等因奉此。遵即親詣楊劉二司。詳細查訪。採詢鄉間紳耆。僉謂該土弁等每年徵收丁糧有超過章程所載之數。亦有不及章程所載之數等語。隨傳該二司土弁楊雲芳劉榮春到案。經知事反覆開導。彼亦欣然樂從。據稱該二司額徵秋糧。與文內所載之數相符。惟昔年多有成荒。恐折色不無短少。知事以事關國稅。責任匪輕。若任其報荒若干。即不免揑飾之弊。若按畝履勘該二司地面縱橫數百里。又非一時所能辦到。思維再四。惟有本年仍由該土弁等照常撥徵。儘徵儘解。一面選派得力糧書。并就近諭知自治員紳監收。既可杜其隱飾欺罔。復可禁其苛斂勒索。藉資熟手。而免脫漏。暫作試辦一年。必能得徵收確數。下年能否照此辦理。操縱由我。以免被其朦蔽。其有每石折徵銀數。仍應查照鈞令連耗一六徵收。由知事曉諭民間。庶原日完納超過定章所載之數者。不致仍受殘苛。完納不及定章所載之數者。亦不致代爲賠累。似此辦法。於法理固未盡合。於事實方無阻礙。除取具代徵承認。并飭將厰冊照繕一份送州備案外。惟該二司驟然將習慣剔除淨盡。公家年增銀六百餘兩。應如何酌給旌獎。以安其心之處。出自逾格鴻施。所有

試辦搬征州屬丁糧原由。是否有當。理合具文呈覆。伏候查核示遵。二年九月

州屬蒲窩地方。全爲苗民。分八寨居住。自苗亂後。政府爲羈縻並獎勵其輸將計。每年於開徵日。由八寨苗民。輪推十六人來城。將應納民屯銀糧。統於是日當堂完納。官爲簪花掛紅。并就堂上賜給酒食。苗民騰歡而出。歸以爲榮。積習相沿。驟難變易。徵收丁銀、向列定自十月初一開徵日起、至次年正月、爲上忙、自二月至五月爲下忙，餘四月爲鄉差催徵時間、

附貴州巡撫岑毓英示　爲嚴禁加收。以蘇民困事。照得維正之供。本應徵納。而亂後之民。尤當體恤。本部院下車以來。明查暗訪。得悉各府廳州縣徵收錢糧弊端。如秋糧市價。每石一兩。折徵二兩。是加一倍也。又改銀收錢。錢價換一千六百文。折收三千二百文。又加一倍也。復加以糧房票錢。催差雜費。又加一倍也。如上實米。除例徵耗米外。有地盤樣米尖斗尖升等項浮收。故上米一石。至二三石不能完納。至收條銀。百姓納銀到時。則日銀水不足。多少刁難。或以錢折收、藉稱市錢市價。必加庫平庫色。任意勒索。以至每完條丁一兩。加至二三兩不等。各省定賦之例。雖有加收耗

銀。而查貴州田賦。則例銀一兩。最多不過准收耗銀一錢五分。秋米一石。准耗米一斗五升。何至加及數倍，苦累貧民。又聞興義谷及房書糧。於百姓上糧時。先勒索報到錢文。出錢者給墨飛一張。方准赴衙上納。如不先交報到錢文。甚有延至兩三月不能上納者。種種弊端。難以枚舉。在官吏書差。以爲民愚而我智。百般盤算。無奈我何。誰知朝廷設官。原以保民。如此暴虐。是蠹也。非官也。本部院奉旨撫黔。職在安民察吏。斷不容此貪污。久殃百姓。除檄飭該地方遵照外。合行出示曉諭。爲此示仰闔省紳民人等知悉。嗣後完納錢糧。無論秋糧條銀。無論收銀收錢。除例徵耗銀耗米。只准照街市價每兩加銀二錢。每石加米二斗。以爲傾工批解等項公費。此示以後。凡秋糧之地盤撥米尖斗尖升。條銀之横徵勒收加平加水。一切積弊。概行免除。倘再有書差仍前勒索。呈控地方官不究者。即係官與書差同惡相濟。許爾等來轅據實呈告。從重參辦。決不寬貸。爾紳民亦不得藉故抗延。併予治罪。各宜凜遵。勿違特示。光緒五年八月

知州梁宗輝示、爲剴切曉諭。照章減徵事。照得前據舉人陶燦然。

貴州印刷所承印

暨闊州紳團等稟稱。州錢糧向係每畝每斗以庫平庫色銀二錢上納。至龍任酌爲定章。并給砝碼。鐫碑在案。嗣此歷任相沿無異。但念地屬偏隅。人多瘠苦。市少紋銀。請減去庫平庫色。以貴平市銀。照章上納。并請給示勒石。以垂久遠等情。查此係隨地制宜。因時立論。雖則不便於官。而實有便於民。本州洞悉時艱。無不聽從民便。繼思欲垂久遠。必抉根株。既經減作貴平。應即銷除舊碼。以昭劃一。隨即出示曉諭。飭令各總甲里長等。先後呈繳。當堂驗明。立時銷毀。今屆開徵之期。合再申明前議。除將原稟存案外。爲此示闊州紳團軍民人等知悉。嗣後即照舊減爲貴平市銀二錢上納。永遠遵行。不得再議增減。此次緣團紳等合詞稟懇。故特酌量減徵。務各激發天良。踴躍輸將。無負本州曲體人情。隱孚民願至意。其各凜遵勿違。特示。光緒七年九月碑在宅吉場

民國二年十二月。奉國稅廳籌備處訓令。各屬徵收秋糧。向分本色折色二種。名目紛歧。易滋弊混。茲後一律改爲折徵。照市定價上納。

附訓令　案奉財政部訓令內開。據該處長呈稱。各屬徵收秋糧。向分本色折色兩種。名目紛歧。易滋弊混。茲擬一律改爲折徵。所有

向來徵米并徵銀各屬。既改本色爲折色。則應納銀數。即照折徵各花戶上納。以昭平允。至向來僅徵實米各屬。則按照正糧每石連正耗平餘規費。所徵米石共數。照市定價上納實銀。總須比照預算全年額數。有盈無絀。若有礙難推行情事。務須先期呈報。請示辦理。毋得事後藉詞推諉。除訓令各屬遵照外。理合具文呈報。伏祈查核。等情前來。查田賦改徵折色一事。各省業已次第照行。黔省事同一律。自應准如來呈所擬辦理。除備案外。合行令知該處長遵照可也。等因奉此。查此案前經本處通飭遵辦在案。茲奉部令。除分令外。合行轉令遵照。此令。

民國四年。縣屬改訂丁糧科則。其折徵實數。計爲（一）縣屬地丁正銀原額一千五百五十兩零九錢七分。內除老荒無徵正銀四兩九錢外。又撥入貴陽成熟地丁正銀二十三兩七錢一分。共計實有徵地丁正銀一千五百六十九兩七錢八分。內計一兩六二折徵地丁正銀一千五百四十六兩零七分。一兩五九折徵地丁正銀二十三兩七錢一分。（一）縣屬秋糧正米。原額二千零九十五石九斗八升。內除老荒無徵正米二百四十九石九斗二升外。又撥入貴陽成熟秋糧正米一百三十九石九斗五升。共計實有徵秋糧正米一千九百八十六石零一升。內計一兩六折徵秋糧正米一千六百六十六石四斗六升。二兩折徵正米一百七十九石六斗。二兩二七九折徵秋糧正米一百三十九石九斗五升。（一）縣屬額徵學租正銀五兩八錢一分。連耗共應徵銀一十一兩六錢二分。又耤田谷四石五斗。每石變價一兩。共應徵銀四兩五錢。全縣按年地丁秋糧學租耤田各項。共徵解銀八千八百五十四元四角。但因逃亡故絕。年有積欠。十八年省政府訓令。開陽縣將戊午至戊辰十一年丁糧欠數一萬六千三百八十三元一角四仙。飭由富戶全數抬墊。又二十二年省政府令。開陽縣自己巳至壬申四年欠賦共九千八百三十一元四角零一厘。飭富戶抬墊。掃數解省。以濟公用。二十三年因紅軍肖克竄黔。舉兵防剿。其應需經費。省政府令由各縣抬墊甲戌全數糧額。連同稅單費及伸收尾數。開陽共抬墊洋玖千陸百元。　二十四年六月。軍事委員會委員長蔣。督師剿共來黔。電陳人民疾苦。以貴州夙稱貧瘠。往歲農產歉收。百業凋耗。近因殘匪竄擾。地方受害尤深。請國民政府准予蠲免本年田賦。　二十六年。貴州各縣旱災。收成歉薄。省政府特呈准國民政府。免徵本年田賦半數。　二十七年冬。省政府爲整頓田賦。確定畝分。保障人民業權。調劑農村金融。平均人民負担。廢除苛捐雜稅。着手辦理全省土地陳報事宜。飭開陽縣組織土地陳報分處。業於十一月十一日具報成立。開始辦公。處長由縣長兼任。副處長及編查各員由財廳訓練委派。以六閱月辦竣。於二十八年五月上旬結束。綜計全縣田土畝分。共二十萬零四千三百九十五畝二分五厘。照三等九則定賦。每年計納糧額三萬二千四百二十三元六角五分。較舊糧額約增三倍。除去舊日糧書。另設田賦徵收處徵收。

開陽縣田賦科則稅率表 經省府委員會五二八次常會議決修正通過

等則		每畝收益地價				每畝稅率	估計畝分		全年應徵田賦		備考
一等	一	四石	〇	一三五元		、三〇	九一五四畝	〇八	二七四六元	三二	
	二	三	五	一一二		、二八	一六九八二	九一	四七五五	二一	
	三	三	〇	九一		、二六	一九〇一七	七二	四九四四	一六	

二等	一	二	五	七二		、二二	二二六〇	四四	四九七二	一〇
	二	二	〇	五五		、一九	二一七一〇	九八	四一二五	一〇
	三	一	五	四〇		、一六	二二九三四	五七	三六六九	五三
三等	一	一	〇	二七		、一二	二九六八八	八二	三四二六二	六五
	二		七	一六		、〇八	三一四〇六	九八	二五一二	五五
	三		四	七		〇四	二八三九一	四九	一一三五	四五
免稅地							二五〇九	二六		
合計							二〇四三九五	二五	三二四二三	六五

附 1. 收益按貴陽斗計算

2. 本縣舊糧額徵八千餘元。實徵六千餘元。此次改訂新科則。年可收

記 三萬二千餘元。較舊糧額約增四倍。

續奉省政府令。以本省辦理土地陳報之目的。原在整理田賦。平均人民負担。并力謀廢除各縣雜項稅捐。而以田賦之盈收統籌抵補。特制定貴州已辦土地陳報各縣。提留田賦補助縣地方經費辦法七條。提經政務會議第五四三次常會議決通過。令飭施行。

附辦法　一。貴州省政府爲廢除各縣雜項稅捐起見。於已辦土地陳報縣分。酌提田賦補助縣地方經費。特訂定本辦法。二。陳報完成之縣。自二十八年十月一日新賦開徵起。查明新額比原額之增加數。照左列標準分配之。甲賦額增加至三倍以上者。准於徵足總額七成五解省後。以餘額二成五留縣。乙賦額增加不及三倍者。准於徵足八成解省後。以餘額二成留縣。三。各縣於解省賦款尚未照前條規定徵解足數者。不得留支縣額。四。各縣提留賦款之收支。應由縣政府編入歲出歲入概算書。呈請省政府核定。五。各縣提留賦款之收入。足以抵補現有雜項稅捐一部或全部之收入時。卽將現有雜項稅捐之一部或全部。予以廢除。六。各縣賦款如因災歉及通案呈准減免者。其解省及留縣成數。照各該年減餘額數計算。七。本辦法自貴州省政府公佈日施行。

貴州印刷所承印

(二)印花稅　在民國初年。即已舉辦。惟收數綦微。至十五年徵收局成立。主辦人利其提成。（百分之二十）以此款分區攤派人民。按月額徵洋二百元解省。奉發印花稅票。并未給與人民。照章粘貼。視同廢紙。巧黠者則寄省折價出售。緣以爲利。二十六年改由郵局售賣稅票。縣府負督促人民照章粘貼。及檢查之責。

(三)菸酒稅　十五年舉辦。與印花稅同時攤派人民。按月額徵洋二百元。嗣菸酒兩項各有公賣費。與營業牌照之分。公賣費則仍照舊額攤派數收解。牌照稅則招商標包。至二十七年七月停止攤徵。照章均改由商人照額投標承包。計自是年七月至次年六月。共收入菸公賣費一千零七十五元七角。酒公賣費一千三百二十六元。菸酒營業牌照稅七百五十三元五角。

(四)契稅　清代民間當買不動產時。書立契約。應照價納稅百分之三解省。由州官粘貼布政司印頒契尾。然多未依此辦理。率就原契加蓋州官印信於年月及價目之上。是爲紅契。百兩以上曰大契。收印紅銀三兩。百兩以下曰小契。收印紅銀二兩或一兩。官署視若陋規。并不解省。且非有訴訟糾葛。多不投稅。稅者亦多於各官卸任時行之。圖減收印紅也。民國二年。貴州國稅廳籌備處令發契稅章程。清代曾粘布政司契尾者。得免再稅。其曾蓋地方官印之紅契。日已稅契。買契照每價百兩徵洋二元。典契徵洋一元、其未印之白契。則買契百兩徵洋五元。典契徵洋二元。均粘省頒契尾。另徵紙費買契每張一角。典契每張五分、三年財政部制定契稅條例。買契徵稅百分之九。典契徵稅百分之六。黔省呈准減徵。買契徵百分之六。典契徵百分之三。銀兩則照一五折合洋元。嗣以鼓勵人民投稅、時有買四典二減征時間。自二十七年七月。至二八年六月。徵契稅獲洋九千六百四十二元一角八分。

（五）屠宰稅　民國三年。省署通令每宰猪一隻。徵收四百文解省。四年財政部定屠宰稅章程。宰猪一隻。徵洋三角。牛一頭徵洋一元。羊一隻徵洋二角。貴州各縣。於是年七月實行。六年復改定宰猪一隻徵洋四角。嗣再定爲每猪徵洋六角。計自二七年七月起至二八年六月止。共徵入屠宰稅洋七千八百零三元六角、住戶屠稅。亦併計在內。

（六）普通營業稅　二十六年舉辦。惟以地方偏僻。商業凋敝。自二十七年七月至次年六月。僅徵獲洋一百五十三元。

貴州印刷所承印

第二十七節　縣地方捐

縣地方捐。分屠宰附加捐。契稅附加捐。斗息捐。碾榨捐。牲牙捐。戶捐等項。

(一)屠宰附加捐　清光緒三十二年。州官張翰。籌款興學。即免除屠商各項差肉。舉辦屠捐。每猪一隻。徵地方捐錢一千文。歸公益局徵收。至民國十三年。加徵至每猪捐洋一元。嗣以超過省稅為嫌。至十五年教育經費劃分獨立。乃以五角為牲捐。作地方財務費。以五角為屠宰附加。作地方教育費。二十六年。奉令復加徵建設經費一角。二十八年度預算。共九千零二十元。又特期屠宰。每隻徵洋一元。純係教育費。預算四千九百餘元。

(二)契稅附加捐　二十二年九月。財教兩廳呈准舉辦中區中學區。貴陽貴定龍里修文息烽開陽定番廣順清鎮長寨大塘羅甸等十二縣契稅附加捐。照稅價附加二成。解交教育廳教育經費保管委員會。作補助中區中學經費。二十四年八月。全數撥作地方教育經費。根據縣府統計。自二十七年七月起。至二十八年六月止。共收入一千五百二十六元一角九分。

(三)斗息捐　清末各場市斗口解米。係指作書院膏火。民初復歸各區團防局。作團丁食米。至十五年教育經費劃撥獨立。各地斗口。純爲教育經費。二十七年份計算。共收入洋六千餘元。

(四)碾榨捐　卽水碾油榨捐。各分上中下三等徵收。上等十元。中等六元。下等三元。近年均招商標包。二八年預算。共收洋二千七百元。

(五)牲牙捐　卽市場買賣牲畜捐、牲牙兩項。各照價取買賣雙方共百分之四。全縣約收洋二千四百元。

(六)戶捐　原名紳富捐。二五年開始經收。除赤貧外。每戶月捐洋一角五仙。作區保甲經費。二六年。民政廳改訂征收辦法。照收租多寡。分甲乙丙丁四等擔負。以作國民軍訓自治及區保甲事業等經費。二七年夏秋冬三季。預算爲五萬三千五百餘元。至二八年。加入公安經費。共五萬九千九百五十四元四角。

附二八年度全縣戶捐預算數。

第一區戶捐	一七、三二二、〇〇元
第二區戶捐	一一、九四三、六〇
第三區戶捐	一四、〇六六、四〇

第四區戶捐　五、六八二、〇〇

第五區戶捐　一〇、九四〇、四〇

共　計　五九、九五四、四〇

第二十八節　公產附貨幣

地方公產。分學田、公田租、廟租、學校田租、義倉穀息、公銀息、等項。

（一）學田　貴陽府志學校略載。開州課士田。東門外取里一分。開州志云。原額四十一畝五分。除古荒一畝五分。佃匿九分七厘。現存三十九畝三厘。征租米十一石七斗九合。三台山一分。開州志云。買黃良富三台山五處。計三台山三畝。杉木林二畝五分。黃土坎五畝。可渡河三畝。龍場一畝三分。共民田十四畝八分。征租米四石四斗四升。取里石頭寨一分。開州志云。大塊田一坵。三畝五分。各落山四坵二分。龍爪樹四坵五分。黃泥田三坵八分。梭羅莊五坵一畝。共民田七畝。征米二石一斗。杉木莊一分。開州志云。中壩八畝二分。小洞口一畝五分。水頭一畝六分二厘。中壩灣三畝一分。岩腳寨五畝二分六厘。中壩四畝四分。大洞口五畝九分。朝陽洞九分。共屯田三十畝八分八厘。征租米九石二斗六升四合。白菓塘一分。開州志云。寨脚九畝七分。楊柳莊洞口二畝。共屯田十一畝七分。征租米三石五斗一升。谷寨田一分。光西一畝五分。牛鼻三分。光西又二畝。光西路口一畝五分。毛栗坡九分六厘、光西又一畝七分。苗耳二畝二分。挪樹二畝。寨脚一畝二分。青樹九畝六分。把總田二畝二分。毛栗坡又一畝五分。光西又一畝一分。又一畝六分。水頭寨一畝三分。共屯田二十二畝六分二厘。征租米三石六斗二升。烏溪一分。開州志云。民捐實屯田三十五坵十二畝八厘。征租米三石六斗二升。義里中寨一分。開州志云。屯田十三畝。征租米三石九斗，光西一分。開州志云。民捐光西冲十七坵二畝。青樹十坵二畝。光西金竹林十坵一畝。光西寨脚十五坵二畝。光西對門七坵二畝。光西梅朗二十五坵二畝。光西寨脚。十坵一畝。光西爛冲十坵一畝。共屯田十三畝。征租米八斗。碑載高梘一分、開州志云。今名中壩、以事斷州民王永烈屯田二畝。後又增三畝。共五畝。征租米一石五斗。楊柳莊一分、開州志云、石板田五畝。癸田四畝。利子田五坵三畝七分一厘。坦中一畝、又一畝七分二厘。古寨坦中二畝七分二厘。寨脚五坵。濫冲涼水井四坵四畝、共二十一畝八分四厘、征租米六石五斗五升二合、共十一分、征租米五十七石一斗八升一合。按開州志總數、作五十八石三斗五升四合五勺、與散數不符。差一石一斗七升三合五勺。今據散數改正。又云上州倉倉斗米三十七石三斗五升四合五勺。兩學官共於俸薪内扣除條編正耗銀七兩一錢六分八厘。又賦役篇云、原額儒學田二十四畝八分一毫、征銀一兩一錢七分八厘九絲九忽五微。征米一石二斗四升七抄。原額課士屯田一百一十四畝六分一厘六毫六絲。征米三十四石三斗八升四合九勺三抄、額外學租銀五兩八錢一分、察賦役全書、開州有原額學田。四十一畝五分。每畝征銀一錢五分六厘六毫六絲六忽五微六纖、共該原額學租銀六兩五錢。内實除荒蕪田四畝四分。無征銀六錢九分、實在成熟田三十七畝一分、有征銀五兩八錢一分、例解布政司報銷。其田當即東門外聯里之田、其租銀額、即所云額外學租者、是全書荒蕪四畝四分、開州志但云荒匿二畝四分者、蓋修全書後墾復也、又察開州志賦役篇所云、原額儒學田二十四畝八分一毫者、當即三台山石頭寨二分。又高梘三畝也。所云課士屯田百四十畝有奇者、即杉木莊以下諸屯田、其數較多者、蓋州民續獻也。其屯田三十四畝有奇。

蓋照官田科米。每畝三斗。學田二十四畝有奇。蓋照民田每畝科本色米五升。折色米五升。加條編馬館銀也。其原學田三十七畝有奇。則額外租賦每畝徵銀一錢五分有奇者。開州志云。條編七兩有奇。此額外租銀五兩有奇。當在內。續獻田。則照原科云。此則道咸前州學閒田之情形也。（僅存之州志一部、已在據以翻印者、學田租一篇、被入撕毀、闕佚故據府志所載敘述、）自咸同亂後。頗多變更。歷經學官清釐整理。於光緒十五六年間。由學署印發執照。給佃戶承領耕種納租。計其總數爲市斗租米七十一石九斗六升九合五勺。與前額相較。已多十四石七斗八升八合五勺。當係亂後新增之田租。此項田業所在。以一區附城東郊。及谷寨光西與五區之白菓塘杉木莊楊柳莊等處爲多。每年收入。悉歸教諭訓導兩學官所有。僅納學租正銀耗羨共十一兩六錢二分。自民元以後。移歸地方經費局管理。每年於秋收完畢。照市定價。請縣府懸牌。飭各承佃花戶。於一個月內。將所認租米。照價折徵。其延不繳納者。以後則以一個月爲一期。每期於租價外。另加徵滯納金二角。加至三期六角爲止。現歸地方財務委員會管理。劃爲教育經費。惟自清光緒學官給照以來。迄今已五十餘年。各承佃花戶。多有變遷。擅將此業轉相當賣。當則名日暫頂。買則名曰永頂。而承頂者亦不問業權誰屬。卽予出價承頂。視同私產。甚有一佃之業。轉移至三四次者。而政府亦以案牘不全。難於整理。歷年均憑簿收租。其中僅載承佃花戶姓名。所住地址。及認租額數。業之坐落地點。花挑田型。坵塊四至。均無從查考。在民國十七年。教育局管理時期。曾訂定辦法。擬由驗照入手。從事整理。嗣以種種困難。未獲奏效。至二十七年。地方財務委員會爲編查田畝。始擬定辦法。呈准縣府委員分至各地清理公產。現據各員冊報。備載學田坐落地名田型坵塊花挑四至。此後乃有迹可尋。然歷年既久。其間難保無戻竄互換。以少易多之弊。至承佃花戶之私擅受價轉移。承頂者之侵佔業權。尙有待於政府之積極整理也。

附學官發給各承佃花戶執照式樣列後。

執照

學正堂軍功　爲發給執照事照得里司
學田　坵計谷　挑載學米　石　斗　升　合該花戶　領
照耕種自願照租上納合行給照爲此仰該花戶知悉每年開徵後
即完納不短少升合者准其永遠耕種倘有拖欠當賣或侵佔民田
等情一經查出另行安佃決不寬容須至照者
學字　百拾號載糧斗升合坵挑
光緒十六年印七　月　日給
學行　右給花戶　收執

（二）公田租　縣屬各地公田。姜燦邦饒家齊歸公田業在內、計由各佃戶認租二百四十六石三斗八升。又賓興租三十一石九斗。義學租米一十五石四斗。即飛鳳義學租均入公田租內。每年秋收後。仍由縣政府定價折徵。

（三）廟租　全縣認租者。計六十七廟。共認租谷二百八十二石七斗。現由地方財務委員會管理。於秋收後定價折徵。

（四）學校田租　自民國十六年。全縣教育經費。統籌統支以後。學校之有田租者。概歸勸學所管理經收。總計學校田租三百二十五石九斗。租

公產　十七　貴州印刷所承印

米七石八斗五升。現由財務委員會經管。由各佃戶照價折解。

（五）義倉谷息　全縣義倉本谷。共六千餘石。按年每石加二計息。以六升作虧倉鼠耗。及管倉員津貼。以一斗四升照政府定價折徵。約合洋三千餘元。爲地方財政經費收入大宗。二十七年。縣長解幼瑩。以其苛擾病民。佈告自二八年起停止徵收。

（六）公銀息　地方財務委員會經管之公銀基金。名目頗多。計有賣火、武備、賓興、建坊、三忠祠、城隍廟、等款。共基金大洋二千零二十六元七角。又經漏產款基金二千一百九十一元。雙流鎮學校基金一千餘元。總計各項基金六千餘元。以年息一分八厘計算。按年可收銀息一千二百元。然此款貸出多年。未經整理。現在每年可收入之息金。僅十分之二三耳。餘則月累年積。截至二七年六月。銀息舊欠。已達五千餘元。幾與本金全數相埒矣。

附二十八年度縣地方經常歲入出概算書提要

二十八年度縣地方經常歲入概算書提要

科目	概算數	備考
第一款地方經常歲入	一一一、二五一〇〇	
第一項各項捐稅收入	一四、九〇九〇〇	屠宰附加特期屠宰及契稅附加共如上數
第二項各項捐稅收入	七二、三八七〇〇	戶捐斗息碾[illegible]牲牙屬谷及白耳捐共如上數
第三項地方財產收入	三、六〇〇〇〇	公田土學田學米各項租入及基金銀息屬於此欄
第四項地方行政收入	二四二〇〇	行政罰金旅店業執照費收入共成上數
第五項補助款收入	二〇、〇五三〇〇	省經費對於縣政府及會計室開支又禁煙義務教育等補助費屬此欄

二十八年度縣地方經常臨時歲出概算書提要

科目	概算數	備考

第一款縣地方經常臨時歲出	一一一、二五一	00	
第一項 經常歲出	九五、五〇〇	00	
第一目 黨務費	一、六三二	00	
第二目 縣行政費	二〇、二八二	00	縣政府禁煙委員會救濟事業國民自衛總隊等經費屬之
第三目 自治費	三六、六四八	00	區保經費及事業費屬之
第四目 公安費	六、〇四二	00	鄉保安警察隊經費
第五目 財務費	二、一七二	00	財委會及補助會計室經費屬之
第六目 教育文化費	二〇、〇五八	00	各學校及義務教育社會教育經費屬之
第七目 衛生費	二、五七七	00	衛生所及醫藥救濟獸疫防治改良環境衛生事業等經費屬之

第八目	建設費	二、一一二	〇〇	電話管理及度量衡檢定所聯合農場苗圃造林等經費屬之
第九目	協助費	一、〇〇〇	〇〇	師資學生補助費
第十目	其他支出	一、一〇八	〇〇	新生活運動會修整倉廒保管積谷納糧等費屬之
第十一目	預備費	一、八六九	〇〇	不屬於各項目之用費
第二項	臨時歲出	一五、七五一	〇〇	
第一目	行政費	一、九二五	〇〇	縣長出巡兵役宣傳及自衛總隊檢閱演習等費屬之
第二目	自治費	一一、六二六	〇〇	保甲擬印編戶籍冊據及區保臨時等費屬之
第三目	公安費	一、四四〇	〇〇	鄉保警服裝費
第四目	財務費	四〇〇	〇〇	清理公產旅縣及票據簿表等費屬之

貴州印刷所承印

第五目	教育費	六〇	〇〇	即縣督學視察費
第六目	建設費	三〇	〇〇	即城鄉電話電料費

按清代開州俸食之費。知州俸薪銀八十兩。書辦八名無工食。門子一名工食銀六兩。皁隸六名工食銀三十六兩。民壯十五名。工食銀九十兩。禁卒二名工食銀十二兩。轎傘扇夫七名。工食銀四十二兩。斗級一名。工食銀六兩。共二百七十二兩。吏目俸薪銀三十一兩五錢二分。書辦一名無工食。門子一名工食銀六兩。皁隸二名工食銀十二兩。馬夫一名工食銀六兩。共五十五兩五錢二分。學正俸薪銀四十兩。學書一名無工食。齋夫一名工食銀十二兩。膳夫一名工食銀六兩六錢六分六厘。門子一名。工食銀六兩。喂馬草料銀六兩。訓導俸薪銀四十兩。齋夫一名工食銀十二兩。膳夫一名工食銀六兩六錢六分六厘。門子一名工食銀六兩。喂馬草料銀六兩。共一百四十一兩三錢三分二厘。凡開州官俸役食銀四百六十八兩八錢五分二厘。至禮儀之費。爲春牛花鞭銀五兩。春秋祭祀費九兩。貢生坊儀銀三兩。廪生三十人膳銀

十五兩。（每人五錢）俸食禮儀兩費。皆由布政司庫領支。民國初元。定州知事月俸二百四十元。辦公費一百元。雜費五十元。十三年列開陽爲二等縣。署內開支爲六百一十元。嗣以軍興款絀。概照額六成支付。故實支三百六十六元。至二十四年改訂二等縣。縣長月俸三百二十元。祕書兼科長一百元。二三科長各一人月俸各八十元。督學技士各一人月薪各四十五元。科員六人月薪各二十元。事務員三人月薪各十六元。錄事三人月薪各十元。政警十六人月各支工食八元。警目一人月支十元。工役四人各七元。火夫二人月各六元。但均僅支六成。嗣一二年間略有增損。至二十七年始定二等縣政府月支經費共計一千零九十元零六角八分。內計縣長俸一百九十元零九角五分。祕書兼科長俸七十一元八角五分。二三科長各五十七元二角。科員六人月薪各二十八元。督學技士兵役主任月薪各四十元。事務員四人月薪各二十五元。錄事四人月薪各二十元。警餉八十九元七角七分。工役辛工十六元七角六分。辦公費九十八元九角五分。縣長特別辦公費四十元。又戒煙所經費月支洋九十元。禁煙委員會月支洋三十元。醫務所月支四十元。會計室主任月薪六十元。均係省款開支。至屬於義務教育者。全

貴州印刷所承印

縣短期小學一十二所。全年經費共計三千六百四十六元。又係教育部於國款內撥付。二十八年奉令編造縣地方歲出入預算。應將上述各項經費。作補助款科目列入。除補助款歸第二科直接領支外。其他概歸財務委員會統收統支。各機關造報之表冊單據。亦歸財委會審核。至地方經費中。如屠宰契稅附加兩款。從前積習相沿。縣長應得提成年約九百餘元。經解縣長劾瑩明令蠲除。移作地方公用。涓滴胥爲公有矣。

附貨幣

清代地方通用貨幣。以銀爲本位。乾隆間。制錢流入爲輔幣。乾嘉以後。每銀一兩。約換制錢六百至一千文。迨光緒中。改用九八成色紋銀。成色稍次者。不准使用。制錢亦有毛錢青錢之別。每銀一兩。約換青錢一千文左右。毛錢可三千。繼又禁用毛錢。毛錢係奸商盜鑄。甚有以紙殼塗猪血作錢形夾貫其中者。至民國二年禁煙之後。無其他生產物品足資抵補。一時地方金融。極形枯竭。市面銀錠甚少。以致民間銷鎔銀兩。混雜鎌砂。成色極低。有所謂乾九成者。每碎銀一兩。塊粒參雜。多至數十件。制錢復有尖擔錢之名。每百文以大錢置中、兩端遞漸減小、

（有僅大如魚眼者、皆毛錢也、貫之以索、形如尖擔、故名、）、三千文可換銀一兩。淨制錢則價稍高。當時商業彫敝。物價甚低。生活極易。至七年黔省護國軍興。脫離中央統制。煙禁復弛。商業頓呈繁榮景象。銀圓（重庫平七錢二分）、與中國銀行貴州分行兌換券。及滇鑄滿龍半元。川造當五十銅元。漸次流通市面。行銀圓與兌換劵滇半元皆同一價格。每圓可換銅輔幣一千五百左右。行使稱便。銅元通用後。制錢則以次減少。迄十三四年間。即已絕迹。斯時復有黔幣一種。（係民初省當局所發行、限於撥解厘金屠税契税各款、）惟縣境流通尚少。其價格較票面稍低。至十五年貴州中國銀行倒閉。每兌換劵一元。僅以銀圓二三角收回。十八年省政府復以滇半元之僞幣甚多。禁止行使。計茲兩次。縣民損失達百數十萬元。二十四年。中中交農各銀行兌換劵流入縣境。與銀圓同價行使。中央旋即公佈。以中中交農四行發行之流通劵爲法幣。銀圓一律收歸國有。於是窮鄉僻壤。皆以法幣交易。人民便之。

第二十九節　農業

本縣位於山國。交通不便。加以開化較晚。民智低落。工商事業。直談不上。故整個縣治。尚停滯於農業社會中。據縣府二十七年十月二十日農業普查表所載。全縣人口計一一四、五八五人。農民佔七八、三九八人。戶口共二一、七二六戶。農戶佔一四、五六七戶。（另據縣府民國二十八年元月十五日編查保甲結果、統計全縣共二五、四一五戶、人口共計一二九、一〇八人、農民佔四九、一〇二人、兩說相差過鉅、特附錄以備查考、）兩者均約佔全縣三分之二。此尚係就純粹農民而論。此外有雖營工商而以農爲副業者。如合併計入。尚不止此數。可見農民之多。加以本縣農民性質。耐勞忍苦。勤儉樸實。以理論之。農業一端。似應突飛猛進。農民家給大足矣。乃事實上殊有未盡然者。何也。蓋以萬山叢錯。地高水寒。兼之農人知識有限。守舊性強。又復崇拜神權。聽命於天。對於農事。每不求其改良。力謀進步。農具既欠精利。弭災尤無方法。一遇旱潦。則哀鴻遍野。農村破產矣。故農業之不振。民生之凋敝。均以此爲出發點。茲就本縣情形。分爲農產、農事、（附農具、）林牧、蠶繭、農民四項。略述於次。

（一）農產

農產中品類甚多。如稻、麥、棉、豆、玉蜀黍、高粱、小米、紅稗、蕎子、花生、芝麻、甘藷、菜子、麻、茶、菸葉、馬鈴薯等。皆爲經濟上極有價值者。除稻宜水田外。自麥以下。均種植乾土中。茲擇要分述之。

（1）稻　本縣地土。多適宜於種稻。爲產米區域。惜以水利不興。故如三區之宅吉、毛坪。五區之燕子岬、用砂壩等地。水田極少。產量亦差。產米較多之地爲一區枇杷哨附近一帶。二三區次之。本縣稻之種類。概分之爲籼稻、糯稻、粳稻、（俗名晚谷、）三種。細分之又可各分爲若干種。籼之種最多。種植亦極普遍。爲本縣民食所關。其秧及三旬。不擇地而栽者。曰火燄籼。亦曰穀王。曰禾香早。曰七十早。曰大小齊頭籼。曰百日黃。曰白風籼。曰飛蛾籼。其及三旬必肥田可栽者。曰大小貴陽籼。曰麻陽籼。曰至笨籼。曰油籼。曰旗籼。曰大蘭籼。曰大葉籼。必肥田又必四旬栽者。曰烏梢籼。曰青幹籼。曰半邊籼。其種旱地者爲旱谷。此外尚有葉下藏。馬尾籼。（即毛毛籼、）大小白谷。麻谷。紅谷等。不可悉數。全年產量。據縣府二十七年十月農業普察表載。爲六八八、八〇〇石。糯谷之種數十。及三旬栽不擇肥瘠者。曰早黃糯。曰竹了糯。曰金釵糯。必肥田又必及四旬栽者。曰黃絲糯。曰灰色糯。曰簷塵糯。曰杯杯糯。曰遲黃糯。曰果糯。曰牛蛾子。曰白楊糯。曰江西糯。此外尚有寸谷糯。麻絲糯。大糯谷。辮子糯。猪鬃糯等。各地均產。惟黑糯谷生產極少。全年產量。據縣府民二十七年統計。爲八、四〇〇石。粳稻之種有二。曰光頭晚。曰糯晚。富粘性

貴州印刷所承印

。以晚熟故名。約農曆九月初乃收。宜冷水田。與地勢高處。以五區雙流鎮、秦九、胥家壩、石牛等處所產最多。質亦較佳。一二區甚少。三四區間有之。

（2）麥　麥於本縣產量最少。其類有四。曰大麥。曰小麥。（即紅麥）曰香麥。（即燕麥）曰南麥。大麥又分二種。曰殼麥。曰米麥。全縣各地均有。以三四兩區所產爲多。除小麥因可磨粉作麵類食品。及製醬醬油等。農民多種植外。其餘各種、產量尤少。每年產量。據縣府民二十七年統計。小麥爲九五、六〇〇石。大麥爲一一、五二〇石。燕麥爲二〇〇石。

（3）豆　豆之類十。曰黃豆。即大豆。曰蜿豆。曰蠶豆。曰綠豆。曰赤黑豆。大者曰縱子豆。曰爬山豆。曰米豆。有紅白雜色曰四季豆。曰刀豆。豆莢有赤白青黑之分、曰丌豆。豌之種三。曰麻豌。曰白豌。曰菜豌。亦曰肉豌。爬山豆之種二。曰小豆。曰苗豆。全縣各地皆產。本縣大豆。全年產量。據縣府民二十七年統計爲一三，八〇〇石。蠶豆三、三六〇石。豌豆四，五〇〇石。綠豆一二〇石。僅產溫度較高之地。如四區之龍坑。三區之宅吉。五區之洋水。一區之翁昭、吳溪等處是。

（4）蔴　蔴之類四。曰芝蔴：胡蔴也。曰大蔴，火蔴也。曰圓蔴、即家蔴。曰桐蔴。火蔴與桐蔴。質鬆脆可用作繩索。圓蔴質堅韌。宜紡蔴線作縫紉用。蔴類各地均有少量出產。以四區龍坑爲多。但芝蔴則僅產龍坑及五區之洋水。一區之翁昭等處。據縣府民二十七年統計。全年產芝蔴約三十石。

（5）玉蜀黍　俗名包谷。其種有五。曰箐包。產高山。平壩不宜。故以五區一帶爲多。曰九子包。一莖九實。曰二販早。曰洋包谷。米大實長。品種較佳。曰刺包等。以顏色分。有紅、白、黃、赤、紫、黑六色。白者質黏味甘。又名糯包谷。以上各種。全縣均產。惟以三區之宅吉。五區之用砂壩爲最多。二四區亦多。農民大多以代米。尤日食。爲次於米之主要食糧。此外用以釀酒及飼養牲畜者。亦不在少。全年產量。據縣府民二十七年統計。爲一〇〇，八〇〇石。

（6）棉　本縣各地。大都氣候寒冷。不適於棉之生殖。（據老農試棉結果、如在縣城附近植棉、不惟枝葉短小、且因旱寒故、果實不及炸裂、棉蓬腐爛中、無法取出、）僅沿烏江與清水河南貢河兩岸。以地勢低窪。氣候燥熱。近數年來已有農民從事種植。就中以一區之落旺河、枇杷哨翁昭附近。及四區之龍坑、花梨。五區之洋水。三區之毛坪，龍坡等處。略有出産。名曰土花。以龍坑産量稍多。據縣府民二十七年統計。全年約收花四〇担。但纖維既短。質脆易斷。殊不宜於紡織。只用作棉衣棉絮。倘較廣花爲溫耳。棉種多來自羅甸之邊羊等處。殊少良種。如能由農村合作社購發新種。予以鼓勵。先由實驗着手。逐漸設法改進。棉業前途。大可樂觀。即以本縣沿江河兩岸之産棉地而論。亦差可自足自給。現以抗戰關係。交通阻塞。供求極欠調整。每布一疋。（黄州大布、）價八元餘。以本縣人口十三萬零計之。即以最低額論。每人一年消費兩疋。亦年需兩百萬元左右。值此社會經濟不景氣之下。此項歲出數字。殊堪驚人。況抗戰時間。方興未艾。長此以往。何從抵補。思之不寒而慄。總之此實爲本縣當前極端嚴重之第一民生問題。亦即民衣問題。所望政府與地方人士。及早謀之。無貽噬臍之悔。

（7）馬鈴薯　俗名洋芋。種初來自南美州之智利國。縣屬現産者。有白花芋、紅花芋、土芋三種之分。土芋爲舊種。甚少。近十年來。始有紅白花種之出現。芋較大。白花者含澱粉尤多。洋芋性質。不擇土之肥瘠。最易生殖。即死黃坭地亦出産。縣屬各地均有。但以五區之雙流鎭爲最有名。除作蔬菜外。並可磨粉。推銷外縣外省。爲本縣出口大宗。全縣每年產量。約爲一萬餘担。（每担百斤）因銷路暢旺。尚有逐漸發展之勢。

（8）甘薯　俗名紅薯。縣屬產有洋紅薯，土紅薯，土小紅薯，洋大紅薯，白紅薯五種。以三區之宅吉。及四區全區。二區之一部。所產最多。除作蔬食外。有用以提薯粉者。貧農則多以代米作食糧。全年產量。據縣府民二十七年統計。爲六〇，〇〇〇担。

（9）油菜　油菜即雲薹。實名菜子。可榨油。有黃菜子即蠻菜子，黑菜子之分。以二區所產爲多。三四區次之。一五區較少。每年產量。據縣府民二十七年統計。爲一〇，八〇〇石。

（10）菸草　俗名葉子菸。有柳葉菸，團魚殼，藍花菸，滑口葉四種。各地均產。以新墾荒土爲宜。而二區甲萬所產爲最有名。菸葉色味均佳。產量亦多。其次如三區之宅吉，毛栗鋪，毛坪，馬江山，馬場等地。產亦最多。一區之頂方次之。據縣府民二十七年統計。全年約產二，一六〇担。除供本縣消耗外。尚有餘存輸出鄰縣。

（11）落花生　有大小之分。大者或名洋花生。以三區爲最有名。幾於全區

貴州印刷所承印

皆產。尤以馬江山、毛坪、毛栗舖、蛇場、宅吉、馬場等處。產量最豐。四區之龍坑、米坪次之。一二五區較少。年產數量。據縣府民二十七年統計。爲二·五〇〇担。每年運銷省垣。爲輸出貨大宗。

(12)其他　高粱有粘糯之分。除作食品外。多用造酒。全縣年產量。據縣府民二十七年統計。約四、二〇〇石。小米亦分粘糯兩種。年產約六〇〇石。紅稗有叉稗、團團稗兩種。年產約六〇石。蕎子有苦蕎、甜蕎之分。甜蕎又分紅白花二種。苦蕎有大小兩種。蕎每年可種兩季。上季二月下種。五月收穫。下季六月下種。九月收穫。爲救荒主要食糧。各地均產。但量不多。

（二一）農事

(13)農時　農家四時。根據歷代相傳之經驗。以作農事上時間之標準。雖無理論之依據。而每多應驗不虛者。如甲子忌雨。丙寅忌晴。諺云、四季不宜甲子雨、四季不宜丙寅晴、甲申忌雨。春谷不收、夏傷田禾、秋六畜死、多人病多、己卯忌風。諺云、春己卯風、樹頭空、夏己卯風、禾頭空、秋己卯風、火頭空、冬己卯風、欄裏空、正月元日宜陰。七日宜晴。八日宜明。立春日忌雪裏雷。諺云、正月雷打雪、二月雨不絕、三月無秧水、四月秧上節、凡春雷抑面反寒、必多雨、故有春寒多雨水說、是月也。僱長工。糾彊牽索。整田器。種樹挑沙。砌田坎。始耖乾田。打土理溝。

二月朔日忌晴。諺云、二月初一晴、山中樹木發雨層、驚蟄宜陰冷、鳴雷。諺云、驚蟄令、秧打滾、驚蟄熱、秧上節、又云、驚蟄不凍虫、令到五月中、又云、驚蟄聞雷米似泥、忌霜。諺云、一日驚霜十日晴、春分宜小雨。諺云、春分有雨病人稀、忌火風。令豆不實、是月也。添冬水。整水輪。出牛糞。始犂水田。

三月清明宜晴。谷雨宜雨。諺云、清明要晴、谷雨要淋、忌無雷雨。是月也。糞秧地。下種。諺云、莊家懵懂、清明下種、點大春。晒秧水。

四月立夏小滿宜雨。諺云、立夏不下、犂鏵高掛、又小滿不滿、芒種不管、立夏後夜雨多損麥、蕎麥花夜出、雨多、麥多浮粃、宜天寒。忌烈日。諺云、栽秧向火、谷不用薅、是月也。車水。掃秧虫。收胡豆。穫麥。浪田。始薅大春。

五月端陽。夏至宜雨。諺云、夏至有雨十八河、又夏至日雨、其年必豐、忌火風。是月也。栽秧畢。穫蕎。耘高粱包谷。薅頭秧。旱爛田。

六月小暑宜雨。忌雷火風。諺云、小暑一聲雷、翻轉作黃梅、三伏時宜晴。諺云、三伏無雨秋天晴、是月也。鋤豆。薅秧。車水。始食包谷。

七月朔宜晴。諺云、七月初一晴、八月无雨淋、時時逢白露、谷草白如銀、立秋宜雨。諺云、立秋不雨、二十四個秋老虎、處暑日宜晴。忌午時風。諺云、人怕老來窮、谷怕午時風、是月也。薅蕎。

打毛稗。放水田。儲種。小春點秋蕎。諺云、處暑點蕎、白露看苗、播高粱。收豆。整鎌。始薦新。

八月朔宜陰。白露宜雙日及晴。諺云、白露逢雙、乾谷上倉、忌三卯。諺云、八月逢三卯、牛食濫谷草、忌風雨落黃沙。諺云、一日黃沙三日雨、三日黃沙九日晴、是月也。穫谷。諺云、白露不低頭、割去餵老牛、散草上樹。包谷豆畢收。始犂板田。

九月寒露霜降宜晴。重陽十三宜雨。諺云、重陽無雨望十三、十三無雨一冬乾、又云九月十三晴、釘耙掛斷鋤、是月點小春。晒谷。

十月立冬宜晴。諺云、不怕重陽十三雨、只要立冬一天晴、忌久雨。爛豆麥。是月收秋蕎。補牛欄。砍柴。馱刺。開山田。

十一月宜久晴。諺云、乾冬濕年、坐了種田、宜雪。諺云、要宜麥、見三白、尚朱公書、臘前得雨三番雪、謂之臘前三白、冬至宜晴。是月撈葉。搧椿。挑煤。

十二月宜雪。是月看冬水。護林。整屋。蓋牆。

（2）儲肥　儲肥於農家爲要事。來年所需。必先積之。以一屋掘深坑。砌以磚石。勿令滲漏。凡牛馬羊猪糞悉盛之。另以一屋積灰便。凡掃除之土。燒之灰。糠粃之燼。俱沃之。勿令風雨飄落。致散性力。如過多時。春二月出晒碎爲末。仍坑積之。覆以草土。沃以溺水。俟時而用。

（3）選種泡種　凡谷之屬。擇其本之肥大者。稻取穗末。麥取穗本。玉蜀黍取穗中。晒時盛以器。翻檢必輕。勿傷其胚。節屆清明。取稻種簸之。去其揚而浮者。（擇以鹽水、既得佳種、又絕虫害、）惟必須濾而滌之。再行泡種。（亦有泡種於清明前後者、大致下方如四區之龍坑、五區之洋水、一區之象昭等地、泡種常在清明節後、而插秧及收成反早、高處如縣城附近、及五區之雙流鎮等處、泡種常在清明以後、而插秧及收成較遲、是蓋由氣候使然、）以種浸三日濾之。盛以竹器。覆以草。日噴水。俟芽甫生。即晾之。曰屋芽。亦曰明芽。浸後濾之。不俟芽即撒者。曰啞谷。明芽法最佳。本縣農民多用之。必早秧不足。田暖氣催。不得已始爲啞芽。晾芽忌酒氣。沾酒則濫。此已成農人最基本之常識。

（4）撒種　節屆谷雨。縣屬各地。大多撒種。（亦有撒種於谷雨前後者、其他略同泡種、）先選地之肥沃者。灌以水。施肥後。犂揉三次。再以肥料沃之。以豆青覆之。以淤泥塞之。乃以泡好之種撒下。撒之日尙庚。天暖則淺其水。寒則深。芽喜晴。寒則入泥。入深則不生。撒後兩日。晴則急放水乾。細理其微浮者。使芽得土氣。即根定不浮。晒一日。微灌水。使露秧尖。則易長。晒水後二旬。如生螟虫。每日必早晚掃之。掃須輕而勻

。遲則虫落水。附秧根。秧因以枯死。（除虫害以馬桑葉曬乾碾末、擇晴霽日撒秧上、虫即死、）

（5）插秧　麥、粟、玉蜀黍等。既播生後。即就原地耕耘培養。稻之屬。則須以秧苗移殖。是謂插秧。本縣插秧時間。多在芒種節。（亦有前後者、）秧應插時。不應遲至三日。否則谷不豐。將栽時。必先將田爬梳細平。秧乃暢茂。諺云。願栽三日黃秧。不栽一夜冷田。意謂秧可前數日拔。田不可隔夜整也。栽沃田。行宜稀。瘠田宜密。根忌屈頭。屈必死。忌立身。立必浮起。忌日烈水淺。主腰易斷。忌隨手青。主不繁榮。栽後須轉黃。黃而青。苗必好。栽後三旬即耘。又三旬再耘。亦有耘至三次者。谷較飽滿。但殊不多見也。

（6）灌溉　本縣山多田少。水源復缺。尤以三區之宅吉毛坪。四區之花梨。五區之用砂壩雙土地。二區之羊場壩等地爲甚。該各地中。竟有毫無水源之乾田。而惟望天雨之滲注者。一遇天旱。直無收成之可言。雖有烏江清水兩大河流。經遶縣境。然以兩岸峭壁懸崖。每達數里。極少平原。對於農田水利。幾無價值之可言。故本邑灌溉方法。不外下列四種。

（甲）攔河築堰　溪水流經地段。大都堰岸低下。如兩側地勢稍平。則拓土爲田。隨河身之地勢。引水斜下。節節爲堰。分之使東西灌漑。又就田之高卑爲小溝。使水遍及各田。輪流洩閉。灌無不均。故一溪若流百里。則百里近岸地。皆蒙其利。

(乙)龍硐水　此水出自岩石硐中。在地下層。來源甚長。故水源甚旺。而尤以地勢低落處爲最。有灌田至十餘里者。但硐水與井泉來源相同。大多寒冷。故首當其衝之田谷。常遲遲不催。宜於晚稻。如五區之雙流鎮是。

(丙)筒車車水　溪大岸高。不易闌水。乃就堤之近岸。砌一臨港。水至此加速。因爲水輪。名曰筒車。使舀水以灌。一輪之水。常足供五十石谷之田。歲一補。三歲一新。雖不及闌河水之強。亦不慮乾旱。此法盛行於一區之底窩壩翁昭。及三區之馬場宅吉一帶。

(丁)開塘　塘。高山平壩皆宜。擇地當諸田之上。山洪所必注者。掘之若農田。貯深三尺之水。足灌十五石谷之田面。治塘之法。必先築其底。堅其田塘。使無滲漏。堤必厚。內外砌石。中實以泥土。以一閘司其蓄吐。隨山勢輸小溝。令雨水至。即流注。如是

貴州印刷所承印

。雖高田值大旱。無不收者。本縣塘之著者。有一區之壆司大塘。三區之甕壆之鴨子塘。兩路口之新塘。以及中壩場口之雙塘等。然大都規模狹小。享天然之利。人力開拓者殊尠。

此外農家灌漑之法。尙有用竹筒車及龍骨車吸水者。龍骨車有手車脚車之分。但並非作經常用。只天旱時用以補救水源之臨時辦法耳。

(7)收藏　本縣收稻時間。亦不一致。大概下方較早。上方較遲。如四區屬之龍坑。一區之翁昭。五區之洋水附近等處。撒秧雖較遲。但秋分時。即屆收穫期。二三區則多在秋分後七八天。至一五區各地。則多在寒露前後。大致為九月內。較龍坑等地。遲收約達兩旬左右。氣候之影響農作物。竟有如此者。凡農產收穫以後。必須保存。是謂儲藏。其法因物而不同。約有三種。曰倉。曰甕盎。曰竹籮。稻既收。簸揚量後以入倉。倉中必間空竹數筒。使洩氣通風。谷必乾。不乾則霉。米無筋絲。有二分濕亦可儲、但時須出曝。下碾時必乾。至礱之碇牙乃可。否則米碎。亦有不用倉存。而連莖割回乾後存入草棚中者。據農家言。可藏至十餘年之久。取出谷桿皆如新收。但殊少見。包谷之藏。以橫竿即亮為系排掛之。魚鱗櫛比。使風滲其濕氣。麥之藏也。用木桶則生虫。篾籮則潮。曝之則燥。最好以大甕盛之。置高處。終年無時曝之勞。且以甕缶外滑。更免鼠竊。藏蕎必連莖。藏豆必連殼。高粱生者生虫。乾者易腐。須火焙之。使同潮冷而後貯。此三者。均藏存竹籮中爲佳。但籮底承以石或木。免地下濕氣襲入。

（8）農具

（甲）牛　牛爲農具中之主。生而有齒。四歲破齒。始可犂。六七歲是其壯年。牛性各異。黄牛畏寒。水牛畏熱。牯牛喜角鬥。母牛喜眠息。飼之當謹其時。審其方。冬將熱時。飼以谷豆粃糠。夏秋間食以清水沃草。用鹽湯以取其涼。春初草生。予以新草。最易肥壯。蝨蝱之屬。常寄生牛身。吸取血液。須時加檢視。勿使爲害。據老農經驗。如牛耳根潤濕。其牛無病。耳燥鼻乾。不食水草。是必有病。急召醫以治之。若食螞蝗。久則繁殖於腸胃。牛必骨稜毛長。日就瘠弱。飲以黄泥漿。則可瀉下。病牛不可倒。倒則百無一生也。居牛必冬溫而夏涼。牛糞熱。夏常清其寢。冬則無須。冬寒凍肉。夏寒凍骨。牛之死多。春僵必須溫以煖水。補以米湯。牛至春日即無病。亦可服藥三四次。預爲之防。終年自無病矣。

相牛之法。頭旋高者壽。口花而胸雜毛者疾。黃牛佳者。頭黃。而尾脊之白色均勻。身有百旋。如生鱗角。周正復平。水牛佳者。頭如古鼎。眼如鏡。角如八字。角長尺八。身高尾長。蹄圓而方。腰腹如鼓。無論牝牡水黃。得此者佳。若黃牛頭白而花身。項平而低旋。或白尾黑頭。與毛雜如鹿斑。水牛若頭尾黃而倒生。口若仰盂。角如圓盤。或雙旋入其眼。或旋又旋於髀前。是皆不良。若腰下旋。曰地漏。脊上曰天穿。氣堂旋曰落氣。水肚草肚之旋曰絕祿。皆不永年。

（乙）耙子　以合抱之木。鑿七穫。兩端圓軸。貫以耙。耙無齒。人立耙上。牛曳以行。使田實。

（丙）犁轅　即鏵底也。長三尺三寸。入犁底五寸五分。犁底之長亦如之。入鏵舌者三寸。

（丁）撻耙　耙山田以鐵作齒。耙水田以木作齒。齒長三寸五分。兩齒距五寸。前九齒。後七齒。滾耙亦如之。惟齒減一。上皆有關。人推關逐牛行。水耙齒兩畔皆九。破土塊用撻耙。滾田用滾耙。

實田底使不漏用水耙。

（戊）牛打脚　繫於牽轅首。以縛牽索。牛致力全在此。長無逾七拳。過則傷牛。

（己）拌斗　俗名拌斗。四方如斗。長廣爲定。高尺七八寸。秋收時。執稻秉卽斗牆擊落其實。再扔挑回家。

（庚）風簸　高三尺八寸。以風扇爲準。扇圍二尺六寸者。頭斗寬八寸半。二斗寬四寸五分。天斗長二尺六寸。寬一尺。深六寸五分。天斗貯谷。頭斗瀉谷。二斗瀉秕。輕揚者出於口。爲除去谷中空壳及泥灰之用。

（辛）碓　身以木製。頭大尾小。長三尺三寸。尾一尺八寸。杵頭長八寸。下端包以鐵皮。碓窩用石鑿孔。中呈圓錐形。入粮食其中。脚踏碓尾。使碓頭上升落下。如是者久之。食粮因以搗碎。爲舂谷去壳。及細碎食粮成粉之用。

（壬）磨　以石製。上下兩扇。中實軸心。使上扇旋轉不離。相貼之面。均刊有深齒路。或八或十。磨下承以木槽。使磨碎之粮米。落於槽內。用途與碓略同。

貴州印刷所承印

（癸）水輪　俗名車筒。爲灌水入田之用。法先於溪旁築石成隘。上流水至隘處。勢極奮迅。乃以大竹曲二圓圈。製如車輪。大可二丈。中留軸心。使易轉動。斜縛竹筒數節於輪周。其筒向一面內截口受水。每筒相距三尺許。兩筒中間編縛竹板一片。以遏流水。所以激輪使旋者全在此。蓋水勢迅。則衝扇行。而輪乃隨之以轉。每激一扇。後扇繼來。旋而上升。則筒中滿水。已至車頂。筒口向下。水即下傾。於其傾處。設木槽受之。接引入田。雖遠可到。無舉手之勞。而田已畢灌矣。此具元明以前無人道者。（北山集）亦農家利用水力之簡單機械也。本縣一區之翁昭底窩壩。三區之馮場宅吉一帶。間或見之。如河流岸過高。及水平之地。殊不相宜。

（三）林牧蠶繭

（1）森林　本縣森林。以天然林爲最多、人造林絕少。約佔總面積十分之一。林木種類。有松、柏、楓、杉、㭎、（俗名音杠）香樟、漆、桐、茶、楮、烏臼、竹等。惟以松、柏、　、杉、楓爲最多。餘則稍次。其分布區域。大致各地皆有。但松柏最多之處。爲一區翁昭。三區宅吉等地。青杠則以三區之馬場、馬江山、三合場、中火爐、光里濡、宅吉等處爲最有名。香樟則以三區之毛坪聯保較多。桐漆烏臼。則以四區爲第一。一區之翁昭落旺河附近次之。茶則以一區之翁朵頂方中壩。三區之光里爲最多。近來政府方面。對造林事業。極力提倡。特就縣城東門外之奎星閣附近荒地。約面積十餘畝。劃爲農林場圃。林場佔地約五畝。自民二十六年起。實施造林育苗工作。歷年育成之林苗。計有油桐、杉、松、烏臼、梓、漆、梧桐、椿等。均經分發各區。轉發人民承領種植。年在萬株以上。至每年例行之植樹節。造林林場。原在縣府後面荒地。近已移至三台山脚。但以土質既劣。事後又失培養。故十餘年來。仍不免童山濯濯。殊少成績之可言。

(2)蠶及牧畜　本縣牧畜事業。雖爲農家副業。並無專營之資本家或企業家。但其關係於全縣之農村經濟者不小。玆分養蠶及養家畜兩種述之如下。

(甲)養蠶　本縣蠶桑事業。向不發達。蓋以地寒土瘠。即以荊桑胡桑依法接之。而不暢茂也。如故。故自省署於民八年頒行蠶桑計劃以來。迄今二十年之久。并歷經設場育桑飼蠶。爲人民倡。終以不甚相宜。事倍功半。至今仍絕少經營者。惟近年來三區之馬場一帶。因放白木耳之故。培養槲樹甚多。幾於遍地皆是。人民乃利用一部以放山蠶。現方在萌芽時代。每年產繭不多。約收六十萬個。此後可望逐漸增加。惟惜人民不諳繅絲之法。多將繭子售與遵義商人。現市價每萬個繭約值四五十元。是項新興事業。所望政府之輔助與指導者。正大也。

(乙)養家畜　本縣家畜。有牛、猪、馬、羊、騾、家禽等、尤以牛猪爲最多。幾於無一農家無之。即縣城中營他業者。養猪之戶。亦不在少。牛有黃牛水牛兩種。產量以三區馬場宅吉一帶爲多。現市價平均每頭值五十元。猪則以四區各地及三區宅吉附近爲多。一區之枇杷哨及翁昭翁朵等處次之。馬騾之產量。次於猪羊。以四區爲最多。一區之翁昭、翁朵、枇杷哨、底窩壩、洗泥壩。二區之羊場等地次之。近以抗戰軍興。運輸頻繁。每馬一頭。突漲至百元以上。爲從來所未有。羊之產量最少。僅四區各地。與三區馬場馬江山一帶略有少數。至雞之生產。略同於猪。全縣人家。幾盡養之。不僅農民而已。雞與雞卵。除本地消費外。尚有大宗輸出。養蜂事業。近以逐漸開展。以三四區各處較多。養鴨因爲專辦事業。農家飼養者極少。產量以一二兩區爲多。至鵝兎等類。雖亦有之。但殊不多見。此外如猪毛牛皮羊皮等。雖爲牧畜之副產物。然每年出產不少。亦爲輸出品之一。

(四)農民

本縣農民。爲七八、三九八人。農民戶口。爲一四、五六七戶。前已言之。如就農家之性質分類。根據縣府二十七年十月三十日農業普查表統計。則農戶中自耕農佔百分之一五。佃農佔百分之五五。半自耕農佔百分之三零。是佃農仍佔半數以上。依本縣民間慣例。地主以田土招佃。除大多均供給住居房屋外。所有耕牛籽種等費。純由佃戶負担。佃戶亦無交納押租之例。上納糧稅。則由地主自理。田地達收成時。由佃戶通知地主。親臨分租。大致田中收益。平均分派。亦有因田地過瘠薄。而按四六成分者。佃戶六成。地主四成。如一區之蔣家寨、郭家寨、頂壩、火燒新寨。及五區之大壩田、雙流鎮附近等地。至如一區之南江河。五區之用砂壩等處。地主所得。尚有不及四成者。但亦有因田土卽肥沃需工較少。而地主佔六成。佃戶四成者。名曰倒四六。如縣城東門附郭田之一部是。但此究屬最少數。土內收益。大致地主佔三分之一。佃戶佔三分之二。亦有三七成分者。統視入佃時如何約定。除分租外。亦有認乾租者。即由雙方議明。認額照數上納。較分租爲簡單。公有田產。均採此辦法。民間則殊罕有。

第三十節　鑛產

開陽鑛產。曰水銀。曰鐵。曰煤。曰硝。曰水晶石。曰陶土。曰石灰石。曰鹽。曰銀。曰硫磺。曰銅。鹽與銀。縣人傳其名。指其處。亦確有試辦者。然未聞得鹽獲銀者。銅則徒有其名。前未經人開採。今未化驗證明。若鐵若煤。則隨處有之。產量既豐。品質亦佳。至於水銀。則鑛區縱可百里。橫二三十里。開發不下千年。早負盛名。聲聞世界。計世界產汞之國極少。中華居其一。中華產汞之區亦不多。貴州爲尤著。貴州之所以以產汞著稱者。白馬洞與萬山廠二三產地爲之也。萬山廠不在開陽。開陽汞鑛產場之有名色者數十處。汞苗之發現。不知其始於何年。唐書曰。建中三年。蠻州刺史宋鼎貢硃砂五百兩。開陽爲古蠻州地。去白馬洞五里而近。有地名同知衙者。宋氏之所世居也。建中距今千又一百五十載。其發現蓋又不始於建中矣。中間辦理經過之情形。不可得聞。有所聞自明末流寇猖獗。禍延黔中。兵戈擾攘。因以停廢始。康熙中。復開辦。至乾嘉號稱極盛焉。查汞爲化學必需品。工業之有賴於汞者。正復不少。今開發西南資源之呼聲。甚囂塵上。萬山廠年來已以新法著手探掘矣。白馬洞與萬山廠齊名。其開採也。可計日而待矣。玆就採訪所得。分述於後。若夫詳備。有俟專家。

（一）水銀 汞。其學名也。用硃砂製鍊而成。產場以五區之白馬洞爲中心。自馬蹄關而用砂壩。而洋水三槽。而熱水。又一區之斗甫青崗林。三區之下王比。皆有之。昔均從事大量採掘。咸同之際。兵燹燎原。八十年來。完全停廢。雖一再有開採者。實不及早年百分之一。又皆旋歸停辦。故各產地及廠名之流傳。皆以早年之大發各廠所在地。屬於洋水者。如竹林壟。小金關。西衛廠。沙溝。周家屋基。羅家溝。列馬山反背等是。在白馬洞附近十里前後者。如廣盆壟。八大壟。白馬壟。猪窩壟。大發壟。周家壟。同心壟。打柴壟。毛石壟。鉤鉤壟。仙人脚壟。及上寨各壟是。壟者習慣用語。猶曰廠也。用砂壩所產之砂。有若斧劈。或如鏡面。色殷紅。大者如胡桃如拳。昔日每開之成片。貢之京師。號曰貢砂。豪富之家。嘗有以之嵌於窗櫺間者。其細者如米粒。或成末狀。始以製汞。洋水一帶之砂。爲箇鏃。爲箇子。其結晶作六角形。天然之汞。惟白馬洞嘗有之。謂之活水銀。故白馬洞曰水銀廠。餘皆稱硃砂廠也。自昔採掘方式。不一而足。名稱亦互異。平行掘入者曰壟。直掘而下者曰井。斜掘而墜者曰牛吃水。高而向上者曰天平焉。產地或爲土質。或爲石岩。故舂鉀錘斵斧鑁之屬。靡不備。採掘鑛道。廣不過三尺。高不過五尺。皆支木而障以板。號曰廂。其深長有至數里者。然苦水。往時以龍骨車吸之。車身有用巨竹而通其節者。有用樓樹先剖之。空其中。復以篾箍之者。聯續蜿蜒。曲折而下。一洞每以車一二三十聯續之。每車用二三人吸引。更番工作。晝夜不息。稍息則水瀦其中。下井工人。輒有性命之虞。故或水瀦而井工出井。輒痛毆吸水工人。而例不禁止。吸水工人。必用老於廠務者。一則吸水不下井。所以優待之。一則以其深知利害。不至懈其所司也。當乾嘉之際。汞廠極旺。他處姑不備論。即白馬洞一帶鑛工。恆在萬人左右。其工人多來至東路。鑛主年年均遣人至思南一帶召募之。工人工資。据白馬洞殘碣。每人每日僅銀三分至五分。伙食由鑛主供給。食粮竹木。來至附近一二百里不等。以修文及邑之羊場底窩墩等處爲最多。

今五區兩流泉與下洋水之間。有地名馬路。卽白楊林敢板沖汞廠大發時。運輸柴煤之路綫。其路較平。多用馬運。故名馬路焉。鑛主有獨資合資之分。十之八九爲黔人。汞商則十之七八皆江西兩湖人也。以兩流泉爲汞之銷售場。兩流泉西距白馬洞二十五里。東距縣城三十里。爲川黔川湘古道。交叉點。居各汞鑛產地之中央。川之鹽商、贛鄂之布商。會萃其地。富商大賈。終歲雲集。汞之產量。每場在三百擔以上。平均開州每日所產之汞五十擔。每擔八十斤。卽日產汞一千二百八十兩也。勿惑乎富庶極一時。卽省會貴陽。至歎有所不逮焉。汞之爲物。冷至零度下三十九度。凝爲八面形。熱至三百五十九度。化爲氣體。在常溫則爲液體。易於洩瀉。故有水銀瀉地。無孔不入之諺。其收拾最不易。舊法以猪之膀胱盛之。膀胱戒勿吹。吹之則薄。且須用新鮮者。水銀入之。自可防其腐也。猪膀胱俗名猪水脬。一脬內裝二十斤。四脬爲一擔。一人肩之。裝置包裹。汞市有專司之者。有器焉。曰缽子。瓷製。若量然。一缽容汞二十斤。先量而後權之。俾輕重不至懸絕。稱後以漏斗置脬口。納汞脬中。緊繫脬口。以楮之厚者密裹之。綫捆其外。如是者再。雖拋擲亦無崩裂之虞矣。司裝置包裹者。例不取值。當稱畢擊脬口時。去漏斗。振脬口。能令水銀四五錢躍出脬外大缽中。卽代價也。今新法、改用鐵罐、其標準裝置、每罐之汞計淨重七十二磅、舊時汞商輸運時、每攜花椒以自隨、花椒之性、能阻汞之流動、萬一傾地面傾覆、急以花椒圍繞之、然後拾取、攜椒以行、以備不虞也、道光中。兩流泉汞之市價。每斤價值銀五錢。低廉時僅銀三錢。是皆斑斑可考。確有實據者。咸同亂後。光緒初。龍聲洋嘗集貲一萬數千金開採之。資本用罄。而生產不著。卒停辦。民國初年。歐戰既起。歐洲之實業停頓。所需之汞。一部份購自中國。是時白馬洞頗有轉機。嘗設廠十八家。有灶七十餘座。日產水銀平均在百六十斤左右。及歐戰告終。汞價慘跌。繼以荒災時局之變。廠家紛紛倒閉。工人相繼解散。市面情形。一落千丈。及民國二十年。有貴陽商人組福源公司。從事採鍊。頗有所獲。後以經理失人。資本虧蝕。二十三年復告停歇。今所存者僅二家。皆當地習於採冶之工人。其資本各三五十元。聊取所獲。藉資糊口而已。俗謂其廠曰養生廠。不足數也。其開採皆土法。惟父老相傳。舊時無用火力開鑿者。所資鑽錘耳。蓋白馬洞爲石壁。非土壁。今也不然。工人皆以能鑿炮眼相尚。炮眼深度。由一尺至一尺六寸不等。每眼給工資洋約二角而弱。每人每日多者鑿四眼。少亦二眼。炮眼大者用火藥三兩。小者一二兩。火藥配合比例成分。爲硝一。磺二。炭三。藥綫工具。由廠家供給。炸後鑛石由工人盛筐運出。每人日採鑛石一二百斤。婦女孩童。亦有進洞揹運鑛砂者。據近人初步調查。謂大量開採。所當注意者。僅排水問題。與運𥗉問題而已。蓋無法排盡水量。爲該地採鑛最困難之遭遇。亦卽廠家停業之最大原因。廣盆壍爲白馬洞最負盛名之壍。深十餘里。鑛砂之佳。產量之豐。莫與倫比。而被水淹沒。貨棄於地。束手無策者。排水問題阻之也。然各種鑛洞。莫不有水。特今後於此之採掘工程設施。尤應以改良排水方法爲先決問題而已也。

白馬洞之鑛洞。類非一家可得而專有。自洞口入。錯綜綜横。皆巷道也。惜漫無規則。拋荒廢石。任意堆積。填塞窿內。阻礙交通。巷道愈深。搬𥗉愈難，故處理廢𥗉，亦所當注意之一問題也，

用沙壩等處又有所謂舖山鑛。卽自地之表皮層。一掘卽得。今用沙壩農家。每每於畎畝中拾得硃砂之如指如豆者。而一般廠家。更有習慣用語。竟若專有名詞者。例如發現鑛脈露頭引線之處。稱引子。稱砂咽。沿露頭深入。鑛脈漸次加大。其大處曰砂肚。鑛砂麕聚之處。曰

砂胆。又日窩。有獲一窩兩窩之砂而致富或小康者。若再掘進及岩石之邊緣或底部。遇斷層而異其走向之處。曰砂胎。因知此處已無脈跡可尋矣。僅能以此爲採掘之引路。採掘者。每沿走向方位而鑽進。俗稱日峭。亦實地經驗積成之採掘作業法也。提鍊水銀土法。於火磚砌成土灶之上。置一徑約二尺之鐵鍋。鍋上覆以上下通底之土缸。土缸底部。與鍋邊齊。緊閉其口。其上再倒覆一小缸。俗稱缸罈。與土缸上部齊口。煉時用泥土緣周圍而封閉之。又土缸之側。横附一小缸。俗稱氣包缸。與土缸中部有孔互通。缸罈之下。開一小氣眼。其上開一小孔。以蓋覆之。俗稱天碗。以備隨時取視。用資檢驗。每灶全部設備。所費不過三四十元。所鍊之鑛。須先經一度選擇。取其含砂量多者。而棄其碌塊。以錘搗碎。使成細粒。鑛砂。得鑛砂約十四五斤。可升二投入鍋内。密閉各罈口相接處。生火灶下。鑛砂漸就分解。成水銀而上昇。通過土缸。凝集於缸罈之内。細薄膜狀。其他雜質氣體。即由氣包罈底部之氣眼逸出。雜質氣體中。尚有微量水銀蒸氣。則於通過氣包罈時。即附著於罈内。通常缸罈與氣包罈内所凝聚水銀量之比。爲一與四。檢視氣包罈上之天碗。若已附着水銀薄膜。而呈金屬光澤。則知提鍊已告成功。若附有碗底尙微量之水蒸氣。則知提鍊時間尙有未熟也。提鍊完畢。將缸罈取下。以鬃刷刷取水銀細珠。即得製煉之品。每次作業。約需五小時。晝夜不息。一日可五次。氣包罈則每二日啓取一次。平均每灶一日夜可出水銀七八兩。一月可出十餘斤。民國二十五六年時。當地市價在二元五角左右云。

總之開陽硃砂鑛產。於世界水銀市場。頗佔重要地位。早爲著名鑛師所公認。光緒中。李經羲撫黔、嘗欲大規模採冶之。與法蘭西人接洽。有成約矣。旋去任。及總制雲貴。再度來黔。仍不能忘情於此。民國後。本案全卷存貴州財政廳。人多知之。猶有能道其本末。欲著論以喚起國人之注意。而從事於大量開採者。誠爲貴州鑛產史上光榮一頁也。究其所始。雖日失記。然亦有可考者。以白馬洞言。据該處萬壽宮頹垣上所嵌剝蝕殆盡清初殘石幸而獨完之聞白馬洞迄今開廠數百年一語觀之。概可知矣。据寶王廟乾隆四十七年之碑。則知總理白馬洞廠務者。昔爲修文縣知縣。（該碑有總理廠務署修文縣正堂張死、捐資六十六兩之文、）又開州舊志今僅存二十年前搜求所得之一部內載。有白馬洞之犀牛洞。觀音揼救將崩鑛洞內鑛工之神話。今該地老戶。於舊志無緣得見。而所述神。如出一轍。是其言雖不經。猶非擅造者。據謂現在豬水如灘之廣岔壟上。初爲土阜。林木暢茂。土人時見有如白馬者出入林際。掘其處而得汞鑛。故該地名白馬洞。又白馬洞地處夾谷。中有集焉。其集初在今集之東高原上。所謂趕場坡者是。後於今處發現較優鑛苗。今處本馮姓田壩。採掘之鑛渣。積馮氏田中。馮氏抗議無效。訟至雲南。理直而勢不可止。積彌厚。建屋其上。久之集亦遷焉。其事在明朝。推究之。良不誣。蓋馮氏雖陵夷。其子孫猶有一二人。現在某處作苦力也。然白馬洞原日巨富大廈。所遺基址猶彰彰。而趕場坡已片瓦無存也。國家舍生產建設無出路。生產建設。當先其所急。急莫急於鑛務矣。開陽之汞。即其一也。汞鑛者。國家資源之一也。籌集相當資本。慎擇其人。而責成之。國家之福。地方之幸也。

（二）鐵　一區屬之南江河一帶。及翁朵之山口寨。鐵鑛山。圭扎。暨中壩。二區屬之毛栗莊。及三聯保之口田。三區屬冊吉附近之楊家寨。打鐵灣。尾寨河。沙子河。潘家寨一帶。及冷水河。毛栗鋪。四區屬花梨之高池一帶。五區屬之用沙壩等處。皆有鐵鑛之發現。鐵質佳者頗多。尤以南江河一帶爲有名。自大壩口經花山黃瓜籐。越南江河。

港大山。至鐵廠山。再蘆川烱河。而至後壩山等處。廣達四十餘里。但鑛藏貧富不一。又未能發現連續不斷之鑛脉。其含鑛部份。大部爲褐鐵鑛。沉積於土壤中。作不規則之塊狀。富藏於一處。有時亦在土壤中作層狀。鑛脉夾於深灰色之石灰岩內。鑛層上部。多爲黃褐色之粘土所覆。現在有五家開採之。而毛栗舖及主扎。亦有小資本開採者。其作業多係平掘。鑛之大者。其徑縱橫可三四尺。小者則徑尺許。以火 之。使其易碎。碎之各徑一二三寸。置爐中。用木炭煉之。化煉爐有標爐魚爐等之出。普通爐高丈餘。煉鐵處俗稱大爐場。鐵鑛產區所在處。俗稱紅山。就柴山設窰燒炭之處。俗稱黑山。蓋高六七丈。用煤之新式化煉爐。今尚無之。而土法必須木炭。木炭用松樹及其他木材。以窰煨成。而柴山之砍伐搬運。極感困難。如用沙壩之高爐廠等。皆因乏柴炭而停。其他如高池等處之以柴炭困乏。而無法開採者甚衆。一般廠家。多以移鑛就炭爲得策。故爐多近黑山焉。運鑛方法。或用人挑。或用馬馱。以鑛石五千斤。木炭六千斤。一晝夜之時間燃燒之。俗稱一條火。工人工資。以採掘之多寡而定。以民國二十七年論。掘取可供一條火之鑛石。可得工資二三元。挖而未得。例不給資。平均每一鑛工。月資不過洋十元。待遇極薄。有終歲勤勞而不免飢寒之虞。現南江河每年分春秋兩季。架火以煆生板。五廠平均。每廠每季得火二十條。每條得生板千五百斤。將生板鍊毛鐵。尚須對折。統計全年產生板三十萬斤。可得毛鐵十五萬斤。運至貴陽。每百斤脚價五元。貴陽毛鐵市價。每百斤以十五元計。年可一萬五千元。但貴陽市價。實不止十五元也。苟能採用新法。改良提鍊。或更鍊之爲鋼（純鐵滲入千分之十五之炭又錳少許、即鋼也、炭使其堅、錳使其韌、成分因鋼之種類而不同、鋼之種類甚多也、）。亦開陽歲入之一大宗也。

（三）煤　產於一區活麻冲。及翁朵屬之後坡、主扎、楊柳灣、何家坡、主灶溝、後增、黄泥田。二區壩子新場東之鍊子廠。三區馬場之金魏羅。毛栗舖之雞場。及王比之岩山廠、何家坡、燕岔。四區花梨之關刀山、黄金水。五區雙土地之快下。快下產地廣七八方里。即活麻冲亦其餘脈。或曰其一面直抵修文界。二處均在開採中。縣城及雙流鎮白馬洞枇杷哨猴場一帶。皆需之。因交通不便。所供給地。究有限。消費與供給。成比例。故產量終有限。翁朵屬以楊柳灣者爲佳。在開採中。其開採者。多以冬季爲作業期。若金魏羅。若毛栗舖。若雞場。

若壩子新場。現皆有人開採之。壩子所產。供給白泥一帶。昔者烏江嘗修鍊子橋矣。所需煤賴壩子。故壩子之廠名鍊子。皆用土法開採。鑪爲斜井式、一井僅二三人入洞採掘。他如花梨一帶。猶未發掘云。

(四)硝　三區之宅吉有之。而以五區狗場壩之老保開熬硝洞爲著。洞內廣可一百五十丈。昔年年產皆在萬斤以上。現停辦。其餘山洞之內。類多產之。多者不亞於熬硝洞。少亦年產三五百斤。多以冬季採之。

(五)水晶石　屬石英類。又有鑛母之名。以其產地每每有多種之鑛發現也。五區之用沙壩。及熱水盛產之。小者如米粒。大者如拳。如茶壺。或大小不等。聚於一處。或在地下。或散見於土壤上。

(六)陶土　二區之壩子新場。及窰罐廠地。三區之兩路口及乾田壩。五區之洋水及窰上坪皆有之。以窰上坪爲最佳。二區者次之。三區者又次之、窰上坪在五區。清乾隆時。有江姓者。移居其地。從事製造。世世操其業。地亦易其名。出產之美。比於青岩而又過之。蓋青岩產不耐蒸。而窰上坪久蒸不壞。其釉泥取至貴陽沙子哨。惜不甚改良。絕少進步。今操其業者四五家。壩子之泥亦佳。開辦於清末。現有廠二家。用土法製。所產陶器。銷至龍里貴定貴陽。餘如窰罐廠者。尚不止一處。其所產爲板栗色。缸罐之類。

（七）石灰石　各地皆有、城區所用石灰。多來自城南三十餘里之土筑山關。城北之洞上地方。亦有石灰廠。二區之火石坳。五區之快下。亦皆有廠。多銷二區五區。

（八）鹽　一區之洗泥壩。清末有辦鹽井者。井深三十餘丈矣。不見鹽。旋停。二區三聯保項坡之鹽井坡。昔亦有嘗開井其地者。五區洋水有地名鹽井。而縣城三忠祠碑。亦有清里鹽井田一型之文。是昔嘗有爲之者。然不聞果產鹽也。

（九）銀　一區之朝天馬。朝盆坡。前曾有採銀其地者。遺痕猶在。二區黃孔屬之杉木冲靠河處。猶存銀廠故洞。三區之三板橋。相傳明朝嘗有大資本家於其地開採銀鑛。民國五六年。近人亦有集資試採者。以所獲鑛石。無法分析而停。

（十）硫磺　三區宅吉之小米坑助子河有之。民國十六年。有採之者。後停

（十一）花崗石　此種岩石。其分布於縣境甚廣。長石、雲母石、石英等。皆有之。俗有白綿石、青石、沙石之分。多以供製碑碣砌屋基牆垣

造礦磨之用。老罐田、可渡河坡、燕子哨、羊場、等處最佳。均有石廠。老罐田在縣城西。可渡河坡在縣城東。縣治石垣。其工程之美。石料之佳。在黔素有名譽。即取材於上二處。至於石英。則上述各鑛產場多有之。清末嘗有計劃於洋水設廠造玻璃者。

其他各鑛。尚未聞有所發現。他如洋水之鉛。亦有所聞。但未實地採辦。

查開陽耕地。不過占全縣面積二十分之一二。其餘皆山也。羣山重疊。寶藏興焉。是將有待於地質學家之考察。與夫採鑛工程之實施。略述梗概。不具詳矣。

第三十一節　工業

本縣地當偏隅。交通不便。財力技術。兩感貧乏。工業不興。實基於此。故原料雖相當豐富。而苦於無法製造。利源放棄。徒喚奈何。茲就現有各項手工業、擇其較普通者。分爲農產品加工工業。日用品工業。其他工業三項。分別述之於次。

(一)農產品加工工業　有釀酒。榨油。碾米。麵粉。熬糖五種。分述之。

(甲)釀酒　本地釀酒。以玉蜀黍爲主。用膏糧及米者較少。名曰燒酒。現以厲行禁烟。全縣酒作坊突飛猛進。大小共計約在三百家以上。但多屬農家副業。獨立經營者較少。蓋以釀酒既可自給或出售。又可利用酒糟以喂猪。故較大之酒作坊。常有養猪至數十隻者。一舉兩得。自屬經濟。各地比較。以三區之馬場爲多。該地有酒作坊二十餘家。以湧豐源爲較大。酒亦較佳。因用錫鍋之故。現每旬可產酒二百斤。連同各家月產約二千斤。除供本縣外。尚有餘銷甕安遵義等地。又二區羊場。產酒亦有名。不亞於馬場。歷來各地居民。每有以刺梨晒乾。和同糧食釀造者。名刺梨酒。呈金黃色。色味均佳。如能增加產量。不難成爲特產。銷行出境。亦開財源之一道也。此外有以糯米釀造之甜酒。多作家庭食品。少出售者。

（乙）榨油　縣屬榨油原料。多用油菜籽、桐子、烏臼籽、芝蔴等。尤以菜籽爲最多。以大豆及花生製油者。殊未之見。榨油純用土法。以人力支配木榨。榨之種類極多。但以撞榨絞榨及錘榨爲普遍。全縣大小榨房。約在三百家以上。以二三兩區爲最多。規模亦較大。全縣每年產油數量。以縣府民國二十七年十月統計之菜籽數量。計一零、八零零石計算。每菜籽一石二斗。出油一挑。七重十二斤共可出油九、零零零挑。（此數似覺過多、據一般地方人士估計、年可出油四、零零零挑、）桐油之產量。較菜油甚少。約爲十分之二。烏白油產量。則與桐油相上下。芝蔴油。則偶一有之。菜油桐油均爲輸出大宗。烏白油亦有輸出者。

（丙）碾米　本縣碾米。尚係沿用歷來舊法。利用水力。建碾房於河岸之上。引水爲原動力。使房內石輪。成圓週轉動。周流不息。以剝碎穀殼。揚糠後即得米。碾有大車碾。三車碾之別。三車者較多。以水力弱故也。全縣碾房。總計約六百餘家。此外如二區之蒲葵鄉。五區之用沙壩等處。以水缺乏。致附近十里以內。無一水碾、純用石臼舂食。（用礱推者較少）

（丁）麵粉

（1）麵　本縣產麵。有掛麵、切麵、機器麵三種。均以小麥磨粉作原料。掛麵因受機器麵影響。已逐漸趨於沒落。現全縣所有製造者。不過二三家。且均維持現狀。出品極少。機器造麵。爲最近十年來新興工業。先是本縣機器麵純由遵義運來。後乃購備機器。從事製造。現共計四家。各有機器一套。

除城內一家外。餘均在三區馬場附近。該處機器較爲完善。共分四部。一部曰攪粉機。二三部曰壓薄機。四部曰切麵機。每機一套。二人管理。每日可製麵三百餘斤。馬場二家合計每日約產麵八百斤。係因當地磨粉房過少。原料不濟之故。除供給本縣外。尙有餘銷外縣。如平甕息烽等縣。切麵則以二區之羊場麵爲最有名。係本縣特產之一。現營是業者。共五家。每年產量約萬餘斤。爲便利運輸計。將麵烘乾。以紙包裹。銷行省垣及鄰縣各地。每有供不應求之勢。本縣他處。雖如法倣製。終有所不及。惟商標裝璜。不免粗俗。應予改良。并設法擴充。以增生產。前途不難發展也。

(2)粉　本縣製粉原料。各有不同。以米製者曰米粉。多銷粉麵館。產量較少。以豌豆製者曰豆粉。銷行住戶。產較多。均爲圓條長絲。極似蔴線。色白味美。多以佐食。豆粉較米粉爲柔韌。煑不易斷。人樂用之。全縣營是業者。約三四十家。以一五區各地爲最。此外尙有苞穀粉洋芋粉等名。苞穀粉作烹調餚饌之用。性不宜製條粉。生產較少。洋芋（即馬鈴薯）粉。

在本縣消耗最少。幾於全部輸出。爲本縣第五區大宗出品。亦主要農村副業。銷行極遠。爲近十五年來新興工業。蓋以雙流鎮附近十里以內。如劉衙、雙土地、白馬洞、格九、白泥壩、紅坡、勤馬山、土橋河、七角井、洋水、胥家壩一帶。年產洋芋約在一百萬斤之譜。即如該處農民伍芬照者。其家每年產洋芋約爲十萬斤左右。堪稱本縣洋芋大王。其他每家年產一二萬斤者。不知凡幾。可見一斑。該地居民。利用之以製粉。自屬經濟便利。惟現有之芋種。與原有者不同。原有之種。名紅花芋。形圓而小。最大者不過二兩。粉質不豐。產芋亦少。現普種者爲白花芋。極爲繁殖。形大而多粉。有重至一斤者。種芋以荒土爲佳。黃泥夾沙土之土質最宜於栽培。種時以芋切碎片。但每枚上須附有鬚根一部。方能生芽。收芋入家。不可過早。早則粉少。晚則粉少而不白。務須適合其時。提粉之法。以磨切細。愈細愈佳。加水磨漿。用菜油油脚。（即沉澱之雜質）和入攪勻。每二百斤放五錢。俟澱清後。以布濾入缸內。濾時須不斷以清涼水由布冲下。使粉易於漏盡。入缸後。再沉澱二三小時。撇去粉水。即得濕粉。如色欠白。再以清水注入沉澱。自可轉白。濕粉用布帕裝入。懸之空中。以木板拍之。使其水分揮發。稍乾再將其搗碎。置篩上晒之。得乾粉矣。每芋五百斤。可提乾粉百斤。過去運省售價。僅七八元左右。本年已漲至二十四五元之譜。而本地芋價。每百斤現只值二三元。利益自厚。故芋粉事業。乃頓呈蓬勃氣象。一般人民、羣起競爭。芋粉除作烹調用品外。復可調食及製粉條之用。近據化學家研究。芋粉可以提出酒精。供國防上之用。（因酒精為造炸彈及軍用化學上重要原料）故芋粉命運之前途。正猶光芒萬丈。未可限量。吾縣人士。亟應趁此努力。予以調整。適應需要。

（戊）熬糖　本縣以甘蔗極少。故製糖事業。自談不上。僅有以苞穀糯米晚米等。如麥芽熬製者。名糍粑糖。復扯作種種形式。叫賣市面。作零食而已。此類糖房。全縣計有六七家。但以銷路有限。資本又缺。規模狹小。不言而喻。

（二）日用品工業　有紡織、製紙、斗笠、陶器、木器、等項。分述之。

(1)紡織　本縣產棉較少。但民十以前。紡織事業。曾盛行一時。所出土布名本機布雖粗而欠勻。但以質地較厚。服之耐久。與湖北省黃州布並駕齊驅。銷行縣境。後以帝國主義之經濟侵略。深入內地。棉蔴織品。價廉物美。人多樂用。土布成本較高。復欠工整。自不能與之競爭。因一落千丈。向之土布市場遂爲外貨取而代之。（如陰丹布斜紋布等是）、卽黃州布亦受不少打擊。故近年來土布絕跡市面。機杼之聲。不可復聞。抗戰軍興。交通滯阻。紗布價值飛漲三倍以上。黃州布一疋。價值八九元、地方人民爲求自足計。乃逐漸講求種棉。並取出昔日之工具。以便重理舊業。但以目下棉不接濟。一時尚難恢復舊觀。在長期抗戰中。此誠不可稍緩之要政也。

(2)製紙　本縣產紙。有草紙。（俗稱火紙）白紙。（俗稱皮紙）兩種。但以草紙爲多。約佔百分之九五、白紙最少。大率附帶經營。如四區之毛谷渡紙廠是。其單獨經營者。僅三區馬場附近之黃李莊某家而已。總計全縣紙廠。（此所謂廠、不過沿用地方習慣稱呼、如衡以工廠法之所謂廠、則卽規模最大者、亦遠不足以語此、）約在四五十家。以五區爲最多。卽洋水三槽一帶。已有二十餘家。佔全縣之半數。次爲一區。共九家。再次爲二三區。各二三家。最少爲四區。僅一家。造紙原料。草紙爲稻草幼竹及石灰等。白紙則以構皮爲主。全縣年產草紙約在五六千萬張。以洋水產作標準、除供應本縣外。尚有運銷息烽、修文等處者。但尺度各有不同。如一區洗泥壩之周姓廠產紙、每張約等洋水產者四張之大。即其一例。又本縣草紙。量雖相當可觀。終以質粗而脆。極爲惡劣。用途因受限制。大致除迷信方面之祀神而外。用者殊少。至於白紙產量之少。仍以技術問題爲主因。紙既欠佳、自不能與外貨相競賣。從而自甘敗北。不再營此。此實人民遲於守舊。缺乏前進精神有以致之。如能於技術上設法改良。本邑紙業。未始無發展之望也。再本地造紙。純用土法。先以刺竹、水竹、荆竹等幼竹。即筍葉將脫未脫時、割下切節。約丈許。捶破晒乾。名曰竹蔴。以之和石灰。入釜加水煮之。須煮至一月左右。火不可熄。煮後置水塘中冲洗。再以水泡。經百餘日。方以乾碾碾細。碾時類加滑藥。土名欆葉、似楊桃藤、碾好置槽內。用水攪勻。以細絲竹簾紙之尺度、視竹簾之尺度、漉平。揭下烘乾。即成紙矣。

（3）斗笠　縣屬三區馬場。為斗笠有名產地。工作細緻。藝術耐用。故在過去二十年前。曾盛極一時。幾於無家不產。並多出自婦女手工。極為經濟合算。暢銷安順、獨山一帶。轉運滇、桂。為輸出大宗。當時每笠一頂。僅值市銀七分。然即各地商販來該處採買者。每月成交銀數。恒在一千兩左右。即須買笠一萬五千頂之多。而本地商人。大批運赴縣外與邑中人士銷納者。尚不在內。可想見當時產量之巨。約計全年收入。可抵補入超。合現時法幣在三萬元以上。惜自民七以後。受鴉片之流毒。一般人民。羣趨若騖。對於製笠工業。不再注重。產量日少。又不求進步。現各家原有製笠鐵模。多已銹壞。各地斗笠市場遂盡為外縣所奪取。利權斷送。良可慨也。現地方有識人士。雖每有復興笠業之提倡。然一則製笠必需之荊竹。已因失培養而多死去。新林一時難期利用。二則技術已因曠廢日久。不復仍前之精良與普及。故復興本業。須以養竹為前提。始有成功之可能也。

（4）陶器　本邑陶器。可分為碗廠、瓦廠、與窰貨廠三種。各約五六家。以五區之窰上坪碗廠與窰貨廠較多。共有五家。該地以土泥稍細。工作認真。故產品亦較有名。除供給本縣外。尚有餘貨銷修文、息烽等地。瓦廠出品。以瓦為主。磚次之。以縣城及各較大市場附近為多。其餘鄉間各處農民。如有需用。大率自行掘土自製。其經濟之自給狀態。可見一斑。

(5) 木器　本縣木器。以二區羊場為較佳。緣該地近由湖南洪江等地。雇來木工多人。技術相當精巧。出品力求完善。故該地現已握全縣木器工業之牛耳。各處需用。大都取給於此。

(三) 其他工業　本縣工業。除以上兩類外。尚有松煙廠、染房、石廠、及石灰廠等。

(1) 松煙廠　本邑松樹甚多。故製松煙事業。自屬輕而易舉。現已逐漸展開。惟純為輸出品。本地消耗極少。現共有廠五家。分布於一、五兩區。一區佔二廠。一在翁昭之麻布底。一在翁朵附近之翁楚山。五區佔三廠。分在洋水、柿花坪、麻布田一帶。產煙多少不一。總計五家。全年可出煙四萬斤。現時貴陽價。每百斤約四五十元。平均每年輸出。可入洋萬元以下。

(2) 染房　本地染房。在紡織盛行時。原甚發達。民七以前。即縣城已有十家以上。近年日趨衰落。現所有者。不逾四家。規模尚逐漸緊縮。而經濟之不景氣。亦屬原因之一。固非僅由土布工業之崩潰而然也。現計全縣染房。約共十家左右。所需靛料。十九係舶來品。而以德造之獅馬牌爲最適用。每年漏卮。亦不在少。至染色方法。一仍其舊。技術亦平常。殊鮮足記述者

(3)石廠及石灰廠　本縣現有石廠七八所。在縣城附近者較多。共三所。以老鸛田及翁朵附近之三星營兩處較有名。外如二區之羊場。三區之馬江山。石質精美。工作亦易。石灰廠計有六所。分布各區。惟本縣對兩廠出品。以需用太少。故營是業者。大都爲農民副業。工作時斷時續。純以需要爲轉移。

此外本縣工業方面。雖尚有髹漆、雕刻、竹器、以及銅、鐵、錫等工藝。名目繁多。但一究其實。大都技術幼穉。工作粗劣。故概予從略。

第三十二節　商業附度量衡

本縣天然富源。相當豐厚。特以資本缺乏。技術幼穉。農、工、礦業。各項產品。大都無力開發。或則不諳製造。因而生產不豐。貨物日感貧乏。

加以地處偏僻。舟車不通。商業繁榮。應具備之條件。悉付缺乏。故言本縣商業。實談不上。在昔鴉片流毒時代。本縣因屬產煙區。邑中貿易。首推煙土。全年出口。約以兩千挑計。（每挑一千兩）每挑價值。平均約爲五百元。歲入恆在百萬元以上。大小煙商。無慮萬人。資本有多至萬元者。至少亦在一二百元左右。居然成爲本縣主要商業。自禁政厲行以後。此項營業。自已不復存在。現時所有商業。應以鹽布兩項爲主。佔入口最大宗。其次爲雜貨、藥材、煤油、糖、煙、紙等。出口貿易。以米糧、油類、牲畜、木材、白木耳、洋芋粉爲主。茶葉、花生、藥材、鐵、酒、漆、松煙、火紙、菸葉、山繭等次之。茲分入口與出口兩項述之

甲 入口

（一）鹽 本縣食鹽。原屬仁、綦兩岸銷場。由遵義批發入境。其主要來路有二。一爲由遵義縣城。經倘溪至本縣三區馬場、馬江山而入縣城。一爲由遵義屬鴨溪。經刀靶水入本縣五區之洪水營。而至狗場壩。以入雙流鎮或縣城。到縣以後。再分散二區羊場。及一區各地。至三五區。則因當鹽入縣孔道。自無用由縣轉分。只宅吉銷鹽。因取道馬場。路線曲折。極不經濟。多由遵屬團溪。經角口入境。四區則多由三

區之宅吉、毛栗鋪運入。亦有由團溪經甕安縣境而至龍坑者。入境之鹽。以包爲單位。每包計重黔秤一百三十二斤。（三區之馬場馬江山、每包重量一百三十六斤、因過去力夫運鹽、即以鹽開支、不另給脚價、所謂鹽運鹽是也、故鹽所經愈遠、每包重量愈輕、但此辦法、現已不復存在、）賤時只售洋二十四五元。買賣價格。並不受何項限制。純由商人主之。此自由貿易時代之情形也。迨至七七抗戰發生以後。二十八年四月。鹽務機關乃厲行統制。雖仍採官督商營辦法。而限制綦嚴。指定本縣向遵屬刀靶水購鹽。（鹽路改由刀靶水、經湄水營、狗場壩、而入縣城、）普遍招商登記。承辦川鹽代銷店。於縣屬各重要市鎮。以口計食。飭商認銷。其購鹽售鹽。均歸公家統制。並限定價格。（如本縣代銷店、向刀靶水鹽棧購鹽、其價由鹽務機關、隨時公布、運回出售、則加上運雜各費之外、每市担合黔秤八十七斤半、純利不得超過四角、）不得逾越。只限銷於當地及附近民衆食用。不准售與遠近散商。其招商辦法。初步由商民直向鹽務機關登記。經審查合格。許可承辦後。發給營業執照。及購鹽揹各一件。此後代銷店。即憑揹先經刀靶水鹽務機關登記數目。憑揹發鹽。無揹者無效。自本縣辦法實行後。本縣經核准登記之戶。雖有六家。（除一區由代銷店兩家承銷外、承餘四區、均各一家其銷、）但各家經核定認鹽之數。並不能平均按場發足。各家合計。每場只購獲鹽四十二担。平均每日僅七担。衡之本縣人口計共十三萬左右。每人平均以三錢計。每日全縣共需鹽黔秤二千四百斤。約合三十担。供求既相差過鉅。形成有錢無市之鹽荒現象。縣長解幼瑩。爲維持民食計。乃急電省府。設法救濟。經省府轉函鹽務處去後。現已照每日卅三担之數領足。人心已漸安定。一面仍恐鹽商居奇操縱。乃自九月十六日起。實行本縣統制。按場規定整包及零售之鹽價。并規定人民須憑購鹽證（暫用門牌）、買鹽。計口售鹽。每人每場二兩。并嚴防走私。運銷鄰縣。（因當時平越屬中平市面、每鹽一斤價洋一元六毛、故商多偷運至該處）、是爲本縣鹽務統制之始。九月二十五日。復公布本縣食鹽運銷商管理規則。及食鹽買賣管理規則二項。并呈報省府備案。（辦法附後）、現時由刀靶水購鹽。每担經鹽務機關定價爲二十四元五毛四分。運回縣城後。政府規定售價。每包五十一元。每担約合三十四元。零售規定每斤四角一分。外區則視途程之遠近。分別規定。此後須視隨時成本運費等項伸縮情形。予以適應調整。現以全縣統計。每月需鹽一千担。除運繳等費不計外。共需法幣二四、五四零元。全年計共輸出二九四、四五零元。約爲三十萬元。平均每戶年須負担一十二元

附抄本縣食鹽運銷商管理規則及食鹽買賣規則於後

開陽縣食鹽輸銷商管理規則

一，本縣鹽商。運銷食鹽。悉依本規則辦理。

二，各鹽商運銷到指定地點時。須將鹽證呈府。派員查驗後。始能卸鹽入倉。不送查驗者者停其營業。

三，各鹽商每日所到之鹽。須照本府所定價格。售與經登記之鹽販承銷。不准私售及零賣。違者沒收其私售及零賣之所得。并停其營業。

四，各鹽商售鹽與各區鹽販時。須填發貨單。交鹽販收執。運往指定場市零售。由該場市所在地區長或聯保主任保長等蓋章於發單上。下次購鹽。須將上次發單帶回繳倉。以備本府稽查。無蓋章之原發單者。不准發鹽。

發貨單式。由本府規定。交各鹽商照式印用。以期劃一。發單須貼足印花。

五，經刀靶水鹽務轉運站核准配發各鹽商每日之鹽斤。務須按場運足到縣。不得短少。如短少鹽斤。連接至二場者。即停其營業。

六，各鹽商須購總賬簿一本。將逐日收售及結存鹽斤。一一登載。以備本府隨時派員查閱。

貴州印刷所承印

七，鹽倉不在縣城者。一切管理由區公所負責。
八，本規則如有未盡事宜。得隨時修改之。
九，本規則自布告之日實行。

開陽縣食鹽買賣管理規則

一，本縣食鹽買賣。悉依本規則辦理。
二，本縣各場市鹽販、須經本府核准登記、領有營業許可證後。始准營業。無證私售食者。沒收其私鹽。并科以罰鍰。
三，本縣鹽販。每場來城運鹽時。須先到本府報告。配定鹽斤。指向運銷商鹽倉照購。索取發貨單運往指定場市零售。由場市所在地區長或聯保主任保長等蓋章於發貨單上。下次購鹽。須將上次發單帶同繳倉。如發單未經蓋章者。不准購鹽。
四，本縣鹽販。如不將食鹽運往指定場市零賣。或不照本府定價出售者。除沒收其鹽斤。停止其營業外。并科以罰款。
五，鹽販運鹽。以本府所發許可證為通行證、無許可證者為私鹽。即予沒收。
六，在本縣買鹽證未舉發以前。人民買鹽時。須持門牌向鹽販購鹽。鹽販憑門牌計口賣鹽。每人一場。只准購鹽二兩、以內。照人數多寡計算。不准多買多賣。無門牌或買鹽證者。不得賣鹽。

七、買鹽證製發之後。人民每場（每場六天）、准持證向鹽販買鹽一次。鹽販照證上所寫鹽斤賣足。并予證上填明買鹽月日。加蓋鹽販私章。以免有重買重賣。多買多賣等弊。

買鹽證由本府製發。不取分文。

八、買鹽人所持非本縣門牌或買鹽證者。不得賣鹽。

九、以門牌或買鹽證借他人購鹽者重懲。

十、有婚喪事故。需要多量食鹽時。須將人客數目。報告區公所或聯保主任查核屬實。再按口計算。批准向某販購鹽（每人一錢五分）、以備稽查。本縣旅店及粉麵館。每場所需食鹽。須將人客數目。及銷量估計。報請本府。或當地區公所核定鹽斤。發給買鹽證。按場向指定之鹽販照購。如遇歇業時。即將所領買鹽證繳府。如違科以二十元罰款。

十一、藉故購多量之鹽者。以走私論處。

十二、保甲職員如串同鹽販。故意抬高價格。或以配發之鹽走私者。均予以從重懲處。

十三，保甲職員不嚴格管理鹽販。致有走私情事。以瀆職論罪。

十四，本規則如有未盡事宜。得隨時修改之。

十五，本規則自公布之日實行。

（2）布 附花紗綻 本縣銷布。以湖北黄州大布爲大宗。因其質厚而密。經久耐用。尤其在農村中。佔有絕大勢力。城市中人。則兼服用各項寬布。如陰丹布、愛國布、標布等。故黄州布在銷場中約佔五分之四。寬布約佔五分之一。過去黄州布之總批發處爲黄平舊州。由該地運經甕安屬牛場或猴場而至平越屬之中坪。再由中坪分運縣屬二區羊場及本縣縣城兩路。再分銷全縣、此路線本屬捷徑。但自湘黔公路通車以後。多已不經此道。大率由黄平新州運至省垣。再運本縣銷售。黄州大布。以二十五疋爲一大捲。名曰一筒。每疋長三丈二尺。寬一尺二寸。價值在過去二三年。每捲只五十元左右。現以交通阻滯。供不應求。竟飛漲數倍。最近市價。尚在二百元有零。以全縣人口十三萬計。至少每年每人消費一疋。亦年需五千二百捲之多。照現價合算。約需洋一百零四萬元之譜。寬布銷量。約爲一五、〇〇〇疋。每疋平均以五十元計。共合法幣七五〇、〇〇〇元。連同黄州布。約共一、七九〇、〇〇〇元。是項數字。殊堪驚人。此實本縣經濟上之一致命傷。民生疾苦。半基于比。棉花因所產不豐。亦成入口大宗。多由餘慶石阡販來。由省運至者。多爲羅斛花。外省花次之。總計本縣全年消費。據民二十七年縣府農業普查表統計。約爲四六〇担。（自產之四十担除外）、以現市價每担一百六七十元計。共合法幣七三、六〇〇元。紗之銷額。在二十年前最大。近十年最少。現以布價日高。大多重理紡織。銷紗漸增。每年銷量。據縣府民二十七年統計。爲三五〇担。約合一〇五箱。每箱四十股。（每股重八斤零）、以現時每箱價一千一百元計。年需洋一一五、五〇〇元。紗有粗、中、細三種。多用編本機、葛仙（即孝布）、以萬年青、黃鶴樓、兩種行銷較多。靛料銷本縣者。以德造獅馬牌。及美之牛頭牌。英之雞牌爲大宗。重量有雙斤、單斤兩種。每斤可染布二捲。現刻市價。每斤四十七八元。全縣每年銷量以一千斤計。須輸出法幣四萬七八千元。

（3）雜貨　包括外來一切工藝品而言。如火柴、針、線、鎖、電池、面盆、毛巾、襪子、香皂、牙刷、牙粉、筆、墨、玻璃器、革器等是。以由貴陽販來者爲最多。遵義次之。全縣每年銷耗。以人口計。每人平均至少二二元。年約二十六萬元。

（4）菸　本縣外來之菸。有絲菸、香菸、捲菸、三種。絲菸以貴定絲菸、及棉菸爲最多。綿菸由遵義販入。年耗共約四五千元。香菸捲菸。多由貴陽入口。香菸近年銷量日見增加。即最偏僻之小場市。亦居然有香菸之出售。足見社會之日趨奢靡。現以政府限制入關。價格陡漲。過去值一元一聽之小白金龍烟。竟售至二元七八毛。全年連同捲菸、絲菸、消耗。共約三萬五千元之鉅。

（5）紙　本縣銷紙。除草紙自足有餘外。如白紙、水紙等。無一不取之於縣外。白紙多來自遵屬尙稽。及都匀、印江等處。水紙則來自息烽、遵義、桐梓。年耗現金在二萬元左右。

（6）藥材　本縣入口藥材。名目繁多。以遵義輸入者較多。貴陽次之。全縣輸入數。最少值二萬元。

（7）糖　本縣銷糖。以白糖磚糖爲最普遍。磚糖爲廣西產。白糖有川廣之分。川白糖來自遵義。廣白糖來自貴陽。磚糖除貴陽外。亦有自貴定、獨山、下司販來者。年銷費數約爲一萬元。

（8）煤油　煤油銷耗。過去數年較多。近以價格飛騰。每抽一箱。現價八十餘元。多已改用菜油。現全年銷數。至多不過三四十箱。約計二千餘元。以美孚及鷹牌爲主。

以上八項。約共合洋二、六六五、一〇〇元。

（乙）出口

（1）米粮　縣屬輸出米粮中。以米及包谷爲大宗。據縣府民二十七年農業普查卷載。全年輸出貴陽、息烽、遵義、等處之米。約四〇、〇〇〇石。以現時市價每石十五元計算。年可入洋六〇〇·〇〇〇元。包谷據同年統計。年輸出貴陽、息烽。約爲四〇、三二〇石。以現時市價每石十四元計算。全年可入洋五六四、四八〇元。兩共一六四、四八〇元。至豆麥之屬。雖有運銷貴陽、息烽者。究屬少數。故不詳及。

（2）油　本縣運銷出口之油。有菜油、桐油、烏臼油、三項。菜油最多。全銷貴陽。年約三、〇〇〇担。（每担百斤）以現市價每担四十元計算。年可入洋一二、〇〇〇元。其次爲桐油。銷遵義貴陽。年八百担。每担以五十元計算。年可入洋四萬元。再次爲烏臼油。亦銷貴陽遵義。年約五百担。每担以三十元計。共合一五、〇〇〇元。總計三項。共爲一七五、〇〇〇元。

貴州印刷所承印

（3）牲畜　本縣輸出牲畜。有馬、牛、猪、雞、鴨。及副產物毛皮雞卵等。馬牛多銷售西路各縣。牛則兼銷平越、甕安、息烽、貴陽等縣。猪雞鴨卵毛皮。則純銷省垣。鴨亦有運至下司轉銷南路各縣及廣西者。馬每年出口約四百匹。每匹平均以百元計。年可入洋四〇、〇〇〇元。牛一千頭。每頭以五十元計。年可入洋五〇、〇〇〇元。猪約五千隻。每隻平均以三十元計。年可入洋約爲一五〇、〇〇〇元。其餘各項。共計四〇、〇〇〇元。總計各項出口進款。約爲二八〇、〇〇〇元。

（4）木材　本縣木料。輸出尚多。以省垣爲主要銷場。有棺料及枋板之分。近年省中擴充建築。枋板貿易。日趨發展。發市每板一丈、（長六尺厚三分）、可値洋六七元。枋料加倍。故省垣紅邊門一帶木料。本縣已佔十分之八。連同棺料。全年入款。約在十萬元左右。

（5）白木耳　白耳爲本縣特產。每年生產數量。向無統計材料。可資參考。約略估計。似在三千餘斤。除本地消耗極少數外。運銷出口。約爲二千五百斤。新陳山貨。每斤平均以四十元計算。每年可入洋一〇〇、〇〇〇元左右。輸出地以貴陽爲最多。遵義次之。

（6）洋芋粉　洋芋粉爲本縣大宗出產。每年輸出。約在四十萬斤以上。每百斤以現價二十五元計。年可入洋一〇〇、〇〇〇元。分銷貴陽、安順、黔西、修文、獨山、廣西等地。

（7）茶　本縣茶爲特產。但惜量尚不豐。每年輸出貴陽約五千斤。每斤平均以五毛計。歲入約二五〇、〇〇〇元

（8）花生　本縣花生。據縣府民二十七年統計。年輸出一、五〇〇担（每担百斤）、恆運銷貴陽。以現市價每担四十元計。年可入洋六〇。〇〇〇元。

（9）鐵　本縣鐵廠。現大小約十家。平均每廠約年產毛鐵四〇、〇〇〇斤。合計可產毛鐵四十萬斤。除本縣消費一十萬斤外。輸出年可三十萬斤。以現市價每百斤值洋十五元計。年可入洋四五、〇〇〇元。連同生鐵（俗呼生鉄）鑄鍋收入五、〇〇〇元。兩共計五〇、〇〇〇元。主要銷場爲省垣。其次爲遵義。

（10）藥材　本縣藥材。種類雖多。但以泡參、桔梗、杜仲、天麻、門冬、爲較大宗。除杜仲多運往廣西外。其餘均銷四川重慶各地。歲入洋可萬元。

（11）菸葉　本縣菸葉（即葉子菸）、產量。據縣府民二十七年農業普查卷統計。年

約二、一六〇元。除供本地消耗外。可餘三成出口。即六四八担。每石照現市平均價約四十元。共合洋二五、九二〇元。運銷息烽、修文、黔西、安順、大定一帶。

(12)酒、漆、火紙、松烟、山繭 酒每年銷省垣及黔西、修文、清鎮一帶。年可二萬元。火紙銷息烽、貴陽、遵義等縣。亦年約二萬元。松烟全銷省垣。年可五千元。漆與山繭均銷貴陽遵義。年共萬元。以上合計年約五五、〇〇〇元

以上十二項。總計年共入款二、二六〇、四〇〇元。

以入口與出口貨殖比較。每年入超。約計爲一四三、七〇〇元。而每年省稅之輸出數。留學費之支出數與及槍械彈藥之補充等。至少約爲十餘萬元、尚不在內。吾邑人士。對此龐大之入超數字。得勿觸目驚心。亟思有以設法抵補之耶。

查本編所列出口入口各項物價。因最近五年來。各年物價。并无統計材料可資參攷。乃完全採用現市各項價值計算。現因值非常時期。各項物價。自不免較過去增至數倍以上。統希讀者共鑒。

附度量衡

本縣原用尺度。極爲複雜。自民二十六年起。政府厲行統一。現已逐漸一律。每尺長度爲一公尺三分之一。等市尺一、五尺。但較本地二十六年以前通用之尺反短少五分。此種尺度。僅限於商用。至縫工用。則較商尺長五六分。而木石工尺。則又較市尺爲短。重量方面。現通行以正貴秤十六兩爲一斤。等於市斤一、一四斤。此外如藥材、桔子、猪等秤。則以二十兩或十八兩爲一斤。白木耳秤則以十七兩三錢爲一斤。升斗方面。極不一致。以縣城論。約合市斗一、五斗。此外各區。如五區之雙流鎮。每斗較城內大八合。永亨鎮大城內一升八合。四區花梨各地。較城內大二升。三區馬場。較城內大三升。谷坪大二升半。宅吉亦大三升。馬江山較城內大半升。一區之翁朵翁昭。二區羊場。均大一升。但此等斗。係屬米斗。至雜粮斗。則較米斗又大一升以上。故本縣升斗。複雜已極。甚至一聯保內。亦自爲風氣。實有遵照中央十九年頒訂度量衡劃一辦法積極推行之必要。

第三十三節　物産

本縣物産。除農礦工已另詳外。茲就其他各物。擇其較有名或出産較多而著名者。分類臚列。而尤注重於特産方面。借供各地留心實業者之參考。

貴州印刷所承印

以全縣各區平均比較。物產種類最多。而產量又較豐者。當以三區爲第一。在本編所列各物中。共佔有五十餘種。四區次之。但以區域較狹。產量自低。再次爲二區。種類最少者爲五區及一區。茲特分園藝、木、竹、藥材、花草、其他四項述之。

（一）園藝類　園藝包括果實蔬菜二種。分述於次。

（甲）果實　本縣果實。有桃、李、梨、柑、楊梅、枇杷、石榴、銀杏、栗、花紅、胡桃、柿、山楂　刺梨、棗等、擇要述之。

（1）桃　本邑產桃甚多。各區均有。而以四區所產接桃最有名。質味均佳。色紅白。碩大。含水分極多。五月成熟。此外有血桃黃桃等名。血桃皮烏肉紫。六月始熟。黃桃皮肉均黃。易爲蟲蛀。外皆有纖毛。須去皮後食。桃仁可作藥用。櫻桃爲灌木。實大如指頭。色紅黃。與桃同時花果。熟亦同時。另有野生者。實小如豆。味亦欠佳。

（2）李　李有數種。全縣皆產。曰麥李。取麥黃成熟之義。色紅黃。肉脆。曰雞血李。皮紫紅。黃曰玉黃李。皮肉皆黃。成熟須至五月。味較甘美。以一區之翁洞所產最多。亦最有名。三四區各地亦多。

（3）楊梅　葉如龍眼。二月開花。色黃白。實大者如胡桃。五月成熟。色紅黑。味甘。各地均有。但以一區之翁朵、大塘、及翁楚山一帶所生爲多。質味均佳。五區之永亨鎮附近。及三區之小寨壩、谷撒河一帶亦多產之。

（4）梨　梨各地均產。有青皮、黃皮、早谷梨四種。早谷成熟較早。七月可食。以一區之谷光翁洞爲多。青黃皮梨。須八月成熟。以三區之馬場、馬江山所產較多。二區產次之。質亦甘芳可口。三區產者。每年尚有一部運銷遵義尚溪。棠梨十月乃熟。產量較少。梨木堅而細密。可供刻字製器之用。

（5）柿　九十月成熟。色黃。摘藏糠內。數日色變紅。體軟潤。乃可食。亦有摘下去皮。用炊烟烘乾。壓之成餅而食者。名曰乾柿。各區均有。但以三區馬場產爲有名。三區之宅吉、馬江山。四區之米坪。一區之南江河。產亦特多。

（6）花紅　六月初熟。質脆。味甘。過紅則粉。分產各地。以一五區爲多。近年鄉民多以紅刺樹枝結實。呈朱紅色。肥大過之。是亦園藝上之一種改進也。

(7)胡桃　俗呼核桃。縣屬各地均有。以三五區產較多。木堅可製器。

(8)栗　有板栗　毛栗兩種。八九月熟。板栗大逾銀杏。毛栗則僅如紐扣。均包有刺球。熟時自然炸裂。每毬內含二三實不等。殼紫黑色。肉黃。生食或炒食均可。三區之馬江山。五區之永亨鎮產較多。一五區亦多毛栗。在一區各地荒山。隨處皆有。

(9)橘　爲常綠樹。性宜熱。冬熟。色紅黃。味甘。肉上筋脈及皮均可作藥。本縣以地高候寒。故產較少。僅五區之洋水略有之。

(10)柑　實大於橘。皮不及橘之光滑。色黃。味甘微酸。亦冬熟。性同於橘。產一區之翁昭及落旺河附近。三區之沿河地段。及四區之龍坑。五區之洋水等處。落旺河岸。農民有年收盈倉者。收益歲可二三百元。

(11)銀杏　俗多白菓。葉扁形。三裂。花夜開。旋落。人罕見。經霜後熟。可熟食。須去其中胚。否則患痛。木黃色。質細。可製品。本縣各地均產。

(12)山楂 椏間有刺。葉可代茶。三四月開花。九月實熟。或黃或赤。大者如海棠。小者如指頭。生食之外。可作藥用。各地荒山無處不有。

(13)刺梨 野生。田土塝上。遍處皆是。開紅白花。實八月熟。周圍生細軟刺。長分許。須去刺方可食。味甘酸、芳香。經霜尤佳。邑人恆以和入谷內釀酒者。色味均優。馳名外縣。惜未有大量之生產。以傾銷各地爲可惜耳。

(14)棗 枝上有刺。葉小而光澤。對生。五月開小黃花。實橢圓。八月熟。色黃紅。質泡如絮。味微甘。大者長寸餘。除生食外。可作藥用。本縣三五兩區產尚多。

(乙)蔬菜 本縣蔬菜。品名不下數十種。茲就較多而品質佳者。分十種述之。

(1)蘿蔔類 蘿蔔有紅白之分。白者成球形。有大如菜碗者。紅蘿蔔成圓錐形。而長。均產冬季。可生食。葉則喂牲畜。白蘿蔔中有名熱蘿蔔者。形條長。於五六月熟。本縣各處遍產。以縣城附近爲佳。此外另有大頭菜者。形似白蘿蔔而多鬚。根外皮上、有縐

貴州印刷所承印

敘。邑人多用鹽炙晒乾。作冬季食用、。

（2）芋類　包括芋頭、磨芋、山藥、荸薺等。芋頭以一區產較多。山藥則五區爲多。荸薺產三區馬場。及一區附近一帶。磨芋各地均有。須推漿濾作豆腐。名磨芋豆腐。方可熟食。現今化學家研究。磨芋可作飛機翼上塗料。以防雨水。是芋尚具國防上之需要也。

（3）葱蒜類　包括大蒜葱頭、葱、薑等。全縣各地均產之。大蒜、生薑。以二區之蒲葵鄉爲最有名。該地苗胞甚多。率以此爲主要副產物。產量除銷本縣外。常運售龍里、貴定各縣。大蒜有大如拳者。名飯瓢蒜。薑亦特佳。葱頭以一區翁洞所產較多。用作鹹菜。

（4）白菜類　有蓮花白、白菜之分、蓮花白性狀與白菜略似。但朵呈圓形。并生產較早、六月上市。縣城附近較多。白菜各地均有。但以一區之翁洞爲最有名。該處所生之裹心白菜。一朵重量。有在五斤以上者。質酥脆。色白如銀而鮮嫩。爲冬季主要蔬菜。每年產量、除供給本縣食用外、年來尚有運銷鄰縣者。如修文之扎佐。貴陽市。及其馬場等處。該地農戶。以營此致富者甚多。其於當地農村經濟之關係。可從知矣。

（5）芥菜類　芥菜一名白芥。俗呼青菜。莖葉皆青。性喜微寒。爲農家主要菜蔬。清明前後。邑人採作鹽菜、四時可食。子可作藥。[illegible]。產此極多。此外有蕓薹。俗曰油菜。紫色者尤肥美。[illegible]開十字花。結莢似芥子而小。四月熟。取子可榨油。縣城附近。加翁洞、谷光、光西產最多。

（6）芹菜類　芹有水芹、旱芹二種。水芹味香可口。本縣種者極少。旱芹用烹飪香料。以去牛羊肉之腥羶氣最佳。作菜食者殊少。以縣城附近之翁洞等處。種植稍多。

（7）瓜類　瓜類有南瓜、黃瓜、冬瓜、絲瓜、苦瓜、花瓜、瓠瓜、辣子。辣椒等。各地農村均產。辣角有大小之分。大者亦名柿花辣椒。形圓而大。肉厚不辣。小辣椒味辣。形條長。烘乾後。每年運銷黔西尙不少。近更多有運貴陽市者。

（8）豆類　四季豆、豌豆、刀豆、青豆、胡豆、綠豆、小豆。各地均產。爲四時主要蔬菜。

（9）菌類　菌有香菌、凍菌、茅草菌、青杠菌、黃絲菌、刷把菌、大脚菰、傘把菰、等種名。全縣各地均產。以五區雙流鎮產香菌較有名。多販運省垣。惜無統計數字。可資查考。生於桐、楓、柳木腐皮上。小於常菌而薄。色淡黑。味甚香。凍菌以生於胡桃樹者最佳。茅草菌夏秋生草中。呈灰黑色。脚細小。傘把菰其形如傘。脚甚長。細嫩芳香。亦菌中上品。

（10）其他　此外如葱、薤、苦蒜、茴香、花椒、芫荽、地落蕾、（即地瓜）波菜、蒿蒿菜、莧菜、天星米、蒿笋、高筍、陽藿、黃花、甘藷、馬鈴薯、羊角菜、瓢兒菜、醬茄、茄藍、筍類、竹蓀等。本縣亦均產之。竹蓀多產荆竹、水竹、苦竹、林中、且為輸出品之一。惜產量甚少。各菜產量。大致以縣城及各區場市附近為多。其餘農村。以農民愛惜地方之故。大率多種粮食。絕少種菜。然求一飽。於願已足。固不計及菜之多少也。

本縣園藝類中。除果實蔬菜兩項外。尙產甘蔗。但只限於低窪燥熱各處。大抵為江清水沿河兩岸附近。均可生產。四區之蘆沙坪附近。現雖種植少量。味亦甘美。惜不善培養。故莖不甚肥大。如能提倡多種。研究培育。至少可供本縣糖之消費。亦自足自給。減少入超之一道也。

二木竹類

（甲）木類

（1）漆 漆爲喬木。五六月葉端苞而不苗。即孕漆也。夏至割漆。拱架如梯。猱升用刀割皮作眼狀。下承以器。汁注其中。早割午收。越三日再割。割宜交互無過多。多則傷樹。秋分乃止。別種曰大木漆。割較遲。質亦較光澤。可割至十餘稔。皮及實可製蜡。曰漆蜡。本縣近年來農民種植者頗多、以四區龍坑爲普遍。二、三區次之。

（2）椿 喬木。葉嫩時。色紅香甘、可作菜食。實有翼、借風播種。可榨油。木質堅、赤褐色。製器極佳。質白而疏者曰臭椿。縣屬各地均有。

（3）楮 俗名構皮、葉似桑。較圓大。花雌雄異株。實如彈丸。可作藥。皮可造紙。二四兩區產較夥。爲本縣輸出品之一。

（4）㭎 俗名青㭎、本縣產此特多。尤以三區爲最。用途多端。頗具經濟上之價值。實爲堅果。大如拇指。覆以蓋。蓋可作染料。實可喂猪。村堅宜製器。并可作薪及木炭。更可放白木耳及山蠶。白皮曰白青杠。黑皮白理曰水青杠。黑皮紅理曰紅青杠。此三種中。以白青杠放白木耳爲最相宜。白木耳爲本縣有名大宗特産。菌類。寄生木上。係近二十年來新興事業。先是在民國九、十年間。有四川璧山商人孫艮臣者。原經營耳廠於遵義。失敗後。乃改至本縣三區之馬場附近。覓林開辦。時當地人士。并不知櫟樹可放白耳。故多以賤價租給。期滿還山。因彼獨家經營。大獲利潤。資本既充。乃更擴大範圍。浸成巨富。地方人士。雖艷羨之。然以不諳方法。無從入手。而孫爲壟斷計。又復故神其說。謂須用藥發汗。乃能生耳。藥由重慶高價買來等語。直至民十一年。經服役該廠之本地勞工。多方窺察。獨破其隱。自行試辦。亦見成效。由是轉相倣效。日益普及。迄今除三區外。即一區之翁昭馬田。四區之花梨。米坪等地。耳山亦不在少數。但究以三區之三合場一帶爲最多。每年産量。雖無統計可考。至少當在三千餘斤。即平均以四十元一斤之價計算。每年入洋亦在十萬元之譜。

其抵補入超之大。可以概見。惟本縣資本缺乏。專門經營之耳廠。究在少數。三區一帶。幾成為每一農家之副業。只收耳多少不等耳、放耳之法。於每年清明。將槲林內樹木。擇其合適者。以斂徑大者為佳、不可過大、亦不可過小、砍下。去其枝葉。橫切成段。每株長約二尺。名曰耳棒。伐樹時。附近須保留三五株。名曰耳堂。先以耳棒於林外曝之。架成井字形。高約一二尺。務使日光晒透。再將耳堂下地面。剷除草茸。現出泥土。并整治使平。但不可板。方以晒透之耳棒。移入堂內。平鋪地面。每株之間。稍留縫隙。耳棒於耳堂內。因有留存之枝葉掩護。既可受日光。復可吸雨露。薰蒸既久。皮上裂紋。越數日。紋內生出細點。名曰報信。至六月初間。如見報信點後。二三日內。如遇驟雨之後。次晨即成朵生出。乃採耳矣。此次採入之耳。名曰新山。以入伏內採者最佳。名曰伏耳。採回以後。用水淘洗。以竹絲條貫穿。置鐵絲網板上。下設木炭火。薰乾後。再用利剪。將耳附着之樹皮泥土剷去。即得耳矣。新山耳自入伏採起。至處暑前均佳。處暑後至九月霜降前者次之。如雨水調勻。年寒較晚。可採至農曆十一月冬至

貴州印刷所承印

前。又至次年四月。可就原棒上再採一次。名曰陳山。陳山朵肉較薄。質輕。故價低新山約一半。而耳棒之上。同時附生黑耳。折取後。即如朽木。不能再生矣　鄉民放耳之多少。以耳棒一桄爲單位。（約六、七十斤）名曰一岡材。大約一岡材。新陳兩季。可得乾淨耳數錢。又濕耳約一桄。方可得烘乾耳一斤。其產量之不易。實由於此。假使天氣燥旱。晴雨過久。則難生殖。故產量之多寡。又恆以天時爲轉移。至放耳之青杠林地。以火石地夾黃泥或油砂爲佳。除白青杠外。水青杠等即產生亦較少。白耳市價。當本地初辦之時。因本省各縣。多亦不知生耳方法。產量極少。故在民國十四五年。新山貨每斤價在八九十元。現日趨普遍。本年新山價只四十餘元。陳山則僅二十元零而已。

5 本縣產松。不亞於檞。尤以一、三兩區爲最多。實香可食。木含油質。可代燈燭。劃皮取油。可熬松香。以枝葉燃燒。可取松烟。至解板造屋。猶其餘也。

（6）柏　本縣產柏。與松相等。材質堅緻。製器造屋作棺。雖稱良材。然本縣人士用者極少。柏實可作藥用。并可取油。每年鄉人。

以棺材製成枋板。運輸省垣。爲數甚多。爲出境大宗。

（7）杉　杉爲木材中之最佳者。以其質細堅韌。且樹身聳直之故。本縣所產。次於松柏。亦爲大宗。以一、三、五區爲多。除造屋作器外。尤以作棺木爲最普遍。每年運省出售之棺料枋板。亦不在少數。此外三區之馬場附近大寨地方。有錯枝杉、約百株。大者合圍。枝皆互生。皮薄質細。而堅較本地杉爲優。據鄉人言。係當地望族牆姓上輩。宦遊滇南時運來幼苗。種植而成。但以土地氣候關係。雖種子布地。生出幼苗。又復本地杉形原狀。無法繁殖。是乃人事之缺憾也。

（8）冬青　產三、四區低下處。以四區之龍坑。三區之馬場、谷坪爲多。子黑。作藥用。亦釀酒。樹育蠟蟲。利頗厚。別種曰白蠟樹。折枝插卽活。亦育蠟樹也。育虫之法。[立夏節。虫在殼內。生足能行。用桐葉包殼繫樹枝上。虫破殼出。色白。附葉背上。七月後脫皮。聚於枝身。生白衣漸厚。採下卽爲白蠟。蠟富凝結性。爲化學工業上重要用品。近年售價頗高。蠟本縣以蟲種缺乏●細由川省或西路運來，僅三區馬場、宅吉等地。間有人從事經營。貨棄於地。殊可惜也。

(9)樟　俗呼香樟。本縣各地略有少數。以三區之毛坪聯保爲最多。實大如豌豆。可取蜡。材堅而細緻。老則環文如影木。製器甚良。根葉皮材。可製樟腦。法於秋冬採之。水浸三晝夜。入鍋煮之。沸後傾出。用柳木棍攪之。待棍沾白霜。濾去其渣。傾汁盆內。經宿結塊。曰腦。再以陳土研粉。鋪銅盤內。方鋪腦。如是間鋪四五層。以薄荷葉鋪土上。再以盆覆之。黃泥封固。用文火炙之。候冷取出。則腦生盆上。如是二三次。即成片腦。爲醫藥上要品。近以抗戰軍興。來源困難。價高至五六倍。清末年間。毛坪一帶。曾有人製。如能由地方人民。羣起圖之。并改良製造。亦開財源之一法也。

(10)烏臼　俗名捲子。亦即木油樹。性喜熱。縣屬四區之龍坑。五區之洋水。三區之宅吉。一區之翁昭、吳溪等處均產。多子。初青後黑。富脂肪。取油可造鹼。製燭。仁亦可榨油。糟粕用肥田青葉可染青色。染後拖以鹽水。永不變色。凡收子百斤。可榨白油十斤。龍坑產則可榨至二十斤。復以仁磨極細。蒸熱榨油。可得清油二十斤。製燭法。以白清油十斤。入蜡五兩。卽堅實潔白等於洋燭。

（11）瘟膚木　俗呼五棓子。有二種。曰肚棓曰角棓。肚先熱。角後熱。生於葉之裏面。狀如瘤。生纖毛。漸長成白褐色。大小不一。含澀質。入染料。歷久不變。縣屬三五區各地。如宅吉、谷坪、洋水等。產尚多。爲輸出物品之一。

（12）棕櫚　俗稱棕樹。實似豌豆。色灰黑。葉之下部有皮毛絲。錯綜如織。附幹疊生。性韌耐濕。剝取作繩或袋。製鞋底均可。農家所用之簑衣。亦卽棕皮所製。每歲每株必剝十二次。否則樹死或不長。葉可製扇。近來三區各處。已有出品。惜尚欠完美。須謀改進。本縣各地產棕不少。

（13）梔　樹高六八尺。葉厚如皮。夏開白花。曰梔子花。香氣撲鼻。實有六稜九稜兩種。老黃入染。名黃梔子。又可入藥。五區之洋水產較多。

（14）茶　灌木。係常綠樹。縣屬爲產茶區。且質亦佳。爲有名出品。如一區之南貢翁朵、大塘、枇杷哨、磨盤、頂方、中壩、翁昭。

三區之馬江山、馬場、三合場、中火爐、宅吉。以及二、四、五區之各地均產之。尤以南貢附近之白沙坡一帶。產質最佳。年可數千斤。據父老流傳。南貢附近所產之茶。在專制時代。指爲貢品。南貢卽以此得名。而茶亦以此馳名全縣。滿清末年、邑人李香池等。曾有蘭茶公司之創立。製壓茶餅。有方圓兩種。茶面有開陽貢茶四字。銷行各縣。爲數甚鉅。惜以管理無方。早經停辦。殊爲遺憾。南貢一帶之茶。生熟土塝上。其樹較高。葉厚。色青。葉柄之長。均較各地過之。土爲黑砂而疏鬆。故根易蔓延。便吸肥料。每歲冬末必掘其根土尺許。劇附近土皮和人糞壅之。仍以原土掩上。其茶泡後。色淡綠。味香。久泡稍冷。則呈蔔蔔紅色。至爲美觀。煨至三次。色味不變。陳者尤佳。洵特產也。故價常較他處爲高。本年新市價值。頭茶摘於谷雨前。每斤已在一元左右。製茶土法。於歲三月初。摘新芽。名頭茶。細小而嫩。先以清水洗淨。濾乾後。入淨釜中以文火焙之。每分鐘攪五六次覺薰手時。取入竹器中。潔手揉葉。至捲而止。候熱散盡。洗鍋再焙。（不洗鍋、則生茶銹、）如是者四。但炒至三四次時。每分鐘須攪十次。否則葉色不均。細粗不勻。此後入竹籠中烤之。上蓋以潔布。使火力均勻。茶氣不散。至乾而止。即成茶也。採茶自清明起。谷雨前採者曰雨前茶。極細者曰毛尖。均茶中上品。四月摘二次。曰上茶。至三次止。茶開白花。實內藏子。可榨油。本縣全年茶之產量。至少在五萬斤以上。除供應本地外。販運鄰縣。約三萬斤之譜。平均以每斤五毛計。每年入洋亦在一萬五千元左右。如能予以提倡改良。則本縣茶業。將來自大放光明也。

(15)杜仲　取樹皮裂之。有白絲。四五月剝取。削去粗皮。陰乾入藥。五區之雙流鎮。二區之蒲葵鄉均產。每年產銷廣西。爲輸出品之一。

(16)厚朴　喬木。葉作倒卵形而長。互生。開花甚大。九瓣。淡黃色。氣芬烈。皮與花皆可入藥。用皮以厚而色紫芳香者爲佳。名紫油朴。本縣各地略有。以三區之谷坪爲多。

(17)白楊　喬木。皮暗灰色。葉長。橢圓形。端尖有鈍鋸齒。面青背白。春日開花成穗。長二三寸。實疏。熟則可裂。子附細毛。材堅直。爲造屋良材。亦中雕刻。本縣各地均產。

(乙)竹類　本縣產竹。有斑竹、荆竹、水竹、苦竹、茨竹、慈竹、紫竹、羅漢竹、人面竹、方竹等。十餘種。茲擇其較多而具有經濟價值者、分述之。

(1)斑竹　高三丈餘。大者徑三寸。其爭芒種前後出土。可作菜。籜有斑。故名。可製器作滑竿等。

(2)荆竹　長二丈許。徑小。末稍尤細。清明前後生筍。可食。農家製用器多用之。三區之馬場馬江山產較多。以其節較長。適製斗笠。惜易死。近已大減。

(3)慈竹　叢生。葉濃綠。名爲各竹冠。春冬生筍。籜有毛。着衣刺人。質柔靭。可織蓆。籜可作鞋底。新竹可造竹蔴。用以製紙。及草履。別種曰綠竹。一二三區產多。

(4)苦竹　長者三四丈。葉黃綠色。質脆疏節。節附籜處有纖毛。宜作燭心。立夏前後生筍。有紫有白。連籜烹食。味極佳。爲筍中上品。

(5)水竹　高丈餘。葉似荆竹。節多於苦竹而平。徑一二寸。筍春分前後出土。質薄性柔。製簫笛最佳。

（6）紫竹　俗名黑竹。一名鳳尾竹。高丈餘。葉似斑竹。大者徑二三寸。筍生立夏前後。初解籜筠綠。年餘變紫轉黑。多植庭園供賞玩。可織蓆作旱煙管。

（7）方竹　產於深山溪澗間。一二區交界之南貢河兩岸。及五區之狠雞嶺均產之。葉似苦竹而小。幹高丈許。有鈍稜四方者徑寸。供玩具用。別種曰茨竹。

（8）箸竹　俗呼糉粑竹。莖細如筆管。節長高者近丈。性易撓屈。適製箱籠。葉肥大者用包角黍。及製雨笠之用。

（三）藥材花草類

（甲）

（1）桔梗　春生。苗嫩時可食。莖高尺許。葉似杏葉而長。夏開花。有芒種約結子。八月採根。根如指大。色黃白。一說葉橢圓形。有細鋸齒。秋初開花五瓣頗大。色紫或白。花冠似鐘形五裂。深淺不一。雄蕊五。雌蕊一。子房下係二室至五室。與牽牛花近似。五區之雙流鎮附近產特多。四區之花梨。二區之蒲葵鄉產亦多。運銷遵義四川等處。爲輸出大宗。

（2）紫蘇　莖方葉圓。尖端銳。邊有鋸齒。背紫面青。嫩時取曝乾鹽醃鑽仆作蔬香美。八月開花結子。連同枝葉均可入藥。實可榨油。燃燈甚明。又可作香料。另有面背白者曰白蘇。即野蘇也。各地均產。極爲普遍。

（3）泡參。爲多年生草。複葉花白。根即泡參。色亦白。頭大尾小。成圓錐形。味甜可生食。由土內掘出後洗淨晒乾。大批運銷四川重慶等地。以五區之雙流鎮產最多。二區之蒲葵鄉。三區之谷坪。四區之花梨次之　爲本縣輸出大宗

（4）天門冬　葉呈鱗片狀。夏開細白花。亦有黃紫者。結黑子於根旁。根白或黃紫色。大如指。長二三寸。味略苦入藥用。產量次於泡參桔梗。以二區之蒲葵鄉。及五區之雙流鎮產爲多。運銷川省。

（5）牛膝　節節似牛膝。葉對生。面青背紅。莖方根柔。闊長二三寸。皆赤色。秋月花作穗狀。實甚細。九月取根入藥。各地均有。

（6）車前草　春生苗。葉圓而微尖。葉脈凡五。亦有三脈者。俗呼蝦蟆菜。抽莖結穗。葉莖實根。均可入藥。產最普遍。與紫蘇相同

。道旁均有之

（7）金銀花　蔓生。葉形楕圓。經冬不凋。莖有毛柔嫩。三月開喇叭形小長花。一蒂二花。黃白各一。清香。花與藤葉陰乾。均入藥用。嫩花葉可代茶。產山土塝上極多。

（8）何首烏　春發苗。蔓生。葉背及藤。皆間呈紫色。葉面暗綠色。形圓頂尖。其根有形如人。及山川鳥獸者佳。大者如盆如斗。重每二三十斤。味苦澀。有赤白二種。作藥用。各地山野均產之。

（9）毛蠟燭　一名水蠟燭。叢生池沼中。抽莖如燭心。上附細茸。色黃赤。酷肖紅燭。故名燭絨。濕作藥用。宜治刀傷。

（10）虎耳草　一名石荷葉。生陰坡上。蔓延及地即生根。高者二三寸。一莖一葉。上有細白毛狀如荷蓋。大如杯。厚如虎耳。面青背紅。有小赤毛。夏開淡紅色小花。葉入藥用。

（11）夏枯草　葉二或四。四則二大二小。附節而對生。似辣角葉。莖色淡綠。嫩枝間呈紅色。花四瓣。二大二小。淡紅色。生田坎上。至夏則枯。葉作藥。

（12）半夏　複葉。以小葉合成。莖高七八寸。花單性。地下莖呈塊狀

貴州印刷所承印

。皮黃肉白。作藥用。產山野。

（13）石斛　生山谷岩石上。莖高五六寸。有節而中實。每節生葉一片。葉狹厚爲平行脈。花淡紅或白。莖葉皆青。乾則莖黃如金釵。作藥。別種曰木斛。亦稱金石斛。

（14）葛　莖細長。蔓生。複葉闊大。秋月開花。紫色蝶形花冠。結實成莢。根外紫內白。搗碎取汁。沉澱爲粉。可作食品。如遇荒年。爲饑民主要粮食之一。莖皮富纖維質。可剝取織葛布。根作藥用。各地荒山多產之

（15）蕨　羊齒植物。春時出嫩葉。可作蔬。梢端曲如拳。長數寸。漸成複葉。長尺餘。老不可食。地下莖多粉質。皮黑肉白。掘之洗淨。入槽搗爛。攪濾盛缸中。點灰水。經宿凝如膏。曰蕨粉。入釜熟之。曰蕨巴。亦救荒主要食品。本縣產此更多於葛。亦產荒山。有甜苦二種。皆可食。

（16）茯苓　菌類。生於松林附近。有遠至二里者、採藥者。須於夕陽西下時。探索其所在。從而掘之。無不中者。但其法極祕密。形如球塊。皮黑而皺。皮灰白。味微甘。可充饑。中有木質者曰茯神

。可入藥。本區以一三兩區產松處最多。翁昭尤有名。別種曰土茯苓。各荒山均有。

(17)白芨　俗呼白萁。葉長寬寸許。爲平行脈。夏月開花。色紫或白。根圓。兩端尖。性粘。味苦。農民遇寒凍膚裂。取搗茸貼患處自愈。一說可治肺病。產各地荒山。

(18)吳茱萸　俗名木薑子。又名越椒。結叢實。形類花椒而稍大。供藥用。別種曰食茱萸。枝多。刺如羽狀。複葉端尖。邊似鋸齒。實圓而黃黑。味辛辣可食。

(19)肺形草　俗稱賊耳根。春生土墈上。葉面綠背紅。可作蔬。并治肺病。各地多有之。

(20)瓜蔞　蔓生、葉狹長。實色黃而圓。皮與仁均可作藥。根可澱粉曰天花粉。亦入藥。凶年可助粮。五區之永亨鎮雙流鎮洋水。及二區之蒲葵鄉均產多。年運銷川省。不在少數。

(21)藍　藍有三種。蓼藍染綠。大藍染碧。槐藍染青。本邑產大藍槐藍（俗名馬藍）兩種。葉似莧。種熟地。忌寒風濕氣。土宜富有機質。及高燥微潤者。葉莖均製靛。并作藥。一區之白沙坡。二區之蒲葵鄉

貴州印刷所承印

一帶。種稍多。雖以土法染製。永不變色。如由政府獎勵提倡倣效。不難普及。此外如三區馬場。四區龍坑。亦年產少量。

(22)青籐 俗名土籐。可製各種籐器。以一區之落旺河翁昭。四區龍坑、三區之宅吉。五區之洋水等地爲多。但因本縣無人經營諳製造。富源委地殊可惜耳。

(23)此外本縣草類之可入藥者。尚有續斷、旋覆花、蒲公英、淡竹葉、茜草、前胡、澤藍、鉤吻、沙參、莎草、四塊瓦、酸漿草、草烏、益母草、黃柏、白芷、香附、當歸、石菖蒲、黃芩、荊芥、白合、山藥、常山、等等。。無慮一二百種。以限於篇幅。暫予從略。

(乙)花木

(1)桂 本縣各地產桂尚多。多植於名山寺廟內。四區花梨場外之傳經寺。有金銀桂一株。樹上紅黃二色。桂花分枝生長。各佔其半。紅者呈朱紅色。極爲奪目。樹幹大可半抱。至少在百年矣。

2)梅 有紅白二種。白者冬月開花。名爲白萼梅。紅色經春始開名硃砂梅。選結子者種之。或插或接、均易生。子入藥。黃色者香極馥郁。名臘梅。花可磨錫。

(3)芍藥 有紅白兩種。俗名蜂窩菊。紅者根紫紅。形如番薯。白芍藥葉細莖長。花亦較小。根細長。

(4)菊 菊有黃白紅三色之分。就其形言。有螃蟹菊。金錢菊。白鴿鴿等。名目過多。黃菊分單雙二種。白菊有大如碗者。可供藥用及入茶。

(5)映山紅 爲野山花。樹高二三尺。各處皆有。

(6)月季 俗名月月紅。四季開花。作紅色。葉小長卵形。而柔莖節有嫩刺。

(7)雞冠花 形如雞冠故名。有紫紅淡黃白三色。實成穗狀如麥。能入藥。

(8)陽雀花 枝似枸杞。葉間生小刺。花肖豌豆。色黃。一葉一花。金光成串。

(9)繡球 葉如牡丹而大。五月開花。如圓球。故名。有粉紫色淡紅二種。

(10)指甲 即鳳仙。五月開花結莢。每莢包子十餘。成熟時。偶觸即迸出。在昔婦女輩。喜以花搗茸包指甲上。使成紅色故名。有單雙二種。

以上各花。本縣各地均有之。惟以囿於經濟環境。講求培養者極少。此外如牡丹、山茶、蘭花、竹節梅、響鈴花、水仙等。亦間有之。

（四）其他　本縣物產。除以上三大類外。其餘如鳥獸之屬。水族之屬。大致與各縣相同。無足述者。惟較多之獸類。如虎、豹、馬兒豹、山羊、麞子、狐、（俗名毛狗）九節貍、豺狗、野貓、野猪、猴、兎、等均產各地山野。猴則僅產一二區交界之南貢河兩岸河坡。除山羊麞子野猪兎等兼食其肉外。大率重在皮肉（麞有麝可取）。每年輸出價值約在萬元以上亦可抵銷一部入超。水族之屬。多產烏江清水兩河。南貢河以鯢魚、（俗名狗魚）脚魚、（即團）鯾魚、鯉魚、鯽魚爲最多。鱔魚則產田坎泥洞內。此外一區之翁吟河枇杷甪河。產細鱗魚、巨口細鱗刺極少。味鮮美。爲本地魚類上品。本地漁業。如能着手經營。裨補地方經濟。亦相當可觀。至若飛鳥之屬其較多者。有燕、雁、鷹、鷺、鷓鴣、野雞、秧雞、竹雞、水鴨、鵪鶉、斑鳩、蝙蝠、啄木鵲、麻雀、喜鵲、畫眉、黃鶯、等數十種。除大多以其肉作食料外。如畫眉黃鶯等。則以喜鳴。常有畜之樊籠。供人賞玩者。其在經濟觀點上價值殊少。

第三十四節 合作社 附合作金庫

本縣合作事業。創辦於民國二十六年六月。在二十八年四月以前。純由省委之合作指導員主持一切。與縣府平行。自四月一日起。改隸縣府爲合作室。截至二十六年六月以前。計先後成立農村合作社十二所。合作預備社八十六所。發放旱災救濟貸款三萬零五百元。現已完全清償。嗣於二十七年九月。奉令將原有之農村合作社。改爲信用合作社。（合作社照章共分七種、本縣現指定只辦此一種、）乃先後依照法令改組。現經呈准登記之信用合作社。有七十一所。（以五區雙流鎮之兩流泉信用合作社社員、最爲發達、現有社員一零五人、）預備社二十八所。信社聯合社一所。成立於五區之雙流鎮。尚有少數原有之預備社。正進行改組。尚未竣事。分佈區域爲一三四五各區。二區方面現正設法積極推動中。關於社股社員。在二十七年六月前。只有社員二千八百零三人。社股二百七十股。本年社員增加爲三、三二〇人。計增五四人。社股增爲二、二二九股。計增一、九五九股。本年貸款業出省方領發三八、〇九二元。尚有二十餘社未放。正請核定補發中。自本縣合作放款以來。因利息低微。無形中予歷來

貴州印刷所承印

地方之高利貸惡習以制命打擊。人民咸稱便焉。

附合作社金庫

民國二十八年十月。合作委員會派定職員來縣。設立合作金庫。現以各項籌備未竣。尚未正式營業。定名爲有限責任。貴州省開陽縣合作金庫。其宗旨在調濟合作事業基金。初步辦法。由本縣已成立之信用合作社。儘先分別認股。作爲基金。總額暫定十萬元。分爲一萬股。每股股金十元。其不足之股。由省政府農本局農民銀行地方銀行及辦理農貸各銀行及其他不以營利爲目的之法團。酌認提倡股各若干。以資足額。由合作社將來逐漸增股。收回。股息定爲年息七厘。金庫內部組織。有理事會與監事會爲最高權力機關。均由代表大會、每五十股選派代表一人共計代表二百人、就代表中選任。直接對代表大會負責。下設經理一人。由理事會聘任。設會計出納各一人。由經理提請理事會任用。此外尚有營業員助理員及練習生等。由經理任用。至業務方面。爲辦理存款借款放款匯兌及代理收付等項。其放款以認有股金之社員爲範圍。俾信用放款則以信用合作社及其聯合社爲限。此後本縣合作社放款。則不致如過去手續之繁多與時間之延宕。便利人民多也。

第五章　教育

第三十五節　科貢

自唐以科舉取士。宋元承其制。碩輔名臣。經師大儒。多出其中。盛稱得人焉。明清兩代。更釐定貢舉之制。定貴州會額爲應試十五人取中一名。貴州鄉試。初附試湖廣雲南。迨巡按王杏奏請。貴州始設貢院。其解額自明迄清康熙。先後定爲四十名。副榜八名。咸同以後。增中額至五十名。副榜與會額仍舊。（恩廣除外）以作網羅人才之具。士人生當時者。亦惟爭自濯磨。鑽研學術。求蔚爲國用。洎其衰也。士多習於膚泛迂疏。藉科貢爲弋取利祿之階梯。人始以科名相詬病。然而終明清之世。凡隸吾邑籍之以科貢顯者。代不乏人。居今視昔。實隱寓人才消長之機。諒亦談方志者所不廢也。今就其科份姓名有足考者。分紀之於表。至高中以上學校出身姓氏並附焉。

開州進士表（附特科）

紀科	姓名	履歷
明萬曆辛丑科	何圖呈	舉人兆柳之父恩貢人鳳之祖
清康熙科	黎昂	號霞軒恩內里人官湖廣麻城漢陽安陸等縣知縣

清雍正八年明通榜　何錦　明通進士選庶吉士官知府

乾隆乙丑科　何德新　司毛坪人何夢熊人孫

乾隆辛未科　楊炎　曾修州志官湖北保康知縣

乾隆丁丑科　牆[illegible]　司毛坪人官四川奉節知縣

乾隆己丑科　何德峻　選庶吉士官知府德新之弟以貴筑學中式

乾隆丁未科　何泌　庶吉士官編修德新之子五區快下人

乾隆癸丑科　何學林　庶吉士官浙江杭嘉湖道德新之侄亮清之祖仕至浙江布政使五區快下人

嘉慶壬戌科　何應杰　庶吉士官編修何泌之子五區快下人

嘉慶戊辰科　何珣　庶吉士官編修五區快下人

道光丙戌科　盧仁珣　光西人官四川永寧中江等縣

道光庚子科　蕭時馥　庶吉士官編修五區用砂壩人

道光甲辰科　蕭時馨　官戶部主事五區用沙壩人時馥人兄

咸豐庚申科　何亮清　庶吉士官四川嘉定知府五區快下人學林之孫

咸豐庚申科　何慶恩　官即用知縣亮清之侄五區快下人

咸豐庚申科　何鼎　州人德峻之曾孫即用知縣

光緒庚辰科　陳夔麟　州人官湖南布政使

光緒庚寅科	李立元	一區松林人庶吉士官四川知府
光緒乙未科	胡嗣芬	原籍廣東以開州籍中式官河南候補道
光緒癸卯科	胡嗣瑗	庶吉士嗣芬弟
光緒甲辰科	戴寶輝	五區兩流泉人以貴筑學中式官江蘇知縣
欽賜翰林	朱錦雯	五區兩流泉人乾隆辛酉年拔貢
薦舉特科	汪英	雍正四年一作五年以廩生應薦舉官知縣
孝廉方正	何俊	州人曾監修開陽書院
孝廉方正	鍾昌祚	五區兩流泉人宣統二年以候選訓導舉另有傳

開州舉人表

紀科	姓名	履歷
明正統甲子科	葉榛	一區葉家莊人
萬曆庚子科	何圖呈	原籍鳳陽寄籍貴陽居開州司毛坪又見進士表
崇禎庚午科	何兆柳	州人吳三桂叛父子死難入祀鄉賢祠以上未建州前中
清康熙丙午科	黃彪	州人官四川仁壽知縣
康熙辛酉科	何子澄	兆柳孫官廣東昌化知縣
康熙甲子科	周文侯	州人曾領銜請專設州學及甕安縣學

康熙壬午科　汪泗　州人以上未設飛學額中

康熙壬午科　張洪德　州人

康熙壬午科　徐湛　州人科第錄載都勻人

康熙乙酉科　楊元愷　州人廩生官知縣

康熙乙酉科　尹仕任　州人官陝西渭南知縣

康熙辛卯科　何普　州人廩生

康熙辛卯科　黎昂　思內里人中本科解元又見進士表

康熙甲午科　石國熏　州人石麟之子

康熙丁酉科　涂南[illegible]　州人廩生

康熙丁酉科　汪無限　州人廩生官雲南平彝知縣

康熙丁酉科　林嵩　廩生州人官山西武鄉知縣

雍正癸卯科　龍汝霖　州人廩生

雍正癸卯科　何錦　廩生州人官浙江歸安縣知縣

雍正甲辰恩科　鄧國藩　州人廩生官河南伊陽縣知縣

雍正甲辰恩科　吳潤　州人廩生

雍正乙卯科　何昂　州人廩生官知縣

雍正乙卯科　汪無極　無限弟以拔貢中本科舉人官黔西學正
乾隆丙辰科　汪　玢　州人廩生官獨山學正
乾隆辛酉科　何德新　司毛坪人庠生又見進士表
乾隆丁卯科　楊　炎　州人廩生又見進士表
乾隆癸酉科　何德峻　錦之子附生又見進士表
乾隆癸酉科　何允彝　州人附生
乾隆丙子科　牆　嵉　廩生七區司毛坪人又見進表
乾隆庚寅科　彭　淳　州人官教諭後移居修文
乾隆丁酉科　盧中理　州人以拔貢中本科舉人官廣東樂昌知縣
乾隆丁酉科　何　泌　德新之子廩生又見進士表
乾隆丁酉科　程維式　州人廩生
乾隆己亥科　何　瀚　德峻之子官雲南永善知縣
乾隆庚子科　牆羣英　七區司毛坪人大挑知縣歷任元城大名等縣升順天北路同知
乾隆　科　謝慕勛　一區快居人
乾隆癸卯科　丁士元　元標兄附生官河南長葛知縣
乾隆丙午科　尹志濬　州人歲貢

貴州印刷所承印

乾隆丙午科　丁元標　士元弟廩生
乾隆丙午科　李同棋　州人又名宗源廩生官六安州判
乾隆己酉科　戴允元　五區兩流泉人官昌平州知州
乾隆壬子科　何學林　州人廩生又見進士表
乾隆甲寅科　李若琳　一區松林人立元之祖官台灣噶嗎蘭同知
乾隆乙卯科　何應杰　泌之子附生又見進士表
嘉慶庚申科　猶文炯　七區人廩生
嘉慶辛酉科　戴熙和　廩生五區兩流泉人
嘉慶甲子科　何　珣　五區快下人官刑部員外郎又見進士表
嘉慶丁卯科　林鍾楫　三區卞木屯人廩生官太湖縣知縣
嘉慶戊辰科　何正忠　二區人增生官雲南鹽大使
嘉慶己卯科　盧仁珣　一區光西人附貢又見進士表
道光辛巳科　李汝達　州人廩生
道光壬午科　朱夔和　五區兩流泉人更名世熙優貢官湖南桑植知縣
道光乙酉科　樊林之　九區人拔貢中本科舉人
道光戊子科　蕭時馥　五區用砂壩人附生又見進士表

道光戊子科　丁鳳皋　州人增生官四川南川知縣

道光戊子科　戴德謙　五區兩流泉人乙酉拔貢中官鎮遠府儒學

道光辛卯科　丁聯芳　州人廩生官普定縣教諭

道光辛卯科　葉喬嵩　一區本城人廩生

道光壬辰科　丁鳳池　州人增生更名雲章官廣東知縣

道光甲午科　熊廷堅　州人增生官教諭

道光甲午科　簡世珍　一區城內人附生官廣東海豐等縣升高州知府卒於任

道光甲午科　于裕業　州人附生

道光乙未科　謝兆賢　州人廩生

道光丁酉科　戴沅　五區兩流泉人廩生議敘知縣

道光己亥科　蕭時馨　五區用砂壩人中順天鄉試時復兄又見進士表

道光庚子科　鄒倣思　五區兩流泉人

道光庚子科　戴登元　五區兩流泉人貴筑學以乙酉拔貢中府志作貴陽學

道光庚子科　戴恩溥　五區兩流泉人以貴筑學中官黃平州學正

道光甲辰科　戴祥熙　五區兩流泉人貴筑學官雲南石屏州知州

道光甲辰科　林宗傑　州人大挑一等官福建知縣

道光甲辰科　何鼎　五區快下人卽用縣又見進士表

道光己酉科　何亮清　五區快下人官知府又見進士表

道光己酉科　何慶恩　五區快下人銓選知縣又見進士表

咸豐　科　蕭廷滋　五區用砂壩人時馨次子以己酉中順天舉官御史兼任修山東志

咸豐辛亥科　蕭廷甡　廷滋弟由官學教習敘候選同知

咸豐辛亥科　翁際釗　五區兩流泉人

咸豐辛亥科　饒嘉珣　五區兩流泉人

咸豐壬子科　李鼎榮　一區松林人號春卿立元之父歷任遵義府教授軍功保花翎同知

同治丁卯科　王家鈞　州人後徙省

同治丁卯科　詹昌齡　五區兩流泉人拔貢中

同治丁卯科　全德謙　五區白馬洞人

同治丁卯科　丁鳳揚　州人

同治己巳補行三科　陶鴻鈞　原名燦然三區批佗哨人歷官雲南鎮雄嶍峨富民等縣知縣

同治癸酉科　賀方望　副貢官陝西涇陽知縣

同治癸酉科　陳夔麟　開州學選拔中本科舉人

同治癸酉科　鍾振聲　五區兩流泉人官知縣後徙省城

同治癸酉科　蕭廷荃　字蕙舫五區用砂壩人時馥第四子

同治癸酉科　鍾鴻賓　五區兩流泉人以平越學中歷官貴筑錦屏清平等縣教諭

光緒己卯科　李國霖　四區米坪人歷官開泰等縣教諭

光緒己丑恩科　謝沛澤　三區枇杷哨人增生官貴州教育司

光緒壬午科　李立元　一區松林人廩生又見進士表

光緒戊子科　戴桂鑫　五區兩流泉人貴筑學中

光緒戊子科　戴榆芳　五區兩流泉人貴筑學中

光緒己丑科　胡嗣芬　州人原籍廣東監生歷官河南候補道又見進士表

光緒甲午科　廖福鍾　一區本城人貴陽附生軍功藍翎五品銜以知縣用

光緒甲午科　何慶崧　一區本城人廩生直隸候選知縣

光緒辛丑科　何士瑗　五區快下人以貴筑學中

光緒壬寅科　胡嗣瑗　嗣芬弟以廩生納監中北闈舉又見進士表

光緒癸卯科　何麟書　五區快下人廩生以貴筑學中任黔中道尹貴州政務廳長

光緒辛丑併科　戴寶輝　五區兩流泉人以貴筑學中官江蘇知縣

一　科　江思聰　思外里乾隆時人

科　詹雨九　五區兩流泉人

科 何雲士 二區平寨人

科 雷鵬

科 周鄂 五區兩流泉人

科 李以菁 州人節孝李呂氏之曾孫

副貢表

紀科	姓名	履歷
康熙甲子科	葉林新	一區本城人官安平縣教諭
康熙丁卯科	葉林新	一區本城人再中副榜
乾隆甲子科	何其賢	中甲辰舉人官普定縣教諭
乾隆庚午科	朱錦雲	官教諭
乾隆庚辰科	犢崧	司毛坪人
乾隆戊子科	楊淳	州人
乾隆己亥科	謝紹伊	官安化訓導陞石阡府教授
乾隆庚申科	林上玥	官普定教諭
嘉慶庚申科	諶懷忠	官甘肅州判
嘉慶癸酉科	盧仁珣	中己卯舉人

道光辛巳科	李汝立	州人
科	李樹德	楊司田尾巴人
道光戊子科	楊文彪	州人由例貢中
道光甲午科	李維藩	州人由拔貢中
道光丙午科	李大安	州人
道光己酉科	牆增延	司毛坪人
科	賀方塗	州學中同治癸酉舉人官知縣
光緒己卯科	葉本楨	一區本城人廩生候選教諭
光緒癸卯科	陳德堃	一區本城人廩生
光緒癸卯科	何鑾書	五區快下人以貴筑學中

拔貢表

紀科	姓名	履歷
康熙丙辰科	馬兆麟	州人官知州
雍正癸卯科	鄧國藩	州人中甲辰舉人官知縣
雍正戊申科	陳堯典	州人
雍正乙卯科	汪無極	無限弟中本科舉人

貴州印刷所承印

乾隆辛酉科　朱錦雯　州人欽賜翰林
乾隆丁酉科　盧中理　州人廪生中丁酉舉人官知縣
乾隆己酉科　何　灝　州人廪生石阡教授何沅之弟
嘉慶辛酉科　李同楷　州人七品小京官改官荔波訓導
道光乙酉科　戴　清　五區兩流泉人
道光丁酉科　蕭時馨　五區用砂壩人七品小京官中順天舉人
道光己酉科　蕭廷滋　五區用砂壩人中咸豐戊午順天鄉試舉人
咸豐辛酉科　詹昌齡　五區兩流泉人中同治丁卯舉人
同治癸酉科　陳夔麟　州人中本科舉人
光緒乙酉科　陳希文　楊司江外小營上人
光緒丁酉科　牟文煊　州學廪生
光緒己酉科　唐清源　州城人廪生歷官四川犍爲等縣知縣
科　歐陽煜　州學廪生

優貢表

嘉慶癸酉科　朱燮和　五區兩流泉人中壬午舉人
光緒辛丑科　李立成　一區松林人立元之弟官都勻府教授

恩貢歲貢表

紀科	姓名	履歷
明崇禎	盧學孟	官雲南賓川知州
崇禎	傅宗祥	仕至梓潼縣知縣
清順治十八年	盧仲魁	官雲南大理府經歷
康熙元年恩	諶文學	官湖北鄖陽知縣
康熙十九年	陳奇謨	
康熙二十二年	盧學新	
康熙	諶會演	府志載會演於吳三桂平後充歲貢生
康熙甲申	姜廣文	
康熙丙戌	莫自韶	
康熙丙戌恩貢	何人鳳	
康熙己丑	向　煦	
康熙己丑	何　溶	
康熙庚寅	汪凌漢	
康熙壬辰	周明訓	

貴州印刷所承印

康熙癸巳恩　楊岩
康熙癸巳　黃飛綍
康熙乙未　牆大壯
康熙丙申　牆大觀
康熙戊戌　凌瑞
康熙己亥　汪瀾
康熙辛丑　劉雲從
雍正癸卯恩　傅旻
雍正　歲　王文英
雍正甲辰　馮佩
雍正乙巳　盧燦
雍正丁未　王廷澤
雍正戊申　李香
雍正庚戌　汪萃比
雍正辛亥　簡承緒
雍正癸丑　尹士裔

初編開州志稿

雍正甲寅 余沛

乾隆丙辰恩 葉瑛

乾隆丙辰 周尚德

乾隆丁巳 盧正緯

乾隆己未 龔尚駿

乾隆庚申 凌天機

乾隆壬戌 金汝琳

乾隆癸亥 李天顯

乾隆乙丑 余健

乾隆丙寅 何文沛

乾隆戊辰 周士哲

乾隆己巳 陳霈

乾隆庚午恩 聶大賓

乾隆辛未恩 吳士俊 府志作士[illegible]一作士[illegible]

乾隆辛未 譚大本

乾隆壬申 吳懷琮

貴州印刷所承印

乾隆甲戌　趙　玫
乾隆乙亥　楊　珣
乾隆丁丑　陳維經
乾隆戊寅　馮子安
乾隆庚辰　王廷槐
乾隆辛巳恩　馮于觀
乾隆辛巳　陳　紋
乾隆癸未　周登高
乾隆甲申　林　瑯
乾隆丙戌　陳士錦
乾隆丁亥　李　楷
乾隆己丑　盧維楫
乾隆庚寅　盧師裔　續修州志
乾隆辛卯恩　曹若建
乾隆壬辰　陳　璠
乾隆癸巳　程維準

乾隆乙未　冷正元
乾隆丙申　孫嗣武　府志作繩武
乾隆戊戌　盧中理　按中理係丁酉拔貢中本科舉人此或誤
乾隆己亥　熊鵬
乾隆庚子恩　冷學濱
乾隆辛丑　林岐毓
乾隆壬寅　宋士文
乾隆甲辰　尹志濬
乾隆乙巳科恩　吳鍾靈
乾隆乙巳　鄒克昌
乾隆丁未　夏爾塏
乾隆戊申　牆士元
乾隆庚戌科恩　馮貝榦
乾隆庚戌　劉堯達
乾隆辛亥　毋正元
乾隆癸丑　周蔚起

乾隆甲寅　徐毓松
嘉慶丙辰科恩　李國華
嘉慶丙辰　何學沅
嘉慶丁巳　劉士顯
嘉慶己未科恩　盧中清
嘉慶己未　何永恭
嘉慶庚申　程維猷
嘉慶壬戌　楊　炯
嘉慶癸亥　錢天秀
嘉慶乙丑　盧中垣
嘉慶丙寅　舒體煋
嘉慶戊辰　文可鑑
嘉慶己巳科恩　朱　淇
嘉慶己巳　何學易
嘉慶辛未　何學泗
嘉慶壬申　徐濟達

嘉慶甲戌　朱沅
嘉慶乙亥　蔣廷松
嘉慶丁丑　盧純仁
嘉慶戊寅　吳振萬
嘉慶己卯科恩　謝攀鳳
嘉慶己卯　毛大鵬　按府志載嘉慶二十四年恩已有一人不應再有一人疑誤
嘉慶庚辰　張士賢
道光辛巳科恩　林上國
道光辛巳　盧守仁
道光癸未　劉啓莘
道光甲申　蔣芳榮
道光丙戌　牆文沂
道光丁亥　劉鍾澐
道光己丑　張文機
道光庚寅　高朝相
道光壬辰　陽煥

貴州印刷所承印

道光癸巳　蕭如蘭
道光乙未科恩　劉玉田
道光乙未　劉嘉樹
道光丙申　鄧維新
道光戊戌　蕭文淳
道光己亥　劉啓淳
道光辛丑　黃世彥
道光壬寅　高朝陽
道光乙巳科恩　劉　琅　五區劉衙人官八寨教諭苗賊破城殉難見八寨縣志
以下紀科不可考矣但依采訪所得之先後紀之
何大垣　二區本城人由八寨訓導都勻教諭
詹昌惠　五區兩流泉人
劉桂香
何正標
謝欣譽　自欣譽以下至青藜共歲貢生七人均於
謝偉遙　咸豐九年十年先後在甕安高梘隨征
謝秀恩　及在羊場辦理糧餉并燕子哨督打仗

汪仁紀　陣亡見殉難總錄

劉桂桀

晏省身

劉青藜

毋天麟　五區兩流泉毋容寨人

程培勳　廉里人

林開鳳　劉司下排人

伍宏文　江外人

周　鶴　五區人

唐仕萬　江外人

李文楫　楊司人官湖南零陵縣知縣

柴立本　州人官甕安教諭見甕安志

諶慶忠　州人官平遠學正見丁文誠公諶夫人墓誌

余　某　州人官仁懷教諭

吳錦棠　思外里人

周　某　州人官餘慶教諭

貴州印刷所承印

翁文淇　五區兩流泉人候選教諭

鄭濟昌　五區兩流泉人字子恆

饒嘉駒　五區兩流泉人

同治壬戌科恩貢陶景升　三區枇杷哨人安南縣教諭

何贊清　一區本城人官湄潭教諭

鍾　楨　五區兩流泉人

吳家琳　江外人

恩貢　何慶萱　五區快下人

鄧海清　楊司拐寨人

楊師敎　江外花梨人

恩貢　戴芝祥　五區人住省城候選訓導

冷繼勳　五區同知衙人住省城

胡壽光　五區白馬硐人

胡壽齡　五縣白馬硐人

李必清　州人移住省城

牆明昌　三區司毛坪人

王治香 一區本城人五貢知識班以縣丞用任八寨縣主計員
石生雲 五區同知衙人
晏　璟 五區同知衙人

己酉恩貢

陶秀書 一區本城人候選州判

歲貢

鍾　燧 五區雨流泉人科舉廢後研究算學天文理化等學著有專書
李維純 楊司江外人維藩之弟
陳希武 楊司江外小營上人希文之弟
王國香 待考
王家英 五區雨流泉人
陶旭升 二區枇杷哨人鴻鈞之姪
蔣鴻賓 一區蔣家寨人

辛亥歲貢

孫樹傑 一區本城人

光緒甲午科歲貢

陶尙玿 三區枇杷哨人

廩貢

李立才 一區松林堡人選訓導民國二年任甕安湄潭知縣

（四）明太祖起自戎馬。承唐宋武科之制。初立武科。繼諭禮部設武學。然所教者惟勳臣子弟。而應試者亦不外勳臣子弟。其規模殊欠宏達。至天順時。雖有令天下文武官。舉通曉兵法謀勇出衆者。赴各省應試。中試者再赴京應試對策略。及步騎弓矢。是爲試天下應舉人弓馬策略之始。然特制。非常例也。厥後鄉會試舉行年限。取中名額。悉倣文闈例而減殺之。又倏罷倏復。崇禎四年。以時方需材。奏請武科殿試。悉如文科例。是爲武科殿試之始。然其時府州縣未設武學。其應試者。仍不外勳臣子弟。崇禎十年。乃令府州縣皆設武學生。而後武科始遍矣。至清朝則令武進士一甲第一爲一等侍衛。第二三爲二等侍衛。二三甲爲藍翎侍衛。吾邑之以武進士武舉進身者。亦不乏人。特分紀之。至貴州武鄉試解額。係二十三名云。

武進士表

紀科	姓名	略歷
清乾隆戊戌科	謝紹堯	州人紹伊兄官雲提塘
乾隆甲辰科	徐占魁	五區紅坡人恩賜御前侍衛

武舉人表

紀科	姓名	略歷
康熙辛酉科	牆煒	三區司毛坪人志稿無據册補

乾隆丁卯科 牆中棨 三區司毛坪人以貴陽學中

乾隆庚午科 李道元 州人

乾隆乙酉科 謝紹堯 州人見進士表

乾隆隆子科 黃世爵 州人以龍里學中舊志稱官雲南永昌千總

乾隆庚寅科 龔恆芳 州人以廣順中學

乾隆　　科 周維熊 州人

乾隆　　科 徐占魁 五區紅坡人又見進士表

乾隆甲午科 許聯芳 信里新寨楊柳莊人

乾隆己亥科 盧中翔 州人

乾隆己亥恩科 龍騰海 州人

乾隆丙午科 謝攀龍 州人志稿無據册增

乾隆己酉科 牆　陞 三區司毛坪人志稿均無據册增入

乾隆乙卯科 牆　均 三區司毛坪人

乾隆乙卯科 牆文燦 三區司毛坪人

嘉慶庚申科 毛騰霽 劉司毛家院人

嘉慶戊辰科 毛覲光 劉司毛家院人

貴州印刷所承印

道光戊子科　毛殿颺　劉司毛家院人

道光壬辰科　陳豫封　州人

道光丙午科　中殿元　州人據府志

科　李之亨　州人據府志

科　曾樂山　五區人現居息烽官綏陽把總

科　蕭逢春　州人住省城官提塘

科　陳冠英　州人住省城

科　毛國華　劉司毛家院人

附記開州學額

郡縣學校之有學宮弟子。緣起於漢。歷代因之。至明時而大備。吾屬初建州時。學附於敷勇衞。迨清康熙二十六年。改敷勇衞爲修文縣。州學仍附之。至三十八年。舉人周文候。始聯合甕安等縣。呈請於巡撫王公燕題奏。專設州學。始有學正之設。後有訓導之設。其學額廪生三十人。增生三十人。歲科兩試每試取入學附生八人。歲試取入學武生八人。三歲貢二人。國家遇有慶典廣額。則多取入學附生三人。應貢之生。作爲恩貢。遞推歲貢一人。此州學之大略也。至學宮學署。已詳記矣。茲不贅述。

高中以上學校出身姓名

大學生表　附同等學校

姓名	性別	學校別
李退谷	男	清廣東國立法政學堂政治經濟科畢業
李立成	男	日本東京帝國大學政治系畢業、
李伯林	男	日本東京帝國大學政治系畢業
李伯壬	男	日本東京帝國大學政治系畢業
李仲通	男	日本東京帝國大學政治系畢業
汪秉乾	男	中國陸軍大學第四期畢業
鍾　義	男	日本士官學校畢業
鍾昌頤	男	保定軍官學堂畢業
李惟果	男	清華大學及美國哥倫比亞大學外交系畢業
李惟寧	男	清華大學音樂學院鋼琴科及奥大利音樂學院畢業
李惟達	男	清華大學及美國哥倫比亞大學文學系畢業
李惟建	男	清華大學文學系畢業
李惟錦	男	中國陸軍大學畢業

貴光印刷所承印

李秉剛	男	北平北大文學系畢業
李惟益	男	國立稅務大學畢業
傅硯農	男	中國陸軍大學畢業
范萍	男	北平中國大學畢業
李勉	女	燕京大學文學系畢業
李懸	女	北平女子師範大學畢業
李忻	男	清華大學文學系畢業
汪受淇	女	大夏大學畢業
胡繼聖	男	大夏大學校畢業
汪受柬	男	中國北洋工學院土木工程科畢業
劉天成	男	貴州大學理預科畢業
李瑞恆	男	貴州大學醫科畢業
楊蟄	男	貴州大學文預科畢業
李再福	男	貴州大學文預科畢業
白大鵬	男	貴州大學礦科畢業
陳裕問	男	貴州大學理預科畢業

劉繼斌	男	貴州大學經濟科畢業

專門學校學生表

姓名	性別	學校別
王管	男	貴州省立法政專門學校畢業
蔣去凡	男	貴州省立法政專門學校畢業
胡天錫	男	貴州省立法政專門學校畢業
伍定一	男	北京高等警官學校畢業
黃問敏	男	貴州陸軍測量學校畢業
汪秉堃	男	貴州省立法政專門學校政治學畢業
宋元明	男	貴州憲羣法政專門學校畢業
趙儒	男	貴州省立農業專門學校畢業
鍾昌蕃	男	貴州省立農業專門學校畢業
范穎	男	貴州省立農業專門學校畢業
范琲	男	貴州省立農業專門學校畢業
傅培元	男	貴州省立農業專門學校畢業
劉祥麟	男	貴州省立農業專門學校畢業

張生明	男	貴州省立農業專門學校畢業
鍾大雄	男	貴州省立農業專門學校畢業
劉天福	男	貴州省立農業專門學校畢業
蔣文端	男	上海美專學校畢業
熊正楷	男	貴州省立農業專門學校畢業
舒學禮	男	貴州省立農業專門學校畢業
王和良	男	貴州省立農業專門學校畢業
周國華	男	貴州省立農業專門學校畢業
盛德峻	男	南京軍需學校畢業
傅志中	男	中央軍官學校畢業
佘厚堃	男	中央軍官學校畢業
蒲晉康	男	中央陸軍軍官學校高等軍官教育班畢業

師範學生表　新制以後期生爲斷

姓名	性別	學校別
陶汝羹	男	貴州優級師範學堂畢業
胡道夷	男	貴州省立師範學校畢業
牆克樹	男	貴州省立師範學校畢業

范　新	男	貴州省立師範學校畢業
劉天文	男	貴州省立師範學校畢業
鍾大昕	男	貴州省立師範學校畢業
劉達通	男	貴州省立師範學校畢業
王宗文	男	貴州省立師範學校畢業
胡文驤	男	貴州省立師範學校畢業
毛淑芬	女	貴州省立女子師範學校畢業
毛淑鈞	女	貴州省立女子師範學校畢業
何明學	男	貴州省立師範學校畢業
喻　權	男	貴州省立師範學校畢業
孫　熙	男	貴州省立師範學校畢業
陳裕寬	男	貴州省立師範學校畢業
范　超	男	貴州省立師範學校畢業
卓哲明	男	貴州省立師範學校畢業
伍玉蓮	女	貴州省立女子師範學校畢業
劉天書	女	貴州省立女子師範學校畢業

貴州印刷所承印

胡定貞	女	貴州省立女子師範學校畢業
陳昌祉	男	貴州省立師範學校畢業
梁澤咸	男	貴州省立師範學校畢業
盛德宣	男	貴州省立師範學校畢業
陶　英	男	貴州省立師範學校畢業
李再楊	男	貴州省立師範學校畢業
孫萬謚	男	貴州省立師範學校畢業
胡　崑	男	貴州省立師範學校畢業
羅志先	男	貴州省立師範學校畢業
胡朝禎	男	貴州省立師範學校畢業
鍾大經	男	貴州省立師範學校畢業
王和金	男	貴州省立師範學校畢業
佘厚植	男	貴州省立師範學校畢業
佘厚燊	男	貴州省立師範學校畢業
歐陽鈞	女	貴州省立女子師範學校畢業
陶祖銘	女	貴州省立女子師範學校畢業

王立元	男	貴州省立師範學校畢業
王立鑑	男	貴州省立師範學校畢業
楊荃	男	貴州省立師範學校畢業
秦沅	男	貴州省立師範學校畢業
謝澤	男	貴州省立師範學校畢業

舊制中學暨高中學生表

姓名	性別	學校別
曾立賢	男	省立第二中學校畢業
劉震寰	男	南明中學校畢業
盧必堯	男	省立第二中學校畢業
許驊	男	省立第二中學校畢業
伍定銓	男	南明中學校畢業
方舟	男	南明中學校畢業
伍定源	男	省立第二中學校畢業
胡定祥	男	省立第一中學校畢業
廖文正	男	貴州省立高中學校畢業

貴州印刷所承印

胡文龍	男	省立第一中學畢業
汪受仁	男	北平四存中學高中畢業
汪受春	男	北平四存中學高中畢業
伍定瀛	男	省立第一中學校畢業
黎吉香	男	省立高級中學校畢業
高登國	男	貴州省立高級中學畢業
舒學智	男	貴州省立高級中學畢業
孫啓超	男	貴州省立貴陽中學高中畢業
石光釗	男	貴州省立高級中學畢業
孫啓華	男	貴州省立高級中學畢業
楊天經	男	貴州省立高級中學畢業
蒲昌言	男	貴州省立高級中學畢業
盧崐	男	貴州省立高級中學畢業
王珙	男	貴州省立高級中學畢業
盧光麟	男	貴州省立高級中學畢業
羅占儒	男	貴州省立高級中學畢業

黃達謨　男　貴州省立高級中學畢業

第三十六節　書院

書院作育人材。凡中材以上。有志嚮學之士。皆可入於中以深造。非若學宮弟子之定額有限也。蓋學宮師弟之廩祿。皆取給於國庫。而書院之建築。及師生之束修膏火。其經費胥出地方籌集。長吏特督其成。而地方人材之消長。恆視書院興廢爲轉移。故以往地方賢有司。每斤斤視爲重責焉。吾邑自設治以來。書院之剏建者有三。命名亦有三。茲分述於左。

(一)東皐書院　按舊志載。州城舊有義學三間。在廢大覺寺址。以乒乓山二堰山租銀二十四兩以供膏火。民歉無納。館遂廢。將館基變價交官。乾隆二十七年。知州呂正音。以修理文廟餘銀。買城東居民王經宅。建立義學講堂五間。堂後建文昌閣一所。及週圍牆垣。又買士香樹絕產田一畝六分。并撥耶里大巖公田十一畝。以所入租花供膏火。申詳立案。至乾隆三十四年。講堂及牆垣傾圮。知州趙由坤捐資重修講堂五間。增修頭門一間。左右廚房各一間。書房五間。頭門外豎東皐書院匾額云云。而舊志又載知州楊文鐸。重文教。建東皐書院。以教士。而士風爲之丕變焉。雖未詳建於何年。而貴陽府志。則據州人採訪。大書清康熙三十四年。知州楊文鐸於開州建東皋書院。年代之先後不符。事實亦互有異同。又考嘉慶某年時。呂公柱石書院碑記云。東皋書院之建。首楊公文鐸。次馮公詠。至正音由坤二公。其最後者證之。或舊志記事之誤。而楊公文鐸。實創建書院之首。馮與呂趙王公。或補修者也。

(二)改建易名開陽書院　呂公柱石蒞任開州。在清嘉慶十五年。下車觀風。舊日之東皋書院。傾圮已久。鞠爲茂草矣。呂公心焉憫之。其地近市。湫隘囂塵。殊非培養人才之所。州署右後鰲山下。舊有文昌宮。地勢高爽。便於開拓。乃亟謀遷地改建。官紳協議僉同。除呂公慨捐廉俸助修外。并募捐銀柒百兩。以舉人林鍾揖。副榜林上琪。孝廉方正何俊。生員陶連登。張鵬芳等。分董其事。鳩工庀材。閱時二年而工竣。前爲講院。後爲文昌宮。并增廣膏火田。題名曰開陽書院。牓於門。在呂公非示異也。以昔日書院在城東。故名東皋。今在城西南。故名開陽。呂公并自撰文泐石云。

(三)三台書院　呂公柱石改建書院命名之後。經時未久。州人士惑於形家言。以書院地對象三台。宜易名以應吉祥。實另無建築。

（四）重建開陽書院　前書院。清咸豐九年城陷。燬於兵火。久成廢瓦頹垣。同治七年。克復州城。歷任刺史修復城垣學宮。應祀祠廟。及衙署等。諸務未遑。故承平幾二十年。而書院猶爲廢墟。清光緒乙酉夏。知州謝公鑾。見而心傷。乃於翌年春。諷發衆。謀所以修復之。既捐廉百金爲之倡。復就梁前州册報荒蕪歸公存業。并陸續清出各絕業。稟准大憲。變價。并募集捐貲興修。屬余紳士。舉董其事。度木執陶。塼埴設色。越十閱月告厥成功。統計書院一所。大小共十五間。文昌殿壹座。計叁大間。六角草亭壹座。照牆壹道。字庫壹座。及製備匾對棹椅長方各凳牀舖炊爨器具等。所用不過壹仟壹百金之譜。仍題名曰開陽書院。示不忘呂公柱石本旨。仰企望開陽人士有以開發陽明之學。并規定山長束修。生童膏火。暨住院肄業諸生。科場賓興花紅之費。迄今城區小學所在地。即舊日書院也。所籌之膏火息租穀米斗息等款。現全部歸地文財務委員會保管收支。公於重建書院事實暨經費。另著有成書。曰開陽書院總錄續錄二卷。分發各鄉士紳保存。以資信孝。并泐石以垂久遠。

第三十七節　義學

義學即鄉學也。吾邑城内舊有義學三間。在廢大覺寺址。以乒乓山二堰山田租收入供膏火。民散無納。館遂廢。後并以其基地變價歸官。及買城東王經宅基。建立講堂五間。後并以其地爲東皋書院。此吾邑義學之肇端也。厥後遂不聞有義學之設置。僅清理歸公產業。見有劉司義學公田六寸田對門田弍坵。花搠挑等語。（見書院總錄）是當時。非無義學之設。特年湮代遠。載籍散佚無徵耳。清咸同亂後。至光緒丙戌丁亥間。零陵桐琴胡公。來牧斯土。重建書院之餘。更注重於義學。以爲鄉學之先導。厥後歷有增設。分述之於下。

（一）陶淑義學　清光緒十三年胡牧瑩設置。地址在城内大街三忠祠内。其館師修金。每年銀二十四兩。由城内四街絕基租金收入。計銀十八兩。餘陸兩由州署補足。館師之聘任。由紳首公選品學優長之士二人至三人。稟由官核定。飭下關聘之。上學以夏歷二月初。散學以十一月底。遇閏則以十月底。不得多有曠廢。今城區女學。即其地也。

（二）養正義學　光緒十三年、胡公璧。設置。地址在孝里羊場。白仲文所築寨牆内。先是胡公因重修書院。清理存絕兩業。歸公變價與修。時孝里總甲李逵清孫應錦等。稟懇將羊昌堡寺存業山脚等田。計花壹百捌拾伍挑。撥給該處崇正義學基金。更募集基金生息。以充館師修金。每年館師修金共銀三十二兩。按三節致送。其館師關聘及上學散學。與陶淑義學同。今之二區龍崗小學。即其地也。

（三）務本義學　清光緒十三年。胡公璧設置。地址在義里馬場萬壽宮內。館師修金銀。每年叁拾兩。由該處金魏羅黃李莊袷那等田土收租充數。其館師關聘、與上學散學時期。均與上同。今之三區臨鎮小學。即古地也。按該小學於民國初年、本擬建學校一所、地勢高朗、規模宏敞、近因與區所掉、故小學仍在義學故地、

（四）崇正義學　清光緒十三年胡公璧設置。地址在思外里龍坑場內。館師修金。係該地舉人李國琳。紳首陳克俊周天培等。稟准由該地公產并籌基金生息。年送館師修金二十四兩。其餘一切。與上同。今之四區龍坑小學。即其地也。

（五）育英義學　清光緒十三年。胡公璧設置。地址在讓里頂方玉皇閣內。館師修金。年共送銀拾貳兩。其來源由該地川主廟黃九喜吳長發各存業田花貳拾陸挑撥給、收租不足另籌。嗣以經費不濟遂廢。

（六）飛鳳義學　清光緒十五年。胡公璧設置。地址在司毛坪舊飛鳳寺內。因該寺僧恃其廟產豐富。遂不守佛戒。經胡公案訊得實。將僧逐出。

貴州印刷所承印

詳准上憲。將該寺產業計田租約叁百伍拾貳挑。全數提充義學基金。及校舍每年館師修金計送白米拾伍石。餘作完糧。及佃戶看司生活。其他與上同。

(七)佘家營義學　係佘士舉胡啓瀛等。於清光緒初年設置。地址在佘家營(又名三星會)昭忠祠內。其經費來源、由該祠祭產收入租穀、每年提撥拾石作學師館穀。自清末季。開辦廟捐穀。該祠以捐穀辦學。義學遂廢。

(八)開化義學　清光緒二十二年劉公炳蔚設置。地址在城北黑神廟內。其經費來源。係提該廟田租所入銀叁拾兩繳州署。以充每年館修金之用。其規定一切與上各義學同。

(九)玉清義學　清光緒二十二年。劉公炳蔚設置。地址在清里洋水玉皇觀內。其經費來源。係提玉皇觀每年上九香會所入餘款叁拾兩。以充館師修金之用。其他一切規定。與各義學同。

(十)義和義學　係清末該地民人馬登鰲、楊仲舉、等、所創立。地址在第四區什字。其經費來源。由該二人共捐田花約貳百挑。每年由佃戶認租。約貳拾捌石。內除完糧外。全作館師修金之用。其他規定與各義學同。

按上列各義學自民國開辦各區小學以後。均經停辦。本城陶淑義學。四街絕基租金。前已將產變賣。作武備學堂款。合其他義學所有經費。均歸地方財務委員會保管收付。供各小學校經費之用。此

第三十八節　教育行政及學校

分教育行政組織。小學教育。義務教育。社會教育。教育[illegible]等。述之如左。

(一)教育行政組織　本縣教育行政組織。自清末廢科舉設學校。以迄於今。約可分爲三時期。一曰、勸學所時期。二曰、教育局時期。三曰、裁局併科時期。茲分述於下。

(甲)勸學所時期　清光緒二十七年。令各省廢八股科舉。改組各地書院爲學堂。於時政令初更。風氣未開。人民多觀望不前。難期普及。本縣除縣城外。其餘各鄉則仍爲原有之義學與私塾。後始有勸學所之成立。設於現黨部內。由知州倪家驥委任邑人鍾昌祚充任總董。是爲第一屆。其內部組織甚簡單。總董爲該所最高負責人。下設勸學員二人。其職權重心。惟在籌辦學堂勸導人民。入學而已。鍾任總董時。曾親赴外鄉。督勸設學。於時各地漸有半

日學堂之設。是爲本縣各區設校之萌芽時代。至民國初年。學堂成立漸多。事務稍繁。勸學所之外。另有視學員之設。不禁屬於勸學所。直轄縣署。專司視察全縣各學校之責。即今日之縣府督學一職也。至民國十六年七月。乃奉令改組。

（乙）教育局時期　本局成立於民國十六年七月。由原有之勸學所改組而來。第一任局長范及鋒、設現今民衆教育館內。其組織於局長之下。設縣視學二、後改督學。事務員二人。書記二人。工役二人。其職權較過去勸學所爲擴大。除掌理全縣教育行政外。並經管教育經費之收支、保管、造報等事項。故事務員中。以一人掌理文書外。即以另一人負會計責任。於時各學學校。逐漸發達。有蒸蒸日上之勢。加以教育費獨立。學校按時領薪。校務亦日形開展。後於二十四年。奉令以剿匪區域內爲集中事權。迅赴事機起見。各縣裁局併科。自是教育局遂併入縣府第三科內。

（丙）裁局併科時期　教育局奉令裁後。併入縣府第二科。教費收支。則併入第二科辦理。但另立簿記。免與他款混淆。現已移歸地方財務委員會矣。第三科組織。於科長之下。設督學、技士各一人。

科員二人。事務員一人。分辦教育建設事項。對外不負責任。文書往還。率以縣政府名義行之。現尚保留此制。又徐縣長健行任內。遵章成立一縣教育經費稽核委員會。設委員九人。以縣府二三兩科。黨部領袖。及教育會主任幹事、城區男女兩小校長。及另聘教育界人士三人組成之。主任由委員公推。專負稽核教費收支責任。每月開常會二次。公開審查。按月教費册報。須委員全體副署。教廳方予核銷。

（二）小學教育　本縣學校。自開辦迄今。純屬初等教育範疇。此外雖有清末成立之師範傳習所。（設現薦皇祠內張石樵氏主辦）、與民國十八年開辦之師範講習所。（設清訓導署內范晉明主辦現廢）、然皆暫時性質。不過為補救縣屬師資之缺乏而已。小學之中。以性質論。可分為縣立小學。私立小學二種。茲分述於下。

（甲）縣立小學　本縣縣立小學。現共有十七所。其中兩級占六所。但六級完備之完全小學。則僅城區男女小學。與龍岡小學、劉衙小學而已。其餘則純屬初級小學。分校述之於次。

（1）開陽縣立城區男小　本校在縣城南街。為清書院舊地。自清光緒二十七年。令各省廢科舉。改書院爲學堂。幾經籌備。迨二十八年。知州張鍵。乃改開陽書院爲開陽學堂。委任原任開陽書院之山長何慶崧任第一屆堂長。是爲本縣創立新式學校之始。但以初値改組。法令規章。多不完備。書院之名雖去。實則一仍其舊。迨光緒三十二年。知州張翰。三十三年知州倪家驥時代。乃奉令改名高等小學堂。延聘新由日本留學歸來之邑人鍾昌祚。以勸學所總董兼任堂長。銳意革新。力謀改進。學校之形式與實質。自是乃粗具規模矣。當時爲誘掖入學計。對來學生徒。不收學費。並供給膳宿。其學科。除算術、地理、格致、（即今自然）外。仍兼授讀經。側重國文。蓋以招納學生。多係遜清生童。並風氣初開。人民守舊性強。自不能不有所遷就耳。當日學生、僅編有甲班一學級。並未兼設初小。爲免招生困難計。特將城內之私塾。改爲學堂。一爲遷善學堂。唐清源主辦。設教諭署內。（即今黨部）、一爲日新學堂。陳元益主辦。設三忠祠內（即今女校）、以兩校優秀學生。提送入高小肄業。乃有乙班之編制。宣統三年。知州簡協中任内。將日新遷善。合併於三忠祠内。始改名初等小學堂。迨民國二年。縣知事楊永熹。又將初小合併入高等。改稱兩等小學校。是爲本校有兩級之始。後又改稱開陽縣立兩級小學校。及開陽縣立第一兩級小學等名。民國二十六年。奉省令改稱開陽縣立城區小學。以迄於今。學制方面。在民國三十年以前。初級肄業期間四年。高級三年。自十四年春。始遵照部章。改行四二制。本校自開辦迄今。計畢業學生二十餘期。人數約計八百名。分佈全縣。然以縣城人爲多。現開邑人士。或留學深造。或服務社會。率多由本校出身。其於本縣人文之貢獻大矣。現有六學級。均單式編制。爲縣屬最早之完全小學。自民國二十五年。奉令改行級任制。校長之下。每班設級任教師一人。餘爲專任。學生人數。逐年增加。現有二百七八十名。常到者約二百三十人。以一年級爲最多。約百人左右。不可謂不發達。惜以本縣經濟凋敝。加以在民國二十四年以前。天災人禍。紛至沓來。所有畢業學生之十六七。有志升學。而限於經濟環境之不許可。乃不得

貴州印刷所承印

不改習他業。以謀生存於社會矣。至設備方面。亦以限於經費。簡陋殊甚。每年經費開支。除寒暑假外。以十月計。約需經常費二千二百餘元。純由地方財務委員會按月領用。

（2）開陽縣立城區女小　本校在縣城中央街文明巷三忠祠內。因地方風氣不開。開辦較男小爲晚。民國二年。楊永熹任內。經州人胡天錫、鍾鴻賓呈請。方始成立。委陶葆升任校長。初名明德女學校。爲一初級女小。繼改稱女子國民學校。學生人數過少。僅編兩班。殊少發達之象。並民十以後。政局杌陧。軍事迭興。經停辦者前後共二三年之久。自民國十六年。縣長王壬林任內。以女校無高級之設。女生學歷不及。自無升學之望。乃成立高級一班。改名開陽縣立第一女子兩級小學校。是爲本校成爲兩級之始。此後數年。省立各中等女校中。方有本縣籍之女生足跡矣。民二十六年。奉令改今名。現學生年級。雖有六級。但一二年級與三四年級均係復式編制。故僅四班。學生約一百四五十人。以縣城爲最多。約占百分之九十以上。外區鄉間來學。則殊寥寥。加以各區女子初小成立絕少。故高級招生。極爲困難。五六年級。合僅十餘人。本校設備簡單。更甚於男小。並以校址狹隘。擴充困難。教學訓導。諸多窒礙。每月經常開支一百六十餘元。全年以十月計。共需經費千六百餘元。

（3）開陽縣立龍崗小學　本校設在第二區龍崗鎮。（二區區公所所在地）爲清末養正義學之舊址。開辦於清光緒三十二年。初名官立初等小學堂。民初改稱第二國民學校。民國五年。知事唐積福因公赴羊場（即今之龍崗鎮）。目睹該校腐敗不堪。乃籌商地方人士。重新修建。並添辦高級。委團總胡鳳崗等爲籌備員。募集捐款。鳩工興建。中以經費不濟。至民八年。方告完成。校舍煥然一新。於全縣學校建築物中。首屈一指。惟規模不及城區男小之六而已。所有高級。於落成前一年。即已開辦。改名第二區兩等小學校。後又改稱縣立第二兩級小學校。民國二十六年。始奉令改今名。二十八年春。以龍崗縣立女子小學。學生過少。爲節省經費計。乃將該校合併入本校內。現有學生二百五十餘人。女生佔一百零四人。分六學級。均單式編制。高年級學生人數。常較城區男小爲低。亦以初小不發達之故耳。經費開支數。與城區男小同。亦由地方財委會撥支。

（1）開陽縣立劉衙小學　本校在五區劉衙附近之下寺內。原有校舍。建立劉衙寨中。民二十七年來。因學生人數增加。校舍不敷應用。經劉氏闔族代表劉華清等。具呈縣府（原呈附後）、願將該族所有家廟下寺之房屋、地基、樹林、及附近大田一塊。捐與政府。以作校址。並由該族宗祠内。提出公款。協助修葺。縣長解幼瑩據報後。一面派員接收。並於萬難中籌撥經費。約計五百餘元。用作培修費。一面復呈請省府。轉請教育部照章授與奬狀。（原呈見後）、以昭激勸。惟培修之土木工程。相當浩大。非短期内所能等待。因提前於民二十八年三月一日。正式遷入授課。此本校移校之經過情形也。查本校創辦於民國二年。縣知事熊文龍任内。開五區設立新式學校之新紀錄。時爲劉氏私立初等小學。由劉華清、劉茂春、劉光廷等發啓。提出劉氏宗祠產業一部。年認租穀八十石。作爲基金。

并撤移翁吟寺廟宇一棟。改建校舍。四年春。經知事唐希澤撥助經費。改爲公立。五年添辦高級一班。改名第五區兩級小學。十一年滇軍入黔。學款提公辦團。高級裁撤。直至十九年始告恢復。得力於劉華清之助不少。旋改稱縣立第三兩級小學校二十六年始更今名。創辦以來。迄至二十六年底止。由高級部畢業生計。約在二百四五十人以上。除升學及出外工作者。約計三十人外。現任本區聯保主任、保長、書記、初小教員等職者。爲數甚多。若連同初校部學生計算。則在八百人以上。現有學生一百四五十人。女生佔十七人。六級完備。共編五班。經費數目。與城區女小同。

附劉氏宗祠代表劉華清等請將該族家廟下寺之房舍地基樹林及附近之大田一塊捐與政府作爲劉衙小學校址呈文　呈爲呈請鑒核事。竊民國元年。華清承乏五區區職。目擊地方風氣閉塞。文化水準過低。欲圖補偏救敝。端在創設學校。培育人材。用是昕夕籌劃。全力以赴。一面鳩工庀材。建修校舍。一面召集族衆。切實商榷。抽提宗祠田產。年約分租八十石。捐作學校基金。當創辦之始。名爲劉氏家族學校。繼於民三改爲縣立初級小學。嗣因學子增加。呈准添辦高班一級。乃於民五改爲縣立兩級小學。此係地方人士共見共知者。迨至民國十七八年間。舊有勸學所。奉令改組爲教育局。當時即以清厘教育款產爲振頓學校之中心工作。所有劉氏宗祠樂捐每年學租穀八十石。完全交由教育局經理統籌。關於佃戶每年認解租穀之佃約。亦經一律繳送教育局存查保管。有案可稽。旋因縣政府改組。撤局併科。故此項學租。迄今係由鈞府直接按年收支。此華清及家族人等曩昔樂捐學租穀。創設劉衙小學之大概情形也。惟地方事業。須隨時代而邁進。始能適應環境。而期發達。劉衙小學。荷蒙鈞府培植孕育。不遺餘力。根本既日臻鞏固。枝葉乃日漸繁榮。自民國二十五年以還。因社會眼光。咸知着重於教育。是以鄉村子弟來學者。源源不絕。而舊有校址。異常偏狹、教室宿舍。均有人滿之患。加以光線既不充足。空氣復不流通。於教學方面。固多困難。而於學生方面。尤滋障礙。似此而欲校務之進展。

實屬束手無策。近二三年中。不過於無法之中。因陋就簡。勉維校務於不敝。詎至二十七年。民智較前進步。學生較前激增。更呈擁擠龐雜不能容納之象。爲學校前途計。爲教育努力計。不能不另覓地址。建設一合理嶄新之校舍。以適應社會之急切需要。而稍盡國民天職於萬一。僉謂劉氏宗祠之家廟。地名下寺。地勢宏敞。棟宇整齊。樹林圍繞。風景優美。光線既極開朗。空氣亦復鮮潔。設能籌款培修。將學校遷移至此。允屬完善。華清乃召集族人。開會討論。擬將下寺舊屋四十間。磚瓦石工及四週林土。暨大田一坵。照市價估計。約共值洋二萬五千元之譜。完全捐作劉衙小學。建修校舍及體育場之用。當經族衆一致贊成通過。即於本年元月初。開始動工裝修。截至三月一日。所有教員室二間。辦公室二間。教室四間。禮堂一大間。寄宿舍五間。會食堂一間。廚堂一間。廁所十二間。大致先後完成。即依期遷入新校。開學上課。業經學校當局。具報有案。關於培修經費。除由鈞府發給一百圓外。其餘三百餘十元均由劉氏宗祠設法籌助。所有裝修木料。亦係劉氏宗祠捐用。惟校中規模宏大。需款浩鉅。總計各項工程。非壹千四五百元。不足以資應付。而期完善。在私人力量有限。而地方又羅掘俱窮。實無法以竟全功。理合將樂捐家廟產業作劉衛小學校址各緣由。聯名具文公呈。伏乞鈞府鑒核備案。以昭鄭重。并懇派員履勘驗收。撥給巨款。以助培修。而完成百年之大業。將來校務發達。人材興盛。則地方受惠寗有涯量。而鈞長之豐功偉績。亦將與斯校同垂於不朽。是否有當。並候指令示遵。謹呈開陽縣縣長解。

附縣府轉呈省政府請給予獎狀原文　竊查本縣劉衛小學。日漸發展。惜爲地址所限。不能擴充。乃有該鄉劉氏宗祠代表人。劉華清、劉澤宣、劉榮華、劉澤清、劉震寰、劉尙炯、劉天益、劉榮波等。深明大義。熱心教育。自願將其家廟房舍地基。及大田一塊。捐與政府。以作校址。並由該族宗祠內。提出公款。協助修葺。本府據報後。即派祕書兼第一科長周慰藩。第三科長黃文忠。前往查勘。茲據簽稱。竊職等奉令往劉衙履勘。該地劉姓族人、捐贈學校地址。遵於本月十三日前往。到達該地、當與該捐產人代表劉華清先生、及該地小學校長余俊明、會同履勘完畢。該地基及大田四面、均以大路爲界。并估計價值。計屋基面積約三十八畝。估計洋三千八百元。舊屋四十間。（計石木料約一萬元、瓦約三千五百元、工程值約三千元、）約值一萬五千五百元。林木千餘株。約值三千元。又大田一塊約十三畝。值洋二千餘元。共計約二萬餘元。理合繪具略圖、隨簽呈乞鑒核等情。附呈略圖一紙。據此。經飭該校長余俊明接管在案。復查該宗祠代表人劉華清等所爲。核與捐資興學條例第二條第五項之規定符合。應請授與一等獎狀。茲依照同條例第四條之規定。開列事實表。呈請鈞府鑒核。轉請教育部核明授與。以資激勸。茲謹檢同事實表及略圖各一份、一併備文呈送。敬祈鈞府鑒核。指令祗遵。謹呈貴州省政府

主席吳

（5）開陽縣立枇杷甯小學　本校辦在第一區枇杷甯。（一區區公所所在地、）創辦於民初、名第三國民學校。民國十一年、就原址改建新

校舍。布置雖未盡善。規模尚爲寬大。於民國二十四年。添辦高級。現有校長教員共四人。學生百一十名。女生佔七八・常到八九十人。分五學級。但一二年級與三四年級。均編複級。五年級單級。共計三班。本校以附近四十里內無初小之設。故高級招生。倍形困難。去歲六年級畢業時。僅得十人。可見一般矣。經費每月額定八十元。全年以十月計。共八百元。仍由地方財委會領支

（6）開陽縣立雙流鎮小學　本校設第五區雙流鎮。（五區區公所所在地）、清末開辦時。原係半日學校。由鍾昌祚等發起。民初改爲第五初小。當創辦時。校舍原在新萬壽宮內。後燬於火。移廖家菴。民國五年。地方紳士鍾燧等、倡議建新校舍於朝陽寺廢址。即今之學校是也。有正房共五間。廂房左右兩棟各三間。二十六年、添辦高級。成爲兩級小學校。現有學生一百一十人。男生七十。女生四十。常到八九十人。本縣男小女生之多。當以本校爲最。學生共五學級。分編三班。計一二年級與三四年級均合級。五年級獨立。經費開支數目。與枇杷甯

小學相同。

（7）開陽縣立馬江山小學　本區設立第三區馬江山場市。創辦於民三。建立新校於場之西北。上下各一棟。惜房屋過低。光線不足。原名第七國民學校。歷年畢業學生人數。在兩百名以上。現有男女生共一百二十餘人。在第三區學校中。爲學生人數最多者。二十七年春。因應環境之需要。已增設五年級一班。並由該區區長楊蟄等籌款項二百餘元。擴充校舍一棟於學校之西。計分上下兩層。正營造中。編制分三班。初級複式。高級單式。經費開支。全年以十月計。共五百七十元。

（8）開陽縣立茅盧初級小學　本校在第二區毛栗莊。開辦於民國十二年。現有學生八十餘人。女生佔二十人。惟常到學生不過二分之一。編制分四學級。但僅兩班。計一二年級與三四年級均合級。校長及專任助教共三人。校舍五間。經費每年開支四百五十元。由地方財委會撥支。

（9）開陽縣立頂兆初級小學　本校在第一區頂兆鄉。開辦於民國二十一年。迄今僅畢業學生兩期。計四十人。學生人數。現計七十餘。校長教員共三人。學生編制分爲兩班。一二年級與三四年級均複式。校舍係民十九年新修、尚清潔整齊。計正房三間，作禮堂及辦公室宿舍之用。廂房左右各一棟。均長三間。用作教室，經費開支，與馬江山小學同。

(10) 開陽縣立敦化初級小學　本校在第五區敦化鄉之中洋水。民國二十三年成立。爲單級小學。校舍係借用當地之黑神廟。校長一人。兼任教員。現有學生七十餘人。女生佔十二人。但常到學生不過二十餘人。並本校因辦於冷僻鄉村。學生家庭。有遠至十里以上者，致未能按時到校。師生均感不便。編制分兩班，以幼稚與一年級合組。二三年級合組。實行二部教學制。每年經費開支二百九十元。亦由財委會支取。

(11) 開陽縣立宅吉初級小學　本校在第三區宅吉場市、因無校舍、乃附設於場外數十丈之蓮花寺內、創辦自民初，當地人士陳兆揚等所發起。但以辦理不善，頗失地方人士信仰。兼以連年軍事發生。匪風又熾。遂時停辦。歷未舉行畢業。幾無成績之可言。該地文化低落，有由來矣，現爲一單級小學。校長一人兼任教員。學生五六十人。女生佔五人。以一二三年級共編一班。經費開支同敦化初小。

（12）開陽縣立花梨初級小學　本校在第四區花梨場市。（第四區區公所所在地、）距場約十餘丈之傳經寺內。創辦於民國十五年。由當地紳士周述仁、胡仲書等倡辦。原設蘇家寨之西甯寺。後以距場稍遠。學生往返不便。乃遷至現地。久未辦理畢業。民二十四年。改辦短期小學。二十七年。始恢復初小。現有學生六十餘人。並無女生。校長教員各一。分兩班教學。一二年級與三四年級均合級。校舍破舊。設備全無。與宅吉小學相似。經費開支。每月二十九元。全年以十月計。合爲二百九十元若由財委會支給。

（13）開陽縣立馬場初級小學本校在第三區馬場。（三區區公所所在地、）原設於馬場後街。（現設區公所處、）爲民初新修之建築。原名第六國民學校。民十七年改稱第六初小。二十六年匪風甚熾。學校地勢較佳。經地方人士商議。學校與區所暫時調用。乃遷至今日之萬壽宮內。當日倡辦學校。新修校舍。除移用清末原有之務本義學基金外。發起人中。如賴明初、楊景賢等。均尙不辭勞怨。多方籌措。計自民元動工。中經簡、熊、楊三知縣任內。方告完成。以經費不濟故也。本校開辦迄今。僅畢業學生三期。約五十人。升學者約十之二三。現有學生六七十人。女生佔十二。分編兩班、容納四學級。經費方面。係由地方財委會照年開支四百五十元

(14)開陽縣立米坪初級小學　本校在第四區米坪區海蔭寺內。民國三年。由該區團總譚啓勛等倡辦。迄今已畢業學生約百餘人。升學者甚少。現有學生八九十。女生佔八人。分編兩班。一二年級合組。三四年級合組。本校雖附設廟中。但尙寬大。不難擴充。經費數目。與馬場初小同。

(15)開陽縣立翁朵初級小學　本校在一區翁朵場之下寨內。係購用民房。距場百步。民國六年開辦。倡辦人爲該地紳耆李東海等。當時係設於距翁朵約四華里之元福寺內。現約學生百餘人。女生佔八人。分四學級。採複式編制。經費與馬場小

學同。

（16）開縣縣立新民初級小學　本校在第二區新民聯保所屬之狗場壩，爲當地紳耆許臨淵等所倡辦，係單級小學之一。新修校舍一棟長五間。開工於民十四年。次年落成。民國十六年開辦。初名縣立第十三初級小學校。二十六年、改稱今名。現有學生六十餘人。年級雖有不同。併於一班教學。開支經費數同敎化小學。

（71）開陽縣立永亨初級小學　本校在五區永溫聯保屬永亨鎮。爲單級小學。係前五區區長劉震寰等所發起。由區公所籌集開辦費用。就永亨鎮場前公地。作爲校址。撤移撒扑緣棃兩寺屋宇。改修校舍。每年經常費。經司縣長繩慶。勸由育英、永亨、溫泉三鄉鎮富戶樂捐。按年可收息二百餘十元。民國二十一年春動工。年底完成。次年即正式成立。蓋一私立性質之小學也。校名稱私立圖強小學。二十五年。以開支不敷。乃呈准改爲縣立。更名縣立第十四初小。二十六年始易今名。校舍計正房長五間。左右各廂房一棟。分作禮堂宿舍及教室等。現有學生五十餘人。

(乙)私立小學附私塾

(1)私立興華初級小學　本校設在一區北坪鄉屬大塊田山王廟內。民國二十三年開辦。由當地紳耆陳紹先等發起。係單級小學。現有學生三十餘人。基金由當地募捐而來。每年經常收入。有田穀六石。及本銀乙百元之銀息三十元。合計約六七十元。不足之數。由學生家庭負担。恐難期久遠。

(2)私立甕墪初級小學　本校在第三區穀平聯保屬之甕墪地方。原係私塾。由當地人士發起。於民國二十七年開辦。現有學生二十八名。未經立案。尚在試辦期間。經費由私人樂捐。亦未結束。

(3)在試辦中之私立初級小學。有二區之大荊鄉初小。五區之同知衙初小。三區之蛇場初小等。均係民國二十八年創辦。歷史過淺。記載從略。此外之私立小學。如一區之馬頭寨、初級小學。五區快居寨之育德初級小學。五區南山鄉之復興初級小學等。雖經開辦正式立案。但現均已停辦。故未列入。

（4）私塾　本縣私塾。分布於全縣各處。而尤以鄉村爲多。以全縣計。共在百所以上。學生人數。共約一千餘人。各塾學生。多者二三十。少者六七人。純讀經史之舊式私塾。約占百分之十。純教學科之新式私塾。約占百分之五。此外百分之八十五。則爲新舊參半之改良私塾。如三區光里聯保內之毛栗鋪、司毛坪等地。有一二私塾。不惟教學科目已大致學校化。即其教學休息各項。亦均訂有時間表。並其學生男女兼收。均着制服。精神飽滿。一洗一般私塾之迂腐頹靡氣象。是亦私塾中之隨時代爲進步者也。

（三）義務教育

（甲）短期小學　義務教育一詞。本不專指短小而言。依照部令規定。初級小學。即爲正常之義務教育。凡屬國民。於年滿六歲（俗爲學齡兒童）之次日。即須入學受教。違者施行強迫。意蓋求其普及。人無不學也。嗣于民國二十四年秋。中央有鑒於外侮日亟。國事蜩螗。有岌岌不可終日之勢。爲掃除文盲。普及教育之迅赴事功計。乃有此項補救辦法。除強迫入學外。違者並得科以五元之罰金。學生入校。不惟不征學費。並給以筆墨書籍。故每校按年均有學業用品費之設。其體恤貧苦學生之用心。可謂周至矣。畢業年限。以以一年制爲原則。編制用二部制。男女兼收。特編各科教材。以資適用。各校校舍。假借各地廟宇或公共建築。設立地點。不必定在場市。即較大之鄉村。失學兒童人數多者均可。並規定短小所在地方。如學齡兒童。已大致受教畢業。則遷移他處。經費完全由中央撥支。交由教廳統籌分配。本縣現有十二校。每校每月經常開支二十五元三毛二分。全年以十二月計。共支經費三百零三元八角四分。以一百九十九元九角二分作薪給。辦公費。四十九元九角二分。學業用品費五十四元。茲將各校情形略述於次。

(1)開陽縣光里鎮短期小學　本校現設三區光里聯保屬之雞場水口寺廟內。距毛栗鋪(光里聯保辦公處所在地)、約三華里。民國二十四年。迄二十六年　原設於四區之花梨鎮。二十七年三月。乃由花梨遷此。同年已畢業學生一期。計九人。現有學生四五十人。女生十一人。

(2)開陽縣翁招短期小學　本校在一區龍中聯保屬之翁招。(即聯保辦公處所在地)、距場約三華里之鳳凰寺內。自民國二十四年冬成立。迄今已畢業學生二期。共一百八十人。畢業生出路。務農升學各半。現有學生七十二人。女生占八。

（3）開陽縣三合場短期小學　本校設第三區馮三聯保屬之三合場、距場約半里許。校舍爲借用之民房。二十七年以前。原設三區宅吉聯保之祠子壩。二十八年遷此。現有學生一百餘人。常到亦八九十人。教室幾於不能容納。爲本縣短小中學生最多之校。女生有十一二人。

（4）開陽縣兩路口短期小學　本校設三區穀坪聯保屬之兩路口川主廟內。原設於同區毛坪聯保屬之拐寨。二十六年八月遷來。現計學生九十一人。女生九人。

（5）開陽縣隆興鎮短期小學　本校設立四區之隆興鎮。原係縣立初級小學。二十五年八月。改辦短小。以迄於今。已卒業學生兩期。共七十九人。畢業生現況。業農者十之四。商者十之四。其他十之二。現有學生八十四人。女生占二十五人。

（6）開陽縣龍廣鎮短期小學　本校在第一區龍廣鎮屬在毛家院。

距鎮約五華里。民國二十四年初辦短小時。原設同區猴場附近之楊汪寨內。二十六年八月乃移此地。已畢業學生二期。共一百一十人。升學務農各半。現有學生九十四人。女生占十九。男生七十五人。中有苗民十一人。

(7)開陽縣南山鄉短期小學　本校設五區南山鄉。此地原有私立復興初小一所。嗣以經費不足。中途停辦。二十八年春。乃將原設五區練紮鄉之短小。移設此地。現有學生九十七人。苗民占七。但無女生。本校於民二十五年創辦時。設同區白馬鎮。次年遷溫泉鄉。二十七年秋。又移設練紮。由練紮移此。計已三遷。已辦畢業二次。共學生百零二人。以務農或升學爲多。

(8)開陽縣壩子短期小學　本校在二區壩子新場。於民二十六年秋。由開陽鎮短小移來。已畢業學生一期。計三十四人。多從事農業。升學者少數。現有學生九十三人。男生占八十六人。中苗民二十人。女生占七人。中苗民一人。本縣各校中苗民女性來學者。除本校外。殊不易見。

（9）開陽縣魯頭短期小學　本校在二區四聯保之魯頭寨，係租借民房設立。於民國二十七年創辦。因採用兩年制。現尚未辦畢業。計有學生八十四人。女生占七人。

（10）開陽縣蒲葵鄉短期小學　本校設二區蒲葵鄉屬之平寨場。於民國二十四年七月一日開辦。以當地本縣東南邊陲。距縣城百餘里。苗民占十分之九。教育極爲幼穉。故開辦迄今。歷未遷徙。現有學生九十餘人。

（11）開陽縣營坉短期小學　本校設四區營坉場。原創辦於同區之龍硐新場。（原名安太平）、二十七年移設此處。現有學生六七十人。女生極少。

（12）開陽縣永隆鎮短期小學　本校設五期雙永聯保屬之永隆鎮上。（原名雙土地）、於民國二十四年七月開辦、該鎮原有縣立永隆初小一所。因經費不敷。乃改辦短小。即就原有之初小校舍設立。位於鎮之南端。爲民初地方人士樂捐建築者。計正房一棟。長三間。分上下兩層。下層作教室，上層爲宿舍。現有學生五十餘人。

（四）社會教育

（甲）開陽縣立民衆教育館　本館設縣城中央街教育局舊址內。創辦於民國二十四年。徐縣長健行任內。時以經費不充。館長一職。由縣府第三科長兼任。不另支薪。另委館員二人。每月開支僅三十元。至二十五年。馮縣長光楨莅任。乃劃定經費。作每年經常開支、另籌開辦費用。添購圖書雜誌。及辦公器具。內容逐漸擴充。又以前教育局購置之四部叢刊一部。（門計有一千八百零九冊、承售書館、尚未交齊、）撥歸保管。連同其他書報。成立圖書室於館內。現共藏書三千餘冊。各地出版之日報雜誌。大多訂有。逐日開放。任人閱讀。至是民教館之形式。乃漸具基礎矣。館中組織。計館長一人、館員一人。助理員一人。工役一人。每月行政經費五十五元。事業費三十五元。合計九十元。二十六年秋。奉令舉辦民衆學校　乃就館後周公祠內設立。校長由館長兼任。學生分成年班、兒童班兩組。爲便利民衆。免誤生業計。除兒童班外。成人班每日教學時間。自午後七時至九時止。現已畢業三期。共計學生二百餘人。修業期原訂半年。自二十八年起。奉令改爲兩月。本校原訂開支。全年以十月計。共二百五十元。以四十元作學生書籍費。餘洋每月平均開支二十一元。自二十八年起。奉令由本館事業費內開支。以迄於今。

（乙）開陽縣立公共體育場　設立於城內西街之營盤壩。原有地面不大。自二十六年馮縣長光模任內。方予擴充。並籌款建立鞦韆架、天橋、浪橋、木馬等運動器械於場內。復包工樹有木棚於場之四周。二十七年。解縣長幼瑩繼任。以奉令辦理社訓。每週壯丁會操。無相當地址。以資容納。復就體育場四圍。力求開展。但以柵外地面。巖石巉起。合圍成半圓形。高者約五六尺。乃包定石工。用火力將石堆炸平。現展開地面已至七畝有零。一平如鏡。較原有面積。大至三倍。可供壯丁萬人之會操。本場自二十八年元月動工。迄今八閱月。方告完成。耗用經費兩千元。連同馮任內共在二千數百元。工程約五千以上。亦本縣建設中較大之工程也。體育場之西北角。有船亭一。建於民二十六年。位於石山之最高峯。與北極觀隔河對峙。氣象雄偉。風景宜人。爲都人士業餘遊憩之所云。

貴州印刷所承印

（丙）各聯保民衆學校　二十八年春。縣府爲掃除文盲計。通令全縣二十八聯保。各就聯保辦公處所在地點、設立民衆學校一所。以主任兼校長。書記兼教員、不另支薪。借收政教合一之效。經費開支。每校僅規定開辦費十元。但以種種困難。迄今已報成立正式開辦者。只六七所而已。

（五）教育經費　本縣教育經費、在民國十四年以前。統籌於地方經費局之内。統籌統支。但以歷年兵匪交乘。禍變頻興、開支超出甚鉅、虧累日甚一日。於是教育事業。乃首先蒙其影響、不惟積欠盈千。教員有斷炊之虞。甚至如民十三年滇軍在黔時代。即縣城之兩級小學。亦已停辦經年。以爲挹注之計。全縣弦誦聲絶。言之痛心。民十五年王縣長壬林奉檄莅縣。對於教育。頗具熱情。同時復奉省令。策劃學款獨立。乃毅然召集地方人士會議、決定由經費局經管之各款内。提出學租米、屠宰、斗口等項。移交勸學所管理收支。時十五年冬也。自是本縣教育經費。乃成爲劃時代之新紀錄矣。地方人士。爲紀念王氏起見。特於前教育局門首。豎立石碑。題光耀學林四字於其上。以誌永久。亦崇德報功之意也。當由經費局撥入之時。教費預算約一萬元。

復經歷次整理。並一再劃撥新款。迄民十七年。全年收數已在一萬七千餘元之譜。近年各款投杓結果。年有增加。實收數字。已在一萬八千元以上。惟本縣教育費。有二特點。一爲教育費中。除屠税年收九千元爲第一位外。米穀收入。年約六千元。可占全數三分之一。居第二位。亦學款之大宗。如學租米、學田租、斗口等皆是。故教費之盈絀。實與農村經濟之榮枯成正比例。因而米穀之市價。常影響於教費之枯旺。二爲本縣教費。春夏爲枯月。秋冬乃旺月。故上季各校開支。只能發五成或六成。必俟秋收以後。及年底年猪捐收入。方可結清。惟近年來。以厲行預决算制度。實行量入爲出。收支已趨適合。各學校開支。均能按年付楚。亦教育前途之福音也。現根據地方財務委員會編造民國二十八年度縣地方教育經費歲入歲出概算書所載。分來源、用途、比較三項。略述於下。

（甲）來源　本縣教費來源。不外以下十項。（一）屠宰附捐。每猪一隻。除省税外。附征教育費五毛。全年計四、一〇〇元。（二）特期屠捐（年猪捐）。每猪征一元。年收四、九四九元。（三）契税附加捐。照正税附加二成。年收一、〇〇〇元。（四）斗息捐。每糧食一斗。征糧三合。年收四〇〇元。(五)碾榨捐。年收二、一〇〇元。(六)學田租。年收穀三百石。折征約收九〇〇元。(七)學地租。年收四三〇元。(八)學租米。年收七十石。折征約合五〇〇元。(九)教育基金利息。本金百元。年收息金十八元。全年合計二二五〇元。(十)義務教育補助款。由省籌撥。年收三、六四六元。以上十項。共計年收二一 八七五元。但如以後省款開支之義教經費停撥。則本縣教費。年收數僅一萬八千餘元而已。

(乙)用途 本縣教費。支配情形。用於初等教育者。一四、二一二元。用於義教者。三、六四六元。用於社教者。二、二〇〇元。用於留學生補助費者。一、〇〇〇元。以上四項。共計開支二一、〇五八元。此外之預備費。如社教準備金二〇〇元。舉辦播音電影準備金五〇〇元。收支相抵。尚能適合。

(丙)比較 根據二十八年度全縣地方歲入歲出概算書載。本縣全年總支出共計九五、五〇〇元。教育文化費之支出爲二一、七五八元。占全年總支出百分之二二、七八。僅次於自治費。而居全縣支出之第二位。至各縣立小學職教員之開支。計有四種。如城區男女兩校、龍崗小學、劉衙鄉小學、此四校爲完全小學。校長每月薪資二十四元。級任二十元。專任十六元。至枇杷哨小學、雙流鎮小學、馬江山小學 雖爲兩級。但僅五學級。校長月薪二十二元。專任級任與完全小學同。外如項兆、茅廬、翁朵、米坪、花梨、馬場。此六初小。校長月支二十元。教員十六元。助教十二元。餘如宅吉、新民、永亨、敦化四校。則爲單級小學。校長兼教員。月支二十元。此外如各短期小學。則不放寒暑假。全年以十二月計薪。校長兼教員全年薪資一百九十九元九角二分。以本縣教師薪給而論。在全省中。似居中等。雖不及省立小學及桐梓、興義等縣之優厚。但以較息烽、修文、印江、湄潭等縣。則又過之耳。

（六）教育會　本會現附設縣立民衆教育館內。創始於民國二年。本身原有產業。由文昌閣（即東門外奎閣）、移撥而來。計田可收穀六七石。水碾一架。年收米二石零。均用作會內辦公費。民國十五年。撥入勸學所經管。由該所按月開支會費十元。現有會員一百餘人。會中組織。原屬會長制。於民國二十五年改幹事制。幹事七人中。設常務幹事三人。以一

人爲主任幹事□